Sozialwissenschaften

Jürgen H. Wolff

Entwicklungsländer und Entwicklungspolitik im Rahmen globaler politischer Strukturen und Prozesse

Best.-Nr. 023890 8

Schöningh

Jürgen H. Wolff, Diplomvolkswirt, Dr. phil. habil., ist habilitierter Politikwissenschaftler und Professor für Soziologie der Entwicklungsländer an der Fakultät für Sozialwissenschaft der Ruhr-Universität Bochum sowie Mitdirektor des Instituts für Entwicklungsforschung und Entwicklungspolitik dieser Universität.

www.schoeningh.de
Schöningh Verlag, Jühenplatz 1–3, 33098 Paderborn

Druck A 5 4 3 2 / Jahr 2008 07 06 05
Alle Drucke der Serie A sind im Unterricht parallel verwendbar.
Die letzte Zahl bezeichnet das Jahr dieses Druckes.

Umschlagfotos: oben: Karte aus: Klaus Müller, Globalisierung, Bundeszentrale für politische Bildung, Bonn 2002, © Campus Verlag, Frankfurt/New York, Titelbild; unten: Foto © dpa-Bildarchiv/Hubert Link

Druck und Bindung: westermann druck GmbH, Braunschweig

ISBN 3-14-023890-8

Text- und Bildnachweise stehen direkt beim Material. Sollte trotz aller Bemühungen um korrekte Urheberangaben ein Irrtum unterlaufen sein, bitten wir darum, sich mit dem Verlag in Verbindung zu setzen, damit wir eventuell notwendige Korrekturen vornehmen können.

Inhaltsverzeichnis

Vorwort

Der vorliegende Band stellt die vollständige Neubearbeitung des zuerst 2000 erschienenen gleichnamigen Arbeitsbuches zum Inhaltsfeld VI der Richtlinien für das Fach Sozialwissenschaften in Nordrhein-Westfalen („Globale politische Strukturen und Prozesse“) dar. Er lässt sich von folgenden Grundprinzipien leiten:

1. Mit dem Ende des Ost-West-Gegensatzes und der zunehmenden Vernetzung der Welt ist es immer weniger sinnvoll, globale Probleme nur aus der engen Sicht einer einzigen wissenschaftlichen Disziplin zu analysieren. Auch wenn notwendigerweise auf manche Verästelungen der neuen Theoriediskussion der Teildisziplinen verzichtet werden muss, ist bei der Analyse von weltumspannenden Problemen immer weniger auf Interdisziplinarität zu verzichten. So bemüht sich dieses Lehrbuch, über die politikwissenschaftliche Analyse hinaus ökonomische und soziologische Aspekte in die Betrachtung einzubeziehen. Wer über Armut, Unterentwicklung oder Gewalt im internationalen System sinnvolle Aussagen treffen möchte, kommt um eine derartige Perspektive nicht herum.
2. Die Entwicklungspolitik steht (immer noch) im Mittelpunkt des Bandes. Das hängt weniger mit der Bedeutung des Gegenstandes zusammen (er hat massiv an Einfluss verloren, und dieser Verlust dürfte sich fortsetzen!) als mit der Beobachtung, dass er gerade für junge Menschen einen anschaulichen Einstieg in das Problemfeld bildet. Was Ursachen für Kriege sind und wie sie beendet werden können, ist ein relativ abstrakter Gegenstand: Wie man einen Brunnen zur Versorgung mit sauberem Wasser bohrt, ein Lepraspital oder ein Agarprojekt organisiert, ist dem Vorstellungsbereich von Schülern viel näher – wie sogar eigenes Engagement etwa in einer entwicklungspolitischen Nichtregierungsorganisation durchaus vorstellbar erscheint.
3. Der Band kombiniert in bewährter Weise eigene Texte des Verfassers mit Quellentexten; dabei kommen hier ausdrücklich auch Positionen zu Wort, die vom Verfasser selbst nicht geteilt werden. Auf diese Weise wird den Schülerinnen und Schülern die Möglichkeit gegeben, die Bandbreite des sozialwissenschaftlichen Nachdenkens über die in Rede stehenden Problemfelder kennen zu lernen und sich dazu ein eigenes Urteil zu erarbeiten.

Die Neubearbeitung bezieht sich vor allem auf die folgenden Punkte, von denen sich Herausgeber und Verfasser eine wesentliche Verbesserung der Verwendung des Buches im Unterricht (s. dazu auch die besonderen „Hinweise“) erhoffen:

- Das veränderte **Lay-out** (u.a. durchgehende Vierfarbigkeit) erhöht nicht nur den optischen Leseanreiz für Schülerinnen und Schüler, mehr Fotos und Abbildungen ermöglichen z.T. auch einen etwas anderen Zugang zu bestimmten Themenaspekten.
- Thematisch wurde neueren und aktuellen **Entwicklungen und Diskussionslagen** Rechnung getragen: Themen wie „Terrorismus und Islam“, „amerikanische Hegemonialpolitik“, „Armutsbekämpfung“, „Kritik an der Politik des Internationalen Währungsfonds“ und „Globalisierungskritik“ wurden neu aufgenommen oder neu akzentuiert.
- Die **Binnenstruktur** der Abschnitte und die Zuordnung von Autorentext und Materialienteil wurden didaktisch günstiger gestaltet.
- Ein Großteil der **Materialien** wurde durch neuere ersetzt; einige Themenaspekte wurden ergänzt; die übrigen Materialien wurden durchgehend aktualisiert (Datenstand: Frühjahr 2003).
- Der **Autorentext** wurde im Sinne seiner Funktion als orientierende, die Zusammenhänge verdeutlichende Information durchgehend überarbeitet und verzichtet weitgehend auf wertende Aussagen.
- Durchgehend wurden zu den einzelnen Abschnitten und Themenaspekten gezielte Hinweise auf relevante **Internetadressen** und **Hinweise auf weiterführende Informationsmöglichkeiten** aufgenommen.

• Ausdifferenzierte **Arbeitshinweise**, zahlreiche **Querverweise** und ein **erweitertes Glossar** (18 Seiten) erleichtern Schülerinnen und Schülern die selbstständige Arbeit mit dem Buch.

Erneut danke ich verbindlich dem Herausgeber der Reihe, Herrn Franz Josef Floren, für konstruktive Kritik, die Zurverfügungstellung zahlreicher Materialien und die Abfassung der Arbeitshinweise. Mein Dank gilt zum anderen Katrin Wilde und Mandana Bahrinipour von der Bochumer Arbeitseinheit Soziologie der Entwicklungsländer, die sich um die Niederschrift des Manuskriptes, die Materialienbeschaffung und auch wesentlich um die Korrektur gekümmert haben.
Möglicherweise verbliebene Fehler bleiben, wie üblich, in der alleinigen Verantwortung des Verfassers.
Jürgen H. Wolff

Hinweise zur Verwendung des Buches im Unterricht

Die einzelnen *Kapitel* bestehen jeweils aus einem zusammenhängenden, in klar abgegrenzte *Abschnitte* unterteilten *Autorentext* und einem zugeordneten *Materialienteil* mit einem Angebot an *Arbeitshinweisen,* welche die Arbeit mit den Materialien und dem Autorentext strukturieren und akzentuieren. Diese Aufteilung ermöglicht ein weitgehend *flexibles Vorgehen* im Unterricht: Abschnitte, die für die intensive Behandlung im Unterricht ausgewählt werden, können vorwiegend von den Materialien her erarbeitet werden; allerdings sollte dabei auch der Autorentext, der zahlreiche Problemzusammenhänge aufzeigt, mit einbezogen werden. Für Abschnitte, die eher kursorisch oder durch *Schülerreferate* angeeignet werden sollen, stellt der Autorentext eine weitgehend ausreichende Informations- und Diskussionsgrundlage dar. Die Verzahnung beider Teile ist durchgehend dadurch gesichert, dass die Zuordnung der Materialien zu den entsprechenden Stellen des Autorentextes (in den Arbeitshinweisen als „Text" bezeichnet) durch Hinweise (meist in Klammern) markiert ist.

Die Breite des thematischen Angebots, das alle wichtigen *Aspekte des Inhaltsfeldes VI* der Richtlinien abdeckt, und die Zahl der Materialien ermöglichen der jeweiligen Lerngruppe eine *Auswahl* für die unterrichtliche Erarbeitung und zugleich eine gründliche Auseinandersetzung mit den ausgewählten Themenaspekten auch in Leistungskursen. Der sachsystematische Aufbau des Buches bedingt, dass bestimmte Aspekte in unterschiedlichen Kapiteln und Abschnitten angesprochen werden, die sich je nach Schwerpunktsetzung beim Zuschnitt der Unterrichtseinheiten miteinander verbinden lassen (dazu dienen die zahlreichen Querverweise). Die *Arbeitshinweise* verstehen sich als Hilfen bei der Analyse des Autorentextes und der Materialien (Hervorhebung wichtiger Inhalts- und Problemaspekte) sowie als Anregungen zur Auseinandersetzung und zur selbstständigen Urteilsbildung. Das ausführliche *Glossar* (Glossarbegriffe sind mit einem * gekennzeichnet), das *Register* und das *Abkürzungsverzeichnis* bieten zusätzliche Hilfen bei der Arbeit mit dem Buch.

Zu einigen *möglichen* thematischen „Strängen" seien Hinweise für die Auswahl und Zuordnung von Autorentext (Seitenangaben) und Materialien (M) gegeben:
• Sollen z.B. *Strukturen und Probleme der Entwicklung des internationalen politischen Systems* im Mittelpunkt der Behandlung stehen, werden Kapitel I und IV den Schwerpunkt bil-

den. Zentrale Aspekte könnten sein: grundlegende Merkmale des internationalen politischen Systems (Text I A. 2.), die Bedeutung internationaler Organisationen (M 2), wichtige Theorieansätze (M 3, M 4), knappe zusammenfassende Darstellung (ggf. Schülerreferat) der historischen Entwicklung seit 1945 (Text I B.), Machtverteilung heute, insbesondere Stellung der USA (M 13 – M 17), „Kampf der Kulturen“ (M 19), Verbreitung von Demokratie in der Welt (M 54 a – c), zentrale Probleme der Weltpolitik (Kriege: S. 232 – 243, M 99 – M 103; Völkermord, Vertreibung, Menschenrechtsverletzungen: S. 238 – 241, M 104 – M 107, M 108; Terrorismus und Schurkenstaaten: S. 251, 262, M 109 – M 113; Atomwaffenproliferation: S. 268, M 115), Folgen der Globalisierung (M 117 – M 120), Regionalisierung und Glokalisierung (S. 291f., M 121), nachhaltige Entwicklung (S. 297 – 299, M 121 – M 123), Global Governance als Ansatz einer Weltordnungspolitik (M 125 a – d).

- Sollen *die Situation der Entwicklungsländer und die Möglichkeiten und Grenzen der Entwicklungshilfe* den Schwerpunkt bilden, stehen naturgemäß die Kapitel II und III im Mittelpunkt: Einführungstext II A. (S. 55 – 57), Abschnitt zur „Armut“ (Text S. 58 – 61, M 24 a/b), Index der menschlichen Entwicklung (Text S. 70f., M 26 – M 27), ausgewählte Strukturmerkmale der Entwicklungsländer aus den Abschnitten II A. – E. (s. Übersicht S. 58), Theorieansätze (M 61 a/b), Akteure und Instrumente der Entwicklungspolitik (S. 159 – 163, 168 – 170, M 73 – M 75; S. 176 – 178), Auflagenpolitik von IWF und Weltbank (S. 181 – 184, M 79, S. 211 – 214, M 91 – M 95), Schuldenerlass (S. 185 – 188, M 80 – M 83), Bedingungen erfolgreicher Entwicklungspolitik (S. 224 – 226, M 97, M 98, S. 305 – 307).

- Sollen der *Globalisierungsprozess*, seine Folgen für die Entwicklungsländer, die Rolle von IWF, Weltbank und WTO und die „Globalisierungskritik“ den Schwerpunkt bilden, sind folgende Texte und Materialien von zentraler Bedeutung: internationale Organisationen (M 2), Entwicklungsländer (M 21 a/b), Weltbank und IWF (M 73 – M 75, M 79, Auflagenpolitik: S. 211 – 214, M 91 – M 96, M 98), der Globalisierungsprozess und seine Folgen (M 116 – M 117), die Stellung und Bedeutung der WTO und die Globalisierungskritik (M 118 – M 120), Modell Global Governance (M 125 a – d).

Schließlich sei – unabhängig von solchen Themensträngen – auf den besonderen Stellenwert (jeweils umfassende Informationen) folgender Materialien hingewiesen: M 2 (internationale Organisationen), M 3 (Theorien internationaler Beziehungen), M 13 (Machtverteilung im internationalen System), M 21 a/b (Gruppen von Entwicklungsländern), M 24 a/b (Armutsbegriff), M 48 a/b (Weltbevölkerung), M 61 a (Entwicklungstheorien), M 61 b und M 52 c (Situation Afrikas), M 63 (Terms of Trade), M 73 – M 75 (Stellung von Weltbank und IWF), M 81 – M 83 a (Verschuldungskrise), M 95 (soziale Aspekte der Strukturanpassungspolitik von IWF und Weltbank), M 98 (Erfolgsbedingungen von Entwicklungshilfe), M 110 a/b (Merkmale und Ursachen des internationalen Terrorismus), M 116 a – M 117 b (Globalisierungsprozess und seine Folgen), M 125 (Modell Global Governance).

Hinweise auf das Informationsangebot des **Internet** und auf einige **Literatur**-Titel finden sich auf S. 315.

Autor, Herausgeber und Verlag sind für kritische Hinweise (gerichtet an den Schöningh Verlag im Westermann Schulbuchverlag GmbH, Jühenplatz 1–3, 33098 Paderborn, Fax: 05251/127860, E-Mail: info@schoeningh.de) jederzeit dankbar.

Zur Einführung: Weltprobleme gehen jeden an!

Wenn Sie

- im Supermarkt eine Avocado aus Israel oder Orangen aus Marokko oder im Elektronikladen ein Transistorradio oder ein Handy aus Japan kaufen;
- von Ihrem Vater, einem Ingenieur, eine Postkarte von einer Kraftwerksbaustelle aus Indien erhalten;
- einen Brief erhalten, in dem die Deutsche Welthungerhilfe um Spenden für Hungernde im südlichen Afrika bittet;
- im Fernsehen eine Erklärung des Bundeskanzlers vor dem Bundestag beobachten, die eine deutsche Teilnahme am Krieg der USA gegen den Irak ausschließt;
- mit Ihrem Bruder telefonieren, der seinen Wehrdienst in der deutsch-französischen Brigade in Müllheim (Baden) ableistet;
- voller Empörung von der Misshandlung eines Ausländers durch glatzköpfige Hooligans lesen;
- mit dem Bus in einen Verkehrsstau geraten, der durch Traktoren von Bauern verursacht wird, die gegen die Agrarpolitik der Europäischen Union protestieren;
- eine Vorstellung des Chinesischen Staatszirkus' in Ihrer Stadt besuchen;
- in der Zeitung von einem Staatsbesuch des mexikanischen Präsidenten in Berlin lesen;
- im Fernsehen von einer Afghanistan-Konferenz auf dem Petersberg bei Bonn unter Teilnahme des afghanischen Übergangspräsidenten Karzai erfahren,

dann sind Sie, bewusst oder unbewusst, auf einen der Themenbereiche gestoßen, die den Gegenstand des vorliegenden Lehrbuchs bilden:

- Ausländische Waren können Sie nur deshalb kaufen, weil auf zwischenstaatlicher Ebene entsprechende Vereinbarungen abgeschlossen worden sind und die Europäische Zentralbank es den Bewohnern der Mitgliedstaaten der Währungsunion erlaubt, ausländisches Geld (Devisen) gegen Euro zur Bezahlung der Importe zu kaufen.
- Ihr Vater kann nur in Indien beim Bau eines Kraftwerks mitarbeiten, wenn die indische Regierung eine deutsche Firma damit beauftragt und in der Regel zuvor eine internationale Finanzierung für das Kraftwerk erhalten hat.
- Die Welthungerhilfe bittet um Spenden für Hungernde, weil es diese immer noch gibt und weil uns, die wir nicht hungern, ihr Schicksal auch im fernen Afrika nicht gleichgültig lässt.
- Ausländer kommen nach Deutschland, um internationale Unterschiede von Freiheit und Wohlstand zu nutzen – und sie können das nur, insoweit die deutschen bzw. europäischen Behörden dies (von sich aus oder auf Grundlage internationaler Konventionen) zulassen.
- Die Erklärung des Bundeskanzlers und die deutsch-französische Brigade haben unmittelbar mit den Bündnispflichten Deutschlands in der NATO, mit dem Friedensregime im Rahmen der UNO und mit dem Bemühen um eine europäische Verteidigungsidentität zu tun.
- Der Chinesische Staatszirkus besucht Deutschland auf der Grundlage eines Kulturabkommens des Gastlandes mit China.
- Der mexikanische Präsident besucht Berlin auf Einladung des Bundespräsidenten und der Bundesregierung, die damit eines der klassischen Instrumente von Diplomatie und Außenpolitik nutzen – das unmittelbare Gespräch mit höchsten Vertretern eines fremden Staates, mit dem man gute Beziehungen herstellen oder bewahren möchte.
- Die Afghanistan-Konferenz bei Bonn ist eine Reaktion u.a. auf internationalen Terrorismus, der als Bedrohung auch der Sicherheit Deutschlands verstanden wird.

Außenpolitik, internationale Beziehungen, Entwicklungspolitik, globale Probleme berühren jeden von uns: Sie gehen in einer vernetzten Welt alle Menschen an!

I DIE WELT DER INTERNATIONALEN BEZIEHUNGEN SEIT DEM ENDE DES ZWEITEN WELTKRIEGES

A. Merkmale und Theorien internationaler Beziehungen

1. Was soll erklärt werden?

Internationale Beziehungen sind ein Teilbereich der Politik und damit Gegenstand der Politikwissenschaft. Politikwissenschaft will „Politik" *beschreiben* und *erklären*. Was also ist Politik?
In einem ganz allgemeinen Sinne geht es bei Politik um „zwischenmenschliche Verhaltensweisen, die gesamtgesellschaftlich verbindliche Entscheidungen und Problemlösungen zum Thema haben." (Manfred Hättich) Hierzu bedienen sich Gesellschaften in der Regel spezialisierter Strukturen (z.B. des Parlaments und der Regierung) und Verfahren (z.B. der Gesetzgebung); die Interaktion zwischen solcherart politisch strukturierten Gesellschaften („politischen Systemen") mag als Gegenstand der internationalen Beziehungen begriffen werden.
Der Gegenstand der Lehre von den internationalen Beziehungen, sein Verhältnis zu den sonstigen Bereichen der Politikwissenschaft, seine Abgrenzung von der Außenpolitik, die anzuwendenden Forschungsmethoden, die Reichweite der verwendeten Theorien und manches mehr sind bis heute viel diskutierte Fragen, auf die wir hier nur kurz eingehen können (zu einer möglichen Unterscheidung von „internationaler Politik" und „transnationalen Beziehungen" siehe **M 1**; zur Einordnung der Entwicklungspolitik vgl. M 64).

Im folgenden Abschnitt geht es um eine kurze Übersicht über einige wichtige Grundlagen der Disziplin (wissenschaftlichen Fachrichtung), die für das Verständnis und die Deutung unserer Welt wesentlich erscheinen.

2. Grundlegendes Merkmal des internationalen Systems

Zum Unterschied von einem nationalen politischen System wird in der Politikwissenschaft das internationale System herkömmlicherweise, insbesondere durch die zu erörternde *„realistische"* Schule, als ***„anarchisch*"*** bezeichnet. Damit ist Folgendes gemeint: Im Gegensatz zu einem Staat, der sich im Grundsatz dadurch auszeichnet, dass er eine *hierarchische* Struktur* von Institutionen zur Regelung von Konflikten kennt, fehlt eine solche im internationalen System. Ein Konflikt zwischen Individuen wird im Staat notfalls durch Gerichte, ein Wettbewerb zwischen Parteien durch Wahlen, ein Disput um die Vergabe von

Fördergeldern zwischen Regionen durch Regierungs- oder Parlamentsbeschluss, ein Streit um die Einführung einer Steuer durch Mehrheit in Regierung und Parlament entschieden. Ist eine solche Entscheidung einmal gefallen, sorgt grundsätzlich eine effiziente Verwaltung (etwa zur Verteilung von Subventionen oder zum Beitreiben von Steuern) und sorgen notfalls staatliche Zwangsmittel dafür, dass die entsprechenden Beschlüsse durchgesetzt werden. Regierung, Verwaltung und Bürger stehen unter dem Gesetz, das für alle gilt und für dessen Durchsetzung eigene Institutionen bestehen. In der internationalen Politik ist das anders: Die Akteure, voran die einzelnen Staaten, stehen zueinander grundsätzlich nicht im Verhältnis von Über- und Unterordnung, sondern im Verhältnis der Gleichrangigkeit. Ein fundamentaler Satz des *Völkerrechtes** behauptet die souveräne Gleichrangigkeit aller Staaten, seien sie nun klein oder groß. Art. 2 Ziff. 1 der Charta der Vereinten Nationen lautet z. B.: „Die Organisation beruht auf dem Grundsatz der souveränen Gleichheit aller ihrer Mitglieder." Bei Konflikten zwischen Staaten steht deswegen grundsätzlich keine übergeordnete Instanz zu ihrer Regelung oder Entscheidung zur Verfügung. „Übernationale" Organisationen, die für ihre Mitglieder verbindlich Entscheidungen fällen könnten, gibt es bestenfalls in Ansätzen; selbst in der Europäischen Union, die hierin wohl am weitesten fortgeschritten ist, sind bis heute wichtige Entscheidungen über neue gesetzliche Regelungen (Verordnungen, Richtlinien) in den Bereichen, in denen das Prinzip der Einstimmigkeit gilt, gegen den begründeten Widerstand auch nur eines Mitgliedes nicht möglich, wie z. B. Ende 1999 der deutsche Finanzminister bei dem Versuch hat erfahren müssen, europaweit Mindeststandards für die Besteuerung von Kapitaleinkünften einzuführen (bei der Durchsetzung des Gemeinschaftsrechts sieht es etwas anders aus). Die meisten als „supranational" bezeichneten Organisationen sind in Wirklichkeit „zwischenstaatliche" („internationale") Organisationen, z. B. die Vereinten Nationen, hier allerdings mit der bedeutsamen Ausnahme des *Sicherheitsrates* (s. **M 5 c**), der verbindliche Entscheidungen und Zwangsmaßnahmen gegenüber Mitgliedstaaten aussprechen kann. Auch diese scheitern in der Praxis oft genug an dem wechselseitigen Stärkeverhältnis und am Vetorecht der fünf ständigen Mitglieder.

Die Charakterisierung des internationalen Systems als „anarchisch" bedeutet in der Sprache der Politikwissenschaft *nicht* wie in derjenigen der Juristen, dass das internationale System nicht in weiten Bereichen *regelgebunden* wäre. Zahlreiche Verträge zwischen Staaten, unzählige zwischenstaatliche Organisationen, ein breiter Kodex* des immer weiter entwickelten *„Völkerrechts"* legen Gebote und Verbote für das Handeln international tätiger Akteure fest, die folglich nicht einfach tun und lassen dürfen, was sie möchten. Der uns hier interessierende Punkt ist bloß, dass es *keine internationale Exekutive* gibt, die gegenüber den Staaten die Einhaltung der von ihnen selbst übernommenen oder ihnen kraft Völkerrecht zukommenden Verpflichtungen erzwingen könnte (erneut mit der gelegentlichen Ausnahme von Beschlüssen des Sicherheitsrates der Vereinten Nationen). Bringen zwei Staaten einen Grenzkonflikt vor den *Internationalen Gerichtshof** im Haag und fällt dieser ein für eine der beiden Seiten ungünstiges Urteil, kann diese immer noch das Urteil missachten und sich schlicht nicht daran halten. Der unterlegenen Partei in einem Zivilprozess innerhalb eines Staates, die ein Gleiches versuchte, würde – notfalls durch den Gerichtsvollzieher – sehr rasch klar gemacht werden, dass rechtskräftige Urteile zu beachten sind.

M 1 Internationale Politik und transnationale Beziehungen

Die internationalen Beziehungen – also die Summe aller grenzüberschreitenden Aktivitäten im Weltmaßstab – werden gewöhnlich unterteilt in den Bereich der internationalen Politik und den der transnationalen Beziehungen. In der internationalen Politik geht es vor allem um Krieg und Frieden, also um die zentralen Fragen von nationaler Sicherheit

und internationaler Ordnung, von Macht und Recht. Die Akteure sind hier in erster Linie Staaten. Die transnationalen Beziehungen dagegen kreisen primär um Wohlfahrt im weitesten Sinne des Wortes. Handel und Kommunikation sind zentrale Kategorien dieses Bereiches; die Akteure sind in erster Linie nichtstaatliche Akteure (INGOs: international non-governmental organizations) und Wirtschaftsakteure bzw. Unternehmen (BINGOs: business international non-governmental organizations).
All diese genannten Akteure freilich sind Akteure ohne unmittelbare Persönlichkeit, sind in mancher Hinsicht Fiktionen. Die einzig realen gesellschaftlichen Akteure sind *Individuen* in ihren vielfältigen Einbettungen in sozialen Zusammenhängen. Die internationalen Beziehungen bestehen daher im Kern aus einer unüberschaubaren Fülle grenzüberschreitender individueller Akte und Interaktionen – vom internationalen Telefonverkehr über den Austausch von Kapital, Gütern und Dienstleistungen, Tourismus und Migrationsbewegungen bis hin zu diplomatischen Demarchen, militärischen Drohgebärden und kriegerischen Aktionen. Individuen handeln dabei als Einzelne oder als Repräsentanten wirtschaftlicher, sozialer oder politischer Gruppen und Organisationen. Zugleich ist offensichtlich, dass das Gewicht dieser individuellen Interaktionen sehr unterschiedlich sein kann: Die Macht des Präsidenten der Vereinigten Staaten, also seine Fähigkeit, in seiner Eigenschaft als Repräsentant des amerikanischen Staates internationale Entwicklungen in seinem Sinne zu beeinflussen, ist natürlich sehr viel größer als diejenige eines durchschnittlichen amerikanischen Touristen.

(Hanns W. Maull, Welche Akteure beeinflussen die Weltpolitik?, in: Karl Kaiser/Hans Peter Schwarz [Hrsg.], Weltpolitik im neuen Jahrhundert, Bundeszentrale für politische Bildung, Schriftenreihe Bd. 364, Bonn 2000, S. 369)

1. *Die Lehre von den internationalen Beziehungen ist ein Teilbereich der Politikwissenschaft (Text). Welche anderen Gegenstände und Teilbereiche der Politikwissenschaft können Sie nennen? Machen Sie anhand einiger Beispiele aus der Einführung (S. 8) deutlich, inwiefern für den Bereich der Innenpolitik und der alltäglichen Lebensverhältnisse die internationalen Beziehungen von großer Bedeutung sind. Wird diese Bedeutung Ihrer Einschätzung nach in Zukunft eher größer oder eher geringer werden?*
2. *Der Text weist darauf hin, dass die internationalen Beziehungen zunächst das aufeinander bezogene Handeln „politischer Systeme" betreffen. Worin liegt der Unterschied zwischen den Begriffen „Gesellschaft" und „politisches System"?*
3. *In M 1 wird der Begriff „internationale Beziehungen" weiter gefasst und dabei zwischen „internationaler Politik" und „transnationalen Beziehungen" unterschieden. Machen Sie diese, für die folgenden Betrachtungen nicht unwichtige, Unterscheidung deutlich.*
4. *Von großer Bedeutung für das System der internationalen Beziehungen ist auch sein „anarchischer*" Charakter. Erläutern Sie anhand des Textes dieses Merkmal. Inwiefern bedeutet „anarchisch" nicht einfach das Fehlen von Regelungen? Vielleicht können Sie aufgrund Ihres Vorwissens über die Europäische Union genauer beschreiben, inwieweit das genannte Merkmal für diesen Bereich der internationalen Politik (nicht) zutrifft.*
5. *Wenn Sie auch auf die Struktur des UN-Systems und die „bedeutsame Ausnahme" des Sicherheitsrates näher eingehen wollen, können Sie M 6 hinzuziehen und die angesprochene Problematik ggf. aus Ihrer Kenntnis heraus am Beispiel des Entscheidungsverhaltens zum Irak-Krieg* 2003 verdeutlichen: Wie kam es dazu, dass die USA für ihren Angriff gegen den Irak (unter dem Regime des Diktators Sadam Hussein) keinen Auftrag und auch keine Zustimmung des UN-Sicherheitsrates erhielten? Wie verhielten sich die einzelnen Mitglieder des Sicherheitsrates in dieser Frage?*

3. International tätige Akteure

Nationalstaaten sind nur *ein* Beispiel für international tätige Akteure. Zur Analyse der internationalen Beziehungen ist es von erstrangiger Bedeutung, die Akteure näher zu bestimmen. Von der *Mikro-* bis zur *Makroebene** können wir unterscheiden:

a) Individuen

Die meisten Theoretiker dürften die Behauptung zwar ablehnen, dass Individuen als internationale Akteure tätig werden können, doch wäre die Gegenposition, dass nur Individuen real sind, die Gesellschaft hingegen eine Abstraktion (s. a. M 1). Die alte Frage, ob einzelne Menschen Geschichte machen, ist zu bejahen: Ein Napoleon kann ohne Probleme als international tätiger Akteur begriffen werden, nicht einfach als Repräsentant des französischen Nationalstaates.

b) Subnationale nichtstaatliche Akteure

Solche gibt es in vielen Formen, von politischen Parteien über die Medien bis zu organisierten Interessengruppen, die die auswärtige Politik oder die öffentliche Meinung beeinflussen wollen. In unserem Zusammenhang ist besonders an die entwicklungspolitisch tätigen nationalen Organisationen zu denken, die sich etwa in dem Verband Entwicklungspolitischer Nichtregierungsorganisationen (VENRO) zusammengeschlossen haben, die deutsche Welthungerhilfe oder den Einfluss ethnischer* Minderheiten auf außenpolitische Entscheidungen in parlamentarischen Systemen, etwa der „Israel-Lobby"* auf die Nahostpolitik der Vereinigten Staaten.

c) Nationalstaaten

Für die später kurz darzustellende „realistische" Schule der Wissenschaft von den internationalen Beziehungen steht der Nationalstaat im Mittelpunkt der Analyse; was Staaten tun, ist für diese Schule schlechterdings die Quintessenz (wenn auch nicht das einzige Untersuchungsobjekt) internationaler Beziehungen.

d) Transnationale Gruppen und Organisationen, deren Mitglieder nicht Staaten sind

Diese Kategorie umfasst alle Einheiten politischer, religiöser, wirtschaftlicher und anderer Art, die transnational operieren, die aber nicht Regierungen und deren formale Vertreter zu Mitgliedern haben. Solche Akteure umfassen die unterschiedlichsten Organisationen von der Katholischen Kirche, der Sozialistischen Internationale* über Terroristengruppen (z.B. das Netzwerk El Kaida), den transnationalen Nichtregierungsorganisationen wie Greenpeace oder EUROSTEP (Verband europäischer Nichtregierungsorganisationen im Entwicklungshilfebereich) bis hin zu den in unserem Zusammenhang besonders wichtigen und an Bedeutung stetig zunehmenden multinationalen Wirtschaftsunternehmen, z.B. Sony, Volkswagen, Royal Dutch Shell oder Microsoft.

e) Internationale Gruppen und Organisationen mit Staaten als Mitgliedern

Hierunter fällt die große Gruppe der UNO und ihrer Sonderorganisationen (s. **M 5**), der Internationale Währungsfonds (**M 75 a/b**), die Internationale Organisation für Zivilluftfahrt (International Civil Aviation Organization) und unzählige andere, schätzungsweise mehr als 2100 mit mehr als 54000 nationalen Vertretungen in mehr als 110 Ländern (zu d und e s. **M 2**).

f) Das internationale System

Hierbei handelt es sich, strenggenommen, nicht mehr um einen international tätigen Akteur, gleichwohl um eine wichtige Analyseebene der Lehre von den internationalen Beziehungen. Hier wird auf das Ganze statt auf die einzelnen Teile, aus denen es besteht, abgestellt. Die vorher erwähnten Akteure, voran die Nationalstaaten, ordnen sich in ein

Ganzes ein, dem über das Verhalten des einzelnen Elementes hinaus bestimmte Eigenschaften zugeschrieben werden und das sich auf einer höheren Ebene der Abstraktion bewegt (z. B. Aussagen darüber trifft, wie sich in bestimmten Situationen Nationalstaaten verhalten, weniger darüber, wie sich ein bestimmter Nationalstaat in einer bestimmten Situation verhält). Diese Ebene stellt sich somit einerseits abstrakter (d. h. weniger konkret) dar, sie ist wegen ihrer breiten Generalisierung in gewisser Weise die schwierigste und unanschaulichste Analyseebene, bietet aber im günstigen Falle einen Erkenntnisgewinn jenseits der Ebene der Akteure.

M 2 Internationale Organisationen

Zum Begriff. Neben den Nationalstaat und Territorialstaat traten im 19. Jh. zunehmend internationale Organisationen (i.O.) mit dem Ziel, Rechts- und Arbeitsgrundlagen für die Zusammenarbeit der Staaten bzw. nationaler Akteure bei grenzüberschreitenden Transaktionen zu gewährleisten. Bei den i.O. wird zwischen International Governmental Organizations (**IGOs**) und International Non-Governmental Organizations (**INGOs**) unterschieden. Inzwischen wird auch die Kategorie Business International Non-Governmental Organization (BINGO) geführt, worunter die auf Erzielung ökonomischer Gewinne gerichteten Organisationen (transnationale Konzerne) zu verstehen sind. IGOs und INGOs sind Ausdruck einer immer stärkeren Verflechtung und Vernetzung des internationalen Systems.
Unter einer IGO wird eine durch multilateralen [mehr als zwei Länder verbindenden] völkerrechtlichen Vertrag geschaffene Staatenverbindung mit eigenen Organen und Kompetenzen verstanden, die sich als Ziel die Zusammenarbeit von mindestens zwei Staaten auf politischem und/oder ökonomischem, militärischem, kulturellem Gebiet gesetzt hat. Eine INGO ist ein Zusammenschluss von mindestens drei gesellschaftlichen Akteuren aus mindestens drei Staaten (Parteien, Verbänden etc.), der zur Ausübung seiner grenzüberschreitenden Zusammenarbeit Regelungsmechanismen aufstellt.

Internationale Organisationen bilden eine besondere Form zur Steuerung des internationalen Systems, die durch die zunehmende Verflechtung der Staaten in ökonomischer, politischer und gesellschaftlicher Hinsicht erforderlich wurde. IGOs sind Völkerrechtssubjekte wie die Staaten, d.h. sie haben die Organisationsgewalt nach innen und außen. Sie agieren im internationalen System aufgrund eines originären Vertragsschließungsrechts gegenüber den Nationalstaaten oder anderen IGOs. Sie sind von den Mitgliedstaaten ermächtigt, in ihrem Namen in einem bestimmten Politikbereich aufzutreten. So ist z.B. die NATO die für die Sicherheitspolitik ihrer 19 Mitglieder zuständige IGO.

Ausgewählte IGOs und INGOs. Die IGO mit der zweifellos größten mitgliederbezogenen Reichweite bilden die Vereinten Nationen, die 2003 einen Mitgliedsbestand von 190 Staaten aufwiesen (s. M 5 a).
Eine IGO unter dem Kriterium der sachlichen Reichweite bildet z.B. die Organisation Erdöl exportierender Staaten (OPEC). In der OPEC führt das gemeinsame Interesse am Ölexport zugleich zur Aufgaben- und Mitgliederbegrenzung. Unter dem Aufgabenaspekt reicht die Spannweite von monofunktionalen i.O. mit eng begrenzten Aufgaben bis hin zu multifunktionalen i.O. mit einem allumfassenden Aufgabenspektrum [...]. Ein Beispiel für eine regionale internationale Organisation bildet die *Europäische Union* [...].

Das Spektrum der INGOs weist eine große Bandbreite auf, was angesichts von mehr als 5000 INGOs auch nicht erstaunlich ist. So fallen unter INGOs dezidiert politische Organisationen wie z.B. die Sozialistische Internationale*, Greenpeace, International Confederation of Free Trade Unions usw. Aus dem Bereich des Sports sind z.B. das Internationale

Olympische Komitee, der Weltfußballverband (FIFA), die Europäische Fußballunion (UEFA) als die bekanntesten zu nennen. Im Bereich der Kultur ist der internationale Schriftstellerverband (PEN) am geläufigsten. Darüber hinaus gibt es im Verwaltungsbereich weniger politisch bedeutsame internationale Organisationen wie z.B. die Internationale Astronautische Föderation, die Internationale Astronomische Union oder die Internationale Gesellschaft für angewandte Psychologie. Die Anzahl der INGOs wird in Zukunft weiterhin stärker ansteigen als die der IGOs (vgl. Grafik S. 15), da die INGOs eine größere Anpassungsfähigkeit erreichen dürften.

Internationale Organisationen, Nationalstaaten und internationales System. Mit den klassischen Mitteln einer auf den Nationalstaat orientierten Politik konnten die grenzüberschreitenden Interaktionen nicht mehr gesteuert und beeinflusst werden. Es bedurfte im Hinblick auf neue bzw. expandierende Felder der internationalen Zusammenarbeit wie z.B. Wissenschaft und Technologie, Verkehr und Handel sowie Kommunikation daher der IGOs und der INGOs, um Steuerungs- und Managementaufgaben für das internationale System wahrzunehmen. Dabei kann die Zusammenarbeit in den IGOs als Fortsetzung der nationalen Problemlösungskapazitäten und -bewältigungsmechanismen verstanden werden. Allerdings berührt die Zusammenarbeit der IGOs die Souveränität des Nationalstaats, die nicht nur durch die IGOs als neue internationale Akteure in ihrer absoluten Bedeutung infrage gestellt wurde, sondern auch durch die *Zunahme der internationalen Verflechtung.* Staaten sind seit der Mitte dieses Jahrhunderts nicht mehr in dem Sinne souverän, dass sie autonom über ihre politischen Ziele und Aktionen allein entscheiden können. Einige Staaten sind vielleicht in der Lage, relativ autonom in einem Bereich. z.B. der Wirtschaftspolitik, eigene Präferenzen weitgehend durchzusetzen, während sie im Bereich der Sicherheits- und Verteidigungspolitik eine große Abhängigkeit aufweisen. Das internationale System stellt sich gemäß John *Burton* heute eher als ein Spinnwebmodell dar, „in dem die Welt durch eine Fülle je unterschiedlich funktional bestimmbarer, letztendlich Kommunikationsbeziehungen widerspiegelnder, einander überlagernder und gegenseitig durchwirkender Beziehungsgeflechte überdeckt ist, die wie eine Menge gigantischer Spinngewebe den einzelnen Akteur einfangen und ihn auf den verschiedensten Ebenen seines Tuns mit einer Fülle anderer Akteure verknüpfen“ (*Meyers* 1991: 301).

(Wichard Woyke [Hrsg.], Handwörterbuch Internationale Politik, Art. Internationale Beziehungen, Verf: Wichard Woyke, Leske + Budrich, Opladen, 8. Aufl. 2000, S. 190ff.)

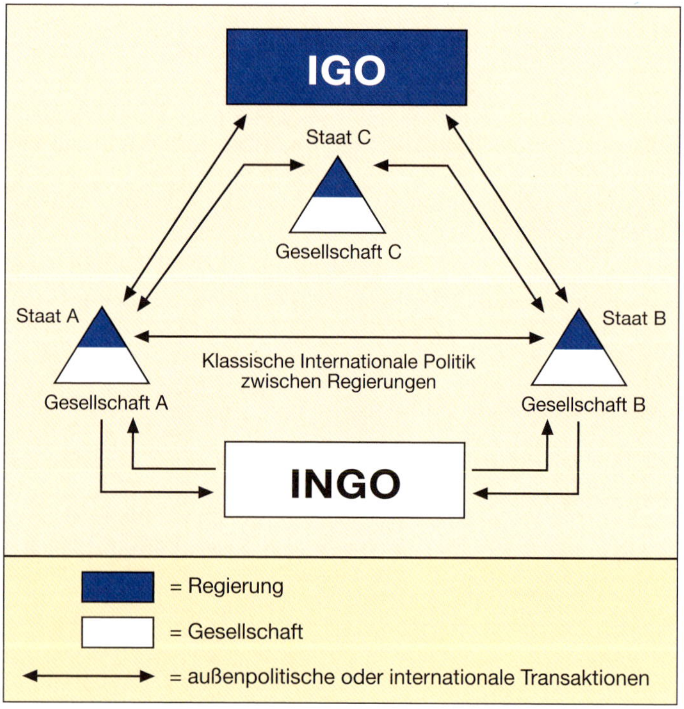

(Politische Bildung, Jg. 32, Nr. 1/1999, S. 10)

Staatliche/nichtstaatliche internationale Organisationen

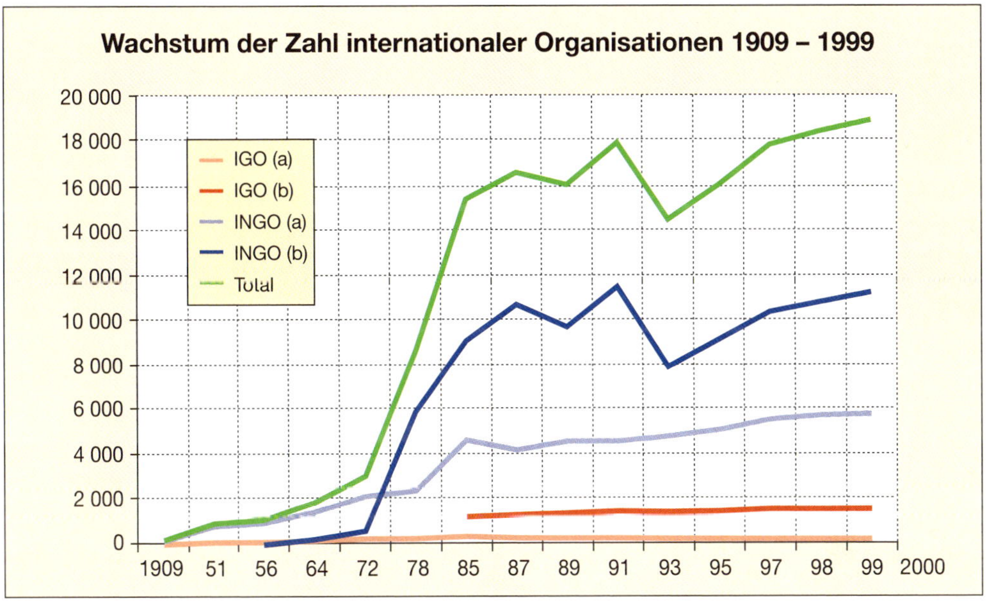

(Stiftung Entwicklung und Frieden [Hg.], Globale Trends 2000, Fischer TB Verlag, Frankfurt/M. 1999, S. 370)

Das internationale System setzt sich zusammen aus:

- 190 Staaten,
- 251 IGOs (a) „konventionellen“ Typs (völkerrechtsfähige, universelle, interkontinentale und regionale),
  1588 IGOs (b) „anderer Art“ (orts-, personen-, organisationsgebundene und nicht völkerrechtsfähige, ergänzt um Organisationen spezieller Form und international orientierte nationale Organisationen),
- 5 825 INGOs (a) mit weltweiter, interkontinentaler oder regionaler Mitgliedschaft,
- 11 252 INGOs (b) mit überwiegend einem Land zuzurechnender Mitgliedschaft („Sitzland-NGO“), die aber gleichwohl signifikante internationale Aktivitäten unterhalten (z.B. Freedom House, USA; Medicins sans Frontières, Frankreich; Cap Anamur, BRD),
- ca. 39 000 transnationalen Konzernen (TNCs, BINGOs) mit über 250 000 nationalen Tochterfirmen.

Gesamtzahl: IGOs: 1 839; INGOs: 17 077; internat. Organisationen: 18 916; das Jahrbuch der UIA führt zusätzlich 31 457 Organisationen „speziellen Typs“ auf (hauptsächlich inzwischen aufgelöste und zurzeit inaktive Organisationen aller Art).

(Quelle: zur Zahl der Staaten: Fischers Weltalmanach 2003; S. 31ff., zu den internationalen Organisationen: Union of International Associations, Yearbook of International Organizations (UIA) 2002/2003, http://www.uia.org/statistics/organizations/ytbl299.php)

1. *Charakterisieren Sie kurz die verschiedenen Ebenen, denen im Text (S. 12f.) die Vielzahl der „international tätigen Akteure“ zugeordnet werden, und achten Sie dabei insbesondere auf die Unterscheidung zwischen den Ebenen d) und e).*
2. *Ordnen Sie zu: Welche der im Text aufgeführten Akteure/Ebenen sind dem Bereich der in M 1 beschriebenen „internationalen Politik“, welche den „transnationalen Beziehungen“ zuzuordnen?*

3. *In M 1 heißt es: „Die einzig realen gesellschaftlichen Akteure sind Individuen". Widerspricht das nicht der Aufstellung der Akteure im Text (S. 12f.)?*

4. *Zu den auffälligsten Merkmalen in der Entwicklung der internationalen Beziehungen gehört das enorme Wachstum der Zahl internationaler Organisationen seit Beginn der 80er-Jahre (vgl. Grafik S. 15). Verdeutlichen Sie zunächst, auch an konkreten Beispielen, die Unterscheidung zwischen „Regierungsorganisationen" (IGOs) und „Nicht-Regierungsorganisationen" (INGOs) und den jeweiligen beiden Untertypen (M 2 und Erläuterung zur Grafik S. 15). Klären Sie den Unterschied zwischen IGOs und INGOs auch anhand der Grafik S. 14: Inwiefern kann man im Hinblick auf die INGOs (mögliches konkretes Beispiel: Greenpeace) von einer „die Staaten unterlaufenden Ebene" sprechen?*

5. *Der Text M 2 geht nur allgemein („Zunahme der internationalen Verflechtungen") auf die Ursachen für das Anwachsen der internationalen Organisationen ein. Versuchen Sie zu erläutern, inwiefern es sich hier um einen Aspekt des weltweiten Globalisierungsprozesses handelt, und ziehen Sie dazu ggf. M 116 a („Antriebskräfte der Globalisierung") heran.*

6. *IGOs sollen die Möglichkeiten der Nationalstaaten zur Lösung von Problemen erweitern, nicht ersetzen. Erläutern Sie, inwieweit die Kooperation in IGOs die Souveränität der Nationalstaaten einschränkt und die gegenseitige Abhängigkeit verstärkt (M 2, Z. 56ff.). Vielleicht können Sie am Beispiel der EU verdeutlichen, inwiefern verschiedene Politikbereiche (Geldpolitik, Verteidigungspolitik) davon unterschiedlich betroffen sind.*

7. *Die Entstehung von Nicht-Regierungsorganisationen wird allgemein auf den Abschied von der Auffassung zurückgeführt, dass der Staat alles könne oder das meiste am besten könne. Nehmen Sie beispielhaft Bezug auf die Bereiche des Umweltschutzes, der Menschenrechte oder der Entwicklungshilfe und stellen Sie dar, dass diese veränderte Grundauffassung auch für den internationalen Bereich von Bedeutung ist. Nennen Sie Ihnen bekannte INGOs für diese Bereiche und erörtern Sie, ob diese Organisationen nicht nur die Maßnahmen der staatlichen Ebene ergänzen, sondern auch manche Aufgaben besser erfüllen können als staatliche Organisationen.*

8. *Der Überblick über die internationalen Organisationen muss notwendigerweise zahlenmäßig abstrakt bleiben. Wenn Sie sich ein konkreteres Bild von der Vielfalt der Organisationen machen wollen, können Sie unter den folgenden Internetadressen nähere Informationen zu zahlreichen Organisationen (im Bereich Entwicklung, Umwelt usw.) einholen: http://www.nachhaltigkeit.aachener-stiftung.de/5000/Akteure.htm und http://www.politische-bildung.net/links/voll.php?viewCat=65*

4. Theorien internationaler Beziehungen

a) Zum Begriff der Theorie

„Eine Theorie – jede Theorie in jedem Bereich – ist eine allgemeine Erklärung bestimmter ausgewählter Phänomene, die so angelegt ist, dass sie jemanden, der mit den Eigenschaften der untersuchten Wirklichkeit vertraut ist, befriedigt" (Dougherty/Pfaltzgraff). „Eine allgemeine Theorie der internationalen Beziehungen ist ein umfassender, kohärenter und widerspruchsfreier (self-correcting) Wissensbestand, der zum Verständnis, zur Vorhersage, zur Bewertung (evaluation) und zur Kontrolle von Beziehungen zwischen Staaten und Eigenschaften (conditions) der Welt beiträgt" (Quincy Wright).
Theorien wollen also „erklären" („Theorie ist Verstehenshilfe", F.M. Marx), d. h. über die reine Beobachtung hinaus *Begründungen für Zusammenhänge* vorstellen. Nicht alle Theori-

en sind für *alle* Experten „befriedigend“, sondern viele Theorien sind im Gegenteil in der Wissenschaft höchst umstritten. Das Feld der internationalen Beziehungen macht keine Ausnahme. Dies beginnt schon bei der Frage, auf welcher Ebene der Akteure und damit der Abstraktion solche Theorien ansetzen sollen.

b) „Große“ Theorien im Überblick

Seit der Entstehung der „Wissenschaft von den internationalen Beziehungen“ (nach dem Politikwissenschaftler Czempiel dem Jahr 1919) ist eine große Zahl von miteinander konkurrierenden und sich gelegentlich ergänzenden Theorien vorgeschlagen worden. Sie lassen sich in mehrere große Gruppen einteilen (s. **M 3**), wodurch freilich einige (auch bedeutende) Theorien nicht erfasst werden.

Kontrastierende Theorien (bzw. Theoriegruppen) sind die idealistische (bzw. „liberale“) und die Konfliktschule (gelegentlich – s. M 3 – auch den „radikalen“ Ansätzen zugerechnet). Eine neuere Denkrichtung ist die „konstruktivistische“ Schule. Einige kurze Hinweise sollen die detailliertere Darstellung in **M 3** und die tabellarische Gegenüberstellung zweier wichtiger Schulen in **M 4** ergänzen:

• Die **realistische Schule** (Theorien der Macht, des Machtgleichgewichts und der Abschreckung)
Die älteste und damit klassische Theorie der internationalen Beziehungen ist das mindestens implizit auf das alte Indien und Griechenland zurückgehende *Konzept des Machtgleichgewichtes,* das in der Neuzeit theoretisch weiterentwickelt und zur Maxime* des Handelns von Politikern im Konzert der europäischen Mächte und darüber hinaus geworden ist. Die Grundidee ist es, dass ein internationales System so konstituiert sein sollte, dass die miteinander wetteifernden antagonistischen* Staaten sich machtmäßig neutralisieren, sodass es nicht zur allgemeinen Hegemonie (Vorherrschaft) eines Nationalstaats kommt, und dass die einzelnen Elemente des Systems sich in stabilem Gleichgewicht halten sollen, womit auch der Friede gesichert werde. Gegen die behauptete Stabilität des Machtgleichgewichtes nach der realistischen Schule wird das so genannte „Sicherheitsdilemma“ (Robert Jervis, 1978) vorgebracht: Ein Staat rüstet (ohne jede aggressive Absicht), um Sicherheit vor seinem Nachbarn zu gewinnen. Dieser interpretiert die Rüstung seinerseits als feindlich und antwortet mit Gegenrüstung, was das Misstrauen des ersten Staates scheinbar bestätigt. Die Rüstungsspirale dreht sich weiter und macht das System instabil, die Spannungen entladen sich schließlich in einem Krieg (gegebenenfalls ausgelöst als Präventivkrieg*, um einem vermuteten Angriff der anderen Seite zuvorzukommen).

• Die **idealistische Schule** orientiert sich an den Fragen des Weltfriedens und der internationalen Zusammenarbeit zum Vorteil aller Beteiligten. Kriege und bewaffnete Konflikte sind in dieser Sicht nicht unvermeidlich; Kooperation steigert den Wohlstand / das Wohlbefinden aller. Die Besserstellung eines Staates / einer Gesellschaft / einer Gruppe muss also nicht mit der Schlechterstellung eines anderen Staates, einer anderen Gesellschaft oder anderer Gruppen einhergehen. Der Friede ist machbar, da der Mensch ein vernunftbegabtes und lernfähiges Wesen ist (s. die Gegenüberstellung in **M 4**).

• **Konflikttheorien**
Dieser weite Bereich will erklären, wie es zu Konflikten (im Extremfalle Krieg) zwischen internationalen Akteuren kommt, welche Funktion Konflikten zukommt, wie gewaltsamer Konflikt eingedämmt und vermieden werden kann, wie es zu Imperialismus und Kolonialismus kommt, ob Konfliktverhalten von Staaten auf psychologische Faktoren bei Individuen

zurückgeführt werden kann, ob sozio-ökonomische Unterschiede die Wahrscheinlichkeit von Konflikten vergrößern oder verkleinern, wie der Zusammenhang zwischen Rüstung und Krieg ist, wie weit Allianzen Kriege wahrscheinlicher oder weniger wahrscheinlich machen, und schließlich, wie internationale Akteure von konfliktivem, gewaltsamem Verhalten abgeschreckt werden können. Es versteht sich, dass die unterschiedlichen Theorien zu ganz unterschiedlichen Antworten kommen; auch hier kann man ganz grob neben der „realistischen" Schule auf eine „idealistische" Schule verweisen, die zum Beispiel Frieden als Ergebnis von Friedenserziehung, also einer Änderung des menschlichen Verhaltens, begreift.

- **„Konstruktivistische" Theorien** sollten besser als „idealistisch" bezeichnet werden, betonen sie doch die Wichtigkeit des Einflusses von Ideen auf die internationalen Beziehungen. Ersichtlich wird hier, durch Interesse an einem *Einflussfaktor*, die Argumentations- bzw. Klassifikationsebene gewechselt (s. **M 3**).

Wie man sieht, gibt es eine reiche Fülle von sich wechselseitig gelegentlich ergänzenden, gelegentlich aber auch einander widersprechenden Theorien der internationalen Beziehungen.

M 3 Theorien internationaler Beziehungen: ein Überblick

Kein einzelner Ansatz kann die Komplexität der gegenwärtigen Weltpolitik vollständig erfassen. Eine Anzahl miteinander konkurrierender Ideen statt einer einzigen theoretischen Orthodoxie* bringt daher einen größeren Erkenntnisgewinn. Ein Wettbewerb zwischen Theorien hilft uns, ihre Stärken und Schwächen zu erkennen, künftige Verfeinerungen zu erarbeiten und Schwächen des hergebrachten Wissens zu erkennen. [...] Die Lehre von den internationalen Angelegenheiten wird am besten als fortdauernder Wettbewerb zwischen der realistischen, liberalen und radikalen Tradition begriffen. Der *Realismus* betont die dauernde Neigung zu Konflikten zwischen Staaten; der *Liberalismus* identifiziert verschiedene Möglichkeiten zur Minderung dieser konfliktiven Tendenzen; und die *radikale Tradition* beschreibt, wie das gesamte System der Beziehungen zwischen Staaten verändert werden kann. Die Grenzen zwischen diesen Traditionen sind gelegentlich unscharf, und eine Anzahl wichtiger Werke passen nicht exakt in eine von ihnen, aber die Debatten innerhalb und zwischen ihnen haben die Disziplin wesentlich bestimmt.

Realismus

Realismus war die führende theoretische Tradition während des Kalten Krieges*. Er beschreibt internationale Angelegenheiten als einen Machtkampf zwischen egoistischen Staaten und ist in der Regel pessimistisch hinsichtlich der Aussichten zur Abschaffung von Konflikt und Krieg. Realismus dominierte in den Jahren des Kalten Krieges*, weil er einfache, aber durchsetzungskräftige Erklärungen für Kriege, Allianzen, Imperialismus und Hindernisse zur Kooperation und andere internationale Phänomene vorschlug und weil seine Betonung des Wettbewerbes mit den zentralen Gegebenheiten der amerikanisch-sowjetischen Rivalität übereinstimmte.

Realismus ist natürlich keine einzelne Theorie, und das realistische Denken hat sich während des Kalten Krieges beträchtlich fortentwickelt. „Klassische" Realisten wie Hans Morgenthau und Reinhold Niebuhr nahmen an, dass Staaten wie menschliche Wesen ein angeborenes Verlangen zur Beherrschung anderer hätten, was sie zur Kriegführung veranlasste. Morgenthau betonte auch die Vorteile des klassischen multipolaren Machtgleichgewichtssystems und sah die bipolare Rivalität zwischen den Vereinigten Staaten und der Sowjetunion als besonders gefährlich an.

Im Gegensatz dazu sah die „neorealistische" Theorie nach Kenneth Waltz von der menschlichen Natur ab und konzentrierte sich auf die Wirkungen des internationalen

Systems. Für Waltz bestand das internationale System aus einer Anzahl großer Mächte, von denen jede das Überleben suchte. Weil das System anarchisch ist (was bedeutet, dass es keine zentrale Autorität gibt, die Staaten voreinander schützte), hat jeder Staat für sich sein Überleben zu sichern. Waltz argumentierte, dass diese Tatsache schwächere Staaten dazu veranlassen werde, sich gegen mächtigere Rivalen zusammenzuschließen, statt mit diesen Allianzen einzugehen. Er widersprach Morgenthau dahingehend, dass Bipolarität stabiler als Multipolarität sei. […]

Liberalismus

Die hauptsächliche Herausforderung für den Realismus kam von einer großen Familie liberaler Theorien. Ein Argumentationsstrang führte aus, dass die wirtschaftliche Interdependenz Staaten von der Nutzung von Gewalt gegeneinander abbringen würde, da ein Krieg den Wohlstand jeder Seite bedrohe. Ein zweiter Argumentationsstrang, der oft mit Präsident Woodrow Wilson (1856–1924) in Zusammenhang gebracht wird, sah die Verbreitung der Demokratie als Schlüssel zum Weltfrieden, was sich auf die Behauptung gründete, dass demokratische Staaten als solche friedlicher als autoritäre Staaten seien. Eine dritte jüngere Theorie argumentierte, dass internationale Institutionen wie die Internationale Energieagentur und der Internationale Währungsfonds dabei helfen könnten, egoistisches Staatsverhalten zu überwinden, da Staaten dazu veranlasst werden könnten, unmittelbare Vorteile zugunsten einer länger andauernden Zusammenarbeit dranzugeben.

Obwohl sich einige Liberale mit der Idee anfreundeten, dass neue transnationale Akteure, insbesondere die multinationalen Gesellschaften, die Macht der Staaten langsam reduzierten, sah der Liberalismus Staaten dennoch als die zentralen Spieler in internationalen Angelegenheiten an. Alle liberalen Theorien behaupteten, dass Kooperation verbreiteter sei, als selbst die optimistischen Versionen des Realismus zuzugeben bereit waren, aber jede Strömung bot ein unterschiedliches Rezept dazu an, sie zu fördern.

Radikale Ansätze

Bis in die 1980er-Jahre war der Marxismus die Hauptalternative zu den vorherrschenden realistischen und liberalen Traditionen. Wo Realismus und Liberalismus das Staatensystem als gegeben betrachteten, bot der Marxismus sowohl eine unterschiedliche Erklärung für den internationalen Konflikt und einen Plan für die grundsätzliche Umgestaltung der bestehenden internationalen Ordnung an.

Die orthodoxe marxistische Theorie sah den Kapitalismus als zentrale Ursache internationaler Konflikte an. Kapitalistische Staaten bekämpfen einander als Folge ihres nie endenden Kampfes um Profite, und sie bekämpfen sozialistische Staaten, weil sie in ihnen die Saat ihrer eigenen Zerstörung sahen. Die neomarxistische „Dependenz"-Theorie (vgl. **M 61 a**) konzentrierte sich im Gegensatz dazu auf die Beziehungen zwischen fortgeschrittenen kapitalistischen Mächten und weniger entwickelten Staaten und argumentierte, dass die ersteren – gefördert durch eine unheilige Allianz mit den herrschenden Klassen der Entwicklungsländer – dadurch reich geworden seien, dass sie die letzteren ausgebeutet hätten. Die Lösung lag im Sturz dieser parasitischen Eliten und der Errichtung einer revolutionären Regierung, die autonomer Entwicklung verpflichtet war.

Beide Theorien waren längst diskreditiert, bevor der Kalte Krieg auch nur zu Ende gegangen war. Die lange Geschichte wirtschaftlicher und militärischer Zusammenarbeit zwischen den fortgeschrittenen industriellen Mächten zeigte, dass der Kapitalismus nicht unvermeidlich zum Konflikt führte. Die bitteren Schismen [Spaltungen], die die kommunistische Welt teilten, zeigten, dass der Sozialismus keineswegs immer Harmonie förderte. Die Dependenztheorie litt unter ähnlichen empirischen Rückschlägen, da es zunehmend klar wurde, dass erstens aktive Beteiligung an der Weltökonomie ein besserer Weg zum Wohlstand als autonome sozialistische Entwicklung war und zweitens viele Entwicklungsländer sich als äußerst fähig erwiesen, mit multinationalen Gesellschaften und anderen kapitalistischen Institutionen zu verhandeln. […]

Konstruktivistische Theorien

Während Realismus und Liberalismus sich auf materielle Faktoren wie Macht oder Handel konzentrierten, betonen konstruktivistische Ansätze den Einfluss von Ideen. Statt dass der Staat als gegeben hingenommen wird und statt dass angenommen wird, er versuche einfach zu überleben, betrachten die Konstruktivisten die Interessen und Identitäten von Staaten als ein äußerst formbares Produkt spezifischer historischer Prozesse. Sie beobachten genau die vorherrschenden Diskurse in der Gesellschaft, denn solche Diskussionen spiegeln und gestalten Glaubenssysteme und Interessen und schaffen akzeptierte Verhaltensnormen. Konstruktivismus ist folglich besonders aufmerksam gegenüber den Quellen des Wandels, und dieser Ansatz hat den Marxismus als vorherrschende radikale Perspektive in internationalen Angelegenheiten weitgehend ersetzt.

Das Ende des Kalten Krieges spielte eine wichtige Rolle bei der Legitimierung* konstruktivistischer Theorien, da sowohl Realismus als auch Liberalismus dieses Ereignis nicht vorausgesehen und einige Probleme bei seiner Erklärung hatten. Konstruktivisten hatten eine Erklärung: Insbesondere revolutionierte der frühere Präsident Michail Gorbatschow die sowjetische Außenpolitik, weil er neue Ideen wie „gemeinsame Sicherheit" akzeptierte (vgl. Kasten S. 34). […]

Vom Standpunkt der Konstruktivisten aus ist ein zentrales Thema der Welt nach dem Kalten Krieg, wie verschiedene Gruppen ihre Identitäten und Interessen definieren. Macht ist zwar nicht irrelevant, aber der Konstruktivismus betont, wie Ideen und Identitäten geschaffen werden, wie sie sich entwickeln und wie sie die Art bestimmen, wie Staaten ihre Situation verstehen und auf sie reagieren. […]

Konstruktivistische Theorien sind sehr unterschiedlich und bieten keinen einheitlichen Kanon von Voraussagen über diese Angelegenheiten an. […]

Konzeptionen von morgen

Diese Debatten spiegeln die Unterschiedlichkeit gegenwärtigen Nachdenkens über internationale Angelegenheiten wider, aber es gibt auch offensichtliche Zeichen der Konvergenz [Annäherung, Übereinstimmung]. Viele Realisten verstehen, dass Nationalismus, Militarismus, Ethnizität und andere heimische Faktoren wichtig sind; die Liberalen geben zu, dass Macht für internationales Verhalten zentral ist; und einige Konstruktivisten geben zu, dass Ideen einen größeren Einfluss haben, wenn sie durch mächtige Staaten unterstützt und durch andauernde materielle Kräfte verstärkt werden. Die Grenzen jedes Paradigmas* sind ein wenig durchlässig geworden, und es gibt reichlich Gelegenheit für intellektuellen Austausch. […] Obwohl viele Wissenschaftler […] es ungerne zugeben, bleibt der Realismus der wichtigste allgemeine Rahmen zum Verständnis der internationalen Beziehungen. Staaten achten weiterhin genau auf das Machtgleichgewicht und ängstigen sich vor der Möglichkeit eines größeren Konfliktes. […] Der Realismus kann jedoch nicht alles erklären. […] Liberale Theorien nennen die Instrumente, die Staaten zur Erreichung gemeinsamer Ziele verwenden können, betonen die mächtigen wirtschaftlichen Kräfte, mit denen Staaten und Gesellschaften heute zurande kommen müssen, und helfen uns zu verstehen, warum Staaten in ihren grundsätzlichen Vorlieben voneinander abweichen mögen. […]

Konstruktivistische Theorien sind am besten geeignet, zu analysieren, wie Identitäten und Interessen sich verändern und dadurch unmerkliche Veränderungen im Verhalten von Staaten und gelegentlich weit reichende, aber unerwartete Veränderungen in internationalen Angelegenheiten hervorbringen. Es ist wichtig, ob die politische Identität in Europa weiterhin vom Nationalstaat in Richtung lokale Regionen oder zu einer europäischen Identität sich wandelt. […] Der Realismus hat darüber wenig zu sagen. […]

Kurz, jede dieser konkurrierenden Perspektiven erfasst wichtige Aspekte der Weltpolitik. Unser Verständnis verarmte, wenn unser Denken sich auf nur eine von ihnen beschränkte. […]

(Stephen M. Walt, International Relations: One World, Many Theories, in: Foreign Policy, Band 110 [1998], S. 29-46, hier S. 29ff.; übersetzt durch Jürgen H. Wolff)

M 4 Grundpositionen von „Idealismus“ und „Realismus“ im Vergleich

	Idealismus	Realismus
Menschenbild	Der Mensch ist von Natur aus vernunftbegabt, er orientiert sein Handeln an vernunftbegründeten und deshalb für ihn einsehbaren Normen oder Idealen, die sein Handeln auf den Fortschritt zum Besseren verpflichten.	Der Mensch ist eingebunden in die Widersprüche von Norm und Realität, von schöpferischen und zerstörerischen Verwirklichungsmöglichkeiten der Freiheit. Aus diesen Widersprüchen resultiert Angst, aus der Angst der Versuch, durch Machterwerb Sicherheit zu gewinnen.
Erkenntnisinteresse	Bewahrung des Weltfriedens durch Überwindung der Staatenkonkurrenz zugunsten einer internationalistisch-kosmopolitischen Weltgesellschaft oder eines Weltstaates	Bewahrung des Weltfriedens durch Einsicht in die Lehren der Vergangenheit und deren Nutzung zur Lösung der Probleme der Gegenwart
Handlungsziele	Herstellung einer internationalen Friedensordnung	Sicherung der staatlichen Eigenentwicklung und Durchsetzung des Nationalinteresses in einer dem Grund nach feindlichen Umwelt; Stabilisierung des internationalen Staatensystems
typische Mittel zur Verwirklichung der Ziele	Aufklärung über gemeinsame Interessen; Erziehung zu normgerechtem Handeln; Demokratisierung autokratischer Herrschaftsgebilde; Förderung der kollektiven Sicherheit und der internationalen Zusammenarbeit; spinnwebnetzartige Vermaschung internationaler Organisationen im Weltmaßstab	Erwerb, Erhalt, Vermehrung, Demonstration von Macht; Sicherheits-, Bündnis- und Gleichgewichtspolitik, notfalls militärische Selbsthilfe oder Gewaltanwendung

(Wichard Woyke [Hrsg.], Handwörterbuch Internationale Politik, Art. Theorie der internationalen Beziehungen, Verf.: Reinhard Meyers, Leske + Budrich, Opladen 2000, S. 436f.; gekürzt)

Hinweis: Ausgewählte Materialien zu zahlreichen Aspekten der Internationalen Politik (Begriff, Organisationen, Theorien usw.) bietet die Wiener „Servicestelle Politische Bildung“ unter der Internetadresse: http://www.politische-bildung.at/content/tipps/33/

1. *Begriff und Funktion von „Theorien“ werden Ihnen aus dem sozialwissenschaftlichen Unterricht vertraut sein (z.B. „Sozialisationstheorien“ aus dem Bereich der Soziologie oder die „Keynes'sche Theorie“ aus dem Bereich Wirtschaft). Erläutern Sie für den Bereich der internationalen Beziehungen die kurze, aber sehr inhaltsreiche Definition von Quincy Wright (Text S. 16 u.).*

2. *Überlegen Sie: Worauf ist es zurückzuführen, dass es zu fast allen Gegenständen der Wissenschaften (nicht nur der Sozialwissenschaften) mehrere und unterschiedliche Theorien gibt?*

3. *Bei der Auseinandersetzung mit den Theorien der internationalen Beziehungen schlagen wir Ihnen vor, zunächst die beiden „Schulen" des „Realismus" und des „Idealismus" zu analysieren (Text S. 17, M 3 und M 4; der „Liberalismus" kann in etwa der „idealistischen" Schule zugerechnet werden).*
   - *Welche Rolle spielt das „Machtgleichgewicht" (balance of power) in der Theorie der „realistischen" Schule? Welche Bedeutung kam diesem Ansatz z.B. während der Zeit des „Kalten Krieges" zu? Wenn Sie an dieser Stelle auch die Rolle des „Sicherheitsdilemmas" im „Kalten Krieg" untersuchen wollen, können Sie dazu den Text in Abschnitt B. 2. (S. 24f., M 8, M 9 a) heranziehen.*
   - *Stellen Sie die charakteristischen Merkmale des „idealistischen" Theorieansatzes (und der ihm nahe stehenden „liberalen" Theorien) heraus und benutzen Sie für einen Vergleich von „Realismus" und „Idealismus" die Gegenüberstellung in M 4. Versuchen Sie am Beispiel der Positionen verschiedener Länder zum Irak-Krieg 2003 oder zu einer anderen aktuellen Problemkonstellation die Relevanz der beiden genannten Theorieansätze für die Erklärung unterschiedlicher Positionen nachzuweisen. Welchem Ansatz neigen Sie selbst am ehesten zu?*

4. *Stellen Sie den Hauptgedanken „konstruktivistischer" Theorien heraus (Text und M 3) und erläutern Sie, warum Konstruktivisten das Ende des Kalten Krieges (Ost-West-Konflikts) als Beleg für die Relevanz ihrer Theorie in Anspruch nehmen (vgl. Text S. 33f.).*

5. *Der Autor von M 3 macht im letzten Abschnitt (S. 20) deutlich, dass internationale Theorien trotz ihrer unterschiedlichen Betrachtungsweisen sich nicht unbedingt zu widersprechen brauchen und dass sie sich auch gegenseitig ergänzen können. Stellen Sie zusammen, für welche politischen Zusammenhänge und Entwicklungen welcher Theorieansatz jeweils die größte Erklärungskraft besitzt.*

6. *Bei der Erarbeitung zahlreicher Materialien in den folgenden Kapiteln und Abschnitten und bei der Auseinandersetzung mit darin enthaltenen kontroversen Positionen zu den Problemen der internationalen Politik werden Ihnen – ausdrücklich oder unausgesprochen – immer wieder Bezugnahmen auf die unterschiedlichen Theorieansätze zu den internationalen Beziehungen begegnen. Es wäre deshalb wünschenswert, wenn Sie als Ergebnis Ihrer Erarbeitung dieses Abschnitts (insbesondere von M 3) und zur Erleichterung eines späteren Rückgriffs eine knappe Übersicht erstellen könnten, in der Sie die vier Ansätze durch wichtige Merkmale stichwortartig charakterisieren.*

B. Jüngere weltpolitische Entwicklungen seit 1945

1. Die Entstehung der Vereinten Nationen

Bereits am Ende des 1. Weltkrieges wurde der in Genf ansässige **„Völkerbund"*** gegründet, dessen Hauptziel die Wahrung des internationalen Friedens, also die Vermeidung einer Wiederholung des schrecklichen 1. Weltkrieges war. Der Völkerbund litt von Anfang an unter schwer wiegenden Strukturdefiziten, so zum Beispiel der Tatsache, dass eine der bereits damals wichtigsten Mächte, die Vereinigten Staaten von Nordamerika, dem Völkerbund als Ergebnis einer Welle des Isolationismus* nicht beitraten. Zum anderen war der Völkerbund nicht (oder nur unzureichend) mit „Zähnen" bewehrt, so dass die imperialistischen Mächte Japan, Italien und Deutschland unter dem Nazi-Regime sich entweder offen über Sanktionen* des Völkerbundes hinwegsetzen konnten oder die Organisation verließen, ohne dass dies einschneidende Folgen für sie gehabt hätte. Den 2. Weltkrieg vollends konnte der Völkerbund nicht verhindern. Gegen Ende des 2. Weltkrieges wurde alsbald ein neuer Anlauf unternommen, ein effizientes Instrument der Friedenswahrung aufzubauen. Der ursprüngliche Daseinszweck der, auf der Basis einiger Vorbereitungskonferenzen, 1945 gegründeten **„Vereinten Nationen"** war eben dieser: die Wahrung des Friedens und, notfalls, seine Wiederherstellung. Dafür wurde ein System geschaffen, das sich – so meinte man – vorteilhaft von dem gescheiterten Völkerbund abheben sollte:

(http://www.un.org/)

a) Grundsätzlich galt das Prinzip der *universellen Mitgliedschaft* und der *„souveränen Gleichheit"* aller Staaten (Art. 2 der Charta). Die besiegten Staaten Deutsches Reich und Japan waren zwar ursprünglich als Friedensbrecher so etwas wie internationale Parias*, denen folglich auch der Zugang zu den Vereinten Nationen verwehrt blieb. Da beide Länder aber von alliierten Truppen besetzt waren, waren sie indirekt – jedenfalls was den Aspekt der Friedenswahrung angeht – an das System angeschlossen.

b) Die *Friedenswahrung* sollte durch den Grundsatz erreicht werden, dass ein aggressiver Staat es nicht nur mit dem Widerstand eines angegriffenen Staates und gegebenenfalls dessen Verbündeten zu tun bekommen sollte, sondern mit der Völkergemeinschaft insgesamt. Dazu wurde ein politisch-administrativer Mechanismus geschaffen (s. dazu **M 6**):

c) Im *„Sicherheitsrat"* (dazu **M 5 c**) waren, neben einer Reihe von nicht-ständigen Mitgliedern (deren Mitgliedschaft also rotierte), ständig die fünf „Großmächte" am Ende des 11. Weltkrieges vertreten (die Sowjetunion, die USA, Großbritannien, Frankreich und China). Ein Staat, der den Frieden brach oder zu brechen drohte (darüber hatte in erster Linie der Generalsekretär der Organisation zu berichten), sollte es also mit der vereinten Macht dieser Großmächte und anderer Mächte zu tun bekommen – eine Konstellation, von der man sich eine abschreckende Wirkung auf kriegerische Gelüste erhoffte. Die Großmächte sicherten sich allerdings über das bis heute bestehende *Veto-Recht*, dass Entscheidungen zu ihren Lasten nicht gefällt werden können – eine bedeutsame Abweichung von dem erwähnten „Grundsatz der souveränen Gleichheit aller ... Mitglieder". Das System beruhte offensichtlich auf der Annahme, dass sich die Großmächte bei Friedensverletzungen einig seien, selbst keinen Krieg beginnen und auch gegenüber Aggressionen von Verbündeten keine Milde walten lassen würden.

Diese Voraussetzungen, so zeigte sich schon früh, waren nicht gegeben; kurze Zeit nach dem 2. Weltkrieg begann der **„Kalte Krieg"***, und das skizzierte System funktionierte in dieser Zeit nur ein einziges Mal, nämlich bei der Abwehr des nordkoreanischen Überfalls auf Südkorea 1950 (Korea-Krieg*). Hier lag allerdings der verfahrensmäßige Sonderfall vor, dass der Sitz der Sowjetunion im Sicherheitsrat von dieser aus Gründen des politischen Protestes nicht eingenommen wurde und damit ein Beschluss ohne deren Mitwirkung zustande kommen konnte. Eine vergleichbare Konstellation ergab sich erst wieder nach dem Ende des Kalten Krieges (1991), als der Überfall des Iraks auf das unabhängige UNO-Mitglied Kuwait die Autorisierung des Sicherheitsrates an eine Allianz unter Führung der US-Amerikaner nach sich zog, mit militärischen Mitteln der irakischen Aggression zu widerstehen bzw. die Annexion Kuwaits durch die Iraker rückgängig zu machen, wie dann ja auch geschehen („2. Golfkrieg“*). – Der Einsatz dieser Allianz erfolgte übrigens nicht unter der UNO-Flagge, im Gegensatz zu dem Korea-Feldzug*.

Da die UNO wegen des Ost-West-Gegensatzes in ihrer Hauptaufgabe, der Friedenssicherung, über Jahrzehnte blockiert war, verlagerte sich der Schwerpunkt ihrer Tätigkeit auf Fragen der Emanzipation der Dritten Welt und der Entwicklung. Auch innerhalb der Organisation wanderte das Machtzentrum vom Sicherheitsrat über die Generalversammlung zum Generalsekretär. Zum Aufbau der Organisation s. **M 5 a**, zum Sicherheitsrat **M 5 b**; Text der UN-Charta: www.uno.de/charta/charta.htm.

2. Der Ost-West-Gegensatz

Stalin*, einer der skrupellosesten Diktatoren des 20. Jahrhunderts, an dessen Händen das meiste Blut der von der Sowjetregierung umgebrachten Menschen klebt (siehe für die Nachkriegszeit **M 107**), wurde durch den deutschen Überfall auf die Sowjetunion 1941 unvermutet zum Verbündeten des ideologischen Erzfeindes, der kapitalistischen Vereinigten Staaten von Amerika, und avancierte in der Wahrnehmung der amerikanischen Öffentlichkeit verharmlosend zu „Onkel Joe“, da sich diese Öffentlichkeit nicht damit abfinden konnte, das Übel des Nationalsozialismus im Bündnis mit einem anderen Übel, dem Kommunismus, zu bekämpfen. (Amerikanische Außenpolitik hat ein ausgeprägt manichäisches* Weltbild: Der Gegner ist nicht einfach, wie in der europäischen Kriegsführung der Neuzeit vor dem Ersten Weltkrieg, eine Macht prinzipiell gleichen Ranges und Rechtes [ein „iustus hostis“], sondern der oder das Böse schlechthin. Wer z.B. Terrorismus bekämpft, hat in amerikanischer Deutung selbstverständlich das absolut Gute auf seiner Seite – was natürlich Unsinn ist.) Dieses unnatürliche Bündnis hielt nicht lange über die militärische Niederringung Deutschlands 1945 hinaus an. Der ungeheure Machtzuwachs, den die Sowjetunion durch direkte Gebietsannexionen und durch die Etablierung eines Systems von „Satellitenstaaten“ in Osteuropa, darunter auch ab 1949 der Deutschen Demokratischen Republik (DDR), schließlich auch durch die Etablierung eines kommunistischen Systems in China, errungen hatte (s. **M 7** für Europa), führte keineswegs zu einer Saturierung, also dem grundsätzlichen Verzicht auf weitere Expansion. In einer bis heute in ihrer Gewichtung in der Forschung umstrittenen Kombination aus nationalrussischem Chauvinismus* (spätestens seit der Befreiung von den Tataren um die Wende vom 15. zum 16. Jahrhundert hat das russische Reich, soweit möglich, immer expandiert) und eines die Weltherrschaft anstrebenden revolutionären Kommunismus* galt vielmehr ideologisch und machtpolitisch die Parole von der grundsätzlich bis zur Erringung der Weltherrschaft unbegrenzten weiteren Expansion.
Dabei sollte allerdings eine direkte militärische Konfrontation mit dem sich einigenden und an militärischer Stärke gewinnenden Westen grundsätzlich vermieden werden (so etwa bei dem „Test“ der Berlin-Blockade* 1948/9); eine der wenigen Ausnahmen, die prompt um ein Haar zu einem Nuklearkrieg geführt hätte, war die Kubakrise* 1962, zu welcher Zeit bezeichnenderweise der hitzköpfige Nikita Chruschtschow der starke Mann der Sowjetunion war.
Die Konfrontation zwischen einem westlichen Lager unter Führung der USA im Militärbündnis der Nato und einem kommunistischen Lager unter Führung der Sowjetunion (s. **M 8**), die nur gelegentlich von Phasen der Entspannungspolitik (etwa in den Siebzigerjahren) und der kontrollierten Abrüstung (s. **M 9b**) unterbrochen oder abgemildert wurde,

stellte die möglicherweise tödlichste *Bedrohung des Friedens und der Freiheit* in der Welt seit Hunderten von Jahren oder der Geschichte insgesamt dar. Pessimistische Stimmen (wie die des Basler Philosophen Karl Jaspers) sprachen sogar von der Unumkehrbarkeit totalitärer* Herrschaft, mit Ausnahme einer militärischen Niederlage einer solchen Diktatur (die wiederum undenkbar war, solange diese über Atomwaffen verfügte), so dass es bei dem Ausgreifen des weltrevolutionären Kommunismus dieser Denkschule nach nur ein Voran, niemals ein Zurück geben konnte.
Die Schwere der entsprechenden Bedrohung kann auch im Nachhinein nicht hoch genug eingeschätzt werden; dass sie für den Westen glimpflich und insbesondere auch ohne nukleare Verwüstung der Welt ausgegangen ist, darf nicht über die Tatsache hinwegtäuschen, wie real sie über Jahrzehnte objektiv und in der Wahrnehmung weiter Teile der westlichen Öffentlichkeit gewesen ist.

M 5a

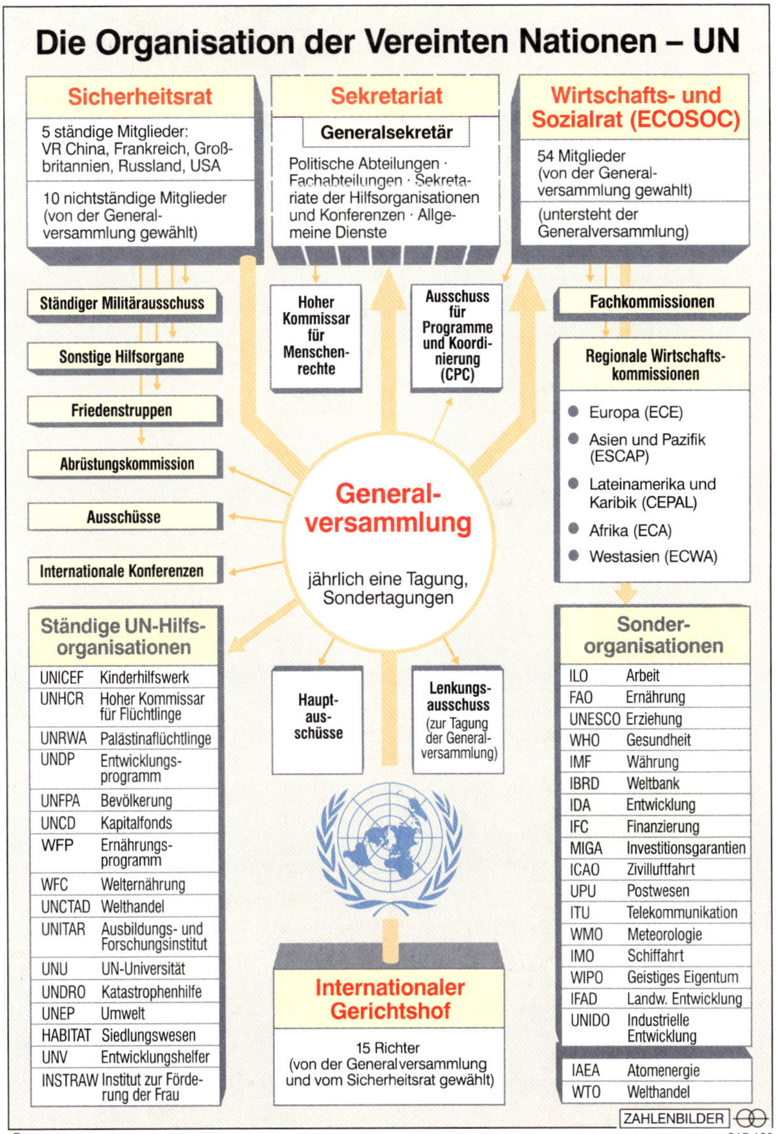

 615 120

M 5 b

Der Sicherheitsrat
(Foto: © dpa-Bildarchiv)

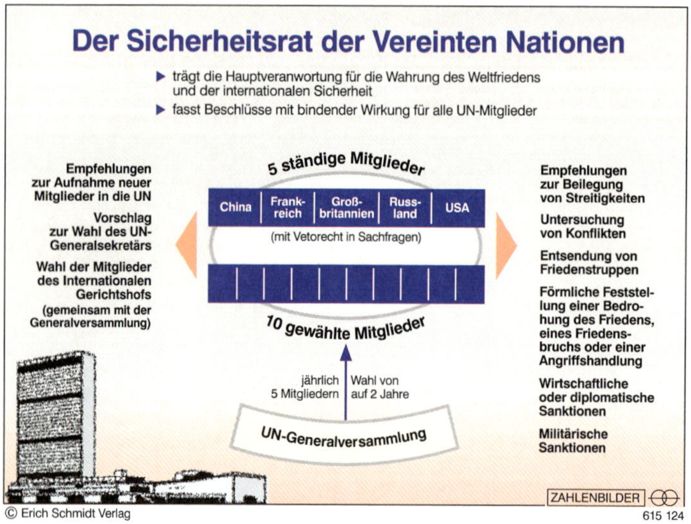

© Erich Schmidt Verlag

Kofi Annan (Ghana), Generalsekretär der UNO seit 1997
(Foto: © dpa-Fotoreport/epa AFP Ray Abrams)

M 6 Konfliktbewältigung nach Kap. VII der UN-Charta

Der Sicherheitsrat fordert die Konfliktparteien auf (Art. 40):
- den Weltfrieden und die internationale Sicherheit zu wahren;
- den Konflikt friedlich beizulegen;
- die Lage vor Ausbruch des Konflikts wiederherzustellen.

Maßnahmen unter Ausschluss von Waffengewalt (Art. 41):
- Abbruch der Wirtschaftsbeziehungen (Embargo);
- Unterbrechung des Land-, See- und Luftverkehrs;
- Unterbrechung der Post-, Telegrafen- und Funkverbindung;
- Abbruch der diplomatischen Beziehungen.

Maßnahmen unter Anwendung von Waffengewalt (Art. 42, 47, 48 und 49):
- Einsatz von Luft-, See- und Landstreitkräften zur Wahrung oder Wiederherstellung des Friedens, falls Maßnahmen nach Art. 41 „unzulänglich sein würden oder sich als unzulänglich erwiesen haben“;
- Bildung eines UN-Oberkommandos (Generalstabsausschuss);
- Durchführung der Maßnahmen „von allen oder einigen Mitgliedern“ der UN;
- bei der Durchführung leisten die Mitglieder der UN einander Beistand.

(RAAbits Sozialkunde/Politik, Raabe Verlag Stuttgart, August 1997)

M 7 Die Expansion der Sowjetunion in Europa seit 1940

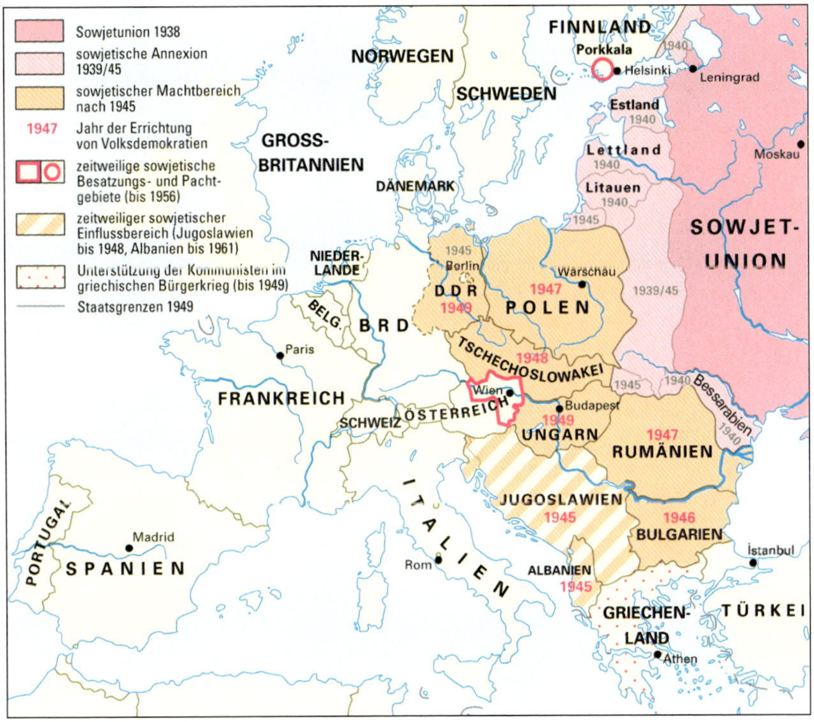

(Geschichte und Geschehen A 4, Ernst Klett Schulbuchverlag, Stuttgart 1997, S. 138)

M 8 Die Weltmächte im Kalten Krieg

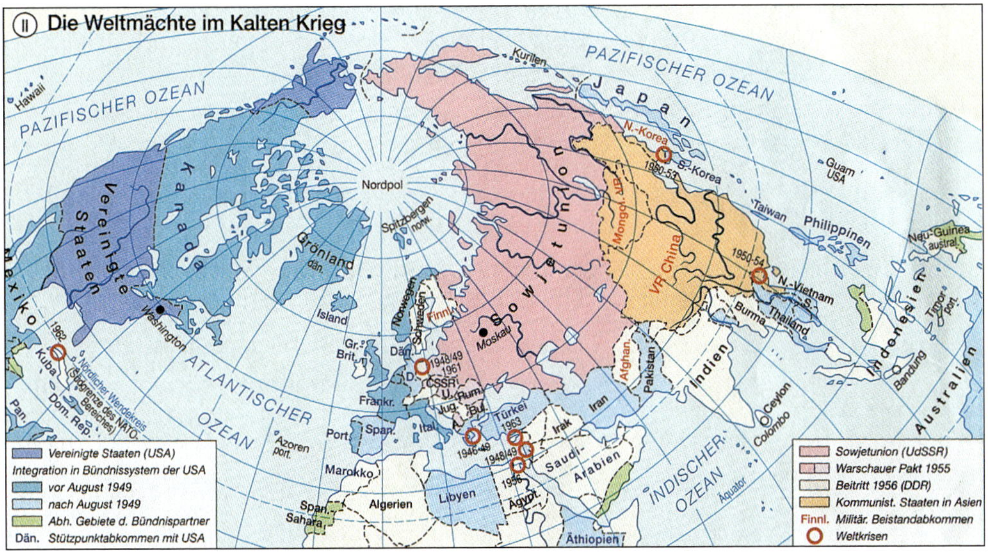

(Aus: Putzger, Historischer Weltatlas, 103. Auflage, © Cornelsen Verlag, Berlin 2001, S. 204 II)

M 9 a

„Bitte beachten Sie meine gestärkte Verhandlungsposition!“

(Zeichnung: Peter Leger/Besitz: Haus der Geschichte der Bundesrepublik Deutschland, Bonn)

M 9 b

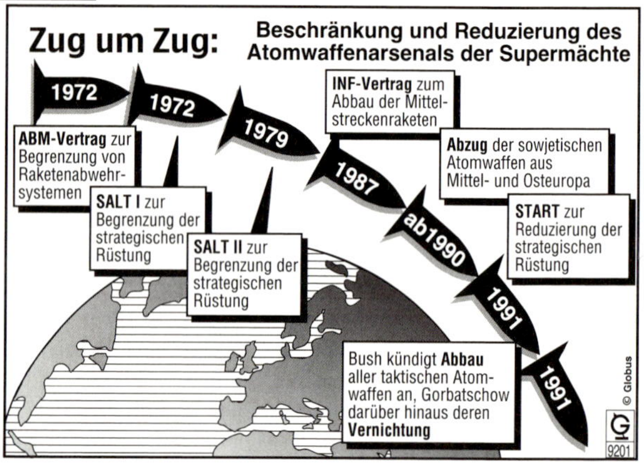

1. *Beschreiben Sie kurz den geschichtlichen Hintergrund, vor dem es im Jahre 1945 zur Gründung der Vereinten Nationen kam. Welchem Ziel sollten sie dienen? (Text S. 23; weitere Informationen zur Charta, zur Organisation, zur Stellung des Sicherheitsrates usw. können Sie der (S. 23) angegebenen Homepage der UN oder (in deutscher Sprache) der Adresse www.uno.de entnehmen).*

2. *Erklären Sie, warum in Presse- und Fernsehnachrichten über die UNO hauptsächlich vom Sicherheitsrat, vom Generalsekretär und von den UN-Friedenstruppen („Blauhelmen“) die Rede ist. Näheres zu den Friedenstruppen: www.uno.de/frieden/index.cfm*

3. *Erläutern Sie das gestufte Instrumentarium, das dem Sicherheitsrat zur Krisenbewältigung zur Verfügung steht (M 6). Welche Voraussetzungen müssen erfüllt sein, bevor es zu einem Beschluss des Sicherheitsrates über die Anwendung von Waffengewalt kommen kann? Wie kann sich dabei das Veto-Recht der fünf ständigen Mitglieder auswirken?*

4. *Da die UNO keine eigenen Kampftruppen hat (auch die UN-Friedenstruppen, „Blauhelme“, die nur die Funktion der „Friedenssicherung“, „peace-keeping“, haben, werden von Mitgliedstaaten zur Verfügung gestellt), kann sie Mitgliedstaaten oder auch Bündnisse (z.B. die NATO), die sich dazu bereit erklären und bei denen dann auch das Oberkommando liegt, mit der Durchführung von „Zwangsmaßnahmen“ nach Kap. VII der UN-Charta beauftragen bzw. sie dazu ermächtigen. Wer führte das Oberkommando für solche Truppen im Korea-Krieg* 1953 und im Golfkrieg* 1991?*

5. *Erläutern Sie die Entstehung des Ost-West-Konflikts sowie den Charakter des „Kalten Krieges“ und die „Schwere der Bedrohung“, in der die Welt über Jahrzehnte hin gelebt hat (Text, M 9 a). Die Beschreibung der weiteren Entwicklung, die zur Auflösung des Konflikts führte (Abschnitt 4, S. 33ff.), können Sie auch hier anschließen (vgl. M 9 b).*

3. Emanzipation und Ausdifferenzierung der „Dritten Welt"

Die Zeit nach 1945 steht wesentlich im Zeichen der Entstehung der „Dritten Welt", also jener Staaten, die sich im Grundsatz weder als Teil des kommunistischen noch des westlichen Lagers verstanden, also etwas „Drittes" sein wollten und sich weigerten, in dieser ideologisch-machtpolitischen Konfrontation Stellung zu beziehen (s. **M 12**).
Unter welthistorischer Perspektive bedeutet die *Zeit nach 1945 das Ende der großen europäischen Kolonialreiche,* also jenes historisch ganz einmaligen Zustandes, dass der größte Teil der Welt von wenigen europäischen Nationen als Kolonien oder Treuhandgebiete verwaltet wurde. Diese koloniale Expansion hat gegen Ende des 15. Jahrhunderts begonnen, im 18. und anfangs des 19. Jahrhunderts Rückschläge erlitten (z. B. die Unabhängigkeit der USA, den Verlust der nordamerikanischen Kolonien Frankreichs und der südamerikanischen Spaniens und, gegen Ende des Jahrhunderts, auch Portugals), erreicht dann aber im 19. Jh. und bis zum Ausbruch des Ersten Weltkrieges ihren Höhepunkt. Diese Weltbeherrschung durch Europa (zu Afrika s. **M 10**) geriet aus mindestens *zwei Ursachenkomplexen* ins Wanken:
a) Einerseits waren die wichtigsten europäischen Kolonialmächte (Großbritannien und Frankreich, aber auch die Niederlande) am Ende des Zweiten Weltkrieges erschöpft und brachten, außer in Einzelfällen, etwa dem Algerienkrieg*, nicht die Energie und die Machtmittel auf, um Emanzipationsbestrebungen der außereuropäischen Völker entgegenzutreten. Dass die Vereinigten Staaten eine dezidiert antikolonialistische Politik betrieben („we also have been a colony") und z. B. die Marshallplanhilfe* an die Niederlande aussetzten, als diese die Rückeroberung ihres ostindischen (indonesischen) Kolonialreiches versuchten, kam noch hinzu.
b) Wichtiger war, dass europäische Ideen sich gegen Europa selbst richteten: Seit der Aufklärung und der deutschen Romantik, verstärkt seit dem Ausgang des 1. Weltkrieges, wird nicht nur das Ideal der selbstbestimmten Persönlichkeit, der grundsätzlichen Gleichberechtigung aller Menschen, postuliert, sondern dieses emanzipatorische Ideal auch auf Völker und ethnische* Gruppen übertragen. Das Selbstbestimmungsrecht wurde so zu einer ideologischen Waffe, die von den Eliten der Kolonialvölker gegen ihre Kolonialherren angewendet werden konnte, die übrigens selbst von Zweifeln an der Berechtigung ihrer Herrschaft heimgesucht waren. Ideologisch hatte etwa die britische Kolonialmacht dem gewaltlosen Widerstand eines Mahatma Gandhi* gegen ihre Herrschaft in Indien nichts entgegenzusetzen.
In schneller Folge wurde einer Kolonie nach der anderen die Unabhängigkeit gewährt, gelegentlich, wie in britischen Kolonien Westafrikas, fast verzweifelt aufgedrängt (eine Übersicht zu Afrika s. **M 11**). Das wichtigste Ereignis war für Großbritannien die Unabhängigkeit und Teilung Indiens/Pakistans 1947, für Frankreich die Niederlage im ersten Indochinakrieg (1946–1954) und im Algerienkrieg* (1954–1962), für die Niederlande der Verlust Holländisch-Ostindiens, des heutigen Indonesiens (1945–1949), und für Portugal die „Nelken-Revolution"* 1974, als deren Folge sich das portugiesische Kolonialreich rasch auflöste. Die übrigen Kolonien europäischer Mächte in Afrika und Asien errangen, gelegentlich über einige administrative Zwischenschritte, im Allgemeinen die Unabhängigkeit ohne gewaltsame Kämpfe.
Die jungen Staaten mussten sehr rasch erleben, dass die politische Unabhängigkeit, das von den Afrikanern so heiß geliebte „Uhuru", keineswegs die Lösung der Entwicklungsprobleme bedeutete. Dabei stellt übrigens weder der Augenblick der Unabhängigkeit noch, wie von manchen Autoren angenommen, das so genannte „Point Four"-Programm des amerikanischen Präsidenten Truman zur technischen und wirtschaftlichen Unterstützung der Entwicklungsländer 1949 den Beginn der Entwicklungshilfe (s. dazu Kapitel III) dar, hatten doch Kolonialmächte im 20. Jahrhundert teilweise erhebliche Anstrengungen zur

Entwicklung ihrer Kolonien unternommen. (Großbritannien z.B. erließ mehrere Colonial Development and Welfare Acts, die viele der später diskutierten und versuchten entwicklungspolitischen Maßnahmen vorweggenommen hatten.) Neu war nun, dass sich die emanzipierten Länder wesentlich auf eigene Anstrengungen zur Förderung ihrer Wohlfahrt verwiesen sahen – und wie an anderer Stelle zu zeigen sein wird, sind sie dabei äußerst unterschiedlich erfolgreich gewesen. Hier sei nur darauf hingewiesen, dass die Ausdifferenzierung der „Dritten Welt" voranschreitet und der Begriff sich angesichts der Bandbreite des Entwicklungsniveaus dieser Ländergruppe weniger und weniger rechtfertigt.

M 10 Die koloniale Aufteilung Afrikas bis 1914

(© Ingenieurbüro für Kartographie J. Zwick, Gießen)

M 11 Unabhängigkeitsdaten und politische Systeme Afrikas

Zum Freedom House Index s. M 52 c und M 55 c.

M 12 Erste, Zweite und Dritte Welt 1945 – 1990

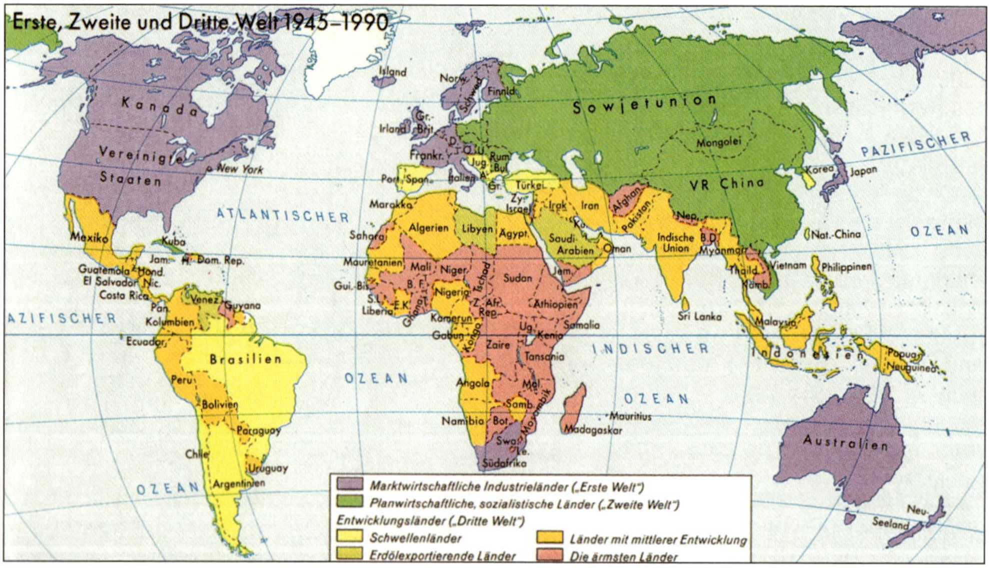

(Aus: Putzger, Historischer Weltatlas, 102. Auflage, © Cornelsen Verlag, Berlin 2000, S. 125 III)

Südafrika ist nur sehr bedingt als „marktwirtschaftliches Industrieland – erste Welt" zu bezeichnen. Einzelne Länder gehören verschiedenen Kategorien an. Gabun, Nigeria oder Mexiko z. B. sind gleichzeitig „Länder mit mittlerer Entwicklung" – jedenfalls, was das BSP/Kopf angeht – und „Erdöl exportierende Länder" (J. H. Wolff).

1. *Abschnitt 3 kommt im Hinblick auf den thematischen Schwerpunkt dieses Arbeitsbuches eine besondere Bedeutung zu. Machen Sie sich anhand des Textes vertraut mit*
   - *der Entstehungsgeschichte und der begrifflichen Bedeutung der „Dritten Welt",*
   - *den beiden wichtigsten Ursachenkomplexen für den Prozess der „Entkolonialisierung" in den 40er-, 50er- und 60er-Jahren des letzten Jahrhunderts;*
   - *der Ausgangssituation der unabhängig gewordenen Länder im Hinblick auf ihre Aufgabe der Herstellung und Förderung von Entwicklung.*

   Den kurzen Abschnitt (5., S. 35f.) über die Erfahrungen vieler Dritte-Welt-Länder mit sozialistischen Systemen können Sie auch hier anschließen.

2. *Der „Krisenkontinent" Afrika wird in diesem Buch in vielfacher Hinsicht Gegenstand der Betrachtung sein, u.a. im Hinblick auf Fragen nach den Folgen der Kolonialisierung für die weitere Entwicklung der afrikanischen Länder sowie nach den wirtschaftlichen und politischen Ursachen für ihren Entwicklungsrückstand auch gegenüber anderen Regionen der „Dritten Welt". Die beiden Karten M 10 und M 11 dienen daher auch der Möglichkeit des Rückgriffs bei der Behandlung dieser Themen. An dieser Stelle können Sie sich darauf beschränken, sich ein grobes Bild von der kolonialen Aufteilung auf die wichtigsten Kolonialmächte vor dem 1. Weltkrieg und von der heutigen „politischen Geografie" Afrikas zu machen.*

4. Der Zusammenbruch des Ostblocks und der Sowjetunion

1989 wird als das Jahr des „weltpolitischen Wunders“ bezeichnet. In diesem Jahr brach der Ostblock zusammen, die europäischen Staaten im Vorfeld der Sowjetunion erlangten ihre Unabhängigkeit von der Vorherrschaft Moskaus. Deutschland wurde nach Jahrzehnten der Teilung 1990 wiedervereinigt, und 1991 brach, nach einem missglückten Putsch kommunistisch-reaktionärer Kräfte, die Sowjetunion selbst zusammen; die einzelnen Republiken, die sie bildeten, erklärten als Nachfolgestaaten ihre Unabhängigkeit.

Symbol des „weltpolitischen Wunders“: Am 10. November 1989 nehmen Menschen aus Ost und West am Brandenburger Tor friedlich die „Mauer“ in Besitz.

(Foto: Bundesarchiv Koblenz)

Wie ist es dazu gekommen? Hier kann es uns nicht um ein Nachzeichnen der im Einzelnen äußerst komplexen Entwicklung gehen, die zu diesem Ergebnis geführt hat. Wir wollen im Folgenden nur einige der grundlegenden *Ursachen für den Zusammenbruch des Kommunismus** und mit ihm des Ostblocks in Stichworten aufführen:

a) Ganz allgemein kann festgestellt werden, dass das kommunistische Imperium, wie viele Weltreiche vorher, an einer *Überdehnung des eigenen Machtbereiches* und des eigenen Machtanspruches zugrunde ging. Ein Reich von der Elbe bis zur Beringstraße, vom arktischen Norden bis tief nach Zentralasien hinein, einige Jahre sogar unter Einschluss des verbündeten und lose abhängigen China zusammenzuhalten, erforderte Ressourcen*, über die die Sowjetunion immer weniger verfügte.

b) Der *Wettbewerb mit dem Westen* wurde im Sinne des Gesagten geradezu als eine Existenzgrundlage der kommunistischen Herrschaft verstanden. Er wurde auf allen möglichen Fronten angenommen und führte, erneut, zu einer Überdehnung der eigenen Kräfte. Er war langfristig zum einen ideologisch nicht zu gewinnen, da die Menschen täglich den Widerspruch zwischen der kommunistischen Herrschaftspraxis und der kommunistischen Ideologie erfuhren, diese mehr und mehr zu einem bloßen Legitimationsinstrument* der Herrschaft herabsank und in den letzten Jahrzehnten der Sowjetunion an sinn- und gemeinschaftsstiftender Kraft verlor. Die Ideologie* wurde mehr und mehr zum zynisch eingesetzten Legitimationsinstrument, hat aber weniger und weniger „die Massen ergriffen“, was nach Karl Marx Voraussetzung für ihre Wirkung gewesen wäre.

c) Der zweite Bereich, auf dem die Konfrontation mit dem Westen angenommen wurde, war der *militärische*. Stalin* und seine Nachfolger erhoben die Forderung an die eigenen Streitkräfte, auf *jedem* Gebiet (konventionell, atomar, zu Lande, zu Wasser, in der Luft und im Weltraum) dem Westen *mindestens* ebenbürtig zu sein. Moderne *Hochrüstung* ist indessen teuer. Da die ökonomische Basis im Ostblock wesentlich geringer war als im Westen, bedeutete dies, dass erheblich größere Anteile des Sozialproduktes für die Rüstung ausgegeben wurden. Selbst in den Zeiten der stärksten Konfrontation mit dem Ostblock wurde im Westen ein Anteil des Sozialproduktes von weit weniger als 10% für Militärzwecke ausgegeben. Nach den höchsten Schätzungen (Aslund 1995, Weltbank 1996; die offiziell im

Staatshaushalt angegebenen Werte wurden von allen Fachleuten für eklatant zu niedrig angesehen) machten die Rüstungslasten kurz vor dem Ende der Sowjetunion ungefähr ein Viertel ihres Bruttosozialproduktes aus. Den letzten Stoß (in der Forschung allerdings umstritten) in dieser Richtung hat das unter dem amerikanischen Präsidenten Reagan lancierte strategische Raketenabwehrprogramm* geliefert, das bis heute nicht durchgeführt ist, das aber die Sowjetunion zu verzweifelten Rüstungsanstrengungen veranlasste, um die angedeutete strategische Parität mit dem Westen zu wahren und die drohende Unverwundbarkeit der Vereinigten Staaten gegenüber sowjetischen Atomwaffen zu unterlaufen. Resultat dieser *Hochrüstungspolitik* (vgl. M **9 a**) war es, dass für die Bedürfnisse des Konsums der Masse der Bevölkerung ein immer kleinerer Anteil des Sozialproduktes zur Verfügung stand – was diese Massen dem Regime zusätzlich entfremden musste.

d) Weiter ist auf die *Wirtschaft* selbst zu verweisen, ganz unabhängig von ihrer übermäßigen Beanspruchung für Militärausgaben. Stalin* war es seit den Zwanzigerjahren gelungen, das industriell relativ rückständige Zarenreich in einigen Bereichen in eine große Industriemacht umzuwandeln, freilich um einen menschlich hohen Preis: „Für je 19 Tonnen Stahl, die unter Stalin produziert wurden, starb *mindestens* ein Sowjetbürger als Ergebnis von menschgemachter Hungersnot, Deportation, Einkerkerung im Gulag* oder Exekution." (Niall Ferguson, The Cash Nexus. Money and Power in the Modern World, 1700-2000, New York 2001, S. 367; Übersetzung J.H.W.). Die Rückständigkeit des russischen Reiches darf allerdings nicht überbetont werden, wie es die nachrevolutionäre kommunistische Propaganda gerne getan hat: Das Zarenreich war vor dem Ersten Weltkrieg die fünftgrößte Industriemacht der Erde.

Für die frühen Schritte der Wirtschaftsentwicklung scheint sich das stalinsche Zwangssystem mit zentraler Planung, Staatseigentum an allen Produktionsmitteln und vielen Millionen Zwangsarbeitern im „Archipel Gulag"* in der Tat als gigantische Wachstumsmaschine erwiesen zu haben. Den Lenkungsaufgaben einer sich immer weiter ausdifferenzierenden Wirtschaft, die nur durch freie Märkte und Leistungsanreize für hoch motivierte und bestens ausgebildete Arbeitskräfte zu bewältigen sind, war das post-stalinistische Sowjetsystem weniger und weniger gewachsen. Unter Breschnew (1964–1982)* wurde diese Krise offensichtlich, sodass im Nachhinein von einer „Periode der Stagnation" gesprochen wurde, und die Versuche des dritten Nachfolgers dieses Generalsekretärs, Gorbatschow, das System unter Beibehaltung der kommunistischen Herrschaft zu reformieren, misslangen: Das kommunistische System erwies sich als nicht reformierbar.

Michail Gorbatschow
(Foto: © dpa-Fotoreport/Stephanie Pilick)

Nach dem Tod Konstantin Tschernenkos wurde im März 1985 der 54-jährige Michail Gorbatschow neuer Generalsekretär des ZK der KPdSU. Er leitete unter dem Schlagwort „Perestroika" (Umbau) eine Politik tief greifender Veränderungen in Wirtschaft, Politik und Gesellschaft der Sowjetunion ein. In der Wirtschaft, die nach internationalen Maßstäben weit zurückgeblieben war, sollte durch Lockerung der zentralen Planung, durch begrenzte Zulassung privater Eigentumsformen (v. a. Genossenschaften) und durch marktwirtschaftliche Elemente eine nachhaltige Steigerung der Effizienz erreicht werden. Im politischen Bereich bestand das Ziel in mehr Demokratie. Das bedeutete die Auswahl unter mehreren Kandidaten bei Wahlen und die Stärkung der Eigenverantwortung der unteren Ebenen. Bei alledem sollten das Monopol und die führende Rolle der KPdSU gewahrt bleiben. Begleitet und gestützt werden sollte der gesamte Reformprozess von einer offenen gesellschaftlichen Diskussion, in der die Rolle der Presse und der anderen Medien unter dem Schlagwort „Glasnost" (Öffentlichkeit) neu beschrieben wird.

(Helmut Müller, Schlaglichter der deutschen Geschichte, Bundeszentrale für politische Bildung, Bonn 2002, S. 424)

e) Schließlich ist auf die ungelöste „nationale Frage" vieler Völker innerhalb der Sowjetunion und des „sozialistischen Lagers" hinzuweisen. Im Kern war die Sowjetunion ethnisch* der Nachfolger jenes Staates, der bis 1917 nicht ohne Grund „Russisches Reich" genannt wurde, also eines Reiches, dessen staatstragende und führende Nation die Russen waren. Nichtrussische Völker waren teils durch Eroberungen der Zaren (Kaukasus, Zentralasien, Sibirien, Fernost u. a.), teils durch solche der Kommunisten (Baltikum u. a.) in dieses Reich gezwungen worden und fühlten sich in ihren nationalen Anliegen durch eine gelegentlich forcierte Russifizierungspolitik verletzt. Die vormals selbstständigen osteuropäischen Staaten vermochten sich vollends nicht auf Dauer mit der Moskauer Vorherrschaft abzufinden.

Mit dem Untergang des Imperiums 1991 wurde dessen Kern, die *Föderative Republik Russland,* zu einem oft schwierigen, aber nicht grundsätzlich feindseligen Gegenspieler der westlichen Welt. Der zweite Präsident des unabhängigen Russland, Putin, hat dann, nach anfänglichem Zögern, entschlossen die Kooperation mit dem Westen gesucht (z.B. in der Terrorbekämpfung), wohl auch aus der Erkenntnis heraus, dass der massive wirtschaftliche Rückstand des Landes (das reale Sozialprodukt pro Kopf z.B. beträgt 12,3 % des US-amerikanischen [nach Kaufkraftparitäten*; Berechnung nach Weltbank-Angaben]) nur mit Hilfe westlichen Wissens und westlichen Kapitals gemildert (oder aufgehoben) werden kann.
Dem *Westen* ist es ursprünglich gelungen, in der NATO auch über das Ende der ursprünglichen Konfrontation hinaus, die zu ihrer Gründung geführt hatte, eine bemerkenswerte Kohäsion zu wahren. Als große Herausforderung für die politisch-militärische Einheit erwies sich seit 2002 die ablehnende Haltung einiger Mitgliedsländer, voran Deutschlands und Frankreichs, zur Position der USA im Hinblick auf das Irak-Problem. Erst die Zukunft wird lehren, ob das Bündnis nach dem Ende des Irak-Krieges zur alten Geschlossenheit zurückfinden wird. Trotz des Sieges der Demokratie über ihren kommunistischen Todfeind sind selbst im europäisch-nordatlantischen Raum offenbar nicht alle politischen Probleme gelöst – von neuen Herausforderungen etwa aus der islamischen Welt zu schweigen (s. dazu Kap. IV, Abschnitt B., S. 251ff.).

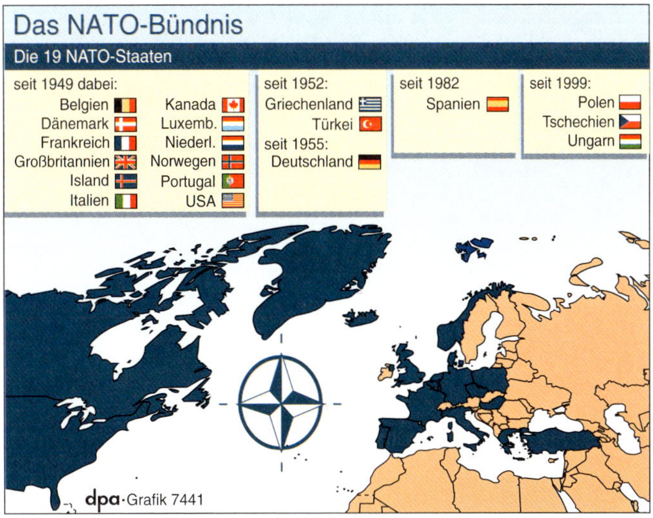

5. „Sozialismus“ in der Dritten Welt

In mehr oder weniger *orthodoxer** Anlehnung an die kommunistische Ideologie* hat es in der Dritten Welt eine große Zahl von Staaten gegeben, die sich zeitweilig zu einer „sozialistischen“ Entwicklungsideologie bekannt haben, vom „arabischen Sozialismus“ der Nasser-Zeit in Ägypten über den „Ujamaa-Sozialismus“* Tansanias unter dessen Staatspräsidenten Nyerere und dem zeitweilig im strengen Sinne kommunistischen Äthiopien unter Mengistu bis zu dezidiert sozialistischen Wirtschaftsrezepten in Indien in den Jahrzehnten nach dessen Unabhängigkeit und unzähligen weiteren Varianten eines mehr oder weniger rechtgläubigen „Sozialismus“.
Zu diesen Ländern sind auch Mitgliedstaaten des alten Ostblocks zu zählen (wie Nordkorea, Kuba, Vietnam, Laos, Kambodscha oder die zentralasiatischen Nachfolgestaaten der Sowjetunion), die politisch ein Teil der zweiten Welt, nach ihrer ökonomischen Verfas-

sung aber eindeutig Merkmale von Ländern der Dritten Welt aufwiesen und aufweisen. All diesen Sozialismen – die übrigens häufig die Länder, in denen sie herrschten, ökonomisch wie politisch ruiniert haben – ist mit dem Untergang des Ostblocks und des Kommunismus* das ideologische Vorbild oder doch die ideologische Anlehnung verloren gegangen. Allzu deutlich wurde, dass auf Dauer sozialistische Rezepte zur Förderung ökonomischer Entwicklung – von der Frage der politischen Freiheit zu schweigen – nicht taugen. In der Regel wurde aus Saulus Paulus: Kaum ein Land dieser Erde bekennt sich noch zum Sozialismus (sprich Kommunismus); exotische Relikte sind Länder wie Kuba, Nordkorea oder Burma. Sie sind zu Armenhäusern herabgesunken. China, das sich nach wie vor als kommunistisch versteht, ist wirtschaftlich sehr erfolgreich, dies aber gerade deshalb, weil es in der Wirtschaftspolitik die alten kommunistischen Rezepte entschlossen über Bord geworfen hat (ebenso z.B. Vietnam).

1. *Erklären Sie, warum die Entwicklung des Jahres 1989 als „weltpolitisches Wunder“ bezeichnet werden konnte.*
2. *Fassen Sie mit eigenen Worten die Textdarstellung zu den fünf grundlegenden, insbesondere ökonomisch geprägten Ursachen für den „Zusammenbruch“ der Sowjetunion und des Ostblocks zusammen.*
3. *Auf der Ebene des politischen Systems und der internationalen Beziehungen der Sowjetunion kommt der Politik des letzten sowjetischen Partei- und Regierungschefs Gorbatschow eine zentrale Bedeutung für die Entwicklung zu. Inwiefern kann man sagen, dass damit der Boden für die Entwicklung der Jahre 1989–1991 bereitet wurde?*
4. *In Abschnitt 4. (M 3) wurde darauf hingewiesen, dass das erwähnte „weltpolitische Wunder“ aus der Sicht bestimmter Theorien der internationalen Beziehungen nur schwer zu erklären war. Inwiefern konnte der „konstruktivistische“ Theorieansatz (s. S. 20) für sich beanspruchen, eine plausible Erklärung zu liefern? Wie beurteilen Sie selbst die Entwicklung der Jahre 1989–1991 im Lichte der verschiedenen Theorieansätze (vgl. Arbeitshinweis 6., S. 22)?*
5. *Machen Sie sich – ggf. mit Hilfe einer Geschichtskarte oder eines Atlas – ein Bild von der heutigen „politischen Geografie“ der Gebiete der ehemaligen Sowjetunion und der Länder, die zum „Ostblock“ gehörten.*

C. Deutungen des gegenwärtigen internationalen Systems

1. Die neue Unübersichtlichkeit

Mit dem Ende des Ost-West-Gegensatzes und dem Zusammenbruch des Kommunismus zumindest in der Weltregion, die als dem Westen eindeutig feindlich verstanden wurde und es objektiv war, ist die gewohnte klare Einteilung der Länder dieser Erde in „Erste“, „Zweite“ und „Dritte“ Welt obsolet geworden (vgl. **M 12**). Die Bestandteile der alten Zweiten (kommunistischen) Welt haben sich teils, auf ihre historischen Traditionslinien einbiegend, entschlossen der „Ersten Welt“ zugewendet (etwa Polen, Tschechien/Slowakei, Ungarn), teils sind sie, nach anfänglichem Zögern (Russland), auf die Politik einer engeren Kooperation mit dem Westen eingeschwenkt, teils sind sie, wie die zentralasiatischen ehemaligen Sowjetrepubliken, eindeutig zu Ländern der Entwicklungswelt geworden. Die alte

„Erinnerst du dich noch an jene Zeiten, als wir nur *ein* großes Problem hatten?“
(DER SPIEGEL vom 13. August 1993, S. 132)

Erste Welt hat, unter Schwierigkeiten, aber insgesamt doch erstaunlich erfolgreich, wesentliche Elemente ihrer alten Kohäsion in NATO und EU bewahrt, wobei die alte Führungsmacht USA durch den Wegfall des militärisch-politischen Gegenpols UdSSR* die Szene eher noch stärker dominiert als vorher. Die alte Dritte Welt sieht sich politisch-ideologischer und teilweise wirtschaftlicher Alternativen beraubt und hat nur die Wahl zwischen dem Versuch trotziger Selbstbehauptung (extremes Beispiel: Nordkorea) und möglichst enger Anlehnung an die Industrieländer des Nordens und Integration in den Weltmarkt, nach der gegenwärtig herrschenden entwicklungspolitischen Lehre auf Dauer das einzig Erfolg versprechende Rezept.
Die neue weltpolitische Lage ist treffend als *„neue Unübersichtlichkeit“* gekennzeichnet worden (vgl. Karikatur); klare Frontstellungen auf globaler Ebene fehlen weitgehend, möglicherweise wird man je nach Problembereich (hierzu s. das entsprechende Kapitel IV) von sich überlagernden und überschneidenden Frontstellungen und Akteurskonstellationen auszugehen haben. Kurz: Die alte Ordnung ist dahin und eine neue bestenfalls in Ansätzen erkennbar.

Beispiele für solche *wechselnden Koalitionen:*
a) In der Welthandelspolitik (zu ihrer Ordnung gibt es seit 1995 die Welthandelsorganisation *World Trade Organization, WTO*) verläuft die Frontlinie nicht mehr klar zwischen Industrieländern einerseits, Entwicklungsländern andererseits, wie dies noch bis in die Siebzigerjahre bei den damaligen Versuchen der Errichtung einer „Neuen Weltwirtschaftsordnung“ der Fall war. Die Auseinandersetzungen vollziehen sich nicht einmal *in erster Linie* zwischen den staatlichen Akteuren (kaum ein Land in der Entwicklungswelt, das nicht Öffnung der westlichen Märkte zur Ankurbelung seines Exports forderte – Protektionisten*, z.B. im Landwirtschaftsbereich oder hinsichtlich Stahlimporten, finden sich paradoxerweise unter dem Einfluss gesellschaftlicher Interessengruppen eher aufseiten der Industrieländer), sondern zwischen *Freihändlern** innerhalb zahlreicher Staaten auf der einen, *Protektionisten** und *Autarkisten** auf der anderen Seite, wobei also die eine Seite auf die segensreiche Wirkung des möglichst ungehinderten Freihandels, die andere Seite auf staatliche Regulierung, Eingriffe und Vorschriften setzt und beide Seiten mit mehr oder weniger großer Überzeugung davon Wohlstandsgewinne erwarten.
In der Welthandelspolitik ist also die Umkehrung der Fronten zu beobachten, dass Entwicklungsländer heute eher aufseiten der „Freihändler“ zu suchen sind, weil sie nur über den Marktzugang in Industrieländern Anschluss an die wirtschaftliche Weltentwicklung erhoffen, während protektionistische Bedenkenträger eher im Norden zu finden sind (vgl. dazu **M 118 b/c**).

b) Geht es um die Ausdehnung des freien Verkehrs von Waren auch auf ein immaterielles Gut wie „Kultur“ (bzw. deren Ausdruck in Rundfunk, Fernsehen und Film), findet sich unversehens eine Mehrheit grundsätzlich offener Länder auch und insbesondere des Westens gegenüber einem Frankreich zusammen, das starrsinnig auf Regeln zum Schutz der französischen Kulturindustrie vor der Medienmacht der USA besteht.

c) Überfällt ein diktatorisch regiertes Land der Dritten Welt (Irak) sein Nachbarland (Kuwait), findet sich hiergegen eine Allianz aus westlichen und arabischen Staaten zusammen (1991), während umgekehrt andere arabische Staaten hierin den Schachzug einer imperialistischen Supermacht (USA) erblicken.

d) Versuchen Länder wie ehemals Südafrika und Israel, heute Pakistan und Indien, zu militärischen Atommächten aufzusteigen, sind sie sich der Abwehr „etablierter" Atommächte (USA, Russland, Großbritannien, Frankreich und China) sicher; diese sind sich allerdings ihrerseits oft genug nicht einig.

e) Bedroht internationaler Terrorismus die Sicherheit von Flugzeugen oder Städten, umfasst die Zusammenarbeit dagegen nicht nur die meistbedrohten westlichen Staaten, sondern z. B. auch Russland, Ägypten, Algerien, Pakistan, Afghanistan oder Saudi-Arabien.

f) Geht es um das Einklagen einer höheren Entwicklungshilfe – oder die Abwehr darauf gerichteter Forderungen –, finden sich unversehens die westlichen Industriestaaten und die Entwicklungsländer in den gewohnten Frontstellungen wieder. – Zur Zeit des Ost-West-Konfliktes kam es immer wieder vor, dass bestimmte entwicklungspolitische Anliegen durch Entwicklungsländer mit der Drohung durchgesetzt wurden, sich anderenfalls außen- und entwicklungspolitisch nach Moskau zu orientieren. Dies ist in einigen Fallen tatsächlich geschehen; nachdem die Weltbank unter amerikanischem Einfluss die Finanzierung des Assuan-Staudammes in Oberägypten abgelehnt hatte, sprang die Sowjetunion in die Bresche und erreichte damit auch eine jahrelange außenpolitische Anlehnung Ägyptens unter Präsident Nasser an die Sowjetunion. Dieses Erpressungspotenzial besteht nicht mehr, damit für den Westen auch keine Notwendigkeit (?) mehr, zweifelhafte Potentaten wie Duvalier* oder Mobutu* (vgl. **M 52 b**) zu unterstützen.

Diese Beispiele könnten vermehrt werden, zeigen indessen, dass früher gewohnte klare Abgrenzungen dahin sind, dass auch der Analytiker in gewisser Weise mit einer langen Stange im Nebel herumstochert.

2. Die Frage nach der Zahl der „Pole": Monopolarität, Tripolarität, Multipolarität?

a) Monopolarität

Die USA, so wurde immer wieder gesagt, sei die nach dem Ost-West-Gegensatz einzige verbliebene *Supermacht,* mit anderen Worten, es gebe nicht ihresgleichen. Dies ist nun einerseits ebenso richtig wie andererseits die Folgerung ebenso falsch, die USA könnten nun ohne Widerpart tun und lassen, was sie wollten:

- Dass sie militärisch (wie technologisch) die führende Macht sind, ist unbestritten. Diese Macht indessen können sie, wie inzwischen mehrere Beispiele gezeigt haben, nur sehr bedingt und sehr selektiv zum Einsatz bringen. Eine (amerikanische) Öffentlichkeit, die inzwischen über das allgegenwärtige Fernsehen den Krieg im Wohnzimmer beobachten kann, muss immer wieder neu überzeugt werden, dass der Einsatz amerikanischer Soldaten sich wegen einer Bedrohung amerikanischer Interessen rechtfertige; zudem ist ein Einsatz amerikanischer Militärmacht der Öffentlichkeit, von deren Stimmung die Entscheidungsträger abhängen, nur dann vermittelbar, wenn die eigenen Opfer möglichst bei Null, jedenfalls gering gehalten werden können. Beispiele wären die entsetzte Reaktion der amerikanischen Öffentlichkeit, als amerikanische Soldaten der internationalen Interventionstruppe im Somalia-Einsatz* ums Leben kamen und hinter Jeeps durch die Straßen von Mogadischu geschleift wurden, oder der Krieg gegen die Serben im Kosovo*, der aus Furcht vor eigenen Verlusten ausschließlich aus der Luft (und obendrein noch aus großer Höhe) geführt wurde. Atomwaffen schließlich sind vollends politische

Abschreckungswaffen, die für praktische Zwecke ungeeignet sind: Als Nordkorea sich zur Atommacht zu entwickeln drohte, haben die USA nicht etwa mit einem Kernwaffenschlag gedroht, sondern schlicht die widerwillige Zustimmung Nordkoreas zum Abbruch der Kernwaffenentwicklung mit viel Geld zu erkaufen versucht. Auch nur die Androhung eines Atomschlages gegen den Irak beim Zweiten Golfkrieg* (1991), aber auch beim Irak-Krieg 2003, wäre als so absurd erschienen, dass sie unwirksam geblieben wäre.
- Amerika findet sich darüber hinaus in einem Geflecht von internationalen Verträgen, die nicht nur eigene Rechte, sondern auch eigene Pflichten begründen, die es gelegentlich hemdsärmelig zur Seite schiebt (so sind die USA über viele Jahre hinweg wesentliche Teile ihrer finanziellen Beitragsverpflichtung gegenüber den UN schuldig geblieben, haben sie Teile ihrer Handelsgesetzgebung exterritorial auszuweiten versucht, zum Ärger der Europäer), die jedoch insgesamt das Bild einer konkurrenzlos ungebundenen Aktionsfreiheit der Vereinigten Staaten erheblich zu modifizieren geeignet sind.

Das Bild von der Unipolarität in dem Sinne, dass die USA schlechterdings den Rest der Welt dominierten, ist falsch (vgl. dazu **M 13** und **M 15**). – Die USA sind schließlich in ihrer Außenpolitik häufig alles andere als folgerichtig. Seit ihrer Gründung gibt es große Denkschulen, die zu verschiedenen Zeiten unterschiedlichen Einfluss gehabt haben (s. dazu **M 17 a**).

b) Tripolarität

Vorgeschlagen wurde auch das Bild der „Tripolarität" aus EU, USA und Japan. Wie das Bild der Unipolarität ist es erheblich zu modifizieren. Es gilt, wenn überhaupt, dann bestenfalls im Bereich der Wirtschaftskraft (vgl. **M 14**), insbesondere des Außenhandels. Weltpolitisch ist die unter sich uneinige EU bestenfalls eine Regionalmacht. Regional bedeutende Mächte wie Indien oder auch und insbesondere China haben in diesem Bild keinen Platz – und schon deswegen kann ein solches Bild nur einen Teil der Wirklichkeit wiedergeben.

c) Multipolarität

Ein weiterer Versuch der Deutung der Nach-Kalte-Kriegs-Phase ist die Vorstellung der Multipolarität, die insbesondere von der russischen und chinesischen Führung als Gegenmodell zur Unipolarität propagiert worden ist. Wie die anderen, ist auch dieses Bild nicht völlig falsch, übersieht aber doch wesentliche Facetten des gegenwärtigen internationalen Systems, nämlich die eines außerordentlichen Macht- und Wohlstandsgefälles zwischen den behaupteten vielen Polen. Die völkerrechtliche Behauptung der souveränen Gleichheit aller Nationen, ob groß oder klein, kollidiert ganz einfach mit der Tatsache, dass zwischen der wirtschaftlichen und damit auch politischen und militärischen Leistungskraft etwa der USA und der Fidschi-Inseln Welten liegen. Die Pole sind also nicht gleich stark, wie es im klassischen Konzert der fünf großen europäischen Mächte im 19. Jahrhundert näherungsweise der Fall gewesen ist.

M 13 Machtverteilung im neuen internationalen System – Kombination aus unipolarer und multipolarer Struktur

(1) In den Neunzigerjahren hat sich gezeigt, dass alle Einheitsvisionen und der Glaube an ein neues Ordnungsprinzip im internationalen System weitgehend illusionär sind. Einige Hinweise müssen hier genügen: Die staatliche Organisation der Nebenordnung der Staaten ist nach wie vor dominant. Es ist keine Weltzivilisation entstanden, sondern mehrere Zivilisationen/Kulturen bestehen nebeneinander, die um „Kernstaaten" (Huntington 1996) gruppiert sind. Die „Globalisierung" fördert eine Regionalisierung, und die Nationalstaaten einer Region passen sich dem Globalisierungsprozess durch die Organisation ihrer Zusammenarbeit an. Der Regionalismus wird so zu einem sekundären Strukturprinzip, das auf dem staatlichen Ordnungsprinzip aufruht, das es überlagert, aber nicht ersetzt. Selbst in Regionalverbänden mit supranationalen Elementen (wie der EU) bleiben

die Staaten die letzten Entscheidungs- und Bezugsgrößen, auch wenn sie Teile ihrer Souveränität gemeinsam ausüben. Und die universale Staatenorganisation VN mutiert nicht zu einer supranationalen Organisation mit einem internationalen Gewaltmonopol, wie nicht zuletzt die militärische Intervention der NATO in Serbien bzw. Restjugoslawien augenfällig demonstriert hat. […]
Kein Geringerer als der VN-Generalsekretär Kofi Annan hat in seinem „Millennium-Bericht" (2000) festgestellt, dass gemeinsame internationale „Steuerung" und „Lenkung" nicht durch eine Schwächung der Staaten erreicht werden kann oder soll: „Im Gegenteil: Die Staaten müssen gestärkt werden." Kurzum: Das internationale Ordnungsprinzip hat sich nicht geändert und wird sich mit großer Wahrscheinlichkeit auch in absehbarer Zukunft nicht ändern.
(2) Wohl aber hat sich die Machtverteilung gravierend geändert, und diese Veränderung begründet das neue internationale System. Manche Beobachter vertreten die Auffassung, seine Struktur sei durch Unipolarität charakterisiert. So hat William Wohlforth (1999) aus dem Zusammenbruch des sowjetischen Pols mit mathematischem Charme geschlussfolgert: „2-1=1. Das System ist unipolar." Wohlforths Berechnungen der Relationen in den verschiedenen Bereichen der „Macht" belegen zwar die herausragende Position der USA im militärischen Bereich, aber im ökonomischen Bereich erscheint dies nur deshalb so, weil Wohlforth die einzelnen europäischen Staaten in Bezug zu den USA setzt und nicht die EU, die die ökonomischen Potenziale ihrer Mitglieder integriert, als einen ökonomischen Pol identifiziert, der bei manchen Indikatoren sogar stärker ist als die USA.
Eine differenzierte und dann zusammenschauende Betrachtungsweise ergibt, dass die Struktur des neuen internationalen Systems durch die Kombination aus unipolarer und multipolarer Machtverteilung charakterisiert ist. Unipolar ist das Weltsystem insofern, als das militärische Potenzial der USA nach Quantität und Qualität überragend ist, die USA aufgrund ihrer Truppenstationierungen und Allianzen auch eine europäische und asiatische Macht sind und mittels ihrer territorialen Stützpunkte und ihrer Flottenpräsenz auf allen Weltmeeren weltweit Machtprojektionen vornehmen können und auch tatsächlich vornehmen. Im nuklearen militärischen Bereich ist formal die Parität mit Russland durch die rüstungskontrollpolitischen Vereinbarungen (START* I und II) fortgeschrieben worden, aber der wirtschaftliche Niedergang Russlands und die amerikanischen Innovationen fördern die rüstungspolitische Asymmetrie zugunsten der USA. Immerhin bedeutet jedoch die Existenz unabhängiger atomarer Machtpotenziale in Russland, Großbritannien, Frankreich und China sowie die Existenz neuer regionaler Nuklearmächte, nämlich Indien und Pakistan und informell Israel, eine Beschränkung der amerikanischen Macht. Denn Nuklearwaffen sind ja politische Waffen der Abschreckung. Zudem haben die großen Nuklearmächte als ständige Mitglieder des VN-Sicherheitsrates eine gleichberechtigte Veto-Möglichkeit bei der Verhängung von VN-Zwangsmaßnahmen. Eindeutig besteht eine voll ausgeprägte Multipolarität im geo-ökonomischen Bereich, genauer gesagt, eine Tripolarität, denn die ökonomischen Potenziale konzentrieren sich auf die drei großen Regionen Nordamerika, Europa und Südostasien mit den großen Wirtschaftsmächten USA, EU und Japan als Kernmächten, zwischen denen eine ungefähre Balance, ein kooperatives interregionales Gleichgewicht besteht, wobei beim Welthandel die EU sogar vor den USA rangiert. China dürfte demnächst ebenfalls zu einer führenden Wirtschaftsmacht werden.
Gesamtpolitisch bilden USA, Russland, China, Japan und die EU – mit den Führungsmächten Deutschland, Frankreich und Großbritannien – die machtpolitische Spitzengruppe; mit deutlichem Abstand gegenüber den anderen Staaten. Die USA sind die herausragende Zentralmacht in der Spitzengruppe, aber ihre Position wird relativiert durch die politische und ökonomische Multipolarität, die durch die regionalistischen Substrukturen gestärkt wird.

(Werner Link, Hegemonie und Gleichgewicht der Macht. In: Mir A. Ferdowsi [Hrsg.], Internationale Politik im 21. Jahrhundert, Wilhelm Fink Verlag München, Paderborn 2002, S. 37 – 39)

M 14 Die großen Wirtschaftsmächte nach ihrem Bruttosozialprodukt

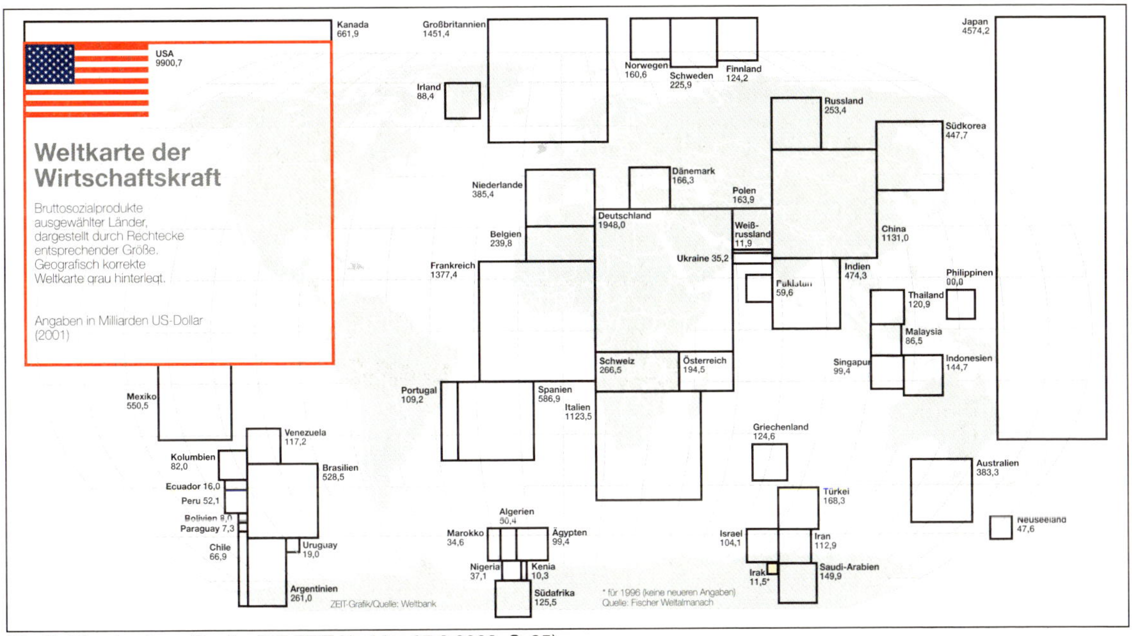

(Grafik: Phoebe Arns; Quelle: DIE ZEIT Nr. 14 v. 27.3.2003, S. 25)

China ist nach neueren Daten und kaufkraftbereinigten* Werten mit 4,38 Billionen $ weit vor Japan mit 2,95 Billionen $ (Weltbank) Sozialprodukt mit Abstand die zweitgrößte Wirtschaftskraft der Erde, wenn auch immer noch relativ wenig in den Welthandel verflochten (Außenhandel nur 8,5% des kaufkraftbereinigten Bruttoinlandsproduktes; zum Vergleich: Deutschland 54,3%), was möglicherweise das Bild der Tripolarität verständlich macht. Hebt man aber auf die absolute Größe der Nationalökonomie ab, dann ist diese Tripolarität zu erweitern mindestens um China, in zunehmendem Maße aber auch um die „Tigerökonomien" Südostasiens, trotz der Krise von 1997 bis 1999. (Autorentext)

M 15 Das dreidimensionale Schachbrett – Über amerikanische Macht im Zeitalter der Informationsrevolution

So wie sich die politische Welt nach dem Zusammenbruch der Sowjetunion darstellte, wurde sie in manchen Analysen als unipolar, in anderen als multipolar definiert. Beide Analysen sind falsch; denn jede bezieht sich auf eine je andere Dimension der Macht, die nicht mehr mit militärischer und selbst mit wirtschaftlicher Übermacht gleichgesetzt werden kann. Wer „unipolar" sagt, überschätzt die Fähigkeit der Vereinigten Staaten, die in gewissen Dimensionen der Weltpolitik gewünschten Ergebnisse zu erzielen; „multipolar" setzt, ebenfalls irrtümlich, das Bestehen ungefähr gleicher Länder voraus.

Vielmehr verteilt sich in einer Zeit globaler Information die Macht auf die Länder nach einem Muster, das einem dreidimensionalen Schachspiel gleicht. Auf dem oberen Brett ist die militärische Macht weitgehend unipolar. Aber auf dem mittleren Brett ist die wirtschaftliche Macht multipolar; hier stehen die Vereinigten Staaten, Europa und Japan für zwei Drittel des Weltprodukts, und China könnte dank seines enormen Wachstums zum vierten großen Spieler werden. Auf diesem, dem wirtschaftlichen Schachbrett, gibt es keine amerikanische Hegemonie; hier müssen sich die Vereinigten Staaten oft von gleich zu gleich mit Europa auseinander setzen.

Das untere Brett ist die Sphäre der transnationalen Beziehungen, die außerhalb staatlicher Kontrolle über die politischen Gren-

zen hinweggehen. Zu dieser Sphäre gehören die verschiedensten Akteure – von Banken, die höhere Summen, als die meisten nationalen Budgets sie erreichen, auf elektronischem Wege transferieren, bis zu Terroristen, die Waffen verschieben, und Hackern, die Internet-Operationen vereiteln. Auf diesem unteren Schachbrett ist die Macht weit verteilt, und von Uni- oder Multipolarität oder von Hegemonie* zu sprechen, hat keinen Sinn. [...]
Das Problem für die Amerikaner des einundzwanzigsten Jahrhunderts besteht darin, dass immer mehr Dinge sich der Kontrolle auch des mächtigsten Staates entziehen. Die Vereinigten Staaten beherrschen die traditionellen Methoden, aber es geschieht in der Welt mehr und mehr, was mit solchen Methoden nicht erfasst werden kann. Unter dem Einfluss der Informationsrevolution und der Globalisierung verändert sich die Weltpolitik in einer Weise, die es den Amerikanern unmöglich macht, alle ihre internationalen Ziele allein zu erreichen. Die finanzielle Stabilität ist zum Beispiel von vitaler Bedeutung für die Prosperität der Amerikaner, aber die Vereinigten Staaten können sie nur in Zusammenarbeit mit anderen sichern. Auch globale Klimaveränderungen werden die amerikanische Lebensqualität in Mitleidenschaft ziehen, und die Vereinigten Staaten können auch mit diesem Problem nicht allein fertig werden. Und in einer Welt, wo die Grenzen für alles – vom Drogenhandel über Infektionskrankheiten (bis) zum Terrorismus – immer durchlässiger werden, muss Amerika internationale Bündnisse ins Leben rufen, um gemeinsame Bedrohungen und Herausforderungen zu bestehen.

(Joseph S. Nye, in: Neue Zürcher Zeitung v. 10.03.2003)

M 16 Multilateralismus und Unilateralismus

Multilateralismus kann ganz allgemein als ein Politikstil verstanden werden, bei dem die Beziehungen zwischen drei oder mehr Staaten auf der Basis bestimmter allgemein akzeptierter Verhaltensregeln und Prinzipien ablaufen. Multilateralismus ist das konzeptionelle Gegenmodell zum Unilateralismus, bei dem einzelne Staaten sich vorbehalten, je nach eigener Interessenslage alleine und, wenn notwendig, auch gegen andere Staaten zu handeln. In der politischen Praxis neigen vor allem große und mächtige Staaten zu unilateralem Vorgehen, weil sie sich davon die maximale Durchsetzung ihrer eigenen Interessen versprechen. [...]
Zu den Grundsätzen multilateraler Politik gehört das uneingeschränkte Verbot von Gewalt zur Durchsetzung politischer Ziele und die Erkenntnis, dass nationale Interessen durch Zusammenarbeit besser durchgesetzt werden können als in einem nationalstaatlichen Gegeneinander. Die Betonung gemeinsamer Interessen ist mithin entscheidend für eine multilaterale Politik. [...]
Unterstellt das multilaterale Konzept ein alles in allem rationales Verhalten der zentralen Akteure, so hebt das unilaterale Konzept stärker auf den anarchischen* Grundzustand des internationalen Systems ab und orientiert sich damit an den Grundlinien der realistischen Schule (vgl. S. 21). Die Verletzung von Regeln zur eigenen, kurzsichtigen Nutzenmaximierung (manchmal sogar wider besseres Wissen) wird als ehernes Gesetz der Weltpolitik betrachtet, und es ist in dieser Sichtweise nicht zu erwarten, dass die zukünftige internationale Politik normgeleitet, friedlich, interdependenz- und konsensorientiert abläuft. Selbst wenn sich ein Akteur an multilaterale Spielregeln halten würde, heiße dies noch lange nicht, dass er sich darauf verlassen könne, dass dies alle anderen Akteure auch tun. Multilateralismus wird insofern als Schönwetterveranstaltung gesehen, die der Natur internationaler Politik nicht gerecht wird. Im Extremfall helfe nur ein unilaterales Verhalten weiter.
Es hängt damit stark von den theoretischen Leitbildern in den betreffenden Staaten ab, ob eine unilaterale oder multilaterale Strategie als Erfolg versprechend angesehen wird. Die Vereinten Nationen können nur dann eine wichtige Rolle in der internationalen Politik

spielen, wenn ihre Mitgliedstaaten auf multilaterale Strategien zu Bewältigung der Probleme und Herausforderungen setzen, d. h., ein Erfolg der Vereinten Nationen ist äußerst voraussetzungsreich. In der realen Welt zeigt sich, dass diese Voraussetzungen nicht immer gegeben sind. Zu selten sind die Mitgliedstaaten bereit, die Vereinten Nationen an die Spitze ihrer außenpolitischen Prioritäten zu setzen und vor allem ihr Verständnis von Außenpolitik von „souveränen" Staaten zu ändern.

(Johannes Varwick/Wilhelm Knelangen, Die Rolle der Vereinten Nationen, in: Aus Politik und Zeitgeschichte B 27–28/2002 v. 8.7.2002, S. 5f.)

M 17 a Grundmuster amerikanischer Außenpolitik

– Ein durchgängiges Diskussionsmuster amerikanischer Außenpolitik war lange Zeit die Debatte um Isolationismus* vs. aktive Außenpolitik als Macht im Konzert der übrigen Mächte. Sahen die Gründerväter die Chance der jungen Nation darin, sich (mit einem gehörigen Schuss Moralismus) aus den Händeln des als dekadent und verderbt interpretierten Europa herauszuhalten, so zeigte sich doch bald, dass dies für eine Macht vom Range der USA praktisch nicht durchzuhalten war (z. B. Eingreifen im 1. Weltkrieg). Nach dem Zweiten Weltkrieg, angesichts der durch den Krieg erschöpften europäischen Staaten und der Bedrohung durch den Kommunismus, ließ sich die Übernahme weltpolitischer Verantwortung (und dies sogar in führender Position) erst recht nicht vermeiden. Neue Entwicklungen (wie der vom Ausland gegen die USA gerichtete Terrorismus) lassen eine isolationistische Haltung vollends illusorisch erscheinen.

– Ein zweites Grundmuster (das dem ersten ähnlich, aber nicht mit ihm identisch ist) stellt das Gegensatzpaar aus friedlicher Selbstbeschränkung in der Außenpolitik (zur Wahrung und Verteidigung der eigenen Interessen) und imperialistisch-kolonialistischem Ausgreifen dar. Schon eine der frühesten außenpolitischen Aktionen der jungen Republik, die Verkündigung der Monroe-Doktrin* 1823, steht für diese Ambivalenz: Ist sie (einerseits) eine Warnung an die europäischen Mächte, dass der amerikanische Kontinent nicht erneut Ziel europäischer Kolonialexpansion werden dürfe, so bedeutet doch diese Position des „hands off" (andererseits) den Anspruch auf Hegemonie für die sich rasch entwickelnde stärkste Macht auf dem Kontinent, eben die USA. Auch die USA haben, wenn auch spät und in geringem Umfang, fremde Territorien als Kolonien oder Treuhandgebiete erworben (oder gleich als Teil des Mutterlandes annektiert, wie große Teile des heutigen Südens der USA) und damit ihre Unschuld als anti-kolonialistischer Hort der Freiheit wenigstens zum Teil verloren.

– Eine dritte Ambivalenz der amerikanischen Außenpolitik stellt das Schwanken zwischen hemdsärmliger Vertretung der eigenen Interessen (bis hin zu völkerrechtswidrigen oder das Völkerrecht zumindest strapazierenden militärischen Interventionen) einerseits und idealistischer Hilfsbereitschaft andererseits dar. Militärische Intervention z.B. schließt keineswegs (parallel oder kurz darauf folgend) ökonomische Hilfe für notleidende Personen im feindlichen (bzw. als feindlich verstandenen) Land aus.

– Viertens schließlich schwanken die USA oft genug zwischen außen- und militärpolitischem Unilateralismus und koordiniertem Vorgehen zusammen mit Verbündeten oder im Rahmen der UNO (Multilateralismus) hin und her (vgl. **M 17 b/c**). Freilich: Abstimmung mit Verbündeten setzt Willen und (auch militärische) Fähigkeiten bei den Partnern voraus – und an diesen fehlt es oft genug, wie etwa jüngst das Debakel der durch Europa nicht zu beendenden Kriege auf dem Balkan gezeigt hat.

Hierzu kommt der massive Einfluss der amerikanischen Innenpolitik auf außenpolitische Entscheidungen, oft fast an Personenkonstellationen festzumachen. Kommt der Abgeordnete Miller aus Oklahoma aus dem Wochenende nach Washington zurück und hat er an diesem Wochenende Eindrücke und Stimmungen von seinen Wählern übermittelt bekommen, die ihm ein Eintreten für oder gegen außenpolitische Initiativen der Exekutive nahe legen, dann wird er versuchen, in diesem Sinne Einfluss auszuüben („Alle Politik ist Lokalpolitik", Tip O'Neil, Sprecher des Repräsentantenhauses); erscheint ein Fernsehbericht über Hungersnöte oder Massaker im tiefen Afrika, wird sich die Administration vor Anfragen, was sie denn zu tun gedenke, kaum retten können; besucht ein ostafrikanischer Regierungschef Washington und trifft mit Mitgliedern der Breakfast Prayer Society* zusammen, gehen davon tendenziell Wirkungen auf außenpolitische Aktionen aus – was im Zusammenspiel von Exekutive, Legislative, öffentlicher Meinung und taktischen Winkelzügen einzelner Politiker herauskommt, ist auch für den Fachmann schwer zu sagen. Die zahlreichen wissenschaftlichen Think Tanks*, die pausenlos an Konzeptionen auch zur amerikanischen Außenpolitik feilen, haben jedenfalls angesichts dieser Realitäten nur einen eingeschränkten Einfluss. Ein durchgehaltener Plan ist auch in der amerikanischen Außenpolitik eine Seltenheit.

(Autorentext)

M 17 b Tendenzen amerikanischer Hegemonialpolitik im neuen internationalen System

Der herausragenden Stellung der USA in der weltpolitischen Spitzengruppe entspricht – ganz in Übereinstimmung mit der oben skizzierten neorealistischen Theorie (s. **M 3**) – der weltpolitische Führungsanspruch der USA; und alles deutet darauf hin, dass dies in absehbarer Zukunft so bleiben wird. In der amerikanischen Publizistik wird diese Problematik zwar kontrovers diskutiert, aber die überwiegende Mehrheit der politischen Elite der USA, nämlich Zweidrittel, favorisiert eine „assertive US leadership role abroad". Und die verbindlichen Regierungsäußerungen sind erst recht eindeutig: Der amerikanische Führungsanspruch ist in den Neunzigerjahren und zu Beginn des 21. Jahrhunderts von allen amerikanischen Präsidenten, trotz unterschiedlicher parteipolitischer Couleur, autoritativ zum Ausdruck gebracht worden. So hat Präsident Bush sen. mehrfach erklärt, die USA seien von der „Führungsmacht des Westens" zur „Führungsmacht der Welt" geworden, seien die „unbestrittene Führungsmacht dieses Zeitalters". Dieses Selbstverständnis hat Präsident Clinton sogar noch stärker als sein Amtsvorgänger mit dem traditionellen „american exceptionalism" in Verbindung gebracht und in seiner „National Security Strategy of Engagement and Enlargement" (Juli 1994) im Sinne der Gestaltung der Welt nach amerikanischem Bilde begründet: Die „amerikanische Führungsrolle" sei „unerlässlich", „weil zum gegenwärtigen Zeitpunkt niemand außer uns dasselbe für die Förderung von Frieden, Freiheit und Demokratie leisten" könne; eine „weltweite Führungsrolle" müsse von dieser „unerlässlichen Nation" ausgeübt werden.

Die außenpolitischen Handlungsmaximen, die Präsident Clinton dementsprechend in seiner „Nationalen Sicherheitsstrategie" formuliert hat, relativieren den Multilateralismus und setzen das unilaterale Vorgehen an die erste Stelle (vgl. M 16 und M 17 c). Die USA sind entschlossen, wie folgt außenpolitisch zu handen: „Unilateral, wenn unsere direkten nationalen Interessen am stärksten betroffen sind; in Allianz und Partnerschaft, wenn unsere Interessen von anderen geteilt werden; und multilateral, wenn unsere Interessen allgemeiner Art sind und die Probleme am besten von der internationalen Gemeinschaft angegangen werden." Dank ihrer machtpolitischen Position im neuen internationalen System können und wollen die USA ihre weltpolitische Führungsrolle flexibel ausüben und von Fall zu Fall entscheiden, ob und ggf. wie sie führen und intervenieren. [...]

Indem sich große und dynamische ökonomische Macht und überragende militärische Macht verbinden, sind die USA – wie der frühere US-Botschafter in Deutschland, Kornblum, befriedigt feststellte – „das Labor der Welt und der Weltpolizist" geworden. Die säkulare ökonomische Tendenz der „Globalisierung" und die informationstechnologische Revolution haben die USA bisher am besten genutzt – auch im militärischen Bereich (Revolution in Military Affairs – RMA). Angesichts „asymmetrischer Bedrohungen" durch

„internationalen Terrorismus" und „Schurkenstaaten" sind die USA bestrebt, „to stifle opposition to the American version of globalization by institutionalizing US military supremacy" (Bacevich 1999). Militärisch bewegt sich die Zielsetzung über Führung (= Hegemonie) hinaus in Richtung auf Herrschaft (= Dominanz), wie es in dem Schlüsseldokument des Pentagons „Joint Vision 2010" formuliert wird; nämlich „the ability to win quickly and overwhelmingly across the entire range of operations, or in other words, Full Spectrum Dominance" („Dominanz in allen Bereichen"). Es versteht sich, dass diese Zielsetzung in den USA nicht unumstritten ist.

[...] An der Kontinuität der Hegemonialtendenz im neuen internationalen System kann jedoch kein Zweifel bestehen. Zumindest gilt als vitales Interesse der USA, zu verhindern, dass regionale Mächte zu weltpolitischen Rivalen werden oder dass sich zwischen großen Mächten wie Russland, China und Indien „eine faktische geostrategische Allianz" gegen die USA entwickelt. Präsident George W. Bush und seine außenpolitische Führungsmannschaft haben sich in diese Kontinuitätslinie eingefügt und das hegemoniale Selbstverständnis unmissverständlich zum Ausdruck gebracht, mit weiterer Akzentuierung der national-unilateralen Komponente. Die Bestätigung und die Erweiterung des Raketenabwehrprogramms* dienen der Erhaltung der weltweiten Interventionsfähigkeit und der Herstellung der oben genannten „full spectrum dominance", um das Abschreckungspotenzial von „Schurkenstaaten", langfristig auch das von großen Regionalmächten wie China, zu neutralisieren. [...]

Man könnte dann zu dem Schluss gelangen, dass die Struktur und die Politik globaler Sicherheit im 21. Jahrhundert für viele Jahrzehnte durch die unipolare militärische Machtverteilung und die daraus resultierende amerikanische Hegemonie charakterisiert wären. Indes, die notwendige Voraussetzung einer jeden Hegemonie, nämlich Akzeptanz, ist bezüglich der amerikanischen Hegemonie in Japan und in Europa nur partiell vorhanden, und zwar mit abnehmender Tendenz vor allem in Europa, obwohl dort nach wie vor in den kleinen und mittleren Staaten die Präsenz und Führung der USA begrüßt wird, weil dadurch das Übergewicht Deutschlands balanciert wird. Bei China und Russland ist die Akzeptanz amerikanischer Hegemonie überhaupt nicht gegeben. Schon alleine deshalb ist die Perspektive einer Pax Americana* fragwürdig; und erst recht deuten die Ansätze der Multipolarisierung gesamtpolitisch in eine andere Richtung.

(Werner Link, Hegemonie und Gleichgewicht der Macht. In: Mir A. Ferdowsi [Hrsg.], Internationale Politik im 21. Jahrhundert,Wilhelm Fink Verlag München, Paderborn 2002, S. 37–39)

M 17 c Die „neue Sicherheitsstrategie" der USA

Es geht der Bush-Administration um die Zusammenarbeit mit anderen Staaten im Dienste bestimmter Ziele; die Ziele, die Aufgaben bestimmen dabei die flexiblen Koalitionen. Multilateralismus wird funktional verstanden und kann dabei, wo es notwendig erscheinen sollte, auch seinen Niederschlag in institutionellen Strukturen finden. Die USA bestimmen die Ziele; sie entscheiden darüber, welche Abkommen und Vereinbarungen dem Ziel angemessen sind. Multilaterale Kooperation soll amerikanische Optionen nicht beschränken, die Fähigkeit zum alleinigen Handeln nicht schmälern. Ein solcher „realistischer" Multilateralis-

US-Präsident Bush hat am 20. September 2002 dem US-Kongress eine **neue Sicherheitsstrategie** (National Security Strategy of the United States) vorgelegt, wozu jeder Präsident der USA verpflichtet ist. In der Strategie nehmen die nicht-militärischen Elemente der Sicherheitsvorsorge (Streben nach Gerechtigkeit und Menschenwürde, Demokratieförderung, Wirtschaftswachstum und Freihandel) wie auch zuvor einen breiten Raum ein. Änderungen aber enthalten die militärischen Elemente. Sie beruhen bei Wahrung des Prinzips der Abschreckung im Wesentlichen auf drei neuen Prinzipien:

1. Erwägung vorbeugender **Militärschläge** zur unmittelbaren Gefahrenabwendung gegen Terror-Gruppen und Diktatoren, die nach Massenvernichtungswaffen streben.

2. Ausbau und Erhalt der US-Streitkräfte als **stärkste Armee** der Welt.

mus gilt der Administration nicht als Alternative zur amerikanischen Führung, sondern als ihre „Manifestation". Und: Allen Bekenntnissen zu einem neuen Multilateralismus zum Trotz ist in der „Bush-Doktrin" – einer Art Kriegserklärung an „jede terroristische Gruppe globaler Reichweite" und die sie (potenziell) unterstützenden Staaten – eine Tendenz zum unilateralen Handeln angelegt. Denn in der Konsequenz bedeutet die Umsetzung der „Bush-Doktrin", dass die USA darüber entscheiden, welche Organisation als Terrorgruppe mit „globaler Reichweite" gilt, welches Land als Unterstützer des Terrorismus eingestuft wird und mit welchen Methoden gegen dieses Land vorzugehen ist.

(Peter Rudolf, USA – Sicherheitspolitische Konzeptionen und Kontroversen, in: Mir A. Ferdowsi [= M 17 b], S. 156f.)

3. Ein Rechtsanspruch auf **„vorbeugende Selbstverteidigung"** auch ohne UN-Mandat.

Diese Sicherheitsstrategie ist angesichts neuer Sicherheitsgefährdungen durch Massenvernichtungswaffen und Terrorgruppen eine Erweiterung der alten Strategie. Sie erweitert das internationale System kooperativer Sicherheit, das seinerzeit maßgebend von Amerika entwickelt und von Europa als eine *multilaterale Friedenspolitik* mitgetragen wurde. Aber Amerika behält sich als Option vor, eigenmächtig (**unilateral** action) und **präventiv** zu handeln, um eine spezifische Bedrohung auszuschalten („We cannot let our enemies strike first").

(IAP Sicherheitsdienst Nr. 11, November 2002, S. 8)

1. *Beschreiben Sie, inwiefern man im Hinblick auf die weltpolitische Lage nach 1989/90 von einer „neuen Unübersichtlichkeit" sprechen kann. Worin bestand die „alte Übersichtlichkeit"? Nennen Sie einige der unterschiedlichen und wechselnden Konstellationen in den Beziehungen zwischen den Staaten, auf die der Text (S. 39f.) hinweist.*

2. *Die Frage der Machtverteilung im internationalen System seit Beginn der 90er-Jahre wird üblicherweise unter dem Aspekt diskutiert, wie viele „Pole" (Machtzentren) es in diesem System gibt. Machen Sie sich dazu zunächst mit der Textdarstellung (S. 40f.) vertraut. Warum kann von „Bipolarität" nicht mehr die Rede sein? Was wollen die Charakterisierungen „Monopolarität", „Tripolarität" und „Multipolarität", wenn sie denn jeweils zuträfen, konkret besagen?*

3. *Legen Sie dar, welches „Ordnungsprinzip" des internationalen Systems auch in den 90er-Jahren erhalten geblieben ist (M 13, Z. 1–21), inwiefern sich aber die Machtverteilung „gravierend geändert" hat (Z. 22ff.). Nennen Sie die verschiedenen Aspekte, die den Autor dazu führen, die Struktur des neuen internationalen Systems als eine „Kombination aus unipolarer und multipolarer Machtverteilung" zu kennzeichnen. Vergleichen Sie zum ökonomischen Bereich M 14.*

4. *In M 15 wird die Machtposition der USA durch das Bild eines „dreidimensionalen Schachbretts" verdeutlicht. Erläutern Sie dieses Bild. Welche Gesichtspunkte sprechen nach dieser Darstellung dafür, dass die USA auf internationale Bündnisse angewiesen sind?*

5. *In der neueren Diskussion über die internationale Politik (insbesondere auch die der USA) geht es immer wieder um die beiden Prinzipien (Politikmuster) „Unilateralismus" und „Multilateralismus". Machen Sie sich die Bedeutung dieser beiden Begriffe klar (M 16), bevor Sie sich den folgenden Materialien zuwenden.*

6. *Die Diskussion über die Position Amerikas in der internationalen Politik und damit über die Machtverteilung im internationalen System hat mit dem Irak-Krieg* 2003 an Lebhaftigkeit erheblich zugenommen. Die Materialien M 17 a – c bieten Ihnen wichtige Informationen, die Ihnen helfen können, sich an dieser Diskussion zu beteiligen und ggf. zu einer eigenen Beurteilung zu kommen (ergänzende aktuelle Materialien hierzu finden Sie unter der Internetadresse: http://www.learn-line.nrw.de/angebote/agenda21/irak/PaxAmericana.htm).*

– Erläutern Sie mit eigenen Worten die verschiedenen Grundmuster, an denen sich die amerikanische Außenpolitik in ihrer Geschichte orientiert und zwischen denen sie sich z. T. hin und her bewegt hat (M 17 a; zu Unilateralismus und Multilateralismus s. M 15). Wie wirkt sich der starke innenpolitische Einfluss auf die Außenpolitik der USA aus?

– Beschreiben Sie, wie sich die amerikanische Außen- und Sicherheitspolitik unter den Präsidenten Bill Clinton (1993 – 2001) und George W. Bush (seit 2001) entwickelt hat (M 17 b). Achten Sie dabei auf die Klärung der für das Verständnis wichtigen Begriffe (Hegemonie, „unerlässliche“ Führungsrolle, „full spectrum dominance“) und verdeutlichen Sie, womit die amerikanischen Regierungen ihre Rolle in der Weltpolitik begründen (zum Problem der „Schurkenstaaten“ s. M 113).

– Im letzten Abschnitt (Z. 56ff.) weist der Autor darauf hin, dass die von den USA beanspruchte Hegemonie in der übrigen Welt nicht ausreichend akzeptiert wird und daher das internationale System sich längerfristig nicht unipolar entwickeln werde. Erläutern Sie, inwiefern sich diese Beurteilung im Zusammenhang mit dem Irak-Krieg 2003 bestätigt hat.

– Das Verhalten der USA zum Irak-Problem entsprach der „Neuen Sicherheitsstrategie“. Stellen Sie ihre wesentlichen Elemente heraus (M 17 c). Wie stellt sie sich im Hinblick auf das Prinzip des Multilateralismus dar? Der vollständige Text ist im Internet verfügbar unter der Adresse: www.usembassy.de/policy/nss.pdf

– Die Entwicklung der Neuen Sicherheitsstrategie unter Präsident Bush muss sicherlich auch als Reaktion auf die Terroranschläge des 11. Septembers 2001 (s. M 112) verstanden werden. Stellen Sie – auch aus Ihrer eigenen Kenntnis heraus – dar, in welcher Weise sie das Bewusstsein der amerikanischen Öffentlichkeit geprägt haben (Stichworte: Bedrohung, Patriotismus).

7. *Versuchen Sie aufgrund der Informationen aus den Materialien M 13 bis M 17 eine eigene Gesamteinschätzung zu formulieren: Wie stellt sich in Ihrer Sicht die Machtverteilung im gegenwärtigen internationalen System dar? Werden die USA in Zukunft eher auf multilaterales Handeln angewiesen sein oder werden sie eher allein ihre Interessen durchsetzen können bzw. wollen? Wie beurteilen Sie die Politik der USA im Hinblick auf das Gesamtgefüge des internationalen Systems und die Stellung der UNO?*

3. Das „Ende der Geschichte“?

Mit dem Zusammenbruch des Kommunismus wurde 1989 und 1992 durch den amerikanischen Historiker Francis Fukuyama das „Ende der Geschichte“ ausgerufen, da der endgültige Triumph der Demokratie eingetreten sei. In Zukunft könne es, so Fukuyama, nur um eine mehr oder weniger vollkommene Kopie der politischen Ordnungen der Gewinner dieses ideologisch-politischen Streites gehen (s. **M 18**).
Dabei wird „Geschichte“ allerdings teleologisch* verstanden: Sie strebt auf ein Endziel zu, die Klärung aller historischen Fragen und deren „Aufhebung“ (im Hegel'schen* Sinne) in der Demokratie, auch wenn es weiterhin eine Abfolge bedeutender Ereignisse geben wird. Zu diskutieren ist freilich, ob Fukuyama nicht einem ethnozentrischen* Weltbild aufgesessen ist. Dass der Triumph der Demokratie über ihren kommunistischen Todfeind noch nicht den universellen Sieg demokratischer Systeme mit sich gebracht hat, würde, für sich genommen, Fukuyamas Geschichtsinterpretation nicht widerlegen. Indessen: Viele Staaten in Schwarzafrika, aber auch Länder wie China, Nordkorea, Pakistan oder Burma widersetzen sich hartnäckig der Demokratie. Viele von ihnen wären für Fukuyama „Noch-Nicht-Demokratien“; mit dem islamischen Raum, der in seinen radikalen Vertretern die Demokratie als Konzept grundsätzlich verwirft, sieht das anders aus. Es bleibt daher fraglich, ob Fukuyamas Sichtweise universelle Geltung beanspruchen kann.

4. Der „Kampf der Kulturen"?

Ein völlig anderes Bild der internationalen Beziehungen heute hat der amerikanische Politikwissenschaftler Samuel P. Huntington in seinem berühmten Aufsatz „Clash of civilizations" (Kampf der Kulturen), später in erweiterter Form als Buch herausgebracht, gezeichnet. Zu den in Abschnitt A. 3. (S. 12f.) dargelegten weltpolitischen Akteuren führt er als weitere Ebene die „Kulturen" ein, von denen er acht benennt:

- die westlich-christliche,
- die lateinamerikanische Variante davon,
- den Islam,
- die slawisch-orthodoxe,
- den Hinduismus,
- den Shintoismus,
- den Buddhismus,
- die konfuzianisch-buddhistische Mischung.

Zwischen diesen gibt es, Huntington zufolge, „Bruchlinien" („fault lines"), die Schauplatz virulenter Konflikte sind (s. **M 19 b**), voran die zwischen dem Islam und den übrigen Kulturen, insbesondere dem Westen. „Islam has bloody borders."
Die Schlüssigkeit dieser Analyse ist oft aus logischen und empirischen Gründen bezweifelt worden; z. B. macht Huntington nicht richtig klar, wer die für Kulturen handelnden Akteure sein sollen, und auch empirisch sind ihm eine Reihe von Ungenauigkeiten nachgewiesen worden. Dennoch leidet es keinen Zweifel, dass sein Aufsatz deshalb ein ungeheures Echo fand, weil er das diffuse Unbehagen einer sich universalistisch* verstehenden (westlichen) Kultur widerspiegelte, die sich insbesondere der Kultur des Islam gegenüber sieht, die sich hartnäckig weigerte und weigert, dem Westen teure und von ihm für universell gehaltene Prinzipien (z. B. das der Demokratie oder der Gleichberechtigung von Mann und Frau; vgl. dazu **M 44**) zu übernehmen und für sich selbst für verbindlich zu erklären.
Es ist andererseits zu hoffen, dass dieses antagonistische* Bild von Kulturen nicht zum Leitbild außenpolitischer Akteure wird: Kulturen haben voneinander gelernt, sich wechselseitig befruchtet und sind dabei immer reicher und differenzierter geworden. Selbst der über lange Jahrhunderte als feindlich empfundene Islam hat die europäische Kultur tief beeinflusst, wie dies auch umgekehrt gilt. Solche historischen Entwicklungen durch ein rein antagonistisches Bild zu leugnen und abzulösen, wäre bedauerlich (s. zu Huntington **M 19 a – e** und **M 20**).
Die beiden hier vorgestellten Deutungsversuche von Geschichte und Gegenwart sind als Reaktion auf den Epochenbruch des Endes der Ost-West-Konfrontation zu begreifen. Der international operierende Terrorismus, der seinen bisherigen traurigen Höhepunkt in den Anschlägen des 11. September 2001 auf Washington und New York gefunden hat, ist von beiden Denkern nicht explizit berücksichtigt worden (vgl. aber **M 19 d**).
Allerdings scheint die pessimistische Sichtweise eines Huntington (insbesondere seiner skeptischen Beurteilung des Potenzials zu friedlichem internationalem Zusammenleben durch Anhänger des Islams) mit diesem Ereignis besser vereinbar zu sein als der Optimismus Fukuyamas (zum Terrorismus als einer Bedrohung der internationalen Sicherheit siehe Kap. IV. B. 1., S. 251ff.).

M 18 Francis Fukuyama: Das Ende der Geschichte

Die liberale Demokratie als „endgültige Regierungsform"

Die grundlegenden Gedanken dieses Buches veröffentlichte ich im Sommer 1989 in einem Aufsatz mit dem Titel „The End of History?" in der Zeitschrift *The National Interest.* In dem Aufsatz legte ich dar, dass sich in den letzten Jahren weltweit ein bemerkenswerter Konsens über die Legitimität der liberalen Demokratie als Regierungssystem herausgebildet hat, während zugleich deutlich geworden ist, dass konkurrierende Herrschaftsformen wie die Erbmonarchie, der Faschismus und in jüngster Zeit der Kommunismus* der liberalen Demokratie unterlegen sind. Ich blieb nicht bei dieser These stehen, sondern argumentierte weiter, dass die liberale Demokratie möglicherweise „den Endpunkt der ideologischen Evolution der Menschheit" und die „endgültige menschliche Regierungsform" darstellt. Sie wäre demnach „das Ende der Geschichte". Während frühere Regierungsformen schwere Mängel und irrationale Züge aufwiesen, die schließlich zu ihrem Zusammenbruch führten, ist die liberale Demokratie bemerkenswert frei von solchen fundamentalen inneren Widersprüchen. Ich wollte damit nicht behaupten, dass in den stabilen Demokratien unserer Zeit, beispielsweise in den Vereinigten Staaten, in Frankreich oder in der Schweiz, keine Ungerechtigkeiten oder gravierenden sozialen Probleme existieren. Solche Unzulänglichkeiten sind jedoch auf eine unzureichende Verwirklichung von Freiheit und Gleichheit, den beiden Grundprinzipien der modernen Demokratie, zurückzuführen und nicht auf die Prinzipien selbst. Es mag zwar heute durchaus Länder geben, wo es nicht gelingt, eine stabile liberale Demokratie zu errichten, andere Länder mögen in primitivere Herrschaftsformen wie Theokratie oder Militärdiktatur zurückfallen, aber das Ideal der liberalen Demokratie ist nicht verbesserungsbedürftig. [...]

Das Verständnis von Geschichte

Ich hatte freilich nicht bestritten, dass es weiterhin Ereignisse geben würde, auch große und bedeutende Ereignisse, sondern ich hatte vom Ende der Geschichte gesprochen. Unter Geschichte verstehe ich einen einzigartigen, kohärenten evolutionären Prozess, der die Erfahrungen aller Menschen aller Zeiten umfasst. Dieses Verständnis von Geschichte ist mit dem des großen deutschen Philosophen Georg Wilhelm Friedrich Hegel* eng verwandt. Es ist durch Karl Marx, der es von Hegel übernahm, ein fester Bestandteil des heutigen Geisteslebens geworden. [...]

Weder Hegel noch Marx glaubte, dass die Entwicklung der menschlichen Gesellschaften unendlich weitergehen würde. Sie nahmen vielmehr an, dass sie enden würde, wenn die Menschheit eine Gesellschaftsform erreicht hätte, die ihren tiefsten Sehnsüchten entspräche. Beide Denker postulierten also ein „Ende der Geschichte", für Hegel war es der liberale Staat, für Marx die kommunistische Gesellschaft. Damit meinten sie nicht, dass der natürliche Kreislauf von Geburt, Leben und Tod enden würde, dass keine großen Ereignisse mehr stattfinden würden, dass keine Zeitungen mehr erscheinen und darüber berichten würden. Beide meinten vielmehr, dass es keinen weiteren Fortschritt in der Entwicklung grundlegender Prinzipien und Institutionen mehr geben würde, da alle wirklich großen Fragen endgültig geklärt wären.

Die Zukunft der Demokratie

Wir im Westen sind zutiefst pessimistisch, was die Möglichkeit eines allgemeinen Fortschritts in demokratischen Institutionen angeht. Unser Pessimismus ist kein Zufall, sondern die Frucht der wahrhaft schrecklichen politischen Ereignisse in der ersten Hälfte des 20. Jahrhunderts, die durch zwei verheerende Weltkriege und den Aufstieg totalitärer* Ideologien geprägt war. [...]

Und es sind gute Nachrichten zu vermelden: Die bemerkenswerteste Entwicklung im letzten Viertel des 20. Jahrhunderts besteht darin, dass die scheinbar so starken Diktaturen dieser Welt gewaltige Schwächen zeigen, dass sie im Kern erschüttert sind, ob es sich um autoritäre Militärdiktaturen der Rechten oder um kommunistisch-totalitäre* Systeme der Linken handelt. Von Lateinamerika bis Osteuropa, von der Sowjetunion bis zum Nahen Osten und Asien sind vermeintlich starke Regierungen in den letzten drei Jahrzehnten gescheitert. Sie haben zwar nicht in allen Fällen stabilen liberalen Demokratien Platz gemacht, aber die liberale Demokratie bleibt das einzige klar umrissene politische Ziel, das den unterschiedlichen Regionen und Kulturen rund um die Welt gemeinsam vor Augen steht. Außerdem haben sich liberale wirtschaftliche Prinzipien – „der freie Markt" – ausgebreitet, und das hat sowohl in den industriell entwickelten Ländern als auch in Ländern, die vor dem Ende des Zweiten Weltkriegs noch zur verarmten Dritten Welt gehörten, zu nie da gewesenem materiellem Wohlstand geführt. In manchen Ländern wurde die globale Entwicklung zu mehr politischer Freiheit durch eine liberale Revolution des

ökonomischen Denkens vorbereitet, in anderen ging die politische Freiheit der wirtschaftlichen voraus. [...]
Es besteht kein Zweifel, dass die am weitesten entwickelten Länder der Welt auch die erfolgreichsten Demokratien sind. [...] Es gibt (jedoch) keinen ökonomisch zwingenden Grund, warum fortgeschrittene Industrialisierung die liberale Demokratie zur Folge haben müsste. [...] In vielen Fällen erreichen autoritäre Staaten sogar wirtschaftliche Wachstumsraten, die weit über den Wachstumsraten demokratischer Länder liegen.

Offene Fragen und kritische Einwände
Wenn wir annehmen, dass die liberale Demokratie gegenwärtig vor äußeren Feinden sicher ist, müssen wir dann auch annehmen, dass erfolgreiche demokratische Gesellschaften für immer bleiben werden, was sie sind? Oder ist die liberale Demokratie schwerwiegenden inneren Widersprüchen ausgesetzt, die sie letztlich als politisches System unterminieren werden? Zweifellos haben die heutigen Demokratien mit einer Vielzahl von gravierenden Problemen zu kämpfen: Drogenmissbrauch, Obdachlosigkeit, Kriminalität, Umweltzerstörung und Exzesse des Konsums, um nur einige Beispiele zu nennen. Diese Probleme sind jedoch auf der Basis liberaler Prinzipien grundsätzlich lösbar, und sie sind nicht so schwerwiegend, dass sie notwendigerweise zum Zusammenbruch des gesamten Gesellschaftssystems führen müssen, wie wir es in den Achtzigerjahren bei den kommunistischen Staaten erlebt haben. [...]

(Francis Fukuyama, Das Ende der Geschichte. Wo stehen wir?, übers. von Helmut Dierlamm u.a., München 1992, S. 11-26)

M 19 a Samuel P. Huntington: „Kampf der Kulturen" in einer multipolaren, multikulturellen Welt

Prof. Samuel Huntington
(Foto: © dpa-Fotoreport/Andreas Altwein)

In der Welt nach dem Kalten Krieg* ist Weltpolitik zum ersten Mal in der Geschichte multipolar und multikulturell geworden.
Für die längste Zeit menschlichen Daseins auf Erden waren Kontakte zwischen Kulturen sporadisch oder nicht existent. Zu Beginn der Neuzeit um 1500 n. Chr. nahm dann die globale Politik zwei Dimensionen an. Auf der einen Seite bildeten die Nationalstaaten des Westens – England, Frankreich, Spanien, Österreich, Preußen, Deutschland, die USA und andere – ein multipolares internationales System im Rahmen des westlichen Kulturkreises und interagierten, konkurrierten und kämpften miteinander. Auf der anderen Seite wurde jede andere Kultur von den expandierenden westlichen Nationen erobert, kolonisiert oder zumindest massiv beeinflusst. [...] Während des Kalten Krieges* wurde die globale Politik bipolar, und die Welt zerfiel in drei Teile. [...] In der Welt nach dem Kalten Krieg sind die wichtigsten Unterscheidungen zwischen Völkern nicht mehr ideologischer, politischer oder ökonomischer Art. Sie sind kultureller Art. Völker und Nationen versuchen heute, die elementarste Frage zu beantworten, vor der Menschen stehen können: Wer sind wir? Und sie beantworten diese Frage in der traditionellen Weise, in der Menschen sie immer beantwortet

haben: durch Rückbezug auf die Dinge, die ihnen am meisten bedeuten. Die Menschen definieren sich über Herkunft, Religion, Sprache, Geschichte, Werte, Sitten und Gebräuche, Institutionen. Sie identifizieren sich mit kulturellen Gruppen: Stämmen, ethnischen Gruppen, religiösen Gemeinschaften, Nationen und, auf weitester Ebene, Kulturkreisen. Menschen benutzen Politik nicht nur dazu, ihre Interessen zu fördern, sondern auch dazu, ihre Identität zu definieren. Wir wissen, wer wir sind, wenn wir wissen, wer wir nicht sind und gegen wen wir sind.

Nationalstaaten bleiben die Hauptakteure des Weltgeschehens. Die wichtigsten Gruppierungen von Staaten sind jedoch nicht mehr die drei Blöcke aus der Zeit des Kalten Krieges, sondern die sieben oder acht großen Kulturen der Welt. [...] Die Rivalität der Supermächte wird abgelöst vom *Konflikt der Kulturen.*

Weltpolitik wird heute nach Maßgabe von Kulturen und Kulturkreisen umgestaltet. In dieser Welt werden die hartnäckigsten, wichtigsten und gefährlichsten Konflikte nicht zwischen sozialen Klassen, Reichen und Armen oder anderen ökonomisch definierten Gruppen stattfinden, sondern zwischen Völkern, die unterschiedlichen kulturellen Einheiten angehören. Innerhalb der einzelnen Kulturkreise werden Stammeskriege und ethnische Konflikte auftreten. Die Gewalt zwischen Staaten und Gruppen aus unterschiedlichen Kulturkreisen jedoch trägt den Kern der Eskalation in sich, da andere Staaten und Gruppen aus diesen Kulturkreisen ihren „Bruderländern" (kin countries) zu Hilfe eilen werden. [...] Die Welt nach dem Kalten Krieg ist demnach eine Welt aus sieben oder acht großen Kulturkreisen oder „Zivilisationen". Kulturelle Gemeinsamkeiten und Unterschiede prägen ihre Interessen, Antagonismen* und staatlichen Zusammenschlüsse. Die wichtigsten Länder der Welt kommen ganz überwiegend aus verschiedenen Kulturen.

(Samuel P. Huntington, Kampf der Kulturen. Die Neugestaltung der Weltpolitik im 21. Jahrhundert, Europa-Verlag, München/Wien 1997, S. 20-29)

M 19 b Bruchlinien zwischen Zivilisationen

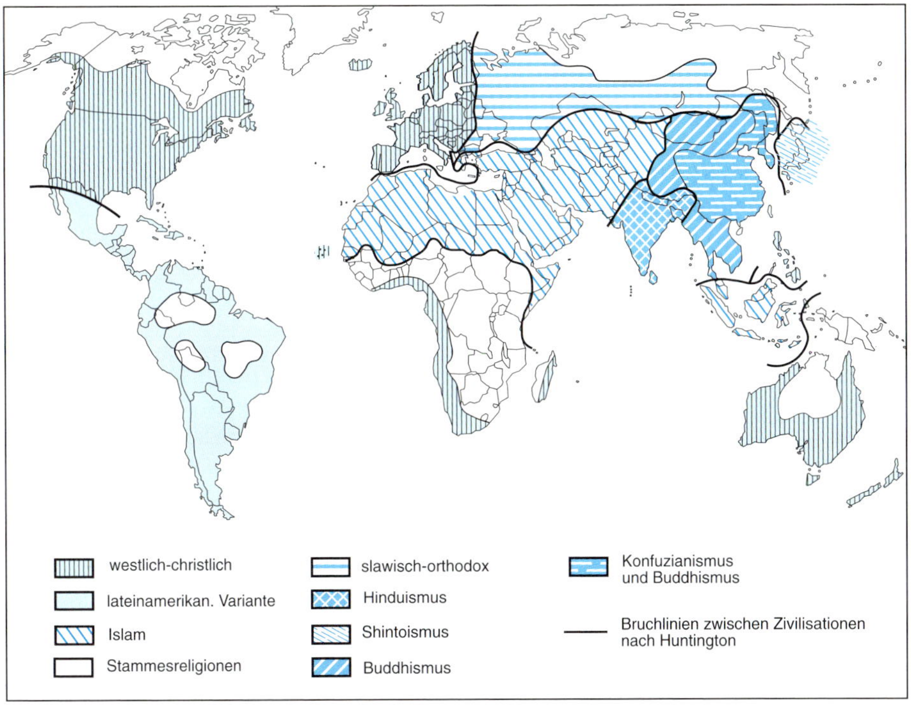

(Aus: Geographische Rundschau 46/1994, Heft 12, S. 679; Entwurf: G. Sandner, Universität Hamburg)

M 19 c Kampf der Kulturen – der „beste Kompass für die Zukunft"?

Huntington: Ich bin […] der festen Überzeugung, dass die Weltpolitik künftig nicht mehr primär von konkurrierenden Ideologien oder von Nationalstaaten oder Wirtschaftsblöcken bestimmt wird – sondern vom Zusammenprall verfeindeter Kulturen. Wenn es einen nächsten Weltkrieg geben sollte, wird es ein Krieg zwischen unterschiedlichen Zivilisationen sein. Die Schlachtfelder der Zukunft liegen entlang der kulturellen Fronten. […]

SPIEGEL: Wie definieren Sie Zivilisation?

Huntington: Als die größte kulturelle Einheit, mit der sich die Menschen identifizieren. Gemeinsame Sprache, Geschichte, Gebräuche gehören dazu. Der schnelle soziale Wandel und die weltweite wirtschaftliche Modernisierung lassen die Menschen nach neuen Gemeinsamkeiten suchen: Das schwächt den Nationalstaat als Quelle der Identität. Oft tritt die Religion an seine Stelle. Eine Person kann zur Hälfte französisch, zur Hälfte arabisch sein – aber nicht halb katholisch, halb moslemisch. Religion schafft Zusammengehörigkeit, Abgrenzung gegenüber anderen. Deshalb gewinnen die Fundamentalisten* des Islam, aber auch die Fundamentalisten des Christentums und des Hinduismus an Boden. […]

SPIEGEL: Ist die Welt nicht viel zu komplex geworden für so ein vereinfachtes Modell, wie Sie es mit dem Kampf der Kulturen aufgestellt haben? Lauter Fragen ohne Antwort: Heizt nicht die ungleiche Verteilung von Reichtum auf der Welt die Konflikte mehr an, als es die Gedanken von Mohammed, Jesus oder Konfuzius vermögen? […]

Huntington: Natürlich existieren wirtschaftliche Interessen, aber sie sind nicht von primärer Bedeutung. Die Menschen kämpfen und sterben für ihren Glauben und identifizieren sich mit ihrer Kultur; das hält sie zusammen, mehr denn je. Deshalb ist mein Gedankenmodell, das den Kalten Krieg ersetzt, der beste Kompass für die Zukunft.

(DER SPIEGEL Nr. 48/1996, S. 178-186)

M 19 d Die „blutigen Grenzen des Islam" – Huntington zur Entwicklung seit dem 11.9.2001

DIE ZEIT: Vor fast zehn Jahren schrieben Sie *The Clash of Civilizations*, einen Artikel in *Foreign Affairs*, der weltberühmt und 1996 zum gleichnamigen Buch wurde, das in 32 Sprachen übersetzt worden ist. Hat der 11. September Sie bestätigt?

Samuel Huntington: In gewisser Hinsicht schon.

ZEIT: *Nine-eleven* war doch die perfekte Illustration Ihrer These. Es war nicht ein Krieg zwischen Staaten wie im 19. Jahrhundert oder Ideologien wie im 20., sondern der Angriff einer privat operierenden islamistischen Gruppe gegen ein Sinnbild der westlichen Zivilisation, Amerika.

Huntington: Richtig, das waren Leute, die sich dezidiert mit einem Zweig islamischer Zivilisation identifizierten. Osama bin Laden hat auch von einem „Kampf der Kulturen" gesprochen.

ZEIT: Für ihn war das ein „Krieg gegen Christen und Juden".

Huntington: Genau. Obwohl es ein begrenzter *clash* war. Gleich nach 9/11 habe ich gesagt: Dies darf nicht in einen Kampf zwischen dem Westen und dem gesamten Islam ausarten. Ein wirklich weltweiter Zusammenstoß würde es nur werden, wenn islamische Regierungen und Gesellschaften sich hinter bin Laden stellten. […]

Das Potenzial für einen echten *Clash* besteht. Im Kampf der Kulturen ist gar noch zweierlei hinzugekommen: die Eskalation zwischen Indien und Pakistan und die zweite Intifada. Muslime rings um die Welt identifizieren sich mit den Palästinensern …

ZEIT: … und der *clash* weitet sich aus. Ihre These hat seinerzeit viel Kritik erfahren. Jetzt klingt sie überzeugender denn je. Die Liste der Zivilisationskonflikte wird immer länger: Muslime gegen Hindus in Indien, gegen Christen in Nigeria, gegen Juden in Nahost …

Huntington: Die erste Hälfte des 20. Jahrhunderts war die Ära der Weltkriege, die zweite die Ära des Kalten Krieges. Im 21. hat die Ära der Muslim-Kriege begonnen.
ZEIT: Was heißt das, „Muslim-Kriege"?
Huntington: Einmal jene, die Sie schon erwähnt haben. Dazu kommen Tschetschenien, Aserbajdschan, Afghanistan und Zentralasien, Kaschmir, Philippinen, Sudan und natürlich Nahost. Es sind all die Kriege, wo Muslime gegen Nichtmuslime wie auch untereinander kämpfen.
ZEIT: Dann ist es wohl kein „Kampf der Kulturen", sondern einer zwischen einer Kultur, dem Islam, und allen anderen. Ein berühmter Satz in Ihrem Artikel lautet: „Der Islam hat blutige Grenzen."
Huntington: So ist es.
ZEIT: Warum?
Huntington: Nicht weil der Islam grundsätzlich blutrünstig wäre. Viele Faktoren spielen mit. Einer ist das historische Gefühl unter Muslimen, vor allem unter Arabern, dass sie vom Westen unterjocht und ausgebeutet worden seien. Ein anderer ist Groll über konkrete westliche Politik, insbesondere der amerikanischen Unterstützung Israels. Ein dritter ist die „demografische Beule" in der islamischen Welt. Die Altersgruppe 15 bis 30 ist dort die größte. Diese jungen Männer finden zu Hause keine Jobs. Sie versuchen nach Europa auszuweichen oder lassen sich für den Kampf gegen Nichtmuslime rekrutieren. Al-Qaida zahlt sehr gut. […]

(http://www.zeit.de)

Handelsblatt: Seit den Anschlägen vom 11. September gab es Krieg in Afghanistan und Krieg im Irak. Ist das der „Kampf der Kulturen", vor dem Sie vor zehn Jahren gewarnt haben?
Huntington: Diese Kriege waren Kämpfe zwischen Ländern und Regierungen, die zu verschiedenen Kulturkreisen gehören, es ist also tatsächlich der „Kampf der Kulturen". Die muslimische Welt war zum überwiegenden Teil gegen die US-Intervention in Afghanistan* und hat Al-Qaida und die Taliban unterstützt. Und sie hat sich auch beinahe geschlossen gegen die US-Invasion des Iraks gestellt. Die Gefechtslinien waren also sehr deutlich gezogen. Dazu kommt eine weitere Spaltung: Der Westen war beim Irak-Krieg* nicht einer Meinung – nicht nur die Regierung, auch die Menschen.

(Handelsblatt v. 10.06.2003, S. 4 [Auszug])

M 20 Zur Kritik an Huntingtons These

a) „Wesentliche Punkte übersehen"

Huntington übersah wesentliche Punkte: Erstens führen nicht Kulturen oder Religionen Kriege gegeneinander, sondern werden zur Rechtfertigung von Machtkämpfen und zur Massenmobilisierung missbraucht. Zweitens finden solche Kulturkonflikte längst innerhalb multikultureller und multiethnischer Gesellschaften statt. Nicht ein internationaler Kulturkampf, sondern interne Kulturkämpfe in heterogenen Gesellschaften bilden große Konfliktpotenziale.

(Franz Nuscheler, Das Nord-Süd-Problem, in: Grundwissen Politik, hg. von der Bundeszentrale für politische Bildung, Bonn 1997, S. 482)

b) „Macht ist weltlich"

Das Erklärungsmuster Huntingtons ist untauglich […] Gewiss prägen unterschiedliche Kulturen Menschen und Gesellschaften. Aber sie sind in aller Regel nicht der Anlass für große Konflikte oder gar Kriege. Macht ist, auch wenn sie anders verbrämt sein mag, weltlich, die Konkurrenz um Einfluss, auch wenn sie kulturell daherkommt, ist Konkurrenz um weltliche Vorteile. Beide – Macht und Rivalität – folgen nicht dem Muster eines Kampfes der Kulturen.

(Christoph Bertram, Auf der Suche nach dem neuen Feind, in: DIE ZEIT v. 6.12.1996)

In den beiden letzten Abschnitten dieses Kapitels werden zwei Thesen zur Deutung der weltpolitischen Strukturen nach 1990 vorgestellt, die beide für erhebliches Aufsehen gesorgt haben und lebhaft diskutiert worden sind: die These des amerikanischen Historikers Francis Fukuyama vom „Ende der Geschichte" und die des amerikanischen Poli-

tikwissenschaftlers Samuel P. Huntington vom „Kampf der Kulturen". Mit diesen beiden Ansätzen sollten Sie sich etwas intensiver auseinander setzen.

1. *Charakterisieren Sie kurz das westliche „liberale" Demokratiemodell (was sind seine Hauptmerkmale?) und formulieren Sie die These Fukuyamas, die er aus der Betrachtung der Entwicklung des Jahres 1989 ableitete. In welchem Sinne spricht er vom „Ende der Geschichte"? Was will er damit (nicht) sagen? (M 18)*
2. *Was erwidert Fukuyama auf den Einwand, auch in den liberalen Demokratien gebe es viele politische und soziale Defizite?*
3. *Wie beurteilen Sie aus Ihrer Sicht Fukuyamas These (Prognose)?*
4. *Zeichnen Sie nach, wie Huntington die Entwicklung der internationalen Politik für die Zeit bis zum Ende des Kalten Krieges darstellt und wie er zu der These gelangt, dass neben den Nationalstaaten nach dem Ende der Blockbildung nun die großen Kulturen die wichtigsten Gruppen-Akteure der Weltpolitik sind (M 19 a).*
5. *Machen Sie sich klar, auch mithilfe der Karte (M 19 b), welche Kulturkreise Huntington voneinander abgrenzt und wie er die Relevanz dieser Kulturen für politische Entwicklungen und Konflikte begründet (M 19 c).*
6. *Erläutern Sie mit eigenen Worten die in M 20 genannten Kritikpunkte zu Huntingtons These. Halten Sie den gelegentlich geäußerten Vorwurf für gerechtfertigt, Huntington sei der Versuchung erlegen, „Ängste vor dem Fremden zu schüren"?*
7. *Obwohl viele Wissenschaftler Huntingtons These im Grundsatz ablehnen oder ihr zumindest skeptisch gegenüberstehen, beherrschte das Schlagwort vom „Kampf der Kulturen" nach dem Terroranschlag vom 11. September 2001 (s. M 112) erneut die lebhafte Diskussion über die Ursachen des Anschlags. Huntington sieht in dem Anschlag zwar nur einen „begrenzten clash", vor dessen Ausdehnung zu einem umfassenden Konflikt zwischen Islam und westlicher Welt er warnt, weist aber doch mit Nachdruck auf die Gefahr von „Muslim-Kriegen" hin. Analysieren Sie dazu sein Interview, das er der Wochenzeitung „Die Zeit" zum ersten Jahrestag des Terroranschlags gegeben hat (M 19 d). Wie beurteilen Sie selbst die gegenwärtige Situation (vgl. Huntingtons Beurteilung des Irak-Krieges am Schluss von M 19 d)?*
8. *Fukuyamas Gegenwartsdeutung und Prognose der zukünftigen Entwicklung wurde in der Diskussion als „optimistisch", die Sicht von Huntington als „pessimistisch" bezeichnet (vgl. Text S. 48). Arbeiten Sie – auch unter diesem Aspekt – heraus, worin die wesentlichen Unterschiede zwischen den Deutungen der gegenwärtigen Situation und der Zukunftsprognosen durch Fukuyama und Huntington bestehen. Was spricht für, was gegen die jeweilige Interpretation? Welcher Position neigen Sie selbst zu? Begründen Sie Ihre Auffassung.*

II Merkmale, Strukturen und Ursachen der Unterentwicklung

A. Zur Einführung

Vor der folgenden ausführlichen Diskussion von Merkmalen der Unterentwicklung, die als wesentlicher Teil der in Kapitel IV weiter zu erörternden Weltprobleme zu begreifen sind, erscheint es angezeigt, einige verbreitete *Missverständnisse* auszuräumen:

„Entwicklung“ und „Entwicklungsländer“

– Entwicklung* wie Unterentwicklung stellen ein *Gesamtsymptom* bzw. ein Gesamtsyndrom dar, das von einzelnen Symptomen wohl zu unterscheiden ist. Eine Uhr *misst* die Zeit, *ist* aber nicht die Zeit – so wie Armut ein Symptom von Unterentwicklung ist, nicht diese selbst. Auch lässt sich Unterentwicklung nicht auf ein einziges Merkmal einschränken. Erst das Zusammenspiel von mehreren, vielleicht vielen Symptomen konstituiert so etwas wie Begriffsbestimmung von Entwicklung bzw. Unterentwicklung.
– Merkmale (Symptome) sagen zunächst nichts über *Ursachen* aus. Ein Verkehrsstau zeigt an, dass Zahl der Fahrzeuge und verfügbarer Straßenraum nicht übereinstimmen – *warum* das so ist, wird durch die bloße Beobachtung des Symptoms nicht ermittelt.
– Der Ausdruck *Entwicklungsländer** ist ein Euphemismus*: Er wurde von Anhängern der Dritte-Welt-Bewegung eingeführt, da der Ausdruck „unterentwickelte Länder“ bzw. „unterentwickelte Gebiete“ als diskriminierend angesehen wurde bzw. wird. Entwicklungsländer sind häufig Länder, die sich gerade *nicht* entwickeln (im Gegensatz zu Industrieländern); wäre das anders, dann wären sie nach historisch betrachtet kurzer Zeit gerade *keine* Entwicklungsländer mehr, wie Beispiele erfolgreich sich industrialisierender Länder, voran Japan, gezeigt haben.
– Der Begriff *Entwicklungsländer* suggeriert eine Gemeinsamkeit dieser Gruppe von Territorien, die keinesfalls überdehnt werden darf. Die Welt ist bunt, und auch Entwicklungsländer unterscheiden sich in nahezu allem, worin sich Länder unterscheiden können. Weder sind sie notwendig *junge* Länder (einige schauen auf jahrtausendealte Kulturen und jahrtausendealte Staatlichkeit zurück, sind also viel älter als die heutigen Industrieländer) noch sind sie mit Begriffen wie Hochkultur versus Stammesgesellschaften zu fassen (China besaß jahrtausendelang objektiv und in seinem Bewusstsein eine kulturelle Überlegenheit gegenüber dem Rest der Welt); weder sind alle Entwicklungsländer *ehemalige Kolonien* (Iran, Thailand, Äthiopien, Afghanistan und Liberia z.B. waren es nicht) noch sind alle *ehemaligen Kolonien* Entwicklungsländer (z.B. USA, Kanada, Australien, Singapur, Hongkong, Südkorea oder Neuseeland); andere heutige Entwicklungsländer wie Haiti oder die lateinamerikanischen Republiken sind seit fast zwei Jahrhunderten unabhängig; weder sind sie *geografisch* eindeutig zu erfassen (denn nicht nur außereuropäische Gebiete, sondern auch erhebliche Teile Süd- und Osteuropas gehören zu ihnen) noch *klimatisch* (so haben bei weitem nicht alle tatsächlich ein tropisches Klima) noch rassisch (denn sie sind nicht nur von Farbigen, sondern von Angehörigen aller Rassen bevölkert, einschließlich der Weißen in Südost- und Osteuropa und in Teilen Lateinamerikas, während umge-

kehrt die Japaner längst nicht mehr zu den Bewohnern eines unterentwickelten Landes gehören). Auch *bevölkerungsmäßig* sind sie mehr als uneinheitlich, es sind einige von ihnen auch heute noch durch weite leere Räume gekennzeichnet, andere durch Ballungsregionen, während die Bevölkerungsdichte etwa Europas nur ausnahmsweise von einem Entwicklungsland erreicht wird.

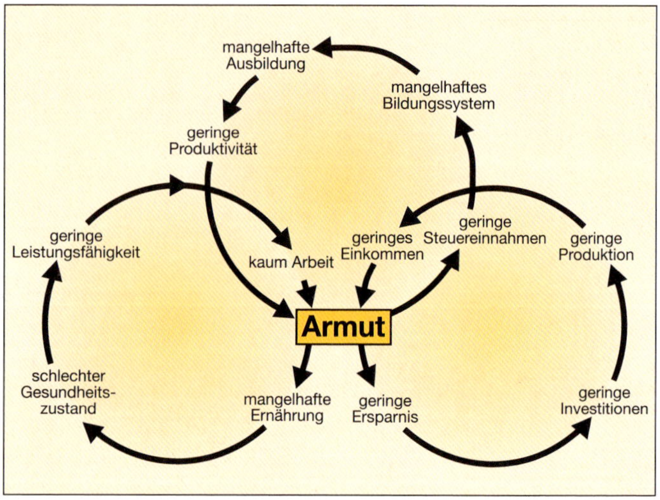

(Uwe Andersen, in: Informationen zur politischen Bildung Nr. 252: Entwicklungsländer. Hrsg.: Bundeszentrale für politische Bildung, Bonn 1999, S. 17)

– Symptome der Unterentwicklung prägen sich in *verschiedenen Bereichen* aus. Nicht jedes von ihnen wird man in jedem Entwicklungsland finden, oder anders: Ein konkretes Entwicklungsland wird jeweils eine unterschiedliche Mischung von Symptomen aufweisen; eine mangelhafte Infrastruktur z. B. wird man nicht im Algerien der Sechzigerjahre oder dem Ruanda der Neunzigerjahre finden, hohe Verschuldung heute nicht in China, Kapitalmangel nicht in menschenarmen Ölstaaten des Vorderen Orients. Kein Entwicklungsland weist also alle Symptome auf, keines aber ist frei davon – sonst wäre es ja gerade kein Entwicklungsland.

– Symptome der Unterentwicklung hängen zusammen, gelegentlich im Sinne *zirkulärer Verursachung* (ein Beispiel zeigt die obenstehende Grafik). So mag eine ungenügende Ausbildung von Arbeitskräften zu einer niedrigen Produktivität* der Arbeit (d. h. einem niedrigen Verhältnis von erzeugtem Produkt zu aufgewendeter Arbeit), diese zu niedrigen Löhnen, diese zu Armut und diese wiederum zu ungenügender Ausbildung der folgenden Generation führen, oder, ein weiteres Beispiel: Schlechte Ausbildung von Müttern führt zu deutlich erhöhten Krankheitsraten bei ihren Kindern, die dies unter Umständen auf die nächstfolgende Generation übertragen. Solche Zirkel („Teufelskreise") sind vielfach konstruiert worden, aber die Ursache-Wirkungsbeziehung ist häufig wesentlich komplexer und nach dem heutigen Forschungsstand gelegentlich unklar. Ob z. B. autoritäre Regierungsformen notwendig Entwicklung behindern, ob sie dies für bestimmte Phasen der Entwicklung tun oder ob zwischen Regierungsformen und Entwicklungsstand eines Landes vielleicht gar keine Beziehung besteht, ist Gegenstand intensiver Debatten (s. dazu Abschnitt II. D.).

– Die für uns selbstverständliche Gewissheit der Trennung der Welt in *entwickelte* (oder Industrie-) *Länder* und *Entwicklungsländer* suggeriert eine Endgültigkeit einer historischen Entwicklung, die keineswegs gegeben ist und die Entwicklung und Unterentwicklung als statisch begreift. Wenn Worte einen Sinn haben, ist aber der Entwicklungsbegriff dynamisch zu verstehen: Entwicklung ist ein Prozess, und wenn das so ist, kann er mit unterschiedlicher Geschwindigkeit ablaufen und in historisch kurzen Zeiträumen die Zugehörigkeit eines Landes zu der einen oder anderen Gruppe verändern. Vor dem 1. Weltkrieg übertraf Argentiniens Wohlstand pro Kopf den Finnlands, Japans, Norwegens, Italiens und Schwedens und war praktisch identisch mit dem deutschen Niveau, ist aber bis 1992 auf weniger als die Hälfte des westeuropäischen Niveaus abgesackt. Großbritannien ist vor dem 1. Weltkrieg um 36 Prozent wohlhabender als der Durchschnitt Westeuropas, erreicht aber 1992 nur noch 91 Prozent dieser Region. Japan weist um die Jahrhundertwende nur etwas mehr als ein Drittel des westeuropäischen Niveaus auf, überschreitet dieses jedoch

1992 um fast 12 Prozent. 1950 übertraf der Pro-Kopf-Wohlstand Ghanas (der damaligen britischen Kolonie Goldküste) den Südkoreas um mehr als 36 Prozent, er beträgt 1992 aber nur noch 10,1 Prozent des südkoreanischen Wertes. Auch Deutschland, das lange zu den wohlhabendsten Ländern gehörte, ist nach neuesten Daten (Weltbank, World Development Indicators 2002, Tabellen 1 und 1a) auf den 16. Platz der Wohlstandsrangfolge abgesackt, mit der Tendenz weiterer relativer Verluste; es weist hiernach nur noch 91,1 % des *Durchschnitts* der Weltbankgruppe der „Länder mit hohem Einkommen" auf.

Welches Ziel soll Entwicklung haben?

Entwicklung, so wird gelegentlich anklagend behauptet, sei *eurozentrisch*, Europa (oder Amerika) werde zum Maß aller Dinge gemacht (vgl. die Karikatur). Eine Wiederholung der europäisch-amerikanischen Entwicklung sei nicht nur aus praktischen Gründen (Umwelt) nicht möglich, sondern in sich negativ zu bewerten und daher nicht wünschenswert.

Das Argument der fehlenden Generalisierbarkeit des Entwicklungsbegriffes aus Gründen der Tragfähigkeit der Erde wird an anderer Stelle zu diskutieren sein. Das andere Argument hingegen wird folgender Beobachtung nicht gerecht: Mit Ausnahme von verschwindenden Minderheiten wollen praktisch alle Menschen lieber ausreichend und ausgewogen ernährt sein als Hunger leiden, lieber gesund als krank, lieber gut gekleidet als in Lumpen, lieber ausgebildet als ignorant sein usw. Wenn das aber so ist, wenn dieses Ziel erreicht werden soll, kann die Bewegung vom Gegenteil zu diesem Zustand hin genauso gut mit dem Begriff Entwicklung wie mit jedem anderen Begriff belegt werden – an der Sache selbst ändert sich nichts, auch wenn sie als eurozentrisch denunziert werden mag.

Eine viel diskutierte Frage (die auch in der vorstehend abgedruckten Karikatur durchzuschimmern scheint) ist es demgegenüber, ob die *Modernisierung* (oder Entwicklung) als „Westernisierung" zu begreifen ist, ob also die technisch-ökonomische Modernisierung bezüglich Gesellschaftsstruktur und Kultur im allgemeinen Sinne westlichen Vorbildern zu folgen hat. Die extremen Positionen hierzu besagen:

- „Halbierte Rationalität" ist unmöglich. Ein Land, das sich entwickeln will, kann sich nicht auf die Übernahme technischer Gerätschaften beschränken, diese stehen vielmehr in einem zwingenden gesellschaftlichen Kontext, der nicht ausgeblendet werden kann. Z. B. setzt eine moderne Gesellschaft allgemeine Alphabetisierung (also auch die der Frauen) voraus, was tendenziell Bildungsunterschiede abbaut und die gesellschaftliche Lage der Frau verbessert; die Mobilisierung der Leistung des Einzelnen, unverzichtbar für Entwicklung, betont den Individualismus zu Lasten der Einbindung von Menschen in Kollektive wie Großfamilie, Sippe oder Stamm; die Rationalität moderner Technik und Forschung widerspricht grundsätzlich magischen Praktiken: Ein Auto fährt nicht ohne Treibstoff, gleichgültig, welche Zeremonien ein Medizinmann vollführen mag. Der kontinuierliche Produktionsablauf einer Raffinerie oder eines Kernkraftwerks schließt es aus, dass die Belegschaft sich fünfmal am Tag geschlossen zum Gebet versammelt. Die wissenschaftliche Suche nach Wahrheit kennt im Grundsatz Autoritäten nur insoweit, als sie Belege für ihre Lehren vortragen – was also bedeutet, dass auch der Vortrag eines Lehrers (Rabbis, Muftis, Theologieprofessors...) von den Schülern hinterfragt und kritisiert werden darf – usw.
- Falsch, sagen die anderen: Technik und Wissenschaft sind neutrale Werkzeuge, die sich mit höchst unterschiedlichen Formen der Organisation der Gesellschaft und der Deutung der Welt verbinden lassen: Japan ist zweifellos ein moderner Industriestaat, aber weder individualistisch noch christlich geprägt, Lateinamerika ist christlich, aber nicht protestantisch-kalvinistisch beeinflusst und viel stärker sozial geschichtet als etwa die USA.

Eine vermittelnde Position wäre etwa folgende:
Erhebliche Elemente der modern-rational organisierten Gesellschaft – etwa die Zuteilung gesellschaftlicher Positionen auf der Basis von Leistung, nicht Geburt; die Trennung von Staat und Kirche bzw. von Religion und Stellung des Bürgers; die grundsätzliche Gleichberechtigung der Mitglieder eines Gemeinwesens; die weiter reichende Offenheit politischer und ethischer Diskussionen, die gerade nicht durch geschlossene Weltanschauungssysteme vorherbestimmt, begrenzt oder abgewürgt werden dürfen, was auch die Korrektur früherer Entscheidungen einschließt; die grundsätzliche Rationalität in Forschung, Technik, Wirtschaft und Politik; die Freiheit zu Kritik und Gegenkritik in allen Bereichen, von der Politik bis zur Wissenschaft; die Ausschöpfung möglichst aller Talente einer Gesellschaft; die Bereitschaft zu Innovation und zu „schöpferischer Zerstörung" (Schumpeter) – sind für ein Gemeinwesen unverzichtbar, das ein den heutigen Industrieländern vergleichbares Wohlstandsniveau erreichen will. Letzte weltanschauliche (religiöse) Fragen werden damit nicht entschieden – und umgekehrt sollte das entsprechende Glaubenssystem darauf verzichten, die angesprochenen Bereiche regulieren und bestimmen zu wollen. Insofern das nicht der Fall ist, sind Probleme mit der Moderne zu vermuten und zu beobachten.

1. *Fassen Sie die im Text (S. 55f.) vorgenommenen Klärungen zu den Begriffen „Entwicklung" und „Entwicklungsländer" in kurzen Aussagen zusammen.*
2. *Erläutern Sie, warum im Hinblick auf die zum Begriff Entwicklungsländer genannten fünf Kriterien (S. 55, vierter Spiegelstrich) die Gesamtgruppe der Entwicklungsländer (vgl. Karte M 21 a) z.T. deutliche Unterschiede aufweist.*
3. *Was ist unter den sog „Teufelskreisen" (vgl. Schaubild S. 56) zu verstehen? Worin liegen die Probleme solcher Darstellungen?*
4. *Beschreiben und interpretieren Sie die Karikatur S. 57. Was ist unter dem Begriff „Westernisierung" zu verstehen? An welchem Gesellschaftsmodell sollte sich Ihrer Vorstellung nach das Ziel von „Entwicklung" orientieren? Beziehen Sie in Ihre Diskussion die im Text (S. 58) aufgeführte „vermittelnde Position" ein.*

B. Ökonomische und soziale Merkmale und Strukturen der Unterentwicklung

Gliederungsübersicht:

1. Armut: Aussagekraft des Bruttosozialprodukts, Probleme von Zahlenvergleichen (Text S. 58 – 61; M 22 – M 23); Vielschichtigkeit des Armutsbegriffs (M 24 a), Messverfahren der Weltbank und Daten zur Armutsentwicklung 1990 – 1999 (M 24 b, M 25); Index der menschlichen Entwicklung (Konzept, Berechnung Aussagekraft, Daten, M 26 a – d, M 27)
2. Niedrige Produktivität: Ursachen und Folgen (Text S. 82 – 85, M 28, M 29, M 30 a/b)
3. Regionale und wirtschaftliche Disparitäten: „strukturelle Heterogenität", einseitige Exportstruktur (Text S. 85f., M 31)
4. Grundbedürfnisse: *Ernährung/Hunger* (Text S. 90f., Berechnung, Daten, Perspektiven; M 32 a – e); *Gesundheit* (Text S. 91f.; Daten zu Krankheiten, Lebenserwartung, Kindersterblichkeit: M 33 a/b, M 34 a – d, zu Aids: M 35 a – e); *Ausbildung* (Text S. 92f., Daten zu Grundbildung, Schulbesuch, Analphabetismus: M 36 a – c, M 37)

1. Armut

Was besagt das Bruttosozialprodukt über Armut?

Die überragende Feststellung ist es, dass Entwicklungsländer* (zu ihrer Einteilung s. **M 21 b**) definitorisch *arme Länder* sind. Dies wird zunächst gemessen an einem niedrigen *Bruttosozialprodukt pro Kopf* (s. **M 21 a**, **M 22**, **M 23 a/b**).

Hierzu sind einige Anmerkungen zu machen:
Alle die schönen Dinge, die alle oder die große Mehrzahl der Menschen für sich erstreben (Nahrung, Kleidung, ein schönes Haus, Urlaub, Kühlschränke, Autos, CDs, Bücher usw.) müssen offensichtlich, bevor sie jemand nutzen kann, erst einmal produziert werden. Insofern und insoweit ein Land (eine Gesellschaft) solche erstrebenswerten Güter nicht als Geschenk erhält, bleibt nichts anderes übrig, als sie selbst zu erzeugen oder gegen eigene Erzeugnisse einzutauschen. Die Summe der in einer bestimmten Periode, üblicherweise einem Jahr, erzeugten Güter und Dienstleistungen (unter Ausschaltung von Doppelzählungen, z. B. Vorprodukten; s. „Wertschöpfung" im Glossar) wird herkömmlicherweise als Bruttosozialprodukt bezeichnet; dividiert man dessen Wert durch die Zahl der daraus zu versorgenden Köpfe, erhält man das *Bruttosozialprodukt pro Kopf* als grundlegende Messzahl für die Möglichkeit der Bedürfnisbefriedigung der Mitglieder einer Gesellschaft.
Auch wenn an dieser Messzahl vielfache und oft berechtigte Kritik geübt worden ist (**M 21**), besteht doch kein Zweifel, dass sie die grundlegende Größe ist, die das Maß der Möglichkeit der Befriedigung elementarer oder weniger elementarer Bedürfnisse der Gesellschaftsmitglieder wiedergibt. Verfügt ein Land nur über ein Sozialprodukt pro Kopf von 500 Dollar pro Jahr, vermag keine Kritik am Sozialproduktskonzept darüber hinwegzutäuschen, dass ein solches Produktionsniveau nur ein äußerst miserables Leben für die Mehrzahl der Menschen dieses Landes ermöglicht. Im *Durchschnitt* werden die Menschen dieses Landes arm sein, ärmer jedenfalls als Menschen in einem Land mit 5000 Dollar pro Kopf und Jahr.
Die so verstandene Armut eines ganzen Landes (im Verhältnis zu wohlhabenderen Ländern) hat für die Menschen, die in diesem Lande wohnen, Folgen, die weit über den ökonomischen Bereich im engeren Sinne hinausgehen (zu Problemen der Armutsdefinition s. **M 24 a und b**), deren wichtigere Ausprägungen im Abschnitt B. 4. dieses Kapitels (S. 101ff.) behandelt werden. Hier sei nur bereits einleitend vermerkt, dass alle diese Erscheinungen eng zusammenhängen: Wer wohlhabend ist, wohnt in der Regel nicht in einer Blechhütte, ist kein Analphabet, wird nicht von vermeidbaren Krankheiten oder Unterernährung geplagt, läuft nicht in Lumpen herum oder verdient seinen Lebensunterhalt als Resteverwerter auf Müllhalden... und umgekehrt. Es ist kein Zufall, dass die wichtigsten Sozialindikatoren in der ärmsten Weltregion (Schwarzafrika) mit (meist großem) Abstand zu den übrigen Regionen die schlechtesten sind, ob Kindersterblichkeit, Aids, Unterernährung und Hunger, Analphabetenrate usw., wie immer wieder die von den Vereinten Nationen (Department of Public Information) herausgegebene Zeitschrift mit dem kuriosen Titel „Africa Recovery" illustriert.

Wie kann der Wert von Gütern gemessen werden?

Die Erkenntnis, dass zur Bedürfnisbefriedigung Güter produziert werden müssen, löst für statistische Vergleiche noch nicht das *Problem der Messung des Wertes* dieser Güter: Wie viel ist ein Kühlschrank verglichen mit einem Herd, ein Herd verglichen mit einem Liter Milch, ein Liter Milch verglichen mit einem Scheuerlappen, ein Scheuerlappen verglichen mit einer Urlaubsreise „wert"? Die nahe liegende Antwort ist es, dass solche Güter auf *Märkten* getauscht werden, d. h. dass ihr Wert in dem universellen Tauschmittel Geld ausgedrückt wird. – Damit ergeben sich sofort zwei *Komplikationen:*

- Güter, die nicht über Märkte getauscht werden, gehen nicht oder allenfalls schätzungsweise in das Sozialprodukt ein, z. B. die Subsistenzproduktion* eines Bauern, der seine Erzeugnisse nicht auf dem Markt verkauft. Andere für das Wohlbefinden zentrale Werte wie Freizeit oder Freiheit von politischer Verfolgung fallen gänzlich aus dem Sozialproduktskonzept heraus. Auch geht der Wert von abgebauten nicht erneuerbaren Naturschätzen widersinnigerweise mit positivem Vorzeichen in das Sozialprodukt ein. Alle Sozialproduktsberechnungen enthalten also unvermeidlich Ungenauigkeiten (u. a. auch wegen der unterschiedlichen Leistungsfähigkeit der statistischen Ämter), die es bei geringen Unterschieden von Sozialproduktsgrößen pro Kopf verbieten, unmittelbar auf reale Unterschiede zu schließen. Solche Ungenauigkeiten sind in Entwicklungsländern größer als in Industrie-

ländern, da hier ein größerer Teil der wirtschaftlichen Transaktionen nicht statistisch erfasst wird und der Anteil von Güterproduktion und -verbrauch, der nicht über Märkte läuft, tendenziell größer als in Industrieländern ist.
- Will man Vergleiche des Wohlstandes von Ländern untereinander vornehmen, muss man erneut auf einen einheitlichen Rechenmaßstab zurückgreifen: Wie viel sind 100 Millionen Pesos (eine in Lateinamerika häufige Währungsbezeichnung) verglichen mit 10 Milliarden Naira (Nigeria) wert? Offensichtlich muss man zur Beantwortung dieser Frage in eine gemeinsame Größe umrechnen. Eingebürgert hat sich der US-Dollar; man rechnet also die Pesos und die Naira jeweils separat in Dollar um und kann dann die beiden Größen unmittelbar vergleichen.

Damit sind indes (erneut) Komplikationen verbunden:
- Bei Eingriffen in Devisen-* oder sonstige Märkte mag der an Devisenmärkten sich einstellende Kurs (also z. B. Peso zu Dollar oder Naira zu Dollar) nicht den wahren respektiven Wert der beiden Währungen wiedergeben. Legte etwa die Notenbank der DDR fest, dass eine Mark der Deutschen Notenbank (MDN) einer DM entsprach, hatte dies mit dem wahren Wert der MDN wenig zu tun und führte bei der Umrechnung von Sozialproduktsgrößen zu Verzerrungen.
- Selbst bei freiem Spiel der Marktkräfte gibt es Güter, die nicht international gehandelt werden bzw. gehandelt werden können (sog. Non-Tradables), die folglich in verschiedenen Ländern verschiedene Preise haben können. International gehandelte Güter können im Prinzip nur *einen* Preis haben; wäre das anders, dann würde ein auf dem Weltmarkt sich eindeckender Käufer bei der billigsten Quelle kaufen, den Preis des dort angebotenen Gutes dadurch erhöhen und umgekehrt dadurch, dass die Nachfrage für das teure Gut zurückginge, dessen Preis erniedrigen, so dass am Schluss im Prinzip (von Komplikationen wie Transportkosten oder Zöllen abgesehen) ein einheitlicher Preis herauskommt. (Dies wird verstärkt dadurch, dass Händler als Makler auftreten und das billig erworbene Gut teuer in einem anderen Land verkaufen und durch ihr Handeln gleichzeitig die Preisdifferenz zum Verschwinden bringen.) Nicht handelbare Güter hingegen unterliegen definitorisch solchen Arbitrage*-Geschäften nicht. Abgesehen von wenigen Touristen können die Deutschen die Dienste des billigen Friseurs in Lagos nicht in Anspruch nehmen, zu schweigen von dem Grundstück in New Orleans, das eben nicht nach Deutschland transportiert und dort verkauft werden kann. Muss ich in Deutschland für einen Herrenhaarschnitt 10 € ausgeben und betrage der am Devisenmarkt sich einstellende Wechselkurs 1 € = 1 Naira, muss ich hingegen in Lagos für einen Haarschnitt nur einen Naira ausgeben, dann ist eben, auf diese Dienstleistung bezogen, ein Naira so viel wert wie in Deutschland 10 €; der Wechselkurs gibt jedoch dieses Preisverhältnis nicht angemessen wieder.

Aus diesem Grund sind in aufwändigen internationalen Projekten so genannte **„Kaufkraftparitäten“** (KKP oder Purchasing Power Parity, PPP) von Währungen in Dollar ermittelt worden. Sie sollen angeben, wie der „reale“, also kaufkraftbereinigte, Wert einer Einheit einer Währung bezogen auf den Dollar ist („Beim Wechselkurs der KKP hat ein internationaler Dollar die gleiche Kaufkraft beim inländischen Bruttosozialprodukt wie der US-Dollar beim Bruttoinlandsprodukt der Vereinigten Staaten“, Weltbank). Will man Wohlstandsvergleiche zwischen Nationen anstellen oder Veränderungen des Wohlstands einer Nation ermitteln, ist es absolut notwendig, auf diese Werte zurückzugreifen.

Warum bei Zahlenvergleichen Vorsicht geboten ist

Dies hat für alle Entwicklungsländer die Konsequenz, dass sie *erheblich* wohlhabender sind, als die unkorrigierten Zahlen besagen, die meist nach der so genannten „Weltbank-Atlas“-Methode berechnet werden und bei der Werbung von Entwicklungshilfeeinrichtungen zur Demonstration der Armut vieler Entwicklungsländer mit Vorliebe zitiert werden. Demgegenüber gilt jedoch: Die Weltbank-Atlas-Methode ist „nach expliziter Aussage der Weltbank dazu bestimmt, die Kreditwürdigkeit der Länder für Dollarkredite zu bestimmen, nicht aber die reale Entwicklung der Volkswirtschaften, die sich nach dem Wachstum des BSP bemisst. Dass sie verbreitet zu letzterem Zweck verwendet wird, stellt eine Fehlinterpretation, ja einen Missbrauch dar. [...] Dieses PPP-Pro-Kopf-Einkommen liegt um ein Vielfaches über dem angegebenen Wert. Dass letzterer in der öffentlichen Diskussion bevorzugt angeführt wird, lässt sich wohl nur damit erklären, dass er verbreitete Vorurteile besser stützt.“ (Volker Stamm, Grundlegende Indikatoren der wirtschaftlichen Entwicklung Westafrikas, Entwurf). Auch im UN-Bereich bedeutet ein niedriges Einkommen pro Kopf

erhöhte Hilfsbedürftigkeit und Anspruch auf verbilligte oder gar kostenlose Entwicklungshilfe. Verständlich, wenn auch wissenschaftlich unhaltbar, gibt es deswegen enorme Widerstände dagegen, diese korrigierten Zahlen den internationalen Vergleichen zugrunde zu legen. Zu den Unterschieden in der Berechnung nach beiden Methoden enthält **M 23 a** einige Beispiele.
Ein klassisches Beispiel für den angedeuteten Missbrauch von Zahlen stellt die Publikation des Bundesministeriums für wirtschaftliche Zusammenarbeit „Entwicklungspolitik im Schaubild" dar (auch im Internet abrufbar). Die Karte „Unterschiedliche Länder – unterschiedliche Entwicklungserfolge" der 1. Auflage 1998 (in Kapitel III als **M 89** wiedergegeben) weist für die vier Beispielländer unterschiedlich hohe, aber in jedem Falle markante Verbesserungen auf. Beim Sozialprodukt für die Jahre 1960 und 1990 wurde korrekterweise auf „internationale Dollar", also Kaufkraftparitäten, abgestellt.
Die Neuauflage von 2002 (www.bmz.de/infothek/bildungsmaterialien/unterrichtsmaterialien/Gr8neu02L.pdf) stellt auf „BIP pro Kopf" um, mit radikal anderen Zahlen, die das gängige Weltbild bedienen: Togo ist 1998 ärmer als 1975, das Wachstum der anderen drei Länder wesentlich niedriger als nach den Kaufkraftparitäten, die nach dem Gesagten die einzig zulässige Vergleichsbasis (sowohl zwischen Ländern als auch für den Zeitvergleich) bilden (s. **M 23 b**). – Vor gutgläubigem Umgang mit Zahlen aus und über die Dritte Welt kann nur eindringlich gewarnt werden: Stellen hinter dem Komma sind meist reine Fantasie; sehr häufig existieren unterschiedliche Zahlen, gelegentlich sind sie radikal verschieden. Bei Ländervergleichen oder Vergleichen des Zeitverlaufs ist höchste Wachsamkeit geboten: Stimmen, wie häufig, statistische Definitionen nicht überein oder werden sie irgendwann geändert (ohne dass die älteren Zahlen korrigiert würden), sind Fehldeutungen die notwendige Folge. Manchmal (s. **M 23 b**) liegt allerdings der Verdacht nahe, dass sie bewusst eingesetzt werden. Im Zweifel ist den Zahlen der Weltbank der Vorzug zu geben.

Bruttosozialprodukt und Einkommensverteilung

Gegen das Bruttosozialprodukt pro Kopf wird auch der Einwand vorgebracht, der Wert für sich genommen sage nichts über die Verteilung auf Individuen aus (s. **M 22**). Dieser Einwand ist ebenso richtig wie banal: Mittelwerte sagen ihrem Wesen nach nichts über die Extreme aus, die sie überdecken. Ein Mittelwert von 5 ergibt sich ebenso aus zwei Werten von 4,5 und 5,5 wie aus 0,1 und 9,9. In einem nach dem reinen Bruttosozialprodukt pro Kopf wohlhabenderen Land mag also bei sehr ungleicher Einkommensverteilung ein größerer Teil der Bevölkerung unter der irgendwie definierten Armutsgrenze leben als in einem ärmeren Land mit einer gleichmäßigeren Verteilung von Einkommen und Vermögen. Um zu diesem Schluss zu kommen, bedarf es zusätzlicher Verteilungsmaße (hierzu s. Teil C. 1. dieses Kapitels, S. 102).
Damit hätten wir zwei Typen von Indikatoren: *Mittelwerte* (die schlicht angeben, welchen Wert eine Größe – etwa das Sozialprodukt – dividiert durch eine andere – etwa die Bevölkerungszahl – annimmt) und *Verteilungsindikatoren* (Distributionsparameter), die die Streuung der Werte um dieses Mittel angeben. Ein dritter Typ, der immer wieder in diesem Lehrbuch angesprochen wird, sind Werte, die auf bidimensionaler Verteilung beruhen, voran die so genannten *Korrelationskoeffizienten,* die angeben, wie eng der mathematische Zusammenhang zwischen zwei Größen (z. B. Körpergröße und Gewicht, wirtschaftlicher Freiheit und wirtschaftlichem Wohlergehen oder Einkommen und Wohnsituation) ist. Schließlich können noch gesamtgesellschaftliche *strukturelle Beziehungen* (z. B. die Machtverteilung) und *globale Werte* (Unabhängigkeit, Frieden) zur Beschreibung des Zustandes einer Gesellschaft verwendet werden; auch davon wird öfters die Rede sein.

M 21 a Entwicklungsländer der Erde

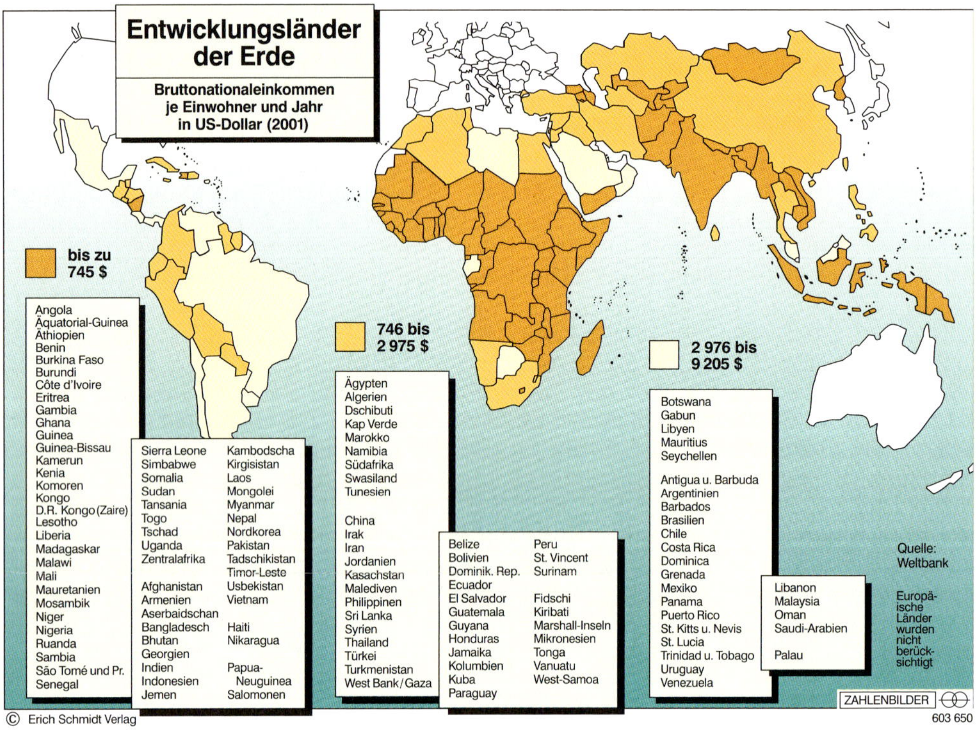

M 21 b Entwicklungsländer – Begriff und Kategorien

Entwicklungsländer (EL) ist der international gebräuchlichste Begriff, schloss zeitweilig aber auch eine Reihe europäischer Länder mit ein und verdeckt, dass sich natürlich auch die Industrieländer (IL) entwickeln bzw. weiterentwickeln – und das in viel schnellerem Tempo als die meisten Entwicklungsländer, so dass die Lücke zwischen den Industrieländern und den Entwicklungsländern insgesamt wächst. *Dritte Welt* grenzt somit als Begriff die Länder relativ wertneutral aus, die es zu bezeichnen gilt – und tut dies auch besser als der geografisch festgelegte Begriff der *Südländer,* der sich daran stoßen muss, dass auch einige im Süden des Globus gelegene Länder zu den westlichen Industrieländern gehören (Australien, Neuseeland). Kein Begriff kann im Übrigen die innerhalb der Ländergruppe notwendigen Differenzierungen leisten.

Die *Unterschiede zwischen Entwicklungsländern* haben im letzten Jahrzehnt zugenommen und machen insbesondere für Zwecke der internationalen Entwicklungspolitik die Bildung von *Untergruppen* notwendig. Die Maßstäbe, die der Ausdifferenzierung zugrunde gelegt werden, sind jedoch nicht einheitlich. Sie haben sich auch historisch gewandelt und reagieren auf konkrete Erfordernisse. Fast alle Entwicklungsländer sind Mitglieder der **Gruppe der 77** (seit 1967; 1995: 131 Länder), fast 80% gehören der ***Blockfreienbewegung****** an. Diese politischen Organisationen, welche betonen, dass eine zu starke Ausdifferenzierung der Entwicklungsländer nach anderen als politischen Kriterien – die sie sich als Dritte Welt vor allem gegenüber den westlichen Industrieländern verstehen lassen – ihre Solidarität und Stärke untergraben könnte, konkurrieren mit anderen Entwicklungsländer-Subgruppen. Sie wurden nach folgenden Kriterien gebildet: Verfügungsgewalt über die Ressource Erdöl und daraus resultierenden Exporterlösen **(OPEC;** die OPEC ist allerdings eine internationale Organisation mit fester Mitgliedschaft; nicht alle Ölexporteure sind Mitglied; J.H.W.); ärmste EL **(LLDCs)** und solche, die besonders unter den Erdölpreissteigerungen, der weltwirtschaftlichen Rezession und Dürrekatastrophen zu leiden haben (**MSAC**), geografisch benachteiligte Länder (Binnenländer, Inseln), EU-assoziierte Länder (**AKP**-Staaten). Eine weitere Kategorie aufgrund des erreichten Entwicklungsstandes, die der sog. ***Schwellenländer*** (auch Newly Industrializing Countries, NIC), hat sich inzwischen durchgesetzt. Zwischen den Gruppen gibt es Überlappungen.

(Dieter Nohlen [Hrsg.], Lexikon Dritte Welt, Rowohlt, Reinbek, vollständig überarbeitete Neuauflage 2002, S. 195; zu den Abkürzungen s. Verzeichnis S. 335f.)

M 22 Warum ist das Bruttosozialprodukt (BSP) ein fragwürdiger Wohlfahrtsindikator?

Aus den folgenden Gründen ist einige Skepsis gegenüber der Aussagekraft dieser beiden Maßeinheiten (BSP, Pro-Kopf-Einkommen) angebracht:

– Erstens liefern die Statistikabteilungen der internationalen Organisationen teilweise erheblich voneinander abweichende Daten, ohne Gründe für die Abweichungen zu benennen, die auf unterschiedlichen Definitionen, Erhebungsmethoden, Kompositionen der Bezugsgruppen etc. beruhen können. Hier entsteht das Problem der Vergleichbarkeit von Daten, so dass gelegentlich Äpfel mit Birnen verglichen werden.

[...]

– Zweitens messen das BSP und das von ihm abgeleitete Pro-Kopf-Einkommen nur Leistungen von Haushalten und Individuen, die über den Markt ausgetauscht werden; sie können also in Gesellschaften mit einem hohen Anteil von Selbstversorgung allenfalls auf groben Schätzungen beruhen. Auch die Industrieländer haben ihre mehr oder weniger großen Schattenwirtschaften, die nicht in die BSP-Berechnungen eingehen. Die Fixierung auf messbare Wirtschaftsaktivitäten vernachlässigt den „informellen Sektor*" der Subsistenzwirtschaft*, die aber gerade in Armutsregionen zu einer Überlebenswirtschaft geworden ist und mehr Menschen das Überleben ermöglicht als der „formelle Sektor". Die BSP-Berechnung unterschätzt die Überlebenskunst der Armutsgruppen, die jenseits aller statistischen Erhebungsverfahren vielfältige Überlebenstechniken entwickeln.

– Drittens kann das Pro-Kopf-Einkommen durch statistische Tricks kräftig manipuliert werden, um es unter eine Schwelle zu drücken, die den Zugang zu besonders vergünstigten Entwicklungskrediten oder nichtrückzahlbaren Schenkungen (grants) eröffnet. [...]

– Viertens sagen die in US-Dollars ausgedrückten Messzahlen des Pro-Kopf-Einkommens wenig über die tatsächliche Kaufkraft der nationalen Währungen aus [...]. Außerdem muss berücksichtigt werden, dass ein Pro-Kopf-Einkommen, das in einem reichen Land Armut bedeutet, in einem armen Land sogar Wohlstand bedeuten kann.

– Fünftens honoriert die Erhebung des Bruttosozialprodukts Luxusgüter und kostenintensive Dienstleistungen und diskriminiert die den Massenbedürfnissen eher angepassten Güter und Leistungen.

[...] Außerdem ignoriert sie alle Formen der Selbst- oder Nachbarschaftshilfe: Was kein Geld kostet, zählt nicht.

– Sechstens verleitet die Eindimensionalität der Einkommensstatistik zur ökonomischen Verengung des Entwicklungsbegriffes. [...] Entwicklung bedeutet aber nicht nur ein Mehr an materiellen Gütern, sondern auch ein Mehr an Lebensqualität. Die Höhe des BSP pro Kopf misst weder nichtmonetäre Werte, die das Leben lebenswert machen, noch Belastungen (Existenzängste, Ausbeutung, Unterdrückung etc.), die es zur Hölle machen. [...]

– Siebtens verdeckt das Pro-Kopf-Einkommen als statistischer Durchschnittswert die teilweise großen Einkommensunterschiede zwischen Kern- und Randregionen, Stadt und Land, sozialen Schichten und Geschlechtern. Die „Feminisierung der Armut“ verschwindet völlig hinter solchen Durchschnittswerten. In den meisten Entwicklungsländern verfügen rund zwei Drittel der Bevölkerung über weniger als das statistisch ausgewiesene Pro-Kopf-Einkommen.

(Franz Nuscheler, Lern- und Arbeitsbuch Entwicklungspolitik, J.H.W. Dietz, 4. Aufl., Bonn 1995, S. 137ff.)

M 23 a Unterschiede des Bruttosozialproduktes pro Kopf nach Wechselkursen und nach Kaufkraftparitäten, 1999, ausgewählte Länder

Land	BSP/Kopf in $ (1)	BSP/Kopf zu KKP (in $) (2)	BSP/Kopf zu KKP (in $): BSP (in $) x 100 = (2) : (1) x 100 (3)
Ägypten	1490	5690	381,9
Algerien	1590	5040	317,0
Argentinien	7440	12000	161,3
Belgien	24630	27500	111,7
Benin	380	970	255,3
Brasilien	3570	7520	210,6
Burkina Faso	230	1020	443,5
Deutschland	25050	25010	99,8
Elfenbeinküste	660	1520	230,3
Gabun	3180	5430	170,8
Guatemala	1690	3770	230,3
Indonesien	570	2840	498,2
Kongo, Dem. Rep.	100	682	682,0
Lesotho	540	2490	461,1
Marokko	1180	3410	289,0
Mexiko	3080	8810	286,0
Mosambik	210	820	390,5
Nicaragua	420	2100	500,0
Niger	180	760	422,2
Panama	3260	5700	174,8
Papua-Neuguinea	760	2280	300,0
Singapur	24740	24970	100,9
Sri Lanka	870	3470	398,9
Thailand	2010	6330	314,9
Tschad	200	860	430,0
Vietnam	590	2030	344,1
Niedrigeinkommensländer	420	1990	473,8
Mittleres Einkommen	1970	5050	256,3
Hohe Einkommen	27510	27450	99,8

(Quelle: Weltbank, Weltentwicklungsbericht 2002, Tabelle 1; eigene Berechnungen. Lesebeispiel für Spalte 3: Setzt man den Wert in Sp. 1 =100 (Index), liegt im Vergleich dazu der Wert aus Sp. 2 für Ägypten bei 381,9.)

M 23 b Wie Entwicklungserfolge verschwinden – BMZ und Weltbank im Vergleich

Land	1960	1975		1990		1998	
	BMZ 1998 PPP-$	BMZ 2002	Weltbank PPP-$	BMZ 1998 PPP-$	Weltbank PPP-$	BMZ 2002	Weltbank PPP-$
Togo	411	411	745	1220	1395	333	1385
Botswana	474	1132	774	5120	4931	3611	6569
Südkorea	690	2894	1613	9250	8923	11123	14097
Pakistan	820	274	421	2890	1363	511	1761

(Quellen: für BMZ siehe Text; für Weltbank: World Development Indicators 2001)
Die Differenzen für 1990, die beide nach PPP-$ angegeben sind, dürften auf Revisionen der Zahlen zurückzuführen sein. Südkorea 1975 bleibt unerklärt.

1. *Stellen Sie heraus, nach welchen Maßstäben die verschiedenen „Untergruppen“ der Entwicklungsländer abgegrenzt werden (M 21 a/b).*
2. *Abschnitt B enthält eine ganze Reihe von Statistiken (Tabellen, Grafiken) zu ökonomischen Daten. Grundlegende Gesichtspunkte, die es bei der Statistik-Analyse zu beachten gilt, werden Ihnen aus dem vorausgehenden Unterricht vertraut sein. Vor allem im Hinblick auf die Probleme internationaler Vergleiche bei der Messung von Armut und Reichtum erscheint es darüber hinaus notwendig, Klarheit über die dabei verwendeten methodischen Verfahrensweisen zu gewinnen (s. Text S. 59ff.). Sie können sich dabei an folgenden Fragestellungen orientieren:*
   - *Was misst das „Bruttosozialprodukt pro Einwohner“ („Pro-Kopf-Einkommen“, PKE)? Inwiefern handelt es sich dabei um einen „grundlegenden Indikator“?*
   - *Welche Begrenzungen der Aussagekraft dieses Indikators sind zu bedenken? Erläutern Sie dazu die in M 22 aufgeführten Gesichtspunkte.*
   - *Machen Sie sich klar, was unter „Kaufkraftparitäten“ zu verstehen ist und aus welchen Gründen die Anwendung dieses Maßstabes für Wohlstandsvergleiche zwischen Ländern als unbedingt notwendig erachtet wird (Text S. 59f.). Sie können dabei von dem „Friseurbeispiel“ (Text S. 60; vgl. M 24 b) ausgehen.*
   - *Erklären Sie (Text S. 61), warum die Messung des BSP/pro Kopf nach KKP für Entwicklungsländer zu einem höheren Wert führt als die Angaben des BSP/pro Kopf nach Wechselkursen. Vergleichen Sie dazu den Wert für Deutschland in M 23 a.*
   - *Analysieren Sie die Tabelle M 23 b. Woraus leitet der Text (vgl. auch M 22, Z. 38ff.) den Verdacht der bewussten Manipulation im Umgang mit Zahlenwerten ab (S. 61)? Wie beurteilen Sie diese Einschätzung?*

M 24 a Armut – ein vielschichtiger Begriff

Dies (die Begriffsbestimmung von Armut) ist schwieriger, als man zunächst annimmt – und die Notwendigkeit einer präzisen Definition ergibt sich bereits daraus, dass verschiedene Definitionen unterschiedliche Gruppen als „arm“ bzw. „nicht arm“ bezeichnen oder, anders, je nach Definition wird ein Mensch bzw. eine Familie einmal als arm, dann wieder als nicht arm angesehen. Dies ist nicht nur, wie man zunächst annehmen könnte, ein Ergebnis einer unterschiedlichen Definition in sozusagen wissenschaftlicher Absicht (Nominaldefinitionen sind bekanntlich grundsätzlich beliebig) [...], sondern ist auch mit politischen Fronten [...] verknüpft.

„Subjektive“ und „objektive“, „absolute“ und „relative“ Armut

Grob können die in der Literatur zu findenden Definitionen der Armut in subjektive und objektive, diese wieder in absolute und relative eingeteilt werden.
Bei *objektiven* Definitionen legt der Beobachter ein Merkmal oder ein Bündel von Merkmalen fest, deren Vorhandensein den Begriff „Armut“ bestimmt. Zum Beispiel kann ein Mensch als arm definiert werden, der (zu Kaufkraftparitäten umgerechnet) weniger als 1 US-Dollar pro Tag zur Verfügung hat. Wie man sofort sieht, haftet dieser Art von Definitionen (die 1-Dollar-Grenze z. B. wird häufig von der Weltbank verwendet) ein gewisses Maß an Willkür an: Warum gerade 1 Dollar und nicht 1,50 Dollar? Warum nicht 0,95 Dollar? In vielen Fällen wird man freilich solche Definitionen aus einem vorrangigen Verständnis von Armut ableiten können, z. B. feststellen, dass zur Befriedigung der Grundbedürfnisse eben jener berühmte Dollar pro Tag ausreiche. Jedoch: Was Grundbedürfnisse sind, kann sich von Gesellschaft zu Gesellschaft unterscheiden. Grundbedürfnisse sind nicht, wie es den Anschein hat, nur etwas biologisch Vorgegebenes, sondern stark von gesellschaftlichen Normen bestimmt. Im afrikanischen Dorf mag es sozial toleriert oder gar erwünscht sein, ohne Schuhe herumzulaufen – im England des 18. Jahrhunderts hatte auch die ärmste ehrbare Person in der Öffentlichkeit Lederschuhe zu tragen, wenn sie denn diesen Status der ehrbaren Person nicht verlieren wollte. Andere Beispiele, die Ein-

fluss auf das Existenzminimum haben können, wären Speisetabus. Kurz: Es gibt nicht nur ein physisches, sondern auch ein soziales Existenzminimum, das von Gesellschaft zu Gesellschaft differieren kann und damit, nimmt man den Grundbedürfnisansatz ernst, konsequenterweise zu verschiedenen Armutsgrenzen je nach Gesellschaft/Land führen müsste. Diese Komplikationen ändern natürlich nichts daran, dass es rein theoretisch möglich ist, an objektiven Merkmalen festgemachte Definitionen von Armut aufzustellen.

Schwieriger wird das bei der zweiten großen Gruppe: den *subjektiven* Armutsdefinitionen. Diese gehen auf den Gemütszustand der Armen ein, die Gefühle von Ohnmacht, Hilflosigkeit, Krankheit, kurz: einer subjektiv empfundenen miserablen Lage, die mit Armut im Sinne des ersten Typs von Definitionen einhergehen kann, aber nicht notwendig einhergehen muss. Genau genommen wird bei diesen Definitionen nicht auf die Armut selbst, sondern auf deren Widerspiegelung in der Psyche der Betroffenen abgestellt. Grundsätzlich eignen sich solche Definitionen wenig für entwicklungspolitische Zwecke. Zu unterschiedlich ist die Reaktion von Menschen auf „objektiv" gleiche Lagen, zu wenig gibt es harte Daten, die einen Vergleich zwischen Personen oder Nationen erlauben würden.
Eine Definition, die als arm jeden bezeichnet, dessen verfügbare Mittel für seine *selbst* definierten Zwecke nicht ausreichen (Anspruchsarmut), zeigt zwanglos das Extrem dieser Gruppe von Definitionen und macht zugleich klar, dass sie für entwicklungspolitische Zwecke nicht geeignet ist. [...]
Objektive Definitionen, so führten wir aus, können weiter in *absolute* und *relative* unterteilt werden. Für *absolute* Definitionen haben wir das Beispiel mit der von der Weltbank verwendeten 1-Dollar-Grenze bereits vorgetragen. *Relative* Begriffsbestimmungen vergleichen demgegenüber die Lage einer Person mit einer (nicht notwendig fixen) Bezugsgröße, also etwa das Einkommen einer Familie mit dem Durchschnittseinkommen der Gesellschaft, in der sie lebt, und bezeichnen dann das Unterschreiten eines bestimmten Prozentsatzes dieses Durchschnittseinkommens als Armut. Ein Beispiel wäre die Definition des statistischen Amtes der Europäischen Union, die jede Familie als arm bezeichnet, die nicht mindestens die Hälfte des Durchschnittseinkommens bezieht. Wie man sofort erkennt, ist gegen diese Begriffsbestimmung ein schwerwiegender Einwand zu machen:

Gesellschaften sind, eine Binsenweisheit, unterschiedlich wohlhabend. Die Unterschreitung etwa der Hälfte des Durchschnittseinkommens einer Gesellschaft bedeutet also im internationalen Vergleich eine ganz unterschiedliche „objektive" Lage eines Armen; in wohlhabenden Gesellschaften mag etwa das knappe Unterschreiten der Hälfte des Durchschnittseinkommens einen Lebensstandard erlauben, von dem selbst relativ Wohlhabende in armen Gesellschaften nur träumen können. Für internationale Vergleiche sind derartige Definitionen wenig geeignet. Gleiches gilt für intertemporale Vergleiche: Wenn eine Gesellschaft, bei unveränderter Einkommensverteilung, ein fulminantes Wirtschaftswachstum erfährt (oder auch eine Verschlechterung der Wirtschaftslage), ändert sich auch die Lage der Armen: Sie werden erheblich wohlhabender (oder ärmer). Wegen der Definition in Abhängigkeit vom Durchschnittseinkommen kann sich aber logischerweise bei unveränderter Einkommensverteilung der Anteil der Armen in einer Gesellschaft nicht verändern, selbst wenn sie, etwas überzogen, in Villen wohnten und Kaviar äßen (oder, umgekehrt, bei einem massiven Wirtschaftsabschwung Hunger litten). Schon Friedrich A. von Hayek bemerkte einmal: „Wenn man aber erst mal damit anfängt, die zehn Prozent der Bevölkerung mit den niedrigsten Einkommen die ‚Armen' zu nennen, dann wird es immer Arme geben, weil einige immer diese zehn Prozent sein müssen." Damit stoßen wir auf das Kernproblem: Es gibt schlechterdings keinen theoretisch plausiblen Grund, Armut und Verteilung zu vermengen. Beides sind unterschiedliche Klassen von Begriffen. Vom einen kann nicht ohne Zusatzangaben auf das andere geschlossen werden. Die Angabe etwa, 10 Prozent der Bevölkerung verfügten über 40 Prozent der Einkommen, sagt nichts über die Armut in diesem Lande aus, wenn nicht zusätzlich Angaben über das absolute Sozialprodukt mitgeliefert werden. (Natürlich sagt diese Zahl etwas über Verteilung – aber dies ist eben etwas anderes.)

Diese *Unterscheidung von Armut und Verteilung* scheint dem Verfasser von herausragender Bedeutung zu sein, weil ein Großteil (nicht nur) der entwicklungspolitischen Armutsdiskussion diese beiden Begriffe permanent vermengt. Wer die unbestreitbaren wirtschaftlichen Erfolge der Dritten Welt (Ausnahme nur Schwarzafrika) relativieren möchte, wird sich auf Verteilungsdaten der angedeuteten Art stützen, um zu beweisen, dass entwicklungspolitisch zu wenig getan werde oder dass es dringend nötig sei, seiner Nichtregierungsorganisation möglichst große Spenden zur Armutsreduktion zukommen zu lassen. Ein Teil des Pessimismus hinsichtlich der Armut in der Dritten Welt speist sich aus dieser Betrachtungsweise.

Wie soll Armut gemessen werden?

Eine Lösung des Definitionsproblems von Armut löst noch nicht das Problem der Messung – und auf diese sind wir angewiesen, wenn und solange Entwicklungspolitik ziel- und ergebnisorientiert sein soll. Selbst für so simple Dinge wie die Frage nach dem Hunger in der Welt gibt es für zahlreiche Länder nur Schätzungen (der Bedarf von Lebensmitteln einer Bevölkerung muss der Gesamtverfügbarkeit und der Verteilung auf Individuen gegenübergestellt werden. In nicht wenigen Ländern existieren nur Schätzungen zu jedem dieser Begriffe).
Zwei weitere wichtige Hinweise:
1. Zum einen sind die üblichen Angaben: im Lande X leben y % der Bevölkerung in Armut oder unter der Armutslinie (oder gar, eine logische Unmöglichkeit „unter dem Existenzminimum“), so lange wenig aussagekräftig, als nicht zusätzlich der Abstand des Konsums des durchschnittlichen Armen von der irgendwie definierten Armutslinie angegeben wird. Die „Schwere“ der Armut in einer Gesellschaft wird sowohl von dem Anteil der Armen als auch von deren durchschnittlichem Konsum, wie eben beschrieben, abhängen.

Armutsbegriffe

	Definition	Indikator
Absolute Armut	Unzureichende Ausstattung hinsichtlich lebenswichtiger materieller und immaterieller Grundbedürfnisse	Verfügbarkeit von 1 Dollar pro Tag für die Befriedigung der Lebensbedürfnisse = ca. 1,3 Mrd. Menschen
Relative Armut	Unterversorgung mit materiellen und immateriellen Ressourcen im Verhältnis zum Wohlstand der jeweiligen Gesellschaft	Weniger als 50% des durchschnittlichen Einkommens des jeweiligen Landes stehen zur Verfügung.
Ungleichheit	Unterschiedlichkeit in der Verteilung, z.B.: Mittelausstattung, Verfügbarkeit von Gütern, Lebenschancen, Entscheidungsspielräumen etc.	Abweichung von einer „Idealverteilung“ (z.B. gemessen durch Gini-Koeffizienten). Wie viel Ungleichheit hingenommen werden kann, ist eine Gerechtigkeitsfrage.
Ungerechtigkeit	Subjektive, ethisch begründete Bewertung eines Zustandes auf der Basis eines Ideals (Bedarfsgerechtigkeit, Leistungsgerechtigkeit, Funktionsgerechtigkeit)	Abweichung von den ethisch begründeten Normen werden analysiert und bewertet.

(http://www.venro.org; © Verband Entwicklungspolitik deutscher Nichtregierungsorganisationen e.V.)

2. Zum anderen ist die Gruppe der Armen selbst im Hinblick auf die Armut keineswegs homogen, sondern zerfällt mindestens in zwei Untergruppen: Arme allgemein und Bitter-Arme (ultra poor). Die Bitter-Armen sind nicht einfach ärmere Arme, sondern eine andere Klasse von Armen. […] Bitter-Arme sind in der Gefahr, irreversible Dauerschäden zu erleiden. […]
Zusammenfassend können wir feststellen, dass weder über das *Konzept* der Armut noch über die anzuwendenden *Messverfahren* in der Literatur Einigkeit besteht. Alle Zahlen, die in der Publizistik über Arme in der Dritten Welt genannt werden, sind vor diesem Hintergrund sorgfältig auf ihre Quelle, auf die zugrunde gelegte Definition und auf die Erhebungsmethoden zu hinterfragen. Solange es keine internationale Standardisierung des Begriffs der Armut und seiner Messung gibt, kann sich je nach optimistischem oder pessimistischem Weltbild oder nach politischer Couleur jeder Interessierte aus diesem Bauchladen beliebig bedienen. Besondere Vorsicht ist bei Zeitreihenvergleichen angezeigt, die

schon durch kleine Veränderungen der zugrunde gelegten Definition fast wertlos werden können.

(Jürgen H. Wolff, Armutsbekämpfung durch Entwicklungshilfe: Mythos oder Realität?, in: Uwe Andersen [Hrsg.], Entwicklung der Entwicklungspolitik, Schwalbach /Ts. 1999 [= Politische Bildung, Bd. 32], S. 54–69, hier S. 56–59)

M 24 b „Ein Dollar pro Tag" – Von den Schwierigkeiten der Weltbank, die Weltarmut zu berechnen

Die Weltbank legt für ihre Definition extremer Armut die Einkommensgrenze „Ein Dollar pro Tag", ausgedrückt in Kaufkraftparitäten, zugrunde. Wie in M 23 a gezeigt, führt der Maßstab KKP notwendiger- und berechtigterweise in Entwicklungsländern zu höheren Einkommenswerten als das BSP pro Kopf. Dieser Effekt kommt hauptsächlich dadurch zustande, dass verschiedenartige *Dienstleistungen* in Entwicklungsländern z.T. unvergleichlich weniger kosten als in Industrieländern (vgl. Text S. 60). Für *Konsumgüter* des täglichen Bedarfs – vornehmlich auf diese sind Arme angewiesen – ist dieser Unterschied aber bei weitem nicht so groß; sie sind auf jeden Fall teurer, als der auf den Konsum aller Güter und Dienstleistungen basierende KKP-Maßstab nahe legt.

Die größten Preisunterschiede zwischen reichen und armen Ländern gibt es bei nicht exportierbaren Dienstleistungen. In sehr armen Ländern kann man eine Haushaltshilfe, einen Fahrer oder einen Haarschnitt schon für ein Hundertstel des hiesigen Preises bekommen. Solche riesigen Preisunterschiede treiben die ICP-Kaufkraftparitäten dieser Länder nach oben. Aber sie sind völlig irrelevant für deren Arme, die sich solche Dienstleistungen nicht leisten können. [...] Bei der Umrechnung der Armutsgrenze in andere Währungen sind in der Tat lokale Preise von Gütern und Dienstleistungen zu berücksichtigen. Aber nicht gemäß ihrer Rolle im Weltkonsum, sondern gemäß ihrer Wichtigkeit für die Befriedigung menschlicher Grundbedürfnisse. Noch fehlen die Preisdaten, die nötig wären, um internationale Kaufkraftvergleiche in dieser plausibleren Weise vorzunehmen. Die vorliegenden Preisdaten über Nahrungsmittel insgesamt, Brot und Getreide sowie andere Bedarfsgüter zeigen jedoch, dass diese in den armen Entwicklungsländern im Schnitt um 30 bis 40 Prozent teurer sind, als Kaufkraftparitäten nahe legen. [...] Höchstwahrscheinlich müsste die Weltbank also, wenn sie bei der Umrechnung ihrer Armutsgrenze in die Währungen armer Entwicklungsländer einen Preisindex lebenswichtiger Bedarfsgüter zugrunde legte, ihre nationalen Armutsgrenzen – und damit auch ihre Schätzungen der Anzahl armer Menschen – ganz erheblich nach oben revidieren. [...]
Hinzu kommt schließlich noch, dass die Weltbank bei den Definitionen ihrer Armutsgrenzen jeweils von einem Dollarbetrag ausgeht, der ziemlich willkürlich aus der Luft gegriffen und mit der normalen Wortbedeutung von „Armut" kaum vereinbar ist. Wir nennen eine Person arm, wenn sie für ihre normalen menschlichen Grundbedürfnisse nicht aufkommen kann. Natürlich ist es sinnvoll, dieses Wort durch ein Monatsbudget genauer zu präzisieren. Aber dabei muss man sich schon Gedanken darüber machen, was Menschen zum Überleben brauchen. Die neueste Armutsgrenze der Weltbank entspricht heute in den USA einem Monatsbudget pro Person von 41 Dollar [...]. Versuchen Sie einmal, einen Monat lang nur mit diesem Betrag auszukommen – und dem tröstenden Gedanken, dass Sie dabei nicht zu den Armen zählen. Denn arm sind der Weltbank gemäß ja nur die, die weniger (im Schnitt übrigens 30 Prozent weniger) Einkommen haben. [...] Die Bestimmung eines plausiblen Armutsbegriffs muss von einer Konzeption menschlicher Grundbedürfnisse ausgehen und dann die verschiedenen Güter ermitteln, mit denen wir diese Bedürfnisse befriedigen können. Als arm sind dann die zu zählen, die sich keine hinreichende Kombination solcher Güter leisten können. Um das im Einzelfall zu entscheiden, brauchte man vor allem präzisere Preisdaten speziell über die jeweils billigsten Bedarfsgüter-Daten, die im Rahmen der ohnehin stattfindenden ICP-Preiserhebungen ohne nennenswerte Mehrkosten leicht gesammelt werden könnten.

(Thomas Pogge, in: Neue Zürcher Zeitung v. 4./5. Januar 2003, S. 55)

M 25 Bevölkerung in extremer Armut nach Regionen – Zahl der Menschen, die von weniger als 1 Dollar pro Tag leben

	Anteil (Prozent)		Zahl (Millionen)	
Region	1990	1999	1990	1999
Afrika südlich der Sahara	47,7	46,7	242	300
Ostasien und Pazifikraum	27,6	14,2	452	260
ohne China	18,5	7,9	92	46
Südasien	44,0	36,9	495	490
Lateinamerika und Karibik	16,8	15,1	74	77
Osteuropa und Zentralasien	1,6	3,6	7	17
Naher Osten und Nordafrika	2,4	2,3	6	7
Insgesamt	29,0	22,7	1276	1151
ohne China	28,1	24,5	916	936

Hinweis: 1 Dollar pro Tag entspricht 1,08 Dollar in Preisen des Jahres 1993 zu Kaufkraftparität (PPP).
Quelle: World Bank 2002.

(UNDP, Human Development Report 2002; deutsche Ausgabe: Bericht über die menschliche Entwicklung 2002, UNO-Verlag, Bonn 2002, S. 21)

Das Problem der Armut in Entwicklungsländern steht im Mittelpunkt der Berichterstattung in den Medien und der öffentlichen Diskussion. Umso wichtiger erscheint es, den Begriff und die üblicherweise verwendeten Bewertungsmaßstäbe genauer zu untersuchen, bevor wir uns den vorliegenden Ergebnissen der „Armutsmessung" in Entwicklungsländern zuwenden.

1. *Verdeutlichen Sie den Unterschied zwischen einer „objektiven" und einer „subjektiven" Armutsdefinition sowie die Begründung dafür, dass sich der subjektive Begriff von Armut für empirische Festlegungen und Vergleiche zwischen Ländern nur schwer verwenden lässt (Text S. 66).*
2. *Die „objektive" Armutsdefinition kann sich entweder auf einen „absoluten" Maßstab beziehen (so verfährt die Weltbank für ihre Untersuchungen zur Armut in Entwicklungsländern) oder ein „relatives" Kriterium zugrunde legen (so geschieht es im Allgemeinen bei der Diskussion über Armut in Industrieländern). Erläutern Sie diese Unterscheidung und das Problem, das mit einem „relativen" Armutsbegriff verbunden ist. Machen Sie insbesondere klar, warum zwischen Einkommensarmut und Einkommensverteilung grundsätzlich unterschieden werden sollte (Text S. 66f.).*
3. *Stellen Sie heraus, welche – zurzeit wohl noch unlösbaren – Probleme mit dem von der Weltbank verwendeten Maßstab für extreme Armut verbunden sind (M 24 b).*
4. *Beschreiben Sie, wie sich der Anteil der Armen (nach dem Weltbank-Maßstab) an der Bevölkerung der verschiedenen Regionen von 1990 bis 1999 entwickelt hat (M 25).*
5. *Im Jahr 2000 haben sich die Vereinten Nationen als eins ihrer „Millenniums-Ziele" (UN Millennium Development Goals) die Halbierung des Anteils der Armen (mit einem Einkommen unter 1 Dollar pro Tag) an der Bevölkerung in den Entwicklungsländern (insgesamt und in den einzelnen Regionen) für den Zeitraum von 1990 bis 2015 gesetzt. Wie schätzen Sie die Erfolgsaussichten angesichts der bis 1999 erreichten Werte (M 25) ein? Welche Unterschiede nach Regionen sind auffällig?*
6. *Unter ihrer Internetadresse http://www.worldbank.org/poverty/quiz/index.htm hat die Weltbank ein Quiz mit 20 Fragen veröffentlicht, mit dem Sie Ihr Wissen über Zahlen und Daten zum Problem der Armut überprüfen und ergänzen können.*

Der „Index der menschlichen Entwicklung“ als neuer Wohlfahrtsindikator

Das Bruttosozialprodukt pro Kopf wird als Wohlfahrtsindikator seit einer Reihe von Jahren durch andere Indikatoren ergänzt. Am bekanntesten ist der ***Human Development Index*** (Index der menschlichen Entwicklung, HDI) geworden, der vom Entwicklungsprogramm der Vereinten Nationen (UNDP) jährlich neu berechnet und im Human Development Report publiziert wird. Er kombiniert Daten der Lebenserwartung, Alphabetisierung und realen Kaufkraft pro Kopf (mit einer Kappungsgrenze wegen des abnehmenden Grenznutzens* zusätzlicher Einkommen; s. **M 26 a**). Umgekehrt wird auch ein „Index der menschlichen Armut“ (Human Poverty Index, HPI) von der gleichen Institution berechnet; er kombiniert Daten zur Lebenserwartung (genauer: den Prozentsatz der Menschen, deren Lebenserwartung vierzig Jahre nicht übersteigt), zum Analphabetentum, zum Zugang zur Gesundheitsversorgung und zu sauberem Wasser sowie den Prozentsatz der unterernährten Kinder unter fünf Jahren. Beide Indikatoren weisen wichtige Merkmale des „Wohlbefindens“ einer Gesellschaft auf, andere freilich nicht (z. B. die Freiheit von politischer Repression); übrigens sind sie methodisch noch nicht ausgereift (zur Kritik am HDI s. **M 26 b**) und können das Sozialprodukt pro Kopf ergänzen, aber nicht ersetzen (zur Länderrangfolge nach dem HDI s. **M 26 d**). – Die Bedeutung des Human Development Index sollte nicht überschätzt werden. Auch wenn UNDP etwas anderes behauptet, steht fest, dass seine Einzelkomponenten untereinander und mit dem Gesamtindex hoch korrelieren. Eine ähnlich hohe positive Korrelation besteht zwischen dem Index und der Messzahl „Bruttosozialprodukt pro Kopf“, die oben diskutiert wurde. In diesem Sinne liefert der HDI wenig zusätzliche Informationen.
Interessant sind allerdings die Fälle, bei denen die Rangstufe eines Landes nach dem HDI besser – oder schlechter – ist als nach dem BSP/Kopf. Es ist zu vermuten, dass dies unmittelbar auf besondere Anstrengungen (oder Verantwortungslosigkeit) der politischen Führung eines Landes zurückzuführen ist. Findet sich das wohlhabende Ölland Gabun beim HDI auf den hinteren Plätzen, 71 Positionen hinter seinem Rang nach dem Sozialprodukt pro Kopf, besagt das etwas für die soziale Verantwortung bzw. Verantwortungslosigkeit des Staatspräsidenten; weist Marokko eine (gemessen an seinem Wohlstand) viel zu hohe Analphabetenrate auf, werden dadurch politische Versäumnisse offen gelegt usw.

Der Übergang von „Wohlstand“ zu „Armut“ ist fließend

Hier soll kurz noch einem weit verbreiteten Missverständnis entgegengetreten werden: Bildet man die beiden Gruppen der Industrie- und Entwicklungsländer, dann suggeriert diese Begrifflichkeit einen klaren Graben zwischen den beiden Gruppen. Dies ist unzutreffend bzw. ein statistisches *Artefakt**: Vom reichsten bis zum ärmsten Land gibt es vielmehr ein Kontinuum von Wohlstand/Armut, und die Grenzziehung zwischen den beiden Gruppen (nur) nach diesem Kriterium ist daher in gewissem Maße willkürlich. Nehmen wir den Fall von zehn Ländern, die in absteigender Reihenfolge 1000, 900, 800 ... bis 100 Dollar Bruttosozialprodukt pro Kopf haben. Es ist ohne weiteres möglich, die ersten drei Länder – gleiche Bevölkerungszahl vorausgesetzt – zusammenzufassen und für diese Gruppe der „reichen“ Länder ein durchschnittliches Bruttosozialprodukt pro Kopf von 900 Dollar zu ermitteln; die „armen“ Länder hätten in unserem Beispiel 400 Dollar im Durchschnitt, was nichts anderes bedeutet, als dass die reichen Länder 2 ¼-mal so wohlhabend sind wie die armen. Wie man sofort sieht, macht dieses keinen sonderlichen Sinn, wenn und soweit ein Kontinuum der Wohlstandsdifferenzen besteht. Der „Graben“ ist ein Produkt der statistischen Berechnungsmethode, auch wenn damit selbstverständlich der Wohlstandsunterschied zwischen den reichen und den armen Ländern nicht wegdiskutiert werden soll.
Nach dem „Weltentwicklungsbericht“ 2002 (er wird jährlich von der Weltbank herausgegeben und aktualisiert) ist das reichste Land der Erde Luxemburg mit 45 410 PPP-$/Kopf, das ärmste Land Sierra Leone mit 510 $ (übrigens auch an letzter Stelle beim HDI), also etwa 1, 1 % des wohlhabendsten Landes, das seinerseits etwa neunundachtzigmal so wohlhabend ist. Der absolute Unterschied, in Kaufkraftparitäten, beträgt nicht weniger als

44900 $. Die Weltbank unterscheidet vier Länderkategorien: hohe und niedrige Einkommen sowie Mitteleinkommensländer, diese wieder nach einer oberen und einer unteren Subgruppe (vgl. M 27). – Um auch einen Vergleich von Gruppen zu geben (in Kaufkraftparitäten): Niedrigeinkommensländer 1990; mittlere Einkommen 5050; hohe Einkommen 27450 $. Die Gruppe der wohlhabenden Länder ist also real 13,8-mal so reich wie die armen Länder als Gruppe; diese erreichen folglich nur 7,2% des realen Wohlstandes der reichen Länder (vgl. **M 21 a**, **M 23 a**). Wie erwähnt, übersetzt sich ein solcher Wohlstandsunterschied unmittelbar in Daten zur Lebensqualität (s. dazu **M 27**).

M 26 a Zum Konzept und zur Berechnung des Index der menschlichen Entwicklung (Human Development Index)

Der Begriff der menschlichen Entwicklung ist viel tiefer und reicher als alles, was in einem zusammengesetzten Index oder auch durch einen detaillierten Satz statistischer Indikatoren erfasst werden kann. Um den Fortschritt menschlicher Entwicklung zu verfolgen, braucht man indessen ein einfaches Werkzeug. Der Index der menschlichen Entwicklung (HDI) gibt infolgedessen Erfolge der grundlegendsten menschlichen Fähigkeiten wieder – ein langes Leben, Kenntnisse und einen angemessenen Lebensstandard. Drei Variable sind ausgewählt worden, um diese Dimensionen wiederzugeben: die Lebenserwartung, der Ausbildungsgrad und das Einkommen.

Der HDI ist ein umfassenderes Maß als das Pro-Kopf-Einkommen. Einkommen ist nur ein Mittel zu menschlicher Entwicklung, nicht ein Ziel in sich. Desgleichen ist es keineswegs die Summe menschlicher Lebensführung. Durch die Konzentration auf Gebiete jenseits des Einkommens und durch die Behandlung des Einkommens als Indikator für einen angemessenen Lebensstandard bietet der HDI ein umfassenderes Bild des menschlichen Lebens, als das Einkommen es kann.

Mit der Standardisierung der Werte der Variablen, die den HDI ausmachen, variiert sein Wert von 0 bis 1.

Der HDI setzt sich aus drei Indikatoren* zusammen: der *Lebensdauer*, gemessen als Lebenserwartung bei Geburt; dem *Ausbildungsstand*, gemessen durch eine Verbindung der Alphabetenrate der Erwachsenen (Gewichtung 2/3) und den zusammengefassten Schulbesuchsraten des Primar-, Sekundar- und Tertiärniveaus (Gewichtung 1/3); und dem *Lebensstandard*, gemessen durch das reale Bruttosozialprodukt pro Kopf (in $ Kaufkraftparitäten).

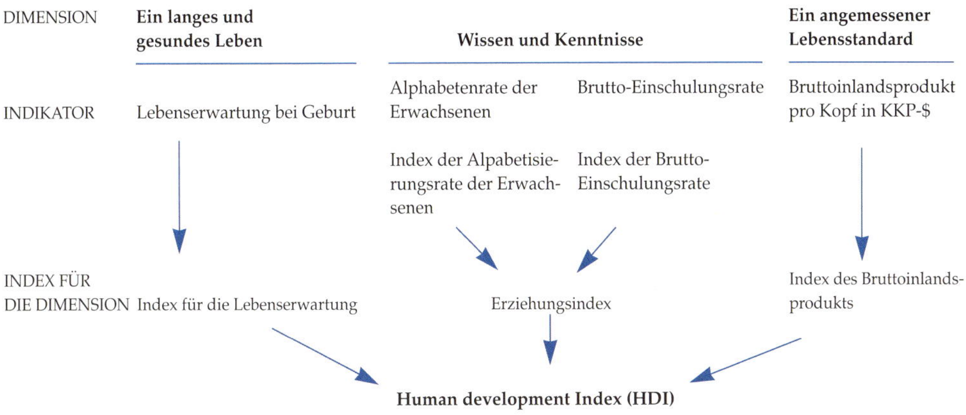

(Übersicht: UNDP, Human Development Report 2002; deutsche Ausgabe: Bericht über die menschliche Entwicklung 2002, UNO-Verlag, Bonn 2002, S. 282)

Feste Minimal- und Maximalwerte

Zur Bildung des Index sind für jeden dieser Indikatoren feste Minimal- und Maximalwerte bestimmt worden:

- für die Lebenserwartung bei Geburt: 25 und 85 Jahre
- für die Alphabetenrate der Erwachsenen: 0% und 100%
- für die zusammengefasste Schulbesuchsrate: 0% und 100%
- für das reale Bruttosozialprodukt pro Kopf ($ Kaufkraftparitäten): 100 $ und 40 000 $

Für jeden Teil des HDI können Einzelindizes nach der allgemeinen Formel:

$$\text{Index} = \frac{\text{tatsächlicher Wert} - \text{minimaler Wert}}{\text{maximaler Wert} - \text{minimaler Wert}}$$

berechnet werden.

Wenn, z.B., die Lebenserwartung bei Geburt in einem Land 65 Jahre beträgt, wäre der Index der Lebenserwartung für dieses Land:

$$\text{Index der Lebenserwartung} = \frac{40\ (65 - 25)}{60\ (85 - 25)} = 0{,}667$$

Der Index der menschlichen Entwicklung (HDI) ist das simple arithmetische Mittel des Index der Lebenserwartung, des Index des Erziehungsniveaus und des Index des korrigierten realen Bruttosozialproduktes pro Kopf (in Kaufkraftparitäten) und wird folglich berechnet durch die Division der Summe dieser drei Indizes durch drei.

Illustration der Methode zur Berechnung des HDI

Die Berechnung des HDI wird mit zwei Beispielen illustriert – Deutschland und China, einem industrialisierten und einem Entwicklungsland. Die Anwendung der aufgeführten Formeln ergibt folgendes Ergebnis:

Land	Lebenserwartungsindex	Index des Erziehungsniveaus	Korrigiertes reales BSP pro Kopf	Summe der drei Indikatoren	Index der menschlichen Entwicklung
Deutschland	0,87	0,954	0,895	2,719	0,906
China	0,747	0,782	0,575	2,104	0,701

(UNDP, Human Development Report 1999, New York/Oxford 1999, S. 127f. und 159f. mit zugehörigen Tabellen; Übersetzung durch Jürgen H. Wolff)

(Das Beispiel zeigt die Problematik einer Indexberechnung auf unzureichender Datengrundlage [s. M 26 b]. Die deutsche Analphabetenrate (China: 15,9%) wird nirgends statistisch erfasst und daher definitorisch auf 1% gesetzt [s. M 26 d). Schätzungen reichen demgegenüber bis zu 5% oder mehr. Der HDI-Abstand Deutschland-China würde sich damit nicht unerheblich verringern, J.H.W.)

M 26 b Kritik an der Aussagekraft des HDI

Die Aussagekraft des HDI für den absoluten und den relativen Entwicklungsstand der Länder der Erde ist wegen einer Vielzahl von Schwachpunkten stark begrenzt. Dies liegt zum einen an einer Reihe von *grundsätzlichen Problemen,* die bei der Konstruktion von zusammengesetzten Entwicklungsindikatoren auftreten und für die es bislang noch keine allgemein anerkannten Lösungen gibt. Dazu zählen die eingeschränkte Verfügbarkeit von international vergleichbaren Daten und die umstrittene Frage nach der *Gewichtung* der im Gesamtindex zusammengefassten Teilindikatoren. Die Richtigkeit der vom HDI erzeugten Länderrangfolge muss jedoch angezweifelt werden, wenn teilweise mehr als die Hälfte der verwendeten Daten auf *Schätzungen* beruhen und keine plausiblen Argumente für die momentane Gewichtung von Lebenserwartung, Bildungsstand und Kaufkraft gegeben werden können.

Zum anderen sind die Schwachpunkte des HDI auf die *spezifischen Probleme* seiner Konstruktion und seiner Teilindikatoren zurückzuführen. [...]

Und schließlich werden im HDI Teilindikatoren verwendet, die untereinander hochkorreliert sind und damit den HDI zu einer statistisch redundanten Größe verurteilen. Auch die HDI-spezifischen Probleme warnen vor einer vorbehaltlosen Anwendung des HDI. Im Gegensatz zu den vorher genannten prinzipiellen Problemen können sie jedoch durch geeignete Maßnahmen in der Zukunft weitgehend vermieden werden. [...]

Die Beurteilung des HDI fällt positiver aus, wenn man seinen *ideellen Wert* im Rahmen der vom UNDP neu formulierten Entwicklungskonzeption mitberücksichtigt. Das Konzept des HDI stellt den Menschen ausdrücklich in den Mittelpunkt aller Entwicklungsbemühungen. Es unterscheidet sich zwar in seiner praktischen Orientierung nicht unbedingt signifikant – wie vom UNDP behauptet – von anderen Entwicklungskonzeptionen. Dies konnte bei einem detaillierten Vergleich mit dem Grundbedürfnisansatz gezeigt werden. Aber sowohl das Konzept wie auch der HDI als mehrdimensionaler Entwicklungsindikator signalisieren eine deutliche Abkehr von der einseitig wachstumsorientierten Entwicklungsideologie der Vergangenheit und der eindimensionalen Messung von Entwicklung durch das PKE [Pro-Kopf-Einkommen, J.H.W.].

Schließlich muss betont werden, dass durch Desaggregationen* und Modifikationen des HDI zusätzliche, deutlich wertvollere Einsichten in aktuelle Entwicklungsprobleme gewonnen werden können als bei seiner isolierten Verwendung. Dies wird jedoch zurzeit wegen des Mangels an verlässlichen Daten nur für eine kleine Anzahl von Ländern durchgeführt. Als vordringliche Aufgabe für die Zukunft stellt sich damit die Verbesserung von Datenerfassungssystemen insbesondere in den Entwicklungsländern. Dies würde die Perspektive für zukünftige Berichte eröffnen, aussagekräftigere Versionen des HDI auch für bisher noch nicht berücksichtigte Länder veröffentlichen zu können.

(Frank Bohnet, Der Human Development Index des UNDP – eine kritische Analyse, TH Darmstadt 1994, hektographiert, S. 84-85)

M 26 c Menschliche Entwicklung macht Fortschritte

Der Index für menschliche Entwicklung (Human Development Index, HDI) von UNDP hat sich in den vergangenen 25 Jahren in den meisten Ländern der Welt verbessert. Beispiele:

Länder mit:		1975	2000	Veränderungen
hohem HDI-Niveau	Irland	0,805	0,925	+ 0,120 (15%)
	Australien	0,841	0,939	+ 0,098 (12%)
	Dänemark	0,859	0,926	+ 0,067 (8%)
mittlerem HDI-Niveau	Tunesien	0,511	0,722	+ 0,211 (41%)
	China	0,518	0,726	+ 0,208 (40%)
	Simbabwe	0,519	0,551	+ 0,032 (6%)
niedrigem HDI-Niveau	Indonesien	0,456	0,684	+ 0,228 (50%)
	Nepal	0,291	0,490	+ 0,199 (68%)
	Mali	0,248	0,386	+ 0,138 (56%)

Anmerkung: UNDP hat 1975 100 Länder und 2000 173 erfasst. Für den langfristigen Vergleich der 100 Länder von 1975 zeigt sich in den allermeisten dieser Länder eine Verbesserung des Index. Zu den wenigen Ausnahmen zählen einige osteuropäische Länder (z.B. Russland oder Bulgarien) und als einziges afrikanisches Land Sambia. Insbesondere für afrikanische Länder liegen jedoch vielfach keine Daten für 1975 vor. Es ist davon auszugehen, dass auch in einigen anderen afrikanischen Ländern negative Trends in der menschlichen Entwicklung zu konstatieren sind. Diese Ausnahmen ändern jedoch nichts am Gesamttrend: Für 21 Länder mit einem niedrigen HDI-Niveau liegen Daten vor. In diesen Ländern verbesserte sich der Index durchschnittlich um 28%. Im Falle der Länder mit einem mittleren HDI-Niveau liegen für fast 50 Länder Daten vor. Veränderungsrate hier: durchschnittlich plus 20%.

Quelle: UNDP 2000, S. 150 und 180f.; eigene Berechnungen
(Globale Trends 2002, S. 80, Tabelle 3, aktualisiert nach UNDP, WDR 2002)

M 26 d Tabelle: Länder-Rangfolge nach dem „Index der menschlichen Entwicklung“, 2000

Die führenden zwanzig Länder					
	Land	Human Development Index (HDI)	Lebenserwartung bei Geburt (Jahre)	Alphabetisierungsrate der Erwachsenen	BSP pro Kopf (KKP-US $)
1	Norwegen	0,942	78,5	..a	29918
2	Schweden	0,941	79,7	..a	24277
3	Kanada	0,940	78,8	..a	27840
4	Belgien	0,939	78,4	..a	27178
5	Australien	0,939	78,9	..a	25693
6	USA	0,939	77,0	..a	34142
7	Island	0,939	79,2	..a	29581
8	Niederlande	0,935	78,1	..a	25657
9	Japan	0,933	81,0	..a	26755
10	Finnland	0,930	77,6	..a	24996
11	Schweiz	0,928	78,9	..a	28769
12	Frankreich	0,928	78,6	..a	24223
13	GB	0,928	77,7	..a	23509
14	Dänemark	0,926	76,2	..a	27627
15	Österreich	0,926	78,1	..a	26765
16	Luxemburg	0,925	77,4	..a	50061b
17	Deutschland	0,925	77,7	..a	25103
18	Irland	0,925	76,6	..a	29866
19	Neuseeland	0,917	77,6	..a	20070
20	Italien	0,913	78,5	98,4	23626

Die dreiundzwanzig rückständigsten Länder					
	Land	Human Development Index (HDI)	Lebenserwartung bei Geburt (Jahre)	Alphabetisierungsrate der Erwachsenen	BSP pro Kopf (KKP-US $)
151	Tansania	0,440	51,1	75,1	523
152	Mauretanien	0,438	51,5	40,2	1677
153	Sambia	0,433	41,4	78,1	780
154	Senegal	0,431	53,3	37,3	1510
155	Kongo, Dem.Rep.	0,431	51,3	61,4	765e
156	Elfenbeinküste	0,428	47,8	46,8	1630
157	Eritrea	0,421	52,0	55,7	837
158	Benin	0,420	53,8	37,4	990
159	Guinea	0,414	47,5	41,0 c,d	1982
160	Gambia	0,405	46,2	36,6	1649
161	Angola	0,403	45,2	42,0 c,d	2187
162	Ruanda	0,403	40,2	66,8	943
163	Malawi	0,400	40,0	60,1	615
164	Mali	0,386	51,5	41,5	797
165	Zenralafrik. Rep.	0,375	44,3	46,7	1172
166	Tschad	0,365	45,7	42,6	871
167	Guinea-Bissau	0,349	44,8	38,5	755
168	Äthiopien	0,327	43,9	39,1	668
169	Burkina Faso	0,325	46,7	23,9	976
170	Mosambique	0,322	39,3	44,0	854
171	Burundi	0,313	40,6	48,0	591
172	Niger	0,277	45,2	15,9	746
173	Sierra Leone	0,275	38,9	36,0	490

HDI-Werte nach Ländergruppen und Regionen:
Welt insgesamt: 0,722; Entwicklungsländer insgesamt: 0,654; LLDC: 0,445; OECD: 0,905; Länder mit hohem Einkommen: 0,930, mit mittlerem Einkommen: 0,747, mit niedrigem Einkommen: 0,554
Südasien: 0,570; Sub-Sahara-Afrika: 0,471; Ostasien und Pazifik: 0,726; Lateinamerika und Karibik: 0,767; Arabische Staaten: 0,653

a) Zur Berechnung des HDI wurde ein Wert von 99,0 % zugrunde gelegt; die tatsächlichen Quoten liegen darunter; in Deutschland nach Schätzungen bei ca. 95%.
b) Zur Berechnung des HDI wurde ein Wert von 40 000 PPP US-$ zugrunde gelegt.
c) UNICEF 2002 b
d) Die Daten beziehen sich auf ein anderes Jahr oder eine andere Periode als angegeben, weichen von der Standarddefinition ab oder beziehen sich nur auf einen Teil eines Landes.
e) Daten beziehen sich auf 1998.

(Human Development Report 2002, S. 152 [Tabelle 1]; deutsche Ausgabe, S. 177)

Hinweis: Der Human Development Report erscheint jährlich neu (s. Arbeitshinweis 6., S. 76). Die Ländertabelle des HDR 2003 (mit den Daten für 2001), die gegenüber den hier (M 26; HDR 2002) aufgeführten nur geringfügige Änderungen aufweist, ist im Internet verfügbar unter der Adresse: http://undp.org/hdr2003/pdf/hdr03_HDI.pdf. Die Tabelle umfasst 2003 175 Länder.

M 27 Sozialdaten nach Ländergruppen und Regionen

	Wachstum der Ausgaben für privaten Endverbrauch, jährl. Durchschnitt (in %)	Sterblichkeitsrate unter 5 Jahren pro 1000		Lebenserwartung zum Zeitpunkt der Geburt in Jahren, 1999		Analphabetenquote bei Erwachsenen in % der Personen 15 Jahre und älter, 1999		Städtische Bevölkerung in % der Gesamtbevölkerung		Zugang zu sanitären Einrichtungen in städtischen Gebieten in % der städtischen Bevölkerung
Länder	1990–99	1980	1999	Männlich	Weiblich	Männlich	Weiblich	1980	1999	2000
Welt gesamt	2,6	132	78	65	69			40	46	84
Niedriges Einkommen	3,7	175	116	58	60	29	48	22	31	79
Mittleres Einkommen	4,1	85	38	67	72	9	20	38	50	82
Mittl. Einkommen untere Kategorie	4,6	85	40	67	72	9	22	32	43	80
Mittl. Einkommen obere Kategorie	3,7	82	35	66	73	9	11	62	75	87
Niedr. u. mittl. Einkommen	4,0	133	85	63	66	18	32	32	41	81
Afrika südl. d. Sahara	2,5	193	159	46	48	31	47	23	34	81
Europa u. Zentralasien	2,2		26	64	73	2	5	58	67	
Lateinamerika u. Karibik	3,4	82	38	67	73	11	13	65	75	87
Naher Osten u. Nordafrika		141	54	54	69	25	47	48	58	94
Ostasien u. Pazifik	6,5	75	44	67	71	8	22	21	34	74
Südasien	4,7	174	99	62	63	34	58	22	28	76
Hohes Einkommen	2,3		6	75	81			75	77	

(Quelle der Daten: Weltbank, World Development Indicators 2001, Washington D. C. 2001, Tabellen 1.2, 1.3, 2.14, 3.10, 4.10)

1. *Beschreiben Sie, wodurch sich der „Index der menschlichen Entwicklung" als „mehrdimensionaler Wohlfahrtsindikator" grundsätzlich vom „Bruttosozialprodukt pro Kopf" unterscheidet. Wie lässt sich die Auswahl der drei Indikatoren, die im HDI miteinander verbunden werden, begründen (Text S. 70f., M 26 a)?*

2. *Vollziehen Sie anhand von M 26 a die Methode der Berechnung des HDI nach (auch anhand der beiden Länderbeispiele).*

3. *Die Kritik an der Aussagekraft des HDI bezieht sich zunächst generell auf Maßgrößen, die auf „multiplen" Indikatoren beruhen (wie Sie sie vielleicht von soziologischen Schichtungsmodellen her kennen). Erläutern Sie diese Kritikpunkte. Welche Probleme sind für den HDI von besonderer Bedeutung?*

4. *Verdeutlichen Sie, unter welchen Gesichtspunkten F. Bohnet (M 26 b) im Konzept des HDI trotz allem einen Fortschritt gegenüber bisherigen Konzepten zur Messung von Entwicklung (z.B. durch das PSP/Kopf) sieht. Wie beurteilen Sie selbst die Aussagekraft des HDI?*

5. *Untersuchen Sie in der Tabelle M 26 d die Position ausgewählter Länder im Hinblick auf ihre Rangfolge im Gesamtkonzept und auf die Werte für die drei Indikatoren. Wie kommt es z.B., dass Senegal mit der fast gleichen (geringen) Alphabetisierungsquote so viel besser dasteht als Sierre Leone? Warum liegt Deutschland 16 Plätze hinter Norwegen? Bei welchen Indikatoren sind die Unterschiede bei den 23 rückständigsten Ländern am auffälligsten?*

6. *Erklären Sie: Welche unterschiedlichen Gründe sind dafür zu nennen, dass z.B. Dänemark zwischen 1975 und 2000 den fast gleichen geringen HDI-Entwicklungsfortschritt zu verzeichnen hat wie Simbabwe (M 26 c)? Worauf ist es zurückzuführen, dass der prozentuale Fortschritt für Mali, eins der ärmsten Länder überhaupt (vgl. M 26 d), so hoch (56%) ausfällt?*

7. *In M 26 b hieß es (zur Kritik an der Aussagekraft des HDI), dass die Teilindikatoren insgesamt „untereinander hochkorreliert" seien. Untersuchen Sie, inwiefern das nicht für jedes einzelne Land zutreffen muss. Für welche der 23 rückständigsten Länder (M 26 d) trifft das nicht zu (z.B. sehr niedriger Wert für die Alphabetisierungsrate bei relativ hohem Wert für das BSP/Kopf)?*

8. *Der Text (S. 70) weist noch einmal auf die Problematik einer deutlichen Abgrenzung von Industrie- und Entwicklungsländern hin. Analysieren Sie dazu die Tabelle M 27 (zu Wohlstandsunterschieden nach Ländergruppen). Beachten Sie die Kategorisierung und nennen Sie neben den Unterschieden auch die auffälligsten Entwicklungsfortschritte 1980/1990–1999 bei der Sterblichkeitsrate.*

9. *Im Juli 2003 ist der Human Development Report 2003 erschienen. Er ist vollständig (mit allen Einzelberichten, Daten zu allen Ländern und methodischen Erläuterungen) im Internet verfügbar unter der Adresse: http://www.undp.org/hdr2003/. Die deutsche Ausgabe (27,90 €) ist beziehbar über den UNO-Verlag, Bonn (www.uno-verlag.de), in dem auch andere Berichte zur Weltentwicklung erscheinen.*

2. Niedrige Produktivität

Da Menschen in Entwicklungsländern in der Regel zeitlich nicht weniger arbeiten als solche in Industrieländern (eher im Gegenteil: Eine afrikanische Bäuerin mit dem Kind auf dem Rücken und einem zweiten Kind im Schatten unter dem Baum, die in glühender Sonne ihr Feld mit der Hacke bearbeitet und „nebenbei" auch noch für den Haushalt zuständig ist, dürfte mehr arbeiten als die meisten Frauen hierzulande; vgl. Foto S. 77 und **M 47**, S. 116), ist die zentrale Erklärung für Armut die niedrige *„Arbeitsproduktivität"*, also ein niedriges Erzeugnis pro Einheit der eingesetzten Arbeit. Das hat nun wieder im Einzelnen angebbare Gründe, teilweise als Ursachen, teilweise als Ausprägungen, teilweise als Folgen im Sinne der zirkulären Verursachung von Armut (s. S. 56) zu verstehen.

– Einerseits ist ein erheblicher Teil der wirtschaftlich aktiven Bevölkerung in Sektoren beschäftigt, die traditionellerweise (übrigens auch bei uns) eine geringe Wertschöpfung haben, bei der also die eingesetzte Arbeit ein relativ geringes Produkt erbringt. So ist der Anteil der in der so genannten **Urproduktion** (Landwirtschaft, Forstwirtschaft, Fischerei, Bergbau) tätigen Bevölkerung im typischen Entwicklungsland wesentlich höher als in Industrieländern (z. B. in Subsahara-Afrika bei etwa 66, in Ostasien bei etwa 55, in Südasien bei 62%, dagegen Lateinamerika und Karibik bei 21, in Nordamerika bei 1,6%), und selbst in Entwicklungsländern ist festzustellen, dass der in der Urproduktion erzeugte Anteil des Sozialprodukts wesentlich niedriger ist als der Anteil der Menschen, die in diesem Sektor arbeiten (z. B. Afrika südlich der Sahara bei 20, Südasien bei 30, Ostasien bei 18 und Lateinamerika/Karibik bei 10%; s. **M 28**).

Neben Haushalt und Kindererziehung verrichten Frauen in Entwicklungsländern körperliche Schwerstarbeit auf dem Feld, beim Sammeln von Brennholz und beim Wasserholen, beim Tragen von Mahlgut und Ernteerzeugnissen (vgl. M 47, S. 116).

(Foto: © Henning Christoph/DAS FOTOARCHIV)

– Allgemein wird oft auf den **Mangel an Kapital** als wesentliche Determinante für die niedrige Arbeitsproduktivität verwiesen. Nach klassischen und neoklassischen* Wachstumstheorien ist die Akkumulation* von Produktionskapital (also Maschinen, Werkzeugen, Gebäuden usw., auch Infrastruktur im weitesten Sinne) eine der notwendigen Voraussetzungen für wirtschaftliches Wachstum und höhere Arbeitsproduktivität. Da arme Menschen, so wurde herkömmlicherweise behauptet, einen viel größeren Teil ihres mageren Einkommens zum bloßen Lebensunterhalt brauchen, könnten sie wenig sparen; hier sind wir wieder bei einem lästigen Zirkel: Die geringe Ersparnis führt zu geringer Kapitalbildung, diese wieder zu niedriger Arbeitsproduktivität, niedrigen Einkommen und erneut zu niedriger Ersparnis (übrigens war dieses eine der klassischen Rechtfertigungen für Entwicklungspolitik: Die „geschlossene" Wirtschaft von Entwicklungsländern wird geöffnet für Kapitaleinfuhren, die diesen lästigen Zirkel [s. S. 56] durchbrechen sollen). Inzwischen wissen wir, dass die Dinge sehr viel differenzierter zu betrachten sind: Die Kapitalbildung in zahlreichen Entwicklungsländern ist hoch, bezogen auf das Sozialprodukt, so dass das quantitative Argument nicht unbedingt zutrifft. Nach Angaben der Weltbank (Weltentwicklungsbericht 1998/99, Tabelle 13) z. B. betrugen 1999 die Bruttoinlandsinvestitionen in Ländern mit niedrigem Einkommen 22, mit mittlerem Einkommen 25 (davon untere Kategorie 27, obere 22) und in Ländern mit hohem Einkommen 21 Prozent des Bruttoinlandsproduktes; vgl. **M 29**.

Vielmehr ist häufig bei hoher Kapitalbildung auch hohe **Kapitalverschwendung** zu beobachten. Die Wartung von Anlagen wird vernachlässigt, was wiederum mit der Unvertrautheit von Kulturen mit der abendländischen technologisch-wissenschaftlichen Entwicklung zusammenhängt, Prestigebauten werden erstellt (vom unnötig protzigen Großflughafen bei Kuala Lumpur bis zum ebenso unnötigen Palast für den Staatspräsidenten in Libreville), importiertes Kapital wird nicht investiert, sondern für konsumtive Zwecke verwendet, also zum Beispiel verfrühstückt.

– Zum weiten Bereich der eben schon erwähnten Infrastruktur zählt die Verfügbarkeit respektive Nichtverfügbarkeit oder – fast noch schlimmer – die nur zu unvorhersehbaren Zeiten gegebene Verfügbarkeit von notwendigen Produktionsinputs, voran der zuverlässigen

Anlieferung von **Rohstoffen** und **Energie.** Für den Ökonomen ist Produktion nichts anderes als die sinnvolle Kombination von so genannten Produktionsfaktoren, also von Arbeit im weitesten Sinne (einschließlich Wissen und Kenntnissen), Kapital und Boden (einschließlich Bodenschätzen).

Diese Kombination muss von Menschen organisiert werden, für die sich der Name *Unternehmer* eingebürgert hat. Nach klassischen Theorien wirtschaftlicher Entwicklung und Beobachtungen der Wirtschaftsentwicklung in Europa und Amerika ist dieser Unternehmer mindestens anfänglich persönlich bescheiden und stellt das Wohl der Firma in den Mittelpunkt seiner Tätigkeit. Er ist an langfristigem Wachstum des Unternehmens, nicht aber an kurzfristigem Gewinn interessiert. Oder anders: Er ist weder ein Spekulant, der auf kurzfristige und unproduktive Gewinne setzt, noch ein Beamter, der nach altbewährten Vorschriften arbeitet, sondern ein Neuerer, der die Effizienzsteigerung in den Mittelpunkt stellt. Oft wurde und wird behauptet, dass es an solchen Unternehmern im typischen Entwicklungsland fehle (oft übrigens auch die Begründung für den Irrweg, dass der Staat selbst als Unternehmer einspringen müsse). Es ist schwer zu entscheiden, ob dieses, wenn es denn zutreffen sollte, mit Mentalitäten zu tun hat, also kulturellen Dispositionen, die der technisch-wissenschaftlichen Zivilisation und der ökonomischen Rationalität nichts abgewinnen können, oder ob nur durch eine verfehlte Politik der Typus des Spekulanten oder des verbeamteten Unternehmensleiters herangezüchtet wird. Ist jemand nicht sicher, dass sein Unternehmen nicht eines Tages vom Staat entschädigungslos enteignet wird, dann wird er sich begreiflicherweise nicht ins Zeug legen. Schmelzen seine Gewinne durch eine galoppierende Inflation dahin, wird er sie kaum im gewünschten Maße anstreben und reinvestieren. Beides wären Beispiele für Fehlleistungen des Staates, die an anderer Stelle zu diskutieren sind, die hier nur die Möglichkeit demonstrieren wollen, dass ein Mangel an Unternehmern nicht notwendig auf kulturelle Faktoren zurückgeführt werden muss, sondern auf die durchaus rationale Kalkulation von Menschen, für die sich das Selbstständigwerden und die effiziente Unternehmensführung schlicht nicht lohnen.

– Das Beispiel der afrikanischen Bäuerin mit ihrer Hacke zeigt einen Kern niedriger Arbeitsproduktivität auf: Ohne es zu wissen, nutzt sie grundsätzlich bekannte bessere technologische Verfahren nicht aus; sie setzt bei der Produktion kaum Kapital ein; die einzige Energie, die sie verwendet, ist ihre eigene Körperkraft. Damit sind *drei wichtige Bereiche,* die für niedrige Produktivität ursächlich sind, bezeichnet:
– Der Reichtum der Industrieländer beruht wesentlich auf der **Nutzung der modernen Technik,** die zwar anfangs als Resultat langer Erfahrung entstand (Nutzung der Wasserkraft im Mittelalter), heute aber längst auf einem breiten Sockel naturwissenschaftlicher Forschung beruht. Wer dies nicht nutzt, wird arm bleiben.
– Zum anderen hat die Bäuerin offensichtlich nicht die entsprechenden Kenntnisse (wir kommen in Abschnitt B. 4. dieses Kapitels darauf zurück); Unterentwicklung ist häufig geradezu als Resultat mangelnder **Kenntnisse und Fertigkeiten** begriffen worden (was die Begründung für ausgedehnte Ausbildungsprogramme im Bereich der Entwicklungshilfe abgegeben hat), oder anders: „Arbeit" ist kein homogener Produktionsfaktor. Die motorische Arbeit, die unsere Bäuerin verrichtet, ist himmelweit verschieden etwa von dem Arbeitseinsatz des Steuerungsfachmannes einer Walzstraße, dem umgekehrt körperliche Anstrengung fast nicht mehr abverlangt wird. Noch anders: Die Technik, die grundsätzlich bekannt ist, kommt nicht zur Anwendung, wenn Menschen sie sich, aus welchen Gründen auch immer, nicht intellektuell zu eigen machen oder zu eigen machen können.
– Zum Dritten: Unser Wohlstand beruht wesentlich auf dem Einsatz von nichtmenschlicher und nichttierischer **Energie**. Wenige von uns machen sich klar, wie viele durch Energie angetriebene Heinzelmännchen uns im Verlaufe eines ganz normalen Tages zur Verfügung stehen, welche Mengen an Energie in einem Industrie- oder einem Transportbetrieb über die menschlichen motorischen Fähigkeiten hinaus genutzt werden. Kein noch so muskelbepackter Arbeiter kann es mit einem simplen Elektromotor mit 500 Watt aufnehmen, der erwähnte Steuerer einer Walzstraße dürfte so viel oder mehr Energie zur Verfügung haben als Pharao beim Bau der Pyramiden. So lange unsere Bäuerin auf ihre schwachen Hände allein verwiesen ist, wird sie in der Regel arm bleiben (zum Energieverbrauch pro Kopf s. **M 30 a** und zu seiner Effizienz s. **M 30 b**).
Im Ergebnis, um unser Beispiel durch einen Vergleich zu illustrieren (er hinkt wie alle Ver-

gleiche): Ein amerikanischer Farmer ernährt 65 Menschen, ein Russe nur 8 (was sich übrigens nach dem Zusammenbruch der Sowjetunion bisher nicht verändert hat); 540 Millionen Schwarzafrikaner (ohne Südafrika) könnten also bei amerikanischer Produktivität von 8,3 Millionen Farmern ernährt werden statt der 169 Millionen, die mühsam das Feld bestellen und doch nicht genügend Nahrungsmittel für Afrika produzieren.
Die niedrige Produktivität schlägt unmittelbar auf das niedrige Sozialprodukt/Kopf durch; sie ist die unmittelbare Ursache von Armut.

3. Regionale und wirtschaftliche Disparitäten

Letzter wichtiger Punkt zur Darstellung von Wirtschaftsproblemen in Entwicklungsländern: Die beschriebenen Erscheinungen sind keineswegs gleichmäßig über die gesamte Wirtschaft, das gesamte Territorium oder die gesamte Bevölkerung eines Landes verteilt. Unter dem Namen „deformierte Wirtschaft", „Dualismus*" oder ***„strukturelle Heterogenität"*** wird das Phänomen verstanden, dass gewöhnlich auch in sehr armen Entwicklungsländern Inseln der Modernität in einem Meer von Unterentwicklung bestehen. Sie sind häufig kapitalintensiv, hochmodern in der Fertigung, auf den Export ausgerichtet und im Besitz oder Teilbesitz internationaler Unternehmungen, also ausländischen Kapitals. Häufig sind sie Ergebnis einer auf die Importbedürfnisse ehemaliger Kolonialmächte ausgerichteten Wirtschaftspolitik dieser Mächte, etwa moderne Bergwerke oder Plantagen. Beispiele wären etwa das Nebeneinander von São Paulo, einer der größten Industrieregionen der Erde, und des brasilianischen Nordostens, des Armenhauses Brasiliens, oder von Exportfreihandelszonen in Südostasien neben traditionellem Handwerk. Die Kritik (oder Feststellung) der „bürgerlichen" Entwicklungstheoretiker richtet sich darauf, dass Ausstrahlungseffekte (so genannte forward- und backward-linkages) von diesen modernen Zentren in den Rest von Wirtschaft und Gesellschaft nicht, wie angenommen, im erwünschten Maße eingetreten sind; die Kritik „linker" Entwicklungstheoretiker weist auf ihren Ausbeutungscharakter gegenüber dem Rest der Wirtschaft und die Orientierung dieser Inseln der Modernität auf den Weltmarkt hin und behauptet, die Exportenklaven arbeiteten in dessen Interesse und hätten mit dem Wohlbefinden der eigenen Gesellschaft nichts zu tun.

Zur ersten Kritik ist zu bemerken, dass nach der ökonomischen Theorie bis zu einem bestimmten Punkt die Konzentrationsvorteile die Nachteile überwiegen, dass also, lässt man den Dingen ihren Lauf, bis zu einem bestimmten Punkt solche Konzentrationserscheinungen unvermeidlich sind. Selbst in den höchstentwickelten Staaten gibt es ländliche Regionen neben industriellen Ballungskernen (vgl. dazu auch **M 121**), und der Ausgleich kann, falls erwünscht, nur über die Politik gesucht werden. Die letztgenannte Kritik pflegt zu übersehen, dass nahezu jedes Land notwendig auf den Import bestimmter Güter angewiesen ist und zu deren Bezahlung Devisen verdienen muss, was solche Exportexklaven regelmäßig zu leisten pflegen. Dennoch leidet es keinen Zweifel, dass eine gütermäßige Konzentration des Außenhandels (s. **M 31**) wegen der unvorhersehbaren Preisschwankungen insbesondere für Rohstoffe auf dem Weltmarkt hochgefährlich sein kann, dass andererseits ein Land gut beraten ist, sich nicht in die Abhängigkeit von nur wenigen Abnehmern zu begeben. Der Verfall der Kaffee- und Teepreise auf dem Weltmarkt im Jahre 1987 nach dem Zusammenbruch des Londoner Kaffee-Abkommens* hat zu jener wirtschaftlichen Depression beigetragen, die mindestens einer der Begleitfaktoren, wenn nicht der Ursachen des Dramas Ruandas* (s. S. 239) geworden ist, wo es im Jahre 1994 einen der schlimmsten Völkermorde der modernen Geschichte gegeben hat.
Ein Land wäre also gut beraten – wie dies für Afrika seit Jahrzehnten gefordert wird –, seinen Außenhandel zu „diversifizieren*", also von der Konzentration auf wenige Güter wegzukommen (s. dazu Abschnitt F. dieses Kapitels).

M 28 Anteil der Landwirtschaft am Bruttoinlandsprodukt 2000

Wertschöpfung des landwirtschaftlichen Sektors eines Landes als Anteil des Bruttoinlandsproduktes

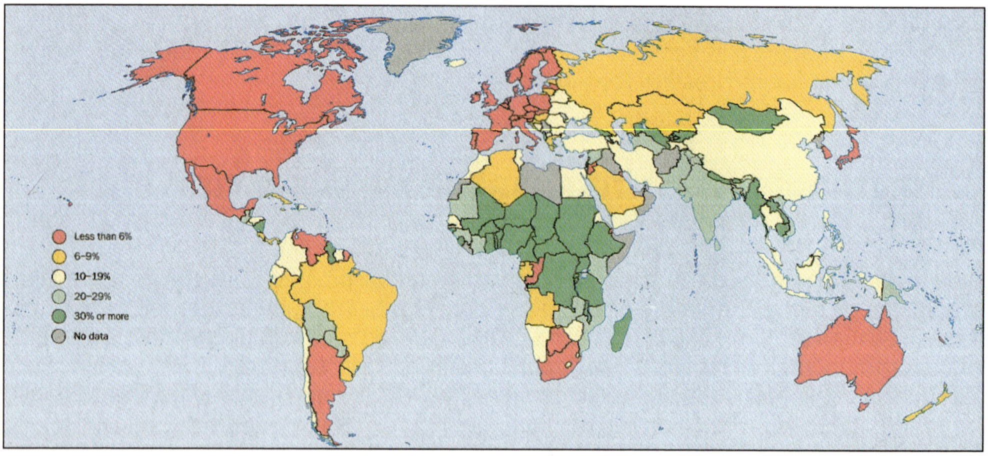

Verteilung der Weltbevölkerung auf Ländergruppen nach dem Anteil der Landwirtschaft am BIP

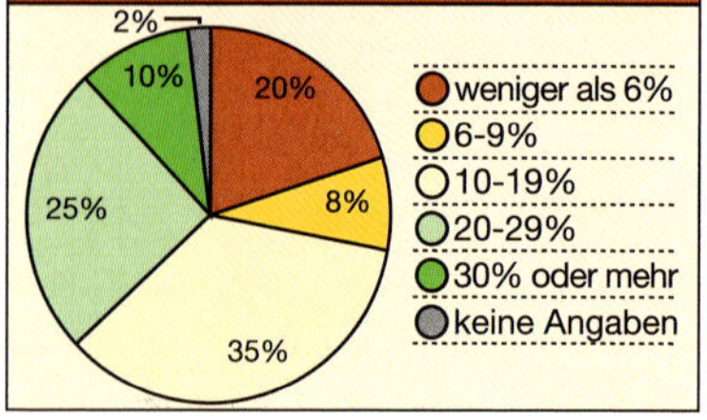

Anteil der Landwirtschaft am BIP, 2000, in Prozent

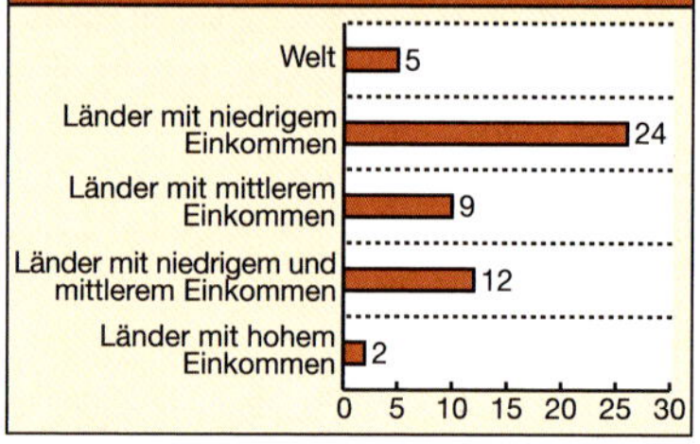

Anteil der Landwirtschaft am BIP, 2000, in Prozent

	Zahl der Länder	Volkseinkommen in Billionen $	Bevölkerung in Mio	Volkseinkommen pro Kopf $ 2000
weniger als 6%	48	26,350	1,194	22,060
6-9%	25	1,469	485	3,030
10-19%	41	2,308	2,121	1,090
20-29%	25	708	1,535	460
30% oder mehr	35	154	603	250
keine Angaben	33	326	119	2,740

(World Bank Atlas 2002, Washington, D. C., und New York, S. 44)

M 29 Investitionen – Anteil der Investitionen am Bruttoinlandsprodukt 2000

Ausgaben für Zuwächse des Sachkapitals (fixed assets) in einer Wirtschaft plus Nettoveränderungen der Lagerhaltung als Prozentsatz des Bruttoinlandsproduktes

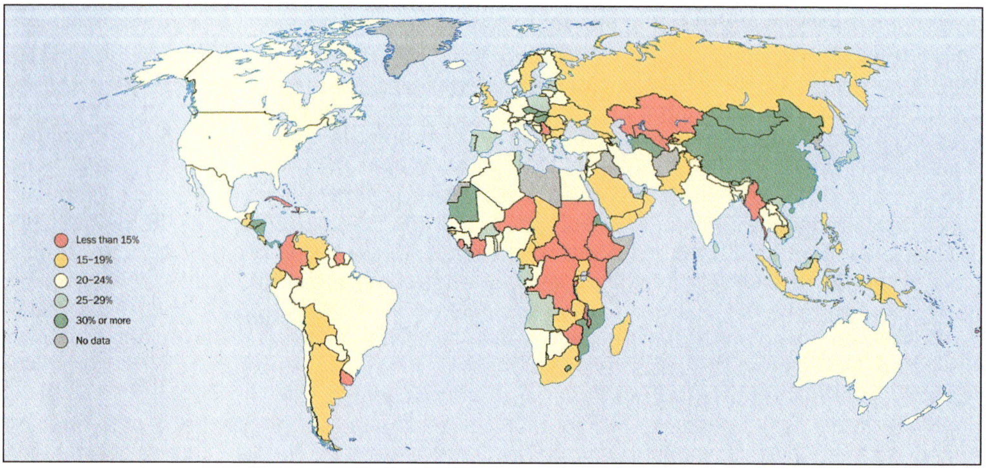

(World Bank Atlas 2002, Washington, D. C., und New York, S. 45)

M 30 a Energieverbrauch – Energieverbrauch pro Kopf 1999

Jährlicher Verbrauch kommerzieller Energie dividiert durch die Bevölkerungszahl in Kilogramm Öläquivalente

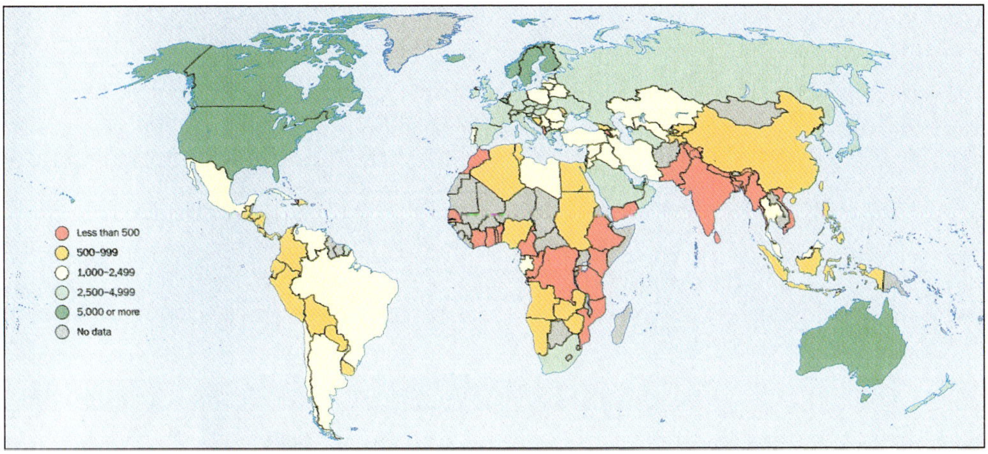

Energieverbrauch pro Kopf, 1999, in kg Öläquivalente

	Anzahl der Länder	Volkseinkommen in Bio $ 2000	Bevölkerung in Mio 2000	Volkseinkommen pro Kopf $ 2000
weniger als 500	24	750	1,785	420
500-999	30	1,767	2,014	880
1,000-2,499	29	2,621	785	3,340
2,500-4,999	33	14,373	883	16,280
5,000 oder mehr	15	11,651	372	31,280
keine Angaben	76	152	218	700

Energieverbrauch pro Kopf, 1999, in kg Öläquivalente

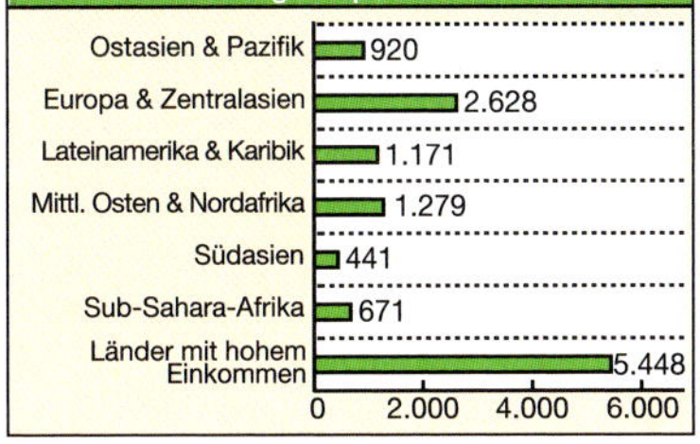

Verteilung der Weltbevölkerung auf Ländergruppen nach dem Energieverbrauch pro Kopf

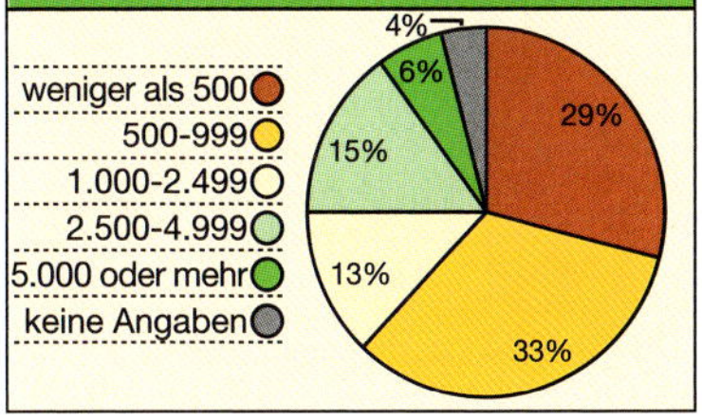

(World Bank Atlas 2002, Washington D. C., und New York, S. 37)

M 30 b Energieeffizienz – Effizienz des Energieverbrauchs 1999

Bruttoinlandsprodukt dividiert durch den gesamten Energieverbrauch in Öläquivalenten, ausgedrückt in kaufkraftkonstanten US-$ von 1995

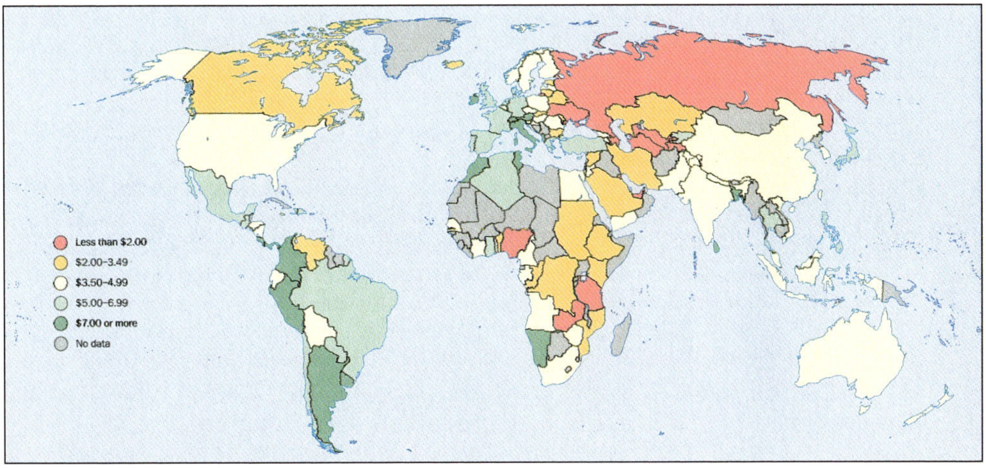

(World Bank Atlas 2002, Washington D. C., und New York, S. 36)

M 31

Rohstoffexporte der Dritten Welt

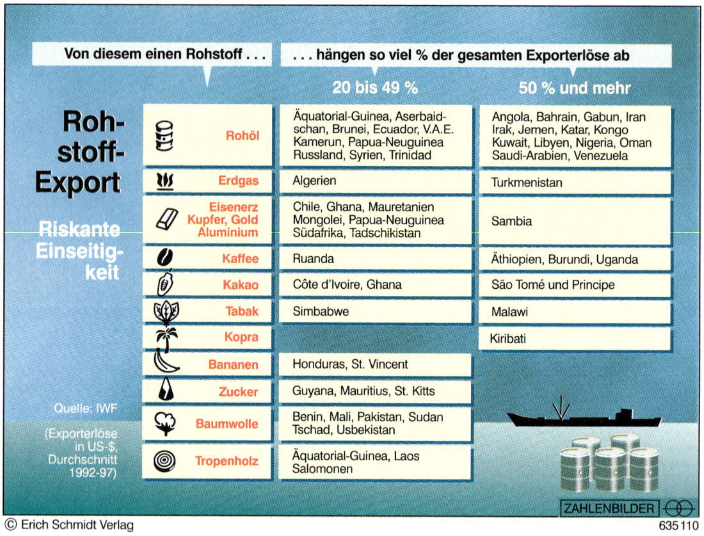

Nach einer Aufstellung des *Internationalen Währungsfonds (IWF)* weisen 22 Länder der Dritten Welt eine derart **einseitige Exportstruktur** auf, dass sie im Durchschnitt der Jahre 1992–97 mit nur einem Rohstoff mehr als die Hälfte ihrer Exporteinnahmen erwirtschafteten. Etwa 35 weitere Entwicklungsländer leiteten 20–49 Prozent ihrer gesamten Ausfuhrerlöse aus dem Export ihres wichtigsten Rohstoffs her. [...] Versuche, die Nachfrageschwankungen und Preisausschläge auf den Rohstoffmärkten (s. M 62 a und b, S. 154) zu dämpfen oder auszuschalten – z. B. durch Angebotskartelle, internationale Rohstoffabkommen und Ausgleichslager (Bufferstocks) –, waren bisher weitgehend wirkungslos oder scheiterten an den Kosten. Es bleibt also wohl doch nur der lange und mühsame Weg, die Exportbasis allmählich zu verbreitern und so die Anfälligkeit für außenwirtschaftliche Störungen zu verringern.
(Schmidt-Zahlenbilder)

1. *Erläutern Sie den für jede ökonomische Betrachtung zentralen Begriff der Produktivität*, stellen Sie die im Text (S. 76ff.) beschriebenen (und diskutierten) Gründe für die niedrige Arbeitsproduktivität in Entwicklungsländern in einer stichwortartigen Übersicht zusammen und erläutern Sie die Bedeutung der drei wichtigsten Faktoren auch mithilfe der Weltkarten des Weltbank-Atlas (M 28 – M 30). Beachten Sie dabei auch folgende Fragen und Hinweise:*
   - *Welche Unterschiede im Hinblick auf die Kategorie „Nord-Süd“ bzw. Entwicklungsländer – Industrieländer (vgl. M 21 a) ergeben sich bei der Betrachtung der sektoralen Wirtschaftsstruktur (Anteil der Landwirtschaft) einerseits und der Kapitalbildung (Investitionen) andererseits (M 28 und M 29)?*
   - *Worauf führt der Text den unproduktiven Umgang mit Kapital in manchen Entwicklungsländern zurück?*
   - *Welche „Mentalitäten“ („kulturelle Dispositionen“) werden als Ursachen für das Fehlen von Unternehmern (klassischen Typs) in den Entwicklungsländern diskutiert (Text S. 78)?*
   - *Erläutern Sie das Beispiel der afrikanischen Bäuerin (Text S. 78, vgl. S. 77) im Hinblick auf die drei Bereiche Technik, Ausbildung, Energie.*
   - *Vergleichen Sie im Hinblick auf die Energieeffizienz die Regionen Nordamerika, Südamerika, Westeuropa, Afrika und Osteuropa/Asien miteinander (M 30 b).*
2. *Erläutern Sie die mit den Begriffen „strukturelle Heterogenität“ (Text S. 79) und „einseitige Exportstruktur“ (M 31) gekennzeichneten beiden Problemkomplexe. Warum wird der Weg zu einer „Diversifizierung“ des Außenhandels in M 31 (Text) zu Recht als „lang und mühsam“ bezeichnet?*

4. Grundbedürfnisse – Ernährung, Gesundheit, Ausbildung

Menschliches Wirtschaften und die darum kreisenden wissenschaftlichen Bemühungen sind notwendig, da Menschen *Bedürfnisse* haben, deren Erfüllung ihre physische und soziale Existenz sichern und darüber hinaus zu einem freien, erfüllten und sinnvollen Leben beitragen soll („*Lebensqualität*"). Bedürfnisse in allen Gesellschaften (auch den vergleichsweise reichen) sind stets größer als die zu ihrer Befriedigung zur Verfügung stehenden *Güter;* alle Gesellschaften finden sich also vor dem Problem der *Knappheit:* Nicht alle Bedürfnisse können befriedigt werden. Bei sinnvoller Verwendung der verfügbaren Ressourcen geht es also einerseits darum, möglichst viele Güter (oder, was auf das Gleiche herauskommt, bestimmte Mengen von Gütern mit möglichst geringem Ressourceneinsatz) herzustellen (*ökonomische Rationalität*), sodann darum, die Bedürfnisse nach ihrer *Dringlichkeit* zu befriedigen.
Bedürfnisse sind ersichtlich nicht gleich dringlich: Wer nicht genug zu essen hat, wird sich kaum Sorgen um den Ankauf eines Pkw machen (können); wer von Malaria geplagt ist, kaum an eine Fernreise denken; wer in Lumpen geht oder in einer Blechhütte wohnt, wird seine Bemühungen zuerst auf die Verbesserung seiner Wohn- und Kleidungssituation richten usw.
Ziel des entwicklungspolitischen Handelns ist zunächst die dauerhafte Herstellung menschenwürdiger Lebensverhältnisse für alle Menschen. Die Achtung vor der personalen „Würde des Menschen", wie das deutsche Grundgesetz formuliert, erfordert die Deckung der *Grundbedürfnisse*,* unverzichtbarer Voraussetzungen für die physische Existenz des Menschen, damit natürlich auch aller weiter gehenden sozialen und kulturellen Formen des menschlichen Lebens. Grundbedürfnisse umfassen ausreichende (d. h. genügend Kalorien) und ausgewogene (d.h. ernährungsphysiologisch richtig zusammengesetzte) *Ernährung, Kleidung, medizinische Versorgung* und *menschenwürdige Behausung*. Meist werden auch *kulturelle Faktoren,* etwa Ausbildung, hinzugerechnet, was freilich den Rahmen der eben gegebenen engen Definition sprengt.

Ernährung

Auch Grundbedürfnisse liegen hinsichtlich ihrer Dringlichkeit nicht auf der gleichen Ebene. Grundlegend dürfte zunächst der Aspekt der Ernährung sein. ***Hunger*** ist in dieser Welt verbreitet und auf Entwicklungsländer konzentriert; die letzten Schätzungen besagen, dass etwas unter 800 Millionen Menschen in der Dritten Welt oder 20 Prozent der Bewohner dieser Region hungern, dass die Situation sich allerdings weltweit in den letzten Jahrzehnten sowohl relativ (Anteil der Menschen, die hungern) als auch absolut (Zahl der hungernden Menschen) verbessert hat und dass in der Zukunft eine weitere Verbesserung erwartet wird. So hat nach Daten der FAO in dem 28-Jahres-Zeitraum 1969/71 bis 1998/2000 die Zahl hungernder Menschen von 941 Millionen (36% der Gesamtbevölkerung der Dritten Welt) auf 798 Millionen (17%) abgenommen, soll sich dieser Rückgang bis 2015 auf 610 Millionen (11%) fortsetzen. Viel zu selten wird übrigens in der öffentlichen Diskussion dieser Erfolg gewürdigt: Seit dem Jahr 1950 hat sich die Zahl der Menschen mehr als verdoppelt, ohne dass sich die Zahl der Hungernden (beklagenswert, wie sie für sich genommen natürlich ist) vermehrt hätte.
Dabei ist allerdings auf die bedenkliche Entwicklung hinzuweisen, dass der teilweise dramatische Rückgang der Zahl hungernder Menschen weltweit in einer einzigen Region nicht beobachtet werden kann, nämlich Subsahara-Afrika, wo ein rasanter Anstieg der Zahl der hungernden Menschen beobachtet wurde und auch für die Zukunft erwartet wird (von 94 Millionen = 35% der Gesamtbevölkerung auf 196 = 34% bis auf 296 Millionen = 32%, Jahre wie oben).
Es leidet auf der anderen Seite keinen Zweifel, dass die Welt genügend Nahrungsmittel

(Zeichnung aus: IZ3W [Hg.], Entwicklungshilfe – Hilfe oder Ausbeutung?, Freiburg 1984, S. 43)

für alle produzieren könnte bzw. tatsächlich produziert. Für die gesamte Welt ergab sich bereits für die Jahre 1994–1996 nach Berechnungen der FAO ein durchschnittliches Nahrungsangebot von 2720 Kcal pro Kopf und Tag – rein rechnerisch mehr als ausreichend. Hunger kann daher nicht in erster Linie als ein technisch-produktionsmäßiges Problem verstanden werden, sondern ist auch auf menschliches Handeln und Unterlassen zurückzuführen. Hunger ist vor allem ein *Kaufkraftproblem*, da Lebensmittel Güter sind, für die (wie für andere Güter) ein Preis entrichtet werden muss. Sind Menschen so arm, dass sie diesen Preis nicht entrichten können, und treten auch nicht kompensatorisch unentgeltliche oder verbilligte Lebensmittelzuwendungen an seine Stelle, dann werden diese Menschen hungern. Hunger ist also unmittelbar eine Folge der verbreiteten Armut.

Nun ist Hunger nicht gleich Hunger. Medizinisch scheint festzustehen, dass leichte bis mäßige Unterernährung auch über längere Zeit ohne bleibende Folgen, d. h. Dauerschäden, verkraftet werden kann. Das gilt übrigens auch subjektiv: Steigen die Einkommen der Armen, erwerben sie keineswegs als Erstes mehr billige Kalorien, wie Michael Lipton in einer bemerkenswerten Zusammenfassung des Forschungsstandes festgestellt hat (The Poor and the Poorest. Some interim findings, Washington, World Bank Discussion Paper # 251, 1988).
Ab einem im Einzelfall verschiedenen Grad der Unterernährung treten natürlich massive gesundheitliche Folgen ein. Sterblichkeitsraten und Krankheitshäufigkeit nehmen zu, die physische und geistige Leistungsfähigkeit nimmt ab, anthropometrische Defekte, etwa Knochenverkrümmungen, nehmen zu – bleibende Schäden, die auch bei einer späteren ausreichenden Ernährung tragischerweise irreversibel sind. Menschlich besonders bewegend sind Hungerschäden bei Kleinkindern, die auch dann, wenn sie Infektionen entkommen, die für durch Hunger geschwächte Körper ein besonderes Risiko darstellen, oft in ihrer Intelligenzentwicklung für ein ganzes Leben geschädigt bleiben. Menschen, die regelmäßig 80 Prozent oder mehr ihres monetären und nicht-monetären Einkommens für Nahrungsmittel ausgeben (müssen), laufen diese Gefahr von Dauerschäden. (Zur Ernährung s. **M 32 a – e,** zur Problematik der Nahrungsmittelhilfe s. S. 179 und **M 78**).

Gesundheit

Ein zweiter breiter Bereich der Grundbedürfnisse ist die körperliche Gesundheit als unmittelbarer Voraussetzung für Wohlbefinden, aber auch für alle weiteren Tätigkeiten. Für Menschen in Entwicklungsländern gilt nun tragischerweise, dass sie wegen der Ungleichheit der Natur nicht nur alle Krankheiten bekommen können, denen auch Menschen in Industrieländern ausgesetzt sind, sondern eine große Zahl von übertragbaren Infektionen und Parasiten, die nur in tropischen und subtropischen Ländern vorkommen (zu Gesundheitsrisiken der Armen und der Reichen s. **M 33 b**). Als weltweit größter Killer galt bis vor kurzem Malaria (s. **M 33 a**). Von Malaria bedroht sind mehr als 2 Milliarden Menschen, ein Drittel der Weltbevölkerung; 300-500 Millionen Menschen sind jedes Jahr an Malaria erkrankt, 120 Millionen davon sind Neuinfektionen, ca. 2–3 Millionen Menschen (die Zahlen weichen je nach Quelle etwas voneinander ab) sterben jährlich an dieser Infektion, darunter 1 Million Kinder. 90 Prozent der Todesfälle werden in Afrika verzeichnet. Einen Impfstoff gegen Malaria gibt es bis heute nicht. Malaria war übrigens bis um die Mitte des 20. Jahrhunderts auch in Europa zu finden; noch 1947 musste z.B. ein Übergreifen der Malaria von Ägypten auf Griechenland befürchtet werden. Um das zu verhindern, versprühte ein

Flugzeug über Athen das (heute in Verruf geratene) Insektizid DDT. Heute wird eine Rückkehr der Malaria nach Mitteleuropa für möglich gehalten. – Mit Lepra sind 1 Million Menschen infiziert, 1,5 Milliarden sind durch sie gefährdet. – Mindestens für Schwarzafrika ist die Malaria inzwischen entthront worden: Aids dürfte hier (bei mehr als 30 Millionen HIV-Infizierten) inzwischen zur wichtigsten Todesursache geworden sein (s. **M 35 a – e**).

Demgegenüber sind die für die medizinische Forschung aufgewendeten Mittel auf Krankheiten konzentriert, die für Industrieländer charakteristisch sind. Der Malariaforschung z. B. wurden 1993 weltweit nur 84 Millionen Dollar gewidmet, was etwa 28 Dollar pro Todesfall entspricht. Auf jeden an Aids gestorbenen Menschen entfielen demgegenüber 3274 Dollar, auf jeden Asthma-Toten 789 Dollar. Kein Wunder: Malaria ist im Allgemeinen auf die Tropen beschränkt, Aids und Asthma sind es nicht. Die Entwicklung eines neuen wirksamen Medikamentes kostet Hunderte von Millionen $ und ist immer in Gefahr, an unvorhergesehenen Nebenwirkungen zu scheitern (wie etwa Lipobay, ein Cholesterinsenker, der nach Todesfällen in den USA zu Regressforderungen an den Bayer-Konzern geführt hat, die diesen erheblich belasten). Solch gewaltige Kapitalmengen können nur aufgebracht werden, wenn ein späterer Verkauf des Medikaments diese Kosten wieder hereinholt – typischerweise also nicht bei Verkäufen in arme Länder bzw. bei Produkten, die nur in armen Ländern verkauft werden können. (Zur gegenwärtigen Diskussion hierzu siehe **M 118 b**.)

Hunger, Krankheiten, aber auch Kriege und Umweltverschmutzung führen dazu, dass **Kindersterblichkeit** und **Lebenserwartung** in der Dritten Welt oft markant von den bei uns beobachteten Werten abweichen; (s. **M 34 a – c**). Allerdings sind in den letzten Jahrzehnten massive Verbesserungen praktisch weltweit erreicht worden.

Ausbildung

Als zentrales Problem der Entwicklungsländer zählte in der entwicklungspolitischen Diskussion lange Zeit und gelegentlich bis heute der Mangel an Ausbildung (s. **M 36 a – b, M 37).**

Unterentwicklung wurde geradezu als ein Problem fehlender Kenntnisse und Fertigkeiten begriffen. Eine moderne Industriegesellschaft, getragen von einer analphabetischen Bevölkerung, ist schlechterdings nicht vorstellbar. Wären Menschen informierter, so wird häufig angenommen, dann handelten sie anders, insbesondere „rationaler" (meist mit ökonomisch effizienter gleichgesetzt). Fehlt es Bauern oder Beamten an Schulung, wird ihre Arbeitsproduktivität niedrig bleiben, die Armut anhalten, was wiederum die formale Ausbildung der nachfolgenden Generation behindert. Ausbildung wird einmal als Selbstzweck verstanden, also als Mittel zur möglichst vollständigen Entfaltung der individuellen Fähigkeiten, andererseits aber als Voraussetzung wirtschaftlicher Entwicklung und damit Überwindung der Armut. Hinzu kommt die soziale Funktion der „Sozialisation*". Jede Gesellschaft, die in ihrer kulturellen Eigenart überleben möchte, ist auf die Sozialisation der ständig nachwachsenden Generation angewiesen, auf eine Einführung in ihre kulturellen (Sprache), sozialen (Verhaltensnormen) und intellektuellen (Wissen) Werte. Jede uns bekannte Gesellschaft hat Mechanismen zur Lösung dieser Aufgabe entwickelt, Institutionen, die diese Aufgabe entweder neben anderen oder ausschließlich erledigen. Ein Hauptort der Sozialisation auch in so genannten „modernen" Gesellschaften ist die Familie; Initiationsriten machten und machen Afrikaner mit Weltdeutung, Abstammungsmythen usw. ihrer Ethnie* vertraut; Koranschulen übermitteln religiöses Wissen und soziale Verhaltensweisen; Palastschulen dienten der Ausbildung des politischen und geistlichen Führungsnachwuchses, Tempelschulen der Ausbildung „religiöser Virtuosen" (ein Begriff von Max Weber). Die heutigen Einrichtungen in der Dritten Welt sind zum großen Teil indessen entweder direkt durch Kolonialmächte verpflanzt worden oder durch Imitation den Vorbildern der Industrieländer nachgebildet; es gibt weltweit also spezialisierte Einrichtungen („Schulen"), die die genannten Funktionen erfüllen sollen. Über Schulergebnisse werden berufliche Lebenschancen entscheidend mit verteilt: Nur wer als afrikanischer Bauernsohn mindestens die Primarschule besucht hat, hat eine (geringe) Chance, dem harten Dasein in der Subsistenzlandwirtschaft zu entkommen – so dass sich die Kriterien für

Aufnahme in die Schule und die Bewertung von Schulleistungen darüber hinaus als ein erstrangiges Problemfeld sozialer Gerechtigkeit erweisen. Das gilt auch und vielleicht insbesondere für die Spitze des Bildungssystems, also die Universitäten.
Um Ausbildung weltweit zu vergleichen, gibt es grundsätzlich zwei Wege: Entweder misst und vergleicht man Inputs, also aufgewendete Mittel als Prozentsatz des Sozialproduktes, des Staatshaushaltes oder pro Schüler oder Anteile eines Jahrganges, die die verschiedenen Stufen und Richtungen der Schule besuchen (Schulbesuchsquoten) – oder man misst Ergebnisse, etwa die durchschnittliche Zahl von Jahren des Schulbesuchs in einer Bevölkerung, oder Alphabetenquoten*. Völlige Vergleichbarkeit ist übrigens bei keiner dieser Kennziffern gegeben, da allzu oft qualitative Merkmale unter den Tisch fallen (wer weiß schon, ob ein Jahr Primarschule im brasilianischen Nordosten einem Jahr Primarschule in Sambia gleichzusetzen ist?). Es gibt enorme Fortschritte weltweit, aber auch stagnierende Regionen, voran wieder einmal Schwarzafrika seit etwa 1980 (speziell zur Grundbildung s. **M 37**; zu Grundbildung und zu weiterführenden Schulen s. **M 36 a**; zum Analphabetismus **M 36 b**).

M 32 a Wie Hunger berechnet wird

Das Ausmaß des Hungers oder das Nahrungsdefizit werden folgendermaßen berechnet: Die durchschnittliche Nahrungsenergie, die unterernährte Menschen aus ihrer Nahrung erhalten, wird mit dem Mindestbedarf an Nahrungsenergie verglichen, den sie benötigen, um ihr Körpergewicht zu halten und leichte Tätigkeiten ausüben zu können.
Die tägliche Nahrung der meisten der 800 Millionen chronisch hungernden Menschen weist einen Mangel von 100–400 Kilokalorien auf. Diese Menschen sterben nicht an Hunger. Sie sind oft dünn, aber nicht stark abgemagert. Der chronische Hunger fällt nicht immer sofort auf, denn der Körper kompensiert eine unzureichende Ernährung, die körperliche Aktivität sinkt und bei Kindern verlangsamt sich das Wachstum. Abgesehen von der verstärkten Anfälligkeit für Krankheiten bedeutet chronischer Hunger, dass Kinder teilnahmslos werden und sich nicht mehr in der Schule konzentrieren können, dass Mütter untergewichtige Kinder gebären und es Erwachsenen an Kraft fehlt, ihr volles Potenzial einsetzen zu können. Zahlenmäßig gibt es in Asien und im pazifischen Raum mehr chronisch Hungernde, aber das Ausmaß des Hungers ist eindeutig in den Ländern Afrikas südlich der Sahara am größten. In 46% der Länder südlich der Sahara liegt der durchschnittliche Nahrungsmangel bei den Unterernährten bei mehr als 300 Kilokalorien pro Person und Tag. Im Vergleich dazu leiden in nur 16% der Länder Asiens oder des Pazifiks die Unterernährten an einem Nahrungsmangel dieses Ausmaßes. Dort, wo das durchschnittliche Kilokaloriendefizit sehr hoch ist, fehlt es in der Nahrung der Menschen an allem, einschließlich der stärkehaltigen Grundnahrungsmittel (Mais, Kartoffeln, Reis, Weizen und Maniok), die einen Großteil der Energie liefern. Wo das Defizit weniger groß ist, verfügen die Menschen in der Regel über ausreichende

Eine Familie in Wajid, Somalia
(Foto: Peter Turnley/Corbis)

Mengen von Grundnahrungsmitteln. Bei ihnen mangelt es häufig an Nahrungsmitteln, die eine ausgewogene Ernährung sicherstellen: Hülsenfrüchte, Fleisch, Fisch, Öle, Milchprodukte, Gemüse und Obst, die neben Energie auch Proteine, Fett und Mikronährstoffe liefern. Die Ernährung dieser Menschen abzurunden, ist notwendig, um Ernährungssicherheit zu erreichen.

(FAO – Der Weltbericht zu Hunger und Unterernährung 2000, S. 1; www.verbraucherministerium.de)

M 32 b Bevölkerungsentwicklung und Unterernährung in Entwicklungsländern (Regionen und ausgewählte Länder), 1979–2000

Region/Unterregion/Land [Kategorie Unterernährung, vgl. M 32 c]	Bevölkerung insgesamt (Mio)			Zahl der Unterernährten (Mio)			Anteil der Unterernährten an der Bevölkerung (%)		
	1979-81	1990-92	1998-2000	1979-81	1990-92	1998-2000	1979-81	1990-92	1998-00
Entwicklungsländer	**3240,2**	**4050,0**	**4638,9**	**920,0**	**818,5**	**798,8**	**28**	**20**	**17**
ASIA AND THE PACIFIC	2303,5	2812,1	3162,5	727,3	567,3	508,1	32	20	16
EAST ASIA	1060,9	1241,1	1342,4	307,7	198,2	128,4	29	16	10
China [3]	998,9	1169,5	1264,6	303,8	193,0	119,1	30	16	9
Dem. People's Rep. of Korea [4]	17,2	20,3	22,1	3,0	3,7	7,5	18	18	34
Hong Kong SAR of China [1]	5,0	5,8	6,7	0,1	0,1	0,1	–	–	–
Mongolia [5]	1,7	2,3	2,5	0,3	0,8	1,0	16	34	42
Rep. of Korea [1]	38,1	43,3	46,4	0,5	0,8	0,7	–	–	–
OCEANIA	3,0	3,9	4,7	0,7	0,9	1,3	24	25	27
SOUTHEAST ASIA	354,8	444,8	509,4	88,4	76,5	63,5	25	17	12
Cambodia [5]	6,7	10,0	12,8	4,0	4,3	4,6	60	43	36
Indonesia [3]	150,3	185,6	209,3	36,6	16,7	12,3	24	9	6
Thailand [3]	46,0	55,5	62,0	10,4	15,6	11,5	23	28	18
Vietnam [3]	53,0	67,5	77,1	16,8	18,0	13,7	32	27	18
SOUTH ASIA	884,9	1122,4	1306,1	330,5	291,6	314,9	37	26	24
Bangladesh [5]	85,5	112,7	134,6	33,8	39,2	47,0	40	35	35
India [4]	689,0	861,3	992,7	261,5	215,6	233,3	38	25	24
Nepal [3]	14,6	18,6	22,5	7,1	3,5	4,3	49	19	19
Pakistan [3]	81,3	112,5	137,6	25,1	28,2	26,0	31	25	19
Sri Lanka [4]	14,6	17,2	18,7	3,0	5,0	4,3	21	29	23
LATIN AMERICA AND THE CARIBBEAN	355,9	442,2	504,4	45,9	58,8	54,8	13	13	11
NORTH AMERICA	67,6	84,8	97,4	3,0	4,3	5,2	4	5	5
CENTRAL AMERICA	22,1	28,7	35,2	4,5	4,8	7,1	20	17	20
SOUTH AMERICA	242,2	300,1	340,6	33,8	42,3	34,6	14	14	10
NEAR EAST AND NORTH AFRICA	237,0	321,3	384,5	21,5	26,0	40,0	9	8	10
NEAR EAST	145,6	200,6	244,2	14,1	20,5	33,8	10	10	14
Afghanistan [5]	15,0	14,6	21,2	5,6	9,2	14,9	37	63	70
Iran, Islamic Rep. [3]	39,2	59,9	69,2	2,6	2,7	3,8	7	4	5
Iran [4]	13,0	17,8	22,3						
NORTH AFRICA	91,4	120,7	140,3	7,4	5,5	6,2	8	5	4
SUB-SAHARAN AFRICA	343,8	474,5	587,5	125,4	166,4	195,9	36	35	33
CENTRAL AFRICA	44,8	62,8	79,6	15,1	22,0	45,1	34	35	57
Central African Rep. [5]	2,3	3,0	3,6	0,6	1,5	1,6	24	49	44
Chad [4]	4,5	6,0	7,6	3,1	3,5	2,5	68	58	32
Congo [4]	1,7	2,3	2,9	0,5	0,9	0,9	31	37	32
Dem. Rep. of the Congo [5]	26,9	38,5	49,6	8,9	12,3	36,4	33	32	73
Gabon [3]	0,7	1,0	1,2	0,1	0,1	0,1	13	11	8
EAST AFRICA	120,4	166,1	204,0	42,5	73,7	83,0	35	44	41
Burundi [5]	4,1	5,7	6,3	1,6	2,8	4,3	39	49	69

	Bevölkerung			Unterernährte			Bevölkerungsanteil		
	1979-81	1990-92	1998-2000	1979-81	1990-92	1998-2000	1979-81	1990-92	1998-00
Ethiopia [5]	na	na	61,4	na	na	27,1	na	na	44
Kenya [5]	16,4	24,3	30,0	4,0	11,5	13,2	24	47	44
Rwanda [5]	5,2	6,4	7,0	1,2	2,2	2,8	24	34	40
Sudan [4]	19,3	25,4	30,4	5,6	7,8	6,5	29	31	21
Uganda [4]	12,5	17,8	22,6	4,1	4,1	4,7	33	23	21
United Rep. of Tanzania [5]	18,8	27,0	34,3	5,2	9,8	16,2	28	36	47
SOUTHERN AFRICA	51,9	71,0	87,1	17,0	34,0	37,1	33	48	43
Angola [5]	7,1	9,9	12,8	2,6	6,0	6,3	37	61	50
Mozambique [5]	11,8	14,1	17,9	6,5	9,7	9,8	55	69	55
Namibia [3]	1,0	1,4	1,7	0,2	0,2	0,2	20	15	9
Zambia [5]	5,9	8,3	10,2	1,5	3,7	5,1	26	45	50
Zimbabwe [5]	7,1	10,5	12,4	1,9	4,5	4,7	26	43	38
WEST AFRICA	126,7	174,7	216,7	50,7	36,7	30,7	40	21	14
Benin [3]	3,5	4,8	6,1	1,3	0,9	0,8	37	19	13
Burkina Faso [4]	6,9	9,3	11,3	4,5	2,2	2,6	64	23	23
Côte d'Ivoire [3]	8,5	13,0	15,7	0,7	2,3	2,3	8	18	15
Gambia [4]	0,6	1,0	1,3	0,4	0,2	0,3	58	21	21
Ghana [3]	11,0	15,6	18,9	7,1	5,5	2,2	64	35	12
Mali [4]	6,8	9,0	11,0	4,1	2,2	2,3	60	25	20
Mauritania [3]	1,6	2,0	2,6	0,5	0,3	0,3	35	14	12
Nigeria [3]	64,3	88,5	110,9	25,2	11,9	7,3	39	13	7
Sierra Leone [5]	3,2	4,1	4,3	1,3	1,9	2,0	40	46	47

(FAO, The State of Food Insecurity in the World 2002, S. 34f.; ftp://ftp.fao.org)

M 32 c Unterernährung in der Welt 2000

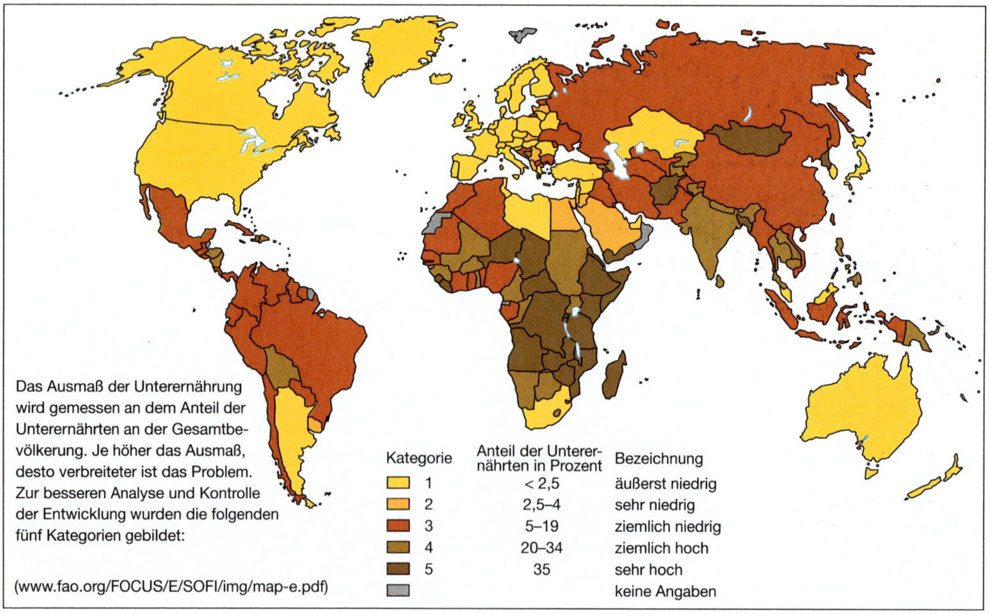

(www.fao.org/FOCUS/E/SOFI/img/map-e.pdf)

M 32 d Auf dem Weg zum Ziel? – Perspektiven der Welternährung

(www.un.org/milleniumgoals)

Millenniums-Entwicklungsziel 1 – Halbierung des Hungers

Zahl der Länder

	erreicht	auf Kurs	im Rückstand	weit zurück	zurück-fallend	keine Daten
Afrika südlich der Sahara	2	14	2	11	6	9
Arabische Staaten	1	5	0	1	0	10
Ostasien und Pazifikraum	0	6	0	3	1	9
Südasien	0	3	0	3	0	2
Lateinamerika und Karibik	3	10	2	5	3	10
Mittel- und Osteuropa sowie GUS	0	11	0	0	1	13
Insgesamt	**6**	**51**	**4**	**24**	**15**	**68**

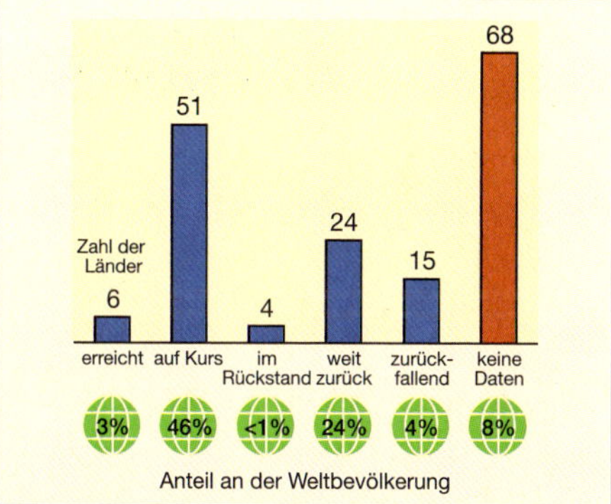

(Tabelle und Grafik aus: UNDP, Human Development Report 2002; deutsche Ausgabe: Bericht über die menschliche Entwicklung 2002, UNO-Verlag, Bonn 2002, S. 28)

Nach den Absichtserklärungen des Welternährungsgipfels von Rom 1996 soll die Zahl der Hungernden in der Welt bis 2015 auf die Hälfte sinken. Eine neue Studie der FAO stellt die Erfüllung dieses Ziels aber in Frage: Statt 410 Millionen, wie in Rom anvisiert, könnte es 2015 noch rund 610 Millionen unterernährte Menschen geben und selbst 2030 wird das gesteckte Ziel wohl noch nicht voll erreicht. Zwischen 1990 und 2000 sei die Zahl der Hungernden jährlich nur um 2,5 Millionen Menschen gesunken, stellt der Bericht fest – viel zu wenig, um das Millenniumsziel zu erreichen. Dazu müsste die Zahl der Hungernden jährlich um 24 Millionen verringert werden.
Dabei hat sich die Ernährungslage der Dritten Welt in den letzten Jahrzehnten schon deutlich zum Besseren gewendet und weitere substanzielle Fortschritte sind zu erwarten. Gelten derzeit noch etwa 17 % der Bevölkerung in den Entwicklungsländern als unterernährt, so sinkt diese Quote bis 2015 auf 11 % und bis 2030 auf 6 %. Da die Weltbevölkerung weiterhin kräftig zunimmt, bleibt die absolute Zahl der Hungernden aber hoch und geht erst allmählich zurück. So werden statt heute etwa 800 Millionen am Ende des genannten Zeitraums wohl immer noch 440 Millionen Menschen unzureichend ernährt sein. Zudem sind die Mangelerscheinungen nicht gleichmäßig über die Welt verbreitet.
Deutliche Fortschritte hat es nach Angaben der FAO nur in wenigen Ländern gegeben.

Vor allem China habe seit 1990 die Zahl der unter- und fehlernährten Menschen von knapp 200 Millionen auf heute noch 119 Millionen senken können. Auch in Indonesien, Vietnam und Thailand sowie in Nigeria, Ghana und Peru hungern nach Angaben der FAO heute deutlich weniger Menschen als vor zehn Jahren. Rückschläge haben dagegen Indien, viele zentralamerikanische Staaten, aber auch Iran und Marokko sowie solche von Krieg und Krisen heimgesuchte Länder wie Afghanistan, Irak und Algerien hinnehmen müssen. Am größten sei der Anteil der Hungernden an der Gesamtbevölkerung nach wie vor in Afrika. [...]
Um das Millenniumsziel doch noch zu erreichen, schlägt die FAO ein Anti-Hungerprogramm vor, das zusätzliche Entwicklungshilfemittel für die Landwirtschaft der armen Länder in Höhe von 24 Milliarden US-Dollar pro Jahr vorsieht. Verbunden mit politischen Reformen soll das Geld unter anderem dazu dienen, vermehrt private Investitionen im Agrarsektor anzuregen. Den wirtschaftlichen Nutzen eines solchen Programms beziffert die FAO mit 120 Milliarden US-Dollar jährlich. Industrie- und Entwicklungsländer sollen das Programm zu gleichen Teilen finanzieren; für die Industrieländer würde das eine Vervierfachung der Hilfeleistungen bedeuten, die sie laut Entwicklungshilfeausschuss (DAC) der OECD im Jahr 2000 für den Bereich Landwirtschaft bereitgestellt haben.

(Deutsche Stiftung für internationale Entwicklung; http://www.dse.de)

M 32 e Aspekte und Perspektiven der Nahrungsmittelsicherung in Entwicklungsländern

Während die Weltproduktion von Nahrungsmitteln entgegen zahlreichen Prognosen der 1970er-Jahre (so u. a. Club of Rome-Studien, Global 2000) mit dem Weltbevölkerungs-Wachstum noch Schritt hält, erzeugen die meisten Entwicklungsländer (EL) gemessen an ihrem Bedarf zu wenig Nahrung. Der Grad ihrer Selbstversorgungsfähigkeit nahm in den vergangenen Jahrzehnten z. T. beträchtlich ab (während jener westlicher Industrieländer [IL] stellenweise erheblich anstieg). Dies hing nicht nur mit dem hohen Bevölkerungs-Wachstum und mit widrigen natürlichen Bedingungen zusammen, sondern war auch den wirtschaftlichen und politischen Rahmenbedingungen geschuldet, die der Nahrungsmittelproduktion abträglich waren. In vielen EL wurde über Jahrzehnte hinweg der Grundnahrungsmittelsektor stark vernachlässigt. Nationale und internationale Ressourcen flossen in den Agrarexportsektor, in die Industrie und/oder in die staatl. Bürokratie ab oder fielen gar den Rüstungsanstrengungen oder dem Bereicherungsstreben der herrschenden Eliten zum Opfer. Eine staatliche Preispolitik, welche die Preise für Grundnahrungsmittel für städt. Verbraucher niedrig hielt, hohe Kredithürden und/oder unsichere Besitz- und Pachtverhältnisse boten zudem Kleinbauern wenig Anreize, über ihren Eigenbedarf hinaus zu produzieren oder ihre Anbauweise zu modernisieren. Hinzu kamen unzulängliche Lagerungs-, Transport- und Vermarktungsmöglichkeiten. Extern ist u. a. auf entwicklungspolitisch fehlgeleitete Kredite der internationalen Gebergemeinschaft hinzuweisen, welche die Verschuldung der EL erhöhten, sowie auf negative Folgen des Welthandels. Billigeinfuhren subventionierter Nahrungsmittel aus IL (USA, EU) überschwemmten gerade in den 1980er-Jahren die Absatzmärkte in zahlreichen EL und setzten einheimische Produzenten einem harten Verdrängungswettbewerb aus. Vielerorts entbehrt der Grundnahrungsmittelsektor bis heute kräftiger Entwicklungsimpulse.
[...] Vor Standard-Bewertungen sei allerdings gewarnt: Zwar ist es i. d. R. sinnvoll, in einkommensschwachen Nahrungsmitteldefizitländern die Eigenproduktion von Nahrungsmitteln zu erhöhen und die Abhängigkeit von Nahrungsmittelimporten zu verringern.
Doch nicht überall ist die Strategie einer reinen Selbstversorgung möglich oder ratsam. Aus Exporterlösen finanzierte Nahrungsmittelimporte können eine wichtige ergänzende Funktion bei der Ernährungssicherung spielen. Das entwicklungspolitisch

sinnvolle Verhältnis zwischen Grundnahrungsmittel- und Agrarexportsektoren ist Land für Land auszuloten.
Die ausreichende Verfügbarkeit von Grundnahrungsmitteln ist zudem kein Garant für die Ernährungssicherung der Bevölkerung. Selbst in EL, die ausreichend Nahrungsmittel erzeugen oder sogar exportieren, ist chronische Unterernährung weit verbreitet. Der Kern des Problems ist die Armut. Das Gros unzureichend ernährter Menschen besitzt weder Land bzw. Produktionsmittel, um Nahrungsmittel zu erzeugen, noch Kaufkraft, um diese zu erstehen. Das Hungerproblem hängt damit unmittelbar mit den Besitz-, Arbeits- und Einkommensverhältnissen zusammen. Selbst schwere Hungersnöte infolge von Dürre oder Überschwemmungen verweisen auf tiefer liegende Strukturen der Armut, denn arme Menschen büßen im Falle von naturbedingten Ernteausfällen und Versorgungsengpässen in kürzester Zeit ihre schmale Existenzgrundlage ein. Hunger ist jedoch nicht nur ein Folgeproblem von Armut, er schreibt Armut auch fort. Chronische Unterernährung beeinträchtigt nachhaltig die Produktivität, die Bildungschancen sowie die Beschäftigungs- und Einkommensaussichten von Menschen. Die Armut von morgen wurzelt, so betrachtet, u. a. bereits in der unzureichenden Ernährungslage von heute. Die Bekämpfung von Hunger und Armut müssen daher Hand in Hand gehen.

(Dieter Nohlen [Hrsg.], Lexikon Dritte Welt, Rowohlt TB Verlag, Reinbek 2002, S. 268f.)

1. *Erläutern Sie, was man unter „Grundbedürfnissen*" versteht (Text S. 83). Kann es darunter Ihrer Meinung nach eine Abstufung nach der Dringlichkeit geben?*
2. *„Hunger ist unmittelbar eine Folge der verbreiteten Armut", heißt es im Text (S. 84). Erläutern Sie genau, wie diese Aussage zu verstehen ist, und vergleichen Sie dazu auch die Aussageabsicht der Karikatur (S. 84). Worin liegen demnach die Ursachen für das Problem des Hungers (vgl. auch M 32 e, Z. 72ff.)?*
3. *Erläutern Sie, wie Hunger berechnet wird, welche Auswirkungen Hunger auf die betroffenen Menschen hat und worin der Unterschied zwischen „ausreichender" und „ausgewogener" Ernährung liegt (Text S. 84 und M 32 a).*
4. *Zum Ausmaß, zur Verbreitung und zur Entwicklung von Hunger (= Unterernährung) in der Welt existieren unterschiedliche, manchmal sich widersprechende Informationen, Statistiken usw. (ein Grund dafür ist, dass man auf Schätzungen angewiesen ist). Als die zuverlässigsten Daten können die der Weltbank und der Welternährungsorganisation der Vereinten Nationen (FAO) gelten. Die Tabelle M 32 b erlaubt es, sich ein differenziertes Bild zu machen. Formulieren Sie – ggf. in Gruppenarbeit – auf der Basis dieser Daten einen instruktiven Zeitungsbericht, der die wichtigsten Aspekte enthalten soll. Beachten Sie bei der Analyse der Tabelle auch folgende Fragen:*
   - *Wie stellt sich für die Gesamtheit der Entwicklungsländer die Entwicklung der Unterernährung 1979–2000 dar? Was ergibt sich im Vergleich der Zahlen für die Bevölkerungsentwicklung mit der absoluten Zahl der Unterernährten und mit ihren prozentualen Anteilen an der Gesamtbevölkerung? (Wie kommt es, dass die Prozentzahlen ein deutlich positiveres Bild ergeben als die absoluten Zahlen?)*
   - *Was lässt sich im Hinblick auf die Verbreitung einerseits und die Entwicklung andererseits in einzelnen Erdteilen/Regionen feststellen? Stellen Sie dazu die auffälligsten Daten heraus. (Wo verläuft die Entwicklung am günstigsten, wo deutlich am schlechtesten?)*
   - *Auch innerhalb der Regionen gibt es z.T. erhebliche Unterschiede nach einzelnen Ländern. In welchen Ländern ist die Entwicklung – negativ oder positiv – am auffälligsten?*
5. *Die Karte M 32 c ermöglicht einen geografischen Gesamtüberblick über die Verbreitung der Unterernährung und das jeweilige Ausmaß in der Welt (Stand: 2000). Erläutern Sie die Kategorisierung und fassen Sie das Bild, das hier vermittelt wird, in wenigen aussagekräftigen Sätzen zusammmen.*

6. *Die Vereinten Nationen hatten sich als eins ihrer „Millenniumsziele" (vgl. M 32 d) die „Halbierung des Hungers" für den Zeitraum 1990–2015 gesetzt. Analysieren Sie M 32 d. Wie verteilen sich die „erfolgreichen" Länder („Stand erreicht" und „auf Kurs") und die Länder, die bisher weit „hinterherhinken" oder sich sogar negativ entwickeln, auf die Regionen? Wie verhält sich jeweils die Zahl der Länder zum Anteil an der Weltbevölkerung? Wie bewerten Sie das Gesamtbild der dargestellten Entwicklung?*
7. *Beschreiben Sie die Erfahrungen, die man mit den bisherigen Strategien zur Nahrungsmittelsicherung gemacht hat, und warum das Hungerproblem so schwierig zu bekämpfen ist (M 32 e).*

M 33 a Reichweite und Umfang tropischer Krankheiten

Krankheit	Betroffene Länder	Zahl der Infizierten (in Tausend)	Zahl der Gefährdeten (in Mio.)
Malaria	100	300-500 000	2300
Schistosomiasis (Bilharziose)[1]	74	> 200 000	500-600
Lymphatische Filariasis (Elephantitis)[2]	73	120 000	1 000
Onchozerkose (Flussblindheit)	30	17 500	90
Chagas-Krankheit[3]	21	16-18 000	100
Leishmaniose[4]	88	12 000	350
Lepra	55	1 000	1 500
Afrikanische Schlafkrankheit	30	25	55

(Weltgesundheitsorganisation, World Health Organization; http://www.who.int./home)

1 Gruppe von Wurmerkrankungen; Infektionen über Trinkwasser; Blasen- oder Darmerkrankung, Fieber, Durchfall, Gewichtsverlust
2 Wurmerkrankung; Übertragung durch Mückenstiche; Entzündung der Lymphbahnen, Missgestaltung befallener Gliedmaßen
3 Übertragung durch Raubwanzen; Organschäden, insbesondere des Herzmuskels
4 Übertragung durch Sandfliegen; Fieber, Durchfall, Organschädigungen

M 33 b

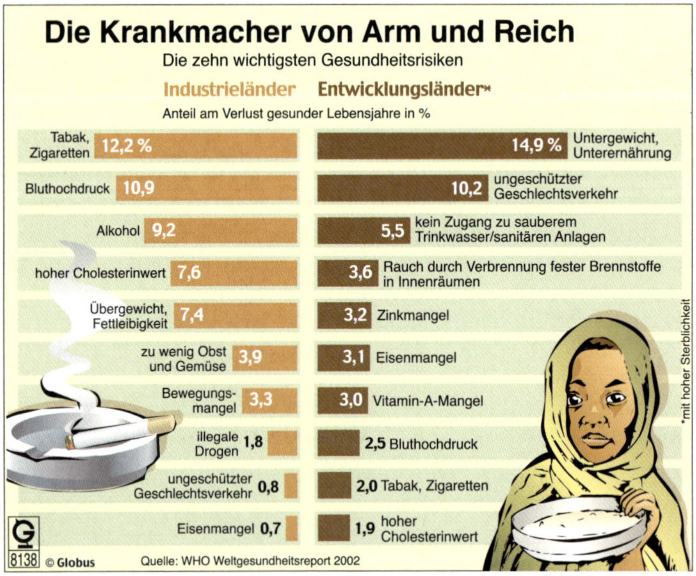

M 34 a Veränderung der Lebenserwartung, 1970–1999

Ländergruppe	1970	1999	Differenz in Jahren	Differenz in %
OECD-Länder	71	78	+ 7	+ 10
Entwicklungsländer	55	64	+ 9	+ 16
Ostasien und Pazifik	59	69	+ 10	+ 17
Europa und Zentralasien	68 a	69	+ 1 b	+ 1 b
Lateinamerika und Karibik	61	70	+ 9	+ 15
Mittlerer Osten und Nordafrika	53	68	+ 15	+ 28
Südasien	49	63	+ 14	+ 29
Afrika südl. der Sahara	44	47	+ 3	+ 7

a) 1982; b) Wegen anderer Periode nicht streng vergleichbar

(Weltbank, World Development Indicators, 2001, und eigene Berechnungen)

„Die durchschnittliche Lebenserwartung, in Jahren angegeben, ist ein wichtiger, wenn nicht der beste Indikator für das Niveau der Ernährung und der Gesundheit einer Bevölkerung. Sie ist in den letzten drei Jahrzehnten um rd. ein Drittel gestiegen. In 23 Entwicklungsländern liegt sie über 70 Jahre. Die Unterschiede nach Ländern und Ländergruppen (s. M 27) sind jedoch nach wie vor beachtlich. In Afrika stagniert sie oder ist sogar rückläufig (vgl. M 35 b)."

(Dieter Nohlen, Hg., Lexikon Dritte Welt, Rowohlt, Reinbek 2002, S. 511)

M 34 b Kindersterblichkeit

Um die augenblickliche Lage und die längerfristigen Entwicklungstendenzen in den rund 190 Ländern der Erde zu erfassen, sind die unterschiedlichsten Kennzahlen in Gebrauch. Diese versagen aber oft in einem entscheidenden Punkt: Da sie auf rechnerischen Durchschnittswerten beruhen (wie z. B. das durchschnittliche Pro-Kopf-Einkommen), überdecken sie die innerhalb eines Landes jeweils herrschenden wirtschaftlichen und sozialen Unterschiede und verlieren so leicht den Bezug zur Lebenswirklichkeit.

Das Kinderhilfswerk der Vereinten Nationen, UNICEF, verwendet deshalb einen Maßstab, der die Lage der Kinder in einem Land möglichst unverfälscht zum Ausdruck bringt und daher auch als Indikator für die gesamtgesellschaftliche Situation geeignet ist. Es handelt sich dabei um die **Rate der Kindersterblichkeit**, genauer gesagt um die Wahrscheinlichkeit je 1000 Lebendgeborene, noch vor dem 5. Geburtstag zu sterben. Mit dieser einfachen Kennzahl lassen sich die verschiedensten Aspekte des Entwicklungsstandes eines Landes erfassen: Einkommen, Wasser- und Nahrungsmittelversorgung, Hygiene und medizinische Versorgung, Bildung (vor allem der Frauen

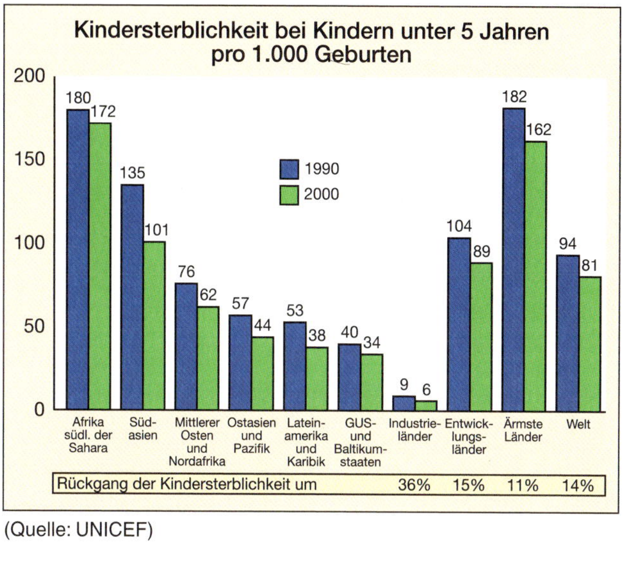

(Quelle: UNICEF)

und Mütter), Sicherheit vor Unfällen und Gewalt – kurz alles, was das alltägliche Leben von Kindern beeinflussen kann, die als schwächstes Glied einer Gesellschaft von deren Unzulänglichkeiten am unmittelbarsten betroffen sind. Deutlicher als rein ökonomische Durchschnittszahlen gibt die Rate der Kindersterblichkeit zu erkennen, wie groß die Spannweite noch immer ist, die „reiche" und „arme" Länder der Erde voneinander trennt. Während 1997 in den nordischen Ländern Schweden, Norwegen, Finnland und in Singapur lediglich 4 von 1000 Neugeborenen vor Vollendung des 5. Lebensjahrs starben, waren es in Afghanistan 257, in Niger 270, in Angola 295 und in Sierra Leone sogar 316! Rund fünfzig Länder, die meisten davon auf dem afrikanischen Kontinent und im südlichen Asien, weisen eine Sterblichkeitsrate von mehr als 100 je 1000 Neugeborene auf.

An der Kindersterblichkeit ist im zeitlichen Längsschnitt auch abzulesen, welche sozialen **Fortschritte** die Länder der Erde in den letzten Jahrzehnten gemacht haben. In den vier Jahrzehnten zwischen 1960 und 1997 ging die Sterberate weltweit von 192 auf 83 je 1000 Lebendgeborene zurück. Sie sank in den Industrieländern von 37 auf 6 (d.h. um 84%), in der Dritten Welt von 216 auf 91 (– 58%). Afrika südlich der Sahara als ärmste Weltregion blieb mit einem Rückgang von 257 auf 175 (– 32%) aber deutlich hinter dieser Entwicklung zurück. Unter dem Einfluss der HIV/AIDS-Epidemie und wegen des ungenügenden Impfschutzes gegen Infektionskrankheiten steigt die Kindersterblichkeit dort inzwischen sogar wieder an.

(Schmidt-Zahlenbilder)

M 34 c Säuglingssterblichkeit 1970–1999
Todesfälle im 1. Lebensjahr auf 1000 Lebendgeburten

Ländergruppe	1970	1999	Veränderung in %
OECD-Länder	20	6	–70
Entwicklungsländer	107	59	–45
Ostasien und Pazifik	78	35	–55
Europa und Zentralasien	41 a	21	–49 b
Lateinamerika und Karibik	84	30	–64
Mittlerer Osten und Nordafrika	134	44	–67
Südasien	139	74	–47
Afrika südl. der Sahara	137	92	–33

a) 1980; b) Zahl wegen anderer Periodisierung nicht exakt vergleichbar

(Quelle: Weltbank, World Development Indicators 2001, und eigene Berechnungen)

M 35 a Entwicklung von Aids weltweit

Auf der Erde leben derzeit rund 42 Millionen Menschen mit dem HI-Virus. Jeden Tag infizieren sich etwa 16.000 Menschen neu. Unter den HIV-Infizierten sind 2, 7 Millionen Kinder und 17,6 Millionen Frauen. Insgesamt haben sich im vergangenen Jahr (2002) fünf Millionen Menschen neu infiziert, 3,1 Millionen sind gestorben (insgesamt seit Ausbruch der Seuche: 27,9 Mio). Das Fatale an der Seuche ist, dass sie besonders die Menschen im produktiven Alter zwischen 15 und 49 Jahren trifft, die der Rückhalt der Volkswirtschaften sind und ohne die Entwicklung nicht möglich ist (vgl. M 35 c). Die Verbreitung von Aids ist allerdings regional sehr unterschiedlich.

In den westlichen Industrieländern wurde das Virus entdeckt, inzwischen hat sich die Ausbreitung dort stark verlangsamt. [...] Osteuropa ist derzeit die Region mit der schnellsten Zunahme an Neuinfektionen. [...]

In Afrika südlich der Sahara ist Aids die Todesursache Nummer 1. Die Verbreitung des Virus ist eine Katastrophe, die die Entwicklung auf dem gesamten Kontinent zurückzuwerfen droht. Im Jahr 2001 starben 2,3 Millionen Menschen in Afrika an Aids. Neuere Studien etwa in Botswana zeigen, dass die Infektionsrate bei jungen Schwangeren oft über 30 Prozent liegt. In Afrika wird das Virus vor allem durch heterosexuellen Geschlechtsverkehr übertragen.

(http://www.bmz.de)

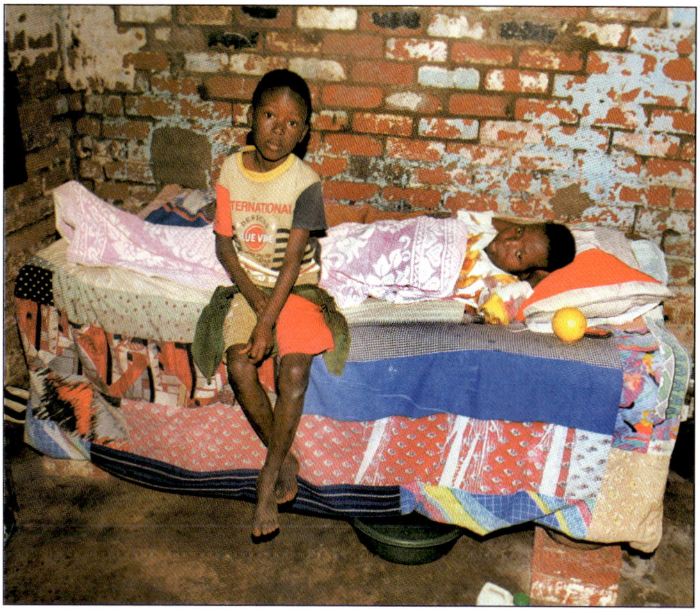

Ein Schicksal unter vielen: In einer Hütte in Durban betreut ein Mädchen seine aidskranke Mutter. 40 Prozent aller Einwohner sind in dieser Region Südafrikas infiziert.

(Foto: Sepp Spiegl/SV-Bilderdienst)

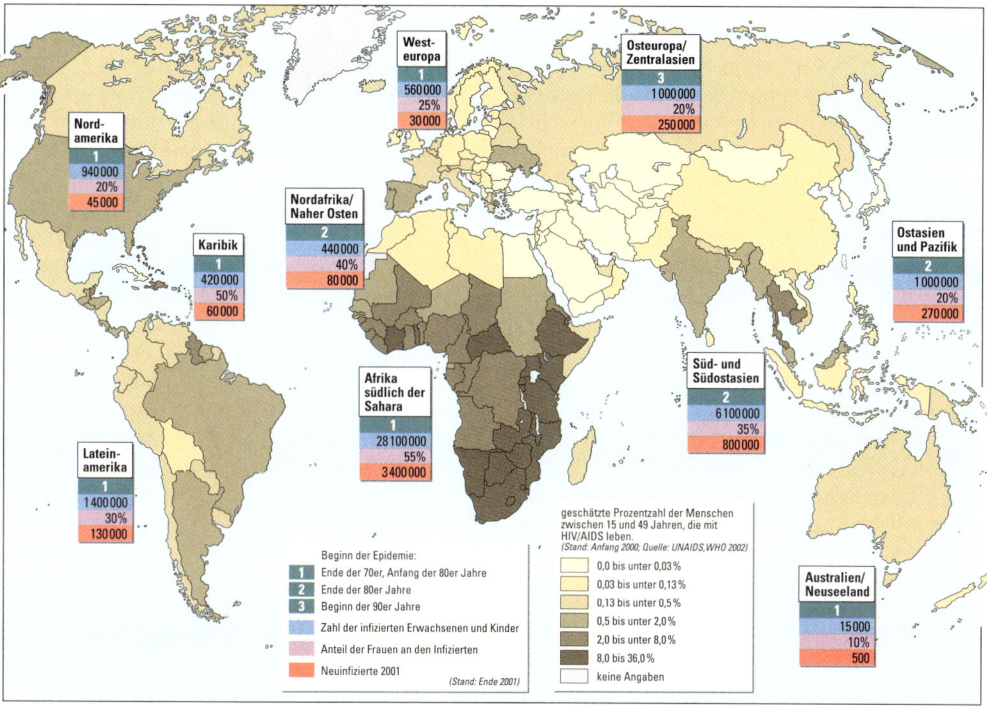

(Fischer Weltmanach 2003, Fischer TB Verlag, Frankfurt a. M. 2002, Farbtafel XIII; © BITmap, Mannheim)

M 35 b Rückgang der Lebenserwartung bei Geburt 1990–1999, in Jahren, ausgewählte Länder mit hoher Aids-Prävalenz

Land	Rückgang 1990–1999	Stand der Lebenserwartung 2000
Botswana	–17,4	39
Simbabwe	–15,7	40
Südafrika	–13,5	48
Lesotho	–13,0	44
Sambia	–10,7	38
Swasiland	–10,4	46
Kenia	– 9,4	47
Namibia	– 7,5	47
Kongo (Kinshasa)	– 5,8	46
Korea	– 5,3	61
Malawi	– 5,2	39
Tansania	– 5,1	44

(Quelle: Weltbank, World Development Indicators 2001)
Der Rückgang der Lebenserwartung geht praktisch vollständig auf AIDS zurück. (J. H. W.)

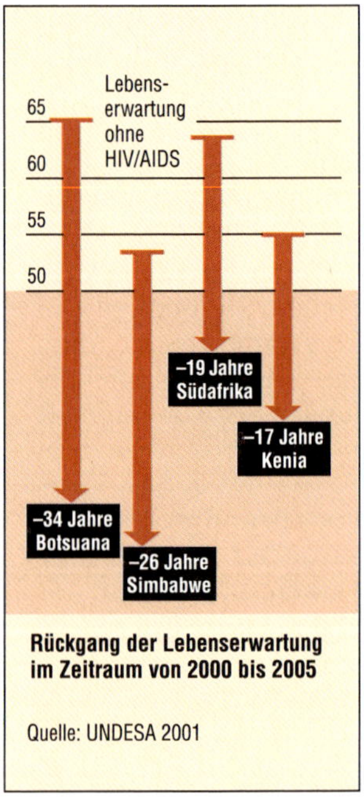

(UNDP, Human Development Report 2002; deutsche Ausgabe: Bericht über die menschliche Entwicklung 2002, UNO-Verlag, Bonn 2002, S. 32)

M 35 c Aids zerstört Afrikas Wirtschaft

Die Aids-Epidemie in Afrika hat verheerende wirtschaftliche Auswirkungen. Wie das UN-Programm für Aids (Unaids) in einem in Genf veröffentlichten Bericht mitteilte, bewirkt die Epidemie in den afrikanischen Staaten südlich der Sahara eine Beeinträchtigung des Wirtschaftswachstums [...]. Die Aids-Epidemie droht nach Angaben von Unaids-Exekutivdirektor, Peter Piot, alle in den vergangenen Jahrzehnten erzielten wirtschaftlichen Fortschritte in den afrikanischen Staaten zunichte zu machen. Von den verheerenden Auswirkungen seien alle Teile der afrikanischen Gesellschaften betroffen, von den Lehrern bis zu den Soldaten.

Wie Unaids weiter mitteilt, ist die Arbeitsproduktivität in den von der Epidemie am stärksten betroffenen Ländern wie Botswana oder Sambia bereits jetzt um 50 Prozent zurückgegangen. In Sambia seien zwei Drittel aller Todesfälle von Managern auf die Immunschwächekrankheit zurückzuführen. Ohne wirksame Gegenmaßnahmen könnten in diesen afrikanischen Staaten bis zum Jahr 2020 bis zu 25 Prozent der Arbeitskräfte vernichtet werden.

Von den äußerst negativen Auswirkungen von Aids stark betroffen ist nach Angaben von Unaids inzwischen auch die landwirtschaftliche Produktion in den afrikanischen Staaten. Der Epidemie sollen in den vergangenen Jahren bereits sieben Millionen Bauern zum Opfer gefallen sein. In Burkina Faso hat nach Einschätzung bereits eine von fünf Familien wegen der Epidemie ihre landwirtschaftliche Tätigkeit eingeschränkt oder ganz aufgegeben. Die durch Aids verursachten Todesfälle führten zu einem Rückgang der Arbeitskräfte und damit auch zu einem Rückgang der bebauten Fläche oder der Art der angebauten Kulturen. In Botswana, schätzt Unaids, werden die Steuereinnahmen wegen Aids bis zum Jahr 2010 um etwa 20 Prozent zurückgehen. Die Epidemie soll zudem bereits in den vergangenen Jahren zu einer starken Beeinträchtigung des Beamtenapparats geführt haben. So seien in Kenia drei von vier Todesfälle unter Polizisten auf Aids zurückzuführen. Die Verteidigungsministerien der afrikanischen Staaten haben südlich der Sahara Infektionsraten von 20 bis 40 Prozent unter den Soldaten registrieren müssen.

(Jean-Pierre Kapp, in: Süddeutsche Zeitung Nr. 145/2002, S. 24)

M 35 d Warum gerade die Entwicklungsländer?

In Entwicklungsländern ist Aids viel mehr als eine tödliche Krankheit. Die Seuche kann die Entwicklungsfortschritte vieler Jahre zerstören. Sicher bilden Armut und Aids hier einen Teufelskreis, aber trotzdem ist Aids keine Krankheit der Armen. Auch Ärzte, Lehrer, Journalisten oder Ingenieure fallen der Seuche zum Opfer. Warum sich Aids in den Entwicklungsländern so viel schneller ausbreitet als in den Industrieländern, hat viele Gründe. Hier einige von vielen:

- Aufklärungskampagnen erreichen z.B. Menschen, die weder lesen noch schreiben können oder im strukturschwachen ländlichen Raum wohnen, wesentlich schwerer.
- Auch von den Informierten können sich nur wenige Kondome, HIV-Tests oder lindernde Medikamente leisten.
- Krankenhäusern fehlen qualifiziertes Personal, Ausrüstung und Medikamente.
- In vielen Ländern haben Politiker, religiöse und gesellschaftliche Führer die Gefahr lange verdrängt, totgeschwiegen oder verharmlost, teilweise haben Irr- und Aberglaube von den tatsächlichen Ursachen abgelenkt.
- Das Tabu von Sexualität macht es unmöglich, über den wirksamen Schutz vor Aids offen zu sprechen.
- Kriege und Unruhen zerreißen Familien, entwurzeln Menschen und zerstören traditionelle Wertesysteme. Menschen ohne Perspektive sind anfälliger für häufigen Partnerwechsel und Prostitution.

(http://www.bmz.de)

M 35 e Erfolge durch Aufklärung und Prävention

a) Die Aids-Pandemie bedeutet insbesondere für das Subsahara-Afrika ein soziales, ökonomisches und in der Folge demographisches Problem mit derzeit unüberschaubaren Folgen. Eine Verminderung der Ausbreitungsgeschwindigkeit kann nur langfristig über Aufklärung erfolgen. Die Gesundheitsdienste müssen sich auf die Verminderung der Übertragung innerhalb der Dienste sowie auf pflegerische Maßnahmen konzentrieren. Antivirale Medikamente sind nach langem Ringen mit der Pharmaindustrie inzwischen in EL relativ preisgünstig, doch Verfügbarkeit, Compliance (Bereitschaft des Patienten zur Zusammenarbeit mit dem Arzt) und begleitendes Councelling (Beratung) stellen nach wie vor ein großes Hemmnis gegenüber einer systematischen Versorgung dar. Die UN hat das von der WHO begonnene globale Programm zur Bekämpfung von Aids übernommen (UNAIDS), das insbesondere die EL unterstützt. Breit angelegte, gut kontrollierte Präventionsprogramme, von den politischen Verantwortlichen unterstützt, können messbare Erfolge erzielen.

(Dieter Nohlen [Hg.], Lexikon Dritte Welt, Rowohlt TB Verlag, Reinbek 2002, S. 29)

b) Noch vor zehn Jahren spielte Uganda in puncto Aids die Rolle, die heute dem südlichen Afrika zukommt: Horrende Infektionsraten und entvölkerte Landstriche prägten das Bild, nachdem Lastwagenfahrer und marodierende Soldaten den Virus verbreitet hatten. In Uganda machte die Regierung das Thema aber zur Chefsache, brach das Tabu. HIV-Infizierte engagierten sich in Aufklärungskampagnen, Männer gewöhnten sich an Kondome. Heute ist Uganda aus den Aids-Schlagzeilen verschwunden, die Infektionsrate der besonders gefährdeten Gruppe junger Frauen liegt weit unter zehn Prozent.

(Süddeutsche Zeitung v. 11.11.2002, S. 11; Verf.: Gaby Mair)

Präsident Thabo Mbeki (Südafrika) ruft auf zum Kampf gegen Aids.

(Foto: Ulrich Baumgarten/vario-press)

1. *Erläutern Sie, inwiefern Menschen in Entwicklungsländern aufgrund „natürlicher" Bedingungen in besonderer Weise der Gefahr lebensgefährlicher Krankheiten ausgesetzt sind (Text S. 84f., M 33 a). Welche Ungleichgewichte in der medizinischen Forschung sind zu beklagen? Worin liegen die wichtigsten Unterschiede im Hinblick auf Gesundheitsrisiken zwischen „Arm" und „Reich"? (M 33 b)*
2. *Erläutern Sie, von welchen Faktoren die Höhe der Lebenserwartung abhängt. Stellen Sie fest, wie unterschiedlich die Lebenserwartung in den Regionen der Erde ist und wie sie sich in den 90er-Jahren entwickelt hat (M 34 a; vgl. M 35 b).*
3. *Das UN-Kinderhilfswerk betrachtet die „Kindersterblichkeit" als einen „Indikator für die gesamtgesellschaftliche Entwicklung". Was wird mit diesem Indikator gemessen und inwiefern handelt es sich nicht nur um ein rein medizinisches Problem? Wie (nach Regionen unterschiedlich) hat sich dieser Indikator in den 30 Jahren von 1970 bis 2000 entwickelt (M 34 b/c)?*
4. *Beschreiben Sie das Ausmaß und die Entwicklung des Aids-Problems seit Beginn der 70er-Jahre (M 35 a).*
5. *Aids führt insbesondere in vielen Ländern Schwarzafrikas zu nationalen Tragödien. Erläutern Sie, wie sich dies in verschiedenen Bereichen (Lebenserwartung, Produktion, staatliche Haushalte, öffentliche Verwaltung, Heer) auswirkt (M 35 c).*
6. *Nennen Sie Gründe, warum die Aids-Epidemie sich vor allem in Entwicklungsländern ausgebreitet hat und auf welche Schwierigkeiten eine erfolgreiche Bekämpfung des Problems stößt (M 35 d und e).*

M 36 a Daten zum Erziehungswesen, ausgewählte Länder

	Öffentliche Ausgaben für Bildung, % des BSP, 1999	Netto-Schulbesuchsquote in % der relevanten Altersgruppe 1997		Voraussichtlicher Schulbesuch in Jahren*		Analphabetenquote in %, 15 Jahre und älter	
		Grundschule	weiterführende Schule	1997 männl.	1997 weibl.	1999 männl.	1999 weibl.
Algerien	4,3	94	56	11	10	23	44
Botswana	7,4	81	45	11	11	26	21
Chile	3,3	89	58	13	13	4	5
El Salvador	2,1	78	22	10	10	18	24
Indien	3,3	k.A.	k.A.	k.A.	k.A.	32	56
Indonesien	0,6	95	71	10	10	9	19
Jordanien	5,5	68	41	9	9	6	17
Kuwait	1,7	62	61	9	9	16	21
Lesotho	8,1	70	18	9	10	28	7
Mosambique	3,5	40	6	4	3	41	72
Paraguay	3,5	91	38	10	10	6	8
Saudi Arabien	6,4	61	43	10	9	17	34
Südafrika	6,8	k.A.	58	14	14	14	16
Syrien	2,0	91	38	10	9	12	41
Verein. Arab. Emirate	1,8	78	71	10	11	26	22
Sambia	1,9	75	16	8	7	15	30

* Voraussichtlicher Schulbesuch in Jahren ist die durchschnittliche Zahl von Jahren, die ein Kind im formalen Schulwesen (incl. der Universität und der Wiederholung von Klassen) verbringt. Er ist die Summe der zugrunde liegenden Schulbesuchsquoten auf primärem, sekundärem und tertiärem Niveau.

(Weltbank, World Development Indicators 2001, Washington, DC 2001, Tabelle 2.12, 2.14, 3.15)

M 36 b

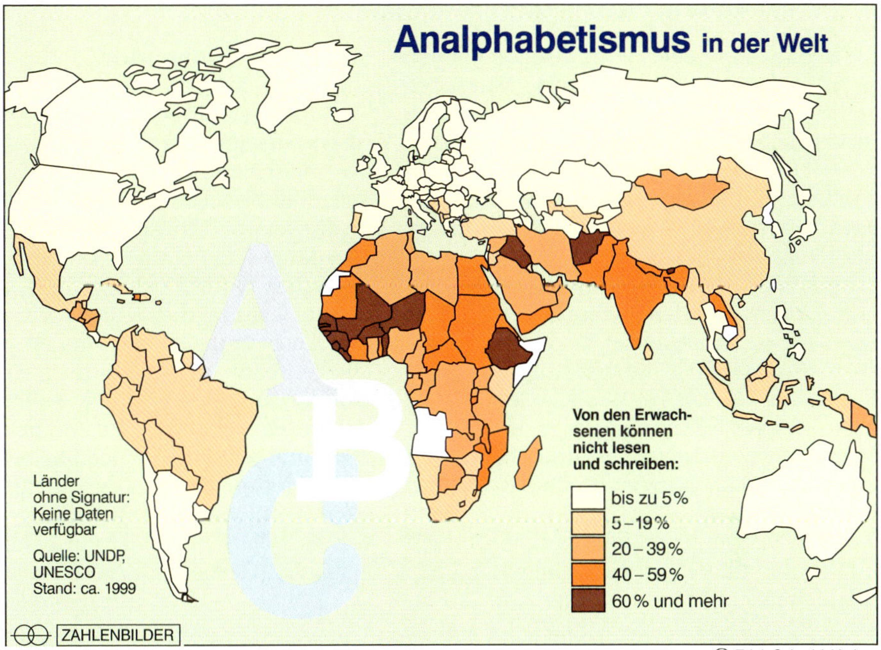

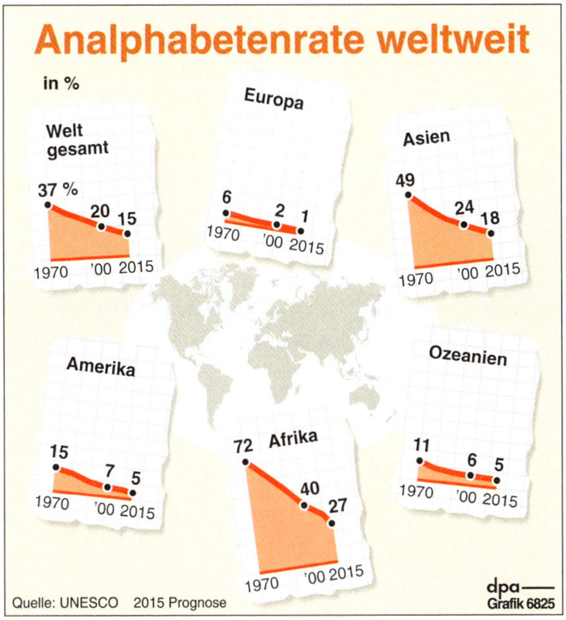

Analphabetismus bei Frauen und Männern

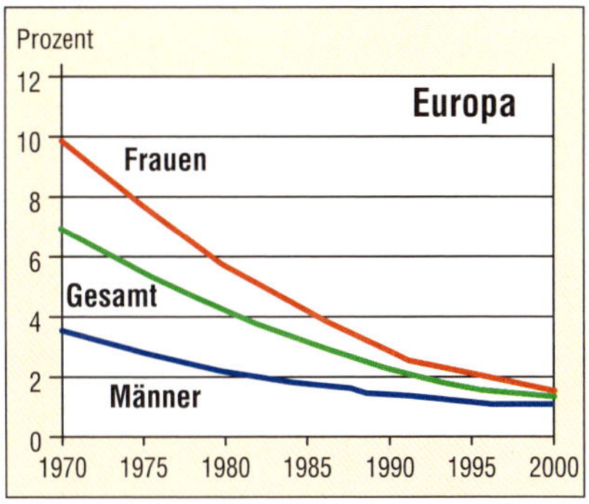

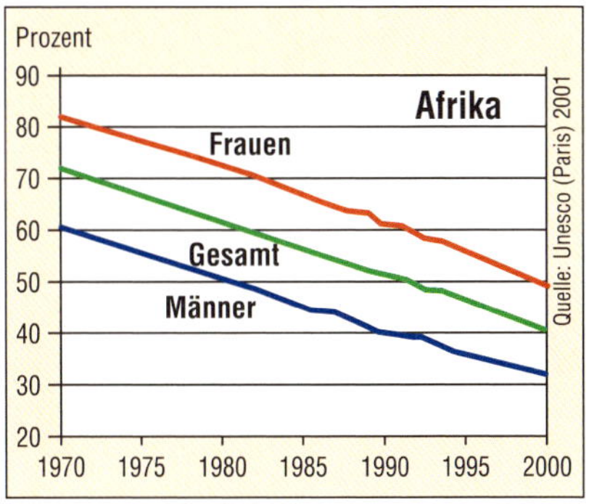

(Le Monde diplomatique [Hg.], Atlas der Globalisierung, taz Verlags- und Vertriebsges., Berlin 2003, S. 60)

M 37 Grundbildung – die ertragreichste Investition in die gesellschaftliche Entwicklung

Zu Beginn des neuen Jahrtausends können noch immer fast eine Milliarde Menschen nicht lesen und schreiben. Während in den Industrieländern Computer, Internet und E-Mail den Alltag erobern, bleibt Millionen Kindern in den Entwicklungsländern bis heute ein elementares Recht vorenthalten: das Recht auf Bildung. [...] In den Entwicklungsländern gehen heute über 110 Millionen Kinder im Grundschulalter nicht zur Schule. Fast drei Fünftel davon sind Mädchen. Weitere 150 Millionen Kinder brechen die Schule vor der fünften Klasse ab – und dies, obwohl Grundbildung die ertragreichste Entwicklungsinvestition überhaupt ist, wie Untersuchungen von Weltbank und UNICEF belegen.

– In den vergangenen Jahrzehnten sind die Einschulungsraten in fast allen Regionen deutlich gestiegen: in Südasien von 45 Prozent 1960 auf 68 Prozent, in Afrika von 25 Prozent (1960) auf 57 Prozent. Im Nahen Osten und in Nordafrika werden heute 80 (40) Prozent der Kinder eingeschult, in Lateinamerika 90 (60) Prozent und in Ostasien 93 (55) Prozent.

– Viele Kinder sind schon deshalb vom Unterricht ausgeschlossen, weil es in ihrem Dorf oder Stadtviertel keine Schule gibt. Und wenn eine vorhanden ist, dann sind die Klassenzimmer oft so überfüllt, dass nur ein Teil der Kinder einen Sitzplatz hat. In Bangladesch muss ein Lehrer meist 60 bis 70 Schüler unterrichten, in Äquatorial-Guinea sogar 90.

– Bildung ist der Schlüssel zur Zukunft. Sie ist Voraussetzung dafür, dass Kinder das Leben meistern und Probleme bewältigen lernen. Bildung schafft auch eine Basis für einen qualifizierten Arbeitsplatz. Besondere Bedeutung kommt der Grundbildung zu. Sie ist für Menschen in Entwicklungsländern meist die einzige Chance, den Teufelskreis aus Armut und Ausbeutung zu überwinden. [...]

Die Weltbank hat die positiven Auswirkungen der Grundbildung untersucht. Das Fazit lautet: Keine Entwicklungsinvestition wirkt nachhaltiger. Einer Studie in 13 armen Ländern zufolge wirtschaften Kleinbauern mit Grundschulbildung produktiver als solche, die nicht zur Schule gegangen sind. Vier Jahre Grundschule schlagen sich danach in einer Ertragssteigerung von acht Prozent nieder.

Besonders groß ist die Bedeutung der Grundbildung für Mädchen. Denn in vielen Ländern haben nur gebildete Mädchen und Frauen die Chance, lebenslänglicher Abhängigkeit und Unterdrückung zu entkommen. Die Weltbank urteilt deshalb: „Investitionen in die Bildung von Mädchen in den Entwicklungsländern sind die Investitionen mit den höchsten Ertragsaussichten." [siehe dazu M 46]

(unicef information, Das Recht auf Bildung; www.unicef.de)

1. *Stellen Sie heraus, warum der Mangel an Ausbildung ein „zentrales Problem" der Entwicklungsländer ist (Text S. 85f.). Welche entscheidenden Funktionen erfüllen Bildung und Ausbildung für die Entwicklung einer Gesellschaft?*

2. *Die Daten zum Erziehungswesen (M 36 a; zum Stellenwert dieser Kennziffern vgl. Text S. 86) sind u. a. auch ein weiteres Beispiel für die z.T. sehr unterschiedlichen Verhältnisse in den einzelnen Ländern der „Dritten Welt". Heben Sie die auffälligsten Daten hervor und achten Sie bei der Analphabetenquote auch auf die Unterschiede zwischen Jungen und Mädchen.*

3. *Werten Sie die zu M 36 b gehörigen Grafiken aus und fassen Sie die Ergebnisse (insbesondere auch zum Vergleich unterschiedlicher Regionen und zur zeitlichen Entwicklung) in kurzen Formulierungen zusammen.*

4. *In M 37 wird Grundbildung als die „ertragsreichste Investition in die gesellschaftliche Entwicklung" bezeichnet. Erläutern Sie diese Formulierung mit eigenen Worten. Inwiefern gilt sie besonders auch für die Förderung der Grundbildung von Mädchen (vgl. M 46, S. 115)?*

C. Soziales/Sozialstruktur

1. Ungleichheitsstrukturen

Unterschiede zwischen Stadt und Land

Ungleichheitsstrukturen prägen sich zunächst regional aus: Auch in Industrieländern sind die Lebensverhältnisse in industriellen Ballungsregionen und in ländlichen Regionen unterschiedlich, gelegentlich auch vom Lebensniveau verschieden, so sehr moderne Kommunikations- und Verkehrstechnik und das Leistungsangebot des modernen Nationalstaates hier eine Entwicklung in Richtung Ausgleich bewirken oder sogar teilweise erreichen. Je mehr mit steigendem Niveau die Zahl der Bildungseinrichtungen (Schulen) abnimmt, umso mehr konzentrieren sie sich auf einige Punkte; je stärker Altindustrien an Rohstoffe gebunden sind, desto mehr werden sie zur Vermeidung von Transportkosten in der Nähe von deren Vorkommen errichtet; je stärker die Wirtschaftsstruktur von der Urproduktion bestimmt ist, umso ländlicher wird der Raum bleiben; je spezialisierter die medizinische Versorgung wird, umso mehr werden sich Ärzte und Kliniken an einigen wenigen Orten konzentrieren. Solche Unterschiede werden im modernen Nationalstaat andererseits auch wieder ausgeglichen: Fernsehen, Rundfunk, Telefon und Internet sind praktisch flächendeckend, die Sozialversicherung macht im Prinzip keinen Unterschied, ob es sich um einen Bauern aus dem Hotzenwald oder einen Büroangestellten aus Berlin handelt. Solche Unterschiede, auf die oben ja schon eingegangen wurde (s. B. 3., S. 79), sind in gewisser Weise also natürlich bzw. unvermeidlich; darüber hinaus ist sehr zu fragen, ob sie, wie es die deutsche Diskussion immer wieder impliziert, unbedingt von vornherein als negativ anzusehen sind.
Als negativ ist jedoch anzusehen, wenn staatliche Maßnahmen solche Unterschiede nicht tendenziell vermindern wollen, sondern noch vergrößern.
In vielen Entwicklungsländern ist zunächst festzustellen, dass solche Unterschiede wesentlich extremer sind als in Industrieländern; ein auch politisch relevantes Beispiel ist die Volksrepublik China, wo die enormen Wohlstandsunterschiede inzwischen zu unkontrollierten Wanderungsbewegungen führen (ärmste Provinz mit nur 11,2% des Pro-Kopf-Einkommens der reichsten Provinz). – Zum anderen wird seit Jahrzehnten beobachtet, dass Nationalregierungen die Ballungszentren mit staatlichen Maßnahmen besonders bevorzugen: die These vom so genannten *„urban bias“*, die insbesondere von Michael Lipton entwickelt wurde (s. **M 38**). Hiernach sind die politischen und wirtschaftlichen Führungseliten wesentlich in den Städten ansässig und steuern in Verbindung mit den agrarischen Führungseliten (die auf andere Weise entschädigt werden) die öffentlichen Investitionen in den verschiedensten Bereichen derart, dass das Land benachteiligt, die Stadt bevorzugt wird. Die These ist aus verschiedenen theoretischen Gründen nicht unwidersprochen geblieben, doch leidet es keinen Zweifel, dass ihr Kern – die Bevorzugung der Stadt gegenüber dem Land – für zahlreiche Entwicklungsländer bestätigt werden kann. Die gleich noch zu erörternden massiven interregionalen Wanderungsbewegungen haben zum Teil ihre Ursache in dieser unangemessenen Bevorzugung der Ballungsräume. Eine statistische Überprüfung der These von Michael Lipton durch Erich Weede hat sie übrigens bestätigt.

Soziale Ungleichheit in Entwicklungsländern

Ungleichheitsstrukturen sind im Sozialbereich festzustellen, zunächst zwischen
– etwa landbesitzend und landlos,
– sozial abgesichert und ohne soziale Absicherung,
– arm und reich.

Hier ist keineswegs die Utopie der klassenlosen Gesellschaft zu vertreten, deren Versuch der Herstellung mit politischer Gewalt in der Geschichte mit Meeren von Blut und Misserfolgen geendet hat. Jede Gesellschaft kennt Rang- und Wohlstandsunterschiede und muss sie nach den so genannten funktionalen Schichtungstheorien* auch kennen, weil nur so der notwendige Anreiz zur Besetzung sozial wichtiger Positionen gegeben wird und Leistung damit dem Gemeinwohl zugute kommt. Solche sozialen Unterschiede sind in Entwicklungsländern wesentlich ausgeprägter als in Industrieländern. Dies entspricht in vielen Ländern den dort herrschenden Vorstellungen einer gerechten Sozialordnung: In Lateinamerika etwa, einem Kontinent mit besonders ausgeprägten sozialen Unterschieden, erreichen (mit wenigen Ausnahmen) sozialreformerische Parteien mit einem Programm sozialer Umverteilung in unzweifelhaft freien Wahlen regelmäßig nicht mehr als 20–30% der Wählerstimmen; sozialreformerische Programme von Regierungen, ob frei gewählt oder durch Putsch an die Macht gekommen, ob auf eine Mehrheit oder eine Minderheit von Wählern abgestützt, sind regelmäßig gescheitert und haben in einigen Fällen eine jahrzehntelange Wachstumsschwäche zumindest mit verursacht und das Land im besten Falle nur (relativ oder gar absolut) zurückfallen lassen, im schlimmsten Falle zur Fortdauer oder Vertiefung von Armut geführt.
Aus der in der sozialethischen Diskussion spätestens seit der französischen Revolution unbestrittenen Forderung nach der Gleichberechtigung aller Menschen (vor dem Gesetz, hinsichtlich Lebenschancen usw.) können außerordentlich unterschiedliche Folgerungen für die konkrete Gestaltung eines Gemeinwesens gezogen werden. Im Allgemeinen werden mindestens drei Prinzipien diskutiert, an denen sich **Vorstellungen von sozialer Gerechtigkeit** orientieren (s. **M 39**). Hinzu kommt, dass unterschiedliche sozialphilosophische, soziale und politische Gruppen z.T. markant voneinander abweichende Gerechtigkeitsvorstellungen haben. Zu bedenken ist auch, dass Gerechtigkeit nicht das einzige Prinzip sein kann, das eine Gesellschaft verfolgt, und dass die verschiedenen Prinzipien, wie z.B. Wachstum und Verteilung, im Widerspruch zueinander stehen können – womit die Frage der Gewichtung der unterschiedlichen Ziele ins Spiel kommt. Sie kann letztendlich nur politisch entschieden werden. (Zu Wachstum und Verteilung s. **M 42**) Eine vollständig „gerechte" Gesellschaft nutzt, mit anderen Worten, nichts, wenn sie nicht auch „funktioniert", das heißt, die anderen erstrebenswerten Ziele nicht wenigstens in vernünftigem Umfang verwirklicht. Zudem: Eine von allen Beteiligten als „gerecht" im materiellen (im Unterschied zum Verfahrens-) Sinne akzeptierte Gesellschaft kann es wohl nicht geben – gerade weil die Gerechtigkeitsvorstellungen so stark differieren.

Zur Messung von **Einkommensungleichheit** werden i.d.R. zwei miteinander zusammenhängende Verfahren verwendet. Man kann die Menschen eines Landes nach der Einkommenshöhe in Quintile (Fünftel) einteilen und dann fragen, einen wie großen Teil des Sozialproduktes die verschiedenen Quintile erhalten. Oder: Man berechnet die so genannte *Lorenzkurve** und den *Gini-Koeffizienten** (s. **M 40, M 41**), der in einer Zahl die Größe der *Ungleichheit der Einkommensverteilung* wiedergibt.
Einkommensungleichheiten, die in Entwicklungsländern weit über das Maß der Ungleichheiten in Industrieländern hinausgehen, werden nun aus mindestens zwei Gründen heraus kritisiert: Einmal wird verletzt, was in Deutschland meist als „soziale Gerechtigkeit" bezeichnet wird, im Englischen richtiger als equity (Fairness o.Ä.). Was das genau bedeutet, ist schwer zu sagen, da Ungleichheit und Ungerechtigkeit zwei Dinge sind (vgl. Kasten S. 67). Vielleicht reicht es aus, festzustellen, dass das übliche Gerechtigkeitsgefühl jedenfalls dann verletzt wird, wenn eine dünne Schicht parasitär im größten Luxus lebt, während ein großer Teil des Volkes buchstäblich hungert. Eliten in der Dritten Welt haben in nicht wenigen Ländern kein Gefühl für soziale Verantwortlichkeit; der eben beschriebene Zustand kommt öfter vor, als es nach hiesigen Gerechtigkeitsvorstellungen tolerabel ist.
Ein zweiter Grund, warum extreme soziale Unterschiede bedenklich sind, liegt in ihrer *Auswirkung auf Politik* und *Entwicklung.* Amerikanische Demokratietheoretiker haben schon früh die Auffassung entwickelt, dass ein lebensfähiges demokratisches System eine *relative* materielle Gleichheit der Bürger voraussetzt, also so etwas wie eine nivellierte Mittelstandsgesellschaft*. Diese These ist nicht unumstritten; insbesondere ist nicht ganz klar, ob nicht umgekehrt eine demokratische Staatsform über die Jahre hinweg zu einer Nivellierung in Richtung der eben angesprochenen Mittelstandsgesellschaft führt. – Was den Entwicklungsaspekt angeht, gibt es Untersuchungen etwa zu Südostasien, die festge-

stellt haben wollen, dass dem phänomenalen Wirtschaftsaufschwung dieser Weltregion nicht nur ein allgemeines (und damit notwendig nivellierendes) Schulwesen vorausging, sondern auch eine relative Angleichung mindestens der Landbesitzverhältnisse. In einem Agrarstaat vor dem wirtschaftlichen Aufschwung ist Land nun einmal die wichtigste wirtschaftliche Ressource. Solche Theorien merken an, dass der Aufstieg Südostasiens diese relative Nivellierung zur Voraussetzung gehabt habe.

Noch ein kurzes Wort zur **Sozialversicherung:** In sehr vielen Entwicklungsländern ist die soziale Absicherung der bei uns gewohnten Art über riesige anonyme Umverteilungsbürokratien höchst unvollkommen und erfasst nur Teile der Bevölkerung, in der Regel die Staatsbediensteten und Beschäftigten im so genannten modernen Sektor, in nicht wenigen Ländern eine kleine Minderheit der Bevölkerung. Der Rest ist auf vormoderne Formen der Sozialabsicherung insbesondere durch Familie, Klan, eventuell Dorfgemeinschaft oder religiöse mildtätige Werke (etwa islamische Stiftungen) angewiesen. Auch hier sind Zusammenhänge zur Entwicklung nicht zu übersehen: Eine indische Frau, deren einzige Absicherung im Alter ihre überlebenden Söhne sein werden, wird im Zweifelsfalle einen Sohn mehr gebären – was dann wiederum Bemühungen um die Eindämmung des Bevölkerungswachstums behindern muss. Umgekehrt zeigt das Beispiel Sri Lankas bis 1977, neben manchen anderen, nachdrücklich, dass der Einsatz der Sozialpolitik zu Armutsreduktion unter Vernachlässigung der makroökonomischen Bedingungen für rasches Wirtschaftswachstum erfolglos bleiben muss (s. dazu auch **M 95**).

M 38 Warum Arme arm bleiben: das Argument der Verzerrung zugunsten der Stadt (*urban bias*)

Im Kern besagt die Hypothese vom *urban bias* – dass in den Entwicklungsländern Arme arm bleiben – Folgendes: Kleine, untereinander verflochtene städtische Eliten, die im Wesentlichen aus Geschäftsleuten, Politikern, Verwaltungsbeamten, Gewerkschaftsführern und einem ihnen zuarbeitenden Stab von freien Berufen, Akademikern und Intellektuellen bestehen, können in einem modernen Staat die Verteilung von Ressourcen* wesentlich kontrollieren. In der großen Mehrzahl der Entwicklungsländer haben solche städtischen Eliten an der Spitze des Kampfes gegen die Kolonialmacht gestanden. Teilweise deswegen haben die städtischen Eliten die Institutionen des unabhängigen Staates gebildet und seit der Unabhängigkeit bestimmt – die Regierung, die politischen Parteien, die Justiz, den öffentlichen Dienst, die Gewerkschaften, das Erziehungswesen, die Wirtschaftsorganisationen und viele mehr.

Die Macht der städtischen Elite in einem modernen Staat ist jedoch nicht durch ihre wirtschaftliche Rolle allein bestimmt, sondern durch ihre Fähigkeit zur Organisation, Zentralisation und Kontrolle. Folglich ist die Macht der Stadt in Entwicklungsländern, verglichen mit der frühen modernen Entwicklung Englands zwischen 1740 und 1820 und etwas später in Kontinentaleuropa, außer jedem Verhältnis zum Anteil der Stadt an Bevölkerung oder Produktion. Die Menschen auf dem Lande sind zwar viel zahlreicher als die Menschen in der Stadt, aber auch geografisch zerstreuter, arm, ohne Sprachrohr und unorganisiert. Das macht sie nicht zufrieden, aber führt zu vielen unterschiedlichen Konflikten. Insgesamt kämpfen ländliche Gruppen auf lokaler Ebene gegeneinander, auf nationaler Ebene suchen sie Anschluss an oder Nutzung der städtischen Macht und des städtischen Einkommens, sie versuchen jedoch nicht, die städtische Macht und das städtische Einkommen zugunsten des ländlichen Sektors zu erringen.

Als Folge hat das natürliche Wirken des Selbstinteresses von Personen und Gruppen in fast allen Entwicklungsländern zu viel größeren Unterschieden zwischen dem Lebensstandard in den Städten (unter sich ebenfalls sehr ungleich) und dem Lebensstandard auf dem Lande geführt, Unterschieden, die viel größer sind als in Nordwesteuropa, Japan oder den USA in der Zeit der frühen modernen Entwicklung. Ressourcen – Investitionen, Ärzte, Lehrer, sauberes Wasser – werden auf Stadt und Land in einer Weise aufgeteilt, die nicht nur ungerecht, sondern ineffizient ist. Einerseits könnten große Mengen von Ressourcen, wenn sie von der Stadt auf das Land umverteilt würden, viel mehr bewirken, um den Armen zu helfen, da die Stadt sehr viel weniger arm und sehr viel weniger ungleich ist: Das ist der Gerechtigkeitsaspekt; in den meisten armen Ländern ist aber auch nachzuweisen, dass eine solche Umlenkung – von Ärzten, öffentlichen Investitionen, Geld – auch bessere Resultate in ländlichen als in städtischen Gegenden bewirkte (mehr gerettete Leben, größere Rentabilität von Investitionen): das Argument der Effizienz*.

Es handelt sich also nicht um ein Argument von Effizienz versus Gerechtigkeit, sondern von beiden versus Macht. Die Handlungen der Mächtigen haben in fast allen Entwicklungsländern Einkommen pro Person trotz Ineffizienz und Ungerechtigkeit von ländlichen zu städtischen Gegenden umgelenkt. Die Landwirtschaft mit 70% der Beschäftigten und 40–45% des Bruttosozialproduktes hat in den meisten armen Ländern kaum 20% der Investitionen erhalten. [...]

Dies hat enttäuschende Wirkungen auf Beschäftigung, Wachstum und Armut – zum Teil deshalb, weil das Wachstum der Städte zunehmend teuer und nicht sehr beschäftigungsintensiv ist, zum Teil deshalb, weil Kapital und menschliche Fähigkeiten knapp sind und der *urban bias* bedeutet, dass Alternativen auf dem Lande, die hohe Erträge bringen und arbeitsintensiv sind, samt ihrer zugehörigen Verwaltung und ihren Institutionen unterfinanziert oder ganz übersehen werden, und zum Teil deshalb, weil es nur ein begrenztes Potenzial erfolgreicher Wanderungen in die Städte gibt. [...]

Ungleichheiten *innerhalb* der ländlichen Gegenden haben ebenfalls viel mit der zugunsten der Städte verzerrten Natur der Entwicklungspolitik zu tun. Die Städte streben nach billigem Überschuss aus den ländlichen Gegenden: Überschuss an Lebensmitteln, Ersparnissen oder Investitionen, Überschüsse von Exportgütern über Importgüter, um damit Devisen für industrielle Entwicklung zu verdienen, Überschüsse von Humankapital, wie zum Beispiel auf dem Lande geborene Ärzte, Lehrer, Ingenieure und Verwaltungsbeamte, die als Kinder auf Kosten des Landes erzogen worden sind, als Erwachsene jedoch großenteils den Bedürfnissen der Städte dienen. Wer kann auf dem Lande solche Überschüsse liefern? Eindeutig die Wohlhabenderen, insbesondere die großen Bauern [...]. Die wohlhabenderen Landbewohner erhalten den Löwenanteil dessen, was es an Investitionen auf dem Lande, Preis- und anderen Subventionen gibt, auch wenn es absolut gesehen wenig sein mag. Die Armen auf dem Lande erhalten trotz ihrer Effizienz im Wesentlichen fromme Worte, auch wenn sie gut gemeint sein mögen. [...]

(Michael Lipton, Why Poor People Stay Poor, in: John Harriss [Hg.], Rural Development: Theories of Peasant Economy and Agrarian Change, London 1982, S. 66-81, hier S. 66-68; Übersetzung durch Jürgen H. Wolff)

M 39 Welche Einkommensverteilung ist „gerecht“? Das „Toleranzbreitenprinzip“

Um gezielte verteilungspolitische Maßnahmen ergreifen zu können, müssen die verteilungspolitischen Zielvorstellungen in operational verwendbare Ziele umgesetzt werden. Dies erfordert die Bestimmung der als relevant anzusehenden Verteilungsnorm. Diese Verteilungsnorm gilt üblicherweise als erfüllt, wenn eine „gerechte“ Einkommensverteilung vorliegt. Nahezu allen Ansichten über Verteilungsgerechtigkeit ist die Vorstellung eines bestimmten Maßes an Gleichheit gemeinsam. Die Unterschiede in den verschiedenen Leitbildern einer gerechten Einkommensverteilung basieren darauf, dass sich das jeweils normativ vorzugebende Ausmaß an Gleichheit bzw. Ungleichheit an unterschiedlichen Wertvorstellungen orientiert. Im Wesentlichen lassen sich die folgenden Konzeptionen feststellen: die Orientierung der Gleichheit an dem individuellen Einkommensniveaus (= *Egalitätsprinzip*), die Orientierung der Gleichheit an den individuellen Bedürfnissen (= *Bedarfsprinzip*) und die Orientierung der Gleichheit an den individuellen Leistungen (= *Leistungsprinzip*). [...]

(1) Bei den drei Gleichheitskonzepten des Egalitätsprinzips, des Bedarfsprinzips und des Leistungsprinzips finden sich mehrere Gedanken, die zur Formulierung sinnvoller Verteilungsziele beitragen. Auf der anderen Seite gehen sie von Bedingungen aus, die in der Realität nicht erfüllt werden können. Insofern kann man diese Prinzipien als idealtypische Verteilungsnormen bezeichnen. Zur Formulierung realtypischer Verteilungsziele empfiehlt es sich, eine realisierbare Synthese der drei „reinen" Gleichheitsnormen zu finden, die als Gerechtigkeitskompromiss politisch möglich ist.
(2) Als Ausdruck einer solchen Einstellung könnte man fordern, die interpersonelle Einkommensverteilung dürfe weder egalitär noch zu unterschiedlich sein; vielmehr müsse ein *bestimmter Differenzierungsgrad* vorliegen. Für die Ablehnung einer völlig gleichmäßigen Einkommensverteilung spricht, dass diese vermutlich nicht nur Ausdruck divergierender Leistungswilligkeit, sondern auch Leistungsfähigkeit ist. Außerdem kann nicht immer unterstellt werden, dass die Faktorentgelte dem Prinzip der Leistungsgerechtigkeit genügen. Folglich liegen hier ebenfalls Verstöße gegen das Leistungsprinzip vor, die zu einer zu starken Differenzierung der Einkommensverteilung führen. Bestimmt man die Ober- und die Untergrenze für die als zulässig bzw. „gerecht" empfundene Differenziertheit in der interpersonellen Einkommensverteilung, so kommt man zum Konzept der *maximal zulässigen Toleranzbreite* bei den Verteilungsdifferenzen. Dieses Toleranzband darf im Interesse der verteilungspolitischen Zielsetzung weder nach oben (d.h. durch schwächere Einkommensdifferenzierungen) noch nach unten (d.h. durch stärkere Einkommensdifferenzierungen) durchbrochen werden. Es handelt sich hier letztlich um dieselbe Argumentation, wie sie im internationalen Vergleich zur Einkommensverteilung zwischen Industrie- und Entwicklungsländern vorgetragen wird. Die PKE [Pro-Kopf-Einkommen]-Diskrepanzen zwischen einzelnen Ländern kann man ohne weiteres als Verstoß gegen das internationale Toleranzbreitenprinzip auffassen. Die genaue Festlegung der Toleranzbreite lässt sich mit Hilfe demokratischer Entscheidungsregeln ... vornehmen; ihr Ausmaß variiert von Fall zu Fall.

(Hans-Rimbert Hemmer, Wirtschaftsprobleme der Entwicklungsländer, Vahlen, München 2002, S. 84f., 87)

M 40 Verfahren zur Messung der Konzentration: Lorenz-Kurve und Gini-Koeffizient

Die **Lorenz-Kurve**[1] stellt ein häufig verwendetes Verfahren zur Darstellung der personellen Einkommensverteilung dar. Dabei werden die Haushalte einer Volkswirtschaft nach ihrer Einkommenshöhe, beginnend mit den niedrigsten Einkommen, geordnet. Auf der y-Achse werden die kumulierten Einkommen, auf der x-Achse die kumulierten Einkommensbezieher abgetragen. Wird diese Aufstellung mit dem Volkseinkommen verglichen, ergibt sich ein Maß für die Einkommenskonzentration.
Als Hilfslinie wird die 45°-Linie verwendet. Sie stellt die Kurve der Gleichverteilung dar. Auf ihr entsprechen sich stets die Anteile der Haushalte und des Volkseinkommens. 30% des Volkseinkommens entfallen auf 30% der Haushalte, 50% des Volkseinkommens auf 50% der Haushalte, 70% des Volkseinkommens auf 70% der Haushalte usw. Aus der Lorenz-Kurve lässt sich ablesen, wie viel Prozent des Volkseinkommens auf wie viel Prozent

[1] M.C. Lorenz, amerikanischer Statistiker, stellte erstmals 1905 die Einkommensschichtung mit der später nach ihm benannten Methode dar.

der Einwohner entfallen. In dem hier gewählten Beispiel einer fiktiven Einkommensverteilung entfallen auf die ärmeren 50% der Bevölkerung lediglich 25% des Volkseinkommens. Am oberen Ende der Einkommensskala können die reichsten 10% der Bevölkerung ebenfalls 25% des Volkseinkommens auf sich ziehen. Entsprechend müssen sich im unteren Einkommensbereich 75% der Bevölkerung die eine Hälfte des Volkseinkommens teilen, während die andere Hälfte des Einkommens den restlichen 25% der Bevölkerung zur Verfügung steht.

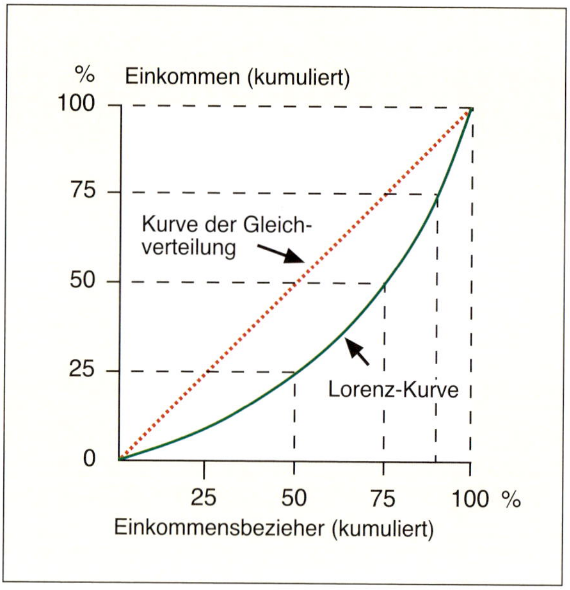

Die Abweichung der Lorenz-Kurve von der Kurve der Gleichverteilung zeigt somit den Grad der Ungleichheit der Einkommensverteilung an. Je weiter sich in einer Volkswirtschaft die Lorenz-Kurve der Gleichverteilungskurve anschmiegt, umso gleichmäßiger ist das Volkseinkommen verteilt; je bauchiger die Kurve ausfällt, umso ungleichmäßiger ist das Einkommen verteilt.

Der **Gini-Koeffizient** ist ein Konzentrationsmaß, mit dessen Hilfe die Abweichung der tatsächlichen Verteilung von der Gleichverteilung in einer Kennziffer ausgedrückt werden kann. Hierzu wird die Fläche zwischen Gleichverteilungskurve und Lorenz-Kurve (Fläche A) ins Verhältnis gesetzt zur gesamten Dreiecksfläche unterhalb der Gleichverteilungskurve (Fläche B):

$$\text{Gini-Koeffizient} = \frac{\text{Fläche A}}{\text{Fläche B}}$$

Beispiel:

Beträgt die Fläche A 45 und die Fläche B 150, so ergibt sich ein Gini-Koeffizient von 0,3.

Je größer der Gini-Koeffizient ist, umso größer ist die Ungleichverteilung bzw. die Konzentration der Einkommen in wenigen Händen. Der Gini-Koeffizient gibt allerdings nur ein Gesamtmaß der Ungleichverteilung an. Er sagt nichts über die Beschaffenheit der Fläche, z. B. darüber aus, ob die Lorenz-Kurve in ihrem unteren Teil oder ihrem oberen Teil bauchiger ist.

(Hans-Jürgen Albers u. a., Volkswirtschaftslehre, Verlag Europa-Lehrmittel, Haan-Gruiten 1998, S. 454–456)

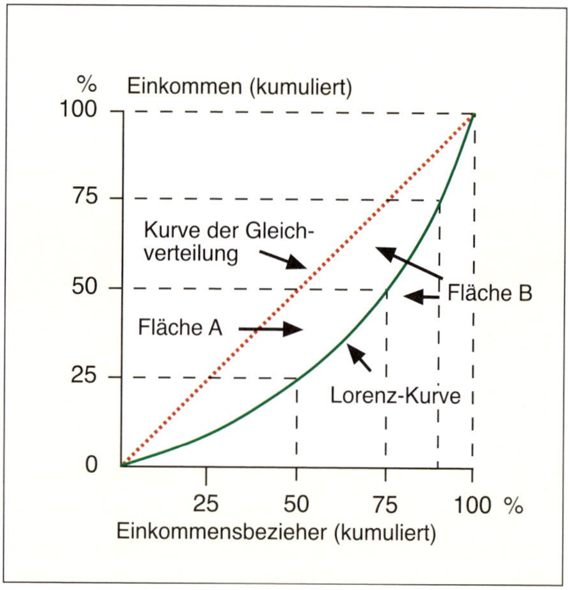

M 41 Einkommensverteilung ausgewählter Länder und Jahre

Land	Erhebungs-jahr	Gini-Index (s. M 40)	Prozentualer Anteil am Einkommen oder Verbrauch						
			Unterste 10%	Unterste 20%	Zweite 20%	Dritte 20%	Vierte 20%	Höchste 20%	Höchste 10%
Brasilien	1997 c,d	59,1	1,0	2,6	5,7	10,3	18,5	63,0	46,7
Deutschland	1994 c,d	30,0	3,3	8,2	13,2	17,5	22,7	38,5	23,7
Frankreich	1995 c,d	32,7	2,8	7,2	12,6	17,2	22,8	40,2	25,2
Italien	1995 c,d	27,3	3,5	8,7	14,0	18,1	22,9	36,3	21,8
Malaysia	1997 c,d	49,2	1,7	4,4	8,1	12,9	20,3	54,3	38,4
Mexiko	1996 c,d	51,9	1,6	4,0	7,6	12,2	19,6	56,7	41,1
Philippinen	1997 a,b	46,2	2,3	5,4	8,8	13,2	10,2	52,3	36,3
Thailand	1998 a,b	41,1	2,8	6,8	11,0	15,1	21,6	45,5	30,1
Venezuela	1997 a,b	48,8	1,6	4,1	8,3	13,2	20,7	53,7	37,6
Ungarn	1998 a,b	24,4	4,1	10,0	14,7	18,3	22,7	34,4	20,5
Polen	1998 a,b	31,6	3,2	7,8	12,8	17,1	22,6	39,7	24,7
Russ. Föderation	1998 a,b	48,7	1,7	4,4	8,6	13,3	20,1	53,7	38,7
China	1998 c,d	40,3	2,4	5,9	10,2	15,1	22,2	46,6	30,4
Tschechische Rep.	1996 a,b	25,4	4,3	10,3	14,5	17,7	21,7	35,9	22,4
Südafrika	1993-94 a,b	59,3	1,1	2,9	5,5	9,2	17,7	64,8	45,9
USA	1997 c,d	40,8	1,8	5,2	10,5	15,6	22,4	46,4	30,5
Schweden	1992 c,d	25,0	3,7	9,6	14,5	18,1	23,2	34,5	20,1
Norwegen	1995 c,d	25,8	4,1	9,7	14,3	17,9	22,2	35,8	21,8

(World Development Indicators 2001, Tabelle 2.8)

a. Die Angaben beziehen sich auf Ausgabe-Anteile, gegliedert nach Bevölkerungs-Prozentgruppen. b. Die Angaben sind nach Pro-Kopf-Ausgaben geordnet. c. Die Angaben beziehen sich auf Einkommens-Anteile, gegliedert nach Bevölkerungs-Prozentgruppen. d. Die Angaben sind nach Pro-Kopf-Einkommen geordnet.

M 42 Wachstum und Verteilung

Die jüngeren empirischen Untersuchungen [befassen sich] mit dem Einfluss des Wirtschaftswachstums auf die Veränderung der personellen Einkommensverteilung und dabei speziell mit der Veränderung der Situation der absolut Armen bzw. der untersten Einkommensgruppen (meist des unteren Quintils) *(Veränderungsanalyse)*. Besondere Beachtung in Bezug auf die Beantwortung der Frage nach den Auswirkungen wirtschaftlichen Wachstums auf die personelle Einkommensverteilung hat dabei die gründliche Analyse von Dollar und Kraay (2000) (s. S. 108) gefunden: Beide Autoren haben auf der Basis einer 80 Entwicklungsländer umfassenden Stichprobe festgestellt, dass sich das Einkommen des ärmsten Bevölkerungsquintils tendenziell in einer 1:1-Relation mit dem PKE (Pro-Kopf-Einkommen) verändert – und zwar unabhängig vom PKE-Niveau der betreffenden Länder. Zwar gibt es teilweise deutliche Variationen um diese generelle Beziehung; es liegt aber keinerlei empirische Evidenz dafür vor, dass sich wirtschaftliches Wachstum nicht positiv auf das Einkommen des untersten Quintils auswirkt. Insofern wird der *trickle-down-Effekt** deutlich bestätigt. Ohne Wirtschaftswachstum ist deshalb nicht mit einem spürbaren Rückgang von Armut zu rechnen. Ob sich im Zuge des wirtschaftlichen Wachstums dabei auch die relative Position der Frauen verbessert, hängt von den konkreten Rahmenbedingungen – insbesondere soziokultureller Art – des jeweiligen Landes ab. Auch Deininger und Squire (1996) haben bei ihrer Literaturrecherche über den Zusammenhang zwischen PKE-Wachstum, Armut und Einkommensungleichheit keinen statistisch signifikanten Zusammenhang zwischen den PKE-Wachstumsraten und den Veränderungen der Gini-Koeffizienten gefunden. Dies hängt möglicherweise auch damit zusammen, dass Veränderungen des Gini-Koeffizienten sich in der Regel nur sehr langsam und im Dezimalstellenbereich vollziehen, während die PKE wesentlich spektakulärere Veränderungen aufweisen können. Es kann aber auch Ausdruck eines im internationalen Querschnitt fehlenden derartigen Zusammenhangs sein. Für jene 95 Fälle, in denen eine mindestens zehnjährige Zeitreihe vorlag, fanden Deininger/Squire jedoch [...] einen deutlichen Zusammenhang zwischen Wirtschaftswachstum und Abbau der Armut (s. folgenden Text).

(H.R. Hemmer [= M 39], S. 97f.)

Die Untersuchung von Dollar/Kraay (2001)

In einer Untersuchung, für die Daten aus den letzten vierzig Jahren für 92 Länder ausgewertet wurden, sind Dollar/Kraay dieser Frage empirisch nachgegangen. Dabei haben sie die Entwicklung der Einkommen der ärmsten 20% jedes Landes in Bezug zu den Wachstumsraten gesetzt und ökonometrisch versucht, Abweichungen zu erklären. Ihre Ergebnisse sind durchaus überraschend:

- Im Durchschnitt sind die Einkommen des ärmsten Fünftels genauso stark gewachsen wie die Einkommen der reicheren vier Fünftel. Ihr Anteil hat sich auch langfristig nicht verringert. Und nach Dollar/Kraay sinkt er nicht in Krisenzeiten, auch wenn anteilsgleiche Einkommenssenkungen Arme natürlich stärker treffen als Reiche.
- Insbesondere eine gute makroökonomische Politik (niedriger Staatsanteil, niedrige Inflation, Rechtsstaatlichkeit usw.) geht auch kurzfristig nicht zu Lasten des Einkommensanteils der Armen. Eine solche Politik ist mit Wachstumseffekten verbunden, von denen auch Arme anteilig profitieren.
- Erstaunlicherweise sind besonders armutsorientierte Politiken (Gesundheits- und Bildungsausgaben, formale demokratische Institutionen usw.) nicht erkennbar mit einem größeren Wachstum des Einkommensanteils der Armen verbunden.

Diese Ergebnisse sind verwirrend, weil sich die Frage geradezu aufdrängt, durch welche wirtschaftspolitischen Maßnahmen Arme gezielt gefördert werden können. Die Antwort von Dollar/Kraay lautet: durch eine gute Wirtschaftspolitik, die sich an alle wendet.

(Rainer Durth u.a., Neue Entwicklungsökonomik, Lucius & Lucius, UTB M 2306, Stuttgart 2002, S. 165)

Die Untersuchung von Deininger/Squire (1996)

Indikator	PKE-Wachstumsperioden (88 Fälle)		PKE-Schrumpfungsperioden (7 Fälle)	
	Verbesserung[1]	Verschlechterung[2]	Verbesserung[1]	Verschlechterung[2]
Ungleichverteilung (Gini-Koeffizient)	45	43	2	5
Armut (Einkommen des niedrigsten Quintils)	77	11	2	5

[1] Verbesserung bedeutet Rückgang des Gini-Koeffizienten bzw. Zunahme des Realeinkommens des niedrigsten Quintils. [2] Verschlechterung bedeutet Anstieg des Gini-Koeffizienten bzw. Rückgang des Realeinkommens des niedrigsten Quintils.

(Hans-Rimbert Hemmer [= M 39], S. 99)

1. *Erläutern Sie, inwiefern Ungleichheitsstrukturen zwischen Stadt und Land in modernen Industrieländern ausgeglichen werden bzw. noch bestehen (Text S. 101). Welche Rolle spielen z.B. die Medien, die Verkehrsmittel, das Schul- und Bildungswesen?*
2. *Arbeiten Sie die wichtigsten Aussagen der These vom „urban bias“ (bias – engl. = Verzerrung) heraus (M 38). Inwieweit lässt sich das in vielen Entwicklungsländern*

außerordentlich relevante Phänomen mit den Kategorien „Gerechtigkeit“, „Effizienz“ und „Macht“ erfassen?*

3. *Wenn Sie das Thema „soziale Ungleichheit“ in Ihrem früheren Unterricht bereits behandelt haben, wird Ihnen die Diskussion über die Begriffe und die Vorstellungen von „sozialer Gerechtigkeit“ und „sozialer Ungleichheit“ vertraut sein. Inwiefern lässt sich die Frage der sozialen Gerechtigkeit nicht wissenschaftlich entscheiden?*

4. *Verdeutlichen Sie die drei Prinzipien, an denen sich das Problem der „gerechten“ Verteilung im Allgemeinen orientiert (M 39), und den Vorschlag, den der Autor von M 39 zur Lösung des Problems macht. Worin liegt die Schwierigkeit bei der Realisierung der hier vorgeschlagenen Lösung?*

5. *Machen Sie sich, falls sie Ihnen nicht schon bekannt sind, mit den Maßstäben vertraut, die für die vergleichende Messung von Einkommensungleichheit verwendet werden (M 40), und vergleichen Sie das Ausmaß der Ungleichheit nach diesen Indikatoren in verschiedenen Regionen und Ländern (M 41).*

6. *Welche Auswirkungen extremer sozialer Ungleichheit auf die Bereiche Politik/Demokratie und wirtschaftliche Entwicklung werden im Text (S. 102f.) angesprochen? Worin sehen Sie selbst den negativsten Aspekt extremer sozialer Ungleichheit?*

7. *Unter den Faktoren, die die Einkommensverteilung beeinflussen, wird immer wieder das wirtschaftliche Wachstum diskutiert. Wirkt sich wirtschaftliches Wachstum auch positiv auf die Einkommenssituation der armen Bevölkerung eines Landes aus („Trickle-down“-Effekt)? Fassen Sie zusammen, zu welchen Antworten auf diese Frage die Forschung bisher gekommen ist (M 42). Fassen Sie Ihre Auswertung der Tabelle S. 108 in klaren Formulierungen zusammen.*

Ungleiche Rechte von Mann und Frau

Einer der fundamentalen Unterschiede im Sozialbereich in nicht wenigen Entwicklungsländern ist die unterschiedliche Behandlung, ja sogar die unterschiedliche Bewertung von Mann und Frau und der ihnen jeweils zugeschriebenen Welt. Die großen monotheistischen Weltreligionen haben oft ein ausgeprägtes Patriarchat entwickelt, ohne dass die Dominanz der männlichen Welt sich auf Regionen beschränkte, wo die monotheistischen Weltreligionen vorherrschen. (Dem Hinduismus in Indien z.B. ist eine Benachteiligung von Frauen nicht fremd.) Patriarchat als ein Herrschaftsverhältnis zwischen den Geschlechtern ist zudem auch in Ländern anzutreffen, die animistischen* Religionen anhängen. Traurige Extreme stellen fundamentalistische* Regime dar, voran Afghanistan unter den Taliban (bis 2001), aber auch Pakistan und Saudi-Arabien, die ganz offen eine Diskriminierung der Frau betreiben, die in der Weltöffentlichkeit nicht unbemerkt blieb, aber doch nicht die Flammen der Empörung hervorgerufen hat, die man von ihren so genannten Schwestern in Industrieländern hätte erwarten können.
Aber auch im abendländisch-christlich geprägten Lateinamerika ist der *Machismo** eine geläufige Erscheinung, und auch in China bleibt bis zur Gleichberechtigung der Frau in der Gesellschaft noch manches zu tun.
Die Diskriminierung der Frau wird, wie übergroße Unterschiede bei Einkommen und Vermögen, erneut aus den spiegelbildlich gleichen Gründen abgelehnt: Zum einen widerspricht sie offensichtlich grundlegenden Werten der Moderne, die von der grundsätzlichen Gleichberechtigung aller Menschen ausgeht. Die Hälfte der Menschheit aufgrund von Geburtsmerkmalen zu unterdrücken, widerspricht fundamental diesem Grundsatz. Zum anderen dürfte – diese These ist relativ neu, aber absolut überzeugend – die Unterdrückung der Frau wirtschaftliches Wachstum und damit die Möglichkeit des Herauswachsens aus dem Zustand von Armut und Unterentwicklung untergraben (vgl. **M 45** und **46**; zur Arbeitsbelastung von Frauen s. **M 47**).

Die folgenden Quellentexte (**M 44**), die Karte (**M 43**) und das Foto (S. 112) erörtern schwerpunktmäßig und in sehr nuancierter Weise die Rolle bzw. Diskriminierung der Frau im islamischen Bereich samt den Folgen für das Wirtschaftswachstum (**M 45**) und – als Kontrast – die segensreichen Wirkungen einer verbesserten Ausbildung von Mädchen (**M 46**; vgl. auch **M 37**). Die Konzentration auf den islamischen Bereich rechtfertigt sich deshalb, weil die Diskriminierung von Frauen hier besonders ausgeprägt ist und, auf der Basis früher kanonischer Texte, Eingang in das Schariatsrecht* gefunden hat, das sich seit dem 11. Jahrhundert (bis zur Einführung von Teilen moderner Rechtssysteme unter dem Einfluss des Kolonialismus und der Moderne) erdrückend durchgesetzt hat, zurzeit in zahlreichen Staaten wieder Terrain gewinnt und für den gläubigen Muslim unmittelbar als göttliches Gesetz gilt.

Das bedeutet mit anderen Worten, dass die Schlechterstellung der Frau mit dem Willen Gottes begründet wird und damit wie andere Menschenrechtsfragen (z.B. die Religionsfreiheit oder die Abwertung von Nichtmuslimen) einer voraussetzungslosen Diskussion verschlossen bleibt: Gegen Gottes Willen als höchste Autorität kann man schlechterdings nicht argumentieren!

Bei weiterem Vordringen des Schariatsrechtes in Ländern wie Nigeria oder Ägypten (von einem religionspolitisch radikalen Land wie Saudi-Arabien zu schweigen) ist dort eher mit einer weiteren Verschlechterung der gesellschaftlichen Stellung der Frau zu rechnen – und die entwicklungsmäßigen Folgen werden nicht ausbleiben (s. **M 45** und den dortigen Textkasten, der den gegenwärtigen Stand der Forschung zum Zusammenhang von Frauendiskriminierung und Entwicklung skizziert). Auch die Entwicklungspolitik wird dagegen wenig ausrichten können.

M 43 Die Welt des Islam

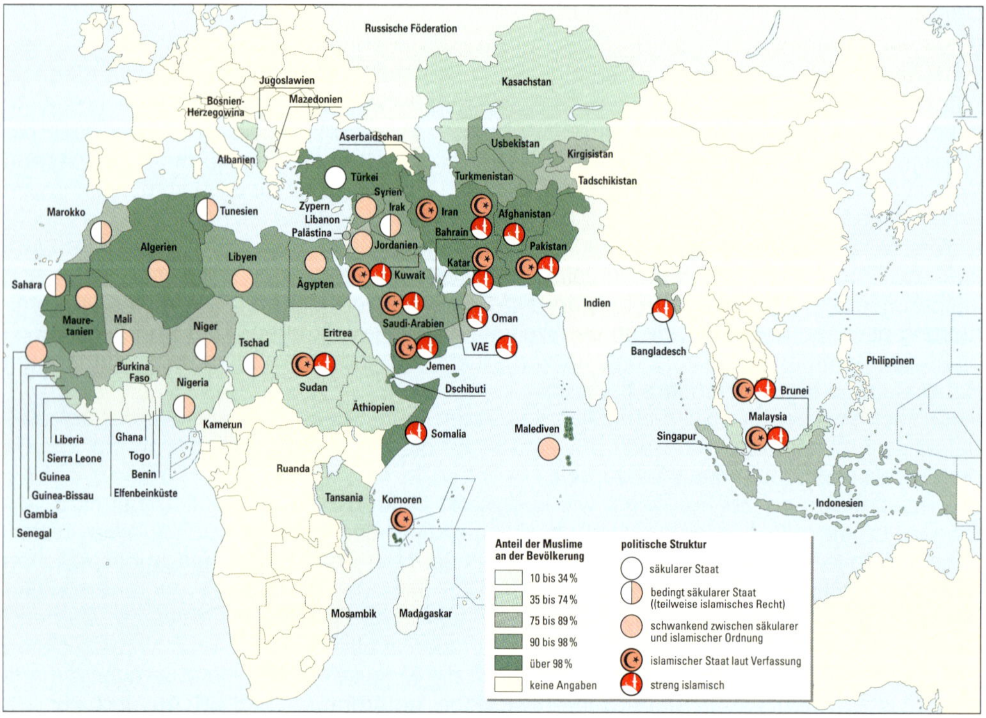

(Fischer Weltalmanach 2003 [= M 35 a], Farbtafel XXIV; © BITmap, Mannheim)

Insgesamt bekannten sich im Jahre 2000 knapp 1,2 Milliarden Menschen zum Islam. Die meisten von ihnen – nämlich 833 Millionen (Mio.) – leben in den asiatischen Ländern einschließlich der arabischen Halbinsel und dem südpazifischen Raum. In Afrika lebt gut ein Viertel aller Muslime – insgesamt 317 Mio. Geht man von aktuellen Bevölkerungszahlen und den bekannten Anteilen der Muslime an der jeweiligen Gesamtbevölkerung aus, so dürften allein in Indonesien derzeit rund 182 Mio. Muslime leben (87 %), in Pakistan 145 Mio. (97 %), in Bangladesch 110 Mio. (87 %) und in Indien 110 Mio. (11 %). Das „Mittelfeld“ führten mit 66 Mio. (bei 99 bzw 98 %) der Iran und die Türkei an, gefolgt von Ägypten mit 60 Mio. (90 %) und Nigeria mit 54,5 Mio. (50 %). In Algerien (99 %) und China (2,4 %) lebten rund 30 Mio. Muslime. Jeweils noch deutlich über 20 Mio. islamgläubige Einwohner hätten Marokko, Äthiopien und der Sudan. (Datenquelle: World Almanac and Book of Facts 2002, New York 2002, S. 684. Berechnungen für die verschiedenen Länder auf Basis des Jahrbuchs Aktuell 2001, Dortmund 2000)

M 44 Die Frau im Islam

Rollenbestimmende Faktoren

Mehr als andere Religionen erhebt der Islam den Anspruch, das ganze Leben seiner Anhänger zu durchdringen und zu regulieren. Er ist im Lauf seiner Geschichte diesem Anspruch weitgehend gerecht geworden, auch wenn es – wie in jeder Religion, in jeder Ideologie – eine Diskrepanz zwischen Anspruch und Wirklichkeit gegeben hat und gibt. Doch abgesehen davon hat der Islam nicht allein die Position der Frau in den islamischen Gesellschaften bestimmt. Es gibt Wertvorstellungen ebenso wie Bräuche, die das Leben von Frauen in islamischen Ländern bis heute stark tangieren, etwa den Jungfräulichkeitskult – der im gesamten Mittelmeerraum verbreitet ist – und in einigen Ländern die Mädchenbeschneidung, die jedenfalls im frühen Islam nicht kodifiziert sind. Zu den durch den Islam bedingten Vorschriften und Rollenzuweisungen kommen wie überall andere Faktoren, etwa die historische und ökonomische Situation des jeweiligen islamischen Landes, die soziale und wirtschaftliche Position der Familie, der die Frau angehört. Natürlich spielen auch individuelle Fähigkeiten, Klugheit, Bildung, deren Entwicklungsmöglichkeiten freilich vom Sozialstatus abhängen, in der Jugend auch Schönheit eine Rolle. Ein Netz vielfach miteinander verknüpfter Faktoren, das von der alles umhüllenden Decke der Religion nicht zu trennen ist, bestimmt also das Leben islamischer Frauen bis in die Gegenwart. […]

Die soziale Rolle der Frau

a) In der Familie

Koran* und *sunna** sind, ausgehend von der übergeordneten Position des Mannes, ausgesprochen familienfreundlich. […] Eine Vorrangstellung genießt schon in frühen *hadithen** die Mutter. […] Doch bezeugen *hadithe* aus einer späten Sammlung, dass divergierende Meinungen über den Wert von Töchtern jahrhundertelang konserviert wurden:
Wer eine Tochter hat, den schützt Gott vor dem Höllenfeuer, wer zwei Schwestern hat, den lässt er durch sie das Paradies betreten, wer drei Töchter oder Schwestern hat, der ist vom *djihad** und der *sadaqa** entbunden.
Die sozioökonomischen Ursachen einer solchen Einstellung werden hintergründig deutlich: Der Mann hat sich für die Ehre seiner weiblichen Familienangehörigen verantwortlich zu fühlen, hatte für sie zu sorgen, bis sie, wenn sie heirateten, in das Haus ihres Schwiegervaters zogen und, wenn sie Söhne gebaren, die Familie ihres Mannes, nicht die eigene, stärkten. Er hatte auch für sie aufzukommen, wenn sie nach einer Scheidung zu ihm zurückkehrten. […]
Wie die gute muslimische Ehefrau beschaffen sein müsse, formuliert eine Überlieferung aus einer frühen Sammlung: „Die ihn erfreut, wenn er sie ansieht, ihm gehorcht, wenn er befiehlt, und sich ihm nicht widersetzt in Dingen, die er für sie und für sich ablehnt“. […]
Dass das in Sura* 4.34 formulierte Züchtigungsrecht des Mannes gegenüber seiner widerspenstigen Frau nicht unumstritten war, aber auch, wie es ausgeübt werden konnte, zeigen frühe *hadithe*, etwa: „Warum schlägt einer von euch seine Frau (auch: wie einen Sklaven oder ein Pferd), um sie dann später wieder zu umarmen?“ Vielleicht sollte zur Relati-

vierung hinzugesetzt werden, dass es in § 701 des Allgemeinen Preußischen Landrechts von 1894 (es hatte mit Modifizierungen seit 1794 Gültigkeit) noch heißt: „Wegen bloß mündlicher Beleidigungen oder Drohungen ingleichen wegen geringerer Thätlichkeiten sollen Eheleute gemeinen Standes nicht geschieden werden."

b) Harem, Geschlechtertrennung und der Verstoß gegen sie

Die weiblichen Familienangehörigen eines Mannes ebenso wie die Räume, in denen sie sich aufhielten, hießen *harim*, ein Wort, das über das Türkische in der Form „Harem" auch ins Deutsche gedrungen ist. [...]

In späterer Zeit, ja, wie moderner arabischer Literatur zu entnehmen ist, bis in die erste Hälfte des 20. Jahrhunderts, war es für Frauen der oberen und mittleren Schichten der städtischen Gesellschaft arabischer Länder selbstverständlich, dass sie das Haus ihres Mannes, nachdem sie als Braut hineingebracht wurden, erst bei ihrem Tode wieder verließen. [...] Es ist angebracht, in diesem Zusammenhang die Strafe der *scharia**, des islamischen religiösen Rechts, für außereheliche, also auch voreheliche, sexuelle Beziehungen *(zina)* darzulegen. Nach Sura 24.2 besteht sie in hundert Peitschenhieben in Gegenwart von Zeugen. [...]

Relativ früh wurde aus dem jüdischen Recht statt der hundert Peitschenhiebe die Steinigung als *hadd**-Strafe für ein solches Paar übernommen, im Grunde also die Todesstrafe. Doch ist die Bestrafung in dieser harten Form wohl nur selten realisiert worden, weil es schwierig war, die vier vollgültigen männlichen Zeugen beizubringen, die den Akt in allen Details glaubhaft bezeugen können mussten, wenn sie nicht selbst einer *hadd*-Strafe unterzogen werden wollten.

c) Verschleierung

Für eine strikte Verschleierung der Frau gibt es im Koran keine Vorschrift. Allerdings ist aus verschiedenen Ländern des Vorderen Orients in vorislamischer Zeit, etwa dem Zweistromland und Iran, bekannt, dass Frauen der Oberschichten sich verschleierten, ja dass die Sklavin, die das tat, sich strafbar machte, weil sie ihre sozialen Schranken überschritt. Der Schleier kennzeichnete also Standesunterschiede. So wurde er vor allem für Damen der oberen Schichten der muslimischen städtischen Gesellschaft sehr bald üblich, im Übrigen aber auch, aus verständlichen Gründen, für Christinnen und Jüdinnen, die in muslimischen Städten lebten. [...]

Das Tragen des so genannten Hidschab (Schleier) ist nach dem Koran keineswegs eindeutig geboten, doch Fundamentalisten* haben die Verschleierung der Frau zu einem ihrer Hauptanliegen gemacht und zwingen Mädchen dazu, sich nach der Geschlechtsreife zu verhüllen. Der Hidschab existiert in unterschiedlichen Variationen. So gibt es den iranischen Tschador, der den ganzen Körper bedeckt, aber nicht das Gesicht, oder die afghanische Burka, die auch das Gesicht verhüllt, ebenso wie das Kopftuch, das nur das Haar bedeckt.
(stern Nr. 41 v. 4.10.2001, S. 59)

Verschleierte Frauen in Afghanistan

(Foto: Andreas Klug)

d) Zur Rolle der Frau im Berufsleben [...]
Verschleierung und Segregation der Frau im Islam sind durch die Jahrhunderte regional, sozial und auch individuell unterschiedlich praktiziert worden. Zwar nahm der ohnehin mehr indirekte Anteil der Frau am gesamtgesellschaftlichen Leben mit dem Niedergang der islamischen Länder mehr und mehr ab, doch machte andererseits die Teilung der Gesellschaft in eine Männer- und eine Frauengesellschaft immer bestimmte „Frauenberufe" erforderlich: die Heiratsvermittlerin oder Brautwerberin, die Badefrau für Frauenbäder, die Trödlerin, die die Harems belieferte, die „Kämmerin", eine Art Friseuse, die Leichenwäscherin für weibliche Tote, die, da sie eine Form religiöser Handlung vollzog, Ansehen genoss und genießt; wie wohl überall gab (und gibt) es die Hebamme. Auf dem Lande arbeiten Frauen bis heute auf dem Feld, auch als Tagelöhnerinnen, und helfen in der Tierhaltung mit. [...] Trotz eines früh überlieferten *hadith:* „Ein Volk, das seine Angelegenheit einer Frau anvertraut, wird nie Erfolg haben", hat es (während des islamischen Mittelalters) vereinzelt und für kürzere Zeit auch Regentinnen gegeben. [...] Arabische biografische Lexika berichten auch von Frauen, die im wissenschaftlichen Leben, etwa als Rechtsgelehrte, Traditionskennerinnen, eine Rolle spielten. [...] *Einen* Beruf dürfen Frauen im Islam bis heute nicht ausüben, den des *qadi* [Richters, J. H. W].

Zur Entwicklung bis heute

Islamische Reformer seit dem ausgehenden 19. Jahrhundert konzentrierten sich sehr stark auch auf die Position in der Familie und Gesellschaft. [...] Mit dem Hinweis auf die Rolle der Frau als Erzieherin der kommenden Generation forderte man vor allem bessere Bildungsmöglichkeiten für Mädchen. Sie wurden, abhängig von der politischen Situation des jeweiligen Landes, zwischen 1873 in Kairo und 1970 in Oman staatlicherseits geschaffen. [...]
2001 bewegen sich nach Unesco-Angaben die Analphabetenraten zwischen 4,3% männlichen und 14,5% weiblichen für Jordanien als dem Land mit den niedrigsten Zahlenangaben, gefolgt vom Libanon mit 7,3 bzw. 18,4%, und 30,5% männlichen und 71,6% weiblichen Analphabeten für den Yemen bzw. 41% männlichen und 70,3% weiblichen für Pakistan als den Ländern mit den höchsten Raten.

Während des Ersten Weltkriegs und danach wurden die ersten *Frauenorganisationen* gegründet, die sich bis in die Gegenwart für die Erweiterung der Bildungs- und Berufsmöglichkeiten für Frauen, für deren politische Rechte und für Reformen des Familienrechts einsetzen.
Der Einstieg ins *Berufsleben* gelang der islamischen Frau in stärkerem Maß erst nach dem Ersten Weltkrieg und war abhängig von wirtschaftlichen und sozialen Notwendigkeiten des jeweiligen Landes. Immer noch zeigt sich aufgrund der Tabuisierung eines freieren Umgangs zwischen den Geschlechtern die Tendenz zu bestimmten Frauenberufen, etwa Lehrerin in Mädchenschulen, Ärztin, Krankenschwester in pädiatrischen oder gynäkologischen Stationen. Auch in Industriebetrieben setzt man Arbeiterinnen gern in eigenen Abteilungen ein, weil das mit konventionellen sozialen Ehrbegriffen eher zu vereinbaren ist. [...] Lange waren in manchen islamischen Ländern Fernsehansagerinnen umstritten. Generell ist das soziale Wertsystem, das auch heute noch die Ehre einer Familie abhängig sieht von der Sittsamkeit ihrer weiblichen Angehörigen und daraus folgend Geschlechtertrennung vorsieht, eine strenge geschlechtsspezifische Sozialisation, Frühheiraten für Mädchen und ihre Behütung, die zur Überwachung werden kann, erst durch den Vater, dann durch den Ehemann, vor allem in den mittleren und unteren Schichten der Bevölkerung der Berufstätigkeit der Frau nicht zuträglich. So ist, Statistiken zufolge, die Berufstätigkeitsrate der arabischen Frau weitaus niedriger als in anderen Entwicklungsländern. Sie lag 1975 bei 7,9%. Arbeit in der Landwirtschaft wird allerdings von solchen Statistiken nicht erfasst.
Die *scharia** wurde nur in Saudi-Arabien in unveränderter Form beibehalten. Libyen hat sie 1969 wieder eingeführt, jedoch mit späteren Modifikationen zugunsten der Frau, etwa im Hinblick auf das Ehealter, die Einschränkung des *talaq*, der willkürlichen Verstoßung der Frau durch den Mann, größere Möglichkeiten für die Frau, eine Scheidung zu verlangen. Auch im Sudan ist die *scharia* seit einigen Jahren wieder voll rechtskräftig. Im Iran wurden die Modifikationen, die Schah Reza Pehlevi zum islamischen Familienrecht erlassen hatte, im Sommer 1979 außer Kraft gesetzt. Die übrigen islamischen Länder bekennen sich zwar zum Geist der *scharia*, sind jedoch seit längerem bestrebt, den Erfordernissen der Gegenwart durch Modifikationen entgegenzukommen. Nur die Türkei hat 1926 die *scharia*

durch das damalige Schweizer Zivilrecht in kaum adaptierter Form ersetzt. Obwohl es innerhalb der europäischen Rechtssysteme der damaligen Zeit sehr konservativ im Hinblick auf die Position der Frau war, aber doch, wie der Islam, Gütertrennung in der Ehe vorsah, konnte es sich, besonders auf dem Lande, nur schwer durchsetzen. In anderen Ländern betreffen Modifizierungen vor allem die Einschränkung der Polygynie*. Verboten wurde sie lediglich in Tunesien 1956. Im Südjemen war sie nach dem Familiengesetz von 1974 nur noch in Sonderfällen zugelassen. Der *talaq* wurde zwar nirgendwo ganz beseitigt, doch wird der Frau auf diesem Gebiet generell mehr juristischer Schutz gewährt. Zudem hat sie mehr Möglichkeiten, selbst die Scheidung zu fordern. Tunesien hat auch den *mahr,* das Brautgeld, auf einen geringen Betrag begrenzt. Das Ehealter wurde, meist auch zum Schutz vor einer Bevölkerungsexplosion, da Empfängnisverhütung der generellen Kinderfreundlichkeit des Islams, vor allem in den unteren Schichten der Bevölkerung, widerspricht, stark heraufgesetzt. Bei allen Reformen ist jedoch zu bedenken, dass jahrhundertealte Traditionen und Denkweisen nicht von heute auf morgen durch Gesetz beseitigt oder verändert werden können. So wird etwa die Limitierung des *mahr* in Tunesien auf einen Dinar meist dadurch umgangen, dass die Brauteltern das traditionell zusätzlich zum *mahr* übliche Brautgeschenk in größerer Höhe verlangen.

Erst nach dem Ersten Weltkrieg begannen Frauen der Oberschicht vor allem in den Metropolen islamischer Länder damit, ostentativ den Schleier abzulegen. Seit etwa dreißig Jahren ist auf diesem Gebiet im Zuge einer neuen Identitätssuche eine gegenläufige Bewegung zu verzeichnen. Muslimische Frauen, die islamische Kleidung tragen, begründen dies heute oft damit, sie wollten nicht, wie Frauen in Europa und den USA, männliche Sexualobjekte sein. Die Geschlechtertrennung zeigte sich zunächst und teilweise heute wieder auch bei moderneren öffentlichen Verkehrsmitteln mit eigenen Frauenabteilen in Straßenbahnen; sie ist bis heute oft bei Wahlen zu beobachten: Männer und Frauen wählen gesondert.
Reaktionen gegen Reformierungsbestrebungen kamen und kommen aus orthodox-islamischen Kreisen. Da die Entwicklung der letzten Jahrzehnte besonders bei den mittleren und unteren Schichten der Bevölkerung die Vorstellung bestärkt hat, dass Frauenemanzipation nach europäischem oder amerikanischem Vorbild meist nur den Interessen der Oberschicht entsprang und dieser nutzte, stößt sie heute, als den einheimischen Traditionen widersprechend, oft auf wachsenden Widerstand. Es scheint auch, dass das Sich-bedroht-Fühlen durch die Industrialisierung mit ihrem differenzierten sozialen Wertesystem ebenso wie das Gefühl politischen Bedrohtseins, etwa im Fall der Palästinenser, besonders bei den mittleren und unteren Schichten der Bevölkerung zu einer verstärkten Betonung der traditionellen Wertvorstellungen gerade im Hinblick auf die Rolle der Frau führt.

(Wiebke Walther, Die Frau im Islam, in: Peter Antes u. a., Der Islam. Religion – Ethik – Politik, Verlag W. Kohlhammer, Stuttgart/Berlin/Köln 1992, S. 98-124 [Auszüge]; aktualisiert)

M 45 Zum Zusammenhang von Diskriminierung der Frauen und wirtschaftlichem Wachstum

Die wirtschaftlichen Konsequenzen der Diskriminierung aus Gründen der Geschlechtszugehörigkeit sind höchst gravierend. Den Frauen die Anerkennung zu versagen, heißt einem Land Arbeitskräfte und Talente zu entziehen und es bedeutet – schlimmer noch – dass der Leistungswille von Jungen und Männern untergraben wird. Man kann junge Leute nicht dazu erziehen, dass sich die eine Hälfte für biologisch höherwertig hält, ohne ihren Ehrgeiz zu schwächen und ihre Leistung zu entwerten. Man kann die kleinen Jungen nicht „Pascha" titulieren oder, wie im Iran, ihnen erklären, sie hätten einen goldenen Penis, ohne dass Lerneifer und Tatendrang einen Dämpfer bekommen. Zweifellos hat jede Gesellschaft ihre Erfolgstypen, gleichgültig auf welchem Gebiet und womöglich auch nur, weil sie ihre eigene Aufteilung von Aufgaben und Gewinnen hat. Aber sie kann mit anderen Gesellschaften, die dem vollen Kontingent ihrer Talente Leistung abverlangen, nicht konkurrieren.
In der Regel sind die gesellschaftliche Stellung und die Rolle der Frauen der beste Schlüssel für Wachstum und Entwicklungspotenzial eines Landes. Hier aber liegt das größte Handicap für die islamischen Gesellschaften des Vorderen Orients, der deutlichste Man-

gel, durch den sie vom Weg in die Modernität abgeschnitten sind. Gewiss, auch in anderen Gesellschaften werden die Frauen diskriminiert und die Männer in den Himmel gehoben. Niemand ist ein Engel. Man denke nur an Lateinamerika und den Machismo* oder an Japan mit seinen Männerbünden und den Familien ohne Vater. Selbst die so genannten fortschrittlichen Gesellschaften des Westens könnten diesbezüglich einiges mehr tun. Wenn wir allerdings die Geschlechterbeziehung als eine aufsteigende Linie von keiner bis zur vollen Gleichheit betrachten, dann würden die islamischen Länder und speziell die arabischen die Skala nach unten verlängern. Von Geburt an werden dort die Frauen gedemütigt.

(David S. Landes, Wohlstand und Armut der Nationen. Warum die einen reich und die anderen arm sind, übers. von Ulrich Endeswitz/Monika Noll/Rolf Schubert, Siedler Verlag, Berlin 1999 [Original New York 1998], S. 419)

Frauenrechte bedeuten Wirtschaftswachstum
Washington (dpa) – In Ländern mit besonderen Schritten zum Schutz der Frauenrechte gibt es weniger Korruption und ein schnelleres Wirtschaftswachstum als in Staaten ohne solche Maßnahmen. Zu diesem Schluss kommt eine Studie der Weltbank, die auf Erfahrungen in über 100 Staaten basiert. Danach habe eine Verringerung der „Kluft" zwischen Männern und Frauen in Bereichen wie Bildung, Arbeitsplätze und Besitzrechte nicht nur eine geringere Kindersterblichkeit und -unterernährung zur Folge. Sie führe auch zu erhöhter Produktivität und so zu einer Verbesserung der Wirtschaftslage. Es wird auf Fortschritte für die weibliche Bevölkerung in den jüngsten Jahrzehnten hingewiesen. So habe sich die Zahl der Grundschülerinnen im Nahen Osten, Südasien und den afrikanischen Regionen südlich der Sahara in den vergangenen 25 Jahren verdoppelt.
(Süddeutsche Zeitung v. 3./4.6.2000, S. 26)

M 46 Mädchenbildung wirkt

Mädchenbildung bringt weit reichenden Nutzen für Mädchen, Frauen, Familien, Gemeinwesen und die Welt insgesamt. Sie wirkt gegen die Armut. Jedes Schuljahr bringt einer Frau 10 bis 20 Prozent mehr Lohn, auch ohne ein formelles Arbeitsverhältnis. Vier Schuljahre erhöhen die Produktivität von Bauern um durchschnittlich neun Prozent. Bildung bedeutet Stärkung der Frauen. Sie wissen besser über ihre Rechte Bescheid und nehmen sie eher wahr. Sie gehen auch öfter zur Wahl und beteiligen sich an der Politik.

Sie und ihre Familien sind gesünder. Sie haben eine längere Lebenserwartung, die Mütter- und Säuglingssterblichkeit ist niedriger. Hat eine Frau auch nur ein bis drei Schuljahre, so ist die Sterblichkeit ihrer Kinder bis zum 5. Lebensjahr um 15 Prozent niedriger, und in Peru wurde bei sieben Schuljahren eine um 75 Prozent geringere Sterblichkeit festgestellt.

Mädchenbildung bedeutet kleinere Familien und verlangsamtes Bevölkerungswachstum. Frauen mit einer Ausbildung haben häufiger nicht mehr Kinder, als sie sich wünschen. In Asien, Afrika und Lateinamerika haben Frauen mit mindestens sieben Schuljahren zwei bis drei Kinder weniger als Frauen mit nur drei Schuljahren. Frauen mit einer Ausbildung heiraten auch später und bekommen später Kinder. [...]

Mädchenbildung ist eine Investition in die nächste Generation. Diese Frauen haben weniger, gesündere und besser ausgebildete Kinder. Ihre Familien sind weniger auf staatliche Hilfe angewiesen und können ihre Chancen in einer sich rasch wandelnden Welt besser wahrnehmen.

(Rockefeller Stiftung [Hg.], Viel steht auf dem Spiel. Die Weltbevölkerung und unsere gemeinsame Zukunft, New York 1998, S. 26. Die Daten stammen aus: „Accelerating Girls' Education: A Priority for Governments", Fact Sheet, The Population Council, 1995)

M 47 Frauen tragen die Last

Siebzehn Stunden währt der durchschnittliche Arbeitstag einer afrikanischen Frau. [...] Die Afrikanerinnen verkaufen: drei Kokosnüsse, fünf Zigaretten, zehn Stück Zucker. Sie tauschen: fünfzehn Mangos gegen ein Stück Stoff, Trockenfisch gegen zwei Stück

Seife. Sie jäten, harken, säen: ein Feld von der Größe zweier Taschentücher, ein von allen verachtetes, ödes Fleckchen Erde.

„Gebär- und Ackermaschine“: Der Ausdruck des kamerunischen Schriftstellers René Philombe bewahrheitet sich in allen afrikanischen Dörfern. In Westafrika ist der Feuchtreisanbau mancherorts reine Frauensache. Bei den Fulbe sind sie für die Viehzucht zuständig. Insgesamt werden vier Fünftel der für die Ernährung aufgewendeten Arbeitszeit von Frauen bestritten. Ihre vielen tausend kleinen Hände sorgen dafür, dass es auf dem Kontinent etwas zu essen gibt. [...] Die Städterinnen sind auch nicht viel besser dran und müssen die unangenehmsten und am schlechtesten bezahlten Arbeiten erledigen. Ihr Mangel an Ausbildung hat sie massiv in den informellen Sektor gedrängt. In Schwarzafrika sind 60 Prozent der arbeitenden Frauen selbstständig (das ist die höchste Rate der Welt): kleine Gemüsehändlerinnen, Marktschieberinnen für mehr oder weniger wirksame bunte Pillen, Maniokschnapsbrauerinnen, Eiswasserverkäuferinnen ... In Afrika hat arbeiten nichts mit einer persönlichen Entscheidung oder gar mit Selbstverwirklichung oder Emanzipation zu tun, es ist einfach eine Frage des Überlebens. Von den wenigen Münzen, die am Abend in der Kasse liegen, hängt das tägliche Brot der Familie ab. Oft reicht es knapp, um dem Elend, der absoluten Not zu entgehen. In Westafrika werden 30 Prozent der Haushalte von allein stehenden Frauen geführt – es sind die Ärmsten der Armen, wie die Wirtschaftswissenschaftlerin Ginette Yoman aus der Elfenbeinküste belegt. [...]

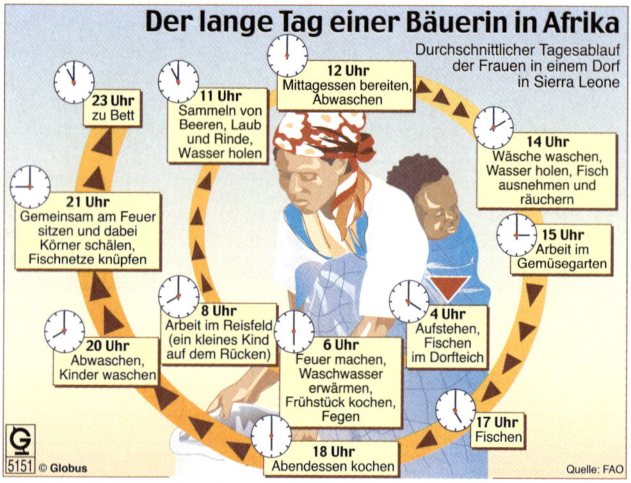

(Elisabeth Lequeret, Frauen greifen zur Selbsthilfe – Die bessere Hälfte Afrikas, dt. von Christiane Kayser, Le Monde Nr. 6041 v. 14.1.2000, S. 18f. [gekürzt])

1. *Die Diskriminierung von Frauen, die in nicht wenigen Entwicklungsländern religiöse Ursachen hat, stellt eine wichtige Dimension sozialer Ungleichheit dar. Beachten Sie zur Auswahl und zum Stellenwert der Materialien M 43–M 44 die einleitenden Hinweise S. 110. Sie können die Texte auch als Grundlage für ein Referat zum Thema „Die Frau im Islam“ verwenden. Falls Sie hier einen Arbeitsschwerpunkt setzen wollen, könnten Sie Vertreter/innen einer islamischen Gemeinde/einer Frauenrechtsgruppe Ihrer Heimatgemeinde zu einer „Expertenbefragung“ bzw. einer Diskussion in den Unterricht einladen.*
2. *Erläutern Sie, warum die Benachteiligung von Frauen (insbesondere im Bildungsbereich) auch erhebliche negative Konsequenzen für die wirtschaftliche Entwicklung eines Landes hat (M 45; M 46; vgl. M 37). Inwiefern ist die Stellung der Frau der „beste Schlüssel für Wachstum und Entwicklung“ (M 45)?*
3. *Der Umfang unbezahlter Frauenarbeit ist in Entwicklungsländern unvergleichbar größer als in modernen Industrieländern (M 47). Welcher Zusammenhang besteht zwischen diesem Problem und der Wirtschaftsstruktur dieser Länder?*
4. *Unter dem Stichwort „Gender Mainstreaming“ verfolgt das deutsche Entwicklungshilfeministerium ein Programm zur Frauenförderung in Entwicklungsländern. Informieren Sie sich dazu ggf. über die Internetadresse des Ministeriums: www.bmz.de*

2. Bevölkerungsbewegungen – Wachstum und Wanderungen

Im Herbst 1999 „feierte" die UNO symbolisch den Tag, an dem der sechsmilliardste Mensch das Licht der Welt erblickt hat. Jährlich nimmt die Weltbevölkerung um etwas weniger als 80 Millionen Menschen zu, was einer Zunahme von 1,33 Prozent entspricht, davon 1,7 Prozent für Entwicklungsländer, 0,1 Prozent für Industrieländer (**M 48 a und b**). Da in einer endlichen Welt unendliches physisches Wachstum nicht möglich ist, ist klar, dass dieses Wachstum irgendwann zum Stillstand kommen muss – die Frage ist bloß, ob dies in katastrophaler Form geschieht, wie es bereits 1798 von Robert Malthus befürchtet wurde, oder ob es gelingt, die *Zuwachsraten* mit sozialen und politischen Maßnahmen zu stoppen. Die Raten sinken in manchen Regionen rasch, z. B. in Lateinamerika oder in einzelnen Ländern Asiens. (Die absolute Zahl der zusätzlichen Menschen pro Jahr ist in den letzten Jahrzehnten kaum gesunken, da die – kleineren – Zuwachsraten sich auf eine immer größere absolute Zahl von Menschen beziehen. Die absoluten Zahlen sind auch deshalb noch immer hoch, weil in den letzten Jahrzehnten, bei allen noch bestehenden Unterschieden, die Lebenserwartung weltweit gestiegen, umgekehrt die Sterblichkeit, voran die der Säuglinge und Kleinkinder, drastisch zurückgegangen ist; vgl. **M 34 b/c**). Die Zuwachsraten sind aber viel weniger stark gerade in der ärmsten Entwicklungsregion gesunken, nämlich Schwarzafrika und im islamischen Orient, und tragen dort zur Verschärfung der Probleme bei. Allerdings sind Dramatisierungen nach Art des Ausdrucks „Bevölkerungsexplosion" nicht angezeigt; niemand, der auf seinem Sparbuch 1,3 Prozent Zinsen erhält, würde von einer „Kapitalexplosion" sprechen. Dennoch ist natürlich richtig, dass auch eine niedrige Zuwachsrate nach wenigen Jahrzehnten zu einer erheblichen Vermehrung der Bevölkerung führen muss.

Bevölkerungswachstum und wirtschaftliche Entwicklung

Die rasche Zunahme der Bevölkerung wird meist ohne weitere Überlegung als per se negativ bewertet und mit dramatischen Formulierungen bedacht. Differenzierter wird diskutiert, wie weit das Bevölkerungswachstum – über die mögliche Umweltbelastung hinaus – mit wirtschaftlichem Aufschwung zusammenhängt.

Zahlreiche Modelle und Untersuchungen versuchen die im Einzelnen verwickelten *Zusammenhänge von Bevölkerungs- und Wirtschaftswachstum* zu erklären; sie sind in den Ergebnissen umstritten und hoch komplex. Festzustehen scheint indessen:

Die kurzfristigen Belastungen für das Wirtschaftswachstum durch eine rasche Bevölkerungszunahme (Infrastruktur- und Ausbildungskosten, Zunahme der Quote der wirtschaftlich nicht aktiven Bevölkerung, die von der aktiven Bevölkerung mit unterhalten wird, und anderes) und die langfristigen Wirkungen (Zunahme des Arbeitspotenzials, segensreich bei Verfügbarkeit von genügend Kapital) können, müssen aber nicht differieren.

Wenn es richtig ist, dass der technische Fortschritt nicht autonom vorgegeben ist, sondern unter anderem vom auftretenden Problemdruck und dieser unter anderem vom Zuwachs der Bevölkerung abhängt, und wenn weiter der technische Fortschritt ein Hauptbestimmungsfaktor für das Wirtschaftswachstum ist, wird langfristig jeder Zusammenhang zwischen den uns interessierenden Variablen unsicher. Zwischen 1750 und 1960 jedenfalls hat nach einer Analyse von Kuznets das hohe Bevölkerungswachstum in den heutigen Industrieländern deren phänomenalen Wirtschaftsaufstieg nicht verhindert. Eine jüngere Zusammenstellung des Forschungsstandes durch den United Nations Fund for Population Activities kommt zu folgenden Ergebnissen:

1. In vielen Entwicklungsländern hat ein rasches Bevölkerungswachstum einen negativen Einfluss auf die wirtschaftliche Entwicklung;
2. seine Quantifizierung ist schwierig, da die relevanten Beziehungen vielfältig, komplex und lokal unterschiedlich sind;
3. der negative Effekt des Bevölkerungswachstums auf die Wirtschaftsentwicklung dürfte mäßig sein; insbesondere ist der Kausalzusammenhang mit Armut fraglich, auch wenn theoretische Überlegungen in diese Richtung deuten.

Armenviertel vor den Wolkenkratzern von Manila
(Foto: © dpa-Fotoreport/Joel Nito)

Jedes Jahr wandern Millionen von Menschen von einem Land in ein anderes oder innerhalb eines Landes vom Land in die Stadt oder von einer Stadt in eine andere, gelegentlich auch von einer Stadt auf das Land zurück. Es gibt inzwischen eine nicht mehr überschaubare Zahl von Studien zu den Ursachen solcher *Wanderungen*, die immer wieder fassungsloses Erstaunen hervorgerufen haben, da die Lage der Wanderer am Ziel oft alles andere als beneidenswert ist. Um die riesigen Metropolen der Dritten Welt bilden sich ausgedehnte Slumviertel, von deren Lebensverhältnissen sich der aus einer europäischen oder amerikanischen Mittelklasse stammende Beobachter schaudernd abwendet. Warum also wandern Menschen?
Eine ausgedehnte Forschung hat darauf im Kern die Antwort gegeben, dass die meisten freiwilligen Wanderungen (von Flucht und Vertreibung sei im Folgenden nicht die Rede) die höchst rationale Antwort von Menschen auf Unterschiede in ihren Lebensbedingungen (u. a. erwartete Einkommenszuwächse) sind. Wird das Leben auf dem Lande durch Landknappheit, Erschöpfung des Bodens, Dürre, Unwetter, Naturkatastrophen unerträglich, weicht man zeitweilig oder auf Dauer in die Stadt aus. Hat diese neben der Glitzerwelt moderner Kinos oder Warenhäusern Schulen, Gesundheitszentren eine Arbeitsmöglichkeit und eine billige Behausung (und sei es in einer Blechhütte) zu bieten, wird man gleichermaßen von der Stadt angezogen. Zur Landflucht in der Dritten Welt s. **M 51 a bis d**.
Alle diese sozialen Phänomene hängen in vielfältiger Weise mit Entwicklung zusammen. Gesundheit von Menschen ist Voraussetzung für produktive Arbeit, Ausbildung fördert die Produktivität, eine Sozialversicherung dürfte das Bevölkerungswachstum reduzieren, gleichmäßigere Verteilung von Einkommen und Vermögen das Wirtschaftswachstum fördern usw. Wir stehen wieder vor dem Phänomen, dass wir zahlreiche Zirkel negativer wie positiver Art vor uns haben können, wobei es gilt, die negativen, unter anderem mit entwicklungspolitischen Maßnahmen, aufzubrechen.

M 48 a Die Entwicklung der Weltbevölkerung

Auch für die kommenden fünf Jahrzehnte wird allenthalben eine weitere kontinuierliche Abschwächung des Weltbevölkerungswachstums projiziert. Denn es wird eine weltweite weitere Abnahme der Fertilität – vor allem in den Entwicklungsländern – angenommen. Überwiegend wird die so genannte mittlere der UN-Projektionsvarianten als die wahrscheinlichste Vorausschätzung angesehen. […] Dieser Variante zufolge wird die Weltbevölkerung bis Mitte des 21. Jahrhunderts auf 9,3 Milliarden Menschen wachsen (s. Grafik). Sie beruht u. a. auf der Annahme, dass die durchschnittliche Kinderzahl in den nächsten 50 Jahren im Weltdurchschnitt auf das so genannte Ersatzniveau der Fertilität – etwa 2,1 Kinder je Frau – fallen wird (vgl. M 49). Bei einem schwächeren Sinken der Fertilität auf weltweit „nur“ 2,6 Kinder je Frau und ansonsten identischen Annahmen wüchse

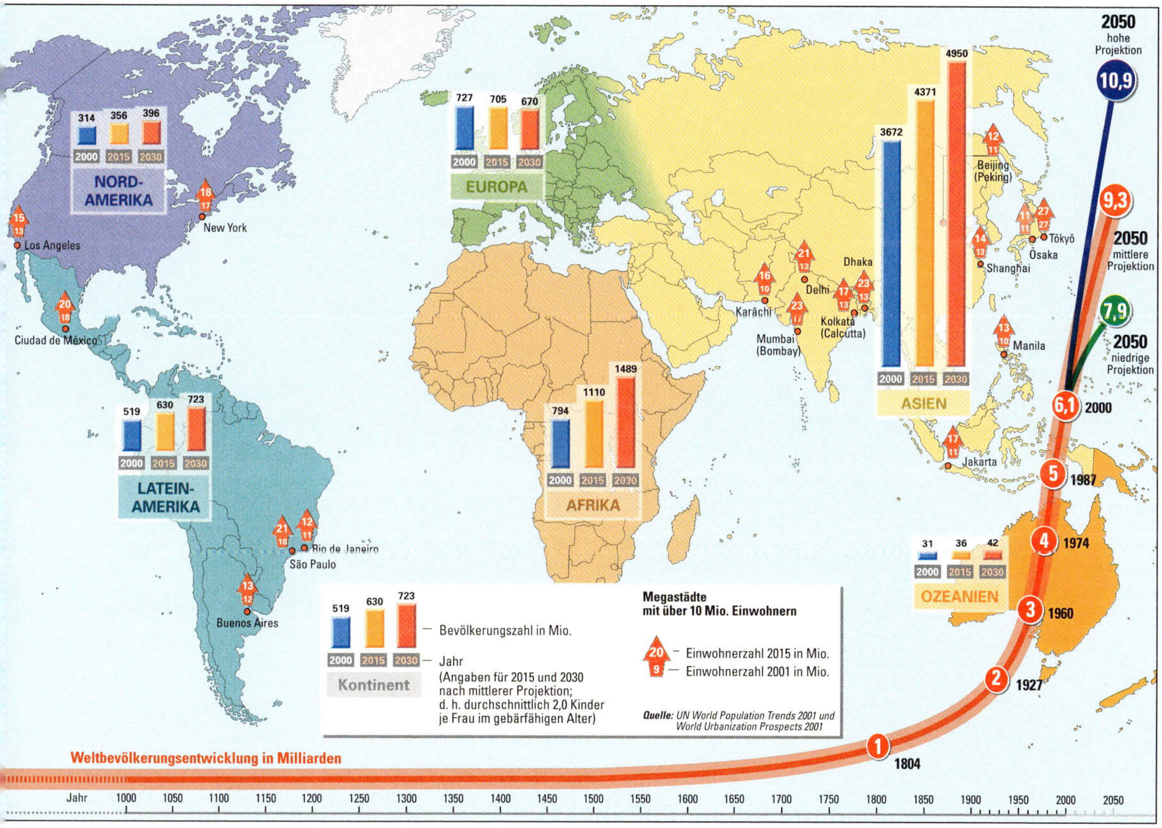

Fischer Weltalmanach 2003 [= M 35 a], Farbtafel XXXIV; © BITmap, Mannheim)

Bevölkerungszahlen 1950: Asien 1599, Afrika 221, Lateinamerika 162, Nordamerika 172, Ozeanien 13, Europa 548 Mio.

die Weltbevölkerung in den nächsten 50 Jahren um zusätzlich mehr als eine weitere Milliarde auf 10,9 Milliarden (hohe UN-Projektionsvariante); der Unterschied zur mittleren Projektionsvariante ist größer als die Summe der heutigen Bevölkerungen Afrikas und Europas. Dies illustriert, welch großen Einfluss scheinbar geringe Änderungen der Fertilität und diesbezügliche bevölkerungspolitische Maßnahmen auf die Weltbevölkerungsentwicklung mittelfristig haben können. […]

Der Trendwechsel von steigenden zu fallenden Zuwachszahlen scheint die Theorie vom „demographischen Übergang“, die auf der historischen Bevölkerungsentwicklung in Europa fußt, zu bestätigen. Dieser Theorie entsprechend folgt auf eine erste Phase mit hoher Geburten- und Sterberate eine Phase sinkender Sterblichkeit bei weiterhin hoher Geburtenrate. In dieser zweiten Phase wächst die Bevölkerung zunehmend, und die Altersstruktur nimmt infolge des Überschusses der Geburten über die Sterbefälle eine pyramidenförmige „junge“ Gestalt an. In der dritten Phase des demographischen Übergangs sinkt die Geburtenrate, was langfristig zu einer Verlangsamung des Bevölkerungswachstums führt. Allerdings bewirkt die zunächst noch pyramidenförmige Altersstruktur, dass auch zu Beginn der dritten Phase für einen längeren Zeitraum jährlich größere Jahrgänge in das Elternalter hineinwachsen. In diesem Zeitraum kompensiert das Wachstum der Elternzahl das Sinken der Fertilität zumindest teilweise, weshalb der Bevölkerungszuwachs trotz sinkender Fertilität nur relativ langsam abnimmt.

(Globale Trends 2002, S. 96f.)

M 48 b Weltbevölkerung wächst wegen Aids langsamer

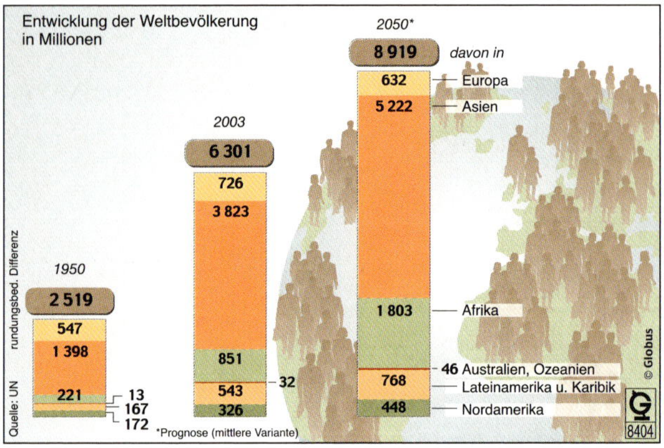

Die Weltbevölkerung wird wegen der Ausbreitung von Aids deutlich langsamer wachsen als bislang angenommen. Die UN-Bevölkerungsabteilung korrigierte ihre Prognose für die Zahl der Menschen im Jahr 2050 jetzt um 400 Millionen auf 8,9 Milliarden herunter. Allein im laufenden Jahrzehnt werden danach in den 53 am schlimmsten betroffenen Ländern 46 Millionen Menschen an dem Virus sterben. Bis zur Mitte des Jahrhunderts wird ihre Zahl den UN zufolge auf 278 Millionen steigen. Das Welternährungsprogramm (WFP) warnte davor, rund elf Millionen Aids-Waisen in Afrika zu vergessen. Der Direktor der UN-Bevölkerungsabteilung Joseph Chamie sagte am Mittwoch in New York, er sehe derzeit kaum Hoffnung, die Aids-Epidemie unter Kontrolle zu bekommen. Ein weiterer Grund für das verlangsamte Bevölkerungswachstum ist nach UN-Angaben der weltweite Trend zu kleineren Familien. Auch in den meisten unterentwickelten Ländern wird danach die durchschnittliche Kinderzahl pro Frau bis Mitte des Jahrhunderts unter die Marke von 2,1 fallen. Chamie zufolge wird die Weltbevölkerung im Jahr 2050 „größer, älter und stärker in den Großstädten der Dritten Welt konzentriert" sein.

(AFP, in: Süddeutsche Zeitung v. 28.2.2003, S. 7)

M 49 Die Entwicklung der Fertilität

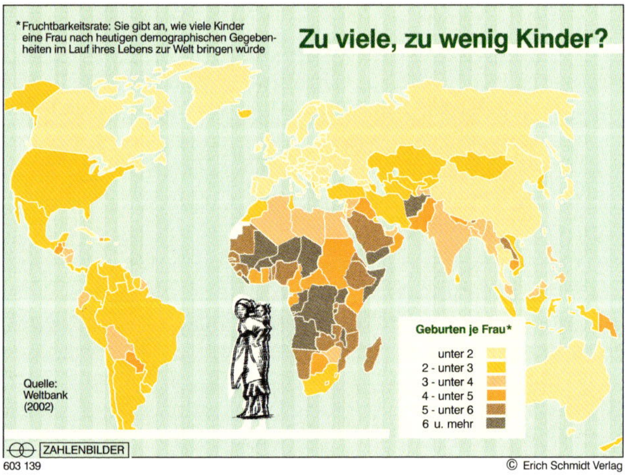

Mit einem Wachstum von jährlich 78 Millionen Menschen ist zu Beginn des 21. Jahrhunderts der Höhepunkt der globalen Wachstumsdynamik überschritten. In den 90er-Jahren des vergangenen Jahrhunderts wuchs die Weltbevölkerung noch um jährlich deutlich mehr als 80 Millionen. Der wesentliche Grund für diesen Trendwechsel ist die starke Abnahme der durchschnittlichen Kinderzahl je Frau – die so genannte *Fertilität* –, vor allem in Entwicklungsländern. Weltweit ist die *Fertilität* in den vergangenen 50 Jahren schneller als je zuvor in der Menschheitsgeschichte gefallen: von ungefähr fünf auf heute etwas unter drei Kinder im globalen Durchschnitt. In den Entwicklungsländern sank die Fertilität in diesem Zeitraum von über sechs auf knapp mehr als drei Kinder (Entwicklungsländer ohne China: 3,7), allerdings mit erheblichen regionalen Unterschieden (z.B. Uganda 7,1). Wo die Fertilität sank, ging dies häufig, aber nicht immer, mit einer Verbesserung der sozioökonomischen Bedingungen einher und war immer mit einer deutlichen Zunahme der Nutzung von Verhütungsmitteln und -methoden verbunden. In den Entwicklungsländern nutzten 1960 ungefähr zehn Prozent der Bevölkerung im so genannten reproduktiven Alter (15–49 Jahre) entsprechende Möglichkeiten. Heute ist dort die kontrazeptive Prävalenz auf über 50% (ohne China: 46%) dieser Altersgruppe gestiegen, allerdings mit enormen regionalen Unterschieden.

(Schmidt-Zahlenbilder)

M 50 Größte Städte („urban agglomerations") 1950, 1970, 2000 und 2015 sowie geschätzte jährliche Wachstumsraten in %, 2000–2015

	1950 (1)		1970 (2)		2000 (3)		2015 geschätzt (4)		geschätzte jährl. Wachstumsrate von (4) 2000–2015 in % (5)
	Mio								
1.	New York	12,3	Tokio	16,5	Tokio	26,4	Tokio	27,2	0,2
2.	London	8,7	New York	16,2	Mexiko Stadt	18,1	Dhaka	22,8	4,1
3.	Tokio	6,9	Shanghai	11,2	São Paulo	18,0	Bombay	22,6	2,3
4.	Paris	5,4	Osaka	9,4	New York	16,7	São Paulo	21,2	1,1
5.	Moskau	5,4	Mexiko Stadt	9,1	Bombay	16,1	Delhi	20,9	3,5
6.	Shanghai	5,3	London	8,6	Los Angeles	13,2	Mexiko Stadt	20,4	0,8
7.	Buenos Aires	5,0	Paris	8,5	Calcutta	13,1	New York	17,9	0,5
8.	Chicago	4,9	Buenos Aires	8,4	Shanghai	12,9	Jakarta	17,3	3,0
9.	Kalkutta	4,4	Los Angeles	8,4	Dhaka	12,5	Calcutta	16,7	1,6
10.	Osaka	4,1	Peking	8,1	Delhi	12,4	Karachi	16,2	2,0
...						...		...	

Quelle: UN, World Urbanization Prospects: The 2001 Revision 2002, Tabelle A 11 (www.un.org)

Nach den neuesten Vorausschätzungen der *UN Population Division* wird die städtische Bevölkerung zwischen 2000 und 2030 weltweit von 2,9 auf 5 Milliarden zunehmen. Das globale Bevölkerungswachstum der nächsten dreißig Jahre – man rechnet mit einem Zuwachs um insgesamt 2,2 Milliarden Menschen – konzentriert sich damit fast ausschließlich auf die Städte. Der Anteil der Stadtbewohner an der gesamten Weltbevölkerung steigt von 47% im Jahr 2000 auf voraussichtlich 60% im Jahr 2030.

M 51 a Ursachen der Verstädterung

Das Wachstum der Stadtbevölkerung hat drei direkte Ursachen.

An erster Stelle steht das „natürliche" Eigenwachstum der Stadtbevölkerung aufgrund des Überschusses der Geburten über die Sterbefälle. Hinzu kommen die städtischen Nettogewinne der Migrationsbewegungen zwischen Stadt und Land. Außerdem erhöht sich die statistische Stadtbevölkerungszahl durch Klassifizierung vormals ländlicher Lokalitäten als nunmehr städtische Gebiete. Das Gewicht der einzelnen Faktoren ist je nach Region unterschiedlich: In Entwicklungsländern – ohne China – ist jedoch nach wie vor das „natürliche" Wachstum der Stadtbevölkerung der Hauptfaktor.

Die durchschnittliche Kinderzahl je Frau ist in den Städten der Entwicklungsländer geringer als auf dem Lande. Der Verstädterungsprozess bewirkt insofern u. a. die Dämpfung einer seiner eigenen Faktoren. Die geringere durchschnittliche Kinderzahl in den Städten wird aber kompensiert durch die dort jüngere Altersstruktur. Denn es sind überproportional jüngere Menschen, die vom Land in die Stadt migrieren und damit zum Wachstum der Zahl potenzieller Eltern in Städten beitragen.

Die Attraktivität der Städte beruht wesentlich auf realen und potenziellen Vorteilen und wird durch die Ausbreitung moderner Massenkommunikation noch verstärkt. Die Einkommensmöglichkeiten in den Städten der Entwicklungsländer sind oft besser, mit allerdings großen Unterschieden für die verschiedenen Schichten. Hinzu kommen ein in der Regel besserer Zugang zu medizinischen Diensten und Ausbildungsmöglichkeiten und geringere soziale Kontrolle. Dadurch werden so genannte *Pull-Effekte* erzeugt.

Hinzu kommt der *Push-Effekt* defizitärer ländlicher Entwicklung: Den potenziellen Vorteilen des Stadtlebens steht nämlich eine faktische Verdrängung der Menschen aus dem ländlichen Raum gegenüber, verursacht durch das Zusammenspiel von Bevölkerungswachstum und staatlich mitbewirkter Erschwerung einer menschenwürdigen gesicherten Existenz. Extrem diskriminierende Landverteilung wie in Lateinamerika oder dem südlichen Afrika ist dabei ein wesentlicher Push-Faktor und wird umso unerträglicher, je mehr Menschen sich das nicht von Großgrundbesitzern bewirtschaftete – meist weniger fruchtbare – Land teilen müssen.

(Globale Trends 2002, S. 103)

M 51 b Daten zu menschlichen Siedlungen, ausgewählte Länder, 2000

	Bevölkerungsverteilung (%)		Durchschnittliche jährliche Rate der Veränderung der Bevölkerung (%) 1995–2000	
	(1) städtisch	(2) ländlich	(3) städtisch	(4) ländlich
Afghanistan	21,9	78,1	4,79	2,39
Angola	34,2	65,8	5,20	2,24
Argentinien	89,9	10,1	1,60	−1,55
Bangladesch	24,5	75,5	4,08	0,99
Brasilien	81,3	18,7	2,04	−1,58
Chile	85,7	14,3	1,67	−0,36
Deutschland	87,5	12,5	0,38	−1,48
Ecuador	65,3	34,7	3,58	−0,76
Frankreich	75,6	24,4	0,60	−0,36
Indonesien	40,9	59,1	4,22	−0,30
Libanon	89,7	10,3	2,24	−2,21
Malawi	24,9	75,1	8,49	0,78
Mosambik	40,2	59,8	5,93	0,45

(Spalten 1 und 2: United Nations Human Settlement Programme, Spalten 3 und 4: www.un.org)

1. *Das Bevölkerungswachstum ist eines der am meisten und kontrovers diskutierten Probleme im Hinblick auf die Situation der Entwicklungsländer. Machen Sie sich dazu zunächst mit den in M 48 a und b zusammengefassten wichtigsten Daten (bisherige und prognostizierte zukünftige Entwicklung, Wachstumsraten nach Regionen) vertraut.*
2. *Die von den Vereinten Nationen für wahrscheinlich gehaltene (mittlere) Variante ist in M 48 a/b wiedergegeben. Berechnen Sie aus M 48 b die prozentualen Steigerungsraten 1950 – 2003 und 2003 – 2050 insgesamt und für die einzelnen Weltregionen. Was fällt Ihnen auf? Wie ist es zu erklären?*
3. *Erklären Sie, inwiefern die hohen oder niedrigen Kinderzahlen eines Landes abhängig sind vom Stand seiner Entwicklung und warum daher auch die Prognosen zur Bevölkerungsentwicklung durch bestimmte Annahmen über den Entwicklungsfortschritt in den Entwicklungsländern bedingt sind (M 49).*
4. *Den „verwickelten Zusammenhängen zwischen Bevölkerungs- und Wirtschaftswachstum“ (Text S. 117) können wir an dieser Stelle nicht näher nachgehen. Welche Feststellungen dazu scheinen nicht kontrovers zu sein?*
5. *Analysieren Sie zu den Themen „Landflucht“ und „Städtewachstum“ die in M 50 und M 51 b enthaltenen Daten und erläutern Sie zu den Ursachen die in M 51 a aufgeführten „push“- und „pull“-Faktoren.*

D. Politik

Das Bild der Politik in der Dritten Welt ist außerordentlich vielfältig. Länder unterscheiden sich politisch wie sozial oder wirtschaftlich, und von blutrünstigen und menschenverachtenden Diktaturen bis zu lupenreinen Demokratien ist schlicht alles anzutreffen. Wir nehmen im Folgenden eine einfache Einteilung in drei Gruppen von Staaten vor und widmen im ersten Abschnitt dem gegenwärtig viel diskutierten Syndrom der „gescheiterten Staaten" einige Aufmerksamkeit. Auf Zusammenhänge zwischen dem politischen System und Entwicklung wie Entwicklungshilfe geht das nächste Kapitel ein.

1. Gescheiterte Staaten (Failed States)

An der untersten Grenze der „Staatlichkeit" ist angesiedelt, was in der neueren Forschung als das Syndrom* gescheiterter Staaten (failed-state-Syndrom) bezeichnet wird. Die europäische Vorstellung des modernen Nationalstaates ist, wie sinnvoll oder sinnlos auch immer, in die Dritte Welt übertragen und dort auf gesellschaftliche Verhältnisse aufgepfropft worden, die stillschweigenden Voraussetzungen des europäischen Nationalstaates nicht entsprochen haben. In manchen Ländern ist es weder gelungen, dem Staat auf Dauer das Gewaltmonopol zu sichern, noch sind Loyalitäten* von Bürgern über die primären Loyalitäten zu Familie, Klan, Stamm oder Religion hinaus auf den importieren Nationalstaat übertragen worden. Das Ergebnis können Bürgerkriege sein, die dazu führen, dass es der Nationalregierung nur sehr partiell gelingt, das Territorium samt Staatsvolk zu kontrollieren (Afghanistan, Burma u. a.), oder sogar, dass der Staatsapparat als solcher kollabiert und von der Bildfläche verschwindet (prägnantestes Beispiel: Somalia). Die Situation in Afrika wird in **M 52 a – c** beschrieben.
Wie solche Beispiele drastisch vor Augen führen, kommt dem Staat eine unverzichtbare Rolle beim Aufbau und der Aufrechterhaltung von Institutionen im weitesten Sinne zu, ohne die Wirtschaften jenseits eines zum Überleben notwendigen Minimums nicht möglich ist.
Auch liberale Wirtschaftspolitiker und Wirtschaftsethiker schreiben dem Staat unverzichtbare Aufgaben bei der Setzung eines Rahmens zu, innerhalb dessen sich erst gesellschaftliche und wirtschaftliche Prozesse entfalten können. Die Erfahrung zeigt indessen, dass Freiheit missbraucht werden kann – um eben diese Freiheit im gemeinwohlschädlichen Interesse einzelner Gruppen aufzuheben. Der Staat hat also hiernach zusätzlich wirtschaftliche Machtbildung (etwa Monopole oder Kartelle) zu verhindern, ein Gedanke, der der Kartellgesetzgebung auf deutscher und europäischer Ebene zugrunde liegt.
Des Weiteren ist für die Rolle des Staates bei wirtschaftlicher Tätigkeit und Entwicklung mindestens Folgendes zu bedenken: Wer nicht einigermaßen sicher sein kann, sein Eigentum oder gar sein Leben nicht bei einem Raubüberfall zu verlieren, wird sich nicht um Vermehrung materieller Güter bemühen; wer hilflos einer galoppierenden Inflation von Hunderten oder gar Tausenden Prozent pro Jahr gegenübersteht, wird nicht sparen oder sein Kapital ins Ausland schaffen; wem der Staat nicht grundsätzlich den Schutz wichtiger Institute wie des Eigentums garantiert, wird keine Mühen zu seinem Erwerb anstellen; wem der Staat nicht bei Auseinandersetzungen mit seinen Nachbarn oder Geschäfts- und Vertragspartnern die Möglichkeit eines geordneten Schlichtungsverfahrens (Justiz) garantiert, wird solche Beziehungen gar nicht erst eingehen, was eine Einschränkung der arbeitsteiligen Wirtschaft mit ihren Wohlstandsgewinnen bedeutet – oder gegebenenfalls zur Selbsthilfe greifen, notfalls mit Gewalt. Alles dieses sind Dinge, die in dem failed-state-Syndrom definitorisch existieren, die aber zum Teil auch bei den Autokratien, unserer nächsten Gruppe, anzutreffen sein werden.

M 52 a Staatenzerfall in Afrika

In der Rückschau markieren die turbulenten Neunzigerjahre nicht den Anfang einer neuen Epoche, sondern das Ende einer alten: Im Süden der Sahara hat sich das Machtgefüge des Kalten Krieges* zeitversetzt aufgelöst; viele afrikanische Staaten, die als ideologische Zöglinge von einem der beiden geopolitischen Lager alimentiert worden waren, erwiesen sich plötzlich als künstlich aufgeblasene Staatshüllen, deren Macht nicht weit über die Hauptstädte hinausreichte.
An der Spitze dieser Attrappen standen Autokraten, die mit dem Segen ihrer Schutzpatrone in Washington oder Moskau die Ressourcen* ihrer Länder nach Gutdünken plündern konnten – Hauptsache, sie beteten die jeweils richtige Lehre nach (s. dazu M 65). So wurden die jungen Nationen Afrikas von den schwarzen Herren (und ihren weißen Mentoren) um viele Entwicklungschancen gebracht. Als sich die Großmächte zurückzogen und die Wohltaten ausblieben, sackten die Staatshüllen beinahe geräuschlos in sich zusammen; Mobutus* Zaire lieferte das klassische Beispiel. Stefan Mair von der Ebenhausener Stiftung für Wissenschaft und Politik stellt trefflich fest: „Der Staat tritt, wenn überhaupt, nur noch als Unterdrückungsorgan oder Bereicherungsinstrument für die ihn dominierende Elite auf." […]

(Bartholomäus Grill, Ein Kontinent in Flammen, in: DIE ZEIT Nr. 21 v. 18.5.2000, S. 3)

M 52 b Beispiel: Mobutu-Herrschaft in Kongo-Zaire (1969–1997)

Die Mobutu-Herrschaft stützte sich bis Ende der Achtzigerjahre nur zum Teil auf Mittel aus dem Ausland: Der Rohstoffreichtum, vor allem die Exporteinnahmen durch Kupfer und Kobalt, aber auch der Gold- und Diamantenhandel sicherten seine Existenz. Sofern diese Mittel nicht in Mobutus Privatschatulle wanderten oder seinen Palast mit internationalem Flughafen in seinem Geburtsort Gbadolite finanzierten – sein (Immobilien-)Besitz wurde zeitweise auf acht Milliarden Dollar geschätzt –, stärkten sie seine Herrschaft nach innen: Mit Geschenken wurde eine „Staatsklasse" bei Laune gehalten, die in der Regel aus einflussreichen Personen aus den verschiedenen Regionen des Landes bestand. An diese verteilte das Regime die lukrativen Stellen im Staat. Ein höherer Posten wiederum galt als Freibrief zur ungestraften Bereicherung. Eine permanente Rotation der politischen Ämter sollte Machtkonkurrenz verhindern. So hatte Zaire von 1977 bis 1990 neun verschiedene Premierminister. Strategische Posten im Militär, in den Geheimdiensten und der Polizei waren nur einem engen Kreis aus Familienangehörigen Mobutus vorbehalten. Die Präsidialgarde aus 12- bis 15000 Soldaten, das schärfste Instrument des Repressionsapparates, bestand fast ausschließlich aus Ngbandi, der Ethnie des Präsidenten.

(Informationen zur politischen Bildung Nr. 264, Afrika I, Bundeszentrale für politische Bildung, Bonn 1999, S. 49)

Der Diktator Mobutu lässt sich zusammen mit seiner Frau 1996 in Kinshasa feiern. Er beutete den Rohstoffreichtum des Kongo jahrzehntelang aus und verhinderte den Demokratisierungsprozess.

(Foto: ullstein bild – AP)

M 52 c Zwischen Fortschritt und Zerfall – Perspektiven der Entwicklung in Afrika

[Es ist] sinnvoll, die 53 Staaten bzw. Länder des afrikanischen Kontinents (s. Karte S. 31) in wenigstens drei Gruppen einzuteilen, differenziert nach einem ökonomischen Kriterium (wirtschaftliches Wachstum) in Kombination mit einem politischen (Bürgerkrieg oder politische Stabilität als Folge von demokratischen Reformen oder von autoritärer Herrschaft). Damit ergibt sich folgende Typologie, die sowohl die großen politischen Leistungen in Sachen Demokratie und Entwicklung als auch die unübersehbaren Defizite afrikanischer Politik – Bürgerkriege, ethnische Gewalt, Korruption, Unterdrückung der Zivilgesellschaft, Politisierung entlang ethnischer und religiöser Identitäten etc. – widerzuspiegeln versucht:
Am weitesten hat es eine kleine Gruppe von ca. neun bis zehn demokratischen Ländern gebracht, in denen das Gewaltmonopol des Staates weitgehend gesichert, politische Partizipation mittels freier und fairer Wahlen gewährleistet und auf dem langen Weg zum verfassten Rechtsstaat (Unabhängigkeit der Justiz) bereits einige spürbare Fortschritte erzielt worden sind. Nach dem US-amerikanischen Freedom House Index, der die bürgerlichen und politischen Freiheitsrechte taxiert (s. Grafik und M 55 c), gelten diese Staaten als „frei". Zu dieser Gruppe der erfolgreichen demokratischen Transitionsstaaten gehören Benin, Mali, Ghana und Senegal in Westafrika; denn hier ist ein auf Wahlen gegründeter Regierungswechsel möglich geworden. Ferner zählen dazu die beiden ökonomischen und politischen Erfolgsmodelle Mauritius und Botswana mit den höchsten durchschnittlichen Pro-Kopf-Einkommen (PKE: 3540 bzw. 3240 US-Dollar), neben Südafrika mit 42 Millionen Einwohnern (3170 US-Dollar). Mit Einschränkungen sind auch die drei Armutsländer Tansania (260 US-Dollar), Malawi (180 US-Dollar) und Namibia (1890 US-Dollar) zu dieser Gruppe zu rechnen (die Karte S. 31 beruht auf einem älteren Stand).
Am anderen Ende der Freiheitsskala steht die Gruppe der Länder, die von diversen Stadien des Staatsverfalls (Staatsimplosion) und des Staatszerfalls heimgesucht sind und in denen freie und rechtsstaatliche Verhältnisse durch Militärdiktaturen bis auf weiteres blockiert werden. In diese Gruppe gehören zum einen die Länder, in denen der Staatszerfall durch (Bürger-)Kriege bis zum Staatskollaps fortgeschritten ist: Somalia, Sierra Leone und Liberia, ferner Angola und Kongo/Zaire, zum anderen die Staaten, in denen kriegerische Ereignisse und militante Konflikte (häufig in Form „ethnischer Säuberungen") eine demokratische Entwicklung in den vergangenen Jahren blockierten und teilweise noch verhindern: Burundi und Ruanda, Uganda und Guinea, Äthiopien, Eritrea und Sudan, die Zentralafrikanische Republik und Tschad. Für 2001 rechnete der Freedom House Index insgesamt 15 Staaten Afrikas südlich der Sahara zu den „unfreien" Ländern (vgl. Grafik für 2003).
Eine dritte Gruppe von Staaten, positioniert zwischen demokratischen Transitionsländern und gewaltträchtigen Staatszerfalls- und Bürgerkriegsländern, bilden die „teilweise freien" Staaten des Freedom House Index, die gegenwärtig etwa die Hälfte der 48 Staaten südlich der Sahara ausmachen (s. Grafik). Hier ist zwar das Gewaltmonopol des Staates im Großen

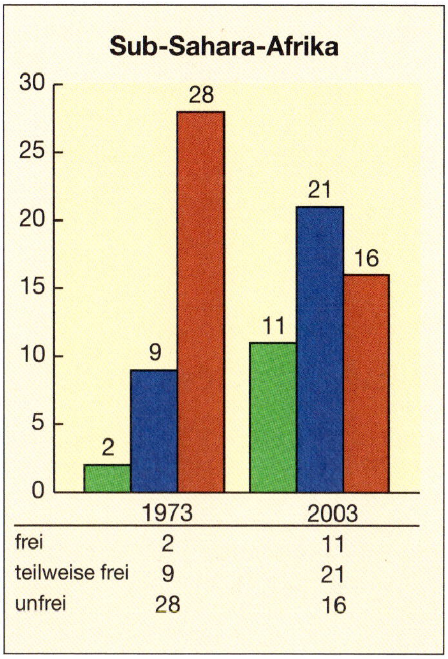

(www.freedomhouse.org)

und Ganzen gesichert, aber demokratische Reformen, der Schutz der Menschenrechte und die Unabhängigkeit der Justiz sind erst ansatzweise realisiert und angelaufene Reformmaßnahmen erfahrungsgemäß reversibel. Die politische Stabilität dieser Staaten (bzw. ihrer politischen Regime) beruht auf dem effektiven Erfolg eines repressiven Herrschaftsmodells, das sich auf den antipluralistischen Präsidentialismus stützen kann.

Fragt man nach einer Erklärung für diese unterschiedliche Entwicklung, so lassen sich wenigstens drei Bündel von Ursachen feststellen, die hier nur angedeutet werden können: endogene, exogene und strukturelle Faktoren. [...]
Während strukturelle und exogene Faktoren von den Entwicklungsgesellschaften kaum oder gar nicht beeinflusst werden können, sind es meistens die endogenen Faktoren, in Kombination mit der Ausstattung des Landes mit begehrten Rohstoffen, die zu sehr unterschiedlichen Entwicklungsresultaten geführt haben.

(Rainer Tetzlaff, Die Staaten Afrikas zwischen demokratischer Konsolidierung und Staatszerfall, in: Aus Politik und Zeitgeschichte B 13-14/2002 v. 29.3.2002, S. 4f.)

M 52 d Gescheiterte Staaten – Gefahrenherde für die internationale Sicherheit

Durch den Krieg gegen den Terrorismus ruht die Aufmerksamkeit der Weltöffentlichkeit plötzlich auf mehreren Staaten, in denen das Chaos regiert. Ob im Sudan oder in Afghanistan, in Sierra Leone oder Somalia – nihilistische Schwerverbrecher können sich darauf verlassen, hier Unterschlupf zu finden und auch finanziell unterstützt zu werden. [...]
Der Terrorismus ist aber nur eine der Gefahren, die von dysfunktionalen Staaten ausgehen. Ein großer Teil des Nachschubs an illegalen Drogen kommt aus solchen Ländern – sei es Opium aus Afghanistan oder Kokain aus Kolumbien. Auch alle anderen Verbrechen gedeihen im staatlichen Chaos. [...] Die Erfahrung hat aber gezeigt, dass ... Entwicklungshilfe und die bisherigen Versuche des Westens, zur Bildung geordneter Staatswesen Unterstützung zu leisten, keine verlässlichen Erfolge gebracht haben. [...] In Ländern wie dem Tschad, in Haiti oder Angola kann man mit Entwicklungshilfe nicht viel erreichen. [...] Wenn man von außen in einem solchen Staat überhaupt etwas bewirken will, muss man damit beginnen, erst einmal die Institutionen zu schaffen, die als Voraussetzung für jede wirtschaftliche Entwicklung dienen. Mit anderen Worten: Man muss sich auf ein gefährliches Terrain begeben und bei der Schaffung eines funktionierenden Gemeinwesens helfen. [...]

(Sebastian Mallaby, Imperialist wider Willen; in: Rheinischer Merkur Nr. 10/2002, S. 10)

2. Autokratien

Mit dem bewusst sehr allgemeinen Ausdruck „Autokratien*" sollen alle staatlichen Herrschaftssysteme zusammengefasst werden, die weder eindeutig dem failed-state-Syndrom angehören noch lupenreine Demokratien sind, also möglicherweise die große Mehrzahl der Länder dieser Erde. Autokratien sind definitorisch wenigstens mit einigen schlechten Institutionen behaftet; insbesondere schließt eine Staatsform, die sich zumindest partiell als jenseits des Rechts begreift, das Bestehen eines Rechtsstaates definitorisch aus. Grundsätzlich sind allerdings Autokratien mit einer guten Verwaltung und einem geringen Maß an Korruption denkbar, wenn auch sicherlich – was die Korruption angeht – in der Wirklichkeit nicht oft anzutreffen. Ohne jede Frage können aber grundsätzlich Autokratien

bei den angeführten drei Indikatoren guter Wirtschaftspolitik (Inflation, ausgeglichenem Haushalt, Offenheit für den Außenhandel) durchaus mit Leistungen aufwarten; Korea und Taiwan bis zur Demokratisierung dieser beiden Staaten dürften hierzu Beispiele abgeben. Umgekehrt gibt es selbstverständlich Autokratien mit schlechten Institutionen und schlechter Wirtschaftspolitik, wie das Beispiel Kongo-Zaire belegt.
Ein besonders düsteres Kapitel politischer Herrschaft in der Dritten Welt sind die **Militärdiktaturen,** die sich in den 60er- und 70er-Jahren stark ausbreiteten und in einigen Kontinenten (Lateinamerika und Afrika) sogar die übergroße Mehrzahl der Regierungen stellten.

Über die entwicklungspolitische Wirkung von Militärregimen wie von autoritären Regierungen insgesamt, die freilich von niemandem geliebt wurden, herrschten damals in einem Teil der entwicklungs- und allgemeinpolitischen Literatur ganz unangebrachte Vorstellungen. Der Berliner Politikprofessor Richard Löwenthal bemerkte sogar: „Jeder Grad an Freiheit wird mit etwas Verlangsamung der Entwicklung, jeder Grad an Beschleunigung mit etwas Verlust an Freiheit bezahlt. Das ist in der Natur des Prozesses unvermeidlich." (Staatsfunktionen und Staatsform in den Entwicklungsländern, in: ders., Hg.: Die Demokratie im Wandel der Gesellschaft, Berlin 1963, S. 187) Dahinter stand die Vorstellung, dass Entwicklung wenigstens in der Frühphase einem armen Volk unter anderem wegen der notwendigen Investitionen Opfer abverlange, die ein Diktator erzwingen, eine gewählte Regierung aber nicht fordern könne. Militärs galten damals in einem Teil der entwicklungspolitischen Literatur als in einigen Ländern einzige moderne Institution, von professionellem Geist erfüllt, nicht korrupt, in kurzen Befehlshierarchien und in Kategorien von Befehl und Gehorsam denkend, von nationalem Ehrgeiz getrieben und daher sowohl willens als auch (wie Diktatoren allgemein) fähig, die Entwicklung des eigenen Landes voranzutreiben. Gelegentlich wurde von *„Entwicklungsdiktaturen"* geredet.

Inzwischen sind wir längst eines Schlechteren belehrt worden: Militärregime haben in der Regel keineswegs als Wachstumsmaschine gewirkt, sondern sind meist nach gelegentlichen anfänglichen Erfolgen nicht nur in den Sumpf politischer *Repression* mit vielen Tausenden von Toten, sondern öfter auch in den Sumpf der *Korruption* geraten und haben darüber hinaus durch die Ausschaltung politischer Konkurrenten und starker zivilgesellschaftlicher Strukturen die Rückkehr oder die Einführung demokratisch-ziviler Regierungen erschwert. Eine der wenigen Ausnahmen ist übrigens Chile, wo sich der Militärdiktator Pinochet – was immer sonst auch über seine Herrschaft gesagt werden kann bzw. muss – nach der Niederlage bei einer freien Abstimmung über die Fortdauer der Herrschaft des Militärs und seiner selbst grollend-widerwillig, aber immerhin in die Kaserne zurückzog. Meist indes wurden Militärs als Ergebnis eines politischen und ökonomischen Scherbenhaufens mehr oder weniger zum Rücktritt gezwungen – so wie sie ihre eigene Herrschaft in der Regel mit dem Versagen der zivilen Institutionen zu begründen und zu legitimieren versucht hatten.
Militärregime neigten und neigen dazu, den **Rüstungsaspekt** überzubetonen und daher unverhältnismäßig große Teile der Staatseinnahmen für ihre Zwecke auszugeben. Anfang der 80er-Jahre z. B. gab Schwarzafrika für das Militär mehr Geld aus als für das Bildungs- und Gesundheitswesen zusammen (inzwischen korrigiert). Wertvolle Ressourcen werden damit verschleudert, selbst wenn man nicht dem Militär und damit der nationalen Verteidigung die Existenzberechtigung absprechen kann. Interessanterweise allerdings hat diese übermäßige Inanspruchnahme von nationalen Ressourcen für das Militär das Wachstum der Volkswirtschaften nicht nachhaltig behindert: Nicht nur, dass über Jahrzehnte hinweg die Länder mit den höchsten Militärausgaben die höchste Entwicklungshilfe erhielten, sie wuchsen auch am schnellsten. Warum das so ist, ist nicht ganz klar, vielleicht konnten sich auch nur die besonders schnell wachsenden Länder ein besonders teures Militär leisten! – Zum Anteil der Militärausgaben am Bruttosozialprodukt s. **M 53**.
Zusammenfassend kann man sagen, dass es heute als gesichert gelten kann, dass Militär- bzw. autokratische Regime demokratischen gegenüber keineswegs Vorteile haben, was die Entwicklung ihrer Länder angeht. Über die politischen Nachteile braucht weiter kein Wort verloren zu werden.

M 53 Militärausgaben – Anteil der Militärausgaben am BSP 1999

Militärausgaben des Verteidigungsministeriums einschließlich Rekrutierung, Ausbildung, Bauten und Kauf militärischer Ausrüstungsgüter, unter Ausschluss der Ausgaben für die Sicherung der öffentlichen Ordnung, als Prozentsatz des Bruttosozialprodukts

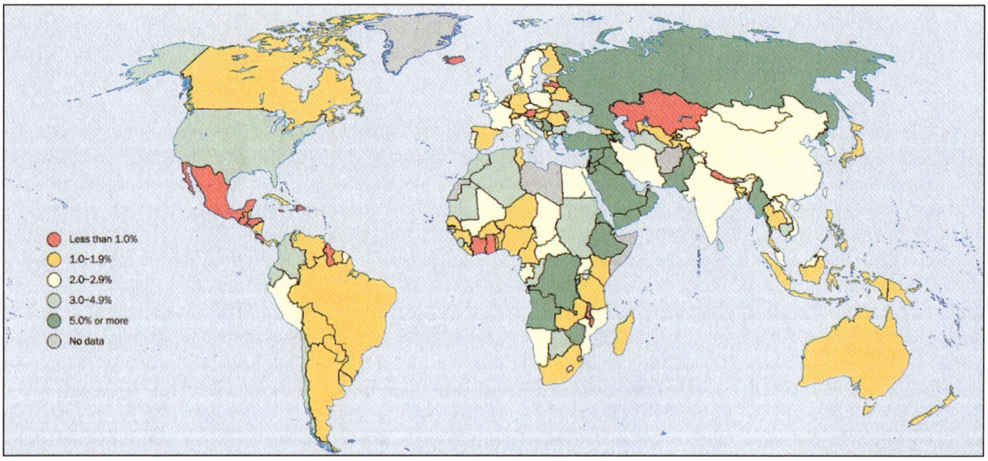

Verteilung der Weltbevölkerung nach Ländern und Anteil der Militärausgaben am Volkseinkommen

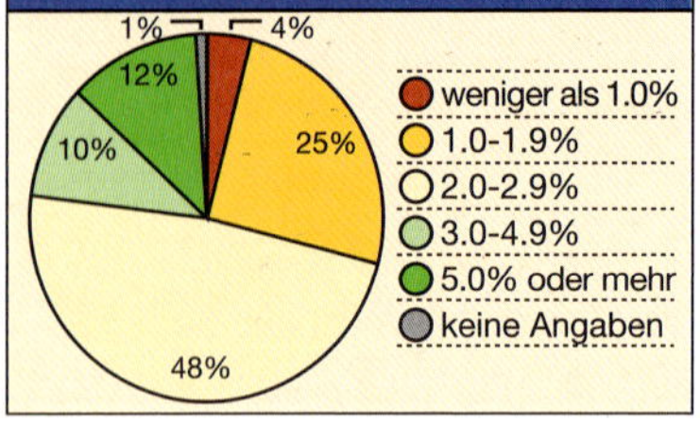

Militärausgaben als Anteil am Volkseinkommen, 1999, in Prozent

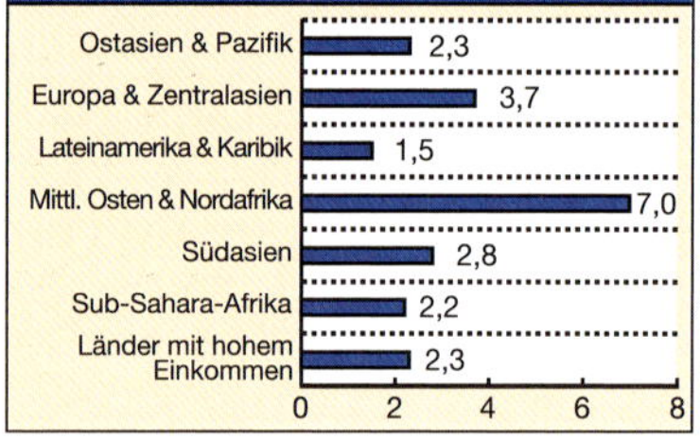

Militärausgaben als Anteil am Volkseinkommen, 1999, in %

	Länder	Volkseinkommen in Mrd. $ 2000	Bevölkerung in Mio. 2000	Pro-Kopf Einkommen in $ 2000
weniger als 1.0%	22	867	239	3,630
1.0–1.9%	58	11,433	1,536	7,440
2.0–2.9%	30	7,121	2,913	2,440
3.0–4.9%	27	10,283	589	17,450
5% oder mehr	25	1,309	712	1,840
keine Angaben	45	301	68	4,410

(World Bank Atlas 2002, Washington, D.C., und New York, S. 50)

1. *Erläutern Sie, was man unter dem sog. „failed-state-Syndrom" versteht (Text, S. 123). Was bedeutet das Fehlen des staatlichen Gewaltmonopols und das weitgehende Fehlen von Loyalität* gegenüber dem Staat für das Zusammenleben der Bürger in solchen „gescheiterten" Staaten? Erläutern Sie die grundsätzliche Bedeutung, die der Schaffung von Rechtssicherheit durch funktionierende und kontrollierende staatliche Institutionen für die wirtschaftliche und gesellschaftliche Entwicklung zukommt.*
2. *Beschreiben Sie anhand von M 52 a/b die Entwicklung in Afrika nach dem Ende des Kalten Krieges (vgl. auch M 65). Inwiefern erwiesen sich viele Staaten nunmehr als bloße, von Autokraten gelenkte „Attrappen"? (M 52 a; zum Beispiel Mobutus, s. M 52 b)*
3. *Ziehen Sie zur Beschreibung der heutigen politischen Strukturen in Afrika (M 52 c) die Karte M 11 (S. 31) hinzu und achten Sie auf aktuelle Berichte in Tageszeitungen, in denen fast täglich über problematische Entwicklungen in einzelnen Ländern Afrikas zu lesen ist. Zur Kategorisierung der Länder nach dem Freedom House Index s. M 55 c.*
4. *Legen Sie dar, aus welchen Gründen man eine Zeit lang geglaubt hat, dass Militärdiktaturen als „Entwicklungsdiktaturen" der Wachstumsentwicklung in Entwicklungsländern dienlich sein könnten. Inwiefern ist man hier „längst eines Schlechteren belehrt worden"? (Text S. 127). Welches differenzierte Bild ergibt sich beim Vergleich der Militärausgaben einzelner Länder (M 53)?*

3. Demokratien

Demokratie ist in der politischen Diskussion zu so etwas wie einem Synonym für alles Gute, Wahre und Schöne in der Politik geworden. Das trifft so nicht zu: Selbstverständlich gibt es Demokratien, die zwar Herrschaft des Rechts aufweisen (sonst wären sie keine), die aber ein erhebliches Maß an Korruption kennen und die auch eine recht unzulängliche Verwaltung aufweisen. Weiter wird auch festzustellen sein, dass auch und vielleicht gerade Demokratien schlechte Wirtschaftspolitik betreiben können, sich z. B. eine relativ hohe Inflation, einen relativ unausgeglichenen Haushalt und ein relativ protektionistisches Außenhandelsregime leisten können.
So können wir zusammenfassend feststellen, dass es nach neueren empirischen Untersuchungen, u. a. der Weltbank, für Entwicklung gar nicht in erster Linie auf die politische Staatsverfassung (außer der Bedeutung des Rechtsstaates) ankommt, sondern auf die beiden Bereiche von *Institutionen* und verfolgter *Wirtschaftspolitik*. Die Weltbank hat empirisch in der Tat nachgewiesen, dass es in den Ländern, die in beiden Bereichen negative Werte aufweisen, nicht zu Entwicklung kommt und dass Entwicklungspolitik hier nichts bewirkt, wenn sie diese beiden Bereiche nicht in den Blick nimmt.

M 54 a „Demokratie ist kein Luxus“

Überall auf der Welt erkennen immer mehr Menschen, dass die Staats- und Regierungsführung für die Entwicklung von Bedeutung ist, dass Institutionen, Regeln und politische Prozesse eine wichtige Rolle dafür spielen, ob Wirtschaftswachstum stattfindet, ob Kinder zur Schule gehen und ob bei der menschlichen Entwicklung Fortschritte oder Rückschritte zu verzeichnen sind. Die Förderung der menschlichen Entwicklung ist also nicht nur eine soziale, wirtschaftliche und technologische, sondern auch eine institutionelle und politische Herausforderung.
Mit diesem neuen Konsens wächst auch die Überzeugung, dass viele nach wie vor bestehende Entwicklungsprobleme auf Versagen bei der Staats- und Regierungsführung zurückzuführen sind. Studien in einer Reihe von Ländern und Regionen machen eine schwache Staats- und Regierungsführung für das Fortbestehen von Armut und eine verzögerte Entwicklung verantwortlich. Die Krise bei der Staats- und Regierungsführung zeigt sich deutlich in Form von weit verbreiteter Korruption, in unzureichenden öffentlichen Diensten und zahlreichen anderen Mängeln. Die Studien haben ebenfalls nachgewiesen, was eine schlechte Staats- und Regierungsführung für den Normalbürger bedeutet – Schulen ohne Lehrer, Gerichtshöfe ohne Gerechtigkeit und in den Kommunen Bürokraten, die auf Schritt und Tritt Schmiergelder verlangen.
Wie kann man eine gute Staats- und Regierungsführung fördern? Darauf gibt es keine eindeutige Antwort. Ein Großteil der derzeitigen Debatte dreht sich jedoch vor allem darum, was Institutionen und Regeln unter Gesichtspunkten wie Transparenz, Partizipation, Sensibilität, Rechenschaftspflicht und Rechtsstaatlichkeit effizienter macht. Sie alle sind wichtig für die menschliche Entwicklung, insbesondere deshalb, weil ineffiziente Institutionen üblicherweise armen und verwundbaren Menschen am meisten schaden. [...]
Demokratie kann zwar eine sozial ausgewogenere Entwicklung fördern, die Ziele von Demokratie und Gleichheit sollten jedoch im Großen und Ganzen unabhängig voneinander betrachtet werden – beide erfordern außerdem engagierte Bemühungen und politischen Willen. Demokratie mag zwar nicht automatisch eine ausgewogene soziale und wirtschaftliche Entwicklung gewährleisten, sie verhindert sie jedoch mit Sicherheit auch nicht. Ebenso verhindert Armut auch nicht Partizipation: In Costa Rica, Indien, Jordanien, Mosambik und im Senegal ist die Partizipation wesentlich stärker ausgeweitet worden als in den jeweiligen Nachbarstaaten mit ähnlichen Einkommensverhältnissen. Man kann da-

raus die Lehre ziehen, dass Demokratie für Entwicklungsländer kein Luxus ist. Im Gegenteil, die Demokratie ist von wesentlichem Wert für die menschliche Entwicklung, weil sie einen starken Zusammenhang mit den politischen und bürgerlichen Freiheiten aufweist und zur sozialen und wirtschaftlichen Entwicklung beitragen kann. Dieser Zusammenhang ist jedoch nicht automatisch vorhanden, und ihn zu stärken ist die Herausforderung für eine demokratische Staats- und Regierungsführung – nämlich, dafür zu sorgen, dass demokratische Institutionen der menschlichen Entwicklung dienen.

(UNDP, Human Development Report 2002, deutsche Ausgabe: Bericht über die menschliche Entwicklung 2002, UNO-Verlag, Bonn 2002, S. 57, 69)

M 54 b

GRAFIK 2.9

Kein automatischer Zusammenhang zwischen Demokratie und menschlicher Entwicklung

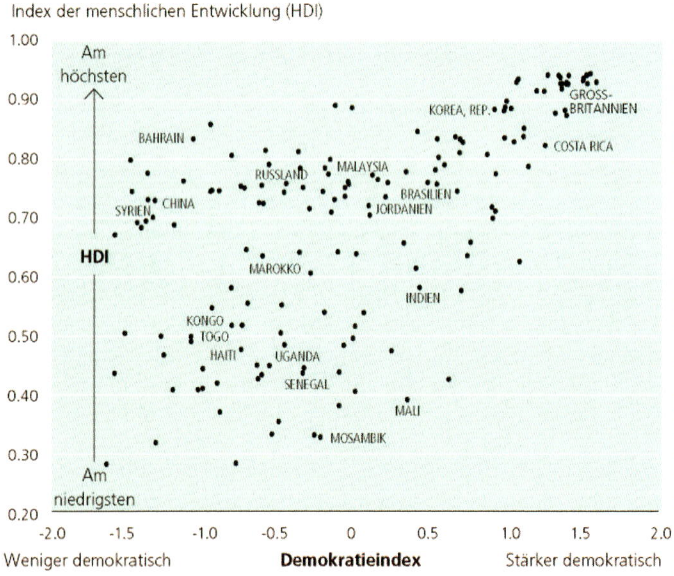

Anmerkung: Der Demokratieindex ist der "Voice and Accountability Index" aus World Bank 2001c.
Quelle: World Bank 2001c, Indikatortabelle 1.

(UNDP, Human Development Report 2002, deutsche Ausgabe: Bericht über die menschliche Entwicklung 2002, UNO-Verlag, Bonn 2002, S. 69)

M 55 a

Die Welt wird demokratischer
Zahl der Länder

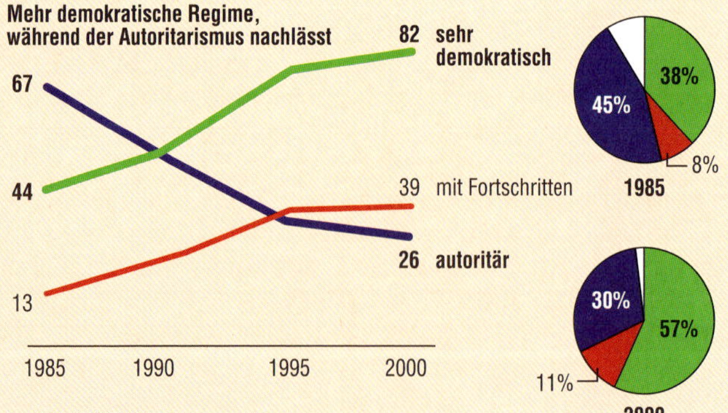

Quelle: Polity IV 2002

(UNDP, Human Development Report 2002, deutsche Ausgabe: Bericht über die menschliche Entwicklung 2002, UNO-Verlag, Bonn 2002, S. 17)

M 55 b Demokratiedefizite in arabischen Staaten

In vielen Ländern der islamischen Welt herrscht ein eklatantes Demokratiedefizit. Darin sind sich die meisten Fachleute einig, unabhängig davon, wie sie dieses Demokratiedefizit erklären. Besonders im arabischen Raum werden die individuellen Freiheiten – egal ob es sich um politische oder soziale Freiheiten handelt – eingeschränkt. In Saudi-Arabien etwa dürfen Frauen noch nicht einmal Auto fahren, geschweige denn politische Ämter übernehmen. Abgesehen davon ist Saudi-Arabien neben dem Oman das einzige Land auf der Welt, in dem der Koran die Funktion der Verfassung übernimmt. Kein Gesetz darf, zumindest theoretisch, der Heiligen Schrift der Muslime widersprechen. Von Menschen verabschiedete Gesetze seien mit dem Islam nicht vereinbart, so die Lehre der Wahhabiten, der in Saudi-Arabien dominierenden Rechtsschule.

Doch auch in arabischen Staaten, die sich dem Säkularismus [der weltlichen Gestaltung des öffentlichen Lebens] verschrieben haben, werden demokratische Freiheiten bisweilen genauso wenig zugestanden. In Syrien und im Irak [bis 2003] beispielsweise regiert seit über 30 Jahren die Baath-Partei, die zu den großen Feinden der Islamisten gehört. Die Baathisten möchten die gesamte arabische Welt unter einem Dach vereinigen. Der Islam spielt für sie nur als maßgebliche Prägekraft für die kulturelle Identität der Araber eine Rolle. Doch gerade Irak [bis 2003] und Syrien sind Diktaturen, in denen Meinungs- und Pressefreiheit so gut wie nicht vorhanden sind. Bei den als Routineveranstaltungen ablaufenden Parlaments- oder Präsidentschaftswahlen werden die Kandidaten meist mit 90 oder mehr Prozent der Stimmen wiedergewählt. Verschiedene Geheimdienste sind allgegenwärtig, und wer sich nicht an die strengen Regeln hält, riskiert für Jahre ohne Gerichtsverhandlung inhaftiert zu werden. Folter ist in irakischen und syrischen Gefängnissen an der Tagesordnung. Andere arabische Regime, wie in Ägypten, Jordanien, Tunesien oder Marokko, lassen der Bevölkerung zwar einen größeren Freiraum, in letzter Instanz aber entscheidet das Staatsoberhaupt – sei es ein Diktator, Präsident oder Monarch.

Worin jedoch liegen die Gründe für dieses Demokratiedefizit? Hat es etwas mit dem Islam zu tun oder vielleicht sogar etwas mit einer wie auch immer gearteten „arabischen" Mentalität? Oder ist der Westen schuld, weil er undemokratische Regime im Nahen Osten unterstützt? Wie nicht anders zu erwarten, gibt es auf diese Fragen keine eindimensionale Antwort. Demokratisierung, egal in welcher Gesellschaft sie stattfindet, ist ein mühsamer Prozess, der günstiger Umstände bedarf. In der arabischen Welt aber waren die Umstände für eine Demokratisierung in den vergangenen Jahrzehnten ungünstig.

(Informationen zur politischen Bildung aktuell 2002, Islam und Politik, Bundeszentrale für politische Bildung, Bonn 2002, S. 10f.; Verf.: Albrecht Metzger)

Demokratie in islamischen Ländern

Land	PR	BF	Rating
Ägypten	6	6	unfrei
Afghanistan	7	7	unfrei
Albanien	3	4	teilw. frei
Algerien	6	5	unfrei
Bangladesch	3	4	teilw.frei
Indonesien	3	4	teilw. frei
Iran	6	6	unfrei
Irak	7	7	unfrei
Jordanien	5	5	teilw. frei
Kuwait	4	5	teilw. frei
Libyen	7	7	unfrei
Marokko	5	5	teilw. frei
Nigeria	4	5	teilw. frei
Pakistan	6	5	unfrei
Saudi-Arab.	7	7	unfrei
Somalia	6	7	unfrei
Syrien	7	7	unfrei
Türkei	4	5	teilw. frei
Jemen	6	6	unfrei

PR: Politische Rechte
BF: Bürgerliche Freiheiten } s. M 55 c

(Wochenschau Verlag nach: Adrian Karatnycky, Muslim Countries and the Democracy Gap – The 2001 Freedom House Survey; in: Journal of Democracy, H1/2002, S. 108–109)

M 55 c Freedom in the World

Freedom in the world ist eine Auswertung politischer Rechte und bürgerlicher Freiheiten in der Welt, die Freedom House, eine regierungsunabhängige Non-Profit-Organisation, die 1941 in New York gegründet wurde, seit 1973 jährlich durchgeführt hat. […] Die Untersu-

chung schätzt die Freiheit ein Landes ein, indem sie dessen Leumund auf diesen beiden Gebieten untersucht:
Ein Land gewährt seinen Bürgern politische Rechte, wenn es ihnen erlaubt, politische Parteien zu gründen, die für einen bedeutsamen Umfang an Wahlfreiheit stehen, deren Führer sich offen um Machtpositionen in der Regierung bewerben und in diese auch gewählt werden können.
Ein Land wahrt die bürgerliche Freiheit seiner Bürger, wenn es deren religiöse, ethnische, wirtschaftliche, sprachliche und sonstige Rechte einschließlich Frauen- und Familienrechten, persönlicher Freiheiten und die Freiheiten der Presse, des Glaubens und der Vereinigung respektiert und schützt.
Die Untersuchung schätzt jedes Land auf einer Sieben-Punkte-Skala für politische Rechte und bürgerliche Freiheiten ein (1 steht für die freiesten und 7 für die am wenigsten freien) und teilt die Welt dann in drei große Kategorien ein:
„frei" (Länder, deren Ratings einen Durchschnitt von 1 bis 3 aufweisen); „teilweise frei" (Länder mit einem Rating-Durchschnitt zwischen 3 und 5,5); „unfrei" (Länder, deren Ratings einen Durchschnittswert von 5,5 bis 7 aufweisen).
Die Ratings sind nicht nur Einschätzungen des Verhaltens von Regierungen. Sie beabsichtigen vielmehr, die Wirklichkeit des täglichen Lebens wiederzugeben.

(Wochenschau Sek. II, Nr. 1, Januar/Februar 2003, S. 46; Wochenschau-Verlag, Schwalbach; Verf.: Adrian Karatnycky)

Der Freedom-House-Index 2003 (vgl. die Übersichtskarten unter der Internetadresse www.freedomhouse.org) zieht u.a. folgende Bilanz zur Entwicklung in den letzten 30 Jahren (1973–2003):
2003 hatte sich die Zahl der „freien" Länder mit 89 (1973: 43) verdoppelt; dem Weltbevölkerungsanteil nach bedeutet das aber nur eine Steigerung von 35 auf 44%. „Unfrei" waren 2003 48 Länder (25% der Weltbevölkerung; 1973: 69 Länder = 46%). Unterscheidet man zwischen (mehrheitlich) muslimischen Ländern und (mehrheitlich) nicht-muslimischen, ergibt sich für die nicht-muslimischen eine Steigerung der Zahl der „freien" Länder von 41 (1973) auf 87 (2003) sowie eine Verringerung der „unfreien" von 46 (1973) auf 21 (2003); für die muslimischen Länder blieb die geringe Zahl von 2 „freien" Ländern gleich, die Zahl der „unfreien" erhöhte sich von 23 (1973) auf 27 (2003); „teilweise frei" waren 1973 11 und 2003 18 dieser Länder.
„Unsere Liste enthält neun Länder, die als die Schlechtesten der Schlechtesten („worst of the worst") zu beurteilen sind im Hinblick auf das Vorhandensein bürgerlicher Freiheiten und politischer Rechte: Burma, Kuba, Irak, Libyen, Nordkorea, Saudi-Arabien, Sudan, Syrien und Turkmenistan." (http://freedomhouse.org)

1. *Erklären Sie, warum der Text zu dem Urteil kommt, dass (aus vielerlei Gründen natürlich wünschenswerte) demokratische Staatsformen nicht unbedingt die Gewähr für eine günstige wirtschaftliche Entwicklung bieten. Vergleichen Sie dazu M 54 a. Fassen Sie diese differenzierte Stellungnahme zum Stellenwert einer demokratischen Staatsform in wenigen Sätzen zusammen.*
2. *Analysieren Sie die grafische Darstellung M 54 b. Wie lässt sich daraus die Überschrift ableiten? Nennen Sie einige Länder, deren Position gegen einen Zusammenhang von Demokratie und positiver Entwicklung (zum HDI s. M 26 a) spricht, und solche, bei denen dieser Zusammenhang offenbar gegeben ist. Wie erklären Sie sich dieses Bild?*
3. *Anhand der Informationen aus M 55 a – c können Sie sich einen Überblick über die „Karriere" der Demokratie in den letzten 20 Jahren, aber auch über bestehende „Demokratiedefizite" in vielen Ländern, insbesondere in der islamischen Welt, machen. Die Einstufung aller einzelnen Länder und die jeweils neueste Entwicklung können Sie der Internetseite von Freedom House entnehmen (http://www.freedomhouse.org).*

E. Umwelt

Entwicklungsländer zeichnen sich gelegentlich durch die Ungunst der Natur aus (1.), zuweilen führt Entwicklung oder auch Unterentwicklung zu menschgemachten Umweltproblemen (2.).

1. Die Ungunst der Natur

Ältere Entwicklungstheorien haben immer wieder auf Probleme hingewiesen, die die Ungunst der Natur der angestrebten Entwicklung bereiten soll. So fehle es etwa an natürlichen Ressourcen*, Rohstoffen, fruchtbaren Böden, einem bekömmlichen Klima oder ausreichend Wasser; von daher wurde von vornherein ein schlechteres Entwicklungspotenzial für die betroffenen Regionen behauptet. Ein Beispiel wäre das Problem der **Versorgung mit Wasser** (s. dazu **M 56 a – c**).

Eine große Zahl von Menschen (mehr als eine Milliarde) hat bis heute keinen Zugang zu einwandfreiem Trinkwasser – was selbstverständlich erhöhte Gesundheitsrisiken mit sich bringt. (Gerade in den Tropen werden zahlreiche Krankheiten durch infiziertes Wasser übertragen.) Bei dieser so genannten „Wasserkrise", bei der auch internationale Aspekte (bis hin zu möglichen Kriegen um Wasserressourcen) viel diskutiert werden, sind allerdings verschiedene Aspekte sorgfältig zu unterscheiden:

- Die Frage nach Verfügbarkeit bzw. nach Investitionen:
  Das beschriebene Problem bedeutet für die allermeisten Länder keineswegs, dass zu wenig Wasser zur Verfügung stünde. Vielmehr ist in den meisten Fällen das *Fehlen von Investitionen* zu beobachten: Wenn, nach alter Väter Sitte, Wasser aus Ziehbrunnen, Quellen, Flüssen oder Seen genutzt wird, führt zunehmende Bevölkerung und anschwellender Viehbestand dazu, dass die natürliche Reinigungskraft der Wasservorkommen überschritten wird. Es muss, mit anderen Worten, in Systeme zur Abwassersammlung und -reinigung investiert werden. Geschieht das, wie in unzähligen Ländern, nicht oder nur in unzureichendem Ausmaß, kann logischerweise der Zugang zu einwandfreiem Wasser bedroht sein.
  Will man es bequemer haben, also Wasser zu öffentlichen Brunnen, zu Zapfstellen auf privaten Grundstücken oder gar in die Häuser selbst leiten, sind erst recht (teils erhebli-

Schlange stehen am Brunnen in Kenia – die UNO hat ausgerechnet, dass 1,1 Mrd. Menschen keinen sicheren Zugang zu sauberem Trinkwasser haben.

(Foto: © dpa-Fotoreport/Stephan Jansen)

che) Investitionen erforderlich. Es ist kein Zufall (s. **M 56 c**), dass der Zugang zu einwandfreiem Wasser mit dem Wohlstand steigt. Die „Wasserkrise" ist in erheblichem Umfang in Wahrheit eine Unterinvestitionskrise.

- Mit den Investitionen ist es jedoch nicht getan: Wasserversorgungs- und -reinigungsanlagen sind technisch nicht immer einfache Systeme, die erstellt, betrieben, gewartet und, vor allem, bezahlt werden müssen. Man braucht, mit anderen Worten, Behörden, Gesellschaften oder Genossenschaften, die den *technischen wie kaufmännischen Betrieb* sicherstellen. Mit den rein technischen und betriebswirtschaftlichen Aspekten hängen auch *Fragen der sozialen Gerechtigkeit und der Kultur* zusammen: Kann man Armen Vollkostenbezahlung zumuten? Wie weit ist eine Quersubventionierung (von Reich zu Arm) angebracht? Soll der Grundbedarf preiswerter sein als darüber hinausgehender Verbrauch? Die Tarifgestaltung ist Objekt zahlreicher Überlegungen. – Die Kultur kommt ins Spiel z. B. bei der Einstellung der Nutzer zur Bezahlung. Gegen massiven Widerstand der Nutzer gelingt das Beitreiben der Wassergebühren in der Regel nicht – und schon steht die Betreibergesellschaft ohne Geld da und vernachlässigt notwendigerweise die Wartung.
- Drittens ist die „Wasserkrise" oft auf *Verzerrung des Marktes* durch nicht kostendeckende Preise zurückzuführen; das gilt übrigens auch (und vielleicht in erster Linie) für Industrieländer: Weltweit werden etwa 70 Prozent des Wassers für die Landwirtschaft verwendet; die Bauern zahlen indes fast nirgends kostendeckende Preise. Ein zu billiges Gut wird zu stark nachgefragt (d.h. verschwendet), Wassermangel (wie anfangs der Neunzigerjahre in Kalifornien) kann dann die Folge sein. Auch hier ist also nicht die (natürliche) Wasserverfügbarkeit der begrenzende Faktor, sondern die falsche Preisgestaltung.
- Bleiben die (wenigen) Fälle, in denen das natürliche Wasserangebot auch für einen bescheidenen Konsum nicht ausreicht. Auch hier ist wieder zu unterscheiden:

  Wasser ist nicht (nur) einfach da, sondern es kann gewonnen werden, z. B. durch Mehrfachnutzung (etwa im Tal der Ruhr, wo der gleiche Wassertropfen nach Reinigung und Rückführung in den Fluss bis zu zehnmal genutzt wird) oder durch Meerwasserentsalzung: In Kuwait steht praktisch kein Wasser zur Verfügung, trotzdem leidet das Land keinen Wassermangel, da es Entsalzungsanlagen betreibt. Das setzt natürlich einen bestimmten Wohlstand voraus; so betrachtet ist die „Wasserkrise" eher eine „Wohlstandskrise" – dass nämlich ein Land zu wenig Wasser hat und auch nicht die Mittel, es durch Entsalzung oder Mehrfachnutzung zu gewinnen.

  Die gelegentlich zu hörende Behauptung, nicht um Öl, sondern um Wasser werde es die nächsten Kriege im Nahen Osten geben, rechnet – zu Recht oder zu Unrecht – mit massiver Unvernunft der Beteiligten: Ein Krieg ist um Größenklassen teurer als der Bau und Betrieb von Meerwasserentsalzungsanlagen, er ist – von allen anderen Aspekten abgesehen – also schlicht unrentabel.

Die UNO hat sich auch der besonderen Probleme von isolierten Inselstaaten fernab von den Weltverkehrswegen angenommen oder auch das Phänomen von *Binnenstaaten* (land-locked-states) zu einem besonderen Entwicklungserschwernis erklärt. – Es ist, zusammengenommen, in der Tat auffällig, dass rings um den Äquator ein Gürtel der Unterentwicklung die Erde umspannt (s. dazu **M 57 a** und **M 21 a**).
Andererseits zeigen Beispiele, dass auch solch widrige Faktoren überwindbar sind, dass umgekehrt eine besondere Gunst der Natur, z.B. Ölreichtum, keineswegs zu recht verstandener Entwicklung führen muss (s.a. **M 35**).

Zur Ungunst der Natur ein meistens Verblüffung hervorrufendes Beispiel: Es handelt sich um ein Land, aus dem nach der üblichen Auffassung nichts werden kann: äußerst dicht besiedelt, außerstande, sich selbst zu ernähren (unter anderem, weil ein erheblicher Teil der Fläche durch nicht nutzbare Hochgebirge eingenommen wird), so dass es fast 38 Prozent seines Getreidebedarfs importieren muss (1995), ohne Zugang zum Meer, wenn auch über einen schiffbaren Fluss mit diesem verbunden (der

betreffende Fluss berührt allerdings das Territorium mehrerer Staaten, so dass der Zugang zum Meer für Schiffe unseres Landes von deren gutem Willen abhängt), ohne nennenswerte Bodenschätze, sprachlich, kulturell und religiös zerklüftet (noch im 19. Jahrhundert gab es deswegen einen Bürgerkrieg), mit vergleichsweise schwacher Zentralregierung: Völlig klar, dass hier Entwicklung aussichtslos ist! Nun, die Schweizer würden sich für diese Schlussfolgerung sehr bedanken!
Oder: Eine winzige, völlig übervölkerte Insel am Rande eines riesigen Kontinents, ohne Bodenschätze, außerstande, sich selbst zu ernähren, von unterschiedlichen Ethnien bewohnt – Schlussfolgerung wie oben. Die Insel heißt Singapur – so wohlhabend wie Deutschland (s. dazu **M 23 a**).

Theorien, die den Entwicklungsländern unvermeidlich die Fortdauer von Unterentwicklung und Armut anzukündigen schienen, sind in den letzten Jahrzehnten in Misskredit geraten. Völlig ausgestorben sind sie nicht (s. **M 57 b**), und vielleicht ist die mittlere Position diejenige, die der Wahrheit am nächsten kommt: Hemmnisse in der Natur gibt es reichlich, aber die menschliche Intelligenz kann sie grundsätzlich überwinden, insbesondere mithilfe der modernen Technik (z. B. in tropischen Ländern dem Einsatz von Klimaanlagen, der allerdings wiederum ein bestimmtes Wohlstandsniveau voraussetzt; s. **M 57 a**).

2. Menschgemachte Umweltprobleme

Jede menschliche Tätigkeit greift in die Umwelt ein; unterhalb kritischer Werte wird diese damit spielend fertig. Oberhalb dieser Werte treten Umweltverschlechterungen und Umweltzerstörung ein. Diskutiert wird zurzeit (z. B. im Zusammenhang mit dem Treibhauseffekt), ob es *Grenzwerte* gibt, oberhalb derer eine kleine Zunahme der Belastung den Zusammenbruch ganzer Systeme (bzw. von Regelkreis-Instabilitäten immer weiter weg von früheren Gleichgewichtszuständen) bewirkt. So gibt es (umstrittene) Szenarien, nach denen ein globaler Klimawandel bis zu einem bestimmten Punkt keine Auswirkung auf die europäische „Zentralheizung", den Golfstrom, hat, dann aber eine kleine Fortsetzung des Trends diesen irreversibel zum Stillstand bringen werde.

Beginnend mit dem Aufsehen erregenden Bericht an den *Club of Rome* von 1972 (s. dazu **M 122 a**) ist eine erhebliche Zahl von immer detaillierteren „Weltmodellen" vorgelegt worden, darunter auch das *relativ* optimistische argentinische *Bariloche-Modell**. Unabhängig von den im Einzelnen sicher diskutablen Ergebnissen der verschiedenen Computersimulationen ist es ein bleibendes Verdienst dieser Bemühungen, zur Sensibilisierung der Öffentlichkeit für Umweltfragen maßgeblich beigetragen und die Selbstverständlichkeit in Erinnerung gerufen zu haben, dass unsere Welt endlich ist und „unendliches" Wachstum daher unmöglich ist. (Eine Ausnahme von dieser „Endlichkeit" bildet der Bereich Energie, bei der die Erde gerade *kein* geschlossenes System ist.) Auf das sich hier stellende moralische Dilemma (keine Bereitschaft zu Wohlstands- oder auch nur Wachstumsverzicht bei den Industrieländern, die konsequenterweise eine solche Bereitschaft nicht von anderen – noch dazu ärmeren – Ländern verlangen können), ist besonders hinzuweisen. Das Problem ist bei einer stationären Weltbevölkerung schon schlimm genug, muss sich aber bei wachsender Bevölkerung verschärfen.
Zum Glück ist in keiner Weise ausgemacht, dass wirtschaftliches Wachstum mit einer Verschlechterung der Umwelt einhergehen muss. Zahlreiche Regionen der Dritten Welt weisen eine wesentlich schlechtere Umweltsituation auf als selbst die höchstbelasteten Regionen der Industrieländer (ohne den alten Ostblock) (s. dazu genauer **M 58 a**; zum Zusammenhang von Wirtschaftsentwicklung und Umwelt **M 58 b**).
Auf Versuche, international zu einer Abmilderung oder Lösung von Umweltproblemen zu kommen, und auf das Konzept der „nachhaltigen Entwicklung" werden wir in Kap. IV eingehen.

M 56 a Fallstudien zur Wasserknappheit

Süditalien	**Naher Osten**	**Aralsee**	**Sahelzone**
Siziliens Bürger leben in diesem Sommer wieder einmal im Ausnahmezustand. Leitungswasser fließt nur stundenweise, mafiöse Banden besetzen Brunnen und verkaufen Trinkwasser zu überhöhten Preisen – 27 Euro pro Liter sind keine Seltenheit. In Apulien verdursten die Büffel, die die Milch für den Mozarella liefern. Hier bewachen Polizisten die Quellen.	Der hohe Wasserverbrauch Israels sorgt für Spannungen in der Region. Die Landwirtschaft Israels ist bewässerungsintensiv, was dazu führt, dass ein Israeli im Schnitt vier- bis fünfmal so viel Wasser verbraucht wie ein Palästinenser. Die Türkei baut riesige Staudämme und gräbt Syrien und Irak somit sprichwörtlich das Wasser ab.	Die Sowjetunion leitete zwei den See speisende Flüsse für den Baumwollanbau um. Das Ergebnis: Der ehemals viertgrößte Süßwassersee der Welt ist heute zum großen Teil Wüste, in dem verbleibenden Wasser lebt kein Fisch mehr. Das Salz wird weggeweht und macht den Ackerbau im Umkreis unmöglich.	Für die Nomaden der Sahara gab es früher in der Sahelzone Wasser in Fülle. Wegen langer Dürreperioden und Überweidung ist die Sahelzone heute eines der trockensten Gebiete der Erde – die Wüste ist auf dem Vormarsch. Der Wassermangel führt zu gewaltsamen Zusammenstößen zwischen Farmern und Nomaden.
Äthiopien	**Afghanistan**	**China**	**Texas**
Im Norden Äthiopiens sind bis zu 270000 Menschen von einer Hungersnot bedroht. In den letzten zwei Jahren ist der Regen vollends ausgeblieben. Kühe verenden, wer noch Kraft hat, wandert ab. In den Städten verkaufen die Besitzer von Wasseranschlüssen das lebenswichtige Gut zu überhöhten Preisen.	Seit vier Jahren herrscht starke Dürre im Süden und Südosten des Landes. Besonders um Kandahar fiel der Wasserspiegel gefährlich. Die von Taliban-Regime und Krieg zerstörte Infrastruktur kann noch keine ausreichende Wasserversorgung sicherstellen. Nur zwölf Prozent der Bevölkerung haben Zugang zu sauberem Wasser.	Im Nordosten und in Peking gab es im März und April Sandsturm-Alarm. Das Phänomen des Gelben Staubs, der auch gesundheitsschädigende Schwermetallpartikel enthalten kann, tritt seit Jahren vermehrt im Frühling auf. Knapp ein Fünftel Chinas ist bereits Wüste. Die Ursachen: geringe Regenfälle, fehlende Vegetation, Stürme und übermäßige Landnutzung.	In Mexiko herrscht Wasserknappheit. Das seit 1944 bestehende Abkommen mit den USA, das beide Seiten zu gegenseitigen Wasserlieferungen verpflichtet, konnte Mexiko schon seit 1998 nicht mehr erfüllen. Die Folge: Texanische Farmer saßen auf dem Trockenen und protestierten. Der Streit wurde erst Anfang Juli beigelegt.

(Die Welt v. 26.7.2002, S. 6)

M 56 b Wie sollen Maßnahmen zur Wasserversorgung finanziert werden?

Die finanziellen und technischen Mittel zur Versorgung der Menschen weltweit mit sauberem Trinkwasser sollen verdoppelt werden. Darauf verständigten sich 170 Staaten und 43 internationale Organisationen beim 3. Welt-Wasser-Forum im japanischen Kyoto in einer gemeinsamen Abschlusserklärung am Sonntag. 1,2 Milliarden Menschen in der Welt hätten keinen Zugang zu sauberem Wasser und 2,4 Milliarden keine sichere sanitäre Versorgung. Diese Zahl soll bis zum Jahr 2015 halbiert werden. Pro Tag würden 6000 Menschen an Krankheiten sterben, weil sie schmutziges Trinkwasser oder eine ungeregelte Abwasserentsorgung haben, hieß es.

Differenzen gab es unter den Teilnehmern des Forums über die Finanzierung von Projekten zur besseren Wasserversorgung: Ein Ausschuss unter Leitung des früheren IWF-Direktors Michel Camdessus hatte sich dafür ausgesprochen, die Ausgaben für neue Wasser-Infrastruktur in Entwicklungsländern innerhalb der nächsten 25 Jahre von gegenwärtig 80 Milliarden Dollar auf 180 Milliarden Dollar zu erhöhen. Nicht-Regierungsorganisationen hielten das jedoch nicht für sinnvoll. Sie meinen, dass mit dem Geld vor allem große Infrastrukturprojekte wie Dämme gebaut würden, an denen dann vor allem die Unternehmen verdienten. Es gehe nicht nur um Geld, sondern auch um Maßnahmen wie Effizienzsteigerung, Einsparung und bessere Gesetzgebung, sagte die Parlamentarische Staatssekretärin im deutschen Entwicklungsministerium, Uschi Eid (Grüne). Am größten ist die Wasserknappheit in den südlich der Sahara gelegenen afrikanischen Staaten. In Asien gibt es die schmutzigsten Flüsse der Welt. [...]

(dpa, in: Süddeutsche Zeitung Nr. 69 v. 24.3.2003, S. 12)

M 56 c Zugang zu sauberem Trinkwasser, 2000

Prozentsatz der Bevölkerung mit akzeptablem (reasonable) Zugang zu sauberem oder aufbereitetem Trinkwasser

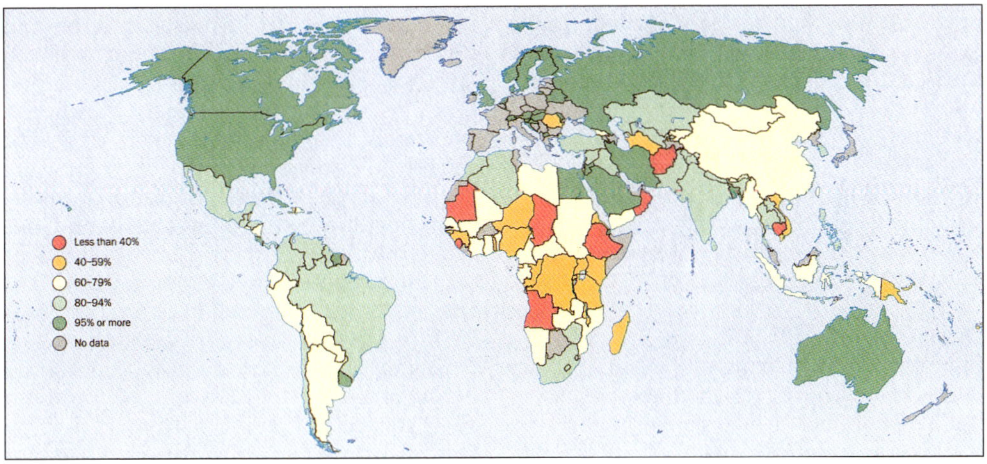

(World Bank Atlas 2002, Washington, D.C. und New York, S. 25)

M 57 a Der Zusammenhang von Klima und Entwicklung

Auf einer Weltkarte, die das Produkt oder das Einkommen pro Kopf der jeweiligen Bevölkerung zeigt, liegen die reichen Länder in den gemäßigten Zonen, insbesondere auf der nördlichen Erdhälfte; die armen Länder liegen in den Tropen und Subtropen (vgl. M 21 a).

Sicher, die Geografie ist nur einer der Faktoren, die hier eine Rolle spielen. [...]

Zuerst zum Klima. Die Welt weist eine breite Palette von Temperaturen und Temperaturmustern auf, je nach Standort, Höhenlage und Neigungswinkel der Sonneneinstrahlung. Die Unterschiede wirken sich unmittelbar auf den Aktivitätsrhythmus sämtlicher Arten aus: In kalten, nördlichen Wintern rollen sich einige Tiere einfach zusammen und halten Winterschlaf, in heißen schattenlosen Wüsten suchen Eidechsen und Schlangen kahle Plätze unter Felsen oder sogar unter der Erdoberfläche. (Das ist der Grund, warum Schlangen einen so großen Teil der Wüstenfauna stellen; Reptilien sind Kriechtiere.) Der Mensch geht den Extremen normalerweise aus dem Weg. Die Menschen ziehen durch die Wüste, lassen sich aber nicht dort nieder; daher Namen wie Rub'al-Chali („Leeres Viertel") in der Arabischen Wüste. [...]

Aufs Ganze gesehen, übertrifft die Beschwerlichkeit der Hitze die der Kälte. Gegen die Kälte schützt man sich, indem man Kleider anzieht, ein Obdach baut oder findet und Feuer macht. Diese Techniken reichen Zehntausende von Jahren zurück und sind der Grund dafür, dass sich die Menschheit von ihrer ursprünglichen Heimat Afrika schon früh in kältere Landstriche ausbreiten konnte. Hitze ist ein anderes Kapitel. Dreiviertel der Energie, die durch

Muskeltätigkeit freigesetzt wird, nimmt die Form von Wärme an; wie jeder maschinelle Apparat oder Motor muss auch der Körper diese Wärme abstrahlen oder wegschaffen, um eine angemessene Temperatur aufrechtzuerhalten. Leider besitzt das menschliche Tier für diesen Zweck nur wenige Vorrichtungen. Die wichtigste ist das Schwitzen, besonders wenn es durch eine rasche Verdunstung unterstützt wird. Feuchte, schwüle Landstriche verringern den Abkühleffekt des Schwitzens – es sei denn, man hat einen Diener oder Sklaven, der einem Luft zufächelt und die Verflüchtigung der Ausdünstung beschleunigt. Sich selbst Luft zuzufächeln mag zwar psychologisch hilfreich sein, aber der eigentliche Kühleffekt wird dabei durch die Wärme zunichte gemacht, die durch die eigene motorische Aktivität entsteht. Das ist ein Naturgesetz: Nichts geschieht umsonst; in der Wissenschaft nennt man dies das Gesetz der Erhaltung von Energie und Masse.

Der einfachste Weg, dieses Problem der Energieverschwendung zu lösen, besteht darin, keine Wärme zu erzeugen, mit anderen Worten, sich ruhig zu verhalten und nicht zu arbeiten. Daraus erklären sich solche sozialen Anpassungen wie die Siesta, die den Sinn hat, die Menschen in der Mittagshitze von Aktivität abzuhalten. Als Indien noch unter britischer Kolonialherrschaft stand, pflegte man dort zu sagen, nur tollwütige Hunde und Engländer liefen in der Mittagssonne herum.
Die Einheimischen waren schlauer.
Sklaverei dient dazu, andere Menschen die schwere Arbeit machen zu lassen. Es ist kein Zufall, dass in der Vergangenheit Sklavenarbeit mit tropischen und subtropischen Klimaten verknüpft war. Dasselbe gilt für die Arbeitsteilung zwischen den Geschlechtern: Besonders in warmen Landstrichen leisten die Frauen schwere Feldarbeit und kümmern sich um den Haushalt, während die Männer sich auf den Krieg und die Jagd spezialisieren – beziehungsweise in der modernen Gesellschaft auf Kaffee, Kartenspiel und Motorfahrzeuge. Ziel ist, die Arbeit und Fron auf diejenigen abzuwälzen, die sich nicht wehren können.
Als Lösung für das Hitzeproblem hat sich die Klimatisierung erwiesen. Sie kam allerdings sehr spät in Gebrauch – eigentlich erst nach dem Zweiten Weltkrieg, obwohl man sie in den USA zuvor schon aus Kinos, den Praxisräumen von Ärzten und Zahnärzten und den Büros wichtiger Leute wie etwa der Mitarbeiter im Pentagon kannte. In Amerika ermöglichte die Klimaanlage den ökonomischen Aufschwung des Neuen Südens. Ohne sie wären Großstädte wie Atlanta, Houston und New Orleans auch heute noch verschlafene Landstädte.
Aber die Klimatisierung ist eine kostspielige Technik und für die meisten Armen in der Welt unerschwinglich. Hinzu kommt, dass sie die Hitze einfach nur von den Glücklicheren auf die weniger Glücklichen umverteilt. Sie benötigt und verbraucht Energie, die sowohl bei ihrer Erzeugung als auch bei ihrer Verwendung Wärme produziert (nichts geschieht umsonst) und dadurch die Temperatur und Luftfeuchtigkeit der nicht gekühlten Umgebung erhöht – wie jeder weiß, der schon einmal an dem Entlüftungsschacht einer Klimaanlage vorbeigegangen ist. Und natürlich gab es sie den größten Teil der Geschichte hindurch auch gar nicht. Die Produktivität* der Arbeit in tropischen Ländern war entsprechend gering.

So viel zu den unmittelbaren Auswirkungen. Hitze, zumal wenn sie das ganze Jahr über anhält, hat noch schwerwiegendere Konsequenzen: Sie begünstigt die Ausbreitung von Lebensformen, die für den Menschen schädlich sind. Mit steigender Temperatur nehmen die Insektenschwärme zu, und die Parasiten, die sie mit sich führen, reifen und vermehren sich in kürzerer Zeit. Das hat zur Folge, dass Krankheiten sich schneller ausbreiten und die Immunität gegen Abwehrmaßnahmen sich rascher entwickelt. […] Durch Insekten übertragene Seuchen in warmen Klimaten können verheerend sein. Der Winter ist demnach, was immer die Dichter über ihn sagen mögen, der große Freund der Menschheit: ein stiller weißer Killer, der Insekten und Parasiten vernichtet und mit Seuchen aufräumt.

(David S. Landes, Wohlstand und Armut der Nationen, übers. von Ulrich Endeswitz/Monika Noll/Rolf Schubert, Siedler Verlag, Berlin 1999 [Original New York 1998], S. 20–23)

M 57 b Die Lage eines Landes in den Tropen behindert wirtschaftliche Entwicklung

[...] Dieses Buch trägt die Hypothese vor, dass einer der wichtigsten Ursachenkomplexe dafür, dass eine große Zahl von Ländern in diesem Prozess [der wirtschaftlichen Entwicklung, J.H.W] hinterherhinkt, auf ihre Lage in den Tropen zurückgeht. Zusammenfassend ist das Argument folgendes:

Verglichen mit den gemäßigten Zonen gibt es gewisse Wirkungen des tropischen Klimas, die, bis in die Gegenwart,

- die Landwirtschaft behindern,
- die Ausbeutung von Bodenschätzen erschweren und
- die Bevölkerung durch Krankheiten und möglicherweise durch direkte physiologische Wirkung von Temperatur und Feuchtigkeit schwächen.

Die Wirkungen des tropischen Klimas sind nicht absolute Hindernisse für wirtschaftliche Entwicklung, aber sie machen die Probleme der wirtschaftlichen Entwicklung in den Tropen so unterschiedlich von denen in den Ländern der gemäßigten Zone, dass ein zusätzliches Hindernis überwunden werden muss und dass, wenn alle anderen Faktoren gleich sind, der Rhythmus der Entwicklung in tropischen Ländern langsamer sein dürfte. [...]

Es gibt eine Reihe von Gründen, warum wir eine genauere Diagnose der wirklichen Probleme der Entwicklung benötigen. Der erste ist offensichtlich: Wenn wir die Hindernisse nicht kennen, können wir die richtigen politischen Maßnahmen zu ihrer Beseitigung oder Vermeidung nicht ergreifen. [...] Die zweite Notwendigkeit zum besseren Verstehen ist es, die Desillusionierung und Verzweiflung hinsichtlich der Aussichten für die Entwicklung in den weniger entwickelten Ländern zu vermeiden, die jetzt bereits viele Menschen zu befallen beginnt. [...] Schließlich wird ein rechtes Verständnis der anderen und größeren Hindernisse für Entwicklungsländer in den Tropen dabei helfen, Menschen in den reicheren Ländern vor der arroganten und rassistischen Folgerung zu bewahren, dass der Grund für die Armut der Entwicklungsländer darin liegt, dass ihre Menschen an angeborener Unterwertigkeit leiden. [...] Was heute zählt, ist die Tatsache, dass es eine besondere Gruppe von Ländern gibt, die eine Anzahl von Hindernissen für ihre Entwicklung haben, die nicht durch eine leichte Übertragung oder Anpassung der existierenden Technologie der entwickelten Länder der gemäßigten Zone gelöst werden können. Ein Thema dieses Buches ist es, dass es eine solche Gruppe tatsächlich gibt und dass sie die Länder in den Tropen umfasst.

(Andrew M. Kamarck, The Tropics and Economic Development, Washington, D.C., 1976, S. 3f., 8–10, 90; Übersetzung durch Jürgen H. Wolff)

M 58 a Armuts- und reichtumsbedingte Umweltprobleme

Eine häufige Einteilung der Ursachen von Umweltschäden trennt armuts- und wohlstandsbedingte Schäden; viele Entwicklungsländer weisen beide nebeneinander auf.

– *Armutsbedingte* Umweltschäden werden dadurch verursacht, dass der Kampf ums Überleben Eingriffe in die Natur erzwingt (oder Unkenntnis dazu führt), die zwar mittel- bis langfristig irreversible Schäden verursachen und damit die natürlichen Lebensgrundlagen zerstören, aber kurzfristig Vorteile bedeuten: Eine afrikanische Frau, die als einzige Brennenergie Holz sammeln kann, wird Holz einschlagen, auch wenn mehr verbraucht wird als nachwächst (d. h. der Wald/Busch verschwindet) – selbst wenn sie die Zusammenhänge kennen sollte. Nimmt der Bevölkerungsdruck aufs Agrarland zu, fällt die Brache aus, werden Grenzböden unter Kultur genommen, auch wenn nach wenigen Ernten die Felder erschöpft sind und aufgegeben werden müssen (Rodung im Amazonastiefland, Entwaldung in Nepal – mit Bodenerosion und Überschwemmungskatastrophen in Bangladesch als Folge). Werden Bewässerungsanlagen unsachgemäß betrieben, ist Versalzung

der Böden die Folge. Armut verhindert sachgemäße Müllentsorgung. Die FAO schätzt, dass jährlich zwischen 5 und 10 Millionen ha Ackerland verloren gehen. Überdüngung schädigt Grundwasser und Tierwelt. Fehlende Ausbildung von Automechanikern lässt Motoren mehr Schadstoffe ausstoßen als technisch unvermeidlich. Generell kann gesagt werden, dass viele Kulturen ein (nicht immer ganz verstandenes) Gleichgewicht von Wirtschaftsweise und Natur nach generationenlanger Erfahrung herausgebildet haben (auch wenn Idealisierung vermieden werden sollte: Der Wald rings ums Mittelmeer ist keineswegs in der Neuzeit verschwunden). Eingriffe von außen haben dieses Gleichgewicht gestört; zu solchen Eingriffen ist (so betrachtet) auch die Einführung jener Faktoren zu rechnen, die das rasante Bevölkerungswachstum der Gegenwart ermöglichen.
Armutsbedingte Umweltzerstörung hat auch deshalb ein so beunruhigendes Ausmaß angenommen, weil technische Instrumente die Wirksamkeit der Eingriffe erhöht haben. Die Waldzerstörung im Amazonasbecken könnte nur einen Bruchteil der gegenwärtigen Rate betragen, wenn sie mit Axt und Hacke statt mit Kettensägen vonstatten gehen müsste!
– *Reichtumsinduzierte* Umweltschäden haben mit großtechnischen Eingriffen in die Natur zu tun. Riesige Tagebaue werden in Afrika zum Abbau mineralischer Rohstoffe angelegt (und keineswegs nach Erschöpfung der Lagerstätten „renaturiert“). Das wachsende Heer von Kraftfahrzeugen in der Dritten Welt hätte zum guten Teil schon aus Umweltgründen keine Chance, eine deutsche TÜV-Prüfung zu bestehen. Kraftstoffe enthalten reichlich Blei und Schwefel (z. B. aus der Raffinerie in Mohammedia bei Casablanca/Marokko), obwohl der Stand der Technik ein anderer ist. Es kann daher nicht wundernehmen, dass die höchste Luftbelastung unter allen Städten der Erde in Städten der Dritten Welt anzutreffen ist. […]
Immerhin sind in der Regel auch in der Entwicklungswelt die Zeiten vorbei, die eine Anzeige: „We want pollution“ (als Werbung für Industrieansiedlungen durch ausländische Investoren, Siebzigerjahre) möglich erscheinen ließen.

(Jürgen H. Wolff, Entwicklungspolitik – Entwicklungsländer. Fakten – Erfahrungen – Lehren, 2., aktualisierte und erweiterte Auflage, Olzog, München 1998, S. 82-88)

M 58 b Wirtschaftsentwicklung und Umwelt

Die Beziehung zwischen Wirtschaftsentwicklung und Umwelt ist zweischneidig: Auf der einen Seite kann die Steigerung der wirtschaftlichen Leistungsfähigkeit helfen, aus dem Teufelskreis von Armut und Umweltzerstörung auszubrechen – auf der anderen Seite führt jedoch wirtschaftliches Wachstum auch wieder zu neuen Umweltproblemen, wie z.B. in der Volksrepublik China beobachtet werden kann. In der Diskussion um Umwelt und Entwicklung trifft man häufig auf die Vorstellung, dass die Umweltbelastungen in unterentwickelten Ländern mit dem Wirtschaftswachstum zwar zunächst zunehmen, der steigende Wohlstand ab einem bestimmten Punkt jedoch auch der Umwelt zugute kommt und weiteres Wirtschaftswachstum dann mit einer Verringerung der Umweltbelastungen einhergeht **(Umwelt-Kuznets-Kurve*).** Empirische Untersuchungen zeigen, dass diese Argumentation nicht von vornherein zurückgewiesen werden kann, auf der Grundlage der bisherigen Erfahrungen jedoch differenziert werden muss:

– Einige wichtige Umweltprobleme, wie z.B. der mangelnde Zugang großer Bevölkerungsteile zu sauberem Trinkwasser oder die systematische Entsorgung städtischer Abwässer, nehmen offensichtlich sogar sofort – d.h. ohne zunächst steigende Umweltbelastung – mit wachsendem Pro-Kopf-Einkommen ab. In diesen Fällen erleichtert Wirtschaftswachstum den täglichen Kampf ums Überleben, und größere wirtschaftliche Spielräume erlauben die dringendsten Investitionen zum Erhalt von Umweltressourcen. Oft handelt es sich dabei um öffentliche Infrastrukturinvestitionen, die unmittelbare Vorteile sowohl für die wirtschaftliche Situation der Menschen als auch für die natürlichen Ressourcen mit sich bringen.
– Andere Umweltprobleme, wie z.B. die Luftverschmutzung in Großstädten durch Staub, Ruß und Schwefeldioxid, folgen ziemlich genau dem unterstellten U-förmigen Verlauf: Sie wachsen zuerst mit

der wirtschaftlichen Entwicklung, nehmen dann jedoch mit immer größerer Wirtschaftsleistung wieder an Bedeutung ab. Die meisten Ursachen für Luft und Wasserverschmutzung fallen in diese Kategorie; hier ist es wohl tatsächlich so, dass es erst eine mit Umweltbelastungen einhergehende Wirtschaftsentwicklung erlaubt, den Teufelskreis von Armut und Umweltzerstörung zu verlassen.
– Es gibt aber auch Umweltprobleme, die nicht mit wachsender Wirtschaftsleistung abnehmen – jedenfalls konnte ein entsprechender Verlauf bis heute noch nicht beobachtet werden. Kontinuierlich mit zunehmendem Wohlstand steigen z.B. das Müllaufkommen oder die CO_2-Emissionen pro Kopf. In Bezug auf diese Umweltprobleme wäre es geradezu fahrlässig zu erwarten, dass sie sich mit der wirtschaftlichen Entwicklung „von alleine" lösen. Mehr noch als bei der zweiten Kategorie sind hier vor allem politischer Wille und Nachdruck nötig, um eine Lösung für diese Probleme zu finden. […]

Es scheint zunächst nahe liegend, dass in einer Ceteris-paribus*-Betrachtung (d.h. unter Annahme konstanter Rahmenbedingungen) ein größerer wirtschaftlicher Output mit einer größeren Umweltbelastung einhergehen wird. Durchaus umstritten ist aber, woran es eigentlich liegt, dass die Umweltbelastungen in einigen Fällen mit wachsender Wirtschaftskraft wieder sinken. Liegt es eher daran, dass reichere Konsumenten eine sauberere Umwelt nachfragen, besser ausgestattete Regierungen schärfere Umweltvorschriften durchsetzen können oder technologisch fortgeschrittenere Produktionsverfahren weniger umweltbelastend sind? Oder liegt es daran, dass sich reichere Länder auf eine umweltschonendere Wertschöpfung spezialisieren und ihren Bedarf an umweltbelastenden Produkten durch den Import aus Entwicklungsländern decken?

(Rainer Durth, Heiko Körner und Katharina Michaelowa: Neue Entwicklungsökonomik, Stuttgart 2002, S. 113f.)

1. *Im Text wird zwischen Umweltproblemen, die durch die „Ungunst der Natur" (S. 133f.) gegeben sind, und solchen unterschieden, die durch menschliches Handeln geschaffen werden (S. 135f.). Verdeutlichen Sie diese Unterscheidung.*
2. *Zu dem in den letzten Jahren immer lebhafter diskutierten Problem der Trinkwasserversorgung enthält M 56 a die kurze Beschreibung einer Reihe von Fallbeispielen. Untersuchen Sie sie im Hinblick auf die z.T. sehr unterschiedlichen Problemlagen (dauerhaft/vorübergehend) und Ursachenfaktoren (naturbedingt/„menschgemacht") sowie ggf. auf ihre Konflikthaltigkeit. Welche Maßnahmen müssten zur „Lösung" des Problems jeweils ergriffen werden (vgl. Text S. 133f.)?*
3. *Stellen Sie die geografische Lage der acht Fallbeispiele auf der Karte M 56 c fest. Wie kann es dazu kommen, dass sich Wasserversorgungsprobleme auch in Ländern ergeben, in denen nach M 56 c der Zugang zu Trinkwasser fast zu hundert Prozent gesichert ist?*
4. *M 57 a beschreibt in sehr anschaulicher Weise die Auswirkung des Klimas (der Hitze, nicht der Kälte) auf die Lebensbedingungen und die Verhaltensweisen der Menschen. Stellen Sie die wichtigsten Aspekte stichwortartig zusammen und vergleichen Sie dazu auch die entsprechenden Hinweise in M 57 b.*
5. *Nehmen Sie Stellung zu der These des Buches von Karmack, dass tropische Länder grundsätzlich in ihrer Entwicklung hinter anderen Entwicklungsländern zurückbleiben werden (M 57 b).*
6. *Im Hinblick auf „menschgemachte" Umweltschäden ist die Unterscheidung zwischen „armutsbedingten" und „reichtumsbedingten" relevant. Beschreiben Sie anhand von M 58 a, wie sich unter diesem Aspekt die Situation in Entwicklungsländern darstellt.*
7. *Die häufig diskutierte Frage, ob mit steigendem Wirtschaftswachstum auch die Umweltbelastung zunimmt, ist offenbar gar nicht so leicht zu entscheiden. Welche Differenzierungen sind hier zu beachten (M 58 b)?*

F. Theorien von Entwicklung und Unterentwicklung

1. Die beiden großen Theorieentwürfe der 60er- und 70er-Jahre

Der auch für den Fachmann nicht mehr überschaubare Bereich des Nachdenkens über Entwicklung und Unterentwicklung kann grundsätzlich in zwei, bestenfalls drei große Schulen eingeteilt werden, je nachdem, auf welche Kernursachen das Problem von Entwicklung und Unterentwicklung reduziert wird (s. **M 61 a**). Dabei ist umstritten, was eigentlich erklärt werden muss: Entwicklung oder Unterentwicklung? Es spricht manches dafür, dass Unterentwicklung eher den historischen Normalfall darstellt und deshalb Entwicklung zu erklären wäre (s. **M 59, M 60**).
Damit können wir grundsätzlich den großen Bereich der Theorien der (den Modernisierungsstand der Industrieländer) *nachholenden Entwicklung* (oder ***Modernisierungstheorien,*** also die erste in M 61 a erwähnte Gruppe) von ***Dependenztheorien*** unterscheiden, die im einen Falle den Vorsprung Europas, im anderen Falle entwicklungshemmende *Strukturen der Abhängigkeit schwacher Staaten von Imperialismus, Weltmarkt, Kolonialismus* betonen.
Dass der Kolonialismus den heutigen Vorstellungen von Freiheit und Selbstbestimmung fundamental widerspricht, ist selbstverständlich; auch dass er genügend Schandtaten auf dem Kerbholz hat, braucht nicht besonders betont zu werden. Umstritten ist aber seine Wirkung auf die Wirtschaftsentwicklung (s. **M 61 a**, S. 147f.). Vermutlich kann man nicht von „dem" Kolonialismus sprechen (er hatte, je nach Kolonialmacht, historischer Epoche und geografischem Raum, ein durchaus unterschiedliches Gesicht); zudem hatte er mit Sicherheit nicht nur negative, sondern auch positive Folgen. Wirtschaftlich dürfte eine entscheidende Frage sein, ob er autonome Entwicklungen gekappt (oder im Gegenteil, Entwicklung erst ermöglicht) hat.

Zur Kritik der Modernisierungstheorien

Entwicklungspolitik hat sich, mehr oder weniger bewusst, zentrale Aussagen der Modernisierungstheorien zu eigen gemacht – und sie musste es tun, sonst hätte sie theoretisch kein Fundament gehabt. Nähme man nicht an, dass 1. so wie Entwicklung in heutigen Industrieländern auch nachholende Entwicklung in heutigen Entwicklungsländern möglich sei; 2. wir grundsätzlich wissen, wie das zustande gebracht werden kann und 3. wir dabei helfen können – dann könnte Entwicklungshilfe eingestellt und bestenfalls auf eine Art internationale Armenfürsorge reduziert werden. Doch zunächst zu den Schwächen dieser „alten" Theorien:

- Am schwersten dürfte ihre *Einseitigkeit* wiegen. Ökonomisches und in gewisser Weise auch sozialwissenschaftliches Denken im engeren Sinne muss, wie alle Wissenschaft, nach Erklärungen streben, nach Gesetzen, die Komplexität reduzieren. Analytisch hält man die Komplexität durch ceteris paribus*-Annahmen fern oder – methodisch viel weniger kontrolliert – durch die Erklärung eines oder weniger Faktoren zu den entscheidenden Bestimmungsgründen für Veränderungen. Ökonomische Modelle etwa fragen unter der gemachten Annahme nach den Auswirkungen *eines* Faktors, beziehen in späteren Schritten weitere Faktoren ein, werden aber dann rasch so komplex, dass sie nicht mehr recht handhabbar bleiben. (Daher werden meist nur wenige Faktoren berücksichtigt.) Nun dürfte es inzwischen eine Binsenweisheit sein, dass Entwicklung ein multifaktorieller Prozess ist; will man Entwicklung erklären, läuft das annähernd auf die Erklärung von Geschichte, mindestens von Wirtschafts- und Sozialgeschichte, hinaus.

Dass wir das nicht können, ist klar; in diesem Sinne scheitern Entwicklungstheorien von vornherein.

- Besonders ungünstig erscheint, dass (auch politikwissenschaftliche) Modernisierungstheorien den *Faktor „Politik“* (oder, zugespitzt, den Einfluss politischer Persönlichkeiten und der verfolgten Wirtschaftspolitik) weitgehend aus ihrer Betrachtung ausgeschlossen haben. Modernisierungstheorien fallen insofern teleologischem* Denken zum Opfer: Wird ein Land aus dem (idealtypisch* vorgestellten) Zustand der „traditionalen Gesellschaft“ herausgerissen und begibt sich auf den Weg der „Modernisierung“ (lies: Westernisierung), dann geht das immer so weiter, bis am Ende eine Art Klein-USA steht; nur ausnahmsweise wurden „Krisen“ auf dem Weg dorthin, kaum jemals die Möglichkeit des Stillstandes oder des Rückschritts eingeräumt. Dass ein Land wie Argentinien, vor dem Ersten Weltkrieg reicher als Finnland, Japan, Norwegen, Italien und Schweden, seit den Dreißigerjahren massiv zurückfällt und erst ausgangs der Achtzigerjahre (jedenfalls für einige Jahre) wieder Tritt fasst, ist ohne den Faktor Perón* und Peronismus nicht zu erklären (dieser hat natürlich seinerseits wieder Voraussetzungen – ein fast endloser Rekurs!) – aber Modernisierungstheorien haben dafür keinen Platz.
- Das Scheitern der Modernisierungstheorien wurde auch deshalb erklärt, weil sich die postulierten Erfolge nicht einstellen wollten (jedenfalls wurde das so wahrgenommen). Hier sind die Theorien allerdings in Schutz zu nehmen: Der amerikanische Ökonom Rostow, der Zeitangaben für den erwarteten Aufschwung gemacht hat („Stufenmodell“), rechnete höchst realistisch mit Jahrzehnten für den Gesamtzyklus; die übrigen Autoren hüteten sich überhaupt, Zeitangaben zu machen.
- Heute wissen wir, dass die Ungeduld der Führer der Dritten Welt und der Entwicklungspolitik bei uns ein schlechter Ratgeber war: Entwicklung und Entwicklungspolitik haben es (auch im Erfolgsfalle) mit viel längeren Fristen zu tun, als in der Euphorie der ersten Stunde angenommen. Wenn das aber stimmt, war es jedenfalls in den 1960er-Jahren zu früh, vernichtende Urteile über ein Scheitern von Entwicklung und Entwicklungstheorien abzugeben.
- Was Modernisierungstheorien allerdings letztlich in Misskredit brachte, war nicht dieser oder jener Mangel, diese oder jene Einseitigkeit: Sie standen ganz einfach mit dem Zeitgeist des Endes der Sechziger- und der Siebzigerjahre nicht mehr im Einklang. Sozialwissenschaftliche Theorien, das lehrt die Wissenschaftssoziologie, werden nicht „bestätigt“ oder „widerlegt“ (den Dependenztheorien widerfuhr weniger als zwei Jahrzehnte später übrigens das gleiche Schicksal): Bei der rastlosen Suche nach Neuem, bei der Profilierungssucht junger Wissenschaftler kommt ein neuer Theorieansatz plötzlich in Mode (vornehm „Paradigmenwechsel“* genannt). Argumentativ dagegen angehen zu wollen, wäre zwecklos: Die Anhänger der verschiedenen Schulen sitzen gegeneinander abgekapselt in ihren Bunkern, autistisch gegenüber dem anderen Ansatz. In unserem Falle schob sich neben bzw. vor die als „bürgerlich“ denunzierte modernisierungstheoretische Schule die stark marxistisch beeinflusste Dependenztheorie.

Zur Kritik der Dependenztheorien

Von der zweiten großen Gruppe, den Theorien, die die „Schuld“ bei anderen suchen, bei der „Abhängigkeit“ (Dependenz) armer Länder (s. **M 61 a**), setzen manche Autoren eine dritte Gruppe marxistischer *Imperialismustheorien** ab.

Diese Imperialismustheorien behandeln drei Themenkomplexe:

- die von den *multinationalen Konzernen* getragene Internationalisierung der Produktion und die damit verbundene Herausbildung einer neuen internationalen Arbeitsteilung;
- die mit internationalen Kapitalbewegungen und insbesondere Direktinvestitionen in Entwicklungsländern verbundene behauptete *Einkommensumverteilung* (surplus-Transfer*) zwischen Industrieländern und Entwicklungsländern und
- den *„ungleichen Tausch“* (das Theorem*, dass durch den Tausch von Gütern zu gleichen

Preisen zwischen Industrieländern und Entwicklungsländern, in denen aber unterschiedliche „Arbeitsquanten" „geronnen" seien, eine Ausbeutung der Entwicklungsländer stattfinde).

Eine Durchbrechung der Situation ausgebeutet-abhängiger Unterentwicklung ist – je nach Autor – nur durch eine sozialistische Revolution, mindestens aber durch eine „Abkoppelung" von den entwicklungshemmenden beziehungsweise -verhindernden Einflüssen des internationalen imperialistischen Systems möglich.

Zahlreiche Variable politischer, wirtschaftlicher und sozialer Art (vom Entwicklungsbewusstsein politischer Eliten über die natürliche Faktorausstattung einer Wirtschaft oder die Ausbildungssituation der Arbeitskräfte – neben unzähligen anderen), die Objekt rein wissenschaftlicher Untersuchungen, aber auch anwendungsbezogenen Ringens um die „richtige" Entwicklungspolitik sein können und gewesen sind, interessieren Dependenztheoretiker nicht oder nur am Rande. Noch weniger sind hiernach „Reform"- oder „Entwicklungshilfe"-Maßnahmen geeignet, zur Überwindung der Grundsituation ausgebeutet-abhängiger Unterentwicklung beizutragen. Im Extremfall wird sogar Entwicklungshilfe zu einem besonders perfiden Trick des Imperialismus zur Verlängerung der Versklavung der „unterentwickelt gehaltenen Länder" erklärt. (Eine frühe Theorie, die den Dependenztheorien i.w.S. zugerechnet werden kann, die These von der „säkularen Verschlechterung der Terms of Trade", soll am Ende des Abschnitts, S. 152ff., zusammenfassend diskutiert werden.)

Auch die *Dependenztheorien* sind inzwischen erledigt, nicht losgelöst zu sehen von der konservativen Grundwelle in den Achtzigerjahren und dem Scheitern der radikalen Gegenentwürfe zur Marktwirtschaft („Kapitalismus") selbst in dem Bereich, wo behauptete Überlegenheit zur Begründung eine zentrale Rolle gespielt hat, der Ökonomie. Die Debatte um den Wert der Dependenztheorien wurde nicht entschieden, sondern abgebrochen: Die Versuche empirischer Überprüfung ergaben überaus widersprüchliche Resultate. Nur vereinzelt wurden Elemente der radikalen Kritik in traditionelle Theorien eingebaut; z. B. wird als Grenzfall des an sich segensreichen Außenhandels erörtert, dass er auch negative Folgen haben kann. Man kann nämlich fragen, wie die Vorteile, die „ein Land" durch die Teilnahme am Außenhandel erreicht, innergesellschaftlich verteilt sind. Wird z. B. einem afrikanischen Kaffeebauern von einem staatlichen Ankaufsmonopson nur die Hälfte des international üblichen Preises gezahlt und wird der Gewinn der Staatskasse zugeführt und werden damit u. U. ineffiziente oder gar korrupte Beamte finanziert, kann mit Recht gefragt werden, ob der so beschaffene Außenhandel (oder besser die innergesellschaftliche Verteilung der Handelsgewinne) letztlich ein Segen für das Land ist.

Warum der Abbruch der Diskussion? Grundsätzlich aus ähnlichen Motiven wie beim Schwenk von den Modernisierungs- zu den Dependenztheorien. Hinzu kam allerdings der Mangel an praktischer Bewährung: In den Staaten, die nicht nur deklamatorisch (Tansania), sondern tatsächlich eine Politik der „Abkoppelung vom Weltmarkt" betrieben haben (Burma, zu Zeiten China, Vietnam u. a.), kam es zu massiven ökonomischen Problemen, wenn nicht zu einem regelrechten Desaster (zu den Folgen von Chinas „Großem Sprung nach vorn" als extremem Beispiel für „self reliance*" s. S. 239); umgekehrt zeigten sich neu industrialisierende Staaten, voran in Südost-Asien, dass nachholende Entwicklung (s.o.) grundsätzlich möglich ist. Am Ende endloser Debatten wurde von Menzel das „Scheitern der großen Theorie" ausgerufen. Ob dieser Befund allerdings nicht auf einem Missverständnis (der Verwechslung von Theorie und Wirklichkeit) beruht, muss kritisch gefragt werden; dass einzelne Regionen und Länder sich nicht – oder wenigstens nicht rasch – entwickelt haben, wäre nur dann ein Einwand gegen die Theorie(n), wenn nachgewiesen werden könnte, dass diese konsequent (und über einen ausreichend langen Zeitraum) verwirklicht worden wären. Dieses Buch bietet genügend Beispiele und Analysen dafür, dass genau dieses bezweifelt werden muss: Entweder wurden klare Erkenntnisse klassischer oder neoklassischer* Wirtschaftswissenschaft missachtet oder es wurden, aus Gründen, die hier nicht näher untersucht werden können, Konzepte verfolgt, die ihnen fundamental widersprechen und das zu erwartende desaströse Resultat hatten. Die Modernisierungstheorien kommen, mit den oben angedeuteten Vorbehalten, etwas besser weg. Bescheidenheit ist angesagt.

Neuere Ansätze

Die *Abkehr von den „großen" Entwürfen* zeigt sich in *neueren Ansätzen* etwa zur *Nachhaltigkeit,* zum *Einfluss der politischen Verfasstheit* von Ländern auf Entwicklung, in der Einbeziehung von Elementen der *Kultur*, der *Frauenförderung*, des *Humankapitals*, der Wichtigkeit von *Institutionen*, u. a. auch zur Armutsbekämpfung, wie sie in einer Serie der Zeitschrift „Entwicklung und Zusammenarbeit" in den letzten Jahren, auch als Separatdruck der Deutschen Stiftung für Internationale Entwicklung zusammengefasst (Reinold E. Thiel [Hg.], Neue Ansätze zur Entwicklungstheorie, Bonn 1999), enthalten sind.
Zusammenfassend kann erneut darauf hingewiesen werden, dass in der theoretischen Diskussion, von wenigen dissidenten Stimmen abgesehen, die Denkrichtung gesiegt hat, die auf altbewährte Maßnahmen solider Wirtschafts-, Sozial- und Finanzpolitik setzt: Eine entwicklungsbewusste Elite, das Fehlen von Korruption, Haushaltsdefiziten und Ineffizienzen im Staatsapparat, freie Märkte, die Förderung sozialer Grunddienste, die Außenorientierung der Wirtschaft wären einige der an anderer Stelle (s. dazu Kap. III C. 4., S. 181ff.) angesprochenen Stichworte, die Entwicklung nicht garantieren mögen, deren Fehlen aber Entwicklung zuverlässig verhindert.

M 59 Unterentwicklungstheorien und Entwicklungstheorien

Unterentwicklungstheorien wollen normalerweise Antwort auf die Frage nach den Ursachen der ökonomischen Unterentwicklung geben, Entwicklungstheorien geben an, wie dieser Zustand überwunden werden kann. Beides ist nicht selbstverständlich, wird doch implizit Entwicklung zum Normalzustand, Unterentwicklung zum erklärungsbedürftigen Ausnahmefall erklärt. Beides ist historisch falsch: Hunderttausende von Jahren menschlicher Existenz sind für die große Mehrheit der Menschen durch Hunger, Krankheit, Hitze, Kälte, Ausgesetztsein den Elementen gegenüber, einen frühen Tod und andere unerfreuliche Lebensumstände gekennzeichnet gewesen, aus denen erst die wissenschaftlich-technische Revolution seit dem Spätmittelalter für Europa, die weißen Siedlerkolonien und später für einige Nachzügler, voran Japan, einen Ausweg gewiesen hat. [...] Für uns Menschen des 20. Jh. (in einem Industrieland!) ist das so selbstverständlich geworden, dass wir das Staunen darüber verlernt haben. Erklärt werden müsste aber, genau genommen, wie es zu diesem historischen Ausnahmefall gekommen ist – und nicht das Andauern des historischen „Normalfalles" jedenfalls für beträchtliche Zeit und beträchtlich große Regionen der Welt. (Vor diesem „Normalfall" ist der Begriff „Entwicklungsländer" zu sehen; er konstituiert sich als Gegenüberstellung zum historischen Ausnahmefall. Begrifflich gäbe es keine Entwicklungsländer, wenn die Industrieländer mit ihrer Technik und ihrem Wissen spurlos im Meer versänken.) Diese Aufgabe ist indes meist historisch arbeitenden Ökonomen und besonders Soziologen überlassen worden; heutige Theorien konzentrieren sich auf die Entwicklungsländer. Dabei beschränken sie sich keineswegs auf den ökonomischen Bereich: Wirtschaft und Gesellschaft werden bei den anspruchsvolleren Ansätzen integriert.

(Jürgen H. Wolff, Entwicklungspolitik – Entwicklungsländer. Fakten – Erfahrungen – Lehren, 2., aktualisierte und erweiterte Auflage, Olzog, München 1998, S. 284f.)

M 60 Die industrielle Revolution und ihre Folgen

In der neuen Ära [gemeint ist der Übergang vom 18. zum 19. Jahrhundert, J.H.W.] sollte Europa seine förmliche Herrschaft über überseeische Territorien einbüßen (der große Verlierer war hier Spanien), dafür aber eine umfassendere ökonomische Vorherrschaft gewinnen. Europa sollte sich auch seinen Weg in Gebiete erzwingen, die zuvor als unzugänglich und unantastbar galten (China, Japan); gleichzeitig sollte es in anderen Regionen (Indien, Indonesien) eine neue, ihm ebenbildliche Art von Kolonialreichen errichten. Dreh- und Angelpunkt dieser Wandlungen war die industrielle Revolution, die im achtzehnten Jahrhundert in Großbritannien begann und dann rund um die Welt Nachahmung fand. Die industrielle Revolution ließ einige Länder reicher werden und andere (relativ) ärmer; genauer gesagt, einige Länder durchliefen eine industrielle Revolution und wurden reicher, während andere das nicht taten und arm blieben. Tatsächlich begann dieser Sortierungsprozess viel früher, im Zeitalter der Entdeckungen. Für einige Nationen, wie zum Beispiel für Spanien, stellte die Erschließung der Welt eine Einladung dar, Reichtümer anzuhäufen, Pomp zu entfalten, Ansprüche zu nähren – eine traditionelle Verhaltensweise, nur dass sie jetzt in gewaltigeren Dimensionen praktiziert wurde. Holland und England hingegen sahen darin eine Chance, neue Dinge auf neue Weise zu tun, auf der Woge technischen Fortschritts zu schwimmen. Und für wieder andere wie die Ureinwohner Amerikas oder Tasmaniens war dies eine apokalyptische Zeit, die Stunde eines von außen hereinbrechenden furchtbaren Schicksals.

(David S. Landes [= M 57 a], S. 186)

M 61 a Ursachen der Unterentwicklung im Theorienstreit

Entwicklungskonzepte hängen naturgemäß von der Erklärung ab, die man für Unterentwicklung gibt. Darüber gab es bis in die 80er-Jahre den Streit zwischen unterschiedlichen Positionen. Vereinfacht kann man sagen, dass sich in Wissenschaft und Politik *zwei Richtungen* gegenüberstanden:

- Westlich-liberal und marktwirtschaftlich orientierte Fachleute und Politiker betonten stärker die inneren, in den Entwicklungsländern selbst liegenden, d. h. die *endogenen Ursachen* von Unterentwicklung und verstanden unter Entwicklung Modernisierung im Sinne der Industrieländer *(Modernisierungstheorie/nachholende Entwicklung).*
- Marxistisch oder „gesellschaftskritisch" orientierte Fachleute und Politiker betonten stärker die von außen auf die Entwicklungsländer einwirkenden, die *exogenen Ursachen* von Unterentwicklung in Vergangenheit (Kolonialismus) und Gegenwart (ungerechte weltwirtschaftliche Strukturen) und vertraten sozialistische Entwicklungskonzepte, teils verbunden mit Wiedergutmachungsforderungen an die ehemaligen Kolonialmächte, teils mit stärkerer Betonung der eigenen Kräfte der Entwicklungsländer (self-reliance*) und der Abkoppelung (Dissoziation) von den Industrieländern (*Dependenztheorie*).

Endogene Ursachen und Modernisierung

Modernisierung solcher Gesellschaften bedeutete aus westlich-liberaler Sicht das Ingangsetzen sozialen Wandels durch ökonomische und durch kulturelle Maßnahmen (Wirtschafts- und Bildungshilfe). Dabei lag der Schwerpunkt eher auf dem Wirtschaftlichen, weil hier Entwicklung am schnellsten erreichbar schien. Wirtschaftliches Wachstum durch Kapitaleinsatz schien der einfachste Weg. Der Aufbau von *Industrien*, die Ausweitung von *Exportmöglichkeiten* und die Teilnahme am *Welthandel* sollten den Ländern ein gewisses Aufholen, eine Annäherung an die Industrieländer ermöglichen.

Es wäre ungerecht zu sagen, dies alles sei ganz falsch gewesen und habe nichts bewirkt. Es sind nicht nur Prestigeprojekte wie riesige Staudämme oder Stahlwerke gefördert worden. Aber je mehr sich Entwicklungsprojekte auf die sozialen Gegebenheiten einließen, umso deutlicher erwiesen sich oft die sozialkulturellen, die politischen und die psychischen Faktoren als Hemmnisse einer Modernisierung in unserem Sinn.

Schon zu Beginn der zweiten Entwicklungsdekade (Ende der 1970er-Jahre) wurde erkennbar, dass die mit dem Modernisierungskonzept verknüpften Erwartungen sich nicht erfüllten. Als ein Haupthindernis wurde neben der schnellen Bevölkerungszunahme mehr und mehr der Tatbestand deutlich, dass die von oben, über Regierungen und durch große Projekte, versuchte Entwicklung kaum nach unten „durchsickerte", sondern eher der ohnedies besser gestellten Minderheit zugute kam. Die Frage nach den exogenen Ursachen von Unterentwicklung und Klassenstruktur trat in den Vordergrund.

Exogene Ursachen und Abhängigkeit

Die Grundannahme gesellschaftskritischer oder marxistisch orientierter Theoretiker war, Unterentwicklung sei von außen durch europäischen und amerikanischen Kolonialismus und Imperialismus verursacht.

Der europäische Kolonialismus wurde als *expandierender Kapitalismus* gedeutet, der sich in den Kolonien Rohstoff- und Absatzmärkte gesichert habe. Die Kolonialmächte hätten den Kolonien eine einseitige Arbeitsteilung aufgezwungen, die dort vorhandene Konkurrenz von Gewerbe und Kleinindustrie zerstört, die Kolonien auf die Funktion der Lieferung billiger Rohstoffe (aus Monokulturen) und Arbeitskräfte (Sklaven) zurückgedrängt. Was an Infrastruktur von den Kolonialmächten entwickelt wurde (Verkehrsnetz, Verwaltung, Gesundheitswesen, Schulen), sei einseitig den Kolonialmächten und einer Oberschicht mit ihnen kollaborierender Einheimischer zugute gekommen. Damit seien die Gesellschaften der Kolonien deformiert, in Klassen gespalten, ihre Entwicklung blockiert, Unterentwicklung produziert worden, woraus sich zugleich ein Gutteil des Vorsprungs der kapitalistischen Länder erkläre. Mit der Entkolonialisierung nach dem Zweiten Weltkrieg sei die einseitige Abhängigkeit nicht beendet, vielmehr indirekt als *wirtschaftliche Abhängigkeit* weitergeführt worden (Neokolonialismus). Der wachsende Reichtum der Industrieländer wurde von manchen auf die Ausbeutung der Entwicklungsländer zurückgeführt.

Entwicklung erschien in dieser Betrachtungsweise als Klassenkampf und Befreiung. Im Spektrum unterschiedlicher Marxismen und Dependenztheorien konnte dieser Kampf als „Befreiungskrieg" unter Führung oder mithilfe der Sowjetunion dargestellt werden, als Kampf der „Dörfer gegen die Städte" (Rotchina zur Zeit Maos), als Überwindung „struktureller Abhängigkeit" durch Dissoziation [Abkoppelung] der „Peripherie*" von den „kapitalistischen Zentren" und durch „autozentrierte Entwicklung" (Dependenztheorien nach *Galtung, Senghaas* u. a).

Die Bedeutung des Kolonialismus

Diese Theorien wirkten überzeugend, weil sie komplizierte Zusammenhänge einfach erklärten und dabei unbestreitbare Tatsachen als allgemeinen „Beweis" benutzten. Es gab seit dem 16. Jahrhundert die Ausbeutung von Kolonien durch Raub von Edelmetallen, durch Zwangsarbeit der Eingeborenen; es gab die Aneignung von monopolistischen Handelsprofiten durch europäische Handelsgesellschaften; es gab bis ins 19. Jahrhundert den besonders schändlichen Sklavenhandel im Dreieck zwischen Europa, Schwarzafrika und Amerika. Es gab im 19. Jahrhundert die Zerschlagung gewerblicher Produktion des „Südens", z. B. der ägyptischen und der indischen Textilindustrie durch England. Es gab schließlich die grausamen Kolonialkriege der Spanier und Portugiesen in Lateinamerika, der Engländer und Deutschen in Südafrika, der Belgier im Kongo. Für manche ehemaligen Kolonien lassen sich deshalb heutige Zustände bis zu einem gewissen Grad aus ihrer kolonialen Vergangenheit erklären. Der europäische Kolonialismus hat zwar den unterworfenen Völkern auch „Segnungen" der westlichen Zivilisation gebracht, aber er hat damit zugleich massiv in bisher bestehende soziale und wirtschaftliche Strukturen eingegriffen und damit mögliche andere Entwicklungen abgeschnitten. Ganz abgesehen von moralischer Schuld, die mit dem Kolonialismus auch verbunden ist, gibt es deshalb die geschichtliche Verantwortung der Industrievölker dafür, dass sie die anderen in den Prozess ihrer Modernisierung einbezogen haben. Die „Europäisierung" der Erde hat schwere Probleme geschaffen, hat zu weltweiter Interdependenz und damit zur Notwendigkeit weltweiter Solidarität geführt. Aber weder historisch noch wirtschaftswissenschaftlich ist es erlaubt, den Kolonialismus als Totalerklärung heutiger „Unterentwicklung" oder gar als entscheidende Ursache für den Wohlstand der Industrievölker zu nehmen.

Historisch darf man nicht den Fehler machen, die Zustände bei den Kolonialvölkern vor ihrer Kolonialisierung zu idealisieren. Es gab auch vorher Hungersnöte und Seuchen, es gab gegenseitige Unterdrückung, Stammeskriege und Sklaverei. Weder die Kastenstruktur Indiens noch die Unterdrückung der Frau in der islamischen Kultur ist ein Produkt des europäischen Kolonialismus. Historisch gibt es ferner Gegenbeispiele. Es gibt Entwicklungsländer, die nicht Kolonien waren (z B. China, Thailand, Afghanistan, Nepal, Äthiopien, Liberia); es gibt Industrieländer, die nicht oder nur kurze Zeit Kolonialmächte waren (Schweiz, skandinavische Staaten, Japan); es gibt ehemalige Kolonialmächte, die ihrerseits lange in einem „vorkapitalistischen" Zustand verharrten (Spanien, Portugal, Russland). Es gibt ehemalige (Siedler)kolonien, die nach ihrer Befreiung in einen raschen Entwicklungsprozess eintraten (USA, Kanada, Australien, Neuseeland); andere, in denen bis in unsere Zeit hinein vorindustrielle Strukturen erhalten blieben (Lateinamerika). In weltgeschichtlicher Gesamtbetrachtung ist viel eher als die Armut der Wohlstand die Ausnahme und das erklärungsbedürftige Phänomen. Erst industrielle Revolution, kapitalistische Wirtschaftsweise und Sozialstaatlichkeit haben Massenwohlstand ermöglicht.

(Bernhard Sutor, Joachim Detjen, Politik. Ein Studienbuch zur politischen Bildung, Paderborn 2001, S. 471ff.)

Insofern ist die marxistisch-strukturalistische Pauschalaussage, dass der Kolonialismus lediglich zur Ausbeutung der Entwicklungsländer beigetragen habe, in dieser verabsolutierenden Form falsch. Vielfach haben erst die Kolonialverwaltungen jene institutionellen Voraussetzungen geschaffen, die zur nachhaltigen Beschleunigung der wirtschaftlichen Entwicklung erfüllt sein müssen, wie z.B. geordnete Rechtsverhältnisse, Vereinheitlichung des Maß- und Messwesens, die Schaffung einer Infrastruktur usw. Außerdem konnten durch den Kolonialismus einige Attitüden und Verhaltensweisen übertragen werden, die sich zumindest in Teilbereichen als entwicklungsfördernd erwiesen haben.
Mit dieser Argumentation soll keineswegs der Eindruck vermittelt werden, der Kolonialismus sei uneingeschränkt entwicklungsfördernd gewesen. Es lassen sich sowohl positive als auch negative Konsequenzen des Kolonialismus feststellen, die im jeweiligen Einzelfall zur Ermittlung des Nettoeffekts einander gegenübergestellt werden müssen. Eine solche Gegenüberstellung darf sich nicht allein mit den historischen Erfahrungen dieser Länder befassen; sie muss vielmehr die Alternativen, die sich bei einem Ausbleiben des Kolonialismus ergeben hätten, ebenso berücksichtigen wie die jeweilige Form des Kolonialismus – bspw. ob es sich um einen Siedlungskolonialismus (z.B. USA, Kanada, Australien) oder um einen Ausbeutungskolonialismus (z.B. viele Länder Lateinamerikas und Afrikas) gehandelt hat. Vor allem in Bezug auf die Alternativen, die sich bei einem Ausbleiben des Kolonialismus ergeben hätten, ist allerdings der Spekulation Tür und Tor geöffnet. In den meisten Fällen lässt sich nur vermuten, welche Entwicklung ein Land vollzogen hätte, wenn es keine koloniale Vergangenheit gehabt hätte. Bis heute fehlt zumindest der Beweis dafür, dass ein Land beim Ausbleiben des Kolonialismus ein für die wirtschaftliche (aber auch gesellschaftliche und politische) Entwicklung günstigeres Klima hätte erreichen können – es sei denn, man definiert den Kolonialismus *per se* als Unterentwicklung.

(Hans-Rimbert Hemmer, Wirtschaftsprobleme der Entwicklungsländer, München, 3. Aufl. 2002, S. 298)

M 61 b „Wer ist schuld an der Misere?" – Endogene und exogene Ursachen am Beispiel Afrikas

Der „schwarze Erdteil" ist der Slum der Weltwirtschaft. 48 Staaten bringen es zusammen auf das Bruttosozialprodukt von Belgien. Drei Viertel der 650 Millionen Afrikaner leben in Armut, jedes dritte Kind ist unterernährt. 28 Millionen Menschen sind HIV-infiziert oder an Aids erkrankt. Die durchschnittliche Lebenserwartung ist auf 48 Jahre gefallen, Afrikas Anteil am globalen Handel auf knapp ein Prozent gesunken. Pessimisten prophezeien, die nächste Generation werde noch ärmer, kränker und schlechter ausgebildet sein. Und noch weniger Chancen im globalen Wettbewerb haben.
[…] Aber warum gerade Afrika? Wer ist schuld an seiner Misere? Nur die als korrupt und rückständig verschrienen Afrikaner? Oder dunkle Außenmächte, die Agenturen des Weltkapitals, die Börsenhaie und profitgierigen Multis?

Klimatische und geografische Nachteile

Wer die afrikanische Dauerkrise verstehen will, muss sich zunächst die Ausgangslage vor Augen halten. Tatsächlich hat die Natur den Kontinent nicht eben bevorzugt. Seine Bewohner sind extremen Klimaverhältnissen ausgesetzt – Regenzeiten mit gigantischen Niederschlägen oder langen Dürreperioden. Fruchtbares Land ist rar, vielerorts herrscht chronischer Wassermangel. Kein anderer Erdteil wird so oft von Katastrophen heimgesucht, von Buschfeuern, Sandstürmen, Insektenplagen oder biblischen Fluten. Im Tropengürtel erschweren tückische Infektionskrankheiten das Leben, Bilharziose, Malaria, Gelbfieber. Entsprechend schlecht ist der allgemeine Gesundheitszustand. Afrika, die Wiege der Menschheit, ist heute der Ort mit den härtesten Existenzbedingungen.

Zur Tyrannei der Natur kommt der Fluch der Geografie. Die meisten subsaharischen Staaten liegen abgeschnitten von den Küsten wie große unzugängliche Inseln im Inneren des Kontinents – manche Regionen sind gleichsam in die Unentdecktheit zurückgefallen. Der Harvard-Ökonom Ricardo Hausmann nennt das die „Falle des Raumes“: Einen Container vom amerikanischen Baltimore an die Elfenbeinküste zu verfrachten kostet 3000 Dollar. Wird er indes in die markt- und wasserferne Zentralafrikanische Republik geschickt, steigt der Frachtpreis auf 13 000 Dollar.

Die Ursache des hohen Preises ist die miserable Infrastruktur. Es fehlen Straßen, Kanäle, Flughäfen. Zudem durchschneiden zahlreiche Grenzen wie Mauern das Land – künstliche, oft widersinnige Demarkationswälle, einst errichtet von den Kolonialmächten. Afrika wurde „balkanisiert“, seine Völker wurden ausgeplündert und ausgeblutet. Europäer, Amerikaner, Araber lieferten sich einen regelrechten Wettlauf um Gold und Diamanten, Kautschuk, Elfenbein, Tropenhölzer, Gewürze. […]

Monokultur und „terms of trade“

Die Kolonialherren gingen, die Muster der Kolonialökonomie blieben. Sie war „monokulturell“ auf den Export von Bodenschätzen und Agrarerzeugnissen ausgerichtet – ein verhängnisvolles Erbe für die jungen Nationen. Denn im Laufe der Jahrzehnte sollten sich die *terms of trade* verschlechtern, also das Verhältnis von Import- und Exportpreisen: Aufgrund fallender Weltmarktpreise für Rohstoffe und landwirtschaftliche Produkte nehmen die Afrikaner immer weniger Geld ein, müssen gleichzeitig aber für ihre Einfuhren – Industriegüter, Fertigwaren, Energie – immer mehr hinblättern. Die Elfenbeinküste wurde als größter Kakaoproduzent der Welt bis Anfang der Achtzigerjahre als kleines Wirtschaftswunderland gepriesen. Dann brach auf dem Weltmarkt der Kakaopreis ein und mit ihm die Deviseneinnahmen. Die Ivorer konnten ihre Schulden nicht mehr zahlen, niemand mochte ihnen neue Kredite geben. Seitdem ging es für das Land mit seinen rund 15 Millionen Einwohnern bergab. Zwischen 1981 und 1999 sank die jährliche Wirtschaftsleistung pro Kopf um fast 40 Prozent auf weniger als 1000 Euro.

Hausgemachte Ursachen: Kleptokratie und Misswirtschaft

Nun lässt sich zu Recht einwenden, die Afrikaner hätten in 40 Jahren Unabhängigkeit genug Zeit gehabt, ihre Volkswirtschaften umzubauen und sich nicht mehr nur auf die Herstellung von ein oder zwei Produkten zu konzentrieren. Genau an diesem Punkt, jenseits der naturbedingten, geografischen und historischen Nachteile, beginnt die Diskussion über die hausgemachten Ursachen der Misere. Die afrikanischen Eliten schlüpften in die Herrenrolle der Kolonialisten – sie trügen weiße Masken auf der schwarzen Haut, schrieb Frantz Fanon. Der Vordenker der antikolonialen Revolution, ursprünglich aus Martinique, warnte schon 1961 vor der fatalen Umwandlung der Fremdausbeutung in Selbstbedienung. Er sollte Recht behalten.

An der Spitze der Machtcliquen stehen Führer, die man im anglophonen Afrika trefflich *big men* nennt, „Großmänner“. Ihr oberstes Ziel, den Machterhalt, sichern sie durch ein ausgeklügeltes Patronagewesen. Das System zur Verteilung der knappen Ressourcen erkauft die Loyalität der parasitären Staatsklassen und folgt so genannten tribalistischen Präferenzen: Zuerst werden der erweiterte Familienclan des *big man*, die Heimatregion und die Angehörigen der eigenen Ethnie mit Posten und Pfründen beschenkt. Ein Resultat sind die absurd aufgeblähten Staats- und Verwaltungsapparate. Zum Nepotismus [Vetternwirtschaft] kommen Korruption, Inkompetenz und Misswirtschaft auf allen Ebenen. Autokraten wie Nkrumah in Ghana, Kaunda in Sambia oder Mobutu in Zaire (s. M 52 b) schalteten und walteten nach Gutdünken. Von Großmannssucht getrieben, wollten sie ihre Länder im Schnellverfahren industrialisieren, und die Berater und Geldgeber des Westens bestärkten sie darin: Baut! Baggert! Betoniert! Die Nigerianer, berauscht vom Ölboom der Siebzigerjahre, erwiesen sich als besonders gelehrig und investierten ohne Plan und Entwicklungsziel. Devise: Was kostet die Welt? Wir können uns alles leisten! Zwölfspurige Autobahnen, schlüsselfertige Universitäten, ein monumentales Stahlwalzwerk, das bei Ajaokuta aus dem Busch gestampft wurde: Grundsteinlegung 1972, 18 Jahre Bauzeit, geschätzte Kosten 20 Milliarden Euro. Bis heute hat es keine einzige Tonne Eisenerz verarbeitet, aber jede Menge Bestechungsskandale produziert.

[...] Die Landwirtschaft hingegen wurde in fast allen Staaten des postkolonialen Afrika sträflich vernachlässigt – und damit zugleich die Ernährungssicherung. Die meisten Afrikaner sind Subsistenzbauern, sie erzeugen gerade so viel, dass es zum Überleben reicht, und manchmal auch weniger. Es fehlt ihnen an Düngemitteln und Maschinen, an Kapital und Kenntnissen, am Zugang zu Märkten. Die Folgen: Landflucht, übervölkerte Städte, wachsende Arbeitslosigkeit, Verelendung. Im Jahre 2025 wird das Heer der Arbeitskräfte in Afrika auf eine halbe Milliarde Menschen angeschwollen sein. Allein, die Eliten machen sich auch angesichts solcher Prognose kaum Gedanken über nachhaltige Investitionen. Sie leben immer noch recht üppig. Es gab Jahre, da wurde in Libreville, der Hauptstadt von Gabun, der weltweit höchste Pro-Kopf-Verbrauch an Champagner gemessen. [...]

Im Kalten Krieg* durften Kleptokraten [Machthaber, die sich durch „Diebstahl" von Gemeineigentum persönlich bereichern] wie Mobutu (s. M 52 b) ungehindert ihre eigenen Länder plündern, solange sie einem der beiden geopolitischen Feindeslager dienten. Dafür erhielten sie großzügige Bruderhilfe, aus Moskau oder Washington, Paris oder Peking, je nachdem. So besehen hat das Ausland die Selbstzerstörung Afrikas kräftig alimentiert. Nach dem Ende des Ost-West-Konflikts zogen sich die Impresarios zurück. Die Regime der Großmänner kollabierten, und ganze Landstriche versanken in Gewalt und Anarchie. In Ländern wie Somalia, Kongo oder Liberia ist das Elend besonders groß. Der Warlord* ist dort inzwischen der Hauptakteur des ökonomischen Verteilungskampfes, und seine Geschäfte laufen gut, weil es nicht an ausländischen Partnern fehlt, an Waffenhändlern, Söldneragenturen und multinationalen Konzernen, die an der Ausbeutung von Öl, Kobalt oder Diamanten Milliarden verdienen. [...]

Die Strukturschwächen des Kontinents werden fortdauern, weil es vorerst an den Mitteln, am Know-how und am Willen fehlt, sie zu beheben. Nach all den Fehlschlägen ist Afrikas Anteil an globalen Direktinvestitionen auf unter zwei Prozent gesunken (vgl. M 84 d). Das afrikanische Risiko ist unwägbar geworden: Krieg und Anarchie, kleine Märkte, niedriges Wachstum, hohe Produktionskosten, das allgemeine Ausbildungsniveau so dürftig wie die Kompetenz der Entscheidungsträger – wer wollte da investieren?
Afrikas postkoloniale Geschichte ist die Geschichte einer gescheiterten Modernisierung, einerlei, ob sie unter kapitalistischen oder sozialistischen Vorzeichen versucht wurde.

Neue Entwicklungskonzepte – Wird „Nepad" ein Erfolg?
Solche Hemmnisse werden selten bedacht, wenn neue Entwicklungsrezepte für Afrika entstehen. Da heißt es schnell: Liberalisiert! Privatisiert! Öffnet eure Märkte! Unter diesen wirtschaftsliberalen Maßgaben sind schon die Reformprogramme der Weltbank und des Internationalen Währungsfonds kläglich gescheitert, das räumen unterdessen sogar ihre Erfinder in Washington ein. Der verbissene Streit über den Nutzen und Nachteil der Globalisierung für Afrika bleibt angesichts der realen Machtverhältnisse jedoch akademisch. Die herrschenden Eliten gewinnen immer, egal welche Reformlehre angewandt wird. Sie organisieren ihr Raubwesen neuerdings per Handy und Computer, die Masse aber wartet vergeblich auf die versprochenen *trickle down*-Effekte, auf das Durchsickern einiger Wohlstandströpfchen. [...]
Das wird so bleiben, solange wirtschaftliche Reformen nicht durch einen fundamentalen politischen Wandel unterfüttert werden, durch echte Demokratien, stabile Rechtsstaaten, lebendige Zivilgesellschaften. [...]
Es würde schon helfen, wenn die Industrienationen die *New Partnership for Africas Deve-*

lopment (Nepad) unterstützten, ein kontinentales Wiederaufbauprogramm nach dem Modell des Marshall-Plans*, das Südafrikas Präsident Thabo Mbeki angeregt hat. Der Kerngedanke: Die Afrikaner mobilisieren ihre Selbsthilfekräfte und bringen die allfälligen Kurskorrekturen auf den Weg. Der Norden erlässt weitere Altschulden und schafft schrittweise jene Handelsstrukturen ab, die den Süden diskriminieren. Bisher hielten sich die entwickelten Länder an das heimliche Motto: Brot für Afrika, die Wurst bleibt hier. Nun steigt der Druck auf sie, selbst zu tun, was sie von der Welt fordern: Sie müssen ihre Marktzitadellen schleifen. Die Afrikaner haben im Agrar- und Textilsektor komparative Kostenvorteile, werden aber durch Handelsschranken vom Wettbewerb in Europa, Nordamerika und Japan weitgehend ausgeschlossen. Allein durch den Agrarprotektionismus verlieren sie pro Jahr geschätzte Exporteinnahmen von 20 Milliarden Dollar – das ist doppelt so viel, wie an Entwicklungshilfe nach Afrika fließt.

Im Gegenzug müssen sich die afrikanischen Reformer unangenehme Rückfragen gefallen lassen. Wieso soll man Nigeria, dem sechstgrößten Ölproduzenten der Welt, die Schulden erlassen? Wieso geben Regierungen für Waffen mehr aus als für Schulen und Krankenhäuser? Wie können sie *good governance* geloben, jenen Modeausdruck für verlässliches Regieren, und gleichzeitig den simbabwischen Staatschef Robert Mugabe verteidigen, der erst im März der Opposition einen klaren Wahlsieg gestohlen hat? Dieser Fall ist gleichsam ein Warnsignal auf der Nepad-Strecke. Sollten es die Afrikaner übersehen, könnte ihr Reformzug schnell entgleisen.

(Bartholomäus Grill, „Weiße Maske auf schwarzer Haut", in: DIE ZEIT Nr. 18 v. 25.4.2002, S. 19f.)

1. *Klären Sie das Verständnis der Begriffe „Entwicklungstheorien" und „Unterentwicklungtheorien" (M 59). Was ist mit dem Hinweis gemeint, dass eigentlich eher Entwicklung als Unterentwicklung erklärungsbedürftig ist? In welcher Unterschiedlichkeit haben sich die Folgen der „industriellen Revolution" auf die Regionen der Erde verteilt? (M 60)*

2. *Zum Verständnis und zur Einschätzung der beiden „großen" Entwicklungstheorien sollten Sie auf jeden Fall zunächst M 61 a erarbeiten, bevor Sie sich der kritischen Einschätzung durch den Text zuwenden und zu einer eigenen Beurteilung kommen. Stellen Sie dazu die wichtigsten Grundannahmen und Vorstellungen der beiden Theorien stichwortartig gegenüber (M 61, Text S. 142f.):*
   - *Worin besteht die jeweilige (im Namen zum Ausdruck kommende) Hauptaussage?*
   - *Was wird unter „Modernisierung" konkret verstanden? Worin besteht im Einzelnen die „Abhängigkeit"?*
   - *Welche Strategien/Maßnahmen werden jeweils vorgeschlagen, um das Entwicklungsziel zu erreichen?*
   - *Welche Rolle spielt jeweils der „Kolonialismus"?*

3. *Worin liegen jeweils die wesentlichen Kritikpunkte und die Gründe für das letztendliche „Scheitern" der „großen" Theorien (Text, M 61 a)?*

4. *Wodurch unterscheiden sich neuere Ansätze zur Entwicklungstheorie grundsätzlich von den „Großen" Theorien? Was meint der Text (S. 144) mit seiner Empfehlung zur „Bescheidenheit"?*

5. *Analysieren Sie den instruktiven Bericht zu den verschiedenen Ursachen der (in diesem Buch häufiger angesprochenen) Situation, in der sich die meisten Länder Afrikas befinden. Fassen Sie zu den einzelnen Abschnitten die wichtigsten Aussagen zusammen und stellen Sie in einer kurzen Übersicht stichwortartig zentrale äußere und innere Ursachen der afrikanischen „Misere" gegenüber (zur „Nepad"-Initiative können Sie sich näher über die Homepage www.nepad.org oder über das Bundesministerium für wirtschaftliche Zusammenarbeit, www.bmz.de, informieren). Wie beurteilen Sie selbst die Ursachen der Situation Afrikas?*

2. Eine frühe Theorie: Die „säkulare Verschlechterung der Terms of Trade“

Dependenztheorien sind in ihrer differenziertesten Ausprägung durch lateinamerikanische Autoren entwickelt und von zahlreichen Entwicklungstheoretikern in Europa (sehr viel weniger in den USA) übernommen worden. Ein Lateinamerikaner, der Argentinier *Raúl Prebisch*, damals Direktor der UN-Wirtschaftskommission für Lateinamerika (CEPAL), hat nicht ganz zehn Jahre vor dem Aufkommen der Dependenztheorien zu Anfang der Fünfzigerjahre des 20. Jh. eine Art Vorläufer-Theorie vorgelegt, die damals viel Aufmerksamkeit fand, in ihren Empfehlungen eine Reihe von Ländern beeinflusst hat und bis heute (vielleicht auch wegen ihrer scheinbaren Einfachheit und unmittelbaren Einsichtigkeit) das Denken auch von Menschen bestimmt bzw. beeinflusst, die sich für Entwicklungspolitik interessieren.
Im Kern besagt sie (grob vereinfacht), dass die „Realaustauschverhältnisse“ (= „Terms of Trade*“) des Außenhandels der Entwicklungsländer sich langfristig zu ihren Ungunsten verschöben. Entwicklungsländer exportierten Rohstoffe (bzw. Primärgüter), die relativ zu industriellen Fertiggütern (den Exportgütern von Industrieländern, mithin Importgütern von Entwicklungsländern) immer billiger würden. Der sprichwörtliche Traktor müsse mit einer immer größeren Zahl von Säcken Kaffee bezahlt werden.

Zur Diskussion sollten *verschiedene Fragen* sorgfältig auseinander gehalten werden:

- Stimmt, rein empirisch gesehen, die statistische Beweisführung?
- Sollte das der Fall sein: Kann das simple Preisverhältnis von Import- und Exportpreisen eines Landes als Erfolgsindikator für den Außenhandel interpretiert werden?
- Und weiter, die Richtigkeit einmal unterstellt: Welche entwicklungspolitischen Folgerungen sollten sinnvollerweise gezogen werden?

• Zum einen ist die **statistische Beweisführung** nicht gelungen. Je nach Definition der Terms of Trade, Basisjahr, Typ der Indexbildung, zugrunde gelegtem Zeitraum, benutzter Währung und betrachteter Region sind unterschiedliche Entwicklungen zu beobachten. Die generelle Aussage einer säkularen (sich über einen sehr langen Zeitraum hin erstreckenden) Verschlechterung der Terms of Trade für Entwicklungsländer kann nicht belegt werden (s. die Arbeitshinweise zu **M 62 b**; zur Bedeutung der Wahl des Basisjahres s. **M 62 a**).
Damit wird natürlich in keiner Weise die Möglichkeit des *kurzfristigen* Rückgangs von Rohstoffpreisen (und, möglicherweise, dadurch ausgelöster Krisen) in den entsprechenden Exportländern (wie z.B. in Ruanda*) geleugnet (zum grundsätzlichen Problem der Rohstoffabhängigkeit s. **M 31**, S. 82).
• Das Stereotyp, Industrieländer exportierten nur Industrie-, Entwicklungsländer nur Primärgüter, stimmt seit Jahrzehnten nicht mehr. Mehr als die Hälfte der weltweiten Exporte von Primärgütern stammt aus Industrieländern; die Entwicklungsländer als Gruppe exportieren mehr Fertig- und Halbfertigwaren als Rohstoffe.
Anders formuliert: die Terms of Trade für zwei *Gütergruppen* (z.B. mineralische Rohstoffe vs. industrielle Fertigwaren) sind etwas anderes als die Terms of Trade für zwei *Ländergruppen* (Industrieländer/Entwicklungsländer) und erst recht als die Terms of Trade für einzelne Länder.

• Selbst wenn statistisch eindeutige Entwicklungen beobachtbar wären, ist die **Interpretation** dieses Sachverhalts offen. Veränderungen der Terms of Trade können eine *Vielzahl von Ursachen* haben, die für die betreffende Volkswirtschaft günstig oder ungünstig sein können: Die Erfindung einer preiswerten kostensparenden Maschine (z. B. einer Kaffee-Pflückmaschine) brächte für das Erfinderland temporäre Kostenvorteile (bis alle Wettbe-

werber sich die Erfindung zu eigen gemacht haben); es kann zu niedrigeren Preisen mehr verkaufen. Tendenziell fallen die Weltmarktpreise und die Terms of Trade für das betreffende Land (Konstanz der Einfuhrpreise vorausgesetzt). Dies ist aber ein Vorteil für das betreffende Land, allerdings so lange nicht für die Wettbewerber, bis sie durch Übernahme der Erfindung den gleichen Kostenvorteil genießen. In einem westafrikanischen Land fielen nach der Eröffnung einer Mine die Terms of Trade um rund ein Drittel.
Es wäre daher falsch, die Realaustauschverhältnisse ohne präzise Prüfung dieser Zusammenhänge als Außenhandelserfolgsindikator zu interpretieren. Der Satz, ein Zuwachs in den Terms of Trade *vermehre,* ein Sinken *vermindere* die Wohlfahrt eines Landes, gilt eben nur unter der ceteris paribus-Annahme – und in der wirklichen Welt ist häufig eben *nicht* „alles andere gleich" geblieben.

• Wenn ein einzelnes Land tatsächlich in seinem Außenhandel (insbesondere in seinen Exporten) von wenigen preissensiblen Gütern abhängig sein sollte, kann es (außer Nichtstun der vorherrschenden Politik) offenbar zwei sich diametral entgegenstehende **Politikmaßnahmen** ergreifen:

– Es versucht die Außenhandelsabhängigkeit durch *Konzentration auf den Binnenmarkt* zu reduzieren. Es könnte z.B. versuchen, importierte Industriewaren durch im Lande selbst hergestellte Produkte zu ersetzen („importsubstituierende Industrialisierung"). Damit sänke die Notwendigkeit des Erwerbs von Devisen durch Exporte, um die eigenen Importe bezahlen zu können. Das hat Lateinamerika (anfangs notgedrungen) seit der Wirtschaftskrise 1929 bis in die 70er-Jahre des 20. Jahrhunderts betrieben. Die Nachteile einer Konzentration auf den Binnenmarkt (Verzicht auf internationale Arbeitsteilung, Ineffizienz einer [nur] hinter Zollmauern gedeihenden Industrie, die viel zu enge nationale Märkte beliefert) werden an anderer Stelle dieses Lehrbuches genauer behandelt. Lateinamerika bietet ein anschauliches Beispiel: Nach anfänglichen Erfolgen stieß das Modell an seine Grenzen und ist seit den letzten Jahrzehnten des 20. Jahrhunderts zugunsten der Weltmarktöffnung aufgegeben worden.
– Die *Weltmarktöffnung* stellt in der Tat die zweite grundsätzliche Alternative dar: Die einseitige Ausrichtung der Exporte auf wenige preissensible Güter wird zugunsten einer größeren *Güterdiversifizierung* aufgebrochen: Je mehr unterschiedliche Güter exportiert werden, umso unwahrscheinlicher ist es, dass alle gleichzeitig einen Preisverfall (oder, was genauso gefährlich sein kann, eine Preishausse) erleben.

Die dritte Möglichkeit (nämlich nichts zu tun, aber weiterhin wortreich Klage über sinkende, fluktuierende bzw. allgemein zu geringe Rohstoffpreise zu führen) ist leider von zahlreichen Ländern, voran in Schwarzafrika, ergriffen worden; in nicht wenigen Fällen wurde die einseitige Exportstruktur durch staatliche Maßnahmen sogar noch verstärkt, z.B. durch die Förderung des Kaffeeanbaues in der Elfenbeinküste.
„Diversifizierung* des Außenhandels" wurde etwa seit den Sechzigerjahren für Afrika gefordert, den afrikanischen Politikern auf einer Konferenz nach der anderen, in einem Buch nach dem anderen, durch einen Regierungsberater nach dem anderen empfohlen. Geschehen ist wenig oder nichts: Der Erwerb von Devisen für die „traditionellen" Exporte Afrikas zur Alimentierung des Konsums der ausbeuterischen Staatsklassen wurde in vielen Ländern für wichtiger als Investitionen gehalten, die einseitige Abhängigkeiten vermindert hätten (vgl. **M 31**: Von 36 Ländern mit Abhängigkeit von einem einzigen Produkt von 20–49% liegen 14 [39%] in Schwarzafrika, von den 22 Ländern mit einem Wert von mehr als 50, 10 [45%]). Dabei wäre gerade Schwarzafrika hinsichtlich der Exportgüterdiversifizierung in einer hervorragenden Position gewesen, gewährt doch die EU seit Jahrzehnten freien Marktzugang für verarbeitete Produkte für die „assoziierten" (AKP*-)Staaten: ein eindeutiger Fall von Politikversagen als einer Ursache für wirtschaftliche Stagnation.
Eine systematische Erörterung zur Terms of Trade-These enthält M 62.

M 62 a

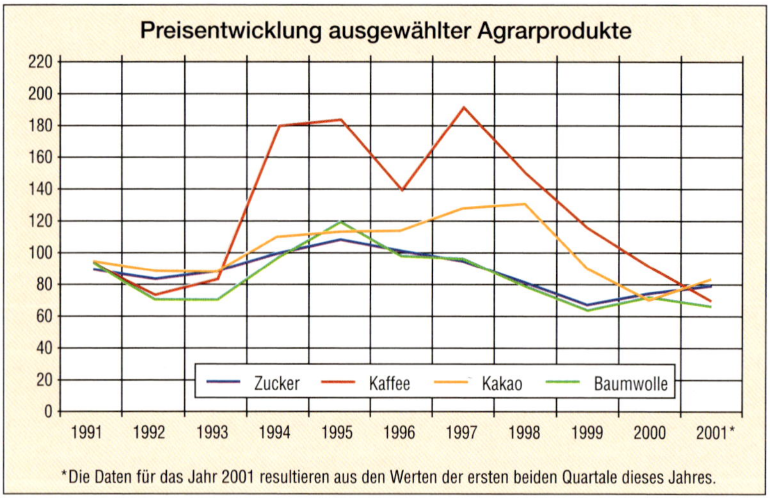

(Quelle: World Trade Organization, International trade statistics 2001, Genf 2001, S. 212)

M 62 b

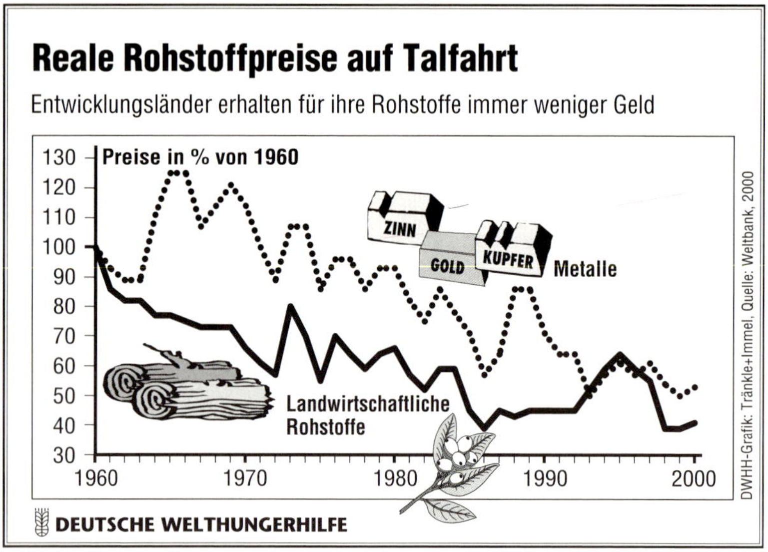

M 63 Zur Kritik der Terms of Trade-These

Zur statistisch-empirischen Beweisführung

(1) Beim Versuch einer kritischen Würdigung der Terms of Trade-These sowie der daraus abgeleiteten Konsequenzen ergeben sich zunächst einige Kritikpunkte, die an der statistischen Beweisführung ansetzen. So zeigen sich mehrere Probleme, die mit der *Indexbildung* zusammenhängen. Da die Preisindices der Export- und Importgüter die unterschiedliche Bedeutung der einzelnen Güterkategorien berücksichtigen müssen, werden die in den Index eingehenden Preise mit *unterschiedlichen Gewichten* versehen, die Ausdruck einer bestimmten *Güterstruktur* sind. Im Wesentlichen stehen hier zwei Gewichtungsmethoden bei der Ermittlung der Preisindexreihen zur Verfügung: die Methode von Laspeyres, der die Güterstruktur der *Basisperiode* als Gewichtungsfaktor verwendet, und die Methode von Paasche, der die Güterstruktur der *laufenden Periode* als Gewichtungsfaktor verwendet und die Indexwerte der früheren Periode quasi zurückberechnet. Je nach der Wahl dieser

Methoden können sich – falls heterogene Preisentwicklungen bei einzelnen Gütern mit Strukturänderungen von Ausfuhr oder Einfuhr einhergehen – unterschiedliche Terms of Trade-Entwicklungen einstellen; es ist durchaus denkbar, dass ein Index einen Anstieg, der andere hingegen einen Rückgang aufweist. Diese Gefahren sind umso stärker, je weiter Basis- und Vergleichsjahr auseinander liegen, weil die Wahrscheinlichkeit von Strukturwandlungen im Außenhandel mit gröberen Zeitabständen zunimmt. Die Qualität der gehandelten Güter ändert sich, bisher gehandelte Güter verschwinden und werden durch neue Erzeugnisse ersetzt, es gibt Wechsel bei den Handelspartnern. Insbesondere *industrielle Fertigwaren* erfahren oftmals beträchtliche *Qualitätssteigerungen*, so dass sie mit dem Produkt des Basisjahres oft nur noch den Namen und allenfalls die Funktion gemeinsam haben. Bei den *Primärgütern* lassen sich hingegen keine derartig umfangreichen Qualitätswandlungen feststellen. Man kann deshalb zumindest einen Teil der Terms of Trade-Verschlechterung als Spiegelbild dieser unterschiedlichen Qualitätsentwicklung bezeichnen – und nicht als Preisverfall gegebener Güterarten. Als Konsequenz dieser statistischen Erfassungsprobleme sollte man nur numerische Terms of Trade-Änderungen größeren Umfangs als echte Preisänderungen interpretieren.

(2) Empirisch hat sich allerdings – selbst bei Berücksichtigung der hier angesprochenen statistischen Erfassungsprobleme – die Tendenz herauskristallisiert, dass zumindest für jene Länder (mit der Ausnahme der Erdölexporteure), deren Exporte überwiegend aus Primärgütern bestehen, ein *kontinuierlich abnehmender Terms of Trade-Verlauf* zuzutreffen scheint. Insofern könnte man die Terms of Trade-These von den entwicklungsländerfeindlichen Tendenzen des internationalen Handels zumindest für die Rohstoff exportierenden Länder durchaus als bestätigt ansehen. Außerdem werden Terms of Trade-Veränderungen weitaus stärker durch Preisschwankungen von *Primärgütern* (in jüngerer Zeit vor allem von Rohöl) als von Industrieerzeugnissen verursacht. Wie sich die Terms of Trade für einzelne Länder verändern, hängt dann davon ab, ob sie Exporteure oder Importeure des auslösenden Primärgutes sind und welchen Anteil diese Güter am gesamten Außenhandel des betrachteten Landes haben.

(3) Allerdings müssen bei der Bewertung der entwicklungspolitischen Relevanz der Terms of Trade-These für „die" Entwicklungsländer deren sehr *heterogene Export- und Importstrukturen* berücksichtigt werden; Terms of Trade-Berechnungen sind nur sinnvoll, wenn sie *getrennt nach Ländern und/oder Produkten* vorgenommen werden. Dann stellt man fest, dass keineswegs von einer eindeutigen Verschlechterung „der" Terms of Trade für „die" Entwicklungsländer die Rede sein kann. Es gibt vielmehr Länder, deren Terms of Trade sich über einen längeren Zeitraum hinweg verbessert, andere, bei denen sie sich im selben Zeitraum verschlechtert haben, und schließlich lassen sich mehrere Länder feststellen, bei denen die Terms of Trade lediglich *zyklische Schwankungen*, aber keinen eindeutigen Trend aufweisen. In der Tat zeigen die vorliegenden internationalen Statistiken, dass die Entwicklung der Terms of Trade eher durch Schwankungen als durch eine eindeutige Tendenz zugunsten oder zu ungunsten der Entwicklungsländer gekennzeichnet ist. Insofern hängt es im Wesentlichen von der Wahl der Länder und der Betrachtungsperiode der Terms of Trade-Reihe ab, ob sich eine tendenzielle „Verbesserung" oder „Verschlechterung" der Terms of Trade für die Entwicklungsländer errechnet. [...]

Zur Interpretation veränderter (statistisch nicht mehr infrage gestellter) Terms of Trade

(1) [...] Die [...] Gleichsetzung von Terms of Trade-Abnahmen und Wohlfahrtsverlusten ist nur zulässig, wenn sich in dem betreffenden Land weder die Produktions- noch die Nachfragebedingungen geändert haben. In diesem Fall ist die Änderung des Weltmarktpreisverhältnisses ausschließlich auf Datenänderungen zurückzuführen, die vom Ausland ausgehen. Sobald sich jedoch im Inland eine *Änderung von Produktions- und Nachfragebedingungen* ergibt, können Verringerungen der Terms of Trade *a priori* genauso wenig als Verschlechterungen wie Zunahmen der Terms of Trade als Verbesserungen bezeichnet werden.

Findet im Inland ein *Wachstumsvorgang* statt, der das Ausmaß der inländischen Importgüternachfrage (und damit bei unveränderten Weltmarktpreisen auch das inländische Exportgüterangebot) vergrößert, so resultiert daraus eine Verschlechterung der Terms of Trade für das betreffende Land. In diesem Fall lässt sich jedoch eine einseitig an den Preisänderungen orientierte Betrachtung nicht mehr aufrechterhalten; vielmehr müssen zusätzlich auch die Wachstumseffekte berücksichtigt werden, die *per se* zu Wohlstandsgewinnen führen. Dann hängt es von der relativen Stärke der Wachstums- und Terms of Trade-Effekte ab, ob das Wirtschaftswachstum *per saldo* positiv oder negativ zu beurteilen ist: Es lässt sich zwar durchaus eine Situation ermitteln, bei der der wohlstandsmindernde Terms of Trade-Effekt den wohlstandssteigernden Wachstumseffekt überkompensiert. Dieser unter dem Namen *Verelendungswachstum (immiserizing growth)* bekannt gewordene Extremfall kommt aber nur in Situationen vor, die durch ein stark exportorientiertes Wachstum sowie eine starke Reaktion der Terms of Trade auf diese Exportexpansion gekennzeichnet sind. In den meisten Fällen ist der negative Terms of Trade-Effekt schwächer als der positive Wachstumseffekt, so dass sich für das betroffene Land trotz der „Verschlechterung" der Terms of Trade ein Wohlstandsgewinn ergibt.

Aus diesen Ausführungen geht hervor, dass eine uneingeschränkte Identifizierung sinkender Terms of Trade mit einer Verschlechterung für das davon betroffene Land nicht haltbar ist: Sobald die Terms of Trade-Wirkungen durch das Land selbst hervorgerufen werden, sind solche Verallgemeinerungen unzulässig. Aus diesem Grunde ist es stets erforderlich, die *Ursachen für die langfristigen Entwicklungstendenzen* der Terms of Trade herauszufinden und explizit in die *länderspezifische Analyse* einzubeziehen; eine isolierte Terms of Trade-Betrachtung erbringt keine ökonomisch sinnvollen Ergebnisse. […]

(2) Für die Fragestellung, ob die internationalen Wirtschaftsbeziehungen als Ursache der Unterentwicklung dienen können, vermag der Hinweis auf die Terms of Trade-These damit keine befriedigende Antwort zu geben. Da die Entwicklungsländer, wenn auch in unbefriedigendem Maße, interne Wachstumsprozesse durchlaufen, können die Terms of Trade-Änderungen dieser Länder nicht nur mit dem Hinweis auf externe Datenänderungen begründet werden. Sie werden vielmehr auch durch interne Datenänderungen verursacht und müssen dann in entsprechend modifizierter Weise untersucht und interpretiert werden. Als Beweis für die Richtigkeit der These, die Entwicklungsländer würden von den derzeitigen internationalen Wirtschaftsbeziehungen negativ betroffen, können die Terms of Trade-Änderungen daher nicht verwendet werden.

(Hans-Rimbert Hemmer, Wirtschaftsprobleme der Entwicklungsländer, Vahlen, München 2002, S. 301ff., 306)

1. *Erläutern Sie, was es mit der Theorie von der „säkularen Verschlechterung der Terms of Trade" für die Entwicklungsländer auf sich hat (Text S. 152). Klären Sie dazu die genaue Bedeutung des Begriffs „Terms of Trade".*

2. *Beschreiben Sie die in M 62 a/b dargestellten Preisentwicklungen und bedenken Sie ihre eingeschränkte Aussagekraft im Hinblick auf die genannte These. Inwiefern sind hier nicht die „Terms of Trade" selbst, sondern nur der Zähler dieses Preisverhältnisses dargestellt (auch Sachgüter, nicht Dienstleistungen, der Industrieländer sind real gesehen preisgünstiger geworden)?*

3. *Erörtern Sie die im Text (S. 153) beschriebenen möglichen wirtschaftspolitischen Maßnahmen für Länder, deren Exporte sich auf wenige preissensible Güter beschränken und deren Außenhandelsabhängigkeit daher problematisch ist (zu Afrika vgl. auch M 61 b, S. 149, Abschnitt „Monokultur und Terms of Trade").*

4. *Zur Auseinandersetzung mit der ToT-These können Sie sich an M 63 orientieren und dabei die entsprechenden Hinweise des Textes einbeziehen oder umgekehrt. Gehen Sie in M 63 abschnittsweise vor und fassen Sie die zentralen Aussagen jeweils zusammen. Unterscheiden Sie dabei zwischen methodischen Kritikpunkten, die sich z.T. auch an M 62 a/b exemplifizieren lassen, und solchen, die sich auf die Interpretation empirischer Ergebnisse beziehen.*

III ENTWICKLUNGSPOLITIK KONKRET

A. Zur Abgrenzung der Entwicklungspolitik

Entwicklungspolitik ist analytisch zu unterscheiden zunächst von privater Mildtätigkeit, sodann von anderen Formen der Außenbeziehungen von Staaten.
Private Mildtätigkeit zielt normalerweise auf die Erleichterung einer mehr oder weniger vorübergehenden Notlage, ohne dass sie grundsätzlich Strukturveränderungen anstrebt. Wer vor der italienischen Kirchentür einem Bettler eine kleine Münze in die Hand drückt, hilft diesem beim Überleben oder beim Kauf von Schnaps und Zigaretten, ändert aber grundsätzlich an seinem Zustand der Armut nichts. Entwicklungshilfe zielt idealerweise demgegenüber auf Veränderungen eben jenes Zustandes, der die Begründung für Entwicklungshilfe abgibt.
Zum anderen ist Entwicklungshilfe in unserer immer noch nationalstaatlich organisierten Welt schwerpunktmäßig eine Aufgabe von Staaten bzw. von staatlichen Organisationen. Wird sie so von Staat zu Staat bzw. von staatlicher Organisation an staatliche Organisation gegeben und ist sie somit Teil der Außenbeziehungen der beiden in Rede stehenden Staaten, so ist sie doch nicht mit Außenpolitik gleichzusetzen. Eine genauere Begriffsbestimmung und Abgrenzung bietet **M 64**; zur Vermischung mit Außenpolitik in Afrika s. **M 65**.
Nicht alle Organisationen, die Entwicklungshilfe betreiben, sind staatliche Akteure; so gibt es zwischenstaatliche internationale Organisationen wie die UNO und ihre verschiedenen Sonderorganisationen einerseits, private Akteure (Nichtregierungsorganisationen) andererseits. Ersichtlich liegt die Einteilung nach nationalen und internationalen Akteuren quer zu der Einteilung nach öffentlichen und privaten Akteuren. Auch private Akteure können national sein (Deutsche Welthungerhilfe), sie können aber auch international agieren (z. B. Greenpeace).
Wir teilen im Folgenden vorrangig nach dem Kriterium national und international ein und legen den Schwerpunkt auf die deutschen Akteure als Beispiele für nationale Akteure.

M 64 Ist Entwicklungspolitik Außenpolitik?

Entwicklungspolitik ist Teil der Außenbeziehungen eines Staates. Ist Entwicklungspolitik Außenpolitik? – Man kann auf einer ersten Ebene Entwicklungspolitik analytisch unterscheiden:
- von der *Außenpolitik* im engeren Sinne, also dem Versuch, mit den Mitteln der Diplomatie, von Staatsbesuchen, Konferenzen, der Radiopropaganda und dergleichen die politischen Beziehungen zu anderen Staaten zum eigenen Vorteil zu gestalten;
- von der *Außenwirtschaftspolitik*, dem Versuch, teilweise unter Nutzung der gleichen Instrumente, den Außenhandel bzw. die internationalen Wirtschaftsbeziehungen insgesamt (etwa unter Einbeziehung der internationalen Währungspolitik) zur Erhöhung der eigenen wirtschaftlichen Wohlfahrt zu beeinflussen;
- von der *auswärtigen Kulturpolitik*, der Absicht, durch die Herausstellung von kulturellen Leistungen ein vorteilhaftes Bild des eigenen Landes zu vermitteln, damit sein Ansehen zu erhöhen und so auch die außen- und außenwirtschaftspolitischen Ziele im engeren Sinne zu fördern.

Indessen ist Entwicklungshilfe auch von anderen Arten der *Auslandshilfe* wohl zu unterscheiden (und ein Teil der kritischen Argumente gegen Entwicklungshilfe rührt von der –

wirklichen oder behaupteten – Vermischung verschiedener Arten von Auslandshilfe her):

- Entwicklungshilfe im hier gemeinten Sinne ist *nicht rein humanitäre Hilfe* zur Linderung oder Überbrückung akuter Notlagen (z. B. von Hungersnöten, Naturkatastrophen usw.). Diese Art der Auslandshilfe – übrigens überdurchschnittlich häufig in privater Trägerschaft – kann als per se unpolitisch angesehen werden; dass sie wegen der Zuschreibung der Hilfe an das entsprechende Geberland durch die Empfänger dennoch politische Wirkungen entfalten kann, steht auf einem anderen Blatt.
- *Subsistenzauslandshilfe* geht in Form u. a. von Budgethilfe an Regierungen, denen die Ressourcen selbst für minimale öffentliche Dienste fehlen. Hat sie Erfolg, dann hat sie politische Wirkung über die Stabilisierung des Status quo.
- *Militärhilfe*, klassisch als Hilfe an Allianzpartner geleistet, wird darüber hinaus in der Erwartung eines politischen Vorteils (oder, was analytisch auf das Gleiche hinausläuft, zur Vermeidung von Nachteilen) vergeben. [...]
- Schließlich ist auch nicht Auslandshilfe als Prestigehilfe gemeint, ein relativ billiges Verfahren, durch eindrucksvolle Sachlieferungen oder Monumente das Ansehen von Spendern und bzw. oder Empfängern zu erhöhen. Auch hier führt die Verpackung als „Entwicklungshilfe" oft genug zu Irritationen.

Unsere Überlegungen ... konzentrieren sich auf *Entwicklungshilfe im Sinne des bewussten Einsatzes politischer und ökonomischer Instrumente im weitesten Sinne durch Industrieländer und internationale Organisationen sowie Nichtregierungsorganisationen zur Förderung wirtschaftlicher und sozialer Entwicklung ... der Empfängerländer in der Dritten Welt.*

(Jürgen H. Wolff, Entwicklungspolitik – Entwicklungsländer. Fakten – Erfahrungen – Lehren, 2., aktualisierte und erweiterte Auflage, Olzog, München 1998, S. 216–218; leicht verändert)

M 65 Außenpolitik führt zu unkritischer Hilfe für afrikanische Regime

Auch außenpolitische Ziele motivieren Entwicklungshilfe für Afrika. Während des Kalten Krieges sahen viele Entscheidungsträger der USA Auslandshilfe als ein Instrument der Außenpolitik beim Kampf gegen den internationalen Kommunismus. Zentral wichtige Verbündete der USA in Afrika wie Zaire oder Somalia erhielten einen unverhältnismäßig großen Anteil der amerikanischen Auslandshilfe. [...] In gleicher Weise konzentriert Frankreich seine Auslandshilfeprogramme auf seine früheren Kolonien in Afrika, wo es eine große Zahl kommerzieller, militärischer und außenpolitischer Interessen bewahrt.

Die Anliegen der Außenpolitik haben Hilfe gebende Regierungen dazu gebracht, politische Stabilität und Ordnung in Afrika zu betonen, dies manchmal auf Kosten nachhaltiger Entwicklung. Die Hilfe wurde zur Stützung korrupter Regime genutzt, die nicht an Entwicklung interessiert waren, dies einfach deshalb, weil man annahm, dass sie die außenpolitischen Ziele der Geberländer förderten. Ganz allgemein hat die Hilfe dazu gedient, die Souveränität einzelner Regime über ein bestimmtes Territorium zu verteidigen und zu stärken. Die große Mehrzahl der Ressourcen der Geber hat dazu beigetragen, schwache Regime zu stützen, die anders möglicherweise nicht überlebt hätten. Ob tüchtigere politische Führer zum Zuge gekommen wären, wenn Afrika weniger Hilfe erhalten hätte, ist keineswegs sicher, aber Entwicklungshilfe hat eindeutig inkompetente und sogar käufliche Regierungen unterstützt. [...]

Als Ergebnis trug Entwicklungshilfe nicht nur dazu bei, dass viele inkompetente Regierungen trotz ihrer Unfähigkeit zur effizienten Verwaltung der Ressourcen an der Macht blieben, sie hat auch die Anreize für alle Regierungen verringert, ihre Kapazitäten zum Management der Entwicklung zu verbessern. Zu viele Regierungen waren sich sicher, dass sie genügend Entwicklungshilferessourcen erhalten würden, um zu überleben, unabhängig von ihrer Haushaltsdisziplin oder ihren Anstrengungen zur Verbesserung ihrer verwaltungsmäßigen Fähigkeiten.

(Nicolas van de Walle und Timothy A. Johnston, Improving Aid to Africa, Washington 1996, S. 74–76; übersetzt durch Jürgen H. Wolff)

1. *Erläutern Sie die begriffliche Abgrenzung der Entwicklungspolitik von „privater Mildtätigkeit“ einerseits und von staatlicher Außenpolitik andererseits (Text S. 157). Sie können dabei von der am Schluss von M 64 (Z. 34ff.) gegebenen präzisen Definition von Entwicklungspolitik ausgehen und die Differenzen zu den in den Spiegelstrichen aufgeführten anderen Formen der Außenbeziehungen eines Staates aufzeigen. Worin liegt der genaue Unterschied von Entwicklungspolitik z. B. zu „Außenwirtschaftspolitik“ oder zu „humanitärer Hilfe“?*
2. *Beschreiben Sie am Beispiel afrikanischer Länder, welche negativen Effekte sich ergeben können, wenn außenpolitische Zielsetzungen die Vergabe von Entwicklungshilfe bestimmen. (M 65)*

B. Die Akteure der Entwicklungspolitik

Für die Erarbeitung des folgenden Abschnitts (B. Die Akteure der Entwicklungspolitik) schlagen wir Ihnen vor, zu den einzelnen Akteuren Kurzreferate zu erstellen, die der systematischen Information dienen sollen und die jeweiligen Referenten in ihrer Fähigkeit fördern können, den Inhalt kompakter Texte in einer Form zu vermitteln, die sich an Kriterien orientiert wie z. B.: klare Gliederung der Aspekte, Übersichtlichkeit und Anschaulichkeit der Information (z. B. durch zu erstellende kleine Skizzen zum Zusammenhang oder zur Zusammenstellung wichtiger Begriffe), Konkretisierung abstrakter Begriffe (möglichst mit eigenen Worten), Schwerpunktsetzung (Hervorhebung wichtiger gegenüber zweitrangigen Aspekten). Dabei kommt es z. T. darauf an, die entsprechende Textdarstellung und die in den Materialien enthaltenen Zusatzinformationen zu einer einheitlichen Information zu verarbeiten. Soweit es sich bei den Materialien nicht nur um Informationen, sondern auch um Kommentierungen und Beurteilungen handelt, sollte dies im Referat klar markiert werden. Die einzelnen Referate sollten – je nach Stellenwert der betr. Institutionen – nicht länger als 10–15 Minuten dauern. Auf einzelne Arbeitshinweise zu diesem Abschnitt (bis S. 175) haben wir verzichtet.

Im Gegensatz zu praktisch allen anderen Politikbereichen zeichnet sich die Entwicklungspolitik durch ein Auseinanderfallen der Begünstigten (Entwicklungsländer bzw. Menschen und Gruppen dort) und derjenigen aus, die diesen Politikbereich legitimieren, finanzieren und organisieren (die Wähler hierzulande und, in ihrem Auftrag, Parlament, Regierung – bzw. Ministerium – und Verwaltung): das so genannte Prinzipal-Agenten-Problem* (s. Glossar).

1. Nationale Akteure

Nationale Akteure können grundsätzlich in öffentliche und private unterteilt werden, sinnvollerweise unterscheidet man noch einen „Zwischenbereich“ zwischen privaten und öffentlichen Akteuren (zu einem Überblick s. **M 66**).

a) Deutsche öffentliche Akteure

Der politisch wichtigste Akteur in der deutschen Entwicklungspolitik ist das *Bundesministerium für Wirtschaftliche Zusammenarbeit und Entwicklung* (BMZ), in der Theorie die zentrale politische Steuerungsbehörde für die gesamte deutsche Entwicklungshilfe, soweit sie aus dem Bundeshaushalt finanziert wird (zum BMZ und zu einigen Problemen im Zusammenhang mit diesem Ministerium s. **M 67**). Der *Bundestag* verfügt über einen eigenen *Ausschuss für Wirtschaftliche Zusammenarbeit* (AwZ) und über den Haushaltsausschuss, der auch über den „Einzelplan“ für Entwicklungshilfe (Einzelplan 23) im Wechselspiel mit der Bundesregierung de facto entscheidet.
Auch deutsche *Bundesländer*, Kreise und Gemeinden sind im Bereich der Entwicklungshilfe aktiv; mit anderen Worten: Es gibt keine Alleinzuständigkeit des Bundes in diesem

Bereich, wobei allerdings die Länder sich in äußerst unterschiedlichem Ausmaß engagieren – auch wenn man ihre verschiedene Leistungskraft berücksichtigt. Die Leistungen von Kreisen und Gemeinden sind übrigens offensichtlich nicht genau bekannt. Ein Beispiel für eine systematische und über Jahrzehnte betriebene Zusammenarbeit eines Bundeslandes mit einem Entwicklungsland ist die Partnerschaft des Landes Rheinland-Pfalz mit der ostzentralafrikanischen Republik Ruanda.

Das BMZ ist für „Planung, Grundsätze, Programme und Koordinierung der gesamten deutschen Entwicklungshilfe" zuständig, also *politische Steuerungsinstanz,* nicht dagegen die die Entwicklungshilfe durchführende Organisation. Diese ist vielmehr eine Reihe von staatlichen und parastaatlichen Institutionen anvertraut worden, die teilweise vom Bund eigens zu diesem Zweck geschaffen worden sind. Für die *Finanzielle Zusammenarbeit* (zu diesem Begriff s. III C. 1., S. 176) ist zuständig die öffentlich-rechtliche *Kreditanstalt für Wiederaufbau* (KfW) in Frankfurt am Main, bei der jedoch die Entwicklungshilfe nur weniger als 10 Prozent des Geschäftes ausmacht (dies, obwohl die Finanzielle Zusammenarbeit bis 1996 den größeren Teil der Entwicklungshilfe beanspruchte). Für die so genannte *Technische Zusammenarbeit* (auch hierzu S. 176) ist die in Eschborn bei Frankfurt am Main ansässige *Gesellschaft für Technische Zusammenarbeit* (GTZ), eine bundeseigene Gesellschaft mit beschränkter Haftung, zuständig, die aufgrund eines Generalvertrages mit der Bundesregierung aus dem Jahre 1974 tätig wird. (Die Gesellschaft *muss* im Auftrag des Bundes tätig werden, der Bund hat mit der Durchführung von Einzelmaßnahmen grundsätzlich die GTZ zu beauftragen. Hier liegt also ein praktisch perfektes Monopol einer öffentlichen Aufgabe vor.) Die GTZ hat einen *weltweiten Auftrag* (2001 2703 Projekte, einschließlich Sachlieferungsprojekten, in 131 Staaten), ihr Umsatz erreicht fast 866 Millionen Euro (2001), 1373 entsandte Fachkräfte (plus 8572 Ortskräfte) sind im Ausland tätig (davon 7,5 Prozent in Europa/Mittelasien, 42,2 Prozent in Afrika, 33,0 Prozent in Asien und 17,3 Prozent in Lateinamerika). 66 Büros weltweit sollen die Projekte vor Ort unterstützen und Kontakt zu den einheimischen Stellen halten.

Schwerpunktorganisation für die *Personelle Zusammenarbeit* (s. S. 176) ist die Organisation *„Internationale Weiterbildung und Entwicklung (Inwent)"*, eine GmbH, 2002 als Nachfolgeorganisation von Carl-Duisberg-Gesellschaft und Deutscher Stiftung für Internationale Entwicklung gebildet, an der auch die Länder und die deutsche Wirtschaft beteiligt sind. Hinzu kommen mehrere Einrichtungen, welche die Bundesregierung für bestimmte entwicklungspolitische Zwecke eigens geschaffen hat oder die für die Bundesregierung die Durchführung entwicklungspolitischer Maßnahmen übernehmen. Hier wären neben der Inwent der *Deutsche Entwicklungsdienst* (DED) zu nennen, der Fachkräfte unterhalb des Anforderungsprofils der Experten der GTZ entsendet, weiter der *Deutsche Akademische Austauschdienst* (DAAD) und das *Deutsche Institut für Entwicklungspolitik* (DIE), das neben Studien- und Beratungsleistungen Zusatzausbildungskurse für deutsche Hochschulabsolventen zur Vorbereitung einer Tätigkeit im Entwicklungshilfebereich anbietet.
Seit 1999 ist der DED koordinierender Programmträger des „Zivilen Friedensdienstes" (ZFD) als eines neuen Instrumentes der personellen Zusammenarbeit. „Speziell ausgebildete Fachkräfte wirken durch Maßnahmen der Krisenprävention, zivilen Konfliktbearbeitung und Friedensförderung dem gewaltsamen Ausbrechen von Konflikten entgegen und tragen zum Aufbau von Mechanismen gewaltfreier Konfliktbearbeitung bei" (BMZ). Ein erstes Gutachten von Juni 2002 zur Aufbauphase (Konzeption, Verfahren etc.), nicht etwa zu den Ergebnissen, kommt zu kritischen Schlussfolgerungen, von der nicht hinreichend durchdachten Konzeption über zu seltene Konfliktanalysen bis zu uneinheitlichen Kriterien bei der Projektauswahl und einer unscharfen Abgrenzung zu den „klassischen" Entwicklungszusammenarbeits-Vorhaben. Allerdings wird vom ZFD ein erster Erfolg (Vermittlung eines Waffenstillstandsabkommens in Norduganda) gemeldet. (Dabei ist übrigens daran zu erinnern, dass ursprünglich Entwicklungshilfe insgesamt als Friedensarbeit betrachtet

wurde; die dem DED entsprechende amerikanische Organisation heißt nicht umsonst „Peace Corps".) – Eine inhaltliche Diskussion zum Komplex Entwicklungshilfe und Konflikte findet sich in Abschnitt IV A. 4. (s. S. 249f.).
Die theoretisch einfache Aufgabenverteilung – politische *Steuerung* und Kontrolle durch das Ministerium, die *Durchführung* der dort beschlossenen Vorhaben durch die Durchführungsorganisationen – ist in Wahrheit hochkomplex (s. **M 68**).

b) Zwischenbereich zwischen staatlichen und privaten Organisationen

Mit diesem etwas unpräzisen Ausdruck sollen hier Organisationen bezeichnet werden, die eindeutig nicht staatlicher Weisung unterstehen (gleichgültig, wie ihre Rechtsform ist), bei denen man andererseits aber kaum von „privaten" Organisationen im engeren Sinne wird sprechen können. Zu nennen sind insbesondere:
- die so genannten *politischen Stiftungen* der im Bundestag vertretenen Parteien;
- die großen „Werke" der *Kirchen*, soweit sie im Entwicklungshilfebereich tätig sind.

Alle im Bundestag vertretenen Parteien haben so genannte „Politische Stiftungen" gegründet, die ihnen weltanschaulich-parteipolitisch nahe stehen, die aber doch Aufgaben wahrnehmen, die über reine Parteipolitik hinausgehen. Dabei ist die Bezeichnung „Stiftung" hochgradig irreführend: weder sind sie (mit Ausnahme der SPD-nahen Friedrich-Ebert Stiftung) Stiftungen im Rechtssinne noch verfügen sie über ein nennenswertes Stiftungskapital als zweites Merkmal einer wirklichen Stiftung, hängen vielmehr praktisch vollständig von der Alimentierung durch den Bundeshaushalt ab. Neben den im Inland durchgeführten Aufgaben, die hier nicht weiter interessieren, sind alle demokratischen Parteien grundsätzlich an der Förderung von Demokratie, demokratischen Parteien und Gewerkschaften, allgemein: der „Zivilgesellschaft"*, in der Dritten Welt interessiert. Parteipolitik im engeren Sinne spielt hier also – im Gegensatz zu den in der Öffentlichkeit verbreiteten Annahmen – eine durchaus mindere Rolle. Die Bundesrepublik verfügt neben den USA (die erst 1983 eine ähnliche Struktur geschaffen haben) und Großbritannien (seit Anfang der Neunzigerjahre gibt es dort die Westminster Foundation for Democracy) als einzige der großen Gebernationen über ein Geflecht solcher Stiftungen, deren entwicklungspolitische Arbeit aus dem Bundeshaushalt finanziert wird. Für die übrigen Geberländer ist es ein schwer vorstellbarer Gedanke, dass die Regierung über Zuwendungen an eine der Opposition nahe stehende Einrichtung dieser, wenn auch nur indirekt, das Leben erleichtert.
Stiftungen haben entwicklungspolitisch bestimmte Vorteile.

Die beiden wichtigsten *kirchlichen Entwicklungshilfe-„Werke"* sind die katholische Organisation *Misereor* (Aachen) und die protestantische *Brot für die Welt* (Stuttgart). Wie die staatlichen Einrichtungen GTZ und DED sind sie praktisch ausschließlich in der Technischen Zusammenarbeit tätig, insbesondere im Bereich von Bildung und Gesundheitswesen, in der Land- und Forstwirtschaft, im sozialen Bereich und in regionalen Entwicklungsprogrammen; sie senden um die 500 „integrierte" Entwicklungshelfer in die Länder der Dritten Welt. „Integriert" bedeutet, dass diese Fachkräfte einen Einstellungs- bzw. Arbeitsvertrag mit einer Einrichtung im Empfängerland haben, dieser disziplinarisch und fachlich unterstehen und die deutsche Seite mehr oder weniger große Teile des Gehaltes, insbesondere auch der sozialen Absicherung (Sozialversicherung in Deutschland usw.) übernimmt. Die entwicklungspolitische Arbeit der kirchlichen Werke zeichnet sich durch eine Reihe von Eigentümlichkeiten aus (s. **M 69**).

c) Private Organisationen

In Deutschland ist eine nicht mehr überschaubare Zahl von Organisationen im Bereich der Entwicklungshilfe tätig; man schätzt, dass es sich um mindestens 500 Organisationen handelt, aber einzelne Schätzungen gehen noch weit darüber hinaus. Auch hier gibt es bekannte Werke wie etwa die *Deutsche Welthungerhilfe,* aber auch lokale Initiativen zur

Unterstützung eines einzelnen Spitals oder eines Waisenhauses in Indien, die Stiftung eines Unternehmers zur Förderung des Primarschulwesens in Haiti und eine junge Organisation (*German Watch*), die die Regierung an ihren verkündeten Prinzipien messen und die Öffentlichkeit auf Fehlentwicklungen aufmerksam machen möchte.

Der Bereich, so lässt sich ohne Übertreibung sagen, ist also fast hoffnungslos zersplittert, und über lange Jahre hinweg stand das Ministerium dieser Flut von Organisationen einigermaßen ratlos gegenüber. Seit 1995 ist insofern eine gewisse Ordnung eingetreten, als in Bonn ein *Verband entwicklungspolitischer Nichtregierungsorganisationen* (VENRO, www.venro.org/) aus der Taufe gehoben wurde, dem inzwischen etwa 100 deutsche Organisationen angehören. (Auf europäischer Ebene haben entwicklungspolitische Nichtregierungsorganisationen einen Verbindungsausschuss bei der Kommission der EU in Brüssel gebildet.) Damit ist der früher schmerzlich vermisste Ansprechpartner für das BMZ im Grundsatz gegeben, doch wird abzuwarten sein, ob der sich in der Zersplitterung manifestierende Individualismus und die unterschiedlichen ideologischen Ansätze im Hinblick auf Entwicklungspolitik auf Dauer überwunden werden können. Auch VENRO, der sich durchaus immer wieder mit pointierten Stellungnahmen zu Fragen der Entwicklungspolitik zu Wort gemeldet hat, kommt in mancher Hinsicht nicht über einen kleinsten gemeinsamen Nenner hinaus. Letztlich bleibt es übrigens auch fraglich, ob eine noch weiter gehende Koordination wünschenswert wäre. Gerade die Möglichkeit, sich in kleinen Organisationen in Abhängigkeit von den eigenen politischen Präferenzen, dem eigenen Zeitbudget und dem eigenen Geldbeutel zu engagieren, macht die Arbeit in Nichtregierungsorganisationen für idealistische – häufig junge – Menschen reizvoll, die mit ihrem individuellen Beitrag nicht in der Anonymität einer großen Organisation verloren gehen möchten. Zudem ist Koordination mit Kosten im weitesten Sinne verbunden, und es ist keineswegs von vornherein ausgemacht, dass die Entscheidungen, die nach einer Koordination erreicht werden, notwendig die richtigen sind. Wird unkoordiniert „gewurstelt", kann immer noch auf lokale Abstimmung oder Marktkräfte vertraut werden: Der Unsinn durch stromlinienförmige, aber falsche Entscheidungen hielte sich in Grenzen. – Die Nichtregierungsorganisationen haben sich bis in die jüngste Zeit hinein durchweg einer guten Presse erfreut, sind aber in den letzten Jahren zunehmend unter Rechtfertigungsdruck geraten. Einige der Vorteile, die Nichtregierungsorganisationen zugeschrieben wurden, werden in **M 70** diskutiert.

Der *Rechtfertigungsdruck,* unter den Nichtregierungsorganisationen geraten sind, speist sich aus verschiedenen Quellen:

- Zum einen haben Nichtregierungsorganisationen selbstverständlich eine bessere Entwicklungspolitik nicht nur von der staatlichen Seite eingeklagt, sondern auch behauptet, ihre eigene Tätigkeit sei der staatlichen überlegen. Diesem Anspruch steht eine bemerkenswerte Dürftigkeit von Untersuchungen der eigenen Tätigkeit durch unabhängige Gutachter gegenüber. Wer seine eigene Arbeit nicht oder jedenfalls in ungenügendem Maße evaluieren lässt, gerät notwendig in Rechtfertigungsnotstand, wenn er behauptet, seine eigene Arbeit sei überlegen (s. **M 70**). Erst neuerdings wird dem Komplex Evaluierung durch die deutschen NROs vermehrt Aufmerksamkeit geschenkt – nicht ohne die Eigenarten ihrer Arbeit zu betonen und sich damit in den Augen mancher Vertreter der offiziellen Entwicklungshilfe gegen Kritik immunisieren zu wollen.
- Neben dieser mangelnden Transparenz wird in eingeweihten Kreisen auf die *fehlende demokratische Legitimation* der privaten Helfer hingewiesen, die obendrein in einigen Fällen im Süden mit unverzeihlicher Arroganz auftreten, z. B. eine Art Helfer-Syndrom entwickeln sollen, auch wenn ihre Hilfe gar nicht mehr benötigt wird. So jedenfalls u. a. die ehemalige entwicklungspolitische Sprecherin der Grünen und derzeitige Parlamentarische Staatssekretärin im BMZ, Uschi Eid.
- „Besorgt wird [auch] gefragt: Sind durch die Aktivitäten von NGOs demokratisch gewählte Entscheidungsprozesse in Gefahr? Zwingen NGOs demokratisch gewählten Regierungen ihren politischen Willen auf? [...] Welches gesellschaftliche Mandat besitzen NGO-Aktivisten eigentlich?" (Marianne Beisheim, NGOs und ihre Legitimität, in: Aus Politik und Zeitgeschichte v. 17.10.1997, S. 21; zu Stärken und Schwächen von NGOs s. auch **M 125 d** und die umfassende Darstellung von F. Nuscheler: http://www.oneworld.at/ngo-conference/discussion/nuscheler.htm)

M 66 Die Akteure der Entwicklungszusammenarbeit in Deutschland

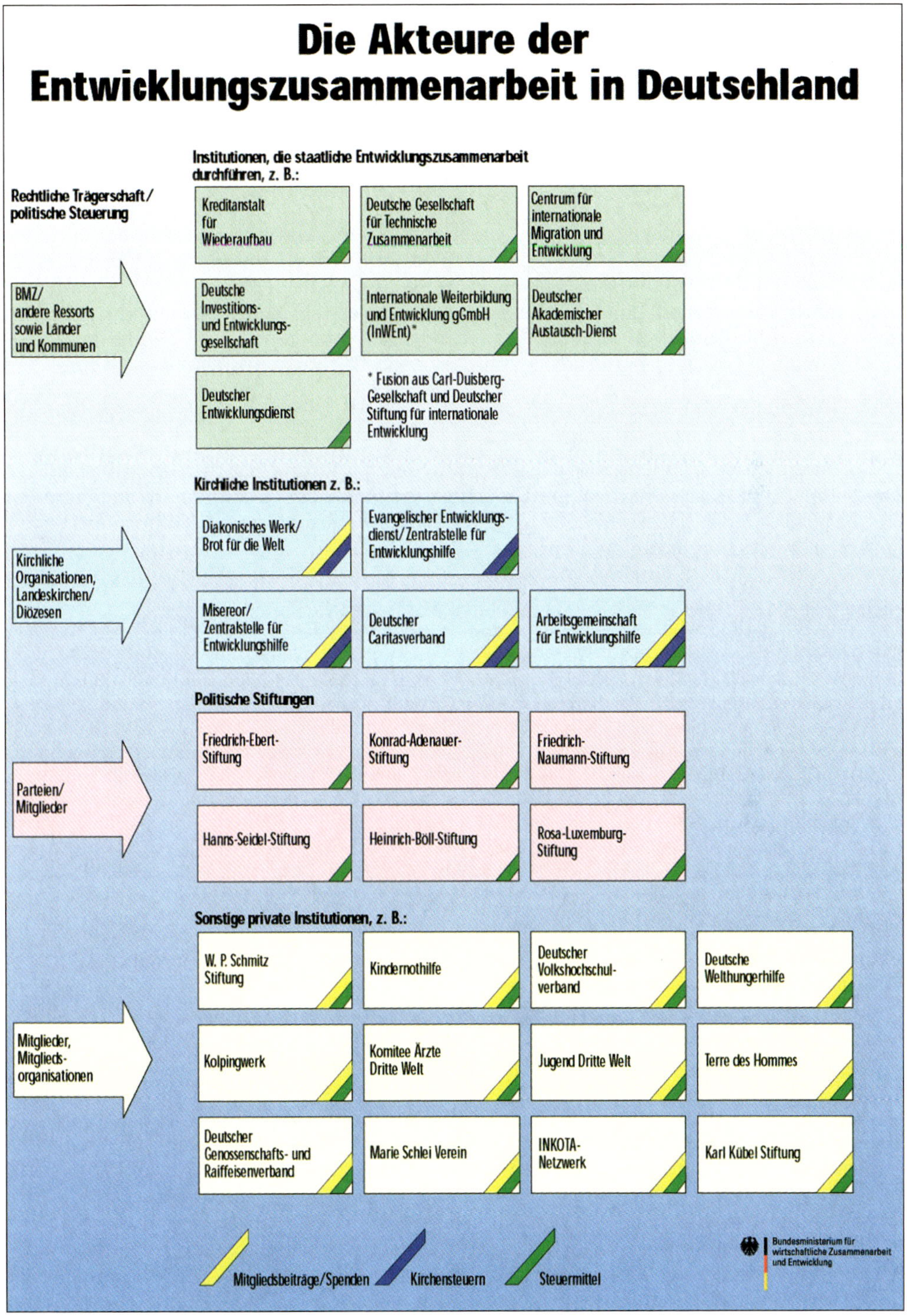

(© Bundesministerium für wirtschaftliche Zusammenarbeit und Entwicklung)

M 67 Das Bundesministerium für wirtschaftliche Zusammenarbeit und Entwicklung

Zentrale politische Steuerungsbehörde für die deutsche Entwicklungshilfe ist das Bundesministerium für wirtschaftliche Zusammenarbeit und Entwicklung, 1961 (unter dem Namen Bundesministerium für wirtschaftliche Zusammenarbeit) im Zusammenhang der Koalitionsverhandlungen von CDU/CSU und FDP gebildet, da letztere Partei [...] noch mit einem Ministerium auszustatten waren: Da die Koalitionsarithmetik kein Ministerium mehr frei ließ, wurde eines geschaffen! Das bedeutet *nicht*, dass es nicht auch gute sachliche Gründe für diese Gründung gab: Viel beklagt wurden Kompetenzwirrwarr der beteiligten Ressorts und fehlende Koordination; zudem kann [...] zu Recht gefragt werden, ob nicht Entwicklungspolitik ein neuer Politikbereich ist, der eine Art Querschnittsaufgabe darstellt und politische Entscheidungen auf höchster Ebene (also im Kabinett) nötig macht und deshalb eines eigenen Ministeriums bedarf (so die Auffassung des Bundestages). – Entwicklungspolitik hat es allerdings schon lange vor der Gründung des Ministeriums gegeben. [...] Entwicklungshilfe [ist] von Beginn an im Bewusstsein ihrer Akteure von einem Bündel verschiedener, gelegentlich gegensätzlicher Motive bestimmt [gewesen]: In einer hochkomplexen Welt wäre es naiv, „reine Motive" oder „monofunktionale" Institutionen oder Politikfelder ausmachen zu wollen! [...]
1964 erst erhielt das Ministerium die Zuständigkeit für Grundsätze, Programme und für die technische Zusammenarbeit, erst 1972 für die finanzielle Zusammenarbeit. Seither ist das BMZ zuständig „für die Planung, Grundsätze, Programme und Koordinierung der gesamten bi- und multilateralen Entwicklungspolitik". [...]

Neben der *Leitungsebene* (*Minister*, seit 1998 Heidemarie Wieczorek-Zeul; ein parlamentarischer und ein beamteter *Staatssekretär* samt jeweils zugeordnetem Stab sowie unmittelbar zugeordneten *Referaten* für Presse und Öffentlichkeit, Kabinetts- und Parlamentsangelegenheiten, Grundsätze, Konzeption und Planung sowie Protokoll- und Sprachdienst) verfügt das Ministerium seit einer Reorganisation zu Beginn des Jahres 2003 über *drei Abteilungen*, die, in dieser Reihenfolge, für (Innen-) Verwaltung und Zusammenarbeit mit gesellschaftlichen Kräften, Entwicklungspolitik mit Ländern und Regionen, Asien und Lateinamerika, Europäische Friedenssicherung und Vereinte Nationen sowie globale und sektorale Aufgaben, europäische und multilaterale Zusammenarbeit und Zusammenarbeit mit Afrika und dem Nahen Osten zuständig sind. [...] Die Grundeinheit der deutschen Ministerialorganisation ist das „Referat", eine in der Größe wechselnde Einheit aus einem Leiter und mehreren Mitarbeitern. Der gemeinsamen Geschäftsordnung der Bundesregierung zufolge ist *jede* Angelegenheit einem Referat zuzuweisen, hat dieses andererseits ohne weiteres das Erstentscheidungsrecht in allen Angelegenheiten, die das Referat betreffen. Ein kluger Minister wird es sich in der Regel genau überlegen, diese Entscheidung – und auch noch gegen substanzielle Warnung des Referatsleiters – umzustoßen und eine andere Weisung zu erteilen.

Einige Problemkreise, die das Ministerium betreffen, seien in Kürze erläutert:
- Im Kranz der [...] Ministerien ist das BMZ eines der kleineren und politisch weniger wichtigen (wenn auch für reisefreudige Minister durchaus reizvoll). Bei der „Rahmenplanung" (also Grundsatzentscheidungen) ist das Ministerium auch heute noch auf „Einvernehmen" mit dem Auswärtigen Amt, dem Finanz- und dem Wirtschaftsministerium angewiesen (die im Übrigen bei wichtigen Vorhaben – oder deren Einstellung – Einspruch erheben können). In der Praxis gibt es natürlich auch hier manche Kompromisse [...], wechselseitiges Geben und Nehmen, Junktimieren, Ausmanövrieren usw. [...]
- Gemäß dem Umzugsbeschluss von Bundestag und Bundesregierung gehört das BMZ zu den in Bonn zurückbleibenden Ministerien (mit „zweiten Schreibtischen" in Berlin). Das Dreiecksgeflecht BMZ – andere Ministerien – Bundestag bzw. Ausschüsse für wirtschaftliche Zusammenarbeit und, wichtiger, für den Haushalt [...] und einzelnen Abgeordneten wäre damit nachhaltig gestört, die Marginalisierung des Ministeriums besiegelt. Die Auguren in den Kulissen geben dieser Konstruktion keine Zukunft, auch wenn die Möbelwagen des BMZ nicht die ersten in Berlin gewesen sind.

- Die geringe Rolle, die Entwicklungspolitik in der deutschen politischen Diskussion spielt, lässt das BMZ für ehrgeizige Politiker nicht besonders attraktiv erscheinen. Seit 1961 hat es 11 Minister gegeben (davon einer mit zwei Amtsperioden), d. h. die durchschnittliche Amtsdauer hat nicht einmal eine Legislaturperiode betragen. Natürlich wäre es zu einfach, daraus per se Instabilität oder Mangel an politischer Führung abzuleiten: Ein Ministerium ruht auf seinem Fachbeamtentum. Schon auf der Ebene der Staatssekretäre sind Amtszeiten von über neun (Lengl), über acht (Brück) und über sechs (Köhler, Härdtl) Jahren zu verzeichnen. [...]
- Das Ministerium verfügt über etwa 580 *Mitarbeiter*, davon etwas unter 200 mit Hochschulabschluss; seit Jahren ist der Bundestag nicht bereit gewesen, die Zahl der etatisierten „Stellen" (nur solche können besetzt werden) zu erhöhen, trotz lange Zeit wachsender Mittel im Haushalt. Rein rechnerisch heißt das, dass auf jeden Mitarbeiter (vom Staatssekretär bis zum Pförtner) jährlich mehr als 6,5 Mio Euro an auszugebenden Mitteln entfallen, ungleich mehr, wenn die Summe nur auf die mit operativen Vorgängen befassten Mitarbeiter bezogen wird. Wer auch nur eine ungefähre Vorstellung von der Komplexität des Gegenstandsbereichs [...] und der Verwaltungsabläufe [...] hat, wird diese Situation für kaum mehr verantwortbar halten.
- Die Sache wird nicht besser durch die Knappheit der *Reisemittel*. Diese sind etatmäßig dem Ministerium zugeordnet, nicht dem einzelnen Vorhaben bzw. Projekt. Die persönliche Anschauung des Empfängerlandes, der unmittelbare Eindruck von Projektfortschritten oder -misserfolgen muss leiden; kein Studium von Berichten kann ihn ersetzen. Zudem kommt der für die politische Steuerung zuständige Beamte rein informationsmäßig im Verhältnis zu seinem Gegenüber in der Durchführungsorganisation ins Hintertreffen. Reisen zu Projekten werden nämlich bei diesen zu den Projektkosten gerechnet (zu Recht), sind daher ungleich häufiger möglich.
- Allerdings ist (auch) im BMZ nicht jeder Beamte der hoch motivierte konzeptionell-strategische Kopf, den die politische Steuerung des Bereichs voraussetzt. (Solche strategischen Köpfe sind in der Grundsatzabteilung häufiger als in der Länderabteilung.) Wer „lieber fummelt als steuert", sucht Projekte als „Spielwiese", arbeitet damit an dem politischen Auftrag eines Ministeriums vorbei, riskiert Konflikte mit den Durchführungsorganisationen und ist diesen gegenüber im Sinne des Gesagten umso mehr im Nachteil, je technischer die von ihm notwendigerweise nicht beherrschten Details werden.

(Jürgen H. Wolff, Entwicklungspolitik – Entwicklungsländer. Fakten – Erfahrungen – Lehren, 2., aktualisierte und erweiterte Auflage, Olzog, München 1998, S. 219–224, aktualisiert)

M 68 BMZ und Durchführungsorganisationen

Zum organisationspolitischen Geflecht von BMZ und Durchführungsorganisationen kann Folgendes vermerkt werden:
In theoretischer Sicht besteht das Problem in der Steuerung von *selbstständigen* Durchführungsorganisationen durch eine politische Spitze, d. h. nach Grundsätzen, die diese politische Spitze festlegt.
Um Organisationen zu steuern, muss man über Ressourcen verfügen; es sind, allgemein formuliert, Legitimität, Informationen, Finanzen und Personal; hinzu kommen taktische Mittel, z. B. Allianzbildungen. *Legitimität*, hier in Form von klaren Zuständigkeitsregeln, kommt dem BMZ ohne Frage zu: Die Verantwortung (und Berechtigung) des Ministeriums für die politische Steuerung der Durchführungsorganisationen wird ihm, soweit wir sehen, in der Theorie nicht (mehr) ernsthaft bestritten. [...]
Kritischer steht es um die Ressource* *„Information"*. Projektberichte werden dem Ministerium regelmäßig vorgelegt. Das bedeutet einmal, dass die Informationen von interessierter Seite stammen und damit gefiltert sein können – wobei es zwischen wahrheitsgetreuer

Berichterstattung […] und plumper Verdrehung von Tatsachen, an die niemand im großen Stil wird glauben wollen, zahlreiche subtile Formen und Tendenzen der „Schönung" gibt. Zudem bedeutet die immer stärkere Formalisierung der Berichte, dass sie immer weniger aussagen. […] Unabhängige Informationsquellen (nicht nur über Projekte, sondern auch über politische Entwicklungen in den Empfängerländern) sind Botschaftsberichte, Reisen der Mitarbeiter des BMZ in Empfängerländer und Evaluierungen* laufender oder (seltener) abgeschlossener Projekte durch unabhängige Gutachter […] (etwa fünfzig pro Jahr). […]

Finanzen sind eine Ressource, über die, dem ersten Anschein nach, das Ministerium souverän verfügt, sieht man von dem „Drittmittelgeschäft" der GTZ ab, d. h. deren Tätigwerden für Dritte gegen Entgelt. […] Undenkbar, dass Teile der bewilligten Mittel nicht ausgegeben würden; ein „Mittelabflusszwang" entsteht. Wehe dem Referat, das dem Finanzminister am Ende des Haushaltsjahres Geld zurückgeben müsste! Insofern besteht ein Gleichklang der Interessen zwischen den das Geld ausgebenden Durchführungsorganisationen und dem diese Ausgabe durch Projektbewilligungen autorisierenden Ministerium. Die hypothetische Drohung, den Geldhahn zuzudrehen, mag im Einzelfalle wirken, als Mittel der Steuerung ganzer Institutionen ist sie ungeeignet.

Das gilt auch für die *Personalpolitik:* Die rechtliche Verselbstständigung des Vorfeldes hat Personalangelegenheiten dem unmittelbaren Zugriff des Ministeriums entzogen. Das ist auch logisch: Wer selbstständig ein Projekt bearbeiten oder ein Unternehmen führen soll […], muss in der Auswahl der Mitarbeiter freie Hand haben […]. Auf der anderen Seite ist damit dem Ministerium eine wichtige Kontroll- und Führungsmöglichkeit genommen. […]

(Jürgen H. Wolff, Entwicklungspolitik – Entwicklungsländer. Fakten – Erfahrungen – Lehren, 2., aktualisierte und erweiterte Auflage, Olzog, München 1998, S. 236–240; leicht verändert und gekürzt)

M 69 Kirchliche Werke

Die Finanzierung erfolgt zum überwiegenden Teil aus Eigenmitteln, teils aus Kirchensteuern, teils aus den jährlichen großen Spendenaktionen, z. B. der Fastenaktion von Misereor mit Sammlungen in den Kirchen. Staatliche Zuschüsse (um 150 Mio. Euro im Jahr) decken nur einen kleinen Teil der Kosten. Das bedeutet, dass die Werke sehr selbstständig agieren können und notfalls für wichtig erachtete Projekte [...] voll aus eigenen Mitteln finanzieren können. Im Übrigen wird den Kirchen ein hohes Maß an Vertrauen entgegengebracht, die Anträge werden viel weniger kritisch unter die Lupe genommen als bei Antragstellern, bei denen dieses Vertrauen nicht im gleichen Maße besteht. Etwa zwei Drittel der Zuwendungen sind im Übrigen Globalzuwendungen, über deren Verwendung die Werke (außer für politisch sensible Bereiche, etwa Vorhaben im Menschenrechtsbereich) im Rahmen der allgemeinen Richtlinien frei entscheiden dürfen. – Zweitens: Kirchen haben häufig (keineswegs immer) besondere Vorteile bei der Identifizierung und Einordnung von Partnerorganisationen („Trägerstrukturen") in Entwicklungsländern: Oft gehen Anfragen, Anregungen zu Projekten oder bereits entscheidungsreife Anträge von Angehörigen der kirchlichen Hierarchie aus oder werden von diesen mit Stellungnahmen und Bewertungen übermittelt (zum Teil ist dies Voraussetzung einer Antragstellung). Das in der Entwicklungspolitik immer wieder – zu Recht – zu hörende Postulat der Beteiligung der Zielgruppen nicht nur an der Durchführung, sondern auch an der Konzipierung von Projekten dürften die kirchlichen Werke in vielen Fällen beispielhaft erfüllen. Andererseits wäre die Annahme blauäugig, etwa die afrikanischen Kirchen wären von den sozialen Übeln des Kontinents frei; hier ist ein gerüttelt Maß an Vorsicht (oder gar Misstrauen) angezeigt! (Übrigens besteht eine strenge – auch organisatorische – Trennung zwischen missionarischen und entwicklungspolitischen Aktivitäten, auch wenn von diesen eine Werbung für die Kirchen ausgehen mag.)

Drittens: Wie die Entwicklungshilfe allgemein hat sich die entwicklungspolitische Arbeit der Kirchen immer mehr professionalisiert; die Zeiten, in denen irgendwelche guten Herzen mit viel Idealismus und Einsatz, aber ohne profunde Kenntnis der Probleme den armen Negerlein etwas Gutes tun wollten, dürften überwunden sein. (Das gilt natürlich nicht notwendig für die zahlreichen Aktivitäten von Privaten im Umkreis der Kirchen, aber außerhalb der hier diskutierten Einrichtungen.) „Professionalisierung" bedeutet notwendig oft auch „Bürokratisierung".

(Jürgen H. Wolff, Entwicklungspolitik – Entwicklungsländer. Fakten – Erfahrungen – Lehren, 2., aktualisierte und erweiterte Auflage, Olzog, München 1998, S. 243–244, leicht verändert)

M 70 Behauptete Vorteile privater Organisationen

- Für das BMZ bedeuten Nichtregierungsorganisationen einen Ersatz für die (in Deutschland) fehlende Klientel, d. h. eine gesellschaftliche Kraft, deren Interessen wesentlich auf ein Ministerium bezogen sind, die von diesem vertreten wird und die ihrerseits das Ministerium bei politischen und bürokratischen Auseinandersetzungen unterstützt. Wichtige Persönlichkeiten in den Vorständen der NRO's können vom BMZ in diesem Sinne als Partner angesprochen werden. Selbst medienwirksamer Streit zwischen Nichtregierungsorganisationen und BMZ hat für dieses den Vorteil, öffentliche Aufmerksamkeit für seine Tätigkeit zu bekommen – viel besser als allgemeine Ruhe, bei der das Ministerium in der öffentlichen Meinung allzu leicht vergessen wird!
- *Geringe Verwaltungskosten:* Wer für Entwicklungshilfe spendet (oder Steuern zahlt), möchte damit begreiflicherweise nicht einen aufwändigen Verwaltungsapparat finanzieren, sondern legt Wert darauf, dass sein Geld möglichst ungeschmälert beim Empfänger ankommt. Es dürfte unmöglich sein, alle NRO's in dieser Hinsicht in einen Topf zu werfen; vereinzelt wurde von professionellen (häufig amerikanischen) Spendensammlerorganisationen berichtet, die um die 90% der Einnahmen für die eigene Finanzierung verwendeten! (Ein vor einigen Jahren eingeführtes Spenden-Gütesiegel [bis 1996 an nur 105 Organisationen erteilt] eines „Deutschen Zentralinstituts für soziale Fragen" soll solche Auswüchse erkennbar machen; weiter bemühen sich ein Deutsches Spendeninstitut in Krefeld und ein Deutscher Spendenrat in Bonn um größere Transparenz, wobei aber nur das Zentralinstitut die geprüfte Institution mit eigenem Personal einer eingehenden Analyse unterzieht.) Für die seriösen NRO's dürfte jedoch gelten, dass ihre Verwaltungskosten niedriger sind als die des Staates; vereinzelt wurde von „Selbstausbeutung" gesprochen, im Übermaß geleistete unentgeltliche Arbeit idealistischer Helfer.
- *Idealismus der Mitglieder:* Dieser ist in unzähligen Fällen fraglos gegeben (und wird gelegentlich als Panzer gegen Kritik eingesetzt). Für die Bewertung der entwicklungspolitischen Wirksamkeit von Vorhaben ist indes die persönliche Motivationsstruktur der Beteiligten vollkommen unerheblich: Das Ergebnis zählt, nicht die Absicht. [...] Zu Recht stellt Rolf Hanisch in einem 1994 erschienenen Aufsatz die „für die unvoreingenommenen Sozialwissenschaftler [...] entscheidende Frage [...]: Leisten die NRO [...] einen Beitrag zur Überwindung von Unterentwicklung, zur Verbesserung der Situation der Armutsgruppen, und wie ziel-mitteleffizient ist ihre Tätigkeit?" und vermerkt als Fazit: „Ich halte diese Frage für noch nicht beantwortet." Dem kann nur zugestimmt werden: Eine grundlegende Evaluierung* durch neutrale Gutachter hat es nie gegeben. [...]

Die in letzter Zeit verstärkte Selbstevaluierung (nur gelegentlich wird externer Sachverstand hinzugezogen), so wird neuerdings festgestellt, habe erkennen lassen, dass Erfolge und Misserfolge etwa im selben Verhältnis zueinander stehen dürften wie bei der staatlichen Entwicklungszusammenarbeit. Nichts spricht dafür, dass die private der staatlichen Entwicklungshilfe überlegen sei; so weit dies von privaten Organisationen in Anspruch genommen wird, kann nur Unkenntnis (oder Arroganz?) im Spiel sein.

(Jürgen H. Wolff, Entwicklungspolitik – Entwicklungsländer. Fakten – Erfahrungen – Lehren, 2., erweiterte und aktualisierte Auflage, Olzog, München 1998, S. 246–249; verändert und gekürzt)

2. Internationale Akteure

Deutschland ist weder der einzige noch der wichtigste Akteur nationalstaatlicher Entwicklungshilfe. In Bezug auf das Bruttosozialprodukt nimmt die Bundesrepublik inzwischen bestenfalls einen Mittelplatz ein (s. **M 84 b**, S. 198), auch bei der absoluten Höhe der Leistungen hinkt (nicht nach dem Anteil am BSP) die Bundesrepublik hinter den USA und Japan hinterher.
Die Bundesrepublik ist indessen an der großen Mehrzahl internationaler Organisationen beteiligt, die in der Entwicklungshilfe tätig sind, so dass sich vielfältige Finanzierungs-, Beteiligungs- und Einflussmöglichkeiten Deutschlands ergeben.

a) Die Europäische Union

Die EU hat mit ehemaligen Kolonien und Treuhandgebieten in Afrika, der Karibik und im Pazifik (AKP-Staaten*) ein Assoziationsabkommen, das so genannte *Lomé-Abkommen* (neuerdings *Cotonou-Abkommen*), abgeschlossen und ihnen gleichzeitig in diesem Rahmen über immer wieder neu aufgelegte Fonds (für die Dauer von 5 Jahren) Entwicklungshilfe gegeben. Deutschland ist an der Finanzierung mit mehr als einem Viertel beteiligt, doch wird die Effizienz der Assoziierung skeptisch beurteilt. Es ist zwar richtig, dass die EU über Zollvorteile den assoziierten Staaten im Prinzip erleichterten Zugang zu den Märkten Europas gewährt hat, doch werden offiziell oder inoffiziell in der Regel Zugangsbarrieren aufgebaut, wenn ein Entwicklungsland auf einem bestimmten Sektor tatsächlich mit der europäischen Wirtschaft wettbewerbsfähig geworden ist (zu Einzelheiten der EU-Entwicklungspolitik s. **M 71**). Insbesondere die beiden „Stabilisierungsfonds" für agrarische und mineralische Rohstoffe (STABEX und SYSMIN), die angeblich zur Erlösstabilisierung der Deviseneinkünfte bestimmt sind, haben sich als kontraproduktiv in dem Sinn erwiesen, als sie die außenhandelspolitisch gefährliche Ausrichtung auf wenige Exportgüter (s. dazu II B. 3., S. 79, und **M 31**) nicht vermindert, sondern im Gegenteil zementiert haben. Die beiden Stabilisierungsfonds stellen so in Wahrheit verdeckte Budgetsubventionen dar, die obendrein noch im Falle von STABEX Mitteleinkommensländer besonders begünstigt haben und im Falle der SYSMIN-Mittel einen Anreiz für höhere Produktion der Rohstoffe darstellen, was den behaupteten Preisverfall dieser Güter noch verstärken muss. Kurz: Man kann nicht gleichzeitig die monostrukturelle Zusammensetzung des Außenhandels beklagen und die Monostrukturen durch Subventionen zementieren. Das Cotonou-Abkommen von 2000 hat die Bezeichnung abgeschafft, aber ähnliche Mechanismen in andere Fonds eingebaut, die (bei Auslaufen der alten Regelungen) bis 2008 sukzessive eingeführt werden sollen.

b) Die Vereinten Nationen und ihre Sonderorganisationen

Für viele kleine, entlegene und schwache Staaten stellen die Vereinten Nationen die einzige oder doch eine der wenigen Möglichkeiten dar, ihre Stimme international zu Gehör zu bringen und in dem Konzert der Mächte Diskussionsthemen auf die internationale Agenda zu setzen, die ihnen selbst wichtig sind. Innerhalb des inzwischen selbst für Fachleute kaum mehr überschaubaren „Systems" (soweit „System" eine innere Logik voraussetzt, sind die Vereinten Nationen bestimmt kein „System") der Vereinten Nationen sei auf das Entwicklungsprogramm der Vereinten Nationen UNDP einerseits, auf die zahlreichen Sonderorganisationen andererseits hingewiesen.
Das *United Nations Development Programme* (UNDP) gehört dem Wirtschafts- und Sozialrat (Economic and Social Council, ECOSOC), einem der fünf Hauptorgane der Vereinten Nationen, an (s. **M 5 a**). In der Theorie stellt UNDP das zentrale Finanzierungs- und Steuerungsinstrument für die multilaterale technische Zusammenarbeit im Bereich der Vereinten Nationen dar. Es verfügt in den Empfängerländern über 132 (Stand: 2000) Büros und Vertretungen („resident representatives" oder „resident coordinators"), die einerseits Kontakte zu den Empfängerregierungen zu halten, andererseits die Projekte der verschiedenen Son-

derorganisationen aufeinander abzustimmen und zu beobachten haben. Das zugesagte Budget beträgt 1998 750 Millionen Dollar, hinzu kommen weitaus höhere „Treuhandfonds" für vom Geber bestimmte Zwecke; der deutsche Anteil am Beitragsaufkommen beläuft sich auf 7,4%. Die entwicklungspolitische Effizienz des UNDP wird skeptisch beurteilt; vielleicht ist dies bei einer Organisation, die fachliche Arbeit zu leisten hat, aber in einen hochpolitischen Kontext wie den der Vereinten Nationen eingebunden ist, gar nicht anders möglich. Jedenfalls wird seit Jahrzehnten eine Diskussion über die *Reform der Entwicklungszusammenarbeit* geführt und von dem seit 1997 amtierenden UNO-Generalsekretär Kofi Annan aktiv vorangetrieben. Wie weit diese Reform Erfolg haben wird und ob die Reformvorschläge sinnvoll sind, kann an dieser Stelle nicht entschieden werden. Defizite bestehen sowohl auf *konzeptioneller Ebene* (Fehlen eines geeigneten inhaltlichen Profils, unzureichende Berücksichtigung des Diskussionsstandes über technische Zusammenarbeit, fehlende Anpassung an neue politische Herausforderungen) als auch auf der *Struktur- und Politikebene* (ungenügende Finanzmittelausstattung, teilweise unpassende Finanzierungsmechanismen, ungenügende Ausfüllung der Rolle der Koordinierung, inadäquate Länderprogrammierung, Überlastung mit Durchführungsfunktionen, geringe politische Steuerung durch die Spitze) als schließlich auch auf der *Administrations- und Durchführungsebene* (bürokratische, ineffiziente Strukturen, ungenügendes Evaluierungssystem, unzureichende Qualifikation des Personals, zu viele und zu kleine Projekte, Abhängigkeit der Qualität der Projektdurchführung von den durchführenden Organisationen), denen allerdings auch die *Vorteile* politischer Neutralität, hoher „ownership" der Empfängerländer für ihre Projekte, Flexibilität der Mittelverwendung und die Tatsache, dass die UNDP-Mittel zum großen Teil nichtrückzahlbare Zuschüsse sind, gegenüberstehen.

Die Vereinten Nationen sind grundsätzlich funktional gegliedert, d. h. den verschiedenen international zu lösenden Aufgaben sind bestimmte so genannte Sonderorganisationen zugeordnet (s. **M 5** und **M 72**), die praktisch alle auch im Bereich der Entwicklungshilfe bzw. in Entwicklungsländern tätig sind. Sie verfügen jeweils über eine eigene Verwaltungsstruktur (mit in der Regel einem Generalsekretär an der Spitze) und über ein eigenes, also von den UN im engeren Sinne getrenntes Budget. Die wichtigsten Organisationen, die hier zu nennen sind, sind die FAO (Food and Agricultural Organisation), die UNESCO (United Nations Educational and Cultural Organisation), die WHO (World Health Organisation), das UNEP (United Nations Environment Programme), die ILO (International Labour Organisation), die UNCTAD (United Nations Conference on Trade and Development), UNICEF (United Nations Children's Fund), UNIFEM (United Nations Development Fund for Women), UNIDO (United Nations Industrial Organisation); s. **M 72**.
Das Bevölkerungsprogramm der Vereinten Nationen UNFPA hingegen ist keine Sonderorganisation, sondern arbeitet eng mit dem UNDP zusammen.

c) Die Weltbank (Internationale Bank für Wiederaufbau und Entwicklung) und der Internationale Währungsfonds

Die Weltbank ist inzwischen der bei weitem größte einzelne Kapitalgeber für die Dritte Welt geworden, eine der so genannten Bretton-Woods*-Institutionen (zusammen mit dem Internationalen Währungsfonds und dem ehemaligen GATT, der heutigen WTO). Die Bank ist weltweit tätig; ihr gehören inzwischen 184 Länder an, die ein riesiges Garantiekapital von mehr als 188 Milliarden Dollar „gezeichnet" haben. Die Weltbank ist auf allen Gebieten der Entwicklungsfinanzierung tätig; sie refinanziert sich grundsätzlich auf den internationalen Kapitalmärkten und gibt die Mittel mit einem Aufgeld, das unter anderem der Bezahlung des eigenen Apparates gilt, an Entwicklungsländer weiter, die selbst nicht, wie die Weltbank, eine erste Adresse darstellen. Das bedeutet im Klartext nichts anderes, als dass sie die Mittel nur zu einem erheblich höheren Zinssatz aufnehmen könnten, als sie sie von der Weltbank erhalten. – Subventionierte Kredite vergibt hingegen die Weltbanktochter International Development Association (IDA), deren Mittel periodisch in Geberkonferenzen aufgefüllt werden müssen.

Die Stimmenverhältnisse innerhalb der Weltbank bemessen sich nach der Höhe der Einlage, was im Klartext heißt, dass die großen Gebernationen (die westlichen Industriestaaten) nicht leicht überstimmt werden können. (Normalerweise wird ohnehin im Konsens entschieden.) Dies ist auch sinnvoll, da in einem Wirtschaftsunternehmen derjenige, der viel Geld riskiert, auch viel Einfluss haben sollte. Wäre das anders, würde er überproportional für die Fehler anderer haftbar gemacht, die zu solchen Fehlern umso mehr neigen, da sie selbst die Begünstigten solcher Fehler wären (also die Entwicklungsländer). Die so genannte „Demokratisierung" der Weltbank, wie sie immer wieder gefordert wurde, weihte die Bank dem Untergang, da die großen Geberländer nicht bereit wären, dies hinzunehmen, und sich aus der Bank zurückzögen. – Die Weltbank hat in der entwicklungspolitischen Diskussion in vieler Hinsicht die Meinungsführerschaft errungen (auch dieses Lehrbuch verdankt Publikationen der Weltbank viel) und die Qualität der Mitarbeiter ist im Allgemeinen bemerkenswert.
Wie der *Internationale Währungsfonds* (der ursprünglich gar keine Entwicklungshilfeagentur gewesen ist, s. **M 75 a/b**) ist auch die Weltbank eine Institution, die ökonomischer und finanzieller Orthodoxie* und Solidität verpflichtet ist. Nicht wenige Regierungen empfinden das als unbequem, und in der entwicklungspolitischen Diskussion ist die Weltbank immer wieder aus ideologischen Gründen unter Beschuss geraten (s. **M 73**, **M 74**).
Auf einem ganz anderen Blatt steht die Frage, ob der hohe Anteil erfolgreicher Projekte, den die Weltbank für sich in Anspruch nimmt, im Lichte der an anderer Stelle (s. S. 225f.) zu diskutierenden Fungibilität* des Kapitals nicht erheblich relativiert werden muss. Auch wird zunehmend kritisiert, dass das normale (also nicht subventionierte) Kreditgeschäft der Bank sich zunehmend auf Länder konzentriert (z.B. China, Argentinien, Mexiko und Brasilien), die vollen Zugang zum internationalen Kapitalmarkt haben (bzw., im Falle Argentiniens, hatten), was dem Anliegen einer Entwicklungsbank diametral widerspricht.

d) Regional tätige Entwicklungsbanken

Schließlich sind noch mehrere regional tätige Entwicklungsbanken zu nennen, voran die Interamerikanische Entwicklungsbank (Washington), die Afrikanische Entwicklungsbank (Abidjan), die Asiatische Entwicklungsbank (Manila) und schließlich die Karibische Entwicklungsbank (Barbados) und die Interamerikanische Investitionsgesellschaft (Washington).

Wie man sieht, wiederholt sich auf internationaler Ebene die fast hoffnungslose *Zersplitterung der Akteure.* Sie ist Ausdruck der Komplexität des Gegenstandes, der nationalstaatlichen Organisation unserer Welt, der Ergänzung international tätiger Akteure um eine immer größer werdende Zahl von zwischenstaatlichen Organisationen, des wachsenden Gewichtes der „Weltgesellschaft", also von privaten international tätigen Akteuren, gefördert durch eine immer einfachere weltumspannende Kommunikation und Information. Alle diese Akteure verfolgen ihre eigenen Interessen, betrachten Entwicklungsprobleme von zahlreichen ideologischen Standpunkten aus und stehen oft genug unter einem Mittelabflusszwang, d. h. in der Konkurrenz um sinnvolle Projekte und Maßnahmen. Die Folge ist, wie auf nationaler Ebene, ein Neben-, gelegentlich Gegeneinander der internationalen Akteure; manche Entwicklungsländer haben zu Zeiten eine wahre Meisterschaft darin entwickelt, die verschiedenen Geber gegeneinander auszuspielen.

M 71 Bereiche und Grundsätze der EU-Entwicklungspolitik

Die EU gewährt den Entwicklungsländern Handelspräferenzen und einen bevorzugten Marktzugang. Kernelement der Handelspräferenzen ist ihre Einseitigkeit: Im Rahmen von Lomé IV (1990-2000) gewährte die EG 99% aller AKP-Produkte zollfreien Zugang zum Binnenmarkt, während die AKP*-Staaten nach wie vor nichtdiskriminierende Zölle auf EU-Importe erheben können. Als Folge der Ergebnisse der Uruguay-Runde des Allgemei-

nen Zoll- und Handelsabkommens (GATT) musste die EG 1995 Anpassungen an ihrem Präferenzsystem vornehmen. Neben diesen handelspolitischen Instrumenten verfügt die EU über eine breite Palette entwicklungspolitischer Hilfsinstrumente. Diese umfasst *Finanzhilfen* zur Überwindung von Verschuldungsproblemen, von der Europäischen Investitionsbank gewährte *Darlehen* für Infrastrukturprojekte, *Nahrungsmittel- und Katastrophenhilfen*, technische Hilfeleistungen und Technologietransfer, Unterstützung in den Bereichen Gesundheitswesen und Umweltschutz und die Förderung von Investitionspartnerschaften. [...] Hauptfinanzierungsinstrument ist der aus Beiträgen der EU-Staaten finanzierte *Europäische Entwicklungsfonds*. Im EU-Haushalt sind besondere Haushaltslinien für die Zusammenarbeit mit verschiedenen Regionen sowie für Nahrungsmittelhilfe und humanitäre Maßnahmen vorgesehen.
Anfänglich zählte die Förderung von Entwicklung und Wirtschaft zu den entwicklungspolitischen Hauptanliegen. Heute wird ein enger Zusammenhang von Entwicklung und Demokratie betont und der *Förderung von Demokratie und Menschenrechten*, dem *Umweltschutz* und der sozialen Transformation eine größere Bedeutung eingeräumt. In den 90er-Jahren machte die EU Konzessionen und Hilfsmaßnahmen von der Erfüllung von Minimalbedingungen hinsichtlich der Einhaltung der Menschenrechte und demokratischen Grundsätzen abhängig (Menschenrechtspolitik).
[...] Abgesehen von der Betonung regionaler Entwicklungspartnerschaften setzt das Cotonou-Abkommen auch Schwerpunkte bei der Wiederherstellung des gesamtwirtschaftlichen Gleichgewichts in den AKP-Staaten, der Entwicklung der Privatwirtschaft und bei der Verbesserung der Sozialsysteme. Die AKP-Staaten sollen auch stärker an der Planung und Durchführung von Hilfsmaßnahmen der EU beteiligt werden, für die im Rahmen des Europäischen Entwicklungsfonds 2000 bis 2005 insgesamt 13,5 Mrd. Euro vorgesehen sind.

(Werner Weidenfeld/Wolfgang Wessels, Europa von A bis Z, Art. Entwicklungspolitik, Verf.: Jörg Monar, Europa Union Verlag, Bonn 2002, S. 120f.)

M 72 Sonder- und Hilfsorganisationen der Vereinten Nationen

- Die **FAO** (= Food and Agricultural Organization), Rom, die im Bereich Ernährung und Landwirtschaft (einschließlich Forschung, Beratung, Produktionsausweitung, landwirtschaftlicher Statistik, Schädlingsbekämpfung u.v.m.) federführende Organisation. Auch die FAO ist in den Achtziger- und Neunzigerjahren als bürokratisch und ineffizient in das Kreuzfeuer der Kritik geraten, eine Kritik, die auch den Führungsstil ihres libanesischen Generaldirektors Saouma nicht aussparte. Der viel beschriebene „Nord-Süd-Konflikt" manifestierte sich in diesem Falle so, dass Saouma jeweils eine genügende Zahl von Stimmen der Entwicklungsländer gegen den Block der Industrieländer mobilisieren konnte, um eine Wiederwahl zu erreichen. (In der UNO und ihren Sonderorganisationen verfügt jedes Land, ob klein oder groß, über eine Stimme.)
  Unter dem neuen Generalsekretär Jacques Diouf (einem Senegalesen) ist es, unter dem Druck eines reduzierten Haushalts, zu einem Stellenabbau in Rom und zum vermehrten Einsatz von Ortskräften, aber auch zur Einrichtung eines neuen Fonds zur Förderung von Projekten der Ernährungssicherung gekommen. www.fao.org
- Die **UNESCO** (= United Nations Educational, Scientific and Cultural Organization), Paris, die mit Erziehungs- (einschließlich Erwachsenenbildungs-), Kultur- und Wissenschaftsfragen befasste Sonderorganisation. Sie hilft bei der Restaurierung und Dokumentierung von historischen Bauten in Entwicklungsländern, führt Alphabetisierungskampagnen durch oder berät hierbei ebenso wie bei Erziehungsplanung und -verwaltung usw. Pläne, die (unter dem Titel „Neue Weltinformationsordnung") den internationalen Nachrichtenmarkt unter staatliche Kontrolle bringen sollten (was zum zeitweiligen Austritt der USA aus der Organisation führte), sind inzwischen vom Tisch. www.unesco.de/

- Die **WHO** (World Health Organization), Genf, hilft bei der Bekämpfung von Tropenkrankheiten, bei Bevölkerungsplanung (der United Nations Population Fund, **UNFPA,** sollte allerdings nicht vergessen werden) und dergleichen mehr. www.who.int/eu/
- Das **UNEP** (United Nations Environment Programme), Nairobi, kämpft für die Erhaltung der natürlichen Umwelt; seit 1997 ist der ehemalige deutsche Umweltminister Töpfer Leiter des Programms. www.unep.org/
- Die **ILO** (International Labour Organization), Genf, bereits am Ende des Ersten Weltkrieges gegründet und damit die älteste Sonderorganisation, befasst sich mit Arbeitsbeziehungen, sozialen Standards, Arbeitssicherheit und dergleichen, auch mit Arbeitsmarktplanung und -verwaltung. Hauptmittel der Einführung sozialer und arbeitsrechtlicher Mindeststandards weltweit (also auch in vielen Entwicklungsländern) sind eine Vielzahl von internationalen Konventionen und die Überwachung ihrer Einhaltung. www.ilo.org
- Die **UNCTAD** (United Nations Conference on Trade and Development), mit dem Ziel der Förderung von Handel und Entwicklung weltweit (Sekretariat in Genf), eine 1964 maßgeblich zur Förderung der Entwicklungsländer eingerichtete Organisation. www.unctad.org
- **UNICEF** (United Nations International Children's Emergency Fund), zur Förderung von Kindern weltweit, vorrangig in Entwicklungsländern, wo Kinder von Armut und Unterentwicklung besonders betroffen sind. UNICEF ist vermutlich die einer breiten Öffentlichkeit am besten bekannte UN-Organisation, verfügt sie doch in den Industrieländern über eine aktive und hoch motivierte Zahl von ehrenamtlichen Unterstützern. Bekannt ist UNICEF vor allem durch die jährliche Kampagne zum Verkauf von Weihnachtspostkarten geworden. www.unicef.de/
- **UNIFEM** (UN Development Fund for Women) nimmt sich einer anderen häufig benachteiligten Gruppe an. www.unifem.de/de/
- Schließlich sei noch die **UNIDO** (UN Industrial Development Organization), Wien, erwähnt, die sich die besondere Förderung der Industrialisierung in Entwicklungsländern zum Ziel gesetzt hat. Ihre Existenzberechtigung ist umstritten. www.unido.org

(Jürgen H. Wolff, Entwicklungspolitik – Entwicklungsländer. Fakten – Erfahrungen – Lehren, 2., aktualisierte und erweiterte Auflage, Olzog, München 1998, S. 267f.)

M 73 Die Weltbank und ihre Leistungen

Inzwischen ist allein über diese Institution eine kleine Bibliothek geschrieben worden und es ist schwer, zu einem unvoreingenommenen Urteil zu gelangen. Einige Punkte scheinen uns indessen festzustehen:

Die Extreme der Bewertung sind abzulehnen. Die Weltbank ist *nicht* ein Werkzeug der Verschwörung des „internationalen Kapitalismus und Imperialismus" zur Verlängerung der Versklavung der „unterentwickelt gehaltenen Länder". Solche Parolen waren vor allem zur Zeit des Kalten Krieges* beliebt, da die Ostblockstaaten aufgrund ihrer niedrigen wirtschaftlichen Leistungskraft und der Stimmrechtskonstruktion selbst im Verbund mit Entwicklungsländern niemals auf den beherrschenden Einfluss hätten kommen können, dem sie in der UNO zeitweilig nahe waren. (Konsequenterweise waren sie nicht einmal Mitglied.) Ebenso wenig ist aber die Weltbank jene Institution ohne Fehl und Tadel, mit (fast) nur erfolgreichen Projekten, die zu sein sie bis zu Beginn der Achtzigerjahre beanspruchte. Die Wahrheit liegt, wieder einmal, dazwischen.

Inzwischen steht fest, dass ein erheblicher Teil der Weltbankvorhaben (der „Wapenhans"-Bericht von 1992 spricht von ca. 22%) ein völliger oder partieller Misserfolg gewesen ist. Auch die Weltbank begeht Planungsfehler (die Berechnung von Rentabilitäten von Projekten z. B. reagiert hoch sensibel auf die Annahmen, Zinssätze, Diskontraten, die der Berechnung zugrunde gelegt werden), verstößt gegen eigene lauthals verkündete Prinzipien

(z. B. Umweltschutzkriterien), möchte möglichst hohe Ausleihungen vornehmen (ab 1973 setzte für etwa 15 Jahre eine atemberaubende Zunahme der Kreditzusagen ein, die jedes Unternehmen überfordert hätte), auffallenderweise existiert auch ein „Mittelabflusszwang" in dem Sinne, wie er an anderer Stelle angesprochen wurde (s. M 68, Z. 26). Auch in der Weltbank sitzen ehrgeizige Mitarbeiter, die sich durch Ergebnisse – und nicht durch ständige Bedenken und Warnungen – profilieren können. Dämonisierung wie Verklärung werden diesen komplexen Sachverhalten gleichermaßen nicht gerecht. […]

Die Weltbank hat politisch und wissenschaftlich in vielen Fragen der Entwicklungshilfe die Meinungsführerschaft errungen und bestimmt die entwicklungspolitische Forschung direkt und durch Forschungsaufträge maßgeblich mit. Ein wichtiges Instrument hierzu ist der jährlich erscheinende „Weltentwicklungsbericht", der neben einer Fülle ganz unentbehrlicher Zahlen zu fast allen Ländern und ihrer Entwicklung jeweils einem Schwerpunktthema gewidmet ist und hierzu Forschungsstand und entwicklungspolitische Erfahrungen erörtert und Vorschläge für die entwicklungspolitische Praxis macht. (Themen der letzten Ausgaben waren 2002: Institutionen für Märkte schaffen, 2003: Nachhaltige Entwicklung in einer dynamischen Welt.) Meist werden damit Standards gesetzt, hinter die die internationale Diskussion nicht zurückgehen kann. Erst neuerdings ist dem Weltentwicklungsbericht mit dem Human Development Report der UNDP auf einem Teilbereich eine gewisse Konkurrenz – oder besser: Ergänzung – erwachsen.

(Jürgen H. Wolff, Entwicklungspolitik – Entwicklungsländer. Fakten – Erfahrungen – Lehren, 2., aktualisierte und erweiterte Auflage, Olzog, München 1998, S. 272–275)

M 74

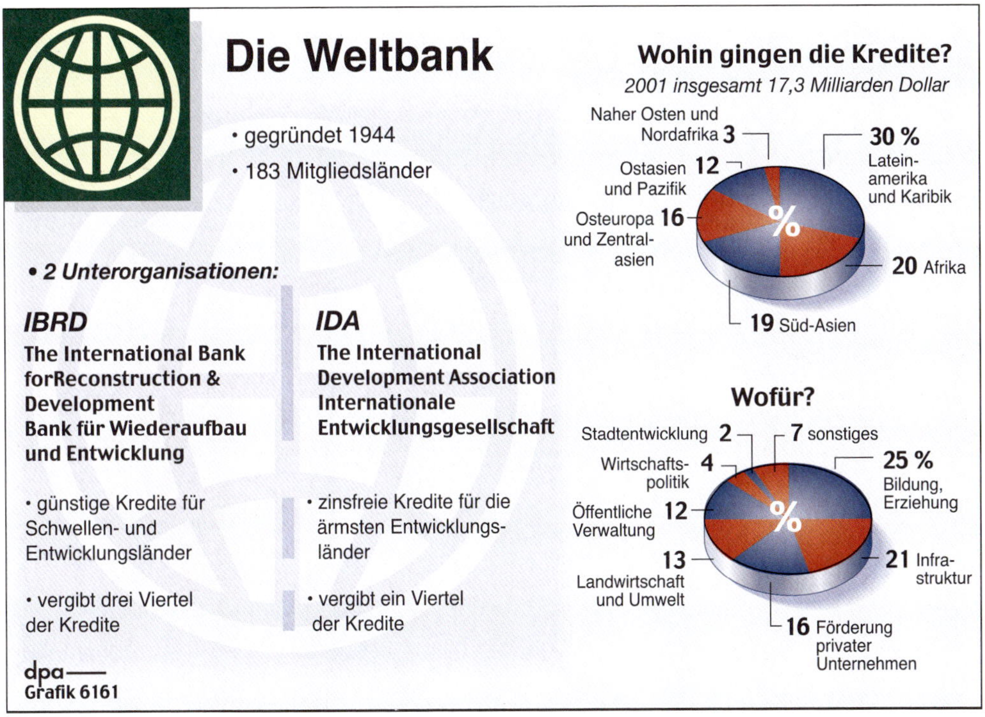

M 75 a Der Internationale Währungsfonds

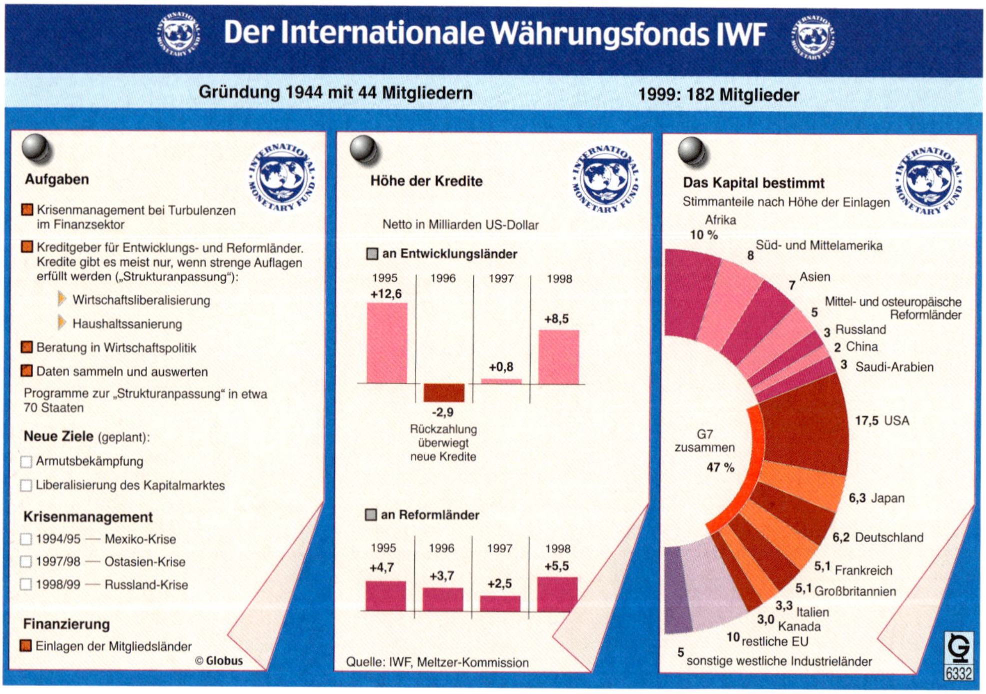

M 75 b Der IWF: Geschichte, Aufbau, Aufgaben

Der IWF wurde im Jahr 1944 im Rahmen der Konferenz von Bretton Woods* gegründet. Er hat gegenwärtig (2002) 183 Mitglieder, davon sind etwa 155 Entwicklungsländer. Besonders in den letzten Jahren ist die Anzahl der Mitgliedstaaten beträchtlich angestiegen, da zahlreiche neue, unabhängige Staaten, vor allem auf dem Territorium der ehemaligen Sowjetunion, Mitglieder des IWF wurden. Damit wurde der IWF zu einer nahezu alle Länder der Erde umfassenden Institution. [...]

Aufgabe des IWF ist es, ein ausgewogenes Wachstum des Welthandels zu fördern, die internationale währungspolitische Zusammenarbeit zu fördern, geordnete Währungsbeziehungen zwischen den Mitgliedsländern aufrechtzuerhalten, auf die innere und äußere Stabilität der Währungen der Mitgliedsländer hinzuwirken und die Finanzierung und den Abbau von Zahlungsbilanzungleichgewichten zu fördern (vgl. **M 75 a**, untere Grafik). [...]

Jedes Mitgliedsland besitzt eine **Quote.** Sie wird in *Sonderziehungsrechten** (SZR) ausgedrückt und entspricht gewissermaßen dem *Anteil* des Landes am IWF (s. Schaubilder S. 174). Bei der Festlegung der Quoten werden vor allem das Bruttoinlandsprodukt, die Währungsreserven und die außenwirtschaftlichen Transaktionen des jeweiligen Landes herangezogen. Seit der letzten „Allgemeinen Quotenüberprüfung" (1999) beträgt die Gesamtsumme der Quoten rund 212 Mrd. SZR (= 280 Mrd US-$). Der Quotenanteil der Industrieländer beträgt knapp 60 v. H., jener der Entwicklungsländer rund 40 v. H., davon halten 12 wichtige Ölexportländer circa 10 v. H. Nach der Quote richtet sich auch das Stimmrecht eines Landes. Für Beschlüsse von grundsätzlicher Bedeutung ist eine Mehrheit von 85 v. H. der Stimmrechte erforderlich, sie können daher nur in einem breiten Konsens gefasst werden. Jedes Mitglied ist zur **Subskription** (Einzahlungsverpflichtung) in Höhe der eigenen Quote verpflichtet. Ein Viertel der Quote ist in SZR (früher Gold) einzuzahlen, in Ausnahmefällen wird auch eigene oder fremde Währung akzeptiert, der Rest wird in eigener Währung eingezahlt. (Norbert Wagner/Martin Kaiser, Ökonomie der Entwicklungsländer, Gustav Fischer Verlag/UTB, Stuttgart, 3. Aufl. 1995, S. 238f., 241f.)

Mitte der Siebzigerjahre traten weltweit so starke Zahlungsbilanzungleichgewichte auf, dass sie mit den vom IWF normalerweise gewährten Überbrückungshilfen nicht mehr zu bewältigen waren. Daher wurden zusätzliche Finanzierungsmöglichkeiten (Kreditmaßnahmen, „**Fazilitäten**") geschaffen, die je nach Art der aufgetretenen Zahlungsbilanzprobleme unterschiedlich ausgestaltet sind. Zur Überwindung kurzfristiger Schwierigkeiten dienen die *Bereitschaftskreditvereinbarungen*. Beruhen die Probleme auf strukturellen Ursachen, die umfassendere Reformen erfordern, kommt die *Erweiterte Fondsfazilität* mit ihren längeren Rückzahlungsfristen in Betracht. *Vorsorgliche Kreditvereinbarungen* sollen das Vertrauen in die – vom IWF gebilligte – Wirtschaftspolitik eines Staates stärken. Darüber hinaus gibt es eine Reihe von Kreditfazilitäten für besondere Problemfälle. [...] Die Bereitstellung finanzieller Mittel durch den IWF erfolgt unter der Bedingung, dass das Empfängerland die damit verknüpften **wirtschafts- und finanzpolitischen Auflagen** befolgt. Daraus erwächst die umstrittene Macht des IWF, ins wirtschaftliche und soziale Leben der Defizitländer einzugreifen. Der IWF hat aus der Kritik der vergangenen Jahre aber seine Lehren gezogen. Im Rahmen der neuen *Armutsbekämpfungs- und Wachstumsfazilität* für arme Länder werden wachstumsorientierte Stabilisierungs- und Reformprogramme mit Strategien zur Bekämpfung der Armut verbunden. Zusammen mit der Weltbank trägt der IWF ferner zum Schuldenabbau im Rahmen der *Initiative für hochverschuldete arme Länder* (s. M 83 a) bei. Oberstes Beschlussorgan des IWF ist der **Gouverneursrat**, in den jedes Mitglied einen Vertreter entsendet, in der Regel den für Währungsfragen zuständigen Minister oder den Notenbankpräsidenten. Der Gouverneursrat tritt jährlich einmal zusammen. Für die laufende Arbeit ist das Exekutivdirektorium zuständig, dem der Gouverneursrat alle delegierbaren Befugnisse übertragen hat. Von seinen 24 Direktoren werden zurzeit 8 von einzelnen Ländern, die übrigen jeweils von einer Ländergruppe benannt. An der Spitze des Exekutivdirektoriums steht ein Geschäftsführender Direktor (seit 2000: *Horst Köhler*).

(Schmidt-Zahlenbilder 625111)

C. Instrumente

1. Einleitung: Zur Einteilung von Entwicklungshilfe

Ziel der Entwicklungszusammenarbeit ist „Entwicklung". Da man dieses abstrakte Ziel nicht unmittelbar anstreben kann, muss es auf konkrete Zwischen- bzw. Unterziele heruntergebrochen werden. Eine erste Operationalisierung trennt Finanzielle von Technischer und Personeller Zusammenarbeit.
Bei der *Finanziellen Zusammenarbeit* (FZ) steht die Finanzierung von produktiven Investitionen und ihrer Voraussetzungen (z. B. im Infrastrukturbereich) im Vordergrund, die *Technische Zusammenarbeit* (TZ) bemüht sich um den dauerhaften Transfer von Wissen, Fertigkeiten und Organisationsfähigkeiten im weitesten Sinne, hinzu kommen die weit weniger bedeutende *Personelle Zusammenarbeit* (PZ) zur Fortbildung von Fachkräften aus Entwicklungsländern und Sonderbereiche wie Nahrungsmittelhilfe und Förderung der deutschen Wirtschaft bei der Zusammenarbeit mit Entwicklungsländern. Bei einem konkreten entwicklungspolitischen Vorhaben können selbstverständlich die Instrumente aus diesen Bereichen miteinander kombiniert werden. Ein Projekt der Gemeindezusammenarbeit mit einem lateinamerikanischen Land mag neben der technischen Zusammenarbeit (etwa Entsendung eines Beraters für den Gemeindeverband des entsprechenden Landes) Elemente der finanziellen Zusammenarbeit (etwa die Einrichtung eines revolvierenden Fonds für kleine Infrastrukturmaßnahmen) und der personellen Zusammenarbeit (etwa Ausbildungskurse für Gemeindepersonal in Deutschland) kombinieren.
Auch diese Unterscheidung vermag noch nicht unmittelbar entwicklungspolitisches Handeln zu bestimmen. Dazu sind weitere Konkretisierungen erforderlich, die den Inhalt dieses Abschnitts ausmachen.

2. Projekte

Im Mittelpunkt entwicklungspolitischen Handelns aller Träger, öffentlicher wie privater, nationaler wie internationaler, steht das PROJEKT, ein Vorhaben, das im Idealfalle ein präzises Ziel, eine genau bestimmte Gruppe von Begünstigten („Zielgruppe"), eine bestimmte Zeitdauer, einen ausgefeilten Plan für Kosten- und Personal-Einsatz aufweist, bei dem nach einem insbesondere in der deutschen Entwicklungshilfe seit vielen Jahren üblichen Verfahren der Zielorientierten Projektplanung (ZOPP) zudem präzise Indikatoren angegeben werden, an denen die Zielerreichung in der Projektberichterstattung und der späteren Evaluierung* gemessen werden kann bzw. soll. Projekte stehen derartig im Zentrum entwicklungspolitischer Bemühungen, der Entwicklungshilfeevaluierung und der Entwicklungshilfekritik, dass nicht selten abwertend von einer „Projektitis" gesprochen worden ist und noch wird; auf diese Kritik wird zurückzukommen sein (s. III E.).
Die Fülle der Projekte und die Bereiche, auf die Projekte eine positive Wirkung ausüben wollen, ist auch für den Fachmann kaum mehr zu überschauen. Einige laufende oder bereits abgeschlossenen Vorhaben:

- In Guatemala führt die GTZ ein Ernährungssicherungsprogramm durch, das obendrein Trinkwasserversorgung, Infrastruktur, Lage der Frauen und der Armen verbessern möchte.
- Im indischen Bundesstaat Madya Pradesh führt die Bundesregierung ein Projekt zur ländlichen Entwicklung mit Schwerpunkt Bewässerung durch.
- In Lesotho wird eine Fabrik zur Herstellung von Ziegelsteinen gefördert, um das Land von südafrikanischen Ziegelimporten unabhängiger zu machen.
- Im Stadtgebiet von Santo Domingo, Dominikanische Republik, werden elektrische Umspannstationen errichtet und es wird auch versucht, Stromdiebstählen, die jede Stromerzeugung unrentabel machen, entgegenzuwirken.
- In San Salvador, der Hauptstadt des mittelamerikanischen Kleinstaates El Salvador, wird Einfachwohnungsbau unter Mitarbeit der Zielgruppe gefördert.

- In der Region Haraz, Nordjemen, werden Erosionsschutz und Aufforstung versucht – übrigens erfolglos.
- Am Rio Checua, in der Nähe der kolumbianischen Hauptstadt Santa Fé de Bogotá, wird durch bauliche Maßnahmen und Beratung versucht, der weiteren Erosion vorzubeugen und bereits eingetretene Erosionsschäden rückgängig zu machen.
- In der Provinz Gitega, Burundi, werden Frauenselbsthilfegruppen gefördert, um den Frauen ein eigenes (bzw. höheres) Einkommen zu sichern und damit neben ihrer ökonomischen auch ihre gesellschaftliche Lage zu verbessern.
- In Bangladesch wird das umfangreiche Familienplanungsprogramm des Landes gefördert.
- In Peshawar in Pakistan wird das technische Ausbildungszentrum unterstützt, d. h. es werden mit deutscher Hilfe Lehrpläne entwickelt und Handwerker ausgebildet; die Zielgruppe sind Menschen, die aus dem agrarischen Bereich ausscheiden müssen.
- Die Ingenieurfakultät der Universität Dar es Salaam, Tansania, wird durch Beratung und Materiallieferungen gefördert.
- In Bhaktapur, Nepal, der Hauptstadt eines frühen nepalesischen Königreiches, wird eine Restaurierung der Altstadt durchgeführt, die von größtem kulturellen Wert ist, aber zu verfallen drohte bzw. in Teilen bereits zerfallen war.
- In den Distrikten Bo und Pujehun, Sierra Leone, wird der Versuch einer „integrierten ländlichen Entwicklung" unternommen, bei dem Beratung, Mobilisierung von Zielgruppen, Einbeziehung von Nichtregierungsorganisationen, Förderung intersektorieller Kooperation und Trägerberatung miteinander kombiniert werden sollten (Sierra Leone ist inzwischen im Bürgerkrieg versunken).
- Die Hanns-Seidel-Stiftung fördert in Marokko die Staatsverwaltung und betreibt politische Bildungsarbeit zur Förderung der Demokratisierung des Landes.
- In der Provinz Khartum, Sudan, wurde die öffentliche Nahverkehrsgesellschaft unterstützt, übrigens erfolglos.
- In Kirgistan wird die Regierung bei der Umstellung auf eine Marktwirtschaft durch hochrangige deutsche Experten beraten.
- Im Norden der Elfenbeinküste betreiben deutsche Experten ein Projekt der Intensivrindermasthaltung, um die Elfenbeinküste von Fleischimporten unabhängiger zu machen.
- Im ostafrikanischen Kleinstaat Ruanda schult ein Projekt Lehrer in den nach einer Erziehungsform zu unterrichtenden praktischen Fächern.
- Eine belgische Mission entwickelt Curricula und Schulbücher in Kinyarwanda, der einzigen nationalen Sprache Ruandas.
- Die Gemeinden Paraguays werden bei der Erfüllung ihrer Aufgaben und der Dezentralisierung mit deutschem Know-how und Geld unterstützt.
- In Marokko wird mithilfe deutscher Experten ein Messnetz für die Luft- und Wasserqualität installiert.
- Das deutsche Patentamt, München, unterstützt die chinesische Regierung beim Aufbau eines eigenen Patentwesens ...

Wie man sieht, ein reiches Repertoire von Tätigkeiten; vermutlich gibt es kaum einen Bereich, in dem Entwicklungshilfe nicht in der einen oder anderen Form engagiert wäre.
Die Projekte integrierter ländlicher Entwicklung in Sierra Leone und Regierungsberatung in Kirgistan weisen auf Sonderaspekte hin, die gleich unter 3. bzw. 4. etwas genauer zu diskutieren sein werden.

3. Programme

Projekte sollen idealerweise an besonders relevanten Punkten des Entwicklungsprozesses ansetzen, bei primär an Ergebnissen ausgerichteten Kriterien mithin an Engpässen (Flaschenhälsen, „bottle-necks"), bei Einbeziehung sozialer Kriterien an Brennpunkten sozialer Not, allerdings in der Hoffnung, damit auch Entwicklungsimpulse auszulösen. Ein „Flaschenhals" wäre das typische Beispiel für mögliche Ausstrahlungseffekte nach einer Beseitigung: Wird eine mehrspurige Straße in ihrer Kapazität durch einen Engpass beeinträchtigt, erlaubt dessen relativ kostengünstige Verbreiterung die Nutzung der Gesamtkapazität der Straße. Dieser Idealfall ist für Entwicklungspolitiker ein Glücksfall – und solche pflegen sich nicht regelmäßig einzustellen. Wer einen Flickenteppich in sich sinnvoller, aber isolierter Projekte vermeiden möchte, sieht sich zu eigenen „Vernetzungen" herausgefordert. Von

„Projekten“ gelangt man logisch zum „Programm“, einem wohl abgestimmten Ganzen aus einzelnen Projekten, unter Umständen aus verschiedenen Bereichen samt politischen Maßnahmen des Empfängerlandes. Solche Programme sind für Wirtschafts- und Sozialsektoren einerseits, für geografisch bestimmte Räume andererseits entwickelt worden.
Programme sind allerdings wesentlich komplizierter als Projekte, da sie in der Regel ihren Wert aus dem Zusammenspiel verschiedener Akteure aus verschiedenen Bereichen gewinnen, was selbst beim besten Willen aller Beteiligten (der obendrein keineswegs immer vorausgesetzt werden kann) zu großen Abstimmungs- und Koordinationsproblemen führen kann. Dazu s. **M 77**.

M 76 Projektbeispiel: Familienplanung und Gesundheitsversorgung in Nepal

Mit einem jährlichen Pro-Kopf-Einkommen von 220 $ (1997) gehört das zwischen Indien und China gelegene Nepal zu den ärmsten Ländern der Welt. Etwa die Hälfte der Bevölkerung lebt unter der Armutsgrenze. Zwar sinkt das Bevölkerungswachstum von vormals 2,4 Prozent, doch es ist immer noch zu hoch und führt zu schweren ökologischen Problemen, da die natürlichen Ressourcen des Landes knapp sind.
Das nepalesische Gesundheitssystem ist unzulänglich, besonders im Hinblick auf die Bedürfnisse der Frauen und Kinder. Deutlich macht dies die hohe Säuglingssterblichkeit von 9,1 Prozent und die hohe Sterblichkeit der Mütter, die bei 537 pro 100 000 Lebendgeburten liegt. Komplikationen bei Geburten, vermeidbare Kinderkrankheiten, die Häufigkeit von Infektionskrankheiten wie Malaria, Tuberkulose und Lepra sowie Mangel- und Unterernährung sind Zeichen für die schlechte Gesundheitsversorgung. Mitverantwortlich sind die grassierende Armut, unsauberes Trinkwasser, mangelnde Hygiene, fehlende sanitäre Einrichtungen und der beschränkte Zugang zu Gesundheitsdiensten.
Im Jahre 1991 beschloss die nepalesische Regierung eine neue Gesundheitspolitik, die im asiatischen Raum als ungewöhnlich progressiv gilt. Im Vordergrund steht die Verbesserung der Basisgesundheitsversorgung und eine verbesserte Empfängnisverhütung. Seit 1994 unterstützt die GTZ (s. S. 160) ein Basisgesundheitsprojekt des Gesundheitsministeriums.
Um die Dezentralisierung des Gesundheitssystems zu organisieren, geht das Projekt zweistufig vor: Zum einen berät es die Regierung und verbessert das Personalmanagement und das Managementinformationssystem, zum anderen qualifiziert es in ausgewählten Distrikten und Gemeinden das Management der Gesundheitsdienste.
Ziel des Projekts ist es, die Qualität staatlicher Gesundheitsdienste zu verbessern und den Zugang vor allem für sozial benachteiligte Gruppen, Frauen, Kinder und Jugendliche zu garantieren. Seit 1998 verstärkte die GTZ ihre Unterstützung. Vor allem geht es darum, die miserablen Zustände der technischen Installationen und Ausrüstungen wie auch der Gebäude zu beheben und dafür zu sorgen, dass die Einrichtungen instand gehalten werden. Im Westen Nepals fördert die GTZ zudem ein Vorhaben, das die reproduktive Gesundheit verbessern soll.
Ebenfalls seit 1994 finanziert die Kreditanstalt für Wiederaufbau (KfW) die Lieferung von Basismedikamenten und medizinischer Standardausrüstung. Diese enge und erfolgreiche Kooperation von Finanzieller und Technischer Zusammenarbeit führt nunmehr dazu, die Projekte unter einer Programmstruktur zu verknüpfen.
(GTZ, Jahresbericht 1999, S. 20, 22)

M 77 Programme

- Programme gewinnen ihre theoretische Anziehungskraft durch die wechselseitige Ergänzung einer Mehrzahl (bzw. Vielzahl) von Maßnahmen; u. U. bleiben Einzelmaßnahmen sogar wirkungslos, wenn sie nicht durch andere begleitet werden: Ein zur Bewässerung bestimmter Staudamm ohne Anlage eines Verteilungsnetzes für das Wasser ist sinnlos, Bewässerung von Feldern ohne ordnungsgemäße Entwässerung führt zur Versalzung des Bodens, die technische Installation einer derartigen Anlage ohne entsprechende Schulung der Nutzer muss scheitern. (Beispiele gibt es zuhauf.) Für die verschiedenen Bereiche solch komplexer Programme sind jeweils verschiedene Behörden (oder mindestens Abteilungen von Behörden) zuständig; selbst bei bestem Willen aller Beteiligten steigt der *Koordinations- und Abstimmungsaufwand* mit der Zahl der Behörden und Einzelvorhaben überproportional stark an. Die Einbeziehung ausländischer Geber (nicht selten mehrerer) vergrößert den rein technischen Aufwand nochmals erheblich. Ein besonderes Kapitel sind die langen Vorlauffristen ausländischer Assistenz; die Vorstellung jedenfalls, etwa der deutsche Minister brauche nur auf den sprichwörtlichen Knopf zu drücken, um sofort eine Wirkung auszulösen, wäre naiv. Kurz: Der Planungs- und Koordinationsaufwand solch komplexer Programme ist nicht selten derart, dass Verwaltungen von Entwicklungsländern überfordert sind: Programme misslingen schlicht, weil die damit verbundenen administrativen Probleme unterschätzt, die Leistungsfähigkeit der Verwaltung des Empfängerlandes überschätzt worden ist. [...]

– Zu den technischen Problemen gesellt sich, was als „intrabürokratische Politik" bezeichnet worden ist: In nicht wenigen (insbesondere den autoritär* regierten) Entwicklungsländern ist ein wichtiger Teil des politischen Prozesses, des Kampfes um Einfluss, Geld, Personal, Macht, in die Verwaltung verlagert; auch in nicht-autoritären Entwicklungsländern spielen diese Dinge (wie bei uns) im täglichen Handeln von Verwaltungen eine nicht zu unterschätzende Rolle. Wer die Federführung, die zentrale Koordination, die Leitung von Sitzungen hat, wer wem Anweisungen erteilen darf, wer die Verwendung von Finanzmitteln bestimmt und kontrolliert: Dies sind alles andere als technische Fragen (allein), sie müssen auch unter dem Aspekt von Macht und Einfluss betrachtet werden, was die Komplexität erhöht.

(Jürgen H. Wolff, Entwicklungspolitik – Entwicklungsländer. Fakten – Erfahrungen – Lehren, 2., aktualisierte und erweiterte Auflage, Olzog, München 1998, S. 171f.)

Exkurs: Zur Problematik der Nahrungsmittelhilfe

„Die Hungrigen zu speisen", eines der christlichen Werke der Barmherzigkeit, scheint eine der naheliegendsten Aufgaben solidarischer Entwicklungshilfe zu sein. Die Bilder hungernder (oder gar *ver*hungernder) Menschen, die uns die Medien ins Haus tragen, sind zweifellos einer der stärksten emotionalen Appelle an die Hilfsbereitschaft der Menschen in Ländern, die Überschuss an Nahrungsmitteln kennen.

Wie die Hungrigen zu speisen seien, ist demgegenüber eine komplexe (und oft genug auch politisch heikle) Aufgabe:

Der Transport kostenloser oder verbilligter Nahrungsmittel von Land zu Land ist eine der umstrittensten Methoden zur Ernährung der Hungrigen (s. **M 78**). Akute Hungersnöte stellen einen Sonderfall dar, auch wenn sich hier unter Umständen ethische Dilemmata auftun mögen und wenn die *Art* der Nahrungsmittelhilfe wohl zu überlegen ist: Soll einem Land, dessen Potentat entgegen allen Warnungen der internationalen Gemeinschaft die Wirtschaft durch eine verfehlte Politik in den Ruin treibt (Simbabwe, s. **M 90**), durch Lebensmittellieferungen eben dieser Gemeinschaft Entlastung gebracht werden (was u.U. sogar die Fortsetzung der verfehlten Politik ermöglicht)? Ist es angezeigt, auf Betreiben der hier tätigen Nichtregierungsorganisationen Lebensmittel kostenlos zu verteilen (Afghanistan), was sie sofort auf dem Schwarzmarkt auftauchen ließ (angeboten im Auftrag von regionalen „Warlords") und die Preise für einheimische Nahrungsmittel auf ein Niveau herabdrückte, das ihren Anbau für die Bauern nicht mehr lohnend (oder auch nur kostendeckend) erscheinen ließ, weshalb diese Bauern fast gezwungenermaßen und auf den besten Böden des Landes zum Schlafmohn (-Opium-)Anbau übergingen: Das Foto eines Lkw, beladen mit Säcken voller kostenloser Lebensmittelspenden, auf einer Piste inmitten blühender Schlafmohnfelder, das in Afghanistan herumgezeigt wird, steht geradezu als

Symbol für eine verfehlte Politik der Nahrungsmittelhilfe. Ein anderes Beispiel für gut gemeinte, aber verfehlte Lebensmittelhilfe ereignete sich im Sommer 1994 in Lagern mit ruandischen Flüchtlingen im Ost-Zaire (Kivu): Die Freiwilligenorganisationen lieferten die Lebensmittel über die Interahamwe, jene Massenmörder, die Monate zuvor etwa 800 000 Menschen abgeschlachtet hatten.

Im Übrigen ist die humanitäre Hilfe (einen wesentlichen Teil davon stellt Nahrungsmittelhilfe dar) immer wieder dem Verdacht ausgesetzt gewesen, Bürgerkriege zu verlängern. Eine große Feldstudie im Auftrag der Europäischen Union zu deren seit Jahren laufenden humanitären Engagement im Sudan (von Geoff Loane u.a., Baden-Baden 2001) z. B. stellt komplexe und widersprüchliche Wirkungen fest. „[Das Engagement] hat dazu tendiert, Herrschafts-, Ausbeutungs- und Ungleichheitsbeziehungen insbesondere in von der Regierung beherrschten Gebieten zu verstärken. In Rebellengebieten hat es die Subsistenzwirtschaft unterstützt und zur Wahrung der kulturellen Integrität der einheimischen Bevölkerung beigetragen. [...] Hilfe hat in bestimmten Fällen die Kriegsziele sowohl der Regierung als auch der SPLA (der führenden Rebellenorganisation des Südens, J.H.W.) gefördert. [...] Es gibt keinen Beleg, dass die Umleitung von Hilfe den Konflikt anheizte." – Der indisch-amerikanische Nobelpreisträger Amartya Sen hat übrigens darauf hingewiesen, dass es in funktionierenden Demokratien keine Hungersnöte (wohl gegebenenfalls schleichende Unterernährung) gibt – eine Tatsache, die Stoff genug zum Nachdenken gibt.

M 78 Argumente pro und kontra Nahrungsmittelhilfe

Pro Nahrungsmittelhilfe:

- Nahrungsmittel-Lücken können überbrückt und Mangelernährung gelindert werden.
- Nahrungsmittelhilfe substituiert Nahrungsmittelimporte, so dass Devisen eingespart werden können.
- Die Grundnahrungsmittelpreise bleiben niedrig und bewirken über eine erhöhte Sparquote positive Wachstumseffekte und durch niedrige Verbraucherpreise eine indirekte Einkommensumverteilung.
- Der Aufbau von Nahrungsmittelvorräten wird erleichtert.
- Die Erlöse aus dem Nahrungsmittelverkauf auf inländischen Märkten erhöhen den verteilungs- und investitionspolitischen Spielraum des Empfängerlandes.

Kontra Nahrungsmittelhilfe:

- Die Kosten sind hoch. Bei der Katastrophenhilfe kann der Transport und die Verteilung von einer Tonne Nahrungsmittel bis zu 500 US-$ kosten.
- Lang anhaltende Nahrungsmittelhilfslieferleistungen können eine Gewöhnung der Empfängerländer an die Versorgung von außen (Anstrengungen zur Steigerung der Eigenproduktion lassen nach) und eine Änderung der Verzehrgewohnheiten zur Folge haben.
- Nahrungsmittellieferungen können sich negativ auf die einheimischen Erzeugerpreise auswirken: Die transferierten Nahrungsmittel erhöhen das Angebot auf dem inländischen Markt, die Erzeugerpreise sinken und damit auch die Produktionsanreize für den Landwirt.
- Organisatorische Probleme und unzureichende infrastrukturelle Voraussetzungen beschränken die Verteilung der Nahrungsmittel im Empfängerland: Die Transport- und Lagerverluste sind hoch. Nur ein reduzierter Teil der Lieferungen gelangt in die ländlichen Defizitregionen. Verbleiben die Hilfslieferungen in der Stadt, so kann das eine verstärkte Landflucht zur Folge haben.
- Die Empfängerländer geraten in eine politische Abhängigkeit von den Geberländern.

(Walter Schug/Jens Léon/Hans Otto Gravert, Welternährung, Wissenschaftliche Buchgesellschaft, Darmstadt 1996, S. 69)

1. *Charakterisieren Sie die Unterscheidung der Entwicklungshilfe in „Finanzielle", „Technische" und „Personelle" Zusammenarbeit sowie die spezifischen Merkmale von „Projekten" (Text S. 176f.).*
2. *Analysieren Sie das in M 76 beschriebene konkrete Projektbeispiel (Nepal) im Hinblick auf*
   – den Projektcharakter (vgl. Text S. 176f.),
   – die Zielsetzungen (welche der in Kap. II beschriebenen Merkmale und Strukturen von Unterentwicklung sind von diesem Projekt betroffen?),
   – die drei Arten der Zusammenarbeit (Text S. 176),
   – die Grundsätze der Gestaltung dieses Projektes.
3. *Beschreiben Sie, warum die Verknüpfung von einzelnen Projekten zu „Programmen" einerseits sinnvoll und notwendig erscheint, andererseits aber einen erheblichen Planungsaufwand bedingt. Welche technischen, verwaltungsmäßigen und vor allem politischen Probleme, die z. T durch die besonderen Verhältnisse in Entwicklungsländern in verschärfter Form auftreten, lassen sich unterscheiden (M 77)?*
4. *Der Nutzen von Nahrungsmittelhilfe zur Bekämpfung der Unterernährung (gemeint sind nicht die bei akuten Hungersnöten oder Naturkatastrophen notwendigen Sofortmaßnahmen) ist sehr umstritten (Text S. 179f.). Erläutern und erörtern Sie dazu die in M 78 aufgeführten Argumente pro und kontra. Zu welcher Beurteilung kommen Sie „unter dem Strich"?*

4. Volkswirtschaftliche und gesellschaftliche Beratung, Auflagenpolitik und die Rolle der Politik bei der Entwicklungshilfe

Wenn es richtig ist, dass unter den zahlreichen noch immer nicht sehr genau bekannten Faktoren, die „Entwicklung" bewirken oder doch möglich machen, die entscheidenden im Bereich der internen Strukturen und Prozesse des jeweiligen Landes zu suchen sind, dann ist auf die Veränderung/Verbesserung der entsprechenden gesamtgesellschaftlichen Variablen höchstes Augenmerk zu lenken. (Diese Erkenntnis ist keineswegs neu: Um 1337–40 malt Ambrogio Lorenzetti in der Sala della Pace des Palazzo Públblico in Siena die Fresken „Die Folgen des guten und des schlechten Stadtregimentes", die präzise den gleichen Gedanken ausdrücken.) Hier kommt mindestens potenziell der *Beratung* der Empfängerregierungen und gegebenenfalls der *Auflagenpolitik** durch bilaterale und multilaterale Geber eine erstrangige Bedeutung zu. Kaum ein anderes Gebiet der Entwicklungspolitik ist einerseits so vernachlässigt worden, andererseits so umstritten.
Auf der einen Seite greifen die entsprechende Beratungstätigkeit und Auflagenpolitik ohne jede Frage noch stärker als die übrige Entwicklungspolitik in die Souveränität der Empfängerländer ein. (*Jede* Entwicklungspolitik hat im Empfängerland innenpolitische Wirkungen und bedeutet daher einen Einfluss auf die Innenpolitik/Gesellschaft des Empfängerlandes. Dies ist unvermeidlich: Eine Entwicklungspolitik, die das nicht täte, also nichts veränderte, bewirkte nichts und sollte besser eingestellt werden.) Grundsätzlich gilt im Völkerrecht* der erst neuerdings durch Menschenrechtsvereinbarungen aufgeweichte sakrosankte Grundsatz der „Nichteinmischung in innere Angelegenheiten". Der Versuch der Einflussnahme auf gesellschaftspolitische und wirtschaftspolitische Aggregatgrößen bedarf daher im Grundsatz der *Zustimmung der Empfängerregierung* oder mindestens der Tolerierung durch diese (wie bei den gesellschaftspolitischen Aktivitäten der politischen Stiftungen, die kurz skizziert wurden) – und diese Zustimmung wird gerade von reformunwilligen Regierungen nicht leicht zu erlangen sein.

Auf der anderen Seite ist der Entwicklungspolitiker kein Völkerrechtler. Nicht wenige Entwicklungsländerregierungen sind im Sinne westlich-demokratischer Werte, zu denen wir uns bekennen, nicht legitim. Eine afrikanische Militärregierung mag zwar die faktische Macht haben, ausländische Einwirkung auf innergesellschaftliche Zustände zu verhindern oder zu vermindern – berechtigt dazu ist sie in unserem Sinne nicht. Der Entwicklungspolitiker steht also eindeutig vor dem *Dilemma,* dass die entscheidenden Bestimmungsgrößen für Entwicklung mindestens sehr weitgehend der Kontrolle der Empfängerregierung unterliegen und seine Aktivitäten in Projekten und Programmen der skizzierten Art also unter dem Vorbehalt stehen, dass nicht durch eine verantwortungslose oder bloß fehlgeleitete Politik die positive Wirkung selbst erfolgreicher Projekte aufgehoben wird. (Von dem auch nicht seltenen Fall, dass das Projekt selbst an widrigen „Rahmenbedingungen" scheitert, wird hier ganz abgesehen.) Ein Projekt zur Ernährungssicherung und Erhöhung der bäuerlichen Einkommen z. B. wird keinen Erfolg haben, wenn eine die Bauern ausbeutende Preispolitik für agrarische Güter betrieben wird – selbst die Besserstellung der Zielgruppe des Projektes sagt in diesem Fall nichts über die Besserstellung der Bauern des Landes insgesamt aus, die weltweit in der Regel zu den ärmsten Bevölkerungsschichten gehören.
Will der Entwicklungspolitiker also zum Kern des Problems vorstoßen, wird er auf den Versuch der Beeinflussung solcher gesamtgesellschaftlichen bzw. gesamtpolitischen Daten nicht verzichten können – und das kann er in aller Regel nur mit Zustimmung der Regierung. Ist diese Empfängerregierung reformunwillig oder reformunfähig, wird sie diese Genehmigung in der Regel verweigern. Die entwicklungspolitische Konsequenz in diesem Falle kann nur dahin gehen, die Zusammenarbeit mit dem betreffenden Land einzuschränken oder einzustellen und das Geld des Steuerzahlers an anderer Stelle einzusetzen, wo es eine größere Wirkung erzielt. Eine Rechtfertigung für die jahrzehntelange „Zusammenarbeit" mit dem Kongo-Zaire des Generalissimus Mobutu* (des „cleptocrator maximus" Afrikas) gibt es schlechterdings nicht (vgl. **M 52 b**, S. 124).

Damit stehen wir wiederum vor einem der in der Entwicklungspolitik so lästigen Zirkel: Einem Land mit einer reformunwilligen Regierung, die eine Entwicklung be- oder verhindernde Politik betreibt, kann durch noch so viele gute Projekte keine wirksame Besserung der Lage gebracht werden. Reformwillige Regierungen auf der anderen Seite, die eine solide Geld-, Wirtschafts- und Finanzpolitik betreiben, werden Entwicklung auch ohne ausländische Hilfe zustande bringen. Allerdings ist es in diesem Falle möglich, dass eine reformwillige Regierung ausländischen Sachverstand nachfragt, um genauer zu erfahren, in welcher Richtung die angestrebten Reformen anzulegen sind. Das auf S. 177 erwähnte Projekt der volkswirtschaftlichen Beratung in Kirgistan wäre ein hier relevantes Beispiel. Es steht für die Entsendung hochrangiger Fachleute in zentrale Entscheidungsinstitutionen von Empfängerländern, also zentrale Ministerien wie diejenigen für Finanzen und Wirtschaft oder unter Umständen unmittelbar in das Büro des Chefs der Exekutive, aber auch in wichtige Institutionen wie die Zentralbank. Deutschland entsendet zurzeit ca. 100 solcher hochrangiger Berater; im Erfolgsfalle können sie mehr zur Reduktion von Armut und Unterentwicklung tun als viele noch so gute und gut gemeinte Projekte.

Für die Bretton-Woods*-Institutionen IWF und Weltbank ergibt sich übrigens das Sonderproblem, dass ihnen kraft Statut die Einmischung in bzw. Beeinflussung von internen politischen Angelegenheiten der Kreditnehmerländer ausdrücklich untersagt ist. Damit stehen sie nur vor dem Problem, das eben skizziert wurde: Kredite an Länder, die eine entwicklungsfeindliche Politik betreiben, sind wirkungslos und obendrein in Gefahr, notleidend zu werden. („Notleidend" bedeutet, dass Zins- bzw. Tilgungszahlungen nicht ordnungsgemäß geleistet werden.) So hat etwa die Weltbank die subtile Gratwanderung versucht, zwar, wie selbstverständlich, keine Partei in innenpolitischen Konflikten von Empfängerländern zu beziehen, aber doch deutlich entwicklungs-, wirtschafts- und sozialpolitische Konzeptionen anzumahnen, die erfolgversprechend sind und im Sozialbereich (etwa Armutsbekämpfung) verbreiteten Wertvorstellungen der entwicklungspolitischen Community entsprechen.

Neben der Gruppe reformwilliger und solide wirtschaftender Länder einerseits und der Gruppe gänzlich reformunwilliger Länder andererseits gibt es eine Gruppe wechselnder Zusammensetzung, die zwar grundsätzlich nicht reformwillig ist, sich aber unter dem Zwang von Zahlungsbilanzkrisen oder sonstigen wirtschaftlich-sozialen Ungleichgewichten zu Reformschritten genötigt sieht. Damit wäre der weite Bereich der *„Auflagenpolitik" der internationalen Organisationen* zu diskutieren.
Sie betrifft Länder, die entweder aus eigenem Verschulden oder durch die zeitweilige Ungunst der weltwirtschaftlichen Situation in akute Notlagen geraten sind, zur Überwindung dieser Notlage Beistandskredite benötigen, diese Beistandskredite aber von den Bretton-Woods-Institutionen nur unter Auflagen erhalten, die per Vertrag mit der kreditnehmenden Regierung vereinbart und deren Einhaltung im Zuge der Auszahlung der Kredite im Prinzip von den kreditgebenden Institutionen überwacht wird (vgl. **M 75 b**, S. 175). Ein *Beispiel* für derartige Krisensituationen:

1987 sinken als Folge des Zusammenbruchs des Londoner Kaffee-Abkommens* weltweit die Preise für Kaffee und auch für Tee. *Ruanda**, das den weit überwiegenden Teil seiner Deviseneinnahmen aus dem Verkauf dieser beiden Produkte einnahm (vgl. **M 31**), sieht sich innerhalb kürzester Zeit einem massiven Einbruch seiner Deviseneinnahmen gegenüber. (Devisen müssen verdient werden, um notwendige Importe zu bezahlen, im Falle Ruandas z. B. Fahrzeuge, Treibstoffe, Baumaterialien u. a.) Um nicht einen wirtschafts- und sozialpolitisch völlig inakzeptablen plötzlichen Niedergang des Lebensstandards dieses Landes – es gehört zu den ärmsten der Welt – hinzunehmen, kam die Regierung bei der Weltbank um einen Beistandskredit ein, der u. a. zur Finanzierung notwendiger Importe verwendet werden sollte. Auf Dauer ist es – sieht man von kostenlos gewährter Entwicklungshilfe ab – natürlich nicht möglich, dass ein Land mehr verbraucht als es erzeugt bzw. im Tausch gegen seine Erzeugnisse erhält. Notwendige Konsequenz: Die Wirtschaft muss an die veränderte Lage „angepasst" werden. Ein solches Programm wurde im Februar 1991 nach langer Stagnation bzw. Rezession beschlossen; die Weltbank sicherte via IDA (International Development Association, M 74) einen Structural Adjustment Loan (Kredit zur Strukturanpassung) und unter Mitwirkung eines internationalen Geberkonsortiums dessen Finanzierung zu, und sie entwickelte mehrere soziale Ergänzungsprogramme. Das Strukturanpassungsprogramm beruhte auf politischen und ökonomischen Voraussetzungen, auch strikter *fiskalischer Sparsamkeit,* die in diesem Falle keineswegs evident waren (u.a. sah sich Ruanda seit dem 1.10.1990 dem bewaffneten Einfall der Exil-Tutsis aus Uganda gegenüber), wie z. B. der *Erhöhung der Investitionsrate,* der *Belebung des Konsums* der privaten Haushalte bei gleichzeitigem *Einfrieren der Löhne und Gehälter* usw. (Auf Drängen der Weltbank wurde die mit acht Jahren sehr lange Primarschule auf die für die meisten Entwicklungsländer als Norm geltenden sechs Jahre zurückgestutzt.)

Letzten Endes geht es bei solchen Strukturanpassungsprogrammen bzw. den begleitenden Hilfen immer darum, dass das empfangende Land in eine Lage gekommen ist, die auf Dauer unhaltbare Ungleichgewichte zur Folge hat. Importiert ein Land mehr, als es exportiert, muss die Lücke durch Kapitalimporte geschlossen werden. Dies mag bei sehr wohlhabenden Ländern (USA) eine Zeit lang gut gehen, auf Dauer sind aber gerade Länder mit Leistungsbilanzdefiziten in der Regel arme und schwache Länder, um die das private Kapital aus guten Gründen einen weiten Bogen macht. Hier ist eine Anpassung unumgänglich, und diesem Ziel dienen die kurz skizzierten Anpassungsprogramme der Weltbank und des Währungsfonds. Die technischen Einzelheiten sind übrigens komplex, die Zahl der Kreditlinien und Sonderfonds für derartige Zwecke auch für den Fachmann nur noch schwer zu übersehen.
Die Wissenschaft hat die Wirkung von Anpassungsprogrammen, die von den Bretton-Woods-Institutionen finanziert wurden, kontrovers beurteilt, was unter anderem methodische Gründe hat. Insbesondere Nichtregierungsorganisationen haben immer wieder anklagend auf *unsoziale Folgen* der Anpassungsprogramme hingewiesen, in der Regel allerdings versäumt, Alternativen aufzuzeigen und auf die innergesellschaftlichen Machtverhältnisse als Kern der behaupteten ungleichen Lastenverteilung hinzuweisen.
Zu Einzelheiten s. **M 79**; eine zusammenfassende Diskussion der Wirkungen der Auflagenpolitik und ihrer Probleme findet sich im folgenden Abschnitt E.

M 79 Komponenten von Strukturanpassungsreformen (SAP)

Bei Ziehungen im Rahmen der Höheren Kredittranchen und der Erweiterten Fondsfazilität (s. **M 75 a/b**) werden zwischen dem IWF und dem jeweiligen Land Beistandsabkommen geschlossen. Das Land erklärt sich in einer Absichtserklärung (letter of intent) bereit, mit Unterstützung des Fonds ein Stabilisierungsprogramm durchzuführen, das die Ursachen der Zahlungsbilanzprobleme beheben soll. Diese Programme enthalten wirtschaftspolitische Auflagen und konkrete Zielvorgaben (Konditionalität). Die IWF-Kredite werden in der Regel in Teilbeträgen und nur nach Fortschritt des Stabilisierungsprogramms ausgezahlt. Diese Programme werden erstellt auf der Grundlage einer eingehenden Analyse der wirtschaftlichen Lage des jeweiligen Landes und in Abständen von einem halben Jahr überprüft.

Kernpunkte dieser Stabilisierungsprogramme sind *wirtschaftspolitische Auflagen* wie die Abwertung der Währung, die Verringerung des Staatsdefizits, die Reduzierung der Protektion der heimischen Wirtschaft und der Diskriminierung der Exporte, die Korrektur der verzerrten inländischen Preisrelationen, insbesondere der Abbau der Nahrungsmittelsubventionen, und die Aufhebung von Mindestlohnvorschriften. Insgesamt müssen die inländische Absorption reduziert, die Importe zurückgeführt, die Exporte erhöht, der Konsum eingeschränkt und die Investitionsmittel erhöht und effizienter verwendet werden. Oberstes Ziel dieser Auflagen ist es, die Ursache der Zahlungsbilanzdefizite zu beseitigen und die Bedingungen für wirtschaftliches Wachstum zu verbessern.

(Norbert Wagner/Martin Kaiser, Ökonomie der Entwicklungsländer, Stuttgart, 3. Auflage 1995, S. 242f.)

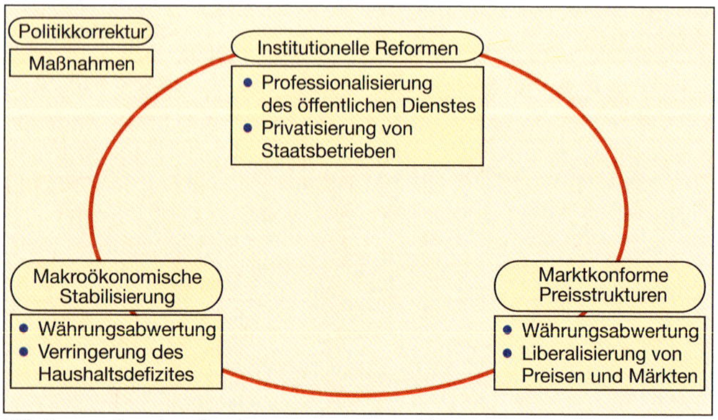

(Wolfgang Fengler, Strukturanpassung und Verschuldung, in: Informationen zur politischen Bildung, Nr. 264: Afrika I, 3. Quartal 1999, Hrsg.: Bundeszentrale für politische Bildung, Bonn, S. 30)

1. *In Abschnitt C. 4. (S. 182) wird zunächst eines der zentralen Probleme der Praxis der Entwicklungspolitik beschrieben. Erläutern Sie das „Dilemma", in dem Entwicklungspolitiker angesichts des völkerrechtlichen Grundsatzes der „Nichteinmischung in innere Angelegenheiten" stehen. Welche entwicklungspolitische Bedeutung kommt hier der wirtschaftlichen und gesellschaftlichen Beratung zentraler Entscheidungsinstitutionen in Empfängerländern zu?*
2. *Erläutern Sie am Beispiel Ruandas, was man unter der viel diskutierten „Auflagenpolitik" des IWF und der Weltbank versteht (Text, S. 183). Welche Wirkungen versprach sich die Weltbank von den Maßnahmen des geforderten Strukturanpassungsprogramms? Wie beurteilen Sie in diesem Fall die angesprochenen Folgen dieser Maßnahmen? – Zu grundsätzlichen Problemen der Auflagenpolitik ausführlich s. M 92 – M 96.*
3. *Untersuchen Sie zu den in M 79 dargestellten allgemeinen Komponenten von Strukturanpassungsreformen, worin jeweils die Intention der einzelnen Maßnahmen besteht. Was soll z. B. mit der Abwertung der Währung erreicht werden? Wie könnte man das allgemeine Ziel formulieren, dem alle Maßnahmen dienen sollen? Vgl. dazu die im Text (S. 182f.) beschriebene Ausgangslage der Länder, die Beistandskredite in Anspruch nehmen, und M 79.*

5. Schuldenerlass

Schuldenerlass wird zunehmend als eigenes Instrument der Entwicklungspolitik angesehen, obwohl er – genau genommen – nur die Korrektur vergangener Fehler darstellt, sei es des Entwicklungslandes, sei es des Industrielandes oder der Industrieländergemeinschaft. Dies gibt Anlass, systematisch das weite Gebiet der Verschuldung in einigen Hauptpunkten zu diskutieren. Nichtregierungsorganisationen haben mit erheblicher internationaler Publicity das Jahr 2000 zum Jahr des Schuldenerlasses erklärt und dabei etwa auf dem Kölner „Schuldengipfel" im Frühjahr 1999 beträchtliche Erfolge erzielt. Ihr Schlagwort lautete „Entwicklung braucht Entschuldung", was zunächst erstaunt: Die traditionelle Weisheit ging vom exakten Gegenteil aus. Entwicklung braucht nicht *Ent*schuldung, sondern Entwicklungskredite, also *Ver*schuldung. Noch 1980 bemerkte der Internationale Währungsfonds: „Die Frage, ob ein Land weitere Kredite aufnehmen solle, sollte nicht mit statistischen Messzahlen beantwortet werden. [...] Eine höhere Auslandsverschuldung ist eine gesunde (sound) Politik für Kreditgeber wie Kreditnehmer, denn das höhere Niveau der Investitionen, das durch ausländische Verschuldung finanziert wird, führt letztlich zu einer zusätzlichen Nettoexportfähigkeit."

Was hat es also mit der Verschuldungsproblematik auf sich?

a) Daten zur Verschuldung

Zu einem globalen Überblick über die Entwicklung der Verschuldung nach ausgewählten Ländern und nach Regionen liefern **M 80 a bis e** die wichtigsten Daten.

b) Bewertung

Die absoluten Zahlen erweisen sich als unzureichend, wenn es um die Bewertung der Verschuldung und ihrer Problematik geht. Hierzu bedarf es vielmehr der Aufstellung von aussagekräftigen *Schuldenindikatoren.* Solche sind:
- die *Verschuldungsquote,* das Verhältnis der Gesamtverschuldung (gleich, ob lang- oder kurzfristig) zum Bruttosozialprodukt, und
- das Verhältnis Gesamtschulden zu Exporterlösen eines Jahres.

Diese beiden Relationen sind für die Bewertung der Schuldenproblematik weniger wichtig, da es weniger auf die Höhe der Gesamtschulden ankommt als vielmehr auf die daraus sich ergebenden Zahlungen des Entwicklungslandes. Daher wird in den Statistiken von Internationalem Währungsfonds und Weltbank auf zwei andere Indikatoren* abgehoben:
- die *Schuldendienstquote,* das ist das Verhältnis des jährlichen Schuldendienstes (Zinszahlungen plus Tilgung) zu den Erlösen aus dem Export von Gütern und Dienstleistungen, und
- das *Verhältnis Schuldendienst zu Bruttosozialprodukt* eines Landes.

Kritische Schwellenwerte werden erreicht, wenn das Verhältnis des Gegenwartswertes (abdiskontierter* Wert aller künftigen Zahlungsverpflichtungen) des Schuldendienstes zum *Bruttosozialprodukt* 80 Prozent oder das Verhältnis des Gegenwartswertes des Schuldendienstes zu *Exporten* 220 Prozent übersteigt; dann gilt das Land als *„hoch verschuldet"* (severely indebted). Beträgt der kritische Wert 3/5 davon oder mehr (also 48 bzw. 132 Prozent), wird das Land als *mäßig verschuldet* angesehen; sind beide Verhältniszahlen weniger als 3/5 des kritischen Wertes, gilt das Land als *wenig verschuldet.* Länder werden weiter eingeteilt in *Niedrigeinkommensländer,* wenn ihr Bruttosozialprodukt pro Kopf 1997 785 Dollar oder weniger, und in *Mitteleinkommensländer,* wenn es zwischen 785 und 9655 Dollar betrug, womit sich eine Klassifikation nach „hoch verschuldeten Niedrigeinkommensländern" (SILICs, severely indebted low income countries), „hoch verschuldeten Ländern mittleren Einkommens" (SIMICs, severely indebted middle income countries), „mäßig verschuldeten Niedrigeinkommensländern" (MILICs, moderately indebted low income countries), „mäßig verschuldeten Mitteleinkommensländern" (MIMICs, moderately indebted middle income countries), „wenig verschuldeten Niedrigeinkommensländern" (LILICs, less indebted low income countries) und „wenig verschuldeten Ländern mittleren Einkommens" (LIMICs, less indebted middle income countries) ergibt. Nach dieser Klassifikation waren nach dem Schuldenreport 2002 33 Länder als SILICs, 16 als MILICs und 12 als LILICs eingeordnet; von den SILICs lagen alle bis auf 8 in Schwarzafrika (s. **M 80 e**). Oder anders: Die hochaggregierten Zahlen sind in dem Sinne irreführend, dass die Region Lateinamerika mit 32 Prozent der internationalen Verschuldung am höchsten verschuldet ist (s. **M 80 c**), während Subsahara-Afrika mit 8 Prozent scheinbar besser dasteht. Bezieht man allerdings die Verschuldung und insbesondere die Schuldendienstquote auf die ökonomische Leistungsfähigkeit der Länder, dann zeigt sich wieder einmal Schwarzafrika als die eigentliche Problemregion. Das Interesse der Weltwirtschaft, nämlich nicht durch Zahlungsunfähigkeit großer Schuldner in Unordnung zu geraten, und das Interesse von einzelnen Ländern, die arm und schwach sind, für sich genommen aber für den Welthandel nicht viel bedeuten, fallen also ersichtlich auseinander.

c) Zur Theorie der Verschuldung

Komplexe Wirtschaften sind darauf angewiesen, systematisch Mittel zu sammeln (etwa über das Bankenwesen) und dann gebündelt für Investitionen auszuleihen, die anders nicht finanziert werden könnten. Für Entwicklungsländer, die definitorisch als *kapitalarme Länder* gelten (s. S. 77), bietet es sich an, Mittel im Ausland aufzunehmen, um sie produktiv zu investieren und damit wirtschaftliche Tätigkeit und Wachstum zu ermöglichen. An anderer Stelle (S. 77) wurde von dem lästigen Zirkel des Kapitalmangels gesprochen, der zu niedrigen Einkommen führt, was wiederum die Kapitalbildung (Ersparnis) behindern muss; dieser lästige Zirkel kann, so die Theorie, durch *Auslandsverschuldung* aufgebrochen werden. Wie das einleitende Zitat des IWF (S. 185) gezeigt hat, ist hieran noch nichts Ungewöhnliches. Nimmt man etwa an, ein Kapitalimport von einer Million Dollar führe zu einer Erhöhung des Sozialproduktes um 300 000 Dollar pro Jahr (der so genannte Kapitalkoeffizient für Deutschland z.B. betrug 1997 2,9, dürfte für Entwicklungsländer eher niedriger liegen), der Schuldendienst (6 Prozent Zinsen plus anfangs 5 Prozent Tilgung) betrage 110 000 Dollar, dann kann das Land grundsätzlich problemlos den Schuldendienst begleichen und noch einen Überschuss von 190 000 Dollar pro Jahr für sich behalten. Übrigens bedeutet diese Überlegung auch, dass es in der Rückzahlungsphase des Kredites zu einer Umkehr der Zahlungsströme (also zu Nettozahlungen des Empfängerlandes des Kredits) kommen muss. Simulationsrechnungen der Weltbank zeigen, dass es bei einer gleich bleibenden jährlichen *Brutto*kreditaufnahme schon nach weniger als 15 Jahren zu einer Umkehr der Zahlungsströme kommen *muss*; will man umgekehrt den *Netto*transfer stabilisieren, wächst die Verschuldung über jedes Maß; das System muss zusammenbrechen.

Dass die Dritte Welt also mehr an Geld an die Industrieländer zahlt, als sie an Neukrediten von dort bekommt, ist so gesehen mathematisch unvermeidlich – es sei denn, man verzichte auf die Rückzahlung von Krediten.

d) Die Schuldenkrise und ihre Ursachen

Im Gegensatz zu der vorgetragenen Theorie der Verschuldung ist es in der Geschichte immer wieder zu Staatsbankrotten und, beginnend mit der Zahlungsunfähigkeit Mexikos im Jahr 1982, zu der so genannten Schuldenkrise gekommen. Was ist, im Gegensatz zur Theorie, schief gelaufen (vgl. **M 81**)?

Probleme in der Praxis

– Unser Beispiel (s. o. c) setzt zunächst voraus, dass das aufgenommene Kapital für Investitionen verwendet wird, nicht hingegen für Konsum, nicht für Korruption und nicht für Kapitalflucht. Für afrikanische Länder gilt demgegenüber, dass nach dem Ende des Rohstoffpreisbooms in den späten Siebzigerjahren zur Aufrechterhaltung des Konsums, u.a.

auch des Ölimports nach dessen Preisanstieg ab 1973, Schulden auf Schulden getürmt wurden, statt das aufgenommene Geld *produktiv zu investieren*. Korruption und Kapitalflucht gehen oft Hand in Hand: Die Kapitalflucht aus Nigeria erreicht 94,5 Prozent seiner gesamten Auslandsverschuldung, für Ruanda gilt ein Wert von 94,3 Prozent, für Kenia 74,4 Prozent und für den Sudan 60,5 Prozent. Oder anders: Aufgenommenes Geld wurde mindestens zum Teil nicht produktiv verwendet, sondern zur Finanzierung von Konsum und Kapitalflucht. Damit stellt sich übrigens bei der Entschuldungsinitiative das unlösbare Problem des *„moral hazard"*:* Wie vermeidet man die Belohnung solch unsoliden Verhaltens, die unweigerlich einen Anreiz zu einer Wiederholung abgeben müsste und längst abgegeben hat (das „Verschuldungsproblem" der Entwicklungsländer wird seit den Sechzigerjahren diskutiert und ist seit den tunesischen, ägyptischen, argentinischen und osmanischen Staatsbankrotten des 19. Jahrhunderts eine Art Dauerbrenner, für den es vermutlich – Entschuldung hin oder her – keine endgültige Lösung geben dürfte)?

- Unser Beispiel mit der produktiven Investition zeigt auch, dass zur Bedienung der Auslandsschulden *Devisen* verdient werden müssen, dass also die Investition zu zusätzlichen Exporten oder, mindestens, zur Verminderung von Importen führen muss. Ist das nicht der Fall, dann führt dies notwendig zu Zahlungsbilanzkrisen und zur Verschärfung der Schuldensituation. Die Finanzierung von Investitionen, die rein auf den Binnenmarkt gerichtet sind und nicht einmal zur Ersparnis (statt, idealerweise, zum Verdienen) von Devisen führen, hat notwendig dieses Resultat.
- Auch grundsätzlich solide geplante Investitionen, die die vorstehend genannten Bedingungen erfüllen, stehen selbstverständlich unter dem *Risiko des Scheiterns* oder eines niedrigeren Ertrages, als in den Renditeberechnungen vorausgesetzt wurde: Der Modegeschmack mag sich wandeln, und die bunten Hemden aus Indien werden in Europa nicht mehr gekauft; die Treibstoffpreise steigen so stark, dass der Export von Blumen aus Kolumbien nach Amsterdam per Luftfracht unrentabel wird; die Weltwirtschaft rutscht in eine Rezession, so dass die Schiffe aus koreanischen Werften nicht mehr verkäuflich sind; der Ölpreis steigt so stark, dass die Verbraucher mehr Geld für Öl ausgeben müssen, damit weniger für Kupfer ausgeben können usw. Exportverluste spielten insbesondere im Falle Afrikas eine entscheidende Rolle.
- Im Falle der derzeitigen Verschuldung spielte eine erhebliche Rolle, dass die private Kreditaufnahme von Schuldnern in Entwicklungsländern häufig zu mehr als 50 Prozent zu *variablen Zinsen* vereinbart wurde. Nach den „Ölpreisexplosionen" 1973 und 1979 deponierten menschenarme Ölstaaten riesige Dollarbeträge auf Banken in Industriestaaten (s. **M 81**). Dieses Geld sollte produktiv bzw. zinsbringend angelegt werden. So kam es, dass von international tätigen privaten Banken Schuldnern in Entwicklungsländern das Geld zu traumhaften Konditionen (die realen Zinssätze waren zeitweilig negativ) geradezu aufgedrängt wurde. Sobald die Zinsen international anzogen, begannen folgerichtig die Probleme (vgl. **M 81**). Hiermit begründet sich selbstverständlich ein *Mitverschulden von Banken aus Industrieländern* an der Schuldenkrise.
- Allgemein führte die *Rezession* in den Industrieländern als Folge der *Ölpreiserhöhung* zu geringeren Importen aus Entwicklungsländern und damit zu einer Verschärfung der Schuldensituation.
- Ist einmal eine krisenartige Situation eingetreten, dann wird diese leicht chronisch: Kreditgeber werden zurückhaltend („Kapital ist scheu wie ein Reh"), wenn die ausstehenden Schulden nicht ordnungsgemäß bedient werden; schon die Zurückhaltung bei Neukrediten mag nicht wenige Entwicklungsländer, die auf das ständige Umschulden von Altkrediten vertrauten, in Probleme bringen. – Verschärft wird die Krise, wenn Geldgeber in Panik geraten und kurzfristig Gelder abziehen oder abzuziehen versuchen, wie bei der Asienkrise* ab 1997.

e) Fehler in der Theorie

- Implizit wird bei unserer vereinfachten Überlegung zur möglichen Rolle ausländischer

Finanzierung vorausgesetzt, dass die *inländische Ersparnis* als Voraussetzung für inlandsfinanzierte Investitionen durch den Zustrom von Auslandskapital nicht berührt wird. An anderer Stelle (S. 225) wird zu diskutieren sein, dass dieses unzutreffend ist.

- Um Schulden zurückzuzahlen, d. h. um real Kapital an das Ausland zu übertragen, muss dieses im Gegenzug mit einem *Defizit seiner Leistungsbilanz** einverstanden sein, es muss also bereit sein, per saldo mehr zu importieren als zu exportieren. In nicht wenigen Industrieländern wäre ein solches Defizit gegen den vereinten Widerstand von Arbeitgebern und Gewerkschaften nicht durchzusetzen.
- Kapital, auch Entwicklungshilfemittel, ist *„fungibel"*, wie an anderer Stelle zu diskutieren ist (S. 225f.); auch die streng kontrollierte Verwendung von Auslandskapital zur Finanzierung einer produktiven Investition garantiert also nicht, dass die frei werdenden Mittel nicht an anderer Stelle konsumtiv, für Korruption oder für Kapitalflucht verwendet werden.

f) Die Entschuldung (Schuldenerlass)

Worum geht es also bei der Entschuldung und warum erscheint sie so wichtig?
Völlig klar ist nach den mitgeteilten Daten, dass insbesondere die hoch verschuldeten Niedrigeinkommensländer nicht imstande sind noch in absehbarer Zukunft imstande sein werden, ihre Schulden ordnungsgemäß zu bedienen. Ob mit oder ohne Schuldeninitiative: Diese Schulden werden nicht bezahlt werden können, so dass, in diesem Sinne, die oft beschriebene „Schuldenfalle" (vgl. Karikatur) gar keine ist. Historisch gesehen haben viele bedeutende Auslandsverschuldungen mit einem Bankrott der Schuldner und damit einer de-facto-Streichung der Schulden geendet.
Warum soll dies nun vermieden werden? Wer könnte ein souveränes Land zur Bedienung von Schulden zwingen, die dieses Land unter Umständen nicht mehr zu honorieren bereit ist?
Die einfache Antwort: Ein einseitiges Schuldenmoratorium oder gar eine Bankrotterklärung eines Landes hätte eine drastische Reduktion der Kreditwürdigkeit dieses Landes zur Folge. Das bedeutet aber nichts anderes, als dass es auf ziemlich lange Zeit von jeder weiteren Kreditgewährung abgeschnitten wäre. Ein *ordnungsgemäßer Erlass von Schulden* hat diese Folge nicht. Das Entwicklungsland kann also nach Streichung oder Verminderung seiner Auslandsverschuldung neue Kredite gewährt bekommen. Es ist auf neues Geld angewiesen, und das bekommt es nur, wenn die alten Verbindlichkeiten ordnungsgemäß abgewickelt worden sind.

(Zeichnung: Gerhard Mester/CCC, www.c5.net)

Die Einzelheiten der verschiedenen Schuldenerlassprogramme sind komplex (s. dazu **M 83 a**; ein Länderbeispiel findet sich in **M 83 b**). Besonderer Wert wird darauf gelegt, dass der Erlass von Schulden mit Reformen einhergeht, die *sozialverträglich* sind und an den *Ursachen* der Verschuldung ansetzen, um nach Möglichkeit eine Wiederholung der Schuldenkrise zu vermeiden (zur Diskussion um eine Reform des IWF s. **M 93**).
Im Jahre 2001 hat der IWF einen Vorschlag für ein institutionalisiertes Insolvenzverfahren* für souveräne Schuldner in die internationale Debatte eingeführt. Widerstand kam von Privatanlegern, denen die Idee missfiel, dass 90 Tage lang keine Klage wegen Vertragsbruchs gegen säumige Schuldner möglich sein sollte, sodann aber auch (und vehement) von verschiedenen Schwellenländern wie Mexiko und Brasilien, die ein Versiegen ihrer externen Kapitalquellen befürchteten. Zurzeit (2003) ist die politische Diskussion im Fluss. Der Vorschlag scheiterte (vorläufig?) auf der Frühjahrstagung des IWF im April 2003 am Veto der USA und internationaler Banken (http://www.evb.ch/index.cfm?page_id=2125).

M 80 a Die am meisten verschuldeten Entwicklungsländer

a) Nach Volumen der Auslandsschulden[1] (in Milliarden $), 1999	
Brasilien	244,637
Russland	173,940
Mexiko	166,960
China	154,223
Indonesien	150,096
Argentinien	147,880
Korea, Rep.	129,784
Türkei	101,796
Thailand	96,335
Indien	94,393
Polen	54,268
Philippinen	52,022
Malaysia	45,939
Chile	37,762
Venezuela	35,852
Kolumbien	34,538
Pakistan	34,423
Peru	32,284
Ägypten	30,404
Nigeria	29,358

b) Nach Volumenverhältnis der Auslandsschulden zum Bruttoinlandsprodukt (in %), 1999	
Guinea-Bissau	347
R. Kongo	287
Angola	286
Nicaragua[3]	271
Sudan	172
Mauretanien	169
Syrien	146
Sierra Leone	136
Elfenbeinküste[3]	117
Indonesien	113
Gabun	108
Jordanien	104
Kirgistan	104
Laos	100
Burundi	96
Nigeria	91
Malawi	84
Togo	82
Madagaskar	80
Thailand	78

c) Nach Volumenverhältnis Schuldendienst zum Export[2], 1999, im Jahr, in %	
Brasilien	110,9
Argentinien	75,9
Burundi	45,6
Kolumbien	42,9
Algerien	37,8
Peru	32,7
Bolivien	32,0
Rumänien	31,3
Turkmenistan	31,1
Pakistan	30,5
Indonesien	30,3
Mazedonien	29,9
Sierra Leone	29,9
Ruanda	29,6
Mauretanien	28,4
Kenia	26,7
Ungarn	26,6
Türkei	26,6
Elfenbeinküste	26,2
Ecuador	25,7

[1] Staatliche und private lang- und kurzfristige Schulden gegenüber dem Ausland sowie in Anspruch genommene IWF-Kredite
[2] Exporte von Gütern und Dienstleistungen
[3] ohne private Schulden

(Quelle der Daten: Weltbank, World Development Indicators 2001, Washington, DC 2001)

M 80 b Verschuldungsquote[1] ausgewählter Regionen

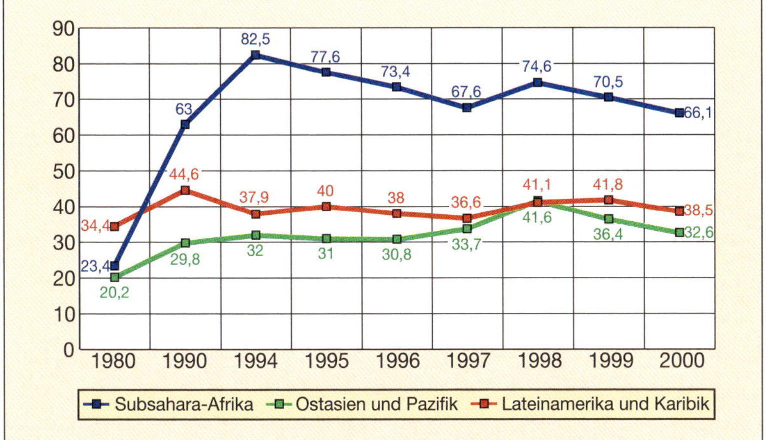

Quelle der Daten: Weltbank, Global Development Finance 2001, Washington, DC 2001, S. 26, 34, 46

[1] Gesamtverschuldung im Verhältnis zum Bruttoinlandsprodukt (vgl. M 80 a)

M 80 c

Regionale Verteilung der langfristigen Schulden 1999

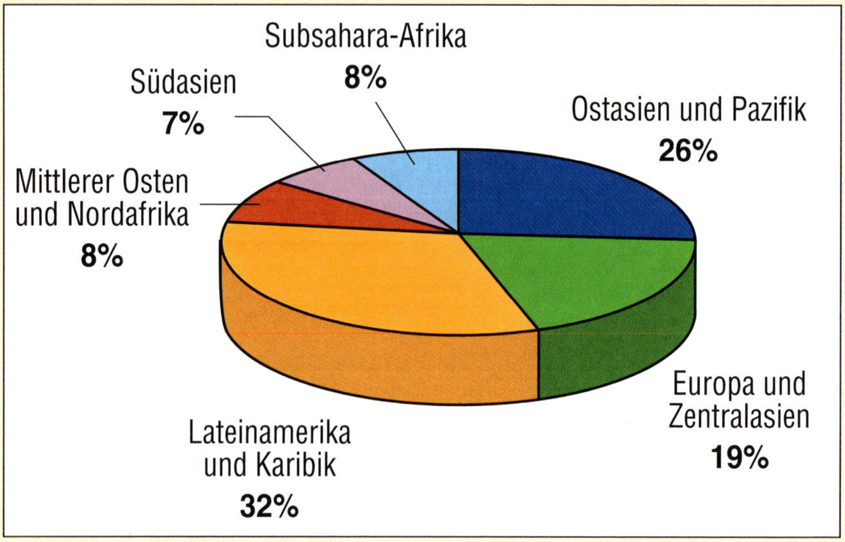

Quelle der Daten:
Weltbank, World Development Indicators 2001, Washington, DC 2001, S. 256

M 80 d

Entwicklung von Schuldenindikatoren (alle Entwicklungsländer)

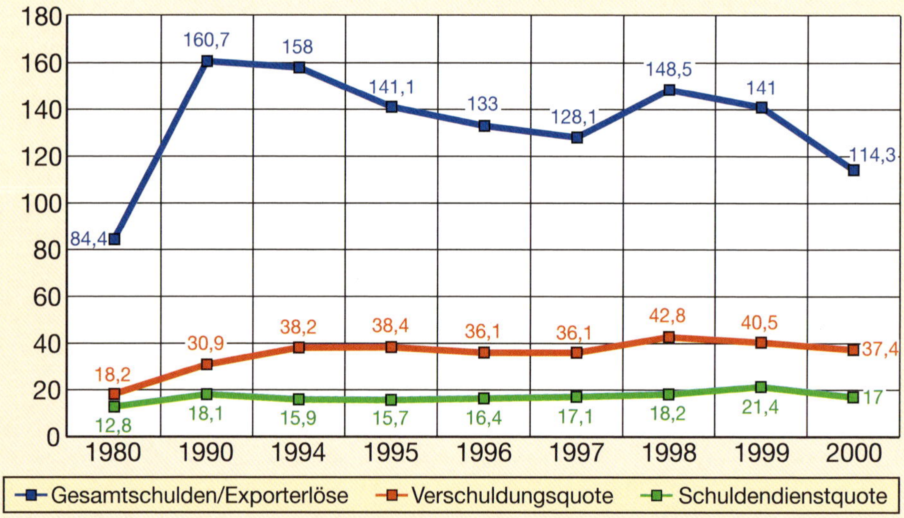

Quelle der Daten: Weltbank, Global Development Finance 2001, Washington, DC 2001, S. 22

Verschuldungsquote: s. M 80 b
Schuldendienstquote: Jährlicher Schuldendienst (Zinszahlungen plus Tilgung) im Verhältnis zum Erlös aus dem Export von Sachgütern und Dienstleistungen (vgl. M 80 a)

M 80 e Schuldenreport 2002 – Länder nach Einkommensgruppen und Höhe der Verschuldung

Klassifikation des Schuldenstandsberichtes der Weltbank (DRS, World Bank Debtor Reporting System)

Hoch verschuldete Niedrigeinkommens-Länder (SILIC)	Hoch verschuldete Mitteleinkommens-Länder (SIMIC)	Mäßig verschuldete Niedrigeinkommens-Länder (MILIC)	Mäßig verschuldete Mitteleinkommens-Länder (MIMIC)	Wenig verschuldete Niedrigeinkommens-Länder (LILIC)	Wenig verschuldete Mitteleinkommens-Länder (LIMIC)
Angola Äthiopien Benin Burundi Elfenbeinküste Guinea Guinea-Bissau Indonesien Kamerun Kirgistan Komoren Kongo,Dem.Rep. Kongo, Rep. Laos Liberia Madagascar Malawi Mauretanien Mayanmar (Burma) Niger Nigeria Nicaragua Pakistan Ruanda Sao Tome & Principe Sierra Leone Somalia Sudan Tadschikistan (a) Tanzania Tschad (a) Zambia Zentralafr. Rep.	Argentinien Brasilien Ecuador (a) Gabun Guyana Jordanien Peru Syrien	Burkina Faso Gambia Ghana Haiti Jemen, Rep. Kambodscha Kenya Mali (b) Moldawien Mongolei Mozambique Senegal Togo Uganda (b) Usbekistan Zimbabwe	Algerien Belize Bolivien (b) Bosnien und Herzegovina (b) Bulgarien Chile Estland Honduras Jamaica Kolumbien Kroatien (b) Libanon Malaysia Mauritius Panama Papua-Neu Guinea Philippinen Russland Samoa St. Vincent & Grenadinen Thailand Tunesien Türkei Turkmenistan (b) Ungarn Uruguay Venezuela	Armenien (b) Aserbaidschan Bangladesch (b) Bhutan Eritrea Georgien (b) Indien Lesotho Nepal Salomon-Inseln Ukraine Vietnam (b)	Albanien Ägypten Äquatorial-Guinea Botswana Cap Verde China Costa Rica Djibouti Dominica Dominikanische Republik El Salvador Fidschi Grenada Guatemala Iran Jugoslawien Kasachstan Korea Lettland Litauen Mazedonien Malediven Marokko (b) Mexiko Oman Paraguay Polen Rumänien Seychellen Slowakei Sri Lanka St. Kitts & Nevis St. Lucia Südafrika Swaziland Tonga Trinidad & Tobago Tschechien Vanuatu Weißrussland
33	8	16	27	12	40

(www.worldbank.org)

Anmerkung: Die Tabelle klassifiziert alle Weltbank-Mitgliedsländer und andere Länder mit mehr als 30 000 Einwohnern. Die Einteilung erfolgt nach Einkommensgruppen (BSP pro Kopf 1997), berechnet nach der Methode des Weltbank-Atlas. Die Einkommensgruppen sind: geringes Einkommen: 785 $ pro Kopf oder weniger; Mitteleinkommen: 786 – 9655 $; hohes Einkommen: 9655 $ oder darüber. Wegen fehlender Daten enthält die Tabelle nicht Slowenien. – a: Länder mit ansteigender Verschuldung; b: Länder mit abnehmender Verschuldung; c: Länder, deren Einkommens-Klassifizierung sich verändert hat.

1. *Verschaffen Sie sich einen Überblick über die Entwicklung und Verteilung der Verschuldung (Auslandsverschuldung) ausgewählter Entwicklungsländer und Regionen (M 80 a–e).*
2. *Bedenken Sie, dass bei der Bewertung der Angaben zum „Schuldenstand" (absolute Höhe der Schuldenlast) die Wirtschaftsleistung und die Einwohnerzahl der betr. Länder mit bedacht werden müssen. Indiens Schuldenstand (1999: 94,4 Mrd. US-Dollar) z.B. war (bei 976 Mio. Einwohnern) etwa viermal so hoch wie der Marokkos (1999: 22,9 Mrd.; 28 Mio. Einwohner); welches Land ist „höher verschuldet"? Wie ist das Verhältnis zwischen Argentinien (1999: 148 Mrd.; 36 Mio. Einwohner) und Nigeria (1999: 25 Mrd.; 122 Mio. Einwohner)?*
3. *Verschuldung an sich ist für Entwicklungsländer in der Regel ein sinnvolles Mittel, um durch produktive Investitionen das wirtschaftliche Wachstum zu beschleunigen (Text S. 186 und S. 188). Fassen Sie in einer kleinen Tabelle zusammen, von welchen kritischen Schwellenwerten für das Ausmaß der Verschuldung man ausgeht (Text S. 185) und welche Ländergruppen (s. M 80 e) unterschieden werden. Warum wählen IWF und Weltbank als Indikatoren für die Beurteilung des Verschuldungsgrades nicht die Höhe der Schulden selbst, sondern die Höhe des „Schuldendienstes" (in Relation zu den Exporterlösen oder zum Bruttosozialprodukt des betreffenden Landes)?*
4. *Beschreiben Sie die Entwicklung der Schuldenindikatoren (zu ihrer Definition s. Text S. 185) seit 1980 (zu den 70er-Jahren vgl. M 81) in M 80 d. Worüber sagen diese Durchschnittswerte für die Gesamtheit der rd. 170 Entwicklungsländer nichts aus (vgl. z.B. die Schuldendienstquoten der 20 Länder in M 80 a, Tab. c) mit den Durchschnittswerten in M 80 d)?*
5. *Erklären Sie die Tatsache, dass Schwarzafrika 24 von 33 hoch verschuldeten Niedrigeinkommensländern (SILICs) stellt (s. M 80e), an der Gesamtverschuldung aber nur mit 8% (M 80c) beteiligt ist.*

M 81 Ursachen der Verschuldungskrise

Die Verschuldungs-Krise der 80er-Jahre wurde durch verschiedene Faktoren verursacht, die teils mit den Bedingungen und der Entwicklung der Weltwirtschaft, teils mit der Wirtschaftspolitik und der seinerzeitigen entwicklungsstrategischen Orientierung der betroffenen Entwicklungsländer (EL) verbunden sind. Seit den 60er-Jahren war das Schuldenwachstum (v.a. in Lateinamerika und Südostasien) Ausdruck von Industrialisierungsbemühungen der EL, zu deren Finanzierung in zunehmendem Maß Bankkredite aus den Industrieländern (IL) gebraucht wurden. Der erste *Ölpreisschock* 1973/74 [...] wirkte sich auf die Zahlungsbilanzen der Öl importierenden EL negativ aus; auf der anderen Seite standen im Bankensektor, v.a. in den USA, enorme Summen von sog. *Petrodollar* (Exporterlöse der OPEC-Staaten, die diese bei Banken in den IL anlegten) zur Verfügung, womit die Banken die stark wachsende Kreditnachfrage vieler EL zunächst zinsgünstig befriedigten (*Dollar-Recycling*). Zwischen 1973 und 1980 wurden die höchsten Kreditwachstumsraten verbucht. Der damit verbundene Wandel der finanztechnischen Struktur der Schulden (sinkender Anteil von Krediten zu Sonderkonditionen der Entwicklungshilfe mit festen Zinssätzen; wachsende Bedeutung kommerzieller Bankkredite mit variablen Zinssätzen) erwies sich bald als ausgesprochen ungünstig für die EL. Zum Umschlag des Schuldenwachstums in eine *Verschuldungskrise* kam es ab Ende der 70er-Jahre durch das Aufeinandertreffen von mehreren Faktoren: dem zweiten *Ölpreisschock* 1979/80 (Verteuerung der Importe der EL), dem Verfall der *Rohstoffpreise* (Verringerung der Deviseneinnahmen vieler EL) und der *Hochzinspolitik* der USA (Verteuerung neuer Kapitalimporte sowie bestehender kommerzieller Kredite). Der neue *Protektionismus** der IL, die alles taten, um sich den Effekten der weltwirtschaftlichen Rezession im Gefolge der Ölkrise zu entziehen, tat ein Übriges, die Zahlungsbilanzen der EL zu verschlechtern.

Freilich hatten viele EL-Regierungen selbst einen gehörigen Anteil an der Krise. Oftmals waren Kredite für mehr prestige- als entwicklungsträchtige Industrie-Projekte oder auch für eine unvertretbar hohe Rüstung eingesetzt und in der Wirtschafts- und Finanzpolitik Gesichtspunkte makroökonomischer Stabilität stark vernachlässigt worden. In vielen EL war eine hohe *Kapitalflucht* (z. T. mehr als die Hälfte der Kapitalimporte) zu verzeichnen: Potenzielle Investoren (Grundbesitzer, Industrielle) legten ihr Kapital nicht im eigenen Land an, sondern in IL, wo sie sicherere und größere Gewinne erwarteten.

(Dieter Nohlen [Hg.], Lexikon Dritte Welt, Rowohlt-Taschenbuch Verlag, Reinbek 2000, S. 794f.)

M 82 Auswirkungen der Verschuldung

Die hohe Auslandsverschuldung vieler „Dritte-Welt-Länder" hat im Wesentlichen zwei gravierende Folgen: Zum einen müssen sich die überschuldeten Länder einem mit Weltbank und Währungsfonds vereinbarten *Strukturanpassungsprogramm* (SAP) unterwerfen, wenn sie Schuldenerleichterungen und Neukredite erhalten wollen, ja selbst wenn die Entwicklungsarbeit fortgesetzt werden soll; zum anderen resultiert aus der Verschuldung natürlich die Notwendigkeit, den fälligen *Schuldendienst* zu bedienen. Beides hat erhebliche, wenn auch durchaus ambivalente Auswirkungen auf die ökonomische, politische und soziale Situation der Schuldnerländer. [...]

Der *Zwang zum Sparen* resultiert auch aus den Schuldendienstverpflichtungen als unmittelbarer Folge der Verschuldung. Unbestreitbar bedeuten hohe Zins- und Tilgungszahlungen an das Ausland eine erhebliche Einengung der finanziellen Spielräume der jeweiligen Regierung. Die *ambivalenten Auswirkungen* dieser Tatsache sind in gleichem Sinne zu beschreiben: Einerseits fehlt so manchen Regierungen das Geld für die soziale Entwicklung ihres Landes, für Bildung, Gesundheit und soziale Sicherung, für notwendige Investitionen in Infrastruktur, Energie- und Wasserversorgung etc. Andererseits sind auch manche unsinnigen, weil unökonomischen oder in ihren Auswirkungen bedenklichen Projekte dadurch verhindert worden, dass Regierungen weniger Geld dafür zur Verfügung hatten.

Weil der Schuldendienst in *Devisen* bedient werden muss, besteht für die verschuldeten Länder außerdem der Zwang, diese Devisen durch den Export von Waren oder Dienstleistungen zu verdienen. Die Förderung der Exportproduktion ist dann und solange sinnvoll, wie die weltwirtschaftlichen Rahmenbedingungen tatsächlich diesen Anstrengungen auch höhere Erlöse folgen lassen und die Wohlfahrtsgewinne aus diesen Mehrerlösen nicht nur für den Schuldendienst, sondern auch für eine soziale Entwicklung des Landes verwendet werden. Anderenfalls besteht die Gefahr, dass die einseitige Förderung des Exportsektors (Geld, Arbeitskraft, Dünger etc. konzentrieren sich auf den Exportbereich) zu einer *Vernachlässigung des Binnenmarktes* führen. Hiervon sind dann vor allem jene Bevölkerungsgruppen negativ betroffen, die für den Binnenmarkt produzieren (Bauern, kleine Handwerker und Dienstleistungserbringer). Insgesamt sind die Verschuldungsfolgen in ihren Auswirkungen durchaus als ambivalent zu bewerten. Dass sie insgesamt den ökonomischen und politischen Spielraum der Regierungen der überschuldeten Länder einschränken, bleibt davon unberührt.

(Wochenschau Sek. II Nr. 2, März/April 2001, Wochenschau-Verlag, Schwalbach)

M 83 a Schuldenerlass allein genügt nicht: Zwischenbilanz der HIPC-II-Initiative

Vor drei Jahren (1999) hatten die Regierungschefs der G-7-Länder in Köln die Erweiterte Entschuldungsinitiative für die „Highly Indebted Poor Countries" ins Leben gerufen (HIPC-II-Initiative). Die enthält gegenüber vorherigen Erlassmaßnahmen wesentliche Neuerungen. Erstmals müssen sich die Regierungen der Schuldnerländer verpflichten, im Dialog mit der Zivilgesellschaft* eine nationale Armutsminderungsstrategie zu erarbeiten und auszusetzen, bevor ihr Schuldenstand gemindert wird. Den Gegenwert der erlassenen Schulden in nationaler Währung müssen sie zugunsten der armen Bevölkerungsmehrheit einsetzen, vor allem für Maßnahmen im Bildungs- und Gesundheitsbereich.

[...] An dieser Stelle soll die Frage gestellt werden, wie weit der HIPC-II-Schuldenerlass tatsächlich die Lage der entlasteten Länder nachhaltig verbessern wird oder ob in wenigen Jahren ihre erneute Überschuldung droht.

[...] Von den 38 Ländern, die sich an der HIPC-II-Initiative beteiligen, erfüllen bisher bereits 26 Länder die Voraussetzungen für die vollständige oder teilweise Umsetzung des Schuldenerlasses.

Von den 12 Staaten, die bisher nicht berücksichtigt werden konnten, befinden sich zurzeit acht im Bürgerkrieg – die übrigen arbeiten an der Erfüllung der Voraussetzungen.

Schritte zur Entschuldung: decision point, completion point

Bevor die Gläubiger die Entschuldung eines Landes beschließen, muss dieses über drei Jahre hinweg gute Wirtschaftspolitik und ernsthafte Armutsbekämpfung nachweisen. Das geschieht durch ein wirtschaftspolitisches Anpassungsprogramm, das mit dem Internationalen Währungsfond vereinbart wird. Bereits in dieser Phase erhält das Land Hilfe durch eine Schuldendienstreduzierung. Anschließend folgt eine „Schuldentragfähigkeitsanalyse". Ein Land kann an der Entschuldungsinitiative teilnehmen, wenn es zwei Schwellen überschreitet: Schulden-Export-Relation von 150%, Schulden-Staatseinnahmen-Relation von 250% („decision point").

Daraufhin muss das Land eine nationale Armutsminderungsstrategie vorlegen, die unter Beteiligung der Bevölkerung erarbeitet wurde (Poverty Reduction Strategy Paper, PRSP), und diese mindestens ein Jahr lang durchführen, um den „completion point" (Vollendungszeitpunkt) zu erreichen, bei dem der zuvor vereinbarte Schuldenerlass vollzogen wird.

Der Schuldenerlass hat bereits erhebliche Erleichterungen für die begünstigten Länder geschaffen. So wird der durchschnittliche jährliche Schuldendienst der 6 HIPC-Länder, die die erste oder zweite Stufe des Schuldenerlasses erreicht haben, bis 2005 um ein Drittel gegenüber dem Ausgangsjahr 1999 sinken. Betrug der Schuldendienst 1999 noch im Durchschnitt 20 % der Staatseinnahmen, so wird der Anteil bis 2003 auf 11% und nach 2005 auf unter 10 % sinken. Dies wird es den Regierungen der HIPC-Länder ermöglichen, die öffentlichen Ausgaben für Bildung, Gesundheitsversorgung und andere Maßnahmen zu Gunsten armer Bevölkerungsgruppen zu steigern. Der Anteil der staatlichen Ausgaben im sozialen Bereich am Gesamtbudget wird sich – Prognosen der Weltbank zufolge – von rund 37% 1999 auf 56% im Jahre 2005 erhöhen. Damit könnten deutliche Fortschritte in der Armutsminderung erreicht werden, aber [...] die Erfahrungen der letzten 30 Jahre stimmen zunächst skeptisch. Trotz verschiedener Erlassmaßnahmen seit den 70er-Jahren stieg der Schuldenberg der HIPC-Länder von 47 Mrd. US$ im Jahre 1980 auf 159 Mrd. US$ in 1990 und schließlich auf 169 Mrd. US$ in 1999. Während den hochverschuldeten armen Ländern von 1987 bis 1997 Schulden in Höhe von 33 Mrd. US$ erlassen worden waren, stieg ihre Neuverschuldung im gleichen Zeitraum auf 41 Mrd. US$. Häufig wurden neue Kredite aufgenommen, um den Schuldendienst für Altkredite aufrechterhalten zu können.

Eine Zwischenbilanz der HIPC-II-Initiative scheint die Zweifel zu bestätigen. Einer aktuellen Untersuchung der Weltbank zufolge haben von den 26 Ländern, die bisher Schuldenerleichterungen erhalten haben, 12 Länder schlechte Aussichten, mittelfristig ihre Schuldentragfähigkeit (entsprechend dem *decision point*) auf einem nachhaltigen Niveau zu halten.

Die externe Verschuldung darf 150% der Exporterlöse nicht übersteigen. Die Länder, die mittelfristig diese Bedingung wahrscheinlich nicht erfüllen werden, sind: Äthiopien, Bolivien, Benin, Burkina Faso, Gambia, Guinea-Bissau, Malawi, Ruanda, Sambia, Senegal, Tschad und Uganda.

Das Wachstum der Wirtschaft dieser Länder, insbesondere der Exporterlöse, wird nicht ausreichen, um genügend Devisen für die Aufrechterhaltung des Schuldendienstes zu erwirtschaften. Wesentliche Ursachen sind die ungünstige Außenwirtschaftsstruktur, schlechte makroökonomische Politiken, fehlende Transparenz und Rechenschaftslegung im öffentlichen Sektor sowie die geringe Produktivitätsentwicklung. [...]

Die erste Stufe des Schuldenerlasses (decision point) haben erreicht:	Die zweite Stufe (completion point) haben erreicht:	Sonstige hochverschuldete Länder:
Äthiopien, Benin, Gambia, Ghana, Guinea, Guinea-Bissau**, Guyana, Honduras, Kamerun, Madagaskar, Malawi, Mali, Nicaragua, Niger, Ruanda**, Sambia, Sao Tome und Principe, Senegal, Sierra Leone**, Tschad	Burkina Faso, Bolivien, Mauretanien, Mosambik, Tansania, Uganda	Angola**, Burundi**, Cote d'Ivoire, DR Kongo**, Jemen, Kenia*, Komoren, Laos, Liberia**, Myanmar**, Republik Kongo**, Somalia**, Sudan**, Togo, Vietnam*, Zentralafrikanische Republik**
* Länder, die in der Lage sind, ihren Schuldendienst nachhaltig zu erbringen, und deshalb nicht für einen Schuldenerlass vorgesehen sind; ** Konflikt- bzw. Postkonfliktländer		

Nähere Informationen über die HIPC-Initiative und deren neuesten Stand bietet die Weltbank unter der Internetadresse www.worldbank.org/hipc/ (vgl. auch: www.worldbank.org/hipc/german/german.html)

Ein zusätzlicher Schuldenerlass für Länder, die die Voraussetzungen für die HIPC-II-Initiative erfüllt haben, aber aufgrund extern bedingter Wachstumseinbrüche mittelfristig erneut in Schwierigkeiten geraten, erscheint zunächst unerlässlich, um den sozialen Frieden zu wahren und die Destabilisierung dieser zum Teil ohnehin krisengefährdeten Länder zu verhindern.

Die Möglichkeit eines zusätzlichen Schuldenerlasses besteht bei der HIPC-II-Initiative grundsätzlich, wobei Weltbank und IWF im Einzelfall prüfen, ob ein Land wirklich aufgrund weltwirtschaftlicher Schocks oder durch eigene Fehler in Schwierigkeiten geraten ist. Mit einem weiteren Schuldenerlass kann den betroffenen Ländern zwar wieder ökonomischer Spielraum geschaffen werden – letzten Endes ist dies aber nur ein Kurieren an den Symptomen und ändert nichts an den Ursachen der Überschuldung. […]

Notwendige Reformen

- Zum nachhaltigen Abbau der Überschuldung müssen grundlegende Reformen durchgeführt werden. Die Schaffung einer offenen, diversifizierten und wettbewerbsorientierten Außenwirtschaftsstruktur kann die Verletzlichkeit der Volkswirtschaft durch externe Schocks (z. B. Fall der Kaffeepreise) mindern. Eine solche Strategie kann allerdings nur dann erfolgreich sein, wenn die Industrieländer ihre Märkte für Produkte der Entwicklungsländer öffnen, dies ist daher die wichtigste Voraussetzung.
- Des Weiteren ist die langfristige Förderung von Bildung und Gesundheitswesen notwendig, um Humankapital aufzubauen und das vorhandene Produktivitätspotenzial auszuschöpfen.
  In mehreren afrikanischen Ländern muss vor allem die Zerstörung des Humankapitals durch AIDS gestoppt werden. AIDS-Prävention spielt daher auch für die wirtschaftliche Entwicklung dieser Länder eine Schlüsselrolle. […]
- Unabhängig von der Form externer finanzieller Unterstützung ist es notwendig, die Transparenz und die demokratische Kontrolle öffentlicher Ausgaben in den Entwicklungsländern zu verbessern, damit die Grenzen der Schuldentragfähigkeit rechtzeitig erkannt werden und nötigenfalls gegengesteuert werden kann. Hierzu ist u. a. die Einführung einer mittelfristigen Finanzplanung sowie eines Monitoringsystems zur Verfolgung öffentlicher Ausgaben erforderlich.
  Auf der anderen Seite kann der Staat durch die Eindämmung von Steuerflucht und Korruption sowie durch Steuerreformen seine Einnahmen erhöhen und sich damit zusätzlichen finanziellen Spielraum für den Schuldendienst erschließen. Weltbank, IWF und die bilateralen Geber unterstützen die armen Länder hierbei im Kontext der Armutsminderungsstrategien, die als Bedingung für den HIPC-IISchuldenerlass erstellt werden müssen. […]

Solche Reformen sind natürlich politisch brisant und stoßen häufig auf den Widerstand gesellschaftlicher Schichten, die um ihre Pfründe fürchten. Für einen langfristigen Ausweg aus der Schuldenfalle sind sie aber eine wichtige Voraussetzung. Und die Gebergemeinschaft muss die Reformkräfte in den Partnerländern dabei unterstützen.

(Nassir Djafari, in: Entwicklung und Zusammenarbeit, Jg. 43, 2002: 12, S. 351–353)

M 83 b Beispiel: Schuldenentlastung für Uganda

Uganda hat sich als erstes Land der Welt für das neue Schuldenentlastungsprogramm von IWF und Weltbank qualifiziert. Nachdem das hoch verschuldete Land ein Programm zur Armutsbekämpfung vorgelegt hatte, bewilligten IWF und Weltbank am Mittwoch den Erlass von 1,3 Milliarden Dollar Auslandsschulden.

Vorübergehend musste Uganda allerdings noch einmal um seine finanzielle Entlastung bangen. Während der Frühjahrstagung von Internationalem Währungsfonds (IWF) und Weltbank Mitte April in Washington wurde publik, dass sich Ugandas Präsident Yoweri Museveni für 36 Millionen Dollar einen neuen Privatjet gekauft hatte. IWF und Weltbank verschoben daraufhin ihre Entscheidung über die neue Schuldenentlastungsinitiative. Inzwischen, schreiben IWF und Weltbank in ihrer Erklärung, hätte Uganda glaubwürdig dargelegt, dass der Jet über Einsparungen im Verteidigungshaushalt und nicht über Sozialkürzungen finanziert werde. [...] Die Befürchtungen, dass Uganda das Geld, das durch den Schuldenerlass frei geworden war, in Luxus für die Führungsklasse investieren werde, seien glaubwürdig zerstreut worden. [...] Uganda ist damit das erste Land, das sich für die neue Schuldenentlastungsinitiative von IWF und Weltbank qualifiziert hat. Für das über 30 Milliarden Euro schwere Entlastungsprogramm müssen sich die Länder in einem zweistufigen Verfahren qualifizieren (s. M 83 a). Kritiker, zu denen auch der Papst gehört, haben IWF und Weltbank vorgeworfen, dass dieses Verfahren zu kompliziert ist und den Schuldenerlass unnötig verzögert. Insgesamt kommen knapp vierzig Länder für das Programm infrage, bisher haben sich jedoch nur fünf für die erste Stufe qualifiziert.

Mit dem Programm verbunden sind zwar erste Hilfen, in Genuss des vollen Schuldenerlasses von bis zu 150 Prozent der Exportsumme kommen die Länder allerdings erst, wenn sie wie Uganda die zweite Stufe überwunden haben. Dazu muss ein Land ein Programm zur Armutsbekämpfung erarbeiten und sowohl dem IWF als auch der Weltbank vorlegen. Damit wollen die Finanzorganisationen sicherstellen, dass das Geld für soziale Zwecke wie etwa den Aufbau eines Gesundheits- und Schulsystems verwendet wird. Uganda galt dafür bisher als Musterland. 1999 hatte die Regierung 37 Millionen Dollar Schulden erlassen bekommen und in Schulen investiert. Bisher hat Uganda bereits insgesamt 650 Millionen Dollar Schulden erlassen bekommen. Mit den jetzt bewilligten 1,3 Milliarden Dollar, die über die nächsten 20 Jahre sukzessive erlassen werden sollen, erreicht das Entlastungsvolumen knapp zwei Milliarden Dollar.

(Marc Hujer, in: Süddeutsche Zeitung v. 4.5.2000, S. 27)

1. *Die „Bewältigung der Schuldenkrise“ stand nicht nur im Jahr 2000, das als „Erlassjahr“ ausgerufen wurde, im Mittelpunkt der Diskussion über die Lage der Entwicklungsländer. Machen Sie sich vertraut mit den Ursachen der Krise, in welche zahlreiche Entwicklungsländer in den 80er-Jahren gerieten (Text S. 186ff., M 81). Unterscheiden Sie bei Ihrer Erarbeitung zwischen außenwirtschaftlichen und innenpolitischen (im wirtschaftspolitischen Regierungsverhalten der Entwicklungsländer liegenden) Ursachenfaktoren. Wie schätzt der Text, wie schätzen Sie selbst das Gewicht dieser beiden Faktorenbündel ein?*

2. *Die Auswirkungen der Verschuldung in den betroffenen Ländern werden in M 82 als „ambivalent“ (zwiespältig zu beurteilen) bezeichnet. Machen Sie im Einzelnen deutlich, was damit gemeint ist.*

3. *Die gegenwärtige Diskussion konzentriert sich vornehmlich auf die Entwicklung und den erhofften Erfolg der so genannten HIPC-II-Initiative. Beschreiben Sie anhand von M 83 a das hier angewandte Verfahren, die Bedingungen, die damit verbunden sind, und den bisherigen Stand der Initiative. Analysieren Sie dazu auch das Beispiel Uganda (M 83 b).*

D. Daten zum Umfang der Entwicklungshilfe und zu den Hauptempfängerländern

Zum Abschluss des Überblicks über die Instrumente der Entwicklungspolitik seien einige Daten zum finanziellen Umfang und den Hauptempfängerländern mitgeteilt (s. **M 84 a – c**). Die Entwicklungshilfeleistungen sind in den Jahren seit dem Ende des Kalten Krieges* recht massiv zurückgegangen. Private Kapitalzuflüsse aus kommerziellen Erwägungen werden immer wichtiger (s. **M 84 d**), die allerdings, aus nahe liegenden Gründen, um die wirklich armen und schwachen Länder im Allgemeinen einen großen Bogen machen und hier, nach Auffassung der Befürworter der Entwicklungshilfe, diese nicht ersetzen können. Hauptempfängerländer der deutschen bilateralen Entwicklungshilfe waren Indien, Israel, Ägypten, Türkei, Indonesien, Pakistan, das ehemalige Jugoslawien, Bangladesch, China und Brasilien, also zehn Länder, auf die weit über ein Drittel der Leistungen entfiel. Die Angabe absoluter Werte ist nicht sinnvoll, da die Statistiken des BMZ die säkulare deutsche Inflation nicht berücksichtigt haben. Zu Leistungen der Geberländer s. **M 84 b**.

M 84 a Umfang der Entwicklungshilfe und internationale Armutsgrenzen für ausgewählte Länder und Regionen im Vergleich

Land (1)	Öffentliche Entwicklunghilfe in $ pro Kopf, 1999 (2)	Internationale Armutsgrenzen (Kaufkraftparitäten)		(2) : (3) x 100[b] (5)	(2) : (4) x 100[c] (6)
		Bevölkerung mit weniger als 1 $ pro Tag in % (3)	Bevölkerung mit weniger als 2 $ pro Tag in % (4)		
Algerien	3	< 2	15,1	> 150	20
Bangladesch	9	29,1	77,8	31	12
Bolivien	70	29,4	51,4	238	136
Brasilien	1	9,0	25,4	11	4
China	2	18,5	53,7	11	4
Indien	1	44,2	86,2	2	1
Israel	148	k. A.	k. A.	k. A.	k. A.
Kongo (Rep.)	49	k. A.	k. A.	k. A.	k. A.
Mauretanien	84	28,6	68,7	294	122
Mosambik	7	37,9	78,4	18	9
Nicaragua	137	k. A.	k. A.	k. A.	k. A.
Philippinen	9	k. A.	k. A.	k. A.	k. A.
Ruanda	45	35,7	84,6	126	53
Südafrika	13	11,5	35,8	113	36
Welt insges.[a]	10	k. A.	k. A.	k. A.	k. A.
Niedr. Einkommen	9	k. A.	k. A.	k. A.	k. A.
Mittl. Einkommen	9	k. A.	k. A.	k. A.	k. A.
Niedr. + mittl. Eink.	10	k. A.	k. A.	k. A.	k. A.
Afrika südl. der Sahara	20	k. A.	k. A.	k. A.	k. A.
Europa + Zentralasien	23	k. A.	k. A.	k. A.	k. A.
Lateinamerika + Karibik	12	k. A.	k. A.	k. A.	k. A.
Naher Osten + Nordafrika	18	k. A.	k. A.	k. A.	k. A.
Ostasien + Pazifik	5	k. A.	k. A.	k. A.	k. A.
Südasien	3	k. A.	k. A.	k. A.	k. A.

a. Schließt auch Hilfe mit ein, die nicht in einem Land oder einer Region zugewiesen wird.
b. Spalte (5): $ Entwicklungshilfe pro Kopf der armen Bevölkerung mit weniger als 1 $/Tag.
c. Spalte (6): $ Entwicklungshilfe pro Kopf der armen Bevölkerung mit weniger als 2 $ Tag.

(Weltbank, Weltentwicklungsbericht 2002, Tabellen 2 und 4; Spalten 5 und 6: eigene Berechnungen)

M 84 b Hilfe für Entwicklungsländer

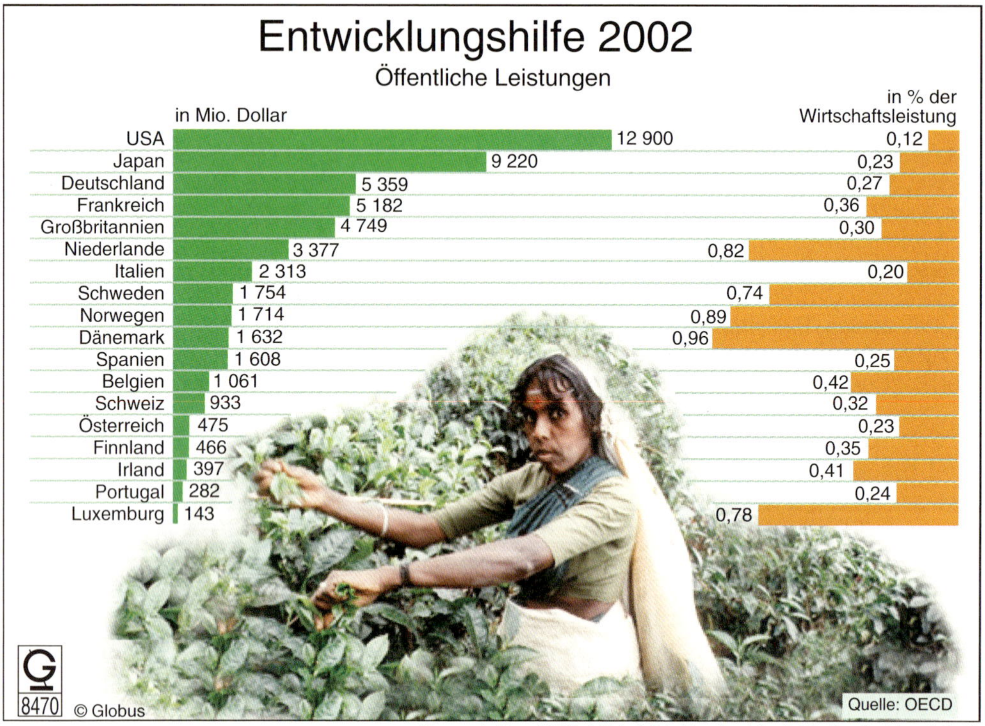

Prozentsätze 1990: USA 0,21, Frankreich: 0,60, Deutschland: 0,41

M 84 c

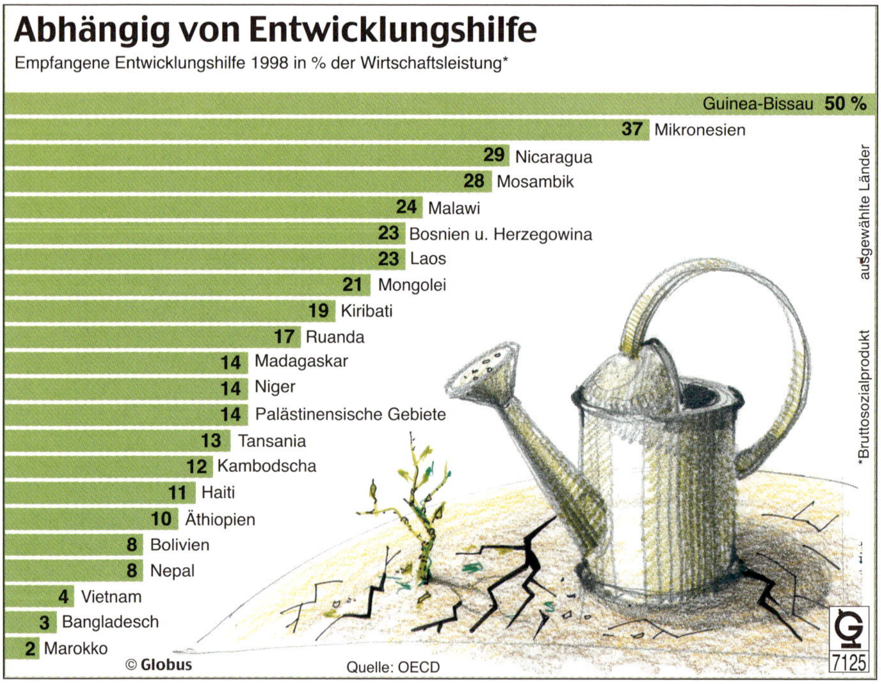

M 84 d Sinkende Kapitalströme in die Dritte Welt

Der seit dem Ausbruch weltweiter Finanzmarktturbulenzen in der zweiten Hälfte der Neunzigerjahre festzustellende kontinuierliche Rückgang der langfristig ausgerichteten Netto-Kapitalströme in die Entwicklungsländer hat sich auch im vergangenen Jahr verstärkt fortgesetzt (vgl. Tabelle). Wie die Weltbank in ihrem jährlichen Bericht zur Entwicklung der Außenfinanzierung in den Nicht-Industrieländern („Global Development Finance 2002") feststellt, litt im Besonderen deren Zugang zu den Kapitalmärkten als Folge eines weltweit geringeren Ausleihvolumens sowie der gestiegenen Unsicherheit bzw. Risikoaversion der Investoren. Als Felsen in der Brandung entpuppten sich hingegen einmal mehr die Direktinvestitionen, deren Gesamttotal um nur 15 Mrd. $ unter der Rekordmarke aus dem Jahr 1999 zu stehen kam. Einen der Hauptgründe für die Schwierigkeiten bei der Mittelbeschaffung orten die Weltbank-Ökonomen im desolaten Wachstumsausweis der Weltwirtschaft 2001. […]

(Neue Zürcher Zeitung Nr. 61 v. 14.3.2002, S. 10; Verf.: Angel Serna)

Private Nettokapital-Ströme pro Kopf der Bevölkerung 1999 und 2000, in $

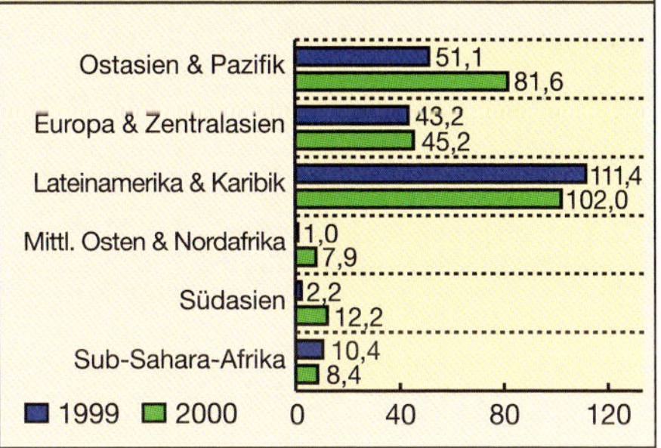

(World Bank Atlas 2002, Washington, D. C., und New York, S. 58)

Langfristige Netto-Ressourcenströme in Entwicklungsländern

1991–2001, in Mrd. US-$	1991	1992	1993	1994	1995	1996	1997	1998	1999	2000[a]	2001[b]
Langfristige Netto-Ressourcenströme	124,2	153,7	220,9	222,4	260,2	306,6	341,4	336,7	271,8	261,1	196,5
Öffentliche	62,2	54,3	53,4	46,0	54,1	30,3	40,7	53,4	47,4	35,3	36,5
Private	62,0	99,4	167,6	176,4	206,1	276,2	300,7	283,3	224,4	225,8	160,0
Kapitalmärkte	26,4	52,2	101,0	86,3	99,3	145,5	128,2	105,0	40,1	59,1	–8,3
Fremdkapital	18,8	38,2	50,0	51,2	63,3	96,5	98,1	89,4	5,6	8,2	–26,8
Bankkredite	5,0	16,3	4,1	9,3	30,9	32,2	45,6	51,9	–23,3	–6,1	–32,3
Anleihen	11,0	11,1	36,7	38,1	30,7	62,3	49,6	40,9	29,5	16,9	9,5
Andere	2,9	10,8	9,2	3,7	1,7	2,1	2,9	–3,4	–0,5	–2,5	–4,0
Eigenkapital	7,6	14,1	51,0	35,2	36,1	48,9	30,1	15,6	34,5	50,9	18,5
Ausländ. Direktinvestitionen	35,7	47,1	66,6	90,0	106,8	130,8	172,5	178,3	184,4	166,7	168,2

a) vorläufig, b) geschätzt *Quelle: Weltbank*

(Bundesministerium für Wirtschaft und Technologie, Wirtschaftsbericht 2002: Globalisierung – Chancen nutzen, Verantwortung zeigen, Berlin 2002, S. 22)

1. *Beschreiben Sie, wie sich die Ausgaben für Entwicklungshilfe in den 90er-Jahren entwickelt haben (M 84 d) und unterscheiden Sie dabei nach öffentlicher (staatlicher) und privater Hilfe. Worauf ist der Rückgang des „Ressourcenzuflusses" im Jahre 2001 zurückzuführen? Welche Rolle spielen die Direktinvestitionen? Warum können sie öffentliche Hilfe nicht ersetzen?*
2. *Überlegen und erklären Sie, von welchen (wirtschaftlichen, politischen, psychologischen) Faktoren es im Allgemeinen abhängen kann, ob zum einen die öffentliche, zum anderen die private Hilfe zunimmt oder abnimmt. Warum haben sich die Perspektiven in den Jahren 2002/2003 insgesamt deutlich verschlechtert?*
3. *Stellen Sie die z.T. großen Unterschiede fest, die sich im Hinblick auf die Verteilung der Entwicklungshilfe auf verschiedene Länder und Regionen (M 84 a), die Entwicklungshilfeleistungen der Geberländer (M 84 b) und die Abhängigkeit einzelner Entwicklungsländer vom Mittelzufluss (M 84 c) ergeben.*
4. *Wie lässt sich die ungleiche Verteilung der privaten Nettokapitalströme auf verschiedene Regionen (s. Grafik in M 84 d) erklären?*

E. Die Wirkungen der Entwicklungshilfe und die Kritik an ihr

1. Grundsätzliche methodische Überlegungen

Entwicklungshilfekritik ist mindestens so alt wie Entwicklungshilfe selbst; sie wird aus ganz unterschiedlichen politischen Lagern erhoben und ist ein buntes Sammelsurium von grundsätzlicher Ablehnung bis hin zu kritischen Anmerkungen zu Details bestimmter Entwicklungsprojekte oder der Entwicklungszusammenarbeit mit einem bestimmten Land. Diese verwirrende Vielfalt soll im Folgenden nicht vertieft werden; es soll vielmehr bescheiden danach gefragt werden, wie der heutige Stand unseres Wissens über die Wirkungen der Entwicklungshilfe ist.

- Damit ist *zunächst* eine Abgrenzung von einer weit verbreiteten Denkrichtung gewonnen: Insbesondere Nichtregierungsorganisationen, aber aus begreiflichen Gründen auch Empfängerregierungen weisen immer wieder anklagend auf die nach ihrer Meinung zu geringen Entwicklungshilfeleistungen der Industrieländer und der internationalen Organisationen hin. Zweifellos stellen die Aufwendungen für Entwicklungshilfe die Input-Seite dar, sind also Kosten. Was interessiert, ist aber nicht die Kostenseite (allein), sondern die **Ergebnisseite** (also die Wirkungen der Entwicklungshilfe) bzw. das Verhältnis von Ertrag zu Kosten. Für den ersten Punkt hat sich der Begriff *Effektivität*,* für den zweiten der der *Effizienz** eingebürgert. Nur wenn Effektivität wie Effizienz hoch sind, macht es offensichtlich Sinn, höhere finanzielle Aufwendungen für eine Sache zu verlangen.

- Eine *zweite* methodische Vorüberlegung: Die Richtigkeit der Aussage, dass Entwicklungshilfe ihre Ziele erreiche, also z. B. Armut reduziere und „Entwicklung" produziere, ist methodisch schwer zu überprüfen. Armut mag ohne jede Entwicklungshilfe zurückgehen, Entwicklung sich einstellen (das war etwa der Fall in den heutigen Industrieländern), Armut mag trotz Entwicklungshilfe gleich bleiben oder zunehmen, Entwicklung, wie auch immer definiert, ausbleiben. Selbst wenn dieses konstatiert werden sollte, ist das Argument, dass Entwicklungshilfe eine Zunahme von Armut oder einen entwicklungsmäßigen Rückschritt gebremst habe, schwer zu widerlegen. Oder anders: Entwicklung ist ein zentraler gesellschaftlicher Begriff, der von einer unübersehbar **großen Zahl von Faktoren** abhängt, so dass es im Einzelfall methodisch schwierig ist, eine beobachtete Veränderung des in Rede stehenden Begriffs einem dieser Faktoren (hier also der Entwicklungshilfe) zuzuschreiben.

- Eine *dritte* methodische Vorüberlegung: Entwicklungshilfe soll, wie der Name impliziert, Hilfe zu „Entwicklung" sein. An anderer Stelle (S. 176) ist bereits darauf hingewiesen worden, dass dieses abstrakte Oberziel in der praktischen Arbeit zu einer Reihe von operationalen Unterzielen heruntergebrochen werden muss. Man kann schließlich nicht abstrakt „entwickeln" wollen, sondern baut konkret einen Staudamm, finanziert eine Straße, sendet einen Experten in ein Erziehungsministerium oder gewährt einen Kredit zur Strukturanpassung. Damit wird die Angelegenheit einerseits konkret, andererseits wäre ex post der Nachweis zu erbringen, dass der erfolgreich gebaute Staudamm, der segensreich wirkende Experte und der großzügig gewährte Anpassungskredit tatsächlich dem Ziel der Entwicklung gedient haben. Logischerweise muss also nach der Konkretisierung des Zieles „Entwicklung" für die praktische Arbeit bei der Wirkungsanalyse wieder der Schritt von dem konkreten Vorhaben zu dem abstrakten Oberziel vollzogen werden. Die entscheidende **Bewertungsebene** ist also diejenige des gesamten Landes bzw. der *Gesamtgesellschaft, nicht* diejenige des Einzelvorhabens/Einzelprojektes: Auch erfolgreiche Einzelprojekte sagen über die Gesamtentwicklung logischerweise nichts aus, da die nachgewiesenen positiven Wirkungen von Projekten an anderer Stelle aufgehoben worden sein können.

- Schließlich: Institutionen und Gruppen, die für und von Entwicklungshilfe leben, sind interessebedingt tendenziell der Gefahr ausgesetzt, sich gegen Kritik abzuschirmen (zu „immunisieren"): Hat Entwicklungshilfe Erfolg, liegt ein „Weiter so" nahe; dauern Armut und Unterentwicklung an, erfordert das erst recht eine Fortsetzung (oder gar Verstärkung) der diesbezüglichen Bemühungen (wobei die Frage, ob Entwicklungshilfe denn an den beobachteten Zuständen überhaupt etwas verändern könne, stillschweigend bejaht wird). Derartige „Immunisierung" ist der Sache, um die es geht, nicht dienlich. Staatliche Entwicklungshilfe geschieht aus Steuermitteln und muss sich der kritischen Beurteilung ihrer sinn- und wirkungsvollen Verwendung stellen. Die Beweislast für eine positive Wirkung der Entwicklungshilfe liegt bei denjenigen, die die Mittel für Entwicklungshilfe durch Steuern eintreiben, nicht bei denjenigen, die die Frage stellen, was denn mit diesem Geld geschehe.

2. Zum Erfolg von Projekten

Nationale wie internationale Entwicklungshilfeeinrichtungen nehmen aufgrund von so genannten Evaluierungen* und Schlussauswertungen abgeschlossener Vorhaben einen hohen Anteil erfolgreicher Projekte für sich in Anspruch. Dieser beläuft sich regelmäßig auf mindestens 2/3 aller Projekte und steigt in einem Extremfall (der Gesellschaft für Technische Zusammenarbeit für 1995) bis auf 85 Prozent (zum Vergleich: die Weltbank, laut Wapenhans-Bericht von 1992, 78 Prozent). Auf dieser vordergründigen Ebene bescheinigt sich also die Entwicklungspolitik im Allgemeinen einen großen Erfolg – vermutlich wäre die Misserfolgsquote bei den sonstigen staatlichen Vorhaben, wenn sie nach den gleichen strengen Kriterien ermittelt würde, ähnlich groß oder gar größer.
Allerdings sind diesen Erfolgsmeldungen mindestens *drei methodische Einwände* entgegenzuhalten:

a) Zur methodischen und politischen Schwierigkeit von Evaluierungen

Die Evaluierung ist methodisch wie politisch ein heikles Geschäft (s. **M 85**).

b) Das Problem der Datengrundlage

Erfolgsberichte stützen sich oft genug auf die Selbsteinschätzungen der Durchführungsorganisationen, die sie publizieren (s. **M 85**); so nimmt etwa die Gesellschaft für Technische Zusammenarbeit die Bewertung der 1993 abgeschlossenen Vorhaben (nur 20 Prozent Fehlschläge) dadurch vor, dass sie sich auf Einschätzungen der *Mitarbeiter der Gesellschaft* selbst stützt. Ein externer Gutachter, der vom übergeordneten Ministerium um eine kritische Stellungnahme gebeten worden war, bemerkt denn auch, dass die „subjektiven, interessen- und kontextgebundenen (Selbst-)Einschätzungen von GTZ/BMZ-Mitarbeitern keinesfalls als empirisch-repräsentative Analyse der Projektrealität missverstanden werden" dürfen.

c) Das Problem der Analyseebene

Analysen über die Wirkung von Entwicklungshilfe bleiben allzu oft auf der Ebene von Einzelprojekten stehen – im Sinne des schon Ausgeführten. Hier gilt es jedoch festzuhalten, dass es für praktisch jedes nicht völlig sinnlose Entwicklungsprojekt eine angebbare Gruppe von Begünstigten gibt, der eine Besserung ihrer Lage gebracht wird. Die allgemeine Befriedigung über den hohen Anteil erfolgreicher Entwicklungsprojekte bleibt aber vordergründig bzw. unberechtigt. Hier gilt der klare Satz, dass die Summe noch so vieler Einzelprojekte über die Gesamtwirkung von Entwicklungshilfe, d. h. die Entwicklung gesamtgesellschaftlicher Aggregatgrößen, auf die allein es ankommt, nichts aussagt. Oder anders: Noch so viele erfolgreiche Entwicklungsprojekte garantieren in keiner Weise Entwicklung; es gibt genügend Länder, in denen es von erfolgreichen Projekten nur so wimmelt, ohne dass sich das große Ziel der Entwicklung eingestellt hätte. Neben dem bereits angeführten Faktor, dass den positiven Projektwirkungen negative Wirkungen an anderer Stelle der Gesamtgesellschaft entgegen- oder gegenüberstehen können, ist auf das unter Punkt 5. (S. 225f.) zu diskutierende Problem der Fungibilität* von Entwicklungshilfe bzw. ihrer Wirkung auf das inländische Spar- und Investitionsverhalten zu verweisen.

M 85 Evaluierung von Projekten

Die Wirkung von Projekten zu „evaluieren"*, ist politisch wie fachlich ein heikles Geschäft. Zunächst ist zu vermerken, dass Kritik, auch konstruktive Kritik, aus menschlich verständlichen Gründen oft nicht gerne gehört wird. Niemand lässt sich schließlich gerne sagen, dass ein Unternehmen, an dem er selbst beteiligt ist, aus noch so entschuldbaren Gründen defizitär sei. Insofern schlägt dem Kritiker, auch wenn er noch so beschlagen ist, noch so taktvoll vorgeht und seine Gründe noch so überzeugend sein mögen, von vornherein ein gerüttelt Maß an Vorsicht, Reserve, Ablehnung oder sogar offener Feindschaft entgegen. Verständlich (wenn auch sachlich wenig gerechtfertigt), dass nur ein ganz geringer Teil etwa der Projekte der deutschen Entwicklungszusammenarbeit (zwischen 1,0 und 3,1%) von der theoretisch steuernden Organisation, dem BMZ, inspiziert oder evaluiert wird [dies wurde inzwischen völlig an die Durchführungsorganisationen abgegeben, J. H. W]. Dabei steht Deutschland im internationalen Vergleich, bezieht man die Personalstärke der zentralen Evaluierungsgruppe auf den finanziellen Umfang der Entwicklungshilfe, mit großem Abstand an vorletzter Stelle. Hinzu kommt der der deutschen Ministerialorganisation eigene „menschliche Faktor": Beamte rotieren innerhalb eines Ministeriums, und der „scharfe Hund" aus der Evaluierungsgruppe muss damit rechnen, eines Tages mit einem Kollegen aus einer operativen Abteilung eng zusammenarbeiten zu müssen, nachdem er vorher rollengemäß als Kritiker aufgetreten ist. Dass damit eine Tendenz zur Herabstimmung des Tones und, schlimmer, zu allzu großem Verständnis für Pannen eingebaut ist, leuchtet ein – dieses bekommt aber einer schonungslosen Kritik schlecht.

Zweitens: Wer Fundamentalkritiker ist, wird sich nicht gerade beruflich auf eine Entwicklungshilfe-Organisation hin orientieren; von vornherein werden damit bestimmte (und höchst notwendige) Fragen gar nicht gestellt; die „Geschäftsgrundlage" auch von Evaluierern ist notwendigerweise die Position [...]: Entwicklungshilfe ist sinnvoll, mag allerdings im konkreten Vollzug zu beseitigende Schwachstellen aufweisen.
Die Auslagerung von Evaluierungen* oder Fortschrittskontrollen durch Vergabe an auswärtige Gutachter löst das Problem nur scheinbar: Wer überkritisch ist, wer eher als „Schlechtachter" wirkt, wird so bald keinen neuen Auftrag bekommen. Für Consulting-Unternehmen mag dies wirtschaftliche Bedrängnis oder wirtschaftlichen Ruin bedeuten. Auch scheinbar unabhängige Gutachter (etwa von den Hochschulen) schätzen das zusätzliche Taschengeld oder die interessante Reise ins Projektgebiet und wollen es daher oft genug mit einem Auftraggeber nicht verderben.

(Jürgen H. Wolff, Entwicklungspolitik – Entwicklungsländer. Fakten – Erfahrungen – Lehren, 2., aktualisierte und erweiterte Auflage, Olzog, München 1998, S. 309f.)

3. Voraussetzungen und Bedingungsfaktoren für die Wirkung von Entwicklungshilfe

Die Höhe der Entwicklungshilfe – Entwicklungshilfe und Wachstum

Will man von der Ebene des Einzelprojektes zu der der Gesamtgesellschaft vorstoßen, bieten sich ökonometrische* Studien an, die nach dem Zusammenhang der Höhe der Entwicklungshilfe und Indikatoren für Entwicklung (dazu s. Teil II. B., S. 58f.) fragen, z. B. dem Sozialprodukt pro Kopf (das wiederum eng mit den übrigen Entwicklungsindikatoren korreliert, wie dort vermerkt wurde). Solche Untersuchungen sind vielfach angestellt worden; ihre Ergebnisse sind, was die fairste Zusammenfassung des Forschungsstandes sein dürfte, mehr als unklar: Die einflussreichsten Studien (auch solche der Weltbank), die in der Diskussion immer wieder zitiert werden, kommen zu dem Schluss, dass es keinen statistisch signifikanten Zusammenhang zwischen Höhe der Entwicklungshilfe und Wachstumsrate des Empfängerlandes gibt. Noch eine jüngere Studie der Weltbank (Assessing Aid, 1998) bemerkt: „Der einfache Zusammenhang zwischen Entwicklungshilfe und Wachstum des Sozialprodukts pro Kopf in Entwicklungsländern ist schwach, wenn er überhaupt besteht. [...] Einige Länder erhalten viel Hilfe und wachsen langsam [...], während andere ebenfalls viel erhalten und schnell wachsen. [...]" (Übersetzung J.H.W.). Dem stehen andererseits eine große Zahl von Untersuchungen gegenüber, die zum gegenteiligen Resultat kommen; das Ergebnis der Weltbankstudie (s. **M 87 a**) wurde übrigens als abhängig von wenigen Einzelfällen kritisiert. Allerdings sind ihre zusätzlichen Ergebnisse in diesem Zusammenhang bemerkenswert: Teilt man die Länder in eine Gruppe mit guter makroökonomischer Politik und guten Institutionen und in eine Gruppe von Ländern mit schlechter makroökonomischer Politik und schlechten Institutionen, dann wird der Zusammenhang zwischen der Höhe der Entwicklungshilfe pro Kopf und dem Wirtschaftswachstum in der ersten Gruppe positiv und signifikant (s. dazu **M 87 a**).

Hier dürfte vermutlich die Begründung für die ermittelte widersprüchliche Wirkung von Entwicklungshilfe liegen: Sie wirkt in einen derart unterschiedlichen politischen und sozialen Kontext hinein, dass von vornherein je nach Datensatz unterschiedliche Ergebnisse zu erwarten sind (zur Kritik am Beharren auf der reinen Höhe der Entwicklungshilfe s. **M 86**). Methodische Probleme, die hier nicht erörtert werden können, erlauben es zudem strenggenommen nicht, Länder ganz unterschiedlicher Größe unterschiedslos als Einheiten in die Rechnung einfließen zu lassen. Das simple Beharren auf der Höhe der Entwicklungshilfe kann sich jedenfalls (mindestens) nicht auf unbestrittene positive Wirkungen der Entwicklungshilfe stützen und wird auch aus theoretischen Gründen kritisiert (**M 86**).

Wenn Entwicklungshilfe nur in einem günstigen wirtschaftspolitischen und institutionellen Umfeld eine positive Wirkung entfalten sollte, stünde die Entwicklungspolitik übrigens vor dem klassischen Zielkonflikt von Effizienz* vs. Bedürftigkeit: Wirkung zeigte sie danach nur in den Ländern, die auf Grund günstiger Bedingungen entweder schon keine extrem armen Länder mehr sind oder doch den Zustand der Armut rasch hinter sich lassen dürften; stellt man auf humanitäre Aspekte ab (also arme Länder mit meist schlechter Politik und schlechten Institutionen), dann verdient Entwicklungshilfe ihren Namen nicht und sinkt zu einer Art internationaler Armenhilfe herab (wobei es übrigens in keiner Weise ausgemacht ist, dass sie innerhalb armer *Länder* auch tatsächlich den armen *Menschen* zugute kommt).

Einige Studien sind übrigens zu nichtlinearen Zusammenhängen von Entwicklungshilfe und Entwicklung gekommen, etwa einem Schwellenwert von 1000 $ BSP pro Kopf (Janine L. Bowen), unterhalb dessen Entwicklungshilfe keine, oberhalb dessen sie indes eine positive Wirkung haben soll. Dieses Ergebnis und das der Weltbank (positive Wirkung der Entwicklungshilfe bei solider Wirtschaftsführung, sonst keine Wirkung) widersprechen sich nicht notwendig; wir wollen dies zum Abschluss dieses Kapitels (Abschnitt 5. c, S. 226) diskutieren. Beispiele für unterschiedliche Entwicklungserfolge von vier ausgewählten Staaten aus Afrika und Asien bietet **M 89**; diese Unterschiede sind eindeutig nicht auf eine unterschiedliche Höhe der empfangenen Entwicklungshilfe zurückzuführen.

Die Bedeutung „guter Regierungsführung“

Die inzwischen allgemein verbreitete Erkenntnis, dass interne Strukturen und Prozesse der Entwicklungsländer für den Erfolg der Entwicklungszusammenarbeit die schlechterdings entscheidenden Variablen sind, hat die deutsche wie internationale Entwicklungshilfe zur programmatischen (nicht unbedingt praktischen) Neuorientierung veranlasst. Sie hat sich stärker als zuvor der Frage zugewendet, welche *Voraussetzungen* Entwicklungsländer aufweisen müssen, damit sich mit ihnen eine entwicklungspolitische Zusammenarbeit rechtfertige. Der damalige Entwicklungshilfeminister Eduard Spranger hat in seinem Ministerium ein fünffaches Frageraster entwickeln lassen, das bei der Vergabe von Entwicklungshilfe eine wichtige – keinesfalls automatische – Rolle spielen soll (s. dazu **M 88**).
Auch die neue Ministerin, Heidemarie Wieczorek-Zeul (seit 1998), knüpft an ähnliche Überlegungen an, nahm aber 2000 die entwicklungspolitische Zusammenarbeit ausgerechnet mit Kuba wieder auf und führt diejenige mit Ruanda* (einem von einer ethnischen Minderheit dominierten Regime) als Schwerpunktland deutscher Hilfe sowie mit – beispielsweise – der nicht demokratisch legitimierten Regierung von Uganda (ebenfalls als Schwerpunktland) fort. Die Frage scheint berechtigt, ob der vom Ministerium immer wieder bestätigte Kriterienkatalog für die praktische Entwicklungshilfe (s. **M 88**) wirklich die entscheidende Rolle spielt. Hinter solchen politischen Konditionen steht zunächst die Überzeugung von der weltweiten Gültigkeit der damit bezeichneten Werte, dann aber die Annahme, demokratische Systeme seien auch ökonomisch leistungsfähiger als autoritäre* oder gar totalitäre*. Die Forschung hierzu ist im Fluss; was wir mit Sicherheit zurzeit sagen können, ist, dass demokratische Systeme nicht weniger leistungsfähig sind als nichtdemokratische (vgl. dazu **M 54 b**). Die beiden letzten Kriterien der Bundesregierung (s. **M 88**) zielen unmittelbar auf entwicklungspolitische Aktivitäten und Anstrengungen. – Seit einigen Jahren plant die Bundesregierung die Beschränkung der Entwicklungshilfe auf insgesamt 70 Länder, davon 37 „Schwerpunktländer“ mit Förderung von jeweils drei Sektoren und 33 „Partnerländer“, wo ein Sektor gefördert werden soll.
Eine gegenüber der deutschen etwas eingeschränktere Liste, die den Erfolg von Entwicklungszusammenarbeit vonseiten der Empfängerregierung wesentlich bestimmt, legt die Weltbank vor. Sie unterscheidet gute und schlechte Wirtschaftspolitik sowie gute und schlechte Institutionen (Assessing Aid, 1998, s. **M 87 a**). Entsprechend der in der entwicklungspolitischen Literatur weitgehend entschiedenen Debatte sind *Indikatoren** für gute Wirtschaftspolitik *geringe Inflation,* ein *ausgeglichener Haushalt* (mindestens ein geringes Haushaltsdefizit) und *fehlende Hemmnisse für den Außenhandel* (trade openness) – Inflation, Haushaltsdefizite und binnenmarktorientierte Entwicklungspolitik führen zu geringen Wachstumsraten, Stagnation oder sogar ökonomischen Rückschritten. Die institutionelle Qualität bemisst sich am *Fehlen von Korruption*, dem Bestehen eines *Rechtsstaates* (rule of law, s. hierzu den 3. Punkt der deutschen Liste) und der Qualität der *Verwaltung* (wie auch immer gemessen).

Korruption und wirtschaftliche Freiheit

Rechtliche Willkür (etwa willkürliche Enteignungen, wie gegenwärtig in Simbabwe praktiziert, **M 90**) muss Investitionen verhindern und das meist dringend benötigte Auslandskapital vertreiben und abschrecken – Entwicklungshilfe ist in einem solchen Land jedenfalls als erfolgsorientierte Tätigkeit sinnlos. Korruption ist signifikant mit ausbleibenden Entwicklungserfolgen verbunden (jenseits aller moralischen Bewertungen); eine zunehmend einflussreiche Nichtregierungsorganisation, „Transparency International“, veröffentlicht jährlich einen Bericht über die weltweite Korruption, der Daten über aktive wie passive Bestechung enthält (Bribe Payers Index und Corruption Perceptions Index). Nach dem neuesten Bericht von 2002 sind „saubere“ bzw. „relativ saubere“ Länder, die entweder noch Entwicklungsländer sind oder bis vor kurzem waren, etwa Singapur (Platz 5), Chile (17), Botswana (24 – immerhin vor Frankreich, Platz 25), Namibia (28, vor Italien, Platz 31); am unteren Ende finden sich Länder wie Argentinien (Platz 70), Nigeria (101) bzw.

Bangladesch (102, Punktzahl 1,2). Wo Korruption ständig weit verbreitet ist, kann Entwicklungszusammenarbeit nichts bewirken.

Die genannten Forschungsergebnisse stimmen übrigens mit dem regelmäßigen Jahresbericht „Economic Freedom of the World" (betreut von Prof. J. Gwartney, Florida State University) gut überein (s. **M 87 b**). *Wirtschaftliche Freiheit* (gemessen an 17 Kriterien wie z. B. niedrigen Staatsausgaben als Anteil des Sozialproduktes, Devisen- und Kapitalverkehrsfreiheit, Rechtsstaatlichkeit, solider Geldpolitik, Respektierung von Eigentumsrechten, Preisstabilität, niedriger Umverteilung, Bestehen von freien Märkten in allen möglichen Bereichen) führt nicht nur zu höheren Wachstumsraten (die unfreiesten Länder weisen ein Wachstum von – 0,85 %, die freiesten von 2,56 % auf) und damit notwendigerweise nach einiger Zeit auch zu massiven Unterschieden im Wohlstandsniveau (nach Kaufkraftparitäten in US-Dollar von 2000 2556 zu 23450). Besonders interessant sind die Daten zur Lage der ärmsten Bevölkerung (wobei nicht zu vergessen ist, dass ein niedriges Maß an Einkommensumverteilung als Indikator in die Berechnung der wirtschaftlichen Freiheit eingeht): Zwar ist ihr Anteil am Volkseinkommen quer durch die fünf Quintile wirtschaftlicher Freiheit nicht systematisch unterschiedlich (das ungewichtete Mittel des Anteils der 10 % der Bevölkerung mit dem niedrigsten Einkommen beträgt 2,62 Prozent; niedrigster Wert beim 3. Quintil mit 2,06, höchster beim zweithöchsten Quintil mit 2,90), aber das hat die äußerst interessante Konsequenz, dass es offenbar spontan zu einer Einkommensverteilung kommt, die bei den freiesten Staaten sogar noch etwas egalitärer ist als in den unfreien Staaten (2,86 zu 2,43 %). Die absolute Lage der Armen, auf die es schließlich ankommt, ist dabei in den freiesten Ländern dramatisch besser als in den unfreien (728 $ zu 7017 $; s. **M 87 b**).

M 86 Entwicklungshilfe und Entwicklung

Das ständige und immer wiederholte Beharren auf der Höhe der Entwicklungshilfe-Leistungen ist mehr und mehr anachronistisch. Es ist ein Erbe der alten wirtschaftswissenschaftlichen Entwicklungsmodelle der 1950er- und 1960er-Jahre, die „Unterentwicklung" als eine Niedrigeinkommensfalle begriffen, die durch Kapitalmangel in einer geschlossenen Wirtschaft verursacht wurde. Die Lösung lag in dem Erwerb großer Zuflüsse auswärtigen Kapitals, das in Verbindung mit auswärtigem Wissen mehr oder weniger automatisch zu Wachstum führen werde. Wenn, wie die meisten Wachstumstheoretiker heute übereinstimmen, der politische Zusammenhang (context), in den hinein Hilfe gegeben wird, und die Nutzung der Hilfe wichtiger sind als ihr reiner Umfang, erscheint es erfolgversprechender, das Niveau an Hilfe zu bestimmen, das afrikanische Länder wirkungsvoll absorbieren können. Diese Absorptionsfähigkeit des Empfängerlandes, nicht ein willkürlich festgelegter Anteil des Bruttosozialproduktes des Geberlandes, sollte das Niveau der Hilfe bestimmen, die ein Land erhält.

(Nicolas van de Walle und Timothy A. Johnston, Improving Aid to Africa, Washington D.C. [Overseas Development Council] 1996, S.98; übersetzt durch Jürgen H. Wolff)

M 87 a Die Definition seriöser Wirtschaftsführung: gute politische Maßnahmen und Institutionen

Solide Wirtschaftsführung besteht aus den Institutionen und politischen Maßnahmen, die in einem bestimmten Land zu rascher Entwicklung und Armutsreduktion führen. Entwicklungsländer lernen aus ihrer eigenen Erfahrung und aus der Erfahrung anderer Länder, was gute und schlechte politische Maßnahmen sind. Solide Wirtschaftspolitik ist schwierig, aber nicht unmöglich zu messen, wenn man eine Anzahl von Stellvertreterindikatoren (proxy indicators) verwendet. Der Index der *Wirtschaftspolitik* in der Grafik (S. 206) verbindet drei Faktoren, die nach empirischen Studien das Wachstum von Entwick-

lungsländern beeinflussen: Inflation, Haushaltsüberschuss und Offenheit des Außenhandels (trade openness). [...] Ein Land mit schlechter Politik wäre ein solches mit hoher Inflation, hohen Haushaltsungleichgewichten und einem protektionistischen Außenhandelsregime (z. B. Nicaragua in den Neunzehnhundertachtzigerjahren). Ein Beispiel für eine gute Wirtschaftspolitik wäre Uganda in der Mitte der Neunzehnhundertneunzigerjahre.
Das Maß *institutioneller* Qualität umfasst eine Einschätzung der Stärke des Rechtsstaates (rule of law), die Qualität der öffentlichen Verwaltung und die Verbreitung der Korruption. Wie die Krise 1997 bis 1998 zeigt, ist Indonesien ein Land mit schlechter institutioneller Qualität. Botswana hat demgegenüber Institutionen hoher Qualität.
Soweit Geberländer gutes Management unterstützen wollen, werden sie wahrscheinlich die Messung auf Gebiete ausdehnen wollen, die hier durch die angeführten makroökonomischen und institutionellen Eigenschaften noch nicht erfasst worden sind.
Beispielsweise sind Anstrengungen zur Verbesserung von Erziehung und Gesundheit für erfolgreiche Entwicklung entscheidend, und die Unterstützung der Regierung für landwirtschaftliche Forschung und Beratung und für solidarische Anstrengungen der Gemeinschaft leistete einen wichtigen Beitrag für den Erfolg Ostasiens. [...] Entscheidend ist, dass die Definition von „guter Wirtschaftsführung“ aus den gegenwärtigen Erfahrungen von Entwicklungsländern hervorgeht.

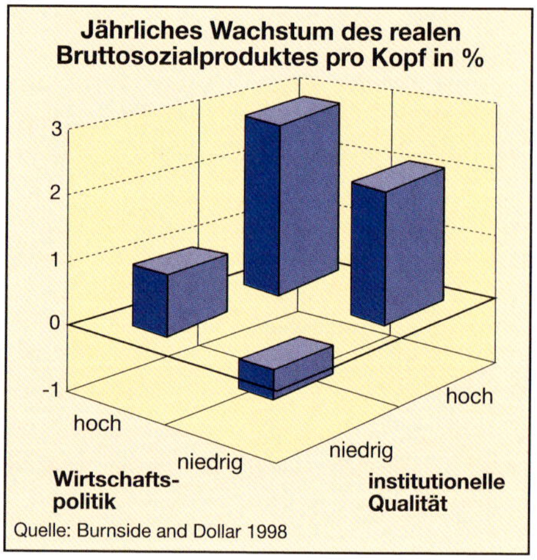

Grafik: Institutionen, politische Maßnahmen und Wachstum

(Weltbank: Assessing Aid. What Works, What Doesn't and Why, A World Bank Policy Research Report, Oxford 1998, S. 12 + zugehöriger Grafik [Quelle: Burnside and Dollar. Grafik 3: Institutionen, politische Maßnahmen und Wachstum]; Übersetzung durch Jürgen H. Wolff)

M 87 b Wirtschaftliche Freiheit, Wachstum, Wohlstand und Einkommensverteilung

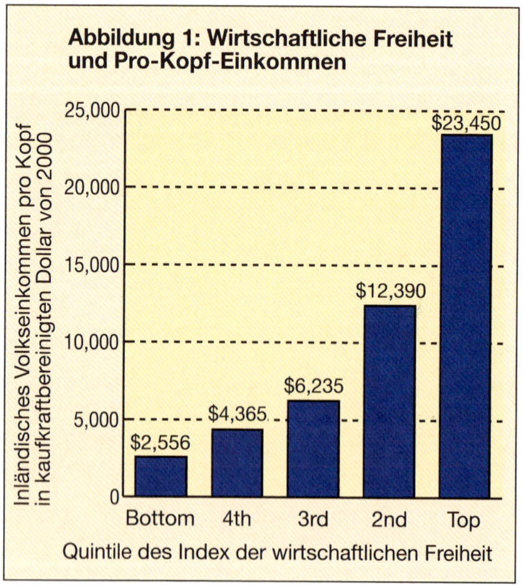

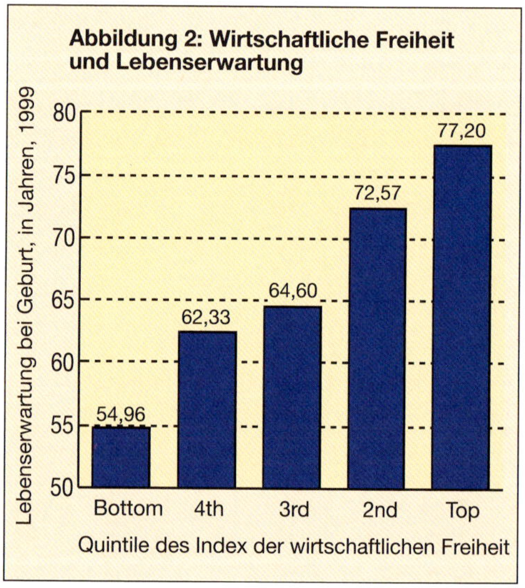

Abbildung 3: Wirtschaftliche Freiheit und Einkommensniveau der ärmsten 10%

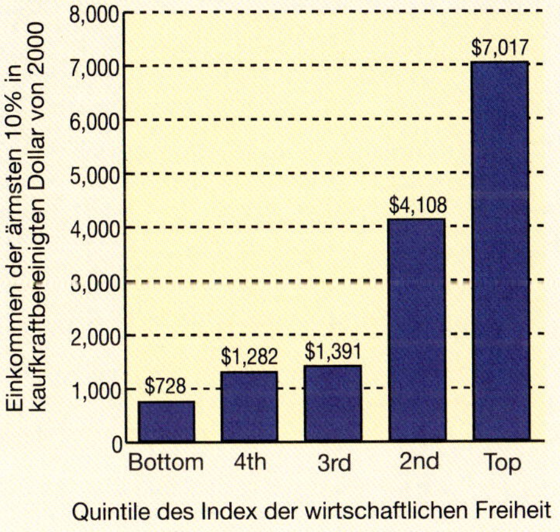

Abbildung 4: Wirtschaftliche Freiheit und wirtschaftliches Wachstum

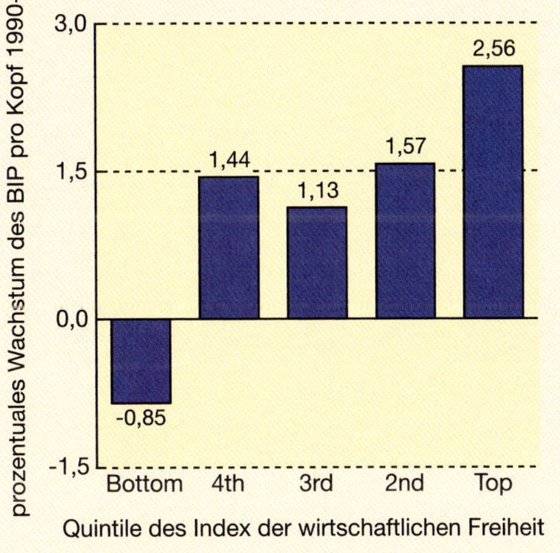

Abbildung 5: Wirtschaftliche Freiheit und Einkommensanteil der ärmsten 10%

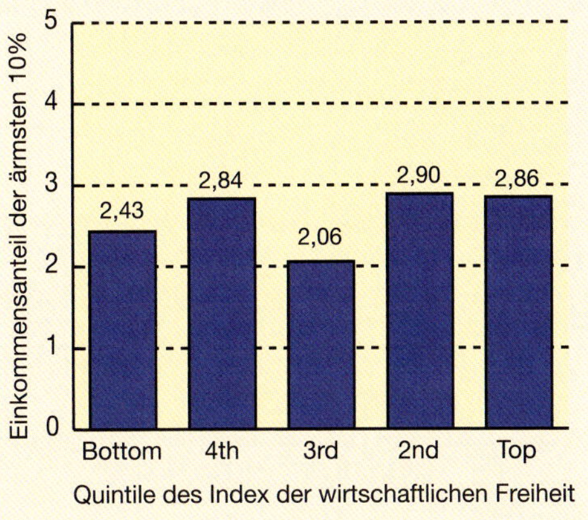

Der Index misst den Grad der wirtschaftlichen Freiheit an insgesamt 37 Teilindikatoren, verteilt auf fünf Bereiche:

- Regierungspolitik: Ausgaben, Steuern, Unternehmen
- Rechtsstaatliche Ordnung und Sicherung der Eigentumsrechte
- Preisniveaustabilität
- Freiheit im Außenhandel
- Regeln für den Kreditmarkt, den Arbeitsmarkt und den Handel

In den Grafiken werden die Länder nach dem Grad der wirtschaftlichen Freiheit jeweils in Fünfergruppen (Quintile) aufgeteilt („bottom“: Gruppe mit dem geringsten Grad; „top“: Gruppe mit dem höchsten Grad)
Lesebeispiel zu Abb. 1: In den Ländern mit dem geringsten Grad an wirtschaftlicher Freiheit liegt das Pro-Kopf-Einkommen bei 2,556 $, in den Ländern mit dem höchsten Grad bei 23,450 $.

(www.freetheworld.com)

M 88 Fünf Kriterien der deutschen Entwicklungszusammenarbeit

Die Grundelemente von Demokratie und Good Governance kommen in den fünf Kriterien der deutschen Entwicklungszusammenarbeit zum Ausdruck und sind somit wesentliche Parameter [Kriterien, Entscheidungsmaßstäbe] für die Entscheidung über Art, Umfang, Instrumente und Schwerpunkte der Zusammenarbeit (siehe Kasten). Zusätzlich

Die fünf Kriterien der deutschen Entwicklungszusammenarbeit

- Achtung der Menschenrechte
- Rechtsstaatlichkeit und Rechtssicherheit
- Beteiligung der Bevölkerung am politischen Prozess
- Schaffung einer marktfreundlichen und sozialorientierten Wirtschaftsordnung
- Entwicklungsorientierung des staatlichen Handelns

Diese Kriterien bilden die Grundlage für die Festlegung der Länderpolitik, die Geberkoordinierung und den entwicklungspolitischen Dialog mit den Partnerregierungen. Sie sind Bestandteil der Position der Bundesregierung in multilateralen Entwicklungsgremien und der EU sowie bei der Abstimmung zwischen den Gebern.

(Zeichnung: Gerhard Mester/CCC, www.c5.net)

hat die Bundesregierung 1999 entschieden, die Kernarbeitsnormen der ILO, zu denen unter anderem das Verbot von Sklaverei und ausbeuterischer Kinderarbeit gehören, als Indikator für die Bewertung des vierten Kriteriums „soziale Marktwirtschaft" heranzuziehen. Regierungen, die gegen diese notwendigen Rahmenbedingungen massiv verstoßen und keinerlei Willen zur Änderung ihrer Politik erkennen lassen, kommen für eine staatliche Zusammenarbeit nicht in Frage. Hierzu gehörten in den 90er-Jahren beispielsweise Sudan, Burundi, Sierra Leone, Liberia, Afghanistan oder Myanmar. In diesen Ländern versucht die Bundesregierung, die ärmsten und von Menschenrechtsverletzungen besonders betroffenen Menschen auf anderem Wege zu erreichen, zum Beispiel über die Kirchen oder basisnahe Nichtregierungsorganisationen.

Regelmäßig spricht die Bundesregierung diese notwendigen politischen Rahmenbedingungen für Entwicklung auch im Politikdialog mit Regierungsvertretern von Staaten an, in denen Defizite bei der Verwirklichung der Menschenrechte oder dem Aufbau von demokratischen Strukturen bestehen.

Sie bilden auch die Grundlage für die Abstimmung der Politik der Bundesregierung mit anderen Geberländern und multilateralen Institutionen.

(BMZ, Medienhandbuch 2002, S. 74f.)

M 89 Unterschiedliche Länder – unterschiedliche Entwicklungserfolge

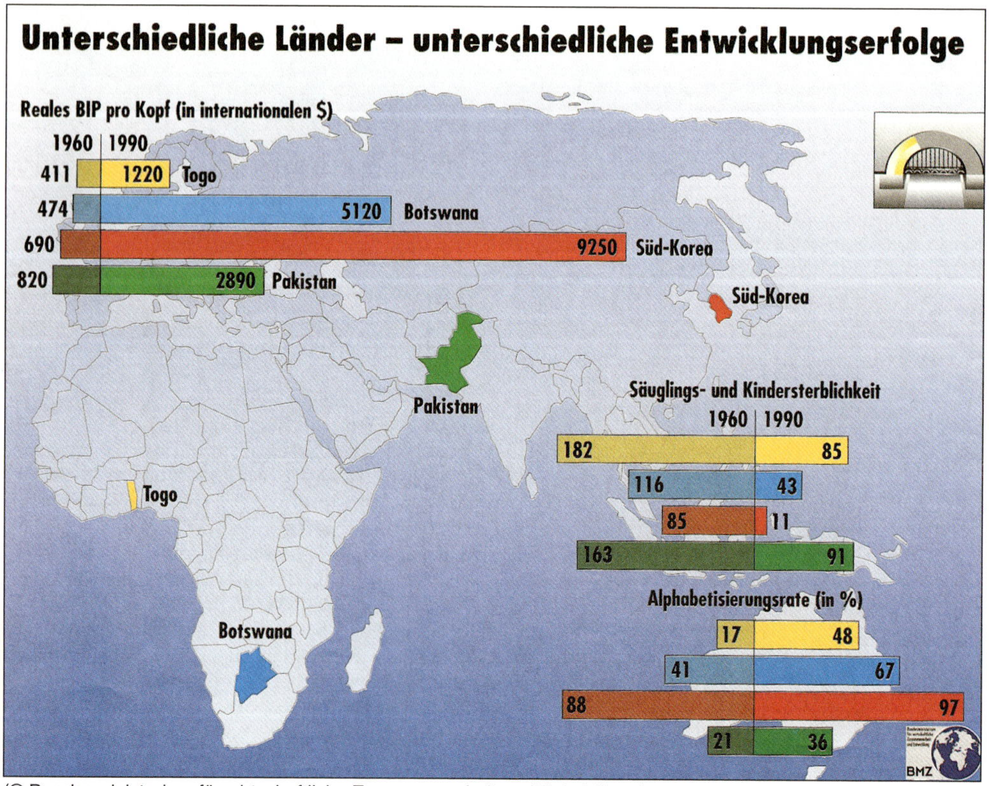

(© Bundesministerium für wirtschaftliche Zusammenarbeit und Entwicklung)

Vgl. hierzu S. 61

M 90 Schatten Simbabwes über Afrika: Enteignungen als negatives Signal für Investoren

(Foto: AP)

Die Besetzung und Enteignung der weißen Farmen in Simbabwe zerstört die Wirtschaft des Landes und ist Diebstahl in großem Stil. Zu diesem Schluss kommt der simbabwische Wirtschaftsexperte Eddie Cross. Er veranschlagt allein den Raub privaten Eigentums auf umgerechnet 18 Mrd. US-$. Dies entspricht dem Dreifachen des jährlichen Bruttoinlandsproduktes Simbabwes und ist mehr, als der gesamte afrikanische Kontinent im vorigen Jahr an westlicher Auslandshilfe (14,6 Mrd. $) bekam. [...] Präsident Robert Mugabe hatte nach seiner Niederlage im Referendum von Februar 2000, mit dem er eine auf seine Machtgelüste zugeschnittene neue Verfassung durchsetzen wollte, militante Anhänger losgeschickt, um die Farmen der Weißen zu besetzen, weil sie die Opposition gegen ihn ermutigt und finanziert hätten. Zugleich erhoffte sich Mugabe mit einer Umverteilung des Landes von den Weißen an landlose Schwarze einen Popularitätsschub. Als dieser aber bei den Parlamentswahlen vier Monate später ausblieb und die Opposition fast die Hälfte der Stimmen erhielt, wurden die willkürlichen Farmbesetzungen verstärkt und arteten immer mehr in offenen Terror aus. Den Farmern wird nicht nur erklärt, dass sie ihren Boden entschädigungslos abzugeben hätten; ihnen werden auch ihre privaten Besitztümer gestohlen oder zerstört. [...] Die Rechnung, die Cross erstmals aufmacht, ist lang. 83 Prozent der Farmer hatten ihre Höfe nach der Unabhängigkeit (1980) des Landes gekauft, die meisten wurden dazu von der Regierung Mugabe ermutigt. Heute wird ihnen alles genommen: 8,5 Mio. ha Land, 1,5 Mio. Rinder, 12 000 Häuser, 350 000 Häuser für Arbeiter, 37 000 Tabakscheunen, 2 800 kleine Staudämme, 20 000 Traktoren und Tausende anderer Maschinen, Fahrzeuge und Bewässerungsanlagen. Hinzu kommt, dass die Farmer den größten Teil ihrer Ernteerlöse immer wieder in den Ausbau der Höfe und die Erhöhung der Produktivität investierten. [...]

Simbabwe wurde dadurch zu einem international wichtigen Lieferanten von Tabak, Baumwolle, Fleisch und Blumen. 40 Prozent der Exporterlöse kamen aus diesem Sektor. Und vor allem: Simbabwe war ein Überschussproduzent von Nahrungsmitteln, vor allem von Mais und Weizen. Nun aber droht wegen der Beeinträchtigungen von Aussaat und Ernte eine Hungerkatastrophe wie noch nie in der simbabwischen Geschichte. 7,9 Mio. der 12 Mio. Einwohner, so warnte Sozialminister July Moyo, brauchen Nahrungshilfe, damit sie nicht verhungern. Die Inflationsrate liegt schon seit längerem bei über 100 Prozent und die Wirtschaft, die in den letzten 18 Monaten ein Drittel aller Arbeiter entließ, wird 2002 schon das vierte Jahr hintereinander schrumpfen. Finanzminister Simba Makoni erwartet ein Minus von 10%. [...] Die Massenenteignung und Massenvertreibung der Farmer in Simbabwe, so klagt Eddie Cross, habe aber neben der wirtschaftlichen und menschlichen Komponente auch eine beträchtliche negative Signalwirkung für ganz Afrika und das neue Aufbauprogramm Nepad* (New Partnership for Africas Development, vgl. M 61 b, S. 151). „Nicht eine einzige Regierung in Afrika“, vermerkt Cross, „hat diesen Diebstahl von Privateigentum in Simbabwe verurteilt.“

Wenn aber die afrikanischen Führer diesen Raub und die Verletzung von Recht und Gesetz kommentarlos zuließen, wer gebe dann die Gewähr, dass solches nicht auch mit anderen Investitionen in anderen Ländern geschehen könne? Ohne Widerspruch hervorzurufen, erklärte Minister Makoni bei der jüngsten Afrika-Konferenz des World Economic Forum (WEF) in Durban, dass Simbabwe an der Nepad teilnehmen werde, denn schließlich sei es „ein Land wie andere afrikanische Staaten auch".

„Welche Garantie gibt es", fragt daher Cross, „dass Ähnliches wie in Simbabwe nicht morgen in Südafrika, Sambia oder anderen Ländern des Kontinents stattfindet?" Globalisierung bedeute, dass die Investoren in jedem Land der Welt aktiv werden und sich aussuchen können, wo sie sich engagieren. Wenn Afrika also Interessenten anziehen wolle – und Nepad geht von über 60 Mrd. $ aus, die westliche Länder jährlich auf dem Kontinent investieren sollen –, dann müssten diese Investitionen auch geschützt werden. [...] Wenn sich „gutes Regieren" in Afrika nicht durchsetze und wenn die offen gegen nationales und internationales Recht verstoßenden Regierungen nicht von den Regierenden auf dem Kontinent zur Verantwortung gezogen würden, so folgert Cross, „ist Nepad tot, bevor sie begonnen hat".

(Neue Zürcher Zeitung v. 6.6.2002, S. 10; Verf.: Frank Raether)

1. *Abschnitt E. (zur Beurteilung der Wirkungen von Entwicklungshilfe) beginnt mit dem Hinweis auf drei methodische Probleme (S. 200f.), die Sie anhand folgender Fragen erörtern sollten:*
   - *Inwiefern muss es bei der Beurteilung um die „Ergebnisseite" der Entwicklungshilfe gehen? Worin liegt der Unterschied zwischen „Effektivität" und „Effizienz"?*
   - *Warum ist es schwierig, beobachtbare Veränderungen des Entwicklungsstandes eines Landes eindeutig dem Faktor Entwicklungshilfe zuzuschreiben?*
   - *Inwiefern muss der Erfolg eines Entwicklungshilfeprojektes nicht unbedingt zu einer Verbesserung des Gesamtentwicklungsstandes eines Landes führen (Abschnitt 2. c, S. 201f.)?*
2. *Legen Sie anhand von M 85 dar, aus welchen Gründen die „Evaluierung" (systematische Erfolgskontrolle, Schlussauswertung) von Projekten „methodisch wie politisch ein heikles Geschäft" (Text S. 201) ist.*
3. *Stellen Sie die unterschiedlichen Ergebnisse empirischer Forschung zum Zusammenhang von Entwicklungshilfe und Wachstum gegenüber, die den gegenwärtigen Forschungsstand „mehr als unklar" erscheinen lassen (Text S. 203), und heben Sie hervor, welche Rolle der Faktor „gute Regierungsführung" (Institutionen, Wirtschaftspolitik) für den Wachstumserfolg von Entwicklungshilfe spielt (Text S. 204 und M 87 a).*
4. *Inwiefern können die von der Bundesregierung zugrunde gelegten Kriterien für die Vergabe von Entwicklungshilfe (M 88) als Konsequenz aus den genannten Erkenntnissen und Forschungsergebnissen betrachtet werden? Halten Sie aus Ihrer Kenntnis heraus die kritische Anmerkung zur Zusammenarbeit mit Kuba (Text S. 204) für berechtigt? Vgl. zu Kuba auch M 55 c (Freedom-House-Index, S. 132 u.).*
5. *Der Text (S. 205) und M 87 b gehen auf die Bedeutung ein, die „wirtschaftliche Freiheit" als Voraussetzung für verschiedene Entwicklungsindikatoren haben kann. Stellen Sie zunächst fest, was hier unter „wirtschaftlicher Freiheit" verstanden wird, und formulieren Sie zu einigen der grafisch dargestellten Zusammenhänge (hier insbesondere zu 1 und 4) Aussagen, die sich aus dieser Untersuchung ableiten lassen (M 87 b).*
6. *Simbabwe in seiner gegenwärtigen politischen Verfassung ist zweifellos ein Beispiel für ein Land, das die diskutierten Voraussetzungen für eine günstige Entwicklung nicht bietet. Beschreiben Sie unter diesem Gesichtspunkt die Verhältnisse, die sich dort in den letzten Jahren ergeben haben (M 90).*
7. *Beschreiben Sie die in M 89 beispielhaft dargestellten unterschiedlichen Entwicklungserfolge verschiedener Länder. Worauf lassen sie insgesamt schließen? (In welchem Umfang diese Länder Entwicklungshilfe erhalten haben und von welcher Art diese Hilfe war, lässt sich der Grafik natürlich nicht entnehmen.)*

4. Zur Wirkung der Auflagenpolitik

An dieser Stelle soll zusammenfassend die Wirkung der unter Punkt III C. 4. (S. 181ff.) beschriebenen Auflagenpolitik der Bretton-Woods-Institutionen* diskutiert werden. Die populäre These, es handele sich bei IWF und Weltbank um eine Art ökonomische Weltregierung, die schwache und hilflose Entwicklungsgesellschaften nach den Interessen des internationalen Kapitals knechteten und Anpassungsmaßnahmen erzwängen, die notwendig auf Kosten der armen Bevölkerungsschichten gingen, ist unrichtig, auch wenn in vielen Fällen (wie bei Hilfesuchenden und Helfer kaum anders möglich) ein Machtungleichgewicht eingeräumt werden muss. Halten wir fest:

- Eine ökonomische „Weltregierung" gibt es nicht; Maßnahmen des Währungsfonds und der Weltbank werden ausschließlich auf Ersuchen der um Hilfe rufenden jeweiligen nationalen Regierung in die Wege geleitet.
- Anpassungsmaßnahmen sind in Fällen struktureller Ungleichgewichte absolut notwendig, da auf Dauer niemand über seine Verhältnisse leben kann (das gilt für Staaten wie für Individuen). Konkret heißt das etwa, dass kein Land auf Dauer mehr importieren als exportieren kann (da sonst die Auslandsverschuldung über jedes Maß hinaus stiege und nicht mehr bedient werden könnte), dass kein Staat auf Dauer seinen Haushalt mit wachsenden Defiziten fortführen kann (da sonst ein immer größerer Anteil der regulären Staatseinnahmen für den Schuldendienst verwendet werden müsste und schließlich der Staatsbankrott unvermeidlich würde); dass derartige Ungleichgewichte im Übrigen regelmäßig Inflation produzieren, die Ersparnis und Investitionen (und damit Wirtschaftswachstum) zuverlässig be- oder verhindern und eine die Armen besonders schädigende Politik wären.
- Wie die wirtschaftswissenschaftliche und soziologische Forschung inzwischen erkannt hat, sind die wohlstandssteigernden Märkte zwar ein universelles Phänomen (Schwarzafrika z. B. wimmelt von Märkten, wie jeder Reisende bestätigen kann), doch setzen funktionierende Märkte, vor allem solche, bei denen nicht unmittelbar Ware gegen Ware getauscht wird, ein durch die Gesellschaft (meist einen Staat) *garantiertes Regelwerk* voraus (vgl. M 87 a/b). Der Tausch „Ware gegen Geld" z. B. erfordert eine *Währung*, die nicht durch überbordende Inflation dahinschmilzt; der Tausch „Geld gegen Forderung" (etwa die Einrichtung eines Bankkontos) setzt (staatlich garantierte) *Sicherheit des Eigentums*, die Transaktion „Ware gegen Forderung" (also Lieferung heute gegen ein Versprechen der Zahlung in der Zukunft) eine staatlich durchgesetzte *Zivilrechtsordnung,* der Tausch „Investitionen gegen Hoffnung auf zukünftigen Gewinn" (etwa teure Entwicklung eines Medikaments gegen Recht auf alleinige Nutzung) ein funktionierendes *Patentwesen* voraus usw. Kurz: Insbesondere die wohlstandsfördernden Zukunftsmärkte sind unvermeidlich auf staatlich garantierte Regeln angewiesen. Das oft beklagte „Marktversagen" (das theoretisch mit negativen externen Effekten, so genannten Externalitäten, begründet wird) ist bei näherem Zusehen nicht selten in Wahrheit *Staatsversagen* – und rechtfertigt staatliches Eingreifen umso weniger. Der Hinweis darauf, dass Lateinamerika oder Afrika zu wenig Unternehmer haben, der lange Zeit als Begründung für ausgedehnte Staatstätigkeit herhalten musste, verkennt diesen Zusammenhang, drückt sich zum mindesten um die Antwort auf die Frage herum, ob das (sehr reale) Staatsversagen nicht ungleich schlimmere Folgen hat als das Marktversagen (so weit ihm nicht in Wirklichkeit Staatsversagen zugrunde liegt). Sind funktionierende Märkte erst einmal hergestellt und garantiert, erweisen sich staatliche Interventionen (etwa Preiskontrollen, übermäßige Umverteilung, Lizenzen, Zölle usw.) in Marktprozesse häufig als ineffizient und kontraproduktiv. Sie produzieren in der Regel Ungleichgewichte, die dann wieder mit neuen dirigistischen Maßnahmen bekämpft werden müssen. Zahlreiche Krisen (bis hin zu Quasi-Zusammenbrüchen) von Wirtschaftssystemen (mit allen politischen und sozialen Folgen) in der Dritten Welt, die oft genug eindeutig auf das Versagen von Politik und Politikern zurückgeführt werden können (zuletzt Argentinien und Venezuela), sprechen für die Richtigkeit dieser Auffassung.

Festzuhalten ist:
- Die Bretton-Woods-Institutionen kommen also Regierungen zu Hilfe, die aufgrund oft jahrelanger verfehlter Wirtschafts- und Sozialpolitik, gelegentlich auch durch die Ungunst der weltwirtschaftlichen Entwicklung, in eine Lage geraten sind, aus der sie ohne fremde Hilfe nicht mehr herausfinden.
- Diese Hilfe wird freilich nicht bedingungslos gewährt, sondern die Kreditvergabe wird mit Auflagen verbunden.
- Dies ist ein sinnvolles Verfahren: Die Finanzierung von Ungleichgewichten, die auf Dauer unhaltbar sind, ist nicht nur offensichtlich nicht erfolgversprechend, sondern kann dem internationalen Steuerzahler, der letztlich diese Aktivitäten finanzieren muss, nicht zugemutet werden.

Damit können grundsätzlich nur drei Fragen sinnvoll diskutiert werden:
a) Ist die orthodoxe* *Analyse* insbesondere des Internationalen Währungsfonds zu den Ursachen der Ungleichgewichte richtig?
b) Haben die Anpassungsmaßnahmen *sozial untragbare Folgen?*
c) Zeigen sie die erwünschte *Wirkung?*

Zu a) **Das Analysemodell des IWF**

Grundsätzlich sind die Modelle des Währungsfonds auf monetäre Aggregate* als Ursachen für die Ungleichgewichte angelegt (sog. Monetarismus). Solche Modelle sind zweifellos in all den Fällen überzeugend, bei denen es sich um relativ kurzfristige und auch kurzfristig zu behebende Ungleichgewichte handelt, z. B. exzessive Haushaltsdefizite, falsche Wechselkurse oder Preis-Lohn-Spiralen.
Daneben gibt es freilich eine Denkschule, die die Ursachen für Ungleichgewichte nicht primär oder eventuell überhaupt nicht auf monetäre Ursachen zurückführt, sondern auf „Strukturen" (daher strukturalistische Schule), die also behauptet, dass bestimmte Eigenschaften des Welthandels die Entwicklungsländer systematisch benachteiligten und daher „strukturell" zu Ungleichgewichten führten. Sollte dies richtig sein, dann wären offensichtlich Maßnahmen, die an monetären Aggregaten ansetzen, ein Kurieren an Symptomen statt an den Ursachen der Schieflage und daher mittel- bis langfristig nicht Erfolg versprechend. Ein Beispiel für diesen Ansatz wäre die anfangs der Fünfzigerjahre von der Wirtschaftskommission der Vereinten Nationen für Lateinamerika (CEPAL) unter ihrem damaligen Generalsekretär Raúl Prebisch entwickelte These von der „säkularen Verschlechterung der Terms of Trade" (s. dazu S. 152ff. und **M 63**).
Andere Ansätze weisen auf die behauptete Abhängigkeit (Dependenz) von Entwicklungsländern hin oder auch auf Welthandelsabkommen, die so abgefasst seien, dass Primärgüter benachteiligt würden. Auch die verzerrenden Folgewirkungen des Kolonialismus, die an anderer Stelle (**M 61 a**, S. 147f.) bereits angesprochen wurden, wären hier zu nennen.

Zu b) **Soziale Folgen**

Grundsätzlich wird immer wieder kritisch vermerkt, dass etwa die Privatisierung von Staatsbetrieben, ein häufiges Element von Strukturanpassungsprogrammen, zu Arbeitsplatzverlusten führe, dass die Verminderung von Subventionen die ärmsten Bevölkerungsschichten treffe und dass Ersparnisse der Staatshaushalte allgemein überdurchschnittlich häufig zu Lasten der Sozialausgaben und damit der armen Bevölkerungsschichten gingen. Die empirischen Untersuchungen hierzu kommen allerdings zu äußerst unterschiedlichen Ergebnissen. Halten wir zunächst fest:
Die interne Verteilung von Lasten ist im Prinzip Sache der die Hilfe empfangenden Regierung; wird sie so vorgenommen, dass die armen Bevölkerungsschichten darunter mehr leiden als andere, ist dies grundsätzlich ein Ausfluss der innenpolitischen und gesellschaftlichen Machtverhältnisse, nicht so sehr des Wirkens der internationalen Institutionen. In Malaysia sind die Malaien die politisch führende ethnische Gruppe, hinken im Wirt-

schaftsleben jedoch weit hinter den wohlhabenden Chinesen zurück. Anpassungsprogramme Malaysias haben es sorgfältig vermieden, die Malaien zu benachteiligen – was zumindest beweist, dass es grundsätzlich möglich ist, unerwünschte soziale Folgen abzufedern oder gar zu vermeiden.

Zu den Vorwürfen im Einzelnen:

- *Arbeitsplatzverluste im öffentlichen Sektor* nach einer Privatisierung von Wirtschaftsunternehmen zeigen in aller Regel an, dass dieser Sektor bisher unrentabel gearbeitet hat; diese so genannten „Arbeitsplätze“ waren in Wirklichkeit keine, sondern vom allgemeinen Verbraucher oder gar Steuerzahler (Staatsbetriebe sind häufig defizitär) subventionierte Beschäftigungsmöglichkeiten. Unternehmen haben zum Ziel, effizient und preiswert Güter und Dienstleistungen für ihre Kunden herzustellen, wofür sie belohnt werden. Staatsbetriebe, auch – aber nicht nur – in der Dritten Welt, erfüllen diese Aufgabe oft nicht; sie sind so ineffizient, dass sie oft Monopole sein müssen – Post, Bahn, Telefon, Strom, aber auch Banken, Handelsgesellschaften usw. –, um wenigstens halbwegs „über die Runden zu kommen“. Das Ergebnis sind teure und ineffiziente Leistungen; obendrein sind solche Unternehmen sehr häufig defizitär, vernichten also Kapital. Dieses Defizit deckt dann der allgemeine Steuerzahler, auch wenn er die Leistungen des Unternehmens nie in Anspruch nimmt. (So hat z. B. in der Zeit des „Ujamaa“*-Sozialismus der ostafrikanische Staat Tansania aus der Staatskasse mehr als doppelt so viel Geld – ca. 25 Mrd. $ – aufbringen müssen, um seine maroden Staatsbetriebe zu finanzieren, wie das Land – das überdurchschnittlich hohe Beträge erhielt – an Entwicklungshilfe einnehmen konnte, ca. 12 Mrd. $). Der Bauer in den Usambara-Bergen, der selbst keinen Stromanschluss hat, muss also mit seinen Steuern das Defizit des staatlichen Elektrizitätsmonopolisten decken. Gesamtwirtschaftlich tritt durch den Abbau unrentabler „Arbeitsplätze“ ein Wohlfahrtsgewinn ein. Dies löst selbstverständlich das Problem für den einzelnen entlassenen Arbeiter nicht, der daher zur Revolte neigt. Ein ökonomisch sinnvolles Vorgehen gerät daher politisch und sozial unter Druck (vgl. **M 95**, S. 221, und **M 96 a**). Grundsätzlich sollte es jedenfalls möglich sein, mit dem (durch die nicht mehr nötige Subventionierung unrentabler so genannter Arbeitsplätze) eingesparten Geld neue rentable Arbeitsplätze zu schaffen: eine wirtschaftlich wie sozial gleichermaßen erwünschte Politik.
- Der *Abbau der Subventionen,* der empfohlen wird, um einerseits die Staatskasse zu schonen, andererseits Ungleichgewichte von Angebot und Nachfrage zu beseitigen (ein zu billiges Gut wird zu stark nachgefragt), treffe, so wird häufig behauptet, gerade die ärmsten Bevölkerungsschichten besonders stark. Dies mag in einer Reihe von Fällen zutreffen, der Vorwurf scheint also berechtigt zu sein.
  Dagegen ist jedoch folgender *Einwand* sorgfältig zu überprüfen: Subventionen verfehlen häufig ihre Zielgruppe. Werden z. B. in einem Land, in dem 30 Prozent der Bevölkerung unter der irgendwie definierten Armutsgrenze leben, die Lebensmittelpreise subventioniert, damit die Armen sich ausreichend ernähren können, dann heißt das nichts anderes, als dass 70 Prozent der Bevölkerung, die eine solche Subvention gar nicht nötig hätten, von ihr profitieren. Der Abbau von Subventionen ist in diesem Falle mehr als sinnvoll, sollte allerdings (und das wird gerade von der Weltbank immer wieder betont) von Programmen begleitet sein, die die Lage der Armen mindestens gleich lassen, aber eben nur diese Armen zur Zielgruppe haben. Z. B. wäre es möglich, Berechtigungsscheine zum verbilligten Bezug von Lebensmitteln („food stamps“ nach dem Vorbild der USA) an die Armen (und nur an diese) auszugeben und diese Bezugsscheine (und nur diese) gegen Lebensmittel einzutauschen – was übrigens die Preisstruktur von Lebensmitteln, wie von der Theorie gefordert, unangetastet ließe. Empirische Untersuchungen bestätigen die Richtigkeit dieser Überlegung: Lebensmittelgutscheine für Haushalte mit niedrigem Einkommen erreichen viel mehr Arme als allgemeine Subventionen für Grundnahrungsmittel (Weltbank 1998/99, nach Daten aus Jamaika). Subventionen sind

also in der Regel nicht an Güter zu koppeln, sondern an die Hilfsbedürftigkeit der Empfänger, um die Verschwendung von Ressourcen zu vermeiden. – Übrigens gehen die häufig so genannten „Brotunruhen“ (oder „IMF riots“), die auf die Streichung von Subventionen reagieren, in aller Regel nicht von den wirklich Armen einer Gesellschaft aus, sondern von der stadtansässigen sozialen Schicht, die oberhalb der wirklich Armen (häufig Bauern vom Lande) angesiedelt ist und damit Privilegien verliert.

- Was den *Abbau von sozialen Leistungen* (von Erziehung bis zum Gesundheitswesen) angeht (dazu genauer **M 95**), ist dies ein Gebiet, das grundsätzlich im Kompetenzbereich der empfangenden Regierung liegt. Wenn der Staatshaushalt so im Ungleichgewicht ist, dass er einerseits durch Erhöhung der Einnahmen, andererseits durch Reduktion der Ausgaben ins Lot gebracht werden muss, ist es eine Frage der innenpolitischen Machtverhältnisse, welche Ausgaben gekürzt (die Rangfolge lautet allzu oft: Gesundheit und Erziehung; öffentliche Investitionen und Erhalt der Infrastruktur; erst zum Schluss Abbau der aufgeblähten Verwaltung, der Rüstung und ineffizienter Staatsbetriebe), welche Einnahmen erhöht werden. Mehr als eine Regierung findet es höchst bequem, im Sinne der politisch Mächtigen zu handeln (und oft kann sie auch gar nicht anders) und dann den Volkszorn auf die Bretton-Woods-Institutionen zu lenken, die angeblich auf einer Reduktion überzogener Sozialausgaben bestanden hätten. Eine kritische Analyse solcher Fälle wird jedenfalls nicht ohne eine sorgfältige Prüfung der innenpolitischen Machtverhältnisse auskommen können (s. **M 95**, letzter Abschnitt).

Neuerdings werden praktisch alle Anpassungsprogramme von Weltbank und IWF mit sozialen Begleitprogrammen verbunden, um unerwünschte soziale Folgen der angedeuteten Art abzufangen. Ihre Wirkung ist umstritten und auch deshalb nicht leicht zu analysieren, weil die Kausalitäten hier unsicher sind: Selbst bei einer Verschlechterung der sozialen Lage der Armen ist in keiner Weise ausgemacht, dass diese Verschlechterung ohne soziale Begleitprogramme nicht noch größer gewesen wäre, dass also der Kern des Übels in der unhaltbaren Ungleichgewichtssituation zu finden ist, die das Anpassungsprogramm gerade bekämpfen möchte.

Zu c) **Wirkung der Programme**

Die Wirkung von Anpassungsprogrammen ist umstritten, unter anderem auch deshalb, weil ein sehr erheblicher Teil der Anpassungsprogramme von den Regierungen gar nicht durchgeführt wird, also entweder nach einiger Zeit schlicht aufgegeben oder durch Neuverhandlung mit IWF/Weltbank verändert wird.

Einzelheiten der Programme werden in **M 95** beschrieben; zu den methodischen Problemen der Analyse der Wirkungen siehe **M 92**. Eine in der Öffentlichkeit viel beachtete kritische Stimme hierzu wird in **M 93** wiedergegeben (vgl. auch **M 94**); es ist die von Joseph Stiglitz, dem ehemaligen Chefökonomen der Weltbank, der das Institut im Zorn verließ und seine Kritik (vorrangig am IWF) in Buchform veröffentlichte, dabei freilich sachliche Differenzen und persönliche Vorwürfe nicht immer sauber getrennt hat. Auch Stiglitz zieht, wie eine aufmerksame Lektüre seines Buches ergibt, die grundlegenden Elemente freier Märkte usw. nicht in Zweifel, greift aber die Art an, wie diese in einer vorher etatistisch beherrschten, regulierten und geknebelten Wirtschaft nach Meinung des IWF eingeführt werden sollten (Streit um den *Weg,* nicht das *Ziel*).

Aus einer stärker politikwissenschaftlichen Perspektive diskutiert **M 96 a** die politökonomischen Gründe sowohl für den häufigen Abbruch von Strukturanpassungsprogrammen als auch für die Abwälzung sozialer Kosten auf die Schwachen, die sich nicht wehren können.

Das Problem des „Moral Hazard*“ wurde vor allem im Zusammenhang mit der Asienkrise diskutiert (u.a. im amerikanischen Kongress). Grob vereinfacht: Wenn ein Land durch internationale Hilfe vor dem Bankrott bewahrt wird, neigt seine Regierung verstärkt zu leichtsinnigem Verhalten, und internationale Financiers prüfen Anlagen in dem betreffenden Land nicht mehr mit der gleichen Sorgfalt, die sie sonst an den Tag legten. Zu einer möglichen Reform der internationalen Finanzarchitektur s. **M 96 b**.

M 91 Der „Washington Consensus" und seine Fortentwicklung

Die Strukturanpassungspolitik von Weltbank und IWF hat sich seit ihrer Einführung zu Beginn der Achtzigerjahre ständig weiterentwickelt. Sie kann grob in drei Phasen untergliedert werden. In der ersten Phase waren die Programme fast ausschließlich auf die kurzfristige makroökonomische Stabilisierung ausgerichtet. Seit Mitte der Achtzigerjahre berücksichtigt eine zweite Generation von SAP neben der Stabilisierung auch mittel- bis langfristige Wachstumsaspekte in intensiver Form.
Eine Zusammenfassung der gängigsten Maßnahmen dieser zweiten SAP-Generation bietet dabei der *Washington Consensus* (Kasten). Aufbauend auf der massiven Kritik von Stiglitz (1998) am *Washington Consensus* (vgl. M 93) betrachtet die heutige dritte Generation der SAP (sog. *Post-Washington-Consensus*) verstärkt soziale, ökologische und institutionelle Aspekte der Strukturanpassung, die in der zweiten SAP-Generation etwas vernachlässigt worden waren, und stellt partizipativ zwischen den Entwicklungsländerregierungen, der Wirtschaft und der Zivilgesellschaft erarbeitete nationale Armutsbekämpfungspläne (PRPS = *Poverty Reduction Strategy Papers*) in ihren Mittelpunkt.

Die wichtigsten Elemente des „Washington Consensus"

Jedes Strukturanpassungsprogramm ist in seiner genauen Ausgestaltung ein Unikat, da es normalerweise für ein einzelnes Land konzipiert wird und sich die konkreten Probleme und Voraussetzungen von Land zu Land unterscheiden. Allerdings gibt es eine Reihe von Maßnahmen, die notwendige Bestandteile eines erfolgreichen SAP darstellen. Als ein Synonym für die notwendigen Standardelemente eines erfolgreichen SAP stand jahrelang der von Williamson geprägte Begriff des „*Washington Consensus*". [...] Der *Washington Consensus* umfasst die folgenden wirtschaftspolitischen Forderungen [...]:

- Herstellung fiskalpolitischer Disziplin,
- Umstrukturierung der öffentlichen Ausgaben, Steuerreform,
- Finanzielle Liberalisierung, Wechselkursbereinigung,
- Handelsliberalisierung,
- Abbau von Barrieren gegenüber Direktinvestitionen,
- Privatisierung staatlicher Unternehmen,
- Deregulierung,
- Schutz der *Property Rights*.

(Hans-Rimbert Hemmer, Wirtschaftsprobleme der Entwicklungsländer, Vahlen, 3. neubearbeitete und erweiterte Auflage, München 2002, S. 1004)

M 92 Zur Wirkung der Auflagenpolitik

[Eine] große Gruppe von Kritikern behauptet eine geringe Wirkung der Programme. Diese hätten nicht einmal die gesteckten Ziele erreicht – von sozial unerwünschten Folgen zu schweigen. Eine solche Kritik ist allerdings methodisch schwer zu belegen. Grundsätzlich sind vier Ansätze denkbar:

- Vergleich ex-ante und ex-post, also vor und nach Durchführung der vereinbarten Maßnahmen;
- Soll-Ist-Vergleich, Ergebnisse werden mit den erstrebten Zielen verglichen;
- Vergleich der Ergebnisse mit dem (hypothetischen) Ergebnis ohne das Anpassungsprogramm (also entweder mit dem hypothetischen Ergebnis eines anderen Vorgehens oder mit einer „do-nothing"-Politik);
- Vergleich mit anderen Ländern in ähnlicher Lage, die kein Stabilisierungsprogramm durchgeführt haben.

Jeder dieser Ansätze sieht sich Einwänden ausgesetzt. Selbst wenn keine grundlegende Besserung der ökonomischen Situation eingetreten, selbst wenn die Ziele nur teilweise erreicht worden sein sollten, ist schwer zu widerlegen, dass ohne das Programm alles noch viel schlimmer gewesen wäre. Zudem: Ist, bei partiellem Erfolg, die Flasche nun halb voll

(sagte der IWF) oder halb leer (sagten die Kritiker)? Im Übrigen wird ein hoher Prozentsatz der Programme aus den verschiedensten Gründen abgebrochen, was die Zuschreibung von Erfolgen und Misserfolgen vollends unsicher macht. Empirische Studien jedenfalls kommen zu widersprüchlichen Ergebnissen, u.a. auch deshalb, weil in einer unsicheren Welt Entwicklungen eintreten können, über die der Fonds bzw. die durchführende Regierung gar keine Kontrolle hat. [...]
Immerhin ist festzustellen: Bei zahlreichen Programmen wurden die gesteckten Ziele erreicht, obgleich die empfohlenen Maßnahmen nur teilweise zur Anwendung gelangten; in anderen Fällen konnten die Stabilisierungsziele nicht erreicht werden, obgleich sich die Länder um strikte Erfüllung der Auflagen bemüht hatten. Der Nachweis, dass Länder, die Stabilisierungsprogramme mithilfe des IWF durchgeführt haben, anderen Ländern systematisch voraus sind, ist nicht überzeugend gelungen. Anders formuliert: Dass Stabilisierung auf Dauer unumgänglich ist, ist sicher, dass die vom IWF unterstützten Programme der Königsweg dahin sind, konnte nicht überzeugend belegt werden.

(Jürgen H. Wolff, Entwicklungspolitik – Entwicklungsländer. Fakten – Erfahrungen – Lehren, 2., aktualisierte und erweiterte Auflage, Olzog, München 1998, S. 211–215)

M 93 Joseph Stiglitz: Kritik an der IWF-Politik

(Foto: © dpa-Fotoreport)

Wenn man einem Papagei den Spruch „fiskalische Austerität [Sparpolitik], Privatisierung und Marktöffnung" beigebracht hätte, dann hätte man in den Achtziger- und Neunzigerjahren auf den Rat des IWF verzichten können. Denn dies waren seine drei Säulen der Empfehlungen nach dem „Washington Consensus" (s. M 91). Bei der „Bewertung" der Erfolgsbilanz des IWF sollten wir uns klar machen, dass diese Empfehlungen, sofern sie sachgerecht umgesetzt werden, sehr nützlich sind. Die Geschichte zeigt, dass Länder nicht dauerhaft über ihre Verhältnisse leben können; nachhaltiges Wachstum ist bei Hyperinflation nicht möglich, so dass eine gewisse fiskalische Disziplin unerlässlich ist. Die meisten Länder würden besser dastehen, wenn ihre Staatsverwaltungen sich auf grundlegende öffentliche Dienstleistungen konzentrieren würden, statt Unternehmen zu leiten, die vermutlich im privaten Sektor erfolgreicher arbeiten würden; daher ist Privatisierung oftmals eine sinnvolle Strategie. Wenn bei der Öffnung der Finanz- und Kapitalmärkte gewisse Sicherungsmechanismen vorgesehen werden, die in den Industriestaaten üblich sind, dann sind die Effizienzgewinne unbestreitbar. Das andere Schlüsselmerkmal der Marktöffnung, der Abbau von Handelsschranken, stützt sich auf fundierte wirtschaftstheoretische Annahmen.
Das Problem an dem „Washington Consensus" besteht darin, dass der IWF diese wirtschaftspolitischen Leitlinien als Selbstzweck betrachtet statt als Mittel zu einem gerechter verteilten und nachhaltigeren Wachstum. Dadurch erhalten diese Leitlinien im Vergleich zu anderen politischen Maßnahmen, die ebenfalls nötig gewesen wären, ein viel zu großes Gewicht.
Die Erfolge blieben weit hinter den Erwartungen zurück. Wir haben gesehen, dass eine strenge Sparpolitik der öffentlichen Hand Rezessionen auslösen oder auch, mit fast ebenso negativen Folgen, die Zinsen in die Höhe treiben kann, die neu gegründeten Unternehmen das Leben schwer machen. [...] In vielen Entwicklungs- und Industrieländern verwenden die Regierungen oftmals zu viel Energie auf Dinge, die sie nicht tun sollen, und dies lenkt sie von den wirklich wichtigen Aufgaben ab. Das Problem besteht weniger darin, dass der Staat zu groß wäre, sondern darin, dass er nicht das Richtige tut. Es gehört nicht zu den Aufgaben des Staates, Stahlwerke zu managen, und wenn er es doch tut, dann geht das meistens gründlich daneben. [...] Im Allgemeinen können miteinander konkurrierende Privatunternehmen solche Aufgaben effizienter erfüllen. So wird die Privatisierung, also die Umwandlung staatlich verwalteter Wirtschaftszweige und Unterneh-

men in private, begründet. Es gibt jedoch einige wichtige *Voraussetzungen*, die erfüllt sein müssen, bevor die Privatisierung zum Wachstum einer Volkswirtschaft beitragen kann. Und die Art und Weise, wie die Privatisierung umgesetzt wird, hat weit reichende Folgen für die Zukunft eines Landes.

> Die Globalisierung hat das Potenzial, den Lebensstandard aller Nationen zu erhöhen – kann ihn aber gleichzeitig gefährden. Um Wohlstand zu erzeugen, braucht es Institutionen, die dafür sorgen, dass Märkte funktionieren. Und um diese Institutionen aufzubauen, braucht es Zeit. Die aber wurde den Entwicklungsländern nicht eingeräumt. Stattdessen bekamen sie „Schocktherapien" verordnet. Die internationalen Wirtschaftsorganisationen, allen voran der Internationale Währungsfonds (IWF), forderten von Entwicklungsländern nicht eine geordnete, sondern schnelle Liberalisierung der Güter- und Finanzmärkte. Der Süden soll den Globalisierungsprozess, der im Norden Jahrzehnte dauerte, mit einem Schlag aufholen.
>
> (Lutz Arnold, Gebt der Dritten Welt mehr Zeit, in: DIE ZEIT Nr. 21/2002, S. 30)

Folgeprobleme übereilter Privatisierung

Leider sind IWF und Weltbank mit einer verengten ideologischen Perspektive an diese Fragen herangegangen; die Privatisierung sollte schnell, um jeden Preis und unter allen Umständen durchgeführt werden. Die Probleme, die diese gescheiterten Privatisierungen aufwarfen, haben das Konzept der Privatisierung selbst in Misskredit gebracht. […]

Der IWF geht schlichtweg davon aus, dass sich in kürzester Zeit Märkte für jedes Bedürfnis herausbilden, während in Wirklichkeit der Staat deshalb aktiv wird, weil Märkte grundlegende Dienstleistungen *nicht* bereitstellen. Dafür gibt es zahllose Beispiele: Die Schließung von Staatsunternehmen kann eine gravierende Versorgungslücke verursachen – und selbst wenn der private Sektor *schließlich* einspringt, kann es in der Zwischenzeit zu schwerer Not kommen. […]

Der IWF behauptet viel zu oft, es sei wichtig, die Privatisierung rasch durchzuziehen; mit den wettbewerbs- und aufsichtsrechtlichen Problemen könne man sich später befassen. Doch es besteht die Gefahr, dass einmal geschaffene Besitzstände ihre Monopolstellung aufrechterhalten, so dass aufsichts- und wettbewerbsrechtliche Belange zu kurz kommen und der politische Wille dabei verfälscht wird. Bei der Privatisierung großer Wirtschaftszweige stellt sich außerdem das Problem, dass die dabei anfallenden ungeplanten Einnahmen Staaten zu einer unsoliden Haushaltspolitik verleiten können. Die Tatsache, dass der IWF einem ausgeglichenen Staatshaushalt eine so herausragende Bedeutung beimisst, hat die Privatisierung von Monopolen gefördert, denn durch die Privatisierung eines Monopols fließen den öffentlichen Haushalten mehr Gelder zu. Doch schadete diese übereilte und ungeregelte Privatisierung den Verbrauchern, denn für sie wurde das Telefonieren teurer.

Privatisierung und Arbeitslosigkeit

Privatisierungen können jedoch nicht nur Verbrauchern, sondern auch Arbeitnehmern schaden. Dies ist vielleicht das Hauptargument, das für und gegen die Privatisierung vorgebracht wird; die Befürworter behaupten, nur durch Privatisierung könne man unproduktive Arbeitskräfte loswerden, die Kritiker dagegen führen ins Feld, es komme zu einem Stellenabbau ohne Rücksicht auf die sozialen Kosten. Tatsächlich enthalten beide Positionen viel Wahres. […] Die Privatisierung stößt deshalb auf so massive Kritik, weil sie, anders als so genannte „Investitionen auf der grünen Wiese" – Investitionen in neue Firmen im Unterschied zur Übernahme bestehender Firmen durch private Investoren –, oftmals zum Abbau von Arbeitsplätzen führt. […]

Arbeitslosigkeit verursacht gewaltige Kosten. Dazu gehört eine weit verbreitete Verunsicherung selbst unter den Arbeitnehmern, die ihre Stellen behalten, ein allgemeines Gefühl der Entfremdung, zusätzliche finanzielle Lasten für Familienangehörige, die weiterbeschäftigt werden, und der erzwungene vorzeitige Schulabgang von Kindern, die helfen müssen, die Familie zu ernähren. Diese Arten von sozialen Kosten bestehen weit über den unmittelbaren Arbeitsplatzverlust fort. Sie treten oftmals besonders deutlich zu Tage, wenn ein Unternehmen an Ausländer verkauft wird. Inländische Firmen fühlen sich viel-

leicht immerhin durch soziale Gepflogenheiten gebunden und entlassen Arbeitnehmer nur widerstrebend, wenn keine alternativen Stellen verfügbar sind. Ausländischen Eigentümern dagegen mag dies egal sein.
Es ist wichtig, aufgeblähte Staatsbetriebe umzustrukturieren, und die Privatisierung ist oftmals ein effizientes Mittel dazu. Doch wenn Menschen von Arbeitsplätzen in Staatsbetrieben mit niedriger Produktivität in die Arbeitslosigkeit gedrängt werden, steigt dadurch nicht das Einkommen eines Landes und gewiss nicht die Wohlfahrt der Arbeitnehmer. [...]

Probleme der Liberalisierung

Die Liberalisierung – der Abbau staatlicher Eingriffe in Finanz- und Kapitalmärkte sowie von Handelsschranken – hat viele Dimensionen. Heute räumt selbst der IWF ein, dass er mit dieser wirtschaftspolitischen Forderung weit über das Ziel hinausgeschossen ist – dass die Liberalisierung der Kapital- und Finanzmärkte zu den Finanzkrisen der Neunzigerjahre beitrug und sich verheerend auf kleine Schwellenländer auswirkte. [...]
Die Handelsliberalisierung soll das Einkommen eines Landes durch eine produktivere Nutzung der vorhandenen Ressourcen mit Hilfe des so genannten „komparativen Vorteils" steigern. Doch der Übergang von einer weniger produktiven Nutzung von Ressourcen zu einer ganz und gar unproduktiven erhöht das Einkommen eines Landes nicht. Genau dies aber geschieht bei IWF-Programmen allzu oft.

Ich möchte eines klarstellen: Diese Kritik an der Arbeitsweise des IWF bedeutet nicht, dass seine Gelder und seine Bemühungen immer erfolglos bleiben. Manchmal wurden Staaten finanziell unterstützt, die eine gute Wirtschaftspolitik betrieben – aber nicht notwendigerweise, weil der IWF diese Politik empfohlen hatte. Dann hatten die Gelder einen positiven Effekt. Manchmal gab die Konditionalität den Anstoß zu einer Debatte im jeweiligen Land, die zu einer besseren Wirtschaftspolitik führte. Doch allzu oft wurden die Gelder zweckentfremdet und mit schlechten wirtschaftspolitischen Auflagen verbunden, oder die Veränderungen kratzten nur an der Oberfläche und konnten leicht rückgängig gemacht werden. Manchmal war das Hilfe empfangende Land nach dem IWF-Programm genauso arm wie zuvor, aber mit höheren Schulden und den gleichen Eliten, die noch reicher waren als zuvor.
Die internationalen Institutionen haben jene Form direkter Rechenschaftspflicht umgangen, die wir in modernen Demokratien von öffentlichen Institutionen erwarten. Es ist an der Zeit, die Leistungsfähigkeit der internationalen Wirtschaftsinstitutionen zu „bewerten" und einige ihrer Hilfsprogramme daraufhin zu prüfen, wie effizient oder ineffizient sie Wachstum gefördert und Armut verringert haben.

(Joseph Stiglitz, Die Schatten der Globalisierung, Siedler Verlag, Berlin 2002, S. 171ff.; Stiglitz, Professor an der Columbia University New York, Nobelpreisträger, war von 1993 bis 1997 Mitglied des Sachverständigenrats des amerikanischen Präsidenten Clinton und von 1997 bis 2000 Chefvolkswirt und Senior Vice President der Weltbank)

M 94 Weltbank-Programme in der Kritik: „Armutsproduktion durch Strukturanpassung"

Kein gutes Haar an der Strukturanpassungspolitik der Weltbank lässt der Abschlussbericht der Structural Adjustment Participatory Review Initiative (SAPRI), der im April (2002, J.H.W.) veröffentlicht wurde. Die Initiative war vor fünf Jahren gemeinsam von der Weltbank und Nichtregierungsorganisationen aus aller Welt ins Leben gerufen worden, um in zehn Ländern Afrikas, Asiens und Lateinamerikas die Auswirkungen der Strukturanpassungsprogramme (SAP) der Weltbank zu untersuchen.
Das Urteil ist vernichtend: Statt die Armut in den betroffenen Ländern zu reduzieren, hätten die Weltbank-Programme sie noch verschärft.
Die zentrale Kritik der Initiative lautet: Durch das blinde Vertrauen auf die vermeintlich entwicklungsfördernden Kräfte des Marktes und die einseitige Konzentration auf exportorientiertes Wachstum seien in den betroffenen Ländern lokale Industrien benachteiligt

oder gar zerstört worden. Damit sei der wichtigste Motor für eine eigenständige Entwicklung abgewürgt worden. [...]
Die *Öffnung der Märkte* im Rahmen der von der Weltbank propagierten exportorientierten Wachstumsstrategie habe in den untersuchten Ländern vor allem zu einem starken Anstieg der Importe geführt. Diese hätten einheimische Güter verdrängt und zu einem Rückgang der Produktion sowie zu einem Anstieg der Arbeitslosigkeit geführt. Zwar seien auch die Exporte gestiegen, jedoch insgesamt nicht so stark wie die Einfuhren. Zudem konzentriere sich das Exportwachstum weitgehend auf einige wenige Rohstoffe und auf solche Fertigwaren, die von transnationalen Konzernen mit billigen und gering qualifizierten Arbeitskräften hergestellt werden. Handelspolitik, so der SAPRI-Bericht, „sollte dazu dienen, einen starken verarbeitenden Sektor zu schaffen sowie die landwirtschaftliche und industrielle Produktion zu unterstützen, anstatt diese Sektoren im Namen des Kampfes gegen die Ineffizienz mit einer Flut billiger Importe zu zerstören".
Ein weiterer Schwerpunkt der SAPRI-Kritik betrifft die im Rahmen der SAP geförderte *Privatisierung* vormals öffentlicher Dienstleistungen wie Strom- und Wasserversorgung. Die Privatisierung habe nicht etwa den Zugang zu diesen Gütern verbessert, vielmehr seien in den meisten Fällen die Preise deutlich angestiegen – mit weit reichenden Konsequenzen. [...] SAPRI kommt zu dem Schluss, dass Anbieter grundlegender Dienstleistungen in öffentlicher Hand bleiben sollten, „um die bestmögliche Versorgung aller Teile der Gesellschaft mit bezahlbaren hochwertigen Leistungen zu gewährleisten".
Der dritte maßgebliche Kritikpunkt der SAPRI-Studie betrifft die im Rahmen der SAP vorgenommenen Kürzungen der *Sozialausgaben*, etwa für Bildung und Gesundheit. Auch davon sei vor allem die arme Bevölkerung betroffen. [...] „Der Wert, den Bildung und Gesundheit – über den individuellen Nutzen hinaus – für die Gesellschaft und zukünftige Generationen haben, wurde zugunsten der Bedienung der Gläubiger vernachlässigt."

(Tillmann Elliesen, in: Entwicklung und Zusammenarbeit, Jg. 43, H.7 [2002], S. 226)

M 95 Überblick: Soziale Aspekte der Strukturanpassung

1. Die Bedeutung von Verteilungsfragen für den Reformprozess

1) Sehr häufig wird an Strukturanpassungen (im Folgenden SAP, J.H.W.) kritisiert, dass sie Verteilungsaspekte vernachlässigten. Diese Kritik wird allerdings unterschiedlich scharf formuliert. Einige Autoren sind der Meinung, dass die Maßnahmen der SAP an sich zu einer ungleichmäßigeren Einkommensverteilung und insbesondere zu einer Verschlechterung der Situation der Armen in den Reformländern führen würden. Dagegen geht eine zweite Gruppe von Kritikern davon aus, dass die [...] ökonomischen Reformen prinzipiell notwendig sind, jedoch die Verteilungsaspekte im Reformprozess nur ungenügend berücksichtigen.
(2) Eine Vernachlässigung der Verteilungswirkungen von SAP ist aus mehreren Gründen nicht tragbar. Zum einen muss es allein aus ethisch-moralischen Überlegungen heraus Ziel sein, dass die gesamte Bevölkerung von der Strukturanpassung profitiert und die unumgänglichen Anpassungskosten des Reformprozesses nicht ungerechtfertigterweise einseitig verteilt werden. Im Mittelpunkt der Betrachtung müssen die Armen und die so genannten *„vulnerable-groups"* stehen, die von den Reformen zunächst einmal negativ betroffen sind (z.B. Beschäftigte der ehemals geschützten Sektoren, die im Rahmen der strukturellen Veränderungen zumindest kurzfristig arbeitslos würden). Außerdem kann die Vernachlässigung der Verteilungswirkungen der Strukturanpassung dazu führen, dass der gesamte Reformprozess scheitern wird. Denn marktwirtschaftliche Reformen können langfristig [...] nicht gegen den Widerstand breiter Bevölkerungsschichten zu einem erfolgreichen Ende gebracht werden. Die SAP müssen also die Bedingungen der Armen verbessern und die Situation der *vulnerable-groups* im Anpassungsprozess berücksichtigen. Gruppen, die sich vorher zu Lasten der Gemeinheit (sic!) bereichert haben, zählen aus ethisch-moralischer Sicht nicht zu den *vulnerable-groups*.

Die folgenden Ausführungen beschränken sich auf eine Analyse der Armutswirkungen, die von den [...] Reformen ausgehen. Außerdem wird untersucht, wie die Strukturanpassung durch zusätzliche, primär auf Armutsminderung zielende Maßnahmen ergänzt werden kann.

2. Makroökonomische Stabilisierung

(1) Die Forderung nach einer *makroökonomischen Stabilisierungspolitik* ist vom Ansatz her sozial, da gerade arme Bevölkerungsschichten unter einem Inflationsklima, einhergehend mit mangelnden Investitionen, zu leiden haben. Sie haben weniger Möglichkeiten, ihr von der Inflation entwertetes geldliches Einkommen und Vermögen durch Substitution in andere Wertanlagen oder über Kapitalflucht ins Ausland zu schützen. Solide makroökonomische Rahmenbedingungen sind außerdem die Voraussetzung für Investitionen, die wiederum die Voraussetzung für wirtschaftliches Wachstum, die Schaffung neuer Arbeitsplätze und damit den Abbau von Armut sind.
In Bezug auf ihre *sozialen Auswirkungen* liegt das kritische Moment der Herstellung makroökonomischer Stabilität deshalb nicht in der Stabilisierung an sich, sondern in *Art und Umfang* der getroffenen Maßnahmen.
(2) Es wird allgemein anerkannt, dass eine Hyperinflation äußerst negative Folgen für eine Volkswirtschaft hat. Dagegen sind die negativen Auswirkungen einer Inflationsrate von bis zu ca. 20% und eines nicht übermäßig hohen Haushaltsdefizits auf den Wirtschaftsprozess nicht erwiesen. Die Bekämpfung der Inflation über eine *restriktive Geld- und Finanzpolitik* hat kurzfristig zunächst eine hemmende Wirkung auf die Wirtschaft. Damit sind häufig auch negative Folgen für die ärmeren Bevölkerungsschichten verbunden. Länder, die sich in einer solchen Situation befinden, sollten daher sorgfältig überlegen, ob Inflationsabbau und Haushaltskonsolidierung anfangs eine hohe Priorität in der Strukturanpassung eingeräumt werden sollten. Es besteht die Gefahr, dass kurzfristig hohe soziale Kosten anfallen, ohne dass der Entwicklungsprozess durch die unternommenen Maßnahmen einen wirkungsvollen Schub erfährt. Reformen in anderen Bereichen haben für den Entwicklungsprozess in diesen Ländern meist größere Bedeutung und sollten daher vorrangig durchgeführt werden.
(3) Die Lage vieler Entwicklungsländer ist allerdings durch sehr hohe Haushaltsdefizite und Inflationsraten gekennzeichnet, so dass an einem *Abbau der Defizite* zur makroökonomischen Stabilisierung kein Weg vorbei geht. Bei den staatlichen Ausgaben sind daher massive Einschnitte vorzunehmen. Hinsichtlich der sozialen Folgen dieser Einschnitte kommt allerdings nicht nur der Quantität, sondern vor allem auch der Qualität der Ausgabenkonsolidierung eine entscheidende Rolle zu. Die Ausgabenkürzungen sollten nicht nach der „Rasenmähermethode“ vorgenommen werden und in allen Bereichen den gleichen Prozentsatz streichen. Sozialausgaben und Ausgabenbereiche, die als produktiver Konsum (vor allem im Bildungs- und Gesundheitswesen) gelten, sollten von den Kürzungen ausgenommen werden und, wenn möglich, sogar erhöht werden. Die Ausgaben des produktiven Konsums sind aus sozialpolitischer Sicht besonders bedeutsam. Für viele Arme stellt nämlich ihre Arbeitskraft bzw. ihr Humankapital die einzig produktiv einsetzbare Ressource dar, über die sie verfügen. Von daher können sie ihr Einkommen nur über eine Steigerung des in ihnen inkorporierten Humankapitals erhöhen. Hierfür sind eine ausreichende Gesundheit und der Zugang zu Bildungseinrichtungen von großer Bedeutung. Folglich sollte aus sozialer Sicht der *Ausbau von Bildungs- und Gesundheitseinrichtungen* innerhalb der SAP absolute Priorität genießen.
Dagegen sollten unproduktive Investitionen, Subventionen und übermäßige Verwaltungsausgaben rigoros beschnitten werden. Die Überlegungen zu sinnvollen Ausgabenkürzungen müssen also mit solchen zu einer *Umstrukturierung des staatlichen Haushaltes* verbunden werden. Wird dies nicht getan, besteht die Gefahr, dass die Haushaltskonsolidierung erhebliche soziale Kosten zur Folge hat.
(4) Auf der Einnahmenseite sollte ein *progressives Steuersystem* errichtet werden, das die Steuersubjekte nach ihrer Leistungsfähigkeit besteuert und die Basis für eine angemessene

Umverteilung der Einkommen zu den sozial Schwachen bildet. Bei der Ausweitung der Besteuerung muss natürlich beachtet werden, dass die Einkommen der Haushalte nicht nach der Besteuerung unter die Armutsgrenze fallen.

3. Strukturwandel der Volkswirtschaft – Übergangsprobleme

(1) SAP induzieren über die mit einer *Wechselkursanpassung* verbundene *außenwirtschaftliche Öffnung* und den *Abbau von Preisregulierungen und Subventionen* Veränderungen im System der relativen Preise. Unterstützt durch das Engagement ausländischer Unternehmen über *Direktinvestitionen* setzt dies einen volkswirtschaftlichen Umstrukturierungsprozess (zugunsten des Exportgütersektors) in Gang, der wiederum mittel- bis langfristig Effizienzsteigerungen und neue Wachstumschancen in der jeweiligen Volkswirtschaft aktiviert. Der eingeleitete Strukturwandel bedeutet allerdings auch, dass alte Wirtschaftssektoren zusammenbrechen. Wenn die in diesen Sektoren freigesetzten Arbeitskräfte, aufgrund einer mangelnden Mobilität des Faktors Arbeit oder anderer Rigiditäten auf dem Arbeitsmarkt, nicht umgehend in den Exportgütersektor aufgenommen werden können, kommt es zu einem *Anstieg der Arbeitslosigkeit.*

(2) Der volkswirtschaftliche Strukturwandel wird durch die *Privatisierung von Staatsbetrieben* verstärkt. Viele Staatsbetriebe wirtschaften ineffizient. Gerade in den ehemaligen zentralen Verwaltungswirtschaften wurden aus politischen Gründen in den Betrieben mehr Arbeitnehmer angestellt, als ökonomisch gerechtfertigt war. Im Zuge der Privatisierung wird es somit in vielen Betrieben zu Entlassungen kommen. Ähnliches gilt für die *Umstrukturierungen in der staatlichen Verwaltung.* Zwar werden hier durch den Aufbau neuer wichtiger Einrichtungen neue Arbeitsplätze entstehen. Da aber die bestehenden administrativen Einheiten häufig personell aufgebläht sind oder sogar in Folge der Reformen überflüssig werden, wird es in den meisten Fällen zu einer Freisetzung von Arbeitskräften aus der öffentlichen Administration kommen. Eine Phase der Arbeitslosigkeit wird als Konsequenz des Strukturwandels für viele entlassene Arbeitskräfte aus den ehemals geschützten Sektoren, Staatsbetrieben und der öffentlichen Verwaltung zumindest kurzfristig nur schwer zu vermeiden sein, so dass für diese *vulnerable-groups* des strukturellen Wandels gezielte Transferzahlungen bereitgestellt werden müssen, um einen Anstieg der Armut im Reformprozess zu verhindern. Die Phase der Arbeitslosigkeit kann zudem für viele Arbeitslose durch die Bereitstellung bzw. Förderung von Umschulungsprogrammen verkürzt werden. Langfristig ist der durch *Deregulierung, Privatisierung* und *außenwirtschaftliche Öffnung* eingeleitete Strukturwandel aufgrund seiner Wachstumseffekte jedoch eine notwendige Voraussetzung für einen nachhaltigen Abbau der Arbeitslosigkeit und damit auch der Armut.

4. Preisbereinigungen

(1) Die Aufhebung von Höchstpreisen für Grundnahrungsmittel im Rahmen der *Preisderegulierung* hat einerseits positive Einkommenseffekte für viele ländliche Arme im Agrarsektor, andererseits verschlechtert sich durch die höheren Preise die Situation der sonstigen in Armut lebenden Menschen (vor allem in der Stadt). Preissteigerungen geben allerdings Anreize zu einer Ausweitung des Angebotes, die bei vorheriger Nahrungsmittelknappheit auch den städtischen Armen zugute kommt. Neben der Preisliberalisierung führt die *außenwirtschaftliche Öffnung* zu Veränderungen der Preise. Erfordert die *Anpassung des Wechselkurses* an seinen realen Wert eine Abwertung, so kommt es *ceteris paribus* zu einer Verteuerung der Importe. Setzt sich ein Teil der Güter, die zur Befriedigung der Grundbedürfnisse benötigt werden, aus Importen zusammen, die nicht durch inländische Güter substituierbar sind, dann besteht die Gefahr, dass sich ohne staatliche Intervention die Situation der Armen verschlechtert. Besteht zudem ein Großteil der Exportgüter des Landes aus Grundnahrungsmitteln, so kann es über die verstärkte Exporttätigkeit zu einem Anstieg der Preise mit entsprechend negativen Auswirkungen auf die nicht ländlichen Armen kommen. Zusätzlich kann ein Anstieg der Preise für sonstige landwirtschaftliche Produkte dazu führen, dass deren Produktion zu Lasten der Grundnahrungsmittelproduktion ausgedehnt wird.

(2) Die Bereinigungen des relativen Preissystems sind allerdings, wie bereits erläutert, notwendig, damit der Preismechanismus seine Allokationsfunktion wahrnehmen kann. Deshalb sollten Preisregulierungen auch dann nicht aufrechterhalten werden, wenn sie sozialpolitisch motiviert sind, sondern durch direkte Transferzahlungen an die Bedürftigen ersetzt werden.

(3) Die *Preisderegulierung auf den Faktormärkten* kann einerseits zu einem Anstieg der Armut bei den abhängigen Beschäftigten führen, wenn die Löhne infolge der Lohnfreigabe so weit absinken, dass selbst das bei Vollbeschäftigung zu erzielende Einkommen unterhalb der Armutsgrenze liegt. Andererseits bieten niedrigere Löhne Anreize zu einer Ausweitung der Arbeitsnachfrage. Dadurch steigen für die Armen, die bislang keinen Arbeitsplatz finden konnten, die Möglichkeiten, ein geregeltes Einkommen zu beziehen. Von dieser Ausweitung profitieren allerdings in zunehmendem Maße auch in Entwicklungsländern nur noch Arbeitskräfte, die über ein Mindestmaß an Humankapital verfügen, da ungelernte Arbeit weitgehend aus der Produktion verschwunden ist.

Fazit: Strukturanpassung bedarf der Ergänzung durch sozialpolitische Maßnahmen

(1) Die Analyse hat gezeigt, dass SAP keineswegs im Widerspruch zu sozialen Zielen stehen müssen. Armutsabbau und die Sicherstellung von effizienten Bildungs- und Gesundheitssystemen haben positive soziale und ökonomische Effekte. Sie erfüllen somit eine Doppelfunktion. Die Bedeutung des produktiven Konsums für die Humankapitalbildung und damit für den gesamten Wachstumsprozess verlangt also geradezu den Einbezug sozialer Aspekte in die Gestaltung der Programme.

(2) Es wurde aber auch deutlich, dass zusätzlich zu den marktwirtschaftlichen Reformen effiziente Transfersysteme für *vulnerable-groups* und insbesondere für Alte und Arbeitsunfähige, die nicht in der Lage sind, eigene Einkommen zu erzielen, errichtet werden müssen. Die Bereitstellung der notwendigen Transfers ist nicht ausschließlich Aufgabe des Staates. Sie können genauso gut auf privater (z.B. familiärer) Basis durchgeführt werden. Deshalb sollte die weitere Nutzung bzw. Unterstützung bestehender traditioneller Sicherungssysteme in die Reformüberlegungen einbezogen werden.

(3) Ebenso muss daran gedacht werden, dass im Zuge eines durch die Strukturanpassungsmaßnahmen eingeleiteten erfolgreichen Wachstumsprozesses Sozialsysteme wie z.B. eine Arbeitslosenversicherung errichtet werden, die verhindern, dass in Phasen ökonomischer Krisen (Rezessionen, externe Schocks) ein Anstieg der Arbeitslosigkeit auch die Zahl der Armen wieder drastisch steigen lässt. [...]

(4) Ein Großteil der sozialen Probleme, die im Zusammenhang mit SAP auftreten, werden dadurch verursacht, dass die notwendigen Reformen in ihrer Gesamtheit nur ungenügend umgesetzt werden. Geht es einem Land in diesem Fall nach der „Durchsetzung" der Strukturanpassung schlechter als vorher, so liegt dies nicht am SAP, sondern an seiner mangelhaften Umsetzung. In diesem Zusammenhang sei nochmals auf die im vorherigen Abschnitt behandelten politökonomischen Aspekte verwiesen. In vielen Entwicklungsländern sind für das soziale Elend nicht die Reformen verantwortlich, sondern lokale Autoritäten, die hauptsächlich am eigenen Wohlstand interessiert sind und nicht an dem ihrer Bevölkerung. Für die Entwicklungszusammenarbeit hat das zur Folge, dass das Prinzip des *ownership* auch innerhalb des Anpassungslandes Gültigkeit besitzen muss. An der SAP-Gestaltung sollten möglichst viele der betroffenen gesellschaftlichen Gruppen und insbesondere die Armen beteiligt werden. Eine *Partizipation der Zielgruppen* an der Planung und Umsetzung sie betreffender Reformen vergrößert in erheblicher Weise die Chance, dass ihre Interessen wirksam berücksichtigt und Reformwiderstände verringert werden. Hierbei kann die Zusammenarbeit mit Nichtregierungsorganisationen hilfreich sein, die häufig über das nötige *Know-How,* die Kontakte und viele Informationen zur Zusammenarbeit mit den ärmsten Bevölkerungsschichten verfügen.

(Hans-Rimbert Hemmer und H. Marienburg: Ökonomische Strukturanpassungspolitik in Entwicklungsländern, Entwicklungsökonomische Diskussionsbeiträge, Nr. 29, Gießen 2002; http://wiwi.uni-giessen.de/ma/pub/Hemmer/Hans-Rimbert_Hemmer)

M 96 a Reformdilemmata

Die Problematik der Strukturanpassung liegt in den ungleichen Machtverhältnissen zwischen reformbereiten und blockierenden Kräften; sie lässt sich auch als ein Dilemma der schwachen Gewinner und starken Verlierer beschreiben [...]: Die ländliche Bevölkerung gehört zu den Gewinnern, während städtische Gruppen den großen Teil der Verlierer umfassen. Die Landbevölkerung ist in der Regel schwach organisiert und von den Machtzentren weit entfernt. Die Stadtbevölkerung dagegen besteht aus politisch sehr starken Gruppen. Vor allem Staatsbeamte, Studenten und Industriearbeiter sind organisiert und können die Regierung an Ort und Stelle über Protest- und Streikaktionen in Bedrängnis bringen.
Die Verlierer sind klar bestimmbare konkrete Gruppen, die Gewinner schwer zu bestimmende abstrakte Gruppen. Während sich die konkrete Betroffenheit von Gruppen (zum Beispiel freigesetzte Bedienstete von Staatsbetrieben) direkt äußert, sind Gemeinwohlinteressen – wie die Steuerzahlenden in ihrer Gesamtheit – kaum organisiert. Die Maßnahmen müssen von potenziellen Verlierern umgesetzt werden. Die Bediensteten des Staates müssen die Reformen umsetzen, die häufig eine Reduzierung ihrer eigenen Arbeitsplätze zur Folge haben. Ihre Motivation, den Reformprozess zu behindern, ist naheliegenderweise sehr hoch. Es handelt sich hierbei um ein institutionelles Dilemma zwischen dem Staat als Vertreter des Gemeinwohles und dem Staat als Gesamtheit seiner Bediensteten.
Mittel- und langfristige ökonomische Wirkungen stehen kurzfristigen politischen Zyklen gegenüber. Eine wirtschaftliche Erholung stellt sich in der Regel erst nach einer längeren Phase durchgehender und schmerzhafter Strukturmaßnahmen, wie zum Beispiel durch eine strikte Sparpolitik, ein. Eine Durststrecke zu Beginn der Reformen stellt vor allem dann ein Problem dar, wenn bald darauf Wahlen stattfinden. Falls die Durststrecke dann noch nicht überwunden ist, besteht die Gefahr, dass die Reformer von den Wählerinnen und Wählern bestraft und die Maßnahmen rückgängig gemacht werden.

(Wolfgang Fengler, Strukturanpassung und Verschuldung, in: Informationen zur politischen Bildung, Nr. 264: Afrika I, 3. Quartal 1999, hg. von der Bundeszentrale für politische Bildung, Bonn, S. 29–33, hier S. 32–33)

M 96 b Der Monterrey-Konsens: Eine neue Entwicklungspartnerschaft

[...] Das Abschlussdokument (der Weltkonferenz von Monterrey, Frühjahr 2002, J.H.W.) unterstreicht die Eigenverantwortung der Entwicklungsländer für ihre eigene soziale und wirtschaftliche Entwicklung dadurch, dass sich Hinweise auf die Bedeutung der internen Rahmenbedingungen für ein nachhaltiges Wirtschaftswachstum und für die Erreichung der Entwicklungsziele wie ein roter Faden durch das gesamte Dokument ziehen. Gute Regierungsführung („good governance") durch Korruptionsbekämpfung, Rechtsstaatlichkeitsprinzip, Achtung der Menschenrechte, eine marktwirtschaftlich orientierte Wirtschaftspolitik und makroökonomische Stabilität werden explizit als Kernelemente entwicklungsfördernder Rahmenbedingungen genannt – und sind zugleich wesentliche Voraussetzungen, vermehrt ausländische (wie übrigens auch nationale) Investitionen anzuziehen. [...] Von Monterrey geht das Signal eines neuen Konsenses über das Ziel der Armutsbekämpfung und die dafür notwendigen internen und externen Handlungsschritte aus. „Es wird mehr und mehr anerkannt, dass bei den Bedingungen für Kredite offizieller Kreditgeber („Konditionalität") soziale und ökologische Kriterien in die Entscheidungsfindung einzubeziehen sind, dass die Transparenz der Entscheidungsfindung, die Partizipation der Entwicklungsländer und die Offenheit gegenüber zivilgesellschaftlichen Akteuren verbessert werden müssen, dass im IWF die verschiedenen Sichtweisen und nicht nur eine Schule – heute dominieren Vertreter der Angebotstheorie und Anhänger umfassender Deregulierung – vertreten sein müssen und dass sich die Kredit nehmenden Länder Konditionen zu eigen machen können, ohne dass sie ihnen auferlegt werden (Ownership)."

(Michael Hofmann und Rolf Drescher, Der Monterrey-Konsensus. Eine neue Entwicklungspartnerschaft, in: Entwicklung und Zusammenarbeit, Jg. 43, 2002: 5, S. 149–151, hier S. 151; Zitat aus: Schlussbericht der Enquête-Kommission des Deutschen Bundestags „Globalisierung der Weltwirtschaft", Kurzfassung, S. 25f.)

Über die Bedeutung, die den beiden Bretton-Woods-Institutionen (IWF und Weltbank) als internationalen Trägern der Entwicklungshilfe zukommt, und ihre Organisation hatten wir bereits in Abschnitt B. 2. (M 73 – M 75, S. 172 – 175) informiert. Seit Jahren werden vor allem die Stellung und die Auflagenpolitik (Strukturanpassung) des IWF lebhaft diskutiert und z.T. scharf kritisiert, insbesondere im Hinblick auf die untragbaren sozialen Folgen, die sich nach Darstellung der Kritiker aus der Auflagenpolitik für die sozial schwachen Teile der Bevölkerung in den betreffenden Ländern ergeben. Es erscheint daher sinnvoll, dieser Frage und diesem Streit etwas eingehender nachzugehen.

1. *Informieren Sie sich zunächst über die wesentlichen Elemente der Strukturanpassungsprogramme (SAP) des IWF, wie sie im sog. „Washington Consensus“ formuliert wurden (M 91, vgl. M 79).*
2. *Setzen Sie sich mit den Vorschlägen des Textes (S. 213f.) auseinander, wie die – durch die vom IWF verlangte Streichung von Subventionen zwangsläufig entstehenden – Folgen für die ärmsten Bevölkerungsschichten gemildert oder ausgeglichen werden können.*
3. *Zu den bekanntesten Kritikern der Strukturanpassungspolitik des IWF gehört der Wirtschafts-Nobelpreisträger Joseph Stiglitz, der selbst von 1997 bis 2000 mitverantwortlich für die Politik der Weltbank war. Geben Sie die Kritik, die sich auf die beiden vom IWF in der Regel geforderten Maßnahmen der „Privatisierung und Liberalisierung“ bezieht, mit eigenen Worten wieder (M 93). Inwiefern wendet sich Stiglitz nicht grundsätzlich gegen solche Reformkonzepte, sondern gegen Fehleinschätzungen des IWF, gegen engstirniges Beharren auf Modellannahmen und fehlende Rücksichtnahme auf die konkreten Bedingungen und Möglichkeiten des jeweiligen Landes?*
4. *Vergleichen Sie die Stiglitz-Kritik mit den zentralen Kritikpunkten des Untersuchungsausschusses zur Strukturanpassungspolitik der Weltbank, über den in M 94 berichtet wird (SAPRI).*
5. *Zu den am meisten diskutierten „sozialen Folgen der Strukturanpassung“ haben wir einen längeren, systematisch strukturierten Text ausgewählt, der eine differenzierte Beurteilung ermöglicht und für dessen Erarbeitung Sie sich etwas Zeit nehmen sollten (M 95; ggf. in Gruppenarbeit). Machen Sie deutlich, warum der Autor das Problem der Armuts- und Verteilungswirkungen der SAP für so wichtig hält, und erstellen Sie als Ergebnis Ihrer Erarbeitung eine stichwortartige, an den Textabschnitten orientierte Übersicht (oder ein Tafelschema): Welche Wirkungen von Anti-Inflations-Maßnahmen (Abschnitt 2. „Makroökomische Stabilisierung“), von Strukturveränderungen in der Wirtschafts- und Sozialpolitik (Abschnitt 3. „Strukturwandel“) sowie von Preisbereinigungen (Abschnitt 4.) nimmt der Autor jeweils an? Welche Maßnahmen hält er jeweils für erforderlich, um die sozialen Probleme zu lösen?*
6. *Wie beurteilen Sie den Anspruch und die Realisierungschancen der in M 95 (letzter Abschnitt, S. 222) empfohlenen Problemlösungen? Berücksichtigen Sie dazu auch die in M 96 a genannten Probleme fehlender Reformbereitschaft und gruppenspezifisch verfestigter Interessenstrukturen innerhalb der Empfängerländer von IWF-Krediten.*
7. *Vom „Washington Consensus“ zum „Monterrey-Konsens“: In welchen Punkten berücksichtigt das Konzept der „neuen Entwickungspartnerschaft“ (M 96 b) die von Stiglitz (M 93) geäußerte Kritik und die in M 95 aufgeführten Problemaspekte? Nähere Informationen zum Monterrey-Konsens finden Sie unter der Internetadresse www.dse.de/zeitschr/ez502-9.htm*

5. Zur Erklärung von Entwicklungshilfewirkungen

Wie lassen sich die angeführten Forschungsergebnisse, nach denen Entwicklungshilfe nur bei guter Politik und guten Institutionen im Empfängerland Wirkung zeigt und diese erst

bei einem Schwellenwert um die 1000 Dollar eintritt, erklären?
Drei Punkte sind hier zu diskutieren:
a) die Wirkung von Entwicklungshilfe auf das inländische Sparverhalten;
b) die „Fungibilität*“ von Entwicklungshilfe;
c) die verfolgte Wirtschaftspolitik und die angeführte ökonomische Schwelle.

a) **Zum Sparverhalten**

Hier ist die Frage zu stellen, wie sich das inländische Spar- und Investitionsverhalten bei Zustrom von Auslandskapital, den Entwicklungshilfe direkt oder indirekt darstellt, verändert. Kann, mit anderen Worten, davon ausgegangen werden, dass die Nettoinvestitionen um die Höhe des Kapitalzuflusses zunehmen, oder führt dieser zu einer Reduktion der inländischen Ersparnis und damit der inlandsfinanzierten Investitionen, so dass die Nettoinvestitionen mehr oder weniger gleich bleiben, aber zum Teil vom Ausland (ausländischen Kapitaleigentümern oder Steuerzahlern) statt von inländischen Sparern finanziert werden?
Seit der Frühzeit von Entwicklungshilfe und Entwicklungshilfekritik wird ein negativer Zusammenhang zwischen der Höhe inländischer Ersparnis und ausländischer Kredite aus theoretischen Gründen postuliert und in einer Reihe von auch jüngeren ökonometrischen* Studien nachgewiesen. Hiernach wären also ausländische und inländische Kapitalien mindestens zum Teil Substitute, bei denen folglich die Erhöhung des einen zur Verminderung des anderen führte. Hiernach träte also Entwicklungshilfe nicht einfach additiv zu den entwicklungswirksamen Ausgaben der Empfängerregierung bzw. des Empfängerlandes, sondern ersetzte diese mindestens zum Teil, wie neuerdings wieder durch Studien der Weltbank nachgewiesen wurde. Hiernach steigen bei einem Zustrom von einem Dollar Entwicklungshilfe die öffentlichen Investitionen nur um 29 Cents, führen, in einem anderen Ländersample, verbilligte Kredite (so genannte concessional loans) wie diejenigen der International Development Association von einem Dollar nur zu einer Zunahme der Staatsausgaben von 63 Cents, wobei der Effekt von verbilligten Krediten und Geschenken von einem Dollar zusammengenommen nur 33 Cents ausmacht – mit großen Unterschieden von Land zu Land, was also nichts anderes heißt, als dass ein erheblicher Teil der Entwicklungshilfe schlicht für Staatskonsum verwendet wird. Selbst präzise auf einen Sektor ausgerichtete Entwicklungshilfe kommt nicht voll an, z. B. bei Landwirtschaftsprojekten: Ein Dollar für Landwirtschaft führt zu einer Zunahme der Ausgaben für Landwirtschaft, die – wiederum mit großen Unterschieden von Land zu Land – in der Regel weit unter einem Dollar liegt. Für die Entwicklungshilfe in das Gesundheitswesen und die Erziehung gilt sogar, dass der Nettoeffekt negativ ist, tatsächlich also insgesamt *weniger* für diese Bereiche ausgegeben wird, wenn ausländische Hilfe hierfür gewährt wird.
Wenn das so ist, kann es nicht verwundern, dass bei der globalen Korrelation von Entwicklungshilfe und Wirtschaftswachstum pro Kopf oft kein positiver signifikanter Zusammenhang festgestellt werden kann.

b) **Zur „Fungibilität“** („what you see is not what you get“)

Um einen theoretisch verwickelten Sachverhalt einfach darzustellen: Nehmen wir an, die Regierung eines Entwicklungslandes habe sich ein *Investitionsprogramm* aus, etwa, zehn großen Projekten vorgenommen. Diese lassen sich, was ihren ökonomischen bzw. entwicklungspolitischen Wert angeht, grundsätzlich in eine Reihenfolge bringen, von 1 (am rentabelsten) bis 10 (am wenigsten rentabel oder gar unrentabel). Die Regierung habe aber nur Geld für neun Projekte: Bei rationalem Vorgehen fällt also das am wenigsten rentable Projekt dem Rotstift zum Opfer. Nun kommt die *Entwicklungshilfe* ins Spiel: Wird diese um Finanzierung eines Projektes angegangen, wird die Regierung zweckmäßigerweise nicht gerade Projekt zehn vorschlagen (und sich mit einiger Wahrscheinlichkeit eine Abfuhr einhandeln), sondern, sagen wir, Projekt zwei.
Dieses hat eine gute Chance einer ausländischen Finanzierung. Ergebnis: Das Budget der Regierung wird um die Kosten für Projekt zwei entlastet: sie kann nun noch Projekt zehn (und damit möglicherweise ökonomischen Unsinn) finanzieren. Faktisch, wenn auch

indirekt, hat der ausländische Geldgeber das Projekt zehn finanziert (es sei erinnert, dass dieses Projekt nicht notwendig ein rentables Projekt ist, nach unseren gemachten Voraussetzungen, selbst wenn es rentabel sein sollte, jedenfalls das am wenigsten rentable aus unserer Liste aus zehn Projekten darstellt). Die auf Hochglanzpapier gedruckten Berichte der nationalen und internationalen Entwicklungshilfe-Bürokratie über ihre erfolgreichen Projekte sind, so betrachtet, substanzlos (s. **M 97**).

Unglücklicherweise kann die Überlegung noch weitergesponnen werden: Für „Projekt zehn" kann, je nach Land, auch Militär (der Staatshaushalt Ruandas z. B., eines bevorzugten Empfängerlandes internationaler Entwicklungshilfe [s. **M 84 a**], hängt zu weit mehr als der Hälfte von ausländischen Zuschüssen ab. Die frei gewordenen Mittel erlaubten es dem Land, siebenhundert Kilometer von seiner Grenze entfernt einen Krieg zu führen!), Rüstung oder Verstärkung des polizeilichen Repressionsapparates stehen – oder auch, schlicht, Korruption, die (indirekte) Umlenkung der zusätzlichen Kaufkraft in nicht dafür bestimmte (oder, je nach Standpunkt, besonders dafür bestimmte!) Taschen. Dem könnte ein internationaler Financier nur entgehen, wenn das Empfängerland sich im Kreditvertrag verpflichtete, keinerlei Einschränkungen von geplanten rentablen Investitionen nach Mittelzufluss aus ausländischen Krediten vorzunehmen. Solche Verpflichtungen sind nicht bekannt geworden (da sie zweifellos die nationale Souveränität berührten); sie wären übrigens unkontrollierbar und daher auch nicht erzwingbar.

Wir können also feststellen, dass Entwicklungshilfe in Wahrheit oft nicht die Projekte finanziert, für die das Geld tatsächlich gezahlt wird, oder auch die Programme, für die Geld abfließt, sondern die *Prioritäten der Empfängerregierung* (sie *können, müssen* sich aber nicht auf das vereinbarte Projekt richten), wobei von direkter Korruption noch völlig abgesehen wird; das genannte Resultat hat hiermit gar nichts zu tun, kann also auch dann eintreten, wenn die bestimmungsgemäße Verwendung jedes Cents nachgewiesen werden kann.

c) **Die verfolgte Wirtschaftspolitik und die ökonomische „Schwelle"**

Kann die Fungibilität mit dem angeführten neueren Resultat der Forschung, dass ein Schwellenwert für eine positive Wirkung der Entwicklungshilfe festgestellt worden ist, in Übereinstimmung gebracht werden? Denkbar, wenn auch in der Forschung noch keineswegs abgesichert, wäre folgender Zusammenhang:

Schlechte Politik und unzureichende Institutionen in einem armen Land (z. B. den meisten Ländern Schwarzafrikas) führen dazu, dass das Land nicht nur arm ist (Südkorea hatte 1950 weniger als Dreiviertel des realen Sozialprodukts pro Kopf der Goldküste, des heutigen Ghana), sondern über Jahrzehnte arm bleibt. Zustrom von Auslandskapital (wie weit überdurchschnittlich in Schwarzafrika; mehr als 10 Prozent des Sozialproduktes stammt aus ausländischen Überweisungen) führt nun nicht zu entsprechenden Erhöhungen entwicklungspolitischer Ausgaben, sondern zu der Finanzierung eines für die Möglichkeiten des Landes überzogenen Konsumniveaus (so miserabel dieses für sich genommen sein mag). Weil das Auslandskapital fungibel ist (s.o.), finanziert es die Prioritäten der Regierung, und diese sind, nach unseren gemachten Annahmen und empirischen Belegen, nicht notwendig diejenigen der Förderung der Entwicklung, sondern z. B. Machterhalt bzw. Extraktion (Besteuerung). Unter diesen Umständen führen Auslandskapital und Entwicklungshilfe nicht zu einer Verbesserung der Situation, sondern konservieren die Zustände, die Armut und Unterentwicklung verursacht haben, verhindern also die Problemzuspitzung, die zu Reformen führen müsste, die allein den Zustand der Unterentwicklung und Armut beenden oder mildern können.

Umgekehrt bei der anderen Gruppe von Ländern:

Aufgrund von vernünftiger Politik (und, zuzugeben, auch der gelegentlichen Gunst der weltwirtschaftlichen Lage, z. B. Rohstoffpreissteigerungen) steigt das Sozialprodukt über die genannte Schwelle (für die es übrigens theoretisch keine Begründung gibt – der Wert ist lediglich empirisch ermittelt worden). Da hier eine vernünftige Politik betrieben wird, wird trotz Fungibilität des Auslandskapitals nach den bewiesenen Präferenzen der Regierung das Geld für entwicklungswirksame Ausgaben verwendet, werden Institutionen geschaffen bzw. reformiert, die das große Ziel der Entwicklung unterstützen. Auslandskapital führt hier nur in geringem oder gar keinem Maße zu einer Verminderung des inländischen Sparverhaltens. Alle Faktoren wirken zusammen, um hier weiter Entwicklung zu fördern.

M 97 Projektfinanzierung und Fungibilität

Früher nahm man an, dass bei der Finanzierung eines bestimmten Investitionsprojektes durch eine Organisation der Entwicklungshilfe wie der Weltbank die für dieses Projekt ausgegebenen Mittel tatsächlich dieses Projekt finanzierten und kein anderes. In der Tat war die Internationale Bank für Wiederaufbau und Entwicklung […] stolz auf die Solidität (soundness) und den hohen ökonomischen Ertrag einiger ihrer Projekte. Demgegenüber wurde jedoch bald erkannt, dass ausländisches Kapital nicht das Projekt finanzierte, für das es dem Anschein nach ausgegeben wurde, sondern das Grenzinvestitionsprojekt (marginal investment project), d. h. von allen realisierten Projekten dasjenige, das auf der Prioritätenliste ganz unten stand. Das ist mit der Behauptung gemeint, Hilfe sei „fungibel". […] Die Fungibilität der Entwicklungshilfe ist in keiner Weise begrenzt. Das bedeutet, dass ausländisches Kapital nicht das Grenzinvestitionsprojekt, sondern das Grenzausgabenprojekt (marginal expenditure project) finanziert, und Grenzausgaben (expenditure on the margin) werden wahrscheinlich (vielleicht wahrscheinlicher) für Konsum- wie für Kapitalgüter getätigt [d. h. für ‚Projekt zehn' in unserem Beispiel S. 225f. könnte Champagner stehen! – J.H.W.]. Auslandskapital bedeutet Ressourcen*- oder Kaufkrafttransfer von einem Land in ein anderes, und wie diese zusätzlichen Ressourcen verwendet werden, kann nicht a priori bestimmt werden. Sicherlich steht nicht fest, dass nichts davon zur Erhöhung des Konsums verwendet wird.

(Keith B. Griffin, International Inequality and National Poverty, London 1978, S. 62; Übersetzung: Jürgen H. Wolff)

M 98 „Die Politik der Entwicklungsländer selbst ist entscheidend"

1) Trotz kritischer Anmerkungen haben die jüngeren makroökonomischen Wirkungsanalysen eines deutlich gemacht: Eine auf der Mikroebene zielorientiert ausgestaltete Maßnahme ist zwar eine notwendige, aber keineswegs hinreichende Bedingung für eine entwicklungsbeschleunigende Wirkung der Entwicklungszusammenarbeit im Empfängerland. Da jede Entwicklungszusammenarbeit eine direkte Übertragung von Ressourcen in das Empfängerland beinhaltet, werden von ihr alle entwicklungspolitischen Ziele tangiert: Der Ressourcentransfer beeinflusst die personelle Einkommensverteilung, wirkt sich auf das Wirtschaftswachstum aus und hat ökologische Konsequenzen. Das Ausmaß der realisierten Zielerreichung wird dann davon bestimmt, nach Maßgabe welcher Zielfunktion aufseiten der Nehmer die Hilfe eingesetzt wird (vgl. M 96 a, M 97). Maßgeblich hierfür sind primär die Zielfunktionen jener Gruppen in Entwicklungsländern, welche für die entwicklungspolitischen Entscheidungen zuständig sind und die entwicklungsrelevanten Rahmenbedingungen des betreffenden Landes bestimmen, obwohl es natürlich auch bei diesen Gruppen *principal-agent**-Probleme gibt. Letzten Endes bestimmen die Rahmenbedingungen, innerhalb derer sich die Entwicklungszusammenarbeit vollzieht und die Ausdruck des Gesamtsystems sind, ihre Wirksamkeit. In vielen Fällen sind positive Entwicklungswirkungen der Entwicklungszusammenarbeit nur bei grundlegenden Reformen des wirtschafts- und gesellschaftspolitischen Ordnungsrahmens der betreffenden Entwicklungsländer zu erreichen. Wo dieser Rahmen fehlt, tragen Entwicklungszusammenarbeits-Maßnahmen – selbst wenn sie technisch optimal ausgestaltet sind – nicht zu nachhaltigen Entwicklungsfortschritten bei. Beobachtete entwicklungspolitische Misserfolge dürfen der Entwicklungszusammenarbeit aber auch in solchen Fällen nicht unmittelbar, sondern bestenfalls mittelbar angelastet werden – nämlich dann, wenn sie verhindert, dass überfällige Reformen in einem Lande durchgeführt werden.

(2) Folglich könnte die Wirksamkeit der Entwicklungszusammenarbeit erhöht werden, wenn sie sich stärker auf Länder mit entsprechenden entwicklungsfördernden Rahmenbedingungen konzentrierte. Dabei kann es zu der Dilemmasituation kommen, dass Länder mit entwicklungsfördernden Rahmenbedingungen, die nur in geringem Maße auf Entwicklungszusammenarbeit angewiesen sind, besser bedient werden als Länder ohne entwicklungsfördernde Rahmenbedingungen, die eigentlich einen erheblichen Entwicklungszusammenarbeits-Bedarf haben. Dieses Dilemma lässt sich aber entschärfen, wenn nicht nur das Volumen, sondern auch die Art der Entwicklungszusammenarbeit entsprechend variabel eingesetzt werden. Bei Ländern, die noch spürbare Defizite bei diesen Rahmenbedingungen aufweisen, könnte die Reform dieser Rahmenbedingungen selbst eine wichtige Entwicklungszusammenarbeits-Aufgabe darstellen. Je weniger der wirtschafts- und gesellschaftspolitische Rahmen „stimmt", desto höhere Priorität sollten entsprechende Entwicklungszusammenarbeits-Maßnahmen im Vergleich zu stärker mikroökonomisch ausgerichteten Maßnahmen haben. Wo die betreffenden Regierungen nicht bereit sind, den Rahmen nachhaltig zu ändern, sollten sich Entwicklungszusammenarbeits-Maßnahmen vorrangig auf solche Bereiche konzentrieren, die direkt oder indirekt den Armen des Landes helfen.

(3) In der Tat besteht die vielleicht zentrale Lektion nach vier Jahrzehnten Entwicklungshilfe in der Erkenntnis, dass die Politik der Entwicklungsländer selbst von entscheidender Bedeutung für die Lösung ihrer Probleme und für ihren Entwicklungsverlauf ist. Die Funktion von Entwicklungshilfe wurde bisher häufig überbewertet. Sie ist nur ein – oftmals sehr bescheidener – Faktor, der Entwicklungsprozesse zwar beeinflusst, aber nur in seltenen Fällen auch prägt. Tempo und Qualität der Entwicklungsprozesse in den Entwicklungsländern werden in erster Linie durch die eigene Politik der betreffenden Länder bestimmt, welche die internen Rahmenbedingungen für ihre Entwicklung determinieren. Selbst in jenen Ländern, in denen die Entwicklungshilfe – verglichen mit den aus internen Quellen stammenden Finanzmitteln – relativ umfangreich ausfällt, wie bspw. in vielen Ländern Sub-Sahara-Afrikas, prägen die internen ordnungspolitischen Rahmenbedingungen entscheidend den Verlauf des nationalen Entwicklungsprozesses. Diese Erkenntnis bildet die Grundlage für den in der aktuellen entwicklungspolitischen Debatte weit verbreiteten Afrikapessimismus. In der Tat können Maßnahmen der Entwicklungshilfe fehlende oder unzureichende Eigenanstrengungen der Entwicklungsländer meist nur geringfügig kompensieren, falls dies überhaupt möglich sein sollte. Teilweise führen Maßnahmen der Entwicklungshilfe sogar zur Verlängerung verfehlter interner Politiken, weil sie die Notwendigkeit von Politikrevisionen vermindern. So spielen politischer Pluralismus, Religionsfreiheit, Meinungsfreiheit und -vielfalt – alles *Menschenrechte* – eine ebenso wichtige Rolle bei der Schaffung bzw. Bestimmung entwicklungsfördernder Rahmenbedingungen wie die *Organisationsfreiheit*. Eine gesicherte *Rechtsordnung* gehört ebenso zu den unverzichtbaren internen Rahmenbedingungen der Entwicklung wie eine *Verwaltung*, die sich entwicklungsfördernd verhält. Dauerhafte wirtschaftliche und soziale Entwicklung erfordert ferner, dass die verfügbaren Ressourcen nicht in unproduktive, mitunter sogar entwicklungshemmende Verwendungen wie bspw. *Rüstungsausgaben* gesteckt, sondern produktiv verwendet werden. Insbesondere die reichen Eliten haben ihren Beitrag zur Entwicklung ihres Landes zu leisten, statt zu versuchen, möglichst schnell ein den Oberschichten in den Industrieländem entsprechendes Konsumniveau zu erreichen. Solange diese Rahmenbedingungen nicht vorliegen, hat Entwicklungshilfe nur geringe Chancen, zu einer nachhaltigen Beschleunigung des Entwicklungsprozesses beizutragen. Wo der Staat und vor allem die an Selbstprivilegierung interessierten Eliten die Entfaltung von Eigeninitiativen und die Beteiligung der Bevölkerung unterdrücken, kann finanzielle Hilfe von außen nur wenig bewirken. Projekte können, wenn die Rahmenbedingungen falsch oder unzulänglich sind, wenig erreichen oder sogar scheitern. Die Vorstellung einer heilen, mit Hilfe externer Ressourcen abgeschirmten Mikrowelt in einer eher problematisch einzuschätzenden Makroumgebung ist nicht haltbar (*Wissenschaftlicher Beirat*

1990). Insofern überraschen auch nicht die Projekterfahrungen der deutschen Entwicklungshilfe, die deutlich belegen, dass eine ungenügende Anpassung an die Rahmenbedingungen (einschließlich der soziokulturellen Gegebenheiten) im Partnerland bei einer Vielzahl von Projekten die wesentliche Ursache für eine ungenügende Nachhaltigkeit der Projektwirkungen ist.

(4) An der hier festgestellten Dominanz der internen Politik bei der Bestimmung nationaler Entwicklungsprozesse ändert auch die Tatsache nichts, dass die Entwicklungschancen gleichfalls noch von den *weltwirtschaftlichen Rahmenbedingungen* abhängen, mit denen die Entwicklungsländer konfrontiert sind, und die überwiegend von den Industrieländem bestimmt werden. Diese weltwirtschaftlichen Rahmenbedingungen diskriminieren viele Wirtschaftsbereiche in den Ländern der Dritten Welt und torpedieren teilweise die von diesen Ländern unternommenen Eigenanstrengungen zur Entwicklungsbeschleunigung. Aber umgekehrt können auch für einzelne Länder günstigere weltwirtschaftliche Rahmenbedingungen kein Ersatz für fehlende Eigenanstrengungen sein.

(5) Die Einsicht vieler Entwicklungsländer in die dominierende Rolle der internen Politik bei der Bestimmung ihrer nationalen Entwicklungsprozesse wächst. Vor allem der Zusammenbruch der sozialistischen Systeme mit ihrem Steuerungskonzept der Zentralverwaltungswirtschaft zu Beginn der 90er-Jahre des abgelaufenen Jahrhunderts hat viele Entwicklungsländer davon überzeugt, dass die seit Jahren vom Westen propagierte Vorteilhaftigkeit dezentraler marktwirtschaftlicher Systeme nicht nur in der Theorie, sondern auch in der wirtschaftlichen Realität zutrifft. Die Erkenntnis, dass wirtschaftliche Entwicklung nur auf der Grundlage von privater Initiative und ohne bürokratische Hemmnisse möglich ist und insofern zwangsläufig *demokratische politische Strukturen* erfordert, setzt sich allmählich auch in den Ländern der Dritten Welt durch. Immer mehr Staaten der Dritten Welt haben in den letzten Jahren ihre Wirtschaftsordnung in Richtung auf mehr Marktwirtschaft korrigiert, und in immer mehr Ländern werden die bislang dominierenden Einparteienherrschaften durch pluralistischere Gesellschaftsformen abgelöst. Länder, die sich dieser Erkenntnis verschließen, sollten daher nicht durch umfangreiche Entwicklungshilfe „belohnt“ werden. Statt dessen sollte die Vergabe von Entwicklungshilfe an die Erfüllung bestimmter Voraussetzungen geknüpft, die Hilfevergabe also konditioniert werden.

(Hans-Rimbert Hemmer, Wirtschaftsprobleme der Entwicklungsländer [= M 39], S. 993ff.)

1. *Der letzte Abschnitt dieses Kapitels (S. 224ff.) weist noch einmal auf einige wichtige wirtschaftliche und politische Problemzusammenhänge hin.*
   - *Wirtschaftlicher Fortschritt beruht auf Investitionen und diese auf Sparen (so die Mehrheitsmeinung der Ökonomen). Was lässt sich über die Wirkung von Entwicklungshilfe auf das Spar- und Investitionsverhalten in den betreffenden Ländern und für unterschiedliche Bereiche sagen? (Text S. 225)*
   - *Welches wichtige Problem der Entwicklungshilfe wird mit dem Begriff „Fungibilität“ bezeichnet (vgl. auch M 97)? Woran kann es liegen, dass die Prioritäten des Empfängerlandes bei der Verwendung von Entwicklungshilfe nicht notwendig mit den Prioritäten der Geber übereinstimmen (Abschnitt b, S. 225f.)?*
   - *Welche Bedingungsfaktoren führen dazu, dass Entwicklungshilfe im Falle bestimmter Länder(gruppen) „verpufft“, in anderen Ländern aber zu Entwicklung beiträgt? Wie lässt sich dieser Befund vereinbaren mit dem Ergebnis der ökonometrischen* Untersuchung, nach dem erst ab einem Schwellenwert des Sozialprodukts pro Kopf von 1000 Dollar der Zusammenhang zwischen Hilfe und Wachstum positiv ist (vgl. S. 226)?*
2. *M 98 kann als eine Art von Zusammenfassung der Aspekte betrachtet werden, die zur Frage der Wirksamkeit von Entwicklungspolitik und ihrer bisherigen partiellen Erfolglosigkeit zu beachten sind. Fassen Sie die wichtigsten Aussagen abschnittsweise in Thesenform zusammen.*

6. Entwicklungspolitik und Armutsbekämpfung

Entwicklungspolitik, so wurde vermerkt, hat letztlich das Ziel der Herstellung menschenwürdiger Lebensverhältnisse für alle Menschen; diesem Grundziel ordnen sich grundsätzlich alle sonstigen Ziele unter und müssen sich an ihm messen lassen.
Ein solches Ziel bedeutet notwendigerweise die Konzentration der Aufmerksamkeit auf die Menschen, die unter besonders menschenunwürdigen Bedingungen leben – die Armen (und die Bitterarmen ...).
An dieser Stelle endet allerdings bereits der Konsens: Einigkeit im letzten Ziel bedeutet in keinem Falle notwendig Einigkeit über die Maßnahmen, die diesem Ziel dienen sollen. Ein breiter Strom der veröffentlichten Meinung, ob von UNDP (einer Einrichtung, deren „Eigentümer" Entwicklungsländer sind), kirchlichen Hilfswerken, Nichtregierungsorganisationen bis hin zu manchen Verlautbarungen der zuständigen staatlichen und halbstaatlichen Einrichtungen, schließt aus dem Oberziel der Armutsbekämpfung auf die Notwendigkeit unmittelbar armutswirksamer (Einzel-) Projekte bzw. Maßnahmen. Armutsbekämpfung bleibe unverzichtbar als Legitimationsgrundlage von Entwicklungspolitik, sie sei deshalb auch als direkt-operationales Ziel unverzichtbar. Auch einzelne Wissenschaftler sind in diesem Sinne führend an der Diskussion beteiligt.

Kritiker stellen demgegenüber mehrere Fragen:

- Dass ein bestimmtes Ziel als Legitimation für einen Politikbereich (Entwicklungshilfe) für unverzichtbar erklärt wird, bedeute, das Pferd am Schwanz aufzuzäumen: Zunächst müsse dargelegt werden, dass der direkte Angriff auf Armut mit entwicklungspolitischen Maßnahmen überhaupt Erfolg versprechend sei. Anders: Kann Entwicklungshilfe den Nachweis führen, mit armutslindernden Maßnahmen Arme wirklich erreicht und Massenarmut reduziert zu haben?
- Aus dem Oberziel der Armutsreduktion folgt nicht zwingend das Mittel (direkt) armutsreduzierender Einzelmaßnahmen, *falls* dieses Ziel auch auf andere Weise erreicht werden kann. Insbesondere die Wirkung nachhaltigen *Wirtschaftswachstums* ist umstritten: Behaupten die einen (so auch der Verfasser dieses Lehrbuches), Wirtschaftswachstum sei nicht nur eine *notwendige,* sondern auch eine *hinreichende* Bedingung für Armutsreduktion, so entgegnen die anderen, „die Illusion von ‚trickle down*' scheint unausrottbar zu sein" (Nuscheler, s. Arbeitshinweis 2, S. 231), bleiben allerdings den empirischen Beleg für diese Behauptung schuldig (vgl. **M 42**).
- Schließlich wird zu Recht darauf hingewiesen, dass Entwicklungshilfe bestenfalls einen kleinen Beitrag zur Armutsbekämpfung leisten könne; „die Politik der Entwicklungsländer selbst ist entscheidend" (**M 98**). Entwicklungshilfe kommt nach Meinung von Kritikern allen anderen, nur nicht den Armen zugute. Peter Bauer, seit Jahren einer der profiliertesten Kritiker der Entwicklungshilfe, weist (in: Development Aid. End it or Mend it, San Francisco 1993) darauf hin, dass Entwicklungshilfe an Regierungen gehe, die meist gar nicht über den administrativen Apparat verfügten, um die Armen zu erreichen – und meist hätten sie auch gar nicht den Willen dazu, da eine Politik zugunsten der Armen ihren politischen Prioritäten zuwiderliefe. Mehr noch: Ihre verfehlte Politik sei die unmittelbare Ursache der Massenarmut, wofür sie nicht auch noch belohnt werden sollten. Umverteilung bedeute für sie kein Programm für das eigene Land, sondern eine Forderung an die Steuerzahler der Industrieländer. Ob Bauer damit so ganz Unrecht hat?

Zum Abschluss des Kapitels über Entwicklungspolitik halten wir noch Folgendes fest:
Entwicklung wie Unterentwicklung sind nicht Zustände, sondern dynamische Prozesse. Das bedeutet aber auch, dass sie nicht nur einlinig möglich sind, sondern auch in entgegengesetzter Richtung: Kein entwickeltes Land (auch nicht Deutschland, das beim Sozialprodukt pro Kopf inzwischen nur noch ein Niveau von 91,1 Prozent der Weltbankgruppe der Länder mit hohem Einkommen erreicht) hat eine Garantie, stets zur Gruppe der ent-

wickelten Länder zu gehören, kein unterentwickeltes Anlass, sich auf Dauer mit diesem Zustand abzufinden. Aufstieg und Niedergang von Gesellschaften und Nationen ist ein Phänomen, das so alt ist wie die menschliche Geschichte. Kein Land hat im Zeitalter der Globalisierung und des verschärften Wettbewerbs Anlass, sich zufrieden zurückzulehnen und seinen Reichtum zu genießen, ohne stets erneute Anstrengung, diesen Reichtum mindestens zu bewahren, nach Möglichkeit zu mehren. Auf der anderen Seite haben Entwicklungsländer im Zeitalter der Information die „Vorteile der Rückständigkeit“, sie können Wissen, Technologie, Organisationsfähigkeit (zu lächerlich geringen Kosten, wie Mancur Olson gezeigt hat) von anderen Nationen übernehmen und sie zuerst imitierend, dann schöpferisch weiterentwickelnd anwenden. Dies haben *alle* heutigen Industrieländer, England, die erste Industrienation, ausgenommen, so gehalten; sie haben *alle* einen Prozess der „nachholenden Entwicklung“, der „Modernisierung“, relativ zu England, durchlaufen. Die erste außereuropäische Nation (von den weißen Siedlerkolonien wie USA, Kanada, Australien oder Neuseeland abgesehen), die den Entwicklungsländern vorgemacht hat, wie so etwas möglich ist, ist Japan gewesen. Das bedeutet nicht notwendig, dass das japanische Beispiel von jedem Entwicklungsland dieser Erde nachgeahmt werden könnte – es ging hier nur darum zu zeigen, dass grundsätzlich Aufholprozesse durch den festen Willen dazu, eine entwicklungsbewusste Elite, eine lern- und leistungsfähige Gesellschaft und durch eine entsprechende kulturelle Disposition möglich sind.

Entwicklungshilfe, so wurde uns seit Jahrzehnten immer wieder versichert, sei „Hilfe zur Selbsthilfe“. In der Tat: Wo Selbsthilfewille und -fähigkeit vorhanden sind, kann Entwicklungshilfe etwas bewirken. Traurig für die Betroffenen ist aber auch der inzwischen mehr als deutlich gewordene Umkehrschluss: Wo weder Selbsthilfewille noch Selbsthilfefähigkeit bestehen oder auch nur einer dieser Faktoren fehlt, kann auch Entwicklungshilfe nichts bewirken. Hier bleibt dann nur der Rekurs auf eine Art internationaler Armenfürsorge – mit allen Risiken für die Betroffenen, die solche Mildtätigkeit mit sich zu bringen pflegt.

1. *Der letzte Abschnitt dieses Kapitels zur Entwicklungspolitik geht auf eine Kontroverse ein, bei der es um das zentrale Ziel der Armutsbekämpfung in der Dritten Welt geht: Kann und muss Armutsbekämpfung als direktes Ziel von Entwicklungshilfe angenommen und davon ausgegangen werden, dass dieses Ziel durch Entwicklungshilfe auch erreicht wird? Oder beruht diese Auffassung auf Illusionen und geht es nicht vielmehr darum, in den Entwicklungsländern Wirtschaftswachstum zu mobilisieren, dessen Auswirkungen dann auch zur Armutsreduzierung führe („trickle down“: „Durchsickern“ des Wachstums und der Einkommenszuwächse auch auf die Situation der armen Bevölkerungsgruppen)? Machen Sie sich diese Kontroverse, die für die Praxis der Entwicklungspolitik und den Einsatz von Entwicklungshilfe von erheblicher Bedeutung ist, anhand der Textdarstellung (S. 230) klar.*

2. *Wir können die genannte Kontroverse zwischen der mehrheitlich vertretenen Position („Wirtschaftliches Wachstum ist eine notwendige, aber keine hinreichende Voraussetzung für die Reduzierung von Armut; weitere Maßnahmen, darunter auch Entwicklungshilfe, müssen hinzukommen“) und der vom Verfasser vertretenen Position („Wirtschaftliches Wachstum ist hinreichende Bedingung für die Reduzierung von Armut; es verbessert in jedem Falle auch die Situation der Armen“) hier nicht ausführlich dokumentieren. Für ein mögliches Schülerreferat gut geeignete Darstellungen dazu sind in jeder Schule leicht greifbar: zur erstgenannten Position s. Franz Nuscheler, Halbierung der absoluten Armut: die entwicklungspolitische Nagelprobe, in: Aus Politik und Zeitgeschichte, Beilage zur Wochenzeitung Das Parlament, B 18 – 19/2001, S. 6ff.; zur zweiten Position s. Jürgen H. Wolff, Armutsbekämpfung durch Entwicklungshilfe: Mythos oder Realität?, in: Uwe Andersen (Hrsg.), Entwicklung der Entwicklungshilfe; Zeitschrift „Politische Bildung“ H. 3/1999, S. 62–69 (vgl. hierzu und zu der für die Kontroverse wichtigen empirischen Untersuchung von Dollar/Kraay M 42, S. 107f.).*

IV WELTPROBLEME UND ANSÄTZE EINER MILDERUNG ODER LÖSUNG

A. Systematische Anwendung von Gewalt in der Politik

1. Kriege und bewaffnete Konflikte

Zur Entwicklung seit 1945

Seit dem Ende des Zweiten Weltkrieges hat der europäisch-nordatlantische Raum jedenfalls bis zum Ende des Ostblocks (1989/90) und dem Zerfall Jugoslawiens eine im historischen Vergleich unerreicht lange Periode des Friedens erlebt, sieht man von wenigen Einzelfällen wie dem griechischen Bürgerkrieg 1946–1949 und dem Kurdenkonflikt in der Türkei ab. Wie an anderer Stelle bereits ausgeführt wurde (s. S. 24f.), richteten sich die westlichen Kräfte in dieser Zeit wesentlich auf die Abwehr der wahrgenommenen kommunistischen Bedrohung, was durch Abschreckung – also gerade die *Verhinderung* eines Krieges, nicht in erster Linie durch die Fähigkeit, einen solchen zu gewinnen – erreicht werden sollte. Kriege zwischen Mitgliedern des nordatlantischen Bündnisses sind nicht nur rein empirisch nicht vorgekommen, sie wurden auch, die Spannungen zwischen Griechenland und der Türkei einmal außer Acht gelassen, undenkbar; im europäischen und atlantischen Raum wurde ein „Regime"* des Friedens errichtet.

Nach einem gut begründeten Theorem der Politikwissenschaft führen Demokratien keinen Krieg gegeneinander; bereits der Königsberger Philosoph Immanuel Kant hatte eine ähnliche These aufgestellt: Eine „republikanische Verfassung", ein „kommerzieller Geist", d.h. eine Einbindung eines Landes in internationale Handelsverflechtungen, und die Mitarbeit in internationalen Organisationen sollen zum „ewigen Frieden" führen. Eine empirische Überprüfung der Kant'schen These für die Jahre 1885–1992 (durch Oneal und Russet, in: World Politics, 1999) hat sie im Kern bestätigt.
In breiten Teilen der Öffentlichkeit ist darüber in Vergessenheit geraten, dass die systematische Anwendung von Gewalt in der Politik in Kriegen und Bürgerkriegen in der Welt außerhalb der NATO mit dem Ende des Zweiten Weltkrieges trotz der Gründung der Vereinten Nationen keineswegs beendet wurde – eher im Gegenteil, da die Zahl der möglichen Konfliktparteien mit der Emanzipation der Dritten Welt erheblich zugenommen hat und koloniale Befreiungskriege von der UNO für legitim erklärt wurden. Die Definitionen des „Krieges" in der darauf gerichteten Forschung schwanken, insbesondere kann die Frage, von welcher Opferzahl an eine bewaffnete Auseinandersetzung zum „Krieg" erklärt wird, nicht wissenschaftlich, sondern nur durch Übereinkunft entschieden werden: Eine Schlägerei im Wirtshaus zwischen bewaffneten Gästen, bei der zwei Tote auf der Strecke bleiben, wird niemand als Krieg bezeichnen wollen, eine atomare Auseinandersetzung mit Hunderttausenden oder Millionen von Toten wird dies ohne Zweifel sein. Wo dazwischen aber ist die Grenze zu ziehen?
Zum Zweiten ist das Phänomen von Krieg und Bürgerkrieg von so genannten anomischen* Formen der Gewaltanwendung abzugrenzen. Ein Hooliganhaufen, der plündernd durch eine deutsche Innenstadt zieht, wendet zwar Gewalt an, tut dies wohl auch in systematischer Form, untersteht aber in der Regel nicht einem einheitlichen und verantwortlichen Kommando. Hamburger Friedensforscher bestehen darauf, dass von einem Krieg nur dann gesprochen werden kann, wenn bei beiden Konfliktparteien eine solche systematische Führung besteht und es sich bei mindestens einer Konfliktpartei um be-

waffnete Kräfte einer Regierung handelt. Zusätzlich wird gefordert, dass sich die bewaffneten Operationen mit einer gewissen Regelhaftigkeit ereignen (diese Definition stammt von dem ungarischen Friedensforscher István Kende). Dies impliziert auch, dass die Gewaltanwendung in der Auffassung ihrer Träger zur Erreichung eines politisch-militärischen Zieles erfolgt, nicht einfach zum Ausleben atavistischer* Gewaltinstinkte wie in unserem Beispiel der Hooligans (s. dazu **M 99**).

Wie man sieht, ist dem Begriff des „Krieges" notwendig eine gewisse definitorische Unschärfe eigen, oder anders: Je nach Definition wird eine Auseinandersetzung einmal als Krieg, dann wieder nicht als ein solcher (z. B. als „bewaffneter Konflikt") begriffen werden.
Je nach Definition können wir feststellen, dass es nach dem Ende des Zweiten Weltkrieges weltweit mehr als 200 Kriege gegeben hat, mit einer unbekannten Zahl von Toten, die aber mit größter Sicherheit mehr als 20 Millionen beträgt, also fast dreimal so hoch ist wie die Zahl der Opfer des Ersten Weltkrieges (etwas unter acht Millionen). „Krieg ist kein Mittel der Politik" ist also, so betrachtet, als Forderung zu friedlichem Verhalten ebenso zu begrüßen wie als Beobachtung der Realität eklatant falsch: Zahlreiche internationale Akteure, zahlreiche national tätige Akteure halten es viel eher mit dem klassischen Satz von Carl von Clausewitz in seinem klassischen Werk „Vom Kriege" (1832-1834), dass der Krieg die „Fortsetzung des politischen Verkehrs mit Einmischung anderer Mittel" sei, oder, wie sich auf barocken Kanonen eingegossen findet: „Ultima ratio regis", d. h. also, wenn politische Ziele nicht auf andere Weise erreicht werden können, wird zur Gewalt als „letztem Mittel" gegriffen.

Bürgerkriege sind die Regel

Das klassische Völkerrecht* kannte nicht nur das ius in bello*, also einen Verhaltenskodex für Staaten, die miteinander im Kriege lagen (so ist ein kriegsvölkerrechtlicher Satz die Schonung der Zivilbevölkerung), sondern auch das ius ad bellum*, also das souveräne Recht eines Staates, einen anderen nach gehöriger Ankündigung mit Krieg zu überziehen. Dieser wurde also im klassischen Völkerrecht so verstanden, dass die Armee eines Landes in feindlicher Absicht die Grenze des Nachbarn (oder jedenfalls eines anderen Landes) überschritt. Auf die Verhinderung solcher Konflikte zielte dann die bereits erwähnte Gründung der Vereinten Nationen und eines ihrer Hauptorgane, des Sicherheitsrates (s. S. 22f.; die Charta der UN erklärt den [Angriffs-] Krieg grundsätzlich für unzulässig). Demgegenüber ist festzustellen, dass diese Art von zwischenstaatlichen Konflikten seit 1945 zwar nicht ausgestorben ist, aber doch die Minderzahl der bewaffneten Konflikte ausmacht. Die weitaus meisten Kriege sind seither als *Bürgerkriege* geführt worden, als bewaffnete Konflikte zwischen innenpolitischen Gegnern mit sehr häufig ausländischer mehr oder weniger verdeckter Beteiligung. Für diese Art von Konflikten ist nun weder das klassische Völkerrecht, das es trotz seines Namens mit den Beziehungen zwischen Staaten zu tun hat, noch das Instrumentarium der Vereinten Nationen besonders geeignet. Z. B. wird erst heute die Ausdehnung des Schutzes der Zivilbevölkerung als Verpflichtung auch innenpolitischer Konfliktparteien diskutiert.
Sieht man von inzwischen weitestgehend beendeten Anti-Kolonialkriegen ab (z. B. in Algerien oder Angola), werden heute *Bürgerkriege* im Wesentlichen um drei Streitgegenstände, u. U. in unterschiedlichen Kombinationen, geführt (dazu auch **M 99**):

- Zum einen sind es *Machtkonflikte,* bei denen eine Partei Inhaber der zentralen politischen Macht ist, die andere Partei die erste aus dieser Stellung vertreiben will (Beispiele: Bürgerkrieg in Angola bis 2001, bewaffneter Einfall der Exil-Tutsis gegen die Hutu-dominierte ruandische Regierung 1990). Mit der politischen Macht ist selbstverständlich auch der Zugang zu jenen Ressourcen* verbunden, über die der Staat verfügt.
- Bei vielen dieser innenpolitischen Auseinandersetzungen geht es nicht nur um die Frage: Herrschen wir – oder herrschen die anderen?, sondern wesentlich um die Frage, welches *Staats- bzw. Gesellschaftsmodell* in dem Bürgerkriegsland eingeführt werden soll, also etwa ein „sozialistisches" oder „kapitalistisches" Regime. Dies gilt etwa für alle Länder (z. B. Kolumbien), in denen eine linke Guerilla* eine bürgerlich-konservative Regierung bekämpft oder bekämpft hat.

– Damit sind häufig *Identitätskonflikte* verbunden. Der ruandische Bürgerkrieg 1990-1994 z. B. wurde *auch* zwischen Anhängern verschiedener Geschichtsinterpretationen geführt: Sind die Tutsi eine fremde Tyrannenschicht, die im europäischen Spätmittelalter aus einem fernen Land (Äthiopien) gekommen ist und die friedlich ihren Acker bestellenden Hutu-Bauern politisch unterworfen und ökonomisch ausgebeutet hat? Oder sind sie gleichberechtigte Bewohner des Landes, die friedlich mit den Hutu zusammengelebt haben, bis die Europäer eine Ethnisierung des Konfliktes betrieben?

Konflikte um Ideologie und Identität pflegen in der Regel besonders erbittert ausgetragen zu werden und fordern deswegen meist besonders viele Opfer. Ihrem Wesen nach sind sie nämlich Kompromissen besonders schlecht zugänglich: Streiten sich zwei Parteien um ein Territorium, dann ist grundsätzlich ein Kompromiss (oft die Teilung des Streitobjektes) möglich. Geht es um politische Macht und Zugang zu ökonomischen Ressourcen, ist auch hierbei ein Kompromiss über Machtteilung, also etwa die Aufnahme der Opposition in die Regierung, denkbar. Bei ideologischen oder Identitätskonflikten hingegen ist ein solcher Kompromiss nicht denkbar: Der wahre Anhänger des weltrevolutionären Kommunismus wird einen Kompromiss mit den Kapitalisten bestenfalls als taktischen Zwischenschritt (wie Lenin), nicht aber als endgültigen Friedensschluss eingehen; geht es um die Frage, wer die wahren „Söhne der Erde" sind (auf malaiisch „Bumiputra"; in Malaysia die Bezeichnung für die „wahren" malaiischen Bewohner des Landes, im Gegensatz zu den „eingewanderten" Chinesen und Indern), ist eine mittlere Linie nicht denkbar; werden Sprach- oder Religionsgemeinschaften in diesen für sie höchsten Werten bedroht, ist die Antwort oft genug kompromissloser Widerstand oder kompromissloser Kampf gegen die andere Seite. Beispiele wären der jahrzehntelange Konflikt zwischen Singhalesen und Tamilen auf Sri Lanka, der Kampf der Kurden um ihre kulturelle Identität in der Türkei, im Irak und im Iran, der libanesische Bürgerkrieg zwischen unterschiedlichen Religionen bzw. Konfessionen oder der Kampf von Basken und Katalanen um die Bewahrung ihres kulturellen Erbes.– Zu Ethnisierung s.u. S. 240f.

Die zahlenmäßige Entwicklung

Mit Schwankungen um diesen Trend lässt sich feststellen, dass bis zum Ende der 80er-Jahre die Zahl der in jedem Jahr ausgefochtenen Kriege zugenommen hat, dann scharf zurückgegangen ist, dann wieder etwas angestiegen ist (s. Grafik). Nach Auskunft der Arbeitsgemeinschaft Kriegsursachenforschung (Hamburg) wurden 2002 29 Kriege und 18 bewaffnete Konflikte gezählt; davon ein Krieg in Europa (in Mazedonien), 11 in Afrika, z. B. Kongo (Kinshasa), Uganda, Ruanda, Angola, 10 in Asien, z. B. Indien und Nepal, sechs im Vorderen und Mittleren Orient, u. a. in Afghanistan, Algerien und Russland (Tschetschenien), sowie zwei Kriege in Kolumbien, die einzigen in Lateinamerika. Von den bewaffneten Konflikten wurde keiner in Lateinamerika, acht in Afrika, u. a. in Nigeria und Tschad, zwei im Vorderen und Mittleren Orient (Georgien, Libanon) und sieben in Asien (in Pakistan, Indien und in Indonesien) ausgetragen (vgl. **M 100**). Die Welt ist also mindestens in der Zeit des Kalten Krieges nicht friedlicher geworden – im Gegenteil!

Neben dem Leid der angeführten weit mehr als 20 Millionen Opfer und ihrer Familien ist an Verletzungen und Verstümmelungen ungezählter weiterer Opfer zu denken, darüber hinaus auch an den Verlust materieller Werte und an die Verhinderung von Entwicklung. Zu den wichtigsten Kriegen seit dem 2. Weltkrieg s. **M 102** und speziell zur afrikanischen Entwicklung **M 101**.

Kriege und bewaffnete Konflikte seit 1945

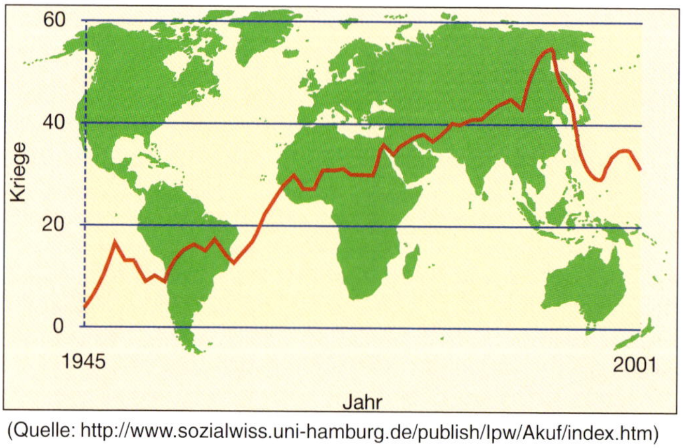

(Quelle: http://www.sozialwiss.uni-hamburg.de/publish/Ipw/Akuf/index.htm)

M 99 Kriege und bewaffnete Konflikte

Kriegsdefinition

In Anlehnung an den ungarischen Friedensforscher Istvan Kende (1917-1988) definiert die Arbeitsgemeinschaft Kriegsursachenforschung (AKUF) **Krieg** als einen gewaltsamen Massenkonflikt, der alle folgenden Merkmale aufweist:

(a) an den Kämpfen sind zwei oder mehr *bewaffnete Streitkräfte* beteiligt, bei denen es sich mindestens auf einer Seite um reguläre Streitkräfte (Militär, paramilitärische Verbände, Polizeieinheiten) der Regierung handelt;

(b) auf beiden Seiten muss ein Mindestmaß an *zentralgelenkter Organisation* der Kriegführenden und des Kampfes gegeben sein, selbst wenn dies nicht mehr bedeutet als organisierte bewaffnete Verteidigung oder planmäßige Überfälle (Guerillaoperationen, Partisanenkrieg usw.);

(c) die bewaffneten Operationen ereignen sich mit einer *gewissen Kontinuierlichkeit* und nicht nur als gelegentliche, spontane Zusammenstöße, d.h. beide Seiten operieren nach einer planmäßigen Strategie, gleichgültig ob die Kämpfe auf dem Gebiet einer oder mehrerer Gesellschaften stattfinden und wie lange sie dauern. Kriege werden als beendet angesehen, wenn Kampfhandlungen dauerhaft, d.h. für den Zeitraum von mindestens einem Jahr, eingestellt bzw. nur unterhalb der AKUF- Kriegsdefinition fortgesetzt werden.

Als **bewaffnete Konflikte** werden gewaltsame Auseinandersetzungen bezeichnet, bei denen die Kriterien der Kriegsdefinition nicht in vollem Umfang erfüllt sind. In der Regel handelt es sich dabei um Fälle, in denen eine hinreichende Kontinuität der Kampfhandlungen nicht mehr oder auch noch nicht gegeben ist. Bewaffnete Konflikte werden von der AKUF erst seit 1993 erfasst.

Kriegstypologie

Die AKUF unterscheidet zwischen fünf Kriegstypen:

A *Antiregime-Kriege:* Kriege, in denen um den Sturz der Regierenden oder um die Veränderung oder den Erhalt des politischen Systems oder gar der Gesellschaftsordnung gekämpft wird.

B *Autonomie- und Sezessionskriege*: Kriege, in denen um größere regionale Autonomie innerhalb des Staatsverbandes oder um Sezession vom Staatsverband gekämpft wird.

C *Zwischenstaatliche Kriege:* Kriege, in denen sich Streitkräfte der etablierten Regierungen mindestens zweier staatlich verfasster Territorien gegenüberstehen, und zwar ohne Rücksicht auf ihren völkerrechtlichen Status.

D *Dekolonisationskriege:* Kriege, in denen um die Befreiung von Kolonialherrschaft gekämpft wird.

E *Sonstige innerstaatliche Kriege*

Zahlreiche Kriege lassen sich nicht eindeutig einem dieser Typen zuordnen, weil sich verschiedene Typen überlagern oder sich der Charakter des Krieges im Verlauf der Kampfhandlungen verändert, so dass sich *Mischtypen* bilden.

(Autorentext)

M 100 Kriegsgeschehen des Jahres 2002 – allgemeine Trends

Nach Untersuchungen der Hamburger Arbeitsgemeinschaft Kriegsursachenforschung (AKUF) wurden im Jahr 2002 weltweit 47 kriegerische Konflikte geführt. Gegenüber dem Vorjahr hat sich diese Zahl damit von 48 auf 47 verringert. Dabei standen sieben beendeten kriegerischen Konflikten vier neue (in Afrika) gegenüber.
Die von organisierten gewaltsamen Auseinandersetzungen am stärksten betroffenen Weltregionen sind nach wie vor Afrika und Asien mit 17 bzw. 16 kriegerischen Konflikten. Im

Vorderen und Mittleren Orient wurden acht Gewaltkonflikte ausgetragen. Es folgen Lateinamerika und Europa mit zwei bzw. einem kriegerischen Konflikt. Damit bestätigt sich auch im Jahr 2002 die *regionale Ungleichverteilung* des weltweiten Kriegsgeschehens: Weit über 90 Prozent aller Kriege seit 1945 finden in der „Dritten Welt“ statt. Auch ein anderer Trend wird durch das Kriegsjahr 2002 bestätigt: die wachsende Bedeutung *innerstaatlicher Gewaltkonflikte.* Zwischenstaatliche Kriege bilden die Ausnahme. Zentraler Gegenstand der innergesellschaftlichen Gewaltkonflikte sind der Kampf um die Macht im Staat sowie Autonomie- und Sezessionsbestrebungen.
Nach vorsichtigen Schätzungen sind in den 45 aktuellen Konflikten seit deren Beginn über 7 Millionen Menschen zu Tode gekommen – die meisten von ihnen Zivilisten. Um ein Vielfaches höher liegt die Zahl der Verwundeten, Vertriebenen und Flüchtlinge. Die materiellen Schäden sind unermesslich. Versuche der UNO oder anderer Organisationen, die Gewalt einzudämmen oder durch Vermittlung dauerhaft zu beenden, haben auch in diesem Jahr nur wenig Erfolg gezeigt. Die Beendigung von kriegerischen Konflikten war meist nicht auf Verhandlungslösungen, sondern auf einen allmählichen Rückgang und schließlich das Ausbleiben von Kampfhandlungen zurückzuführen. Auch Versuche der Krisenprävention haben sich in diesem Jahr als wenig erfolgreich erwiesen. Deutlicher Ausdruck hierfür ist der neue Krieg in der Elfenbeinküste. Die Eskalation des dortigen Konfliktes hatte sich seit über einem Jahr abgezeichnet.

(www.akuf.de)

M 101 Kriege in Afrika

Mit 13 Bürgerkriegen (von 35 weltweit geführten Kriegen) und weiteren zwölf bewaffneten Konflikten ist Afrika noch immer der am häufigsten von politisierter Gewalt betroffene Kontinent. Die Zahl der Flüchtlinge und Binnenflüchtlinge („Displaced persons“ innerhalb des jeweiligen Landes) geht in die Millionen. Besondere Besorgnis erregt seit dem präzedenzlosen Genozid in Ruanda aus dem Jahr 1994, der schätzungsweise 800000 Menschen (überwiegend vom Volk der Tutsi) das Leben gekostet hat, der erste afrikanische zwischenstaatliche Regionalkrieg um den zerfallenen Staat Zaire/Kongo und seine lukrativen Bodenschätze. In diesen Flächenbrand im Gebiet der Großen Seen waren bis zu acht afrikanische Nachbarstaaten involviert, und die einstige extraktive Rolle europäischer Staaten, vor allem Belgiens, scheint nun von den vier Nachbarstaaten Ruanda und Uganda sowie Simbabwe und Angola eingenommen zu werden: Jede regional operierende Kriegspartei bereichert sich illegal an den *Rohstoffreichtümern des Kongo* und zeigt wenig Interesse an einer friedlichen Konfliktlösung. Bislang sind hier weitere zwei Millionen Kongolesen ums Leben gekommen, hauptsächlich in den (östlichen) Kivu-Provinzen des Kongo. [...]
Ungerechte staatliche Herrschaft, die sich demokratischen Wahlen (und somit auch möglicher Abwahl) entzieht, provoziert Gegengewalt von den Rändern der Gesellschaft her, die den schwachen Zentralstaat weiter schwächt. An die Stelle des staatlichen Gewaltmonopols treten soziale Anomie* oder gar politische Anarchie. Wo staatliche Autorität erodiert oder staatliche Institutionen kollabieren, entstehen gewaltoffene Hohlräume staatlicher Macht, in die sich alternative oder parastaatliche Autoritäten einnisten können – politische Abenteurer, rebellische Einheiten der Armee, „Warlords*“ sowie „ethnische Milizen“ –, die zuweilen jegliche Tötungshemmung verlieren und durch Magie, Zauber und Aussicht auf Beute zusammengehalten werden. Auf Grund der weitgehend repressiven Rekrutierung von Kämpfern, darunter immer wieder auch „Kindersoldaten“, sind solche Gruppen äußerst instabil und politisch schwer einzubinden. Die Ökonomie solcher Kriegsherren-Banden beruht vornehmlich auf Plünderung und Handel mit geraubten oder illegal geförderten Gütern (wie „Blutdiamanten“).

(Rainer Tetzlaff, Die Staaten Afrikas zwischen demokratischer Konsolidierung und Staatszerfall, in: Aus Politik und Zeitgeschichte, B 13-14/2002, S. 3-4)

M 102 Opferreichste Kriege seit 1945

Krieg	Zeitraum	Opferzahlen
Chinesischer Bürgerkrieg	1946 – 1950	über 1.000.000
Korea-Krieg	1950 – 1953	850.000 – 2.000.000
Algerien (Dekolonisationskrieg)	1954 – 1962	450.000 – 2.000.000
Erster Sudanesischer Bürgerkrieg	1955 – 1972	500.000 – 750.000
Vietnam-Krieg	1957 – 1975	über 2.000.000
Angola (Dekolonisations- und Bürgerkrieg)	seit 1961	600.000 – 1.500.000
Äthiopien (Eritrea-Konflikt)	1962 – 1991	250.000 – 2.000.000
Nigeria (Biafra-Krieg)	1967 – 1970	600.000 – 2.000.000
Bangladesch (Sezessionskrieg)	1971	über 300.000
Mosambik (Destabilisierungskrieg)	1975 – 1992	ca. 950.000
Kambodscha (Pol Pot)	1975 – 1998	über 2.000.000
Afghanistan	seit 1978	über 1.000.000
Irak/Iran	1980 – 1988	300.000 – 1.500.000
Uganda (Bürgerkrieg)	1981 – 1992	über 500.000
Zweiter Sudanesischer Bürgerkrieg	seit 1983	500.000 – 1.300.000
Somalia	seit 1988	über 300.000
Ruanda	1990 – 1994	über 800.000
Kongo-Kinshasa	seit 1998	500.000 – 2.500.000

(Quelle: AKUF [Arbeitsgemeinschaft Kriegsursachenforschung an der Universität Hamburg]: www.akuf.de, Mai 2003)

M 103 Eine Welt voller Kriege: Die Konfliktkarte

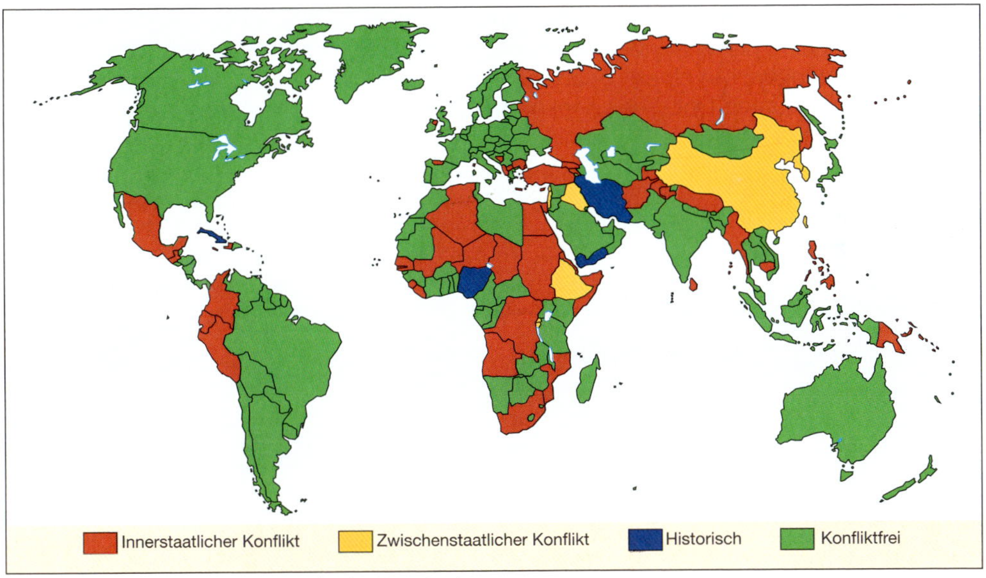

(http://www.hls.sha.bw.schule.de/konflikt/weltkart.htm)

1. *Krieg, Bürgerkrieg, bewaffneter Konflikt, Gewaltanwendung – formulieren Sie eine definitorische Abgrenzung (Text S. 232f., M 99). Versuchen Sie aus Ihrer Kenntnis heraus den Irak-Krieg 2003 und ggf. andere Ihnen bekannte Kriege in die Typologie (M 99) einzuordnen.*

2. *Erläutern Sie die Hauptmotive, aus denen heraus die zahlreichen Bürgerkriege seit dem Ende des Zweiten Weltkrieges geführt wurden. (Text S. 233f., M 99)*

3. *Aus der Übersicht M 99 lässt sich eine allgemeine Tendenz im Hinblick auf die Art und die regionale Verteilung von Kriegen in den letzten 50 Jahren ablesen. Verdeutlichen Sie diese Entwicklungstendenz.*
4. *Für die Verbreitung von Bürgerkriegen und innerstaatlichen Konflikten stellt Afrika ein besonders negatives Beispiel dar. Verdeutlichen Sie dazu anhand von M 101 typische Erscheinungsformen und Hintergründe.*
5. *Für nähere Informationen zum Kriegsgeschehen der jüngeren Vergangenheit stehen Ihnen Internet-Informationen der Arbeitsgemeinschaft Kriegsursachenforschung zur Verfügung. Unter der Adresse http://www.sozialwiss.uni-hamburg.de/publish/Ipw/Akuf/index.htm finden Sie, gegliedert nach Weltregionen, gründliche Informationen zu allen einzelnen Konflikten und Kriegen. Eine darüber hinausgehende gute Möglichkeit, sich über Art, Verlauf und Hintergründe jedes Konfliktes (bis 2001) zu informieren, bietet das Projekt einer Schule, auf das die Karte M 103 hinweist. Nutzen Sie diese Angebote, wenn Sie zu einem bestimmten Konflikt/Krieg nähere Informationen einholen wollen.*

2. Völkermord, Vertreibung und Ethnisierung von Konflikten

Völkermord

Das 20. Jahrhundert ist mit einer Reihe von Begriffen charakterisiert worden – wie Zeitalter der Weltkriege, der europäischen Bürgerkriege, der Entkolonisation, der zweiten industriellen Revolution usw. –, die alle nicht falsch sind, aber vor einem historisch wohl überwältigenden Faktum verblassen: Niemals zuvor dürften Regierungen derart massenhaft ihre eigenen Bürger oder zumindest Menschen, die ihrer faktischen Gewalt unterstanden, umgebracht haben. Dabei ist keineswegs nur an den industriell betriebenen Massenmord der Nazis zu denken, der einem Deutschen wohl als Erstes in den Sinn kommt, sondern auch an viele Millionen Opfer des konkurrierenden totalitären* Systems, des Kommunismus, dessen Untaten weit in die Nachkriegszeit (also die in diesem Buch vorrangig behandelte Epoche) hineinreichen. Nach den bei Stephen G. Wheatcroft zustimmend referierten Zahlen von Maier sind neben millionenfachen anderen Opfern vor 1945 in den Lagern Stalins zwischen 1936 und 1953 durch Misshandlung und Not „vielleicht 12 Millionen" Todesfälle zu verzeichnen, davon ein sehr erheblicher Teil in der zweiten Hälfte dieser Periode, also in der Nachkriegszeit. Von diesem Extrem abgesehen, sind seit 1945 unter anderen folgende Völkermorde zu benennen:

Getötete Tutsi in Ruandas Hauptstadt Kigali (1994)
(Foto: Luc Delahaye/SIPA PRESS)

– Das Schreckensregime von Pol Pot in *Kambodscha* zwischen 1976 und 1978, dem mindestens eine, möglicherweise mehr als zwei Millionen Menschen zum Opfer gefallen sind. Eine Bestrafung der Täter steht aus.

- Der staatlich organisierte Völkermord an den Tutsi in *Ruanda* zwischen dem 6. April und dem Juli 1994, dem mindestens 500 000 Menschen zum Opfer gefallen sind; die meist genannte Zahl beläuft sich auf 800 000 Menschen. Neben 130 000 der Beteiligung Beschuldigten in ruandischen Gefängnissen (eine für die dortige Justiz unlösbare Aufgabe) bemüht sich ein im tansanischen Arusha eingerichteter Uno-Strafgerichtshof um Aburteilung der Hauptverantwortlichen, mit bisher wenig überzeugenden Resultaten (jede Rechtsprechung stößt bei solchen Verbrechen an ihre Grenzen).
- Massaker an den Hutu durch die Tutsi-dominierte *burundische Armee* 1973, bei dem von 300 000 Toten gesprochen wird. Auch diese Verbrechen sind ungesühnt.
- Der Genozid, den der *ugandische* Militärdiktator Idi Amin (1971–1979) angezettelt hat, bis er von einer tansanischen Interventionsstreitmacht vertrieben wurde (ein frühes Beispiel einer mit internationalem Beifall bedachten humanitären Intervention); die Zahl der Opfer wird auf 300 000 geschätzt. Der Massenmörder lebt seit Jahrzehnten komfortabel im saudi-arabischen Exil, ohne irgendwelche Sühne.
- Die Massenmorde des „Kaisers" von *Zentralafrika* Jean-Bedel Bokassa (Staatsstreich 1966; Kaiserkrönung – mit Finanzierung durch Frankreich – 1977) bis zu seinem Sturz 1979 durch französische Truppen. Die französische Intervention erfolgte, nachdem (neben Morden an Jugendlichen in Gefängnissen) von Diamantgeschenken Bokassas an den französischen Staatspräsidenten Giscard d'Estaing berichtet worden war.
- Einen Sonderfall staatlicher Gewaltanwendung gegen die eigene Bevölkerung stellen die Opfer des *chinesischen* „Großen Sprungs nach vorn" 1959 – 1961 dar, dem um die 30 Millionen Menschen durch Hunger zum Opfer fielen. Zugrunde lag eine verfehlte Wirtschafts-, insbesondere Landwirtschaftspolitik, die durch die Führung unter Mao Zedong jahrelang trotz der großen Opferzahl nicht korrigiert wurde (vgl. die Liste **M 104**).

Am 9.12.1948 wurde die Internationale Konvention über Verhütung und Bestrafung des Verbrechens des Völkermordes abgeschlossen. Sie definiert (in Artikel II): „Völkermord bedeutet im Sinne dieser Konvention jede der folgenden Handlungen, wenn sie mit der Absicht begangen werden, eine nationale, ethnische, rassische oder religiöse Gruppe ganz oder in Teilen zu zerstören:

a) das Töten von Mitgliedern der Gruppe;
b) das Zufügen von ernstlichem (serious) körperlichem oder seelischem (mental) Schaden gegen Mitglieder der Gruppe;
c) vorsätzlich die Gruppe Lebensbedingungen auszusetzen, die sie ganz oder in Teilen physisch zerstören sollen;
d) Kinder der Gruppe gewaltsam in eine andere Gruppe zu überführen." (Übersetzung J.H.W., also nicht amtlich)

Diese Definition wurde in der Literatur einerseits als zu restriktiv (die Ermordung von Menschen wegen Zugehörigkeit zu einer politischen Gruppe oder einer sozialen Klasse z.B. umfasst sie nicht), andererseits als zu unklar kritisiert.

Neben einem zweiten Ad-hoc-*Gerichtshof der UNO* mit Sitz im Haag zur Aburteilung von Verbrechen bei diversen Kriegen, die die Auflösung Jugoslawiens begleiteten, wurde 2003 ein ständiger *internationaler Strafgerichtshof** eingerichtet, der neben Kriegsverbrechen und Völkermord auch Verbrechen gegen die Menschlichkeit aburteilen soll, *sofern* die Justiz eines nach internationalem Recht zuständigen Staates untätig bleibt bzw. an der Erfüllung ihrer Pflichten gehindert wird. Trotz dieser Einschränkung versuchen die USA durch Nichtteilnahme, Obstruktion und Sondervereinbarungen alles, um amerikanische Staatsbürger vor einer möglichen Anklage vor diesem Gerichtshof zu bewahren.

Das Ruanda- und das Jugoslawien-Tribunal wurden durch den Sicherheitsrat unter Kapitel VII der UN-Charta „as a measure to restore peace and security" errichtet, der ständige Strafgerichtshof ist auf eine internationale Konvention begründet und kein UNO-Organ (zu Völkermord und Massenmord aus politischen Gründen [Demozid und Politizid] s. **M 104**).

Vertreibung

Neben direkten Mordaktionen von Regierungen oder Regierungskräften haben diese öfter zu massenhafter Vertreibung ganzer Bevölkerungen gegriffen, so dass dem zwanzigsten Jahrhundert auch zu Recht das Etikett *„Jahrhundert der Vertreibungen"* angeheftet wurde – auch wenn Vertreibung („ethnische Säuberungen") ein seit Jahrtausenden praktiziertes Verbrechen ist.

Nicht nur die Vertreibung ist menschenrechtswidrig (Art. 9 der Allgemeinen Erklärung der Menschenrechte von 1948 lautet: „Niemand darf willkürlich [...] des Landes verwiesen werden."), auch die Verweigerung der Rückkehr von Flüchtlingen und Vertriebenen ist es (Art. 13 Abs. 2 der Erklärung: „Jeder Mensch hat das Recht, jedes Land [...] zu verlassen sowie in sein Land zurückzukehren."; Art. 12 Abs. 4 des Internationalen Paktes über Zivile und Politische Rechte von 1966: „Niemand darf willkürlich des Rechtes beraubt werden, in sein eigenes Land einzureisen" [„to enter his own country"]).

Dabei ist die Grenze zwischen direkter Vertreibung und massenhafter Flucht vor Krieg, Bürgerkrieg und Gewaltanwendung nicht in allen Fällen scharf zu ziehen.

Wichtige **Vertreibungsaktionen** *seit dem Zweiten Weltkrieg:*

- Die Vertreibung von zwischen 10 und 14 Millionen Deutschen in den Monaten und Jahren nach dem Zweiten Weltkrieg aus den *deutschen Ostgebieten* (mit etwa 2 Millionen Toten) und aus *osteuropäischen Staaten,* in denen sie meistens seit Hunderten von Jahren gesiedelt hatten – wie Andrew Bell-Fialkoff in seinem Standardwerk über ethnische Säuberungen anmerkt, die größte und vollständigste Vertreibungsaktion der Geschichte.
- Bei der Teilung *Indiens* flohen (und wurden vertrieben) 7 Millionen Muslime und 5 Millionen Hindu nach Pakistan bzw. Indien; mindestens eine halbe Million Menschen kam dabei und bei Massakern um.
- Die Vertreibung der *Kosovo-Albaner* durch die serbisch-jugoslawische Armee und serbische Milizen 1998/1999.
- Die Vertreibung von Hunderttausenden von Menschen aus der völkerrechtswidrig annektierten Provinz *Osttimor* durch die indonesische Armee und pro-indonesische Milizen 1999.
- Die Vertreibung von *Arabern* durch Israel und die Verweigerung ihrer Rückkehr, trotz mehrerer UNO-Resolutionen zu ihren Gunsten.
- Flucht und Vertreibung von Hunderttausenden von Tutsi aus *Ruanda* im Zusammenhang mit der „sozialen Revolution" nach 1959.
- Die Vertreibung, gelegentlich Hinmordung von „Naturvölkern" und „Ureinwohnern" aus ihren angestammten Siedlungsgebieten, z. B. im brasilianischen Regenwald, in der Nordregion Kolumbiens oder in verschiedenen Regionen Guatemalas.

Neuere Statistiken zu internationalen Flüchtlingsströmen enthalten **M 105** und **M 106**.

Ethnisierung

Der Blick auf die Vertreibungsaktionen zeigt ein wichtiges Merkmal von bewaffneten Konflikten auf, das in der deutschen Diskussion lange Zeit übersehen wurde: die *Ethnisierung von Konflikten.*

Die meisten Staaten dieser Erde sind mit dem alten deutschen Wort als *Vielvölkerstaaten* zu bezeichnen. Wie auch immer der Begriff der Ethnie* und des Volkes „objektiv" gefasst werden kann (hierin liegen erhebliche Probleme, s. d. Glossar), reicht es für sozialwissenschaftliche und historische Analysen aus, dass sich bestimmte Gruppen einerseits selbst als untereinander zusammengehörig begreifen, andererseits sich gegenüber Fremdgruppen als anders oder apart definieren. Meist geht damit auch die Vorstellung von einer gemeinsamen Abstammung und gemeinsam durchlebter und durchlittener Geschichte einher (wiederum unabhängig davon, ob solche Interpretationen vor dem strengen Auge der Wissenschaft haltbar sind oder nicht). Treffen nun sich selbst als solche begreifende Völker oder Ethnien aufeinander, ist oft genug ein Konflikt die Folge, wie buchstäblich Dutzende von ethnischen Konflikten in der Dritten Welt (ob in Ruanda oder Sri Lanka, Kurdistan/Türkei/Irak, Chiapas, Guatemala, Afghanistan, Mali, Burma, den Philippinen, Indonesien usw.) zeigen.

Die Vorstellung, man brauche nur Menschen und Gruppen in nahen Kontakt miteinander zu bringen, damit sie einander als Menschen schätzen und achten lernten und deswegen einander freundlich oder zumindest friedlich begegneten, kann im Lichte der historischen Erfahrung nur als naiv bezeichnet werden. Lebt eine Ethnie friedlich in einem Tal und hört sie von merkwürdigen Menschen auf der anderen Seite der Berge, die Schweinefleisch essen, eine unverständliche Sprache sprechen, nicht besser als das Blöken von Schafen, und sich auch sonst recht unzivilisiert aufführen, dann ist dies so lange kein Konfliktgrund, als diese merkwürdigen Typen in der Tat jenseits der Berge siedeln. Rücken sie der ersten Ethnie, etwa aufgrund von Wanderungsbewegungen oder einer massiven Bevölkerungszunahme, auf die Pelle, dann ist der Konflikt programmiert: Gute Zäune machen gute Nachbarn (Robert Frost, 1874-1963)! „In Papua, groups located on opposite sides of mountains had the friendliest relations, particularly if there was virgin forest between them, whereas groups separated merely by a river had less friendly relations" (Hallpike 1977, zit. bei Horowitz 2001). Die Virulenz heutiger ethnisierter Konflikte rührt gerade daher, dass Ethnien, die historisch nichts miteinander zu tun gehabt haben, in nach 1945 neu entstandenen Nationalstaaten zusammengefasst worden sind. (Dieser Fall ist übrigens häufiger als das für Afrika oft behauptete Durchschneiden von Ethnien durch moderne Nationalstaatsgrenzen.) Das gilt zum Beispiel für die westafrikanischen Küstenstaaten (bis in den Sahel hinein), mit ihren in der Regel ausgeprägten Nord-Süd-Spannungen, etwa Nigeria, Tschad, Kamerun, Elfenbeinküste usw.

Die Bearbeitung von ethnischen Konflikten bis hin zum Völkermord wird dadurch erschwert, dass es international wie national an leistungsfähigen Frühwarnsystemen fehlt, die „early warning" (als Voraussetzung für „early action") vermittelten. Solche Systeme sind zurzeit im Aufbau.

M 104 Genozid und Politizid 1945 – 1995 mit mehr als 100 000 Opfern (nach den oberen Schätzungen)

Land	Typ	Datum	Name der Opfergruppe (ethnisch, rassisch und religiös definierte Gruppen)	Name der Opfergruppe, gemischt kommunal und politisch	Name der Opfergruppe, politisch	Opferzahl
UdSSR	P	1943–1947			repatriierte sowjetische Nationalisten	500 000 – 1 100 000
UdSSR	G	11/1943 –1/1957	Tschetschenen, Inguscheten, Karachai, Balkars			230 000
UdSSR	G	5/1944–1968	Meschketen Krimtataren			57 000 – 175 000
UdSSR	P	10/1947–1950		Ukrainische Nationalisten		200 000 – 300 000
Volksrepublik China	P	1950–1951			Kuomintang-Kader, Grundbesitzer, reiche Bauern	800 000 – 3 000 000
Sudan	P	1956–1972		nicht-muslimische, afrikanische Bevölkerung des Südens		100 000 – 500 000
Irak	PG	1960–1975		kurdische Nationalisten		10 000 – 100 000
Burundi	PG	1965–1973		Hutu-Führer, Bauern		103 000 – 205 000

Land	Typ	Datum	Name der Opfergruppe (ethnisch, rassisch und religiös definierte Gruppen)	Name der Opfergruppe, gemischt kommunal und politisch	Name der Opfergruppe, politisch	Opferzahl
Indonesien	PG	10/1965–1966	ethnische Chinesen		kommunistische Kader	500 000 – 1 000 000
Südvietnam	P	1965–1972			Zivilisten in NFL-Gebieten	475 000
China	P	5/1966–1975			Opfer der Kulturrevolution	400 000 – 850 000
Pakistan	PG	3–12/1971		Bengalische Nationalisten		1 250 000 – 3 000 000
Uganda	GP	2/1971–1979	Karamojong, Acholi, Lango; katholische Geistliche		Politische Opposition gegen Idi Amin	100 000 – 500 000
Angola (möglich)	P	1975–1995			Zivilisten	250 000 – 500 000
Kambodscha	GP	1975–1979	Muslimische Cham		Unterstützer des alten Regimes, städtische Bevölkerung, illoyale Kader	800 000 – 3 000 000
Indonesien	PG	12/1975–heute*		Osttimoresische Nationalisten		60 000 – 200 000
Afghanistan	P	1978–1989			Unterstützer des alten Regimes, ländliche Unterstützer der Rebellen	1 000 000
Uganda	GP	1979–1/1986	Karamojong, nilotische Stämme, Baganda		Unterstützer des Amin-Regimes	50 000 – 100 000
Mosambik	P	1980–1992			Zivilisten	500 000 (?)
Sudan	GP	1983–heute*	Dinka, Schilluk, Nuba und andere			500 000 – 1 500 000
Burundi (möglich)	G	1988	Hutu-Zivilisten			50 000 – 100 000 (?)
Bosnien	G	5/1992–1994	bosnische Moslems			200 000
Ruanda	GP	1994		Tutsi, moderate Hutus		500 000

G = Genozid, Opfer als Mitglieder einer Gruppe definiert
P = Politizid, Opfer politisch definiert
PG = Politizid gegen politisch aktive Gruppen
GP = Mischung aus G und P
(*d.h. mindestens bis Abfassung der Tabelle, J.H.W.)

(Barbara Harff und Ted Robert Gurr, Victims of the State: Genocides, Politicides and Group Repression from 1945–1995, in: Albert J. Jongman, Hrsg., Contemporary Genocides: Causes, Cases, Consequences, Leiden 1996, S. 33–58, hier Ausschnitt aus Tabelle I, S. 49 – 51)

M 105 Flüchtlinge

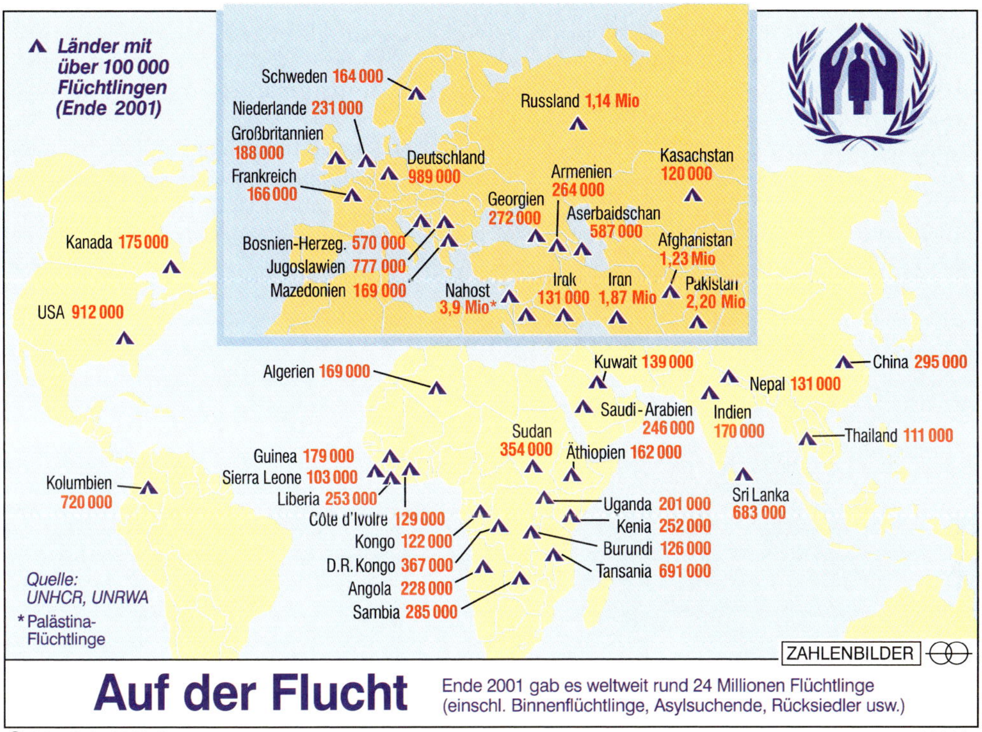

 603 225

Nach der Genfer *Flüchtlingskonvention* von 1951 gilt als **Flüchtling,** wer sich „aus begründeter Furcht vor Verfolgung wegen seiner Rasse, Religion, Nationalität, Zugehörigkeit zu einer bestimmten sozialen Gruppe oder wegen seiner politischen Überzeugung außerhalb des Landes befindet, dessen Staatsangehörigkeit er besitzt, und den Schutz dieses Landes nicht in Anspruch nehmen kann oder wegen dieser Befürchtungen nicht in Anspruch nehmen will". Diese Zuschreibung deckt heute aber nur einen Teil des tatsächlichen Fluchtgeschehens ab. Kaum weniger prekär ist die Lage der so genannten **Binnenflüchtlinge,** die sich *innerhalb der Grenzen ihres eigenen Staates* vor Bürgerkriegen, Nationalitätenkonflikten, Naturkatastrophen, Hungersnöten oder Seuchen in Sicherheit zu bringen versuchen.
(Schmidt-Zahlenbilder)

M 106 a Zahl der Personen, die unter das Mandat von UNHCR fallen, nach Region (Stand: 1.1.2002)

	Flüchtlinge	Asylsuchende	Rückkehrer	Binnen-Vertriebene und andere	Gesamt
Asien und Pazifik	5.835.700	48.700	49.200	2.968.300	**8.902.000**
Europa	2.227.900	335.400	146.500	2.145.600	**4.855.400**
Afrika	3.305.100	107.200	266.800	494.500	**4.173.500**
Amerika	682.500	449.600	200	720.000	**1.852.300**
TOTAL	**12.051.100**	**940.800**	**462.700**	**6.328.400**	**19.783.100**

Geringe Additionsfehler beruhen auf Ab- bzw. Aufrundungen. Die Daten werden im Allgemeinen von den Regierungen bereitgestellt und beruhen auf deren Definitionen und Methoden der Datenerhebung. (UNHCR, Juni 2003)

Den jeweils aktuellen Stand und nähere Informationen zu den einzelnen Gruppen bietet UNHCR unter der Internetadresse: http:/unhcr.de/pdf/364.pdf. Ein umfassendes Informationsangebot zu allen Fragen des Flüchtlingsproblems enthält die Startseite: http://www.unhcr.de

M 106 b Ursachen

Die **Ursachen für Flucht und Migration** fallen häufig mit **den Kernproblemen der Entwicklung** zusammen: Armut, Umweltzerstörung, hohes Bevölkerungswachstum, repressive Regimes und bewaffnete Konflikte. In der Regel ist die Entscheidung zur Flucht ein Zusammenspiel von mehreren Faktoren.
In den aufnehmenden Entwicklungsländern konkurrieren die Flüchtlinge mit der ansässigen Bevölkerung um Arbeitsplätze und wirtschaftliche Ressourcen. Die kargen Entwicklungschancen der Länder werden durch Flüchtlingsbewegungen und die daraus folgenden Probleme zusätzlich geschmälert. Das Flüchtlingselend erhöht soziale Spannungen, verschärft den Druck auf die natürlichen Ressourcen und beschleunigt die fortschreitende Umweltzerstörung. (BMZ, Medienhandbuch 2002, S. 96f.)

Dezember 1997: Hunderte von Flüchtlingen, die meisten davon Kurden aus der Türkei, verlassen das türkische Schiff „Ararat“, das vor der süditalienischen Küste aufgebracht wurde. Kein Einzelfall: Immer wieder (wiederholt auch im Jahr 2003) versuchen Flüchtlinge – meist mit kaum mehr seetüchtigen Schiffen – über die Adria nach Europa zu gelangen.
(Foto: © dpa)

Im Herbst 1996 kehrte mehr als eine halbe Million Flüchtlinge, die nach dem Bürgerkrieg zwischen der Hutu-dominierten ruandischen Regierung und dem Front Patriotique Rwandais (FPR), einer Organisation von Exil-Tutsis, in die Republik Kongo (früher: Zaire) geflohen waren, in ihre Heimat Ruanda zurück, nachdem ihre Lager mit militärischer Gewalt angegriffen worden waren.
(Foto: © dpa)

1. *Zählen Sie die wichtigsten Fakten auf, die dazu berechtigen, das 20. Jahrhundert als ein Jahrhundert der Massenmorde und der Vertreibung zu bezeichnen (Text S. 238f., M 104).*
2. *Verschaffen Sie sich anhand der Materialien M 105 und M 106 a/b einen Überblick über das weltweite Flüchtlingsproblem, seine Ursachen, die verschiedenen Gruppen von Flüchtlingen und die Verteilung auf Regionen und Länder. Untersuchen Sie, von welchen Flüchtlingsströmen und in welchem Ausmaß Deutschland vom Flüchtlingsproblem betroffen ist.*
3. *Erläutern Sie mit eigenen Worten das Stichwort „Ethnisierung von Konflikten“ (Text S. 241f.).*

3. Menschenrechtsverletzungen

Auch hierbei geht es um die mehr oder weniger intensive Anwendung von Gewalt aus politischen Gründen. Menschen werden in elementaren Rechten, wie sie in der universellen Deklaration der Menschenrechte von 1948 und in den beiden Menschenrechtspakten von 1966 der Vereinten Nationen festgelegt und von der Staatengemeinschaft ratifiziert worden sind, verletzt, weil Regierungen glauben, nur so ihre Herrschaft bewahren (China), weil Gruppen glauben, nur so Macht, Ressourcen* oder Identität verteidigen (Ruanda) oder erringen zu können (Algerien). Menschenrechte können in historischer Abfolge und systematisch in verschiedene „Generationen" eingeteilt werden:

- Erste Generation: *bürgerlich-politische Rechte,* im Kern Rechte der Abwehr gegen den Staat und Rechte auf Beteiligung an staatlichen Entscheidungen.
- Zweite Generation: *Rechte im sozialen, wirtschaftlichen und kulturellen Bereich,* viel weniger konkret als die erste Generation: Das Recht auf Freiheit von Folter oder ungerechtfertigter Verhaftung kann grundsätzlich gegen die Schergen des Staates eingeklagt werden, ein „Recht auf Arbeit" hingegen findet keinen solchen Adressaten.
- Dritte Generation: das *Recht auf Entwicklung*, das zurzeit diskutiert, aber wenig konkretisiert worden ist.

Die exzessive Ausweitung des Begriffs der Menschenrechte (bis hin zu einem „Recht auf Nahrung") hat den schwerwiegenden Nachteil, dass die Aufmerksamkeit zersplittert, die Verletzungen nicht nach Schwere unterschieden, kurz: die Menschenrechte umso weniger durchgesetzt werden können – zumal bei so wolkigen Begriffen wie „Recht auf Entwicklung" niemand so recht weiß, gegen wen dieses Recht geltend gemacht werden kann. – Im Einzelnen s. **M 107 a und b**.

Zahlreiche international tätige Nichtregierungsorganisationen, z. B. amnesty international, Human Rights Watch oder die Fédération Internationale des Ligues des Droits de l'Homme, berichten regelmäßig über den Zustand von Menschenrechten in zahlreichen Ländern der Erde (s. **M 107 c**); amnesty international, die amerikanische Organisation Freedom House und der amerikanische Kongress geben jährlich einen Bericht über den Zustand der Menschenrechte in den wichtigsten Ländern der Erde heraus. Die Arbeit dieser nationalen wie internationalen Menschenrechtsorganisationen kann nicht hoch genug eingeschätzt werden, blieben doch ohne sie die Menschenrechtsverletzungen in zahlreichen Ländern in der kritischen Öffentlichkeit unbemerkt. Oft freilich können ihre Analysen nichts anderes sein als die traurige Dokumentation längst abgeschlossener Menschenrechtsverletzungen, wie zuletzt die große Studie zum Völkermord in Ruanda, die von Allison Des Forges im Auftrag von Human Rights Watch publiziert wurde.

M 107 a Menschenrechtsverletzungen

Dank des Einsatzes von Menschenrechtsgruppen in aller Welt erfahren wir heute schneller als je zuvor von Menschenrechtsverletzungen in anderen Ländern. Viele Verstöße gegen die Grundrechte können so verhindert, andere rasch aufgeklärt werden. Trotz allem bleiben die Defizite enorm: Täglich sterben circa 24.000 Menschen, denen das Recht auf Nahrung verwehrt wurde. Ebenfalls täglich werden 6.000 Mädchen und Frauen an ihren Genitalien verstümmelt – ein schwerer Verstoß gegen das Recht auf körperliche Unversehrtheit. Weltweit müssen 250 Millionen Kinder im Alter von unter 14 Jahren täglich bis zu 14 Stunden unter teilweise unvorstellbaren Bedingungen arbeiten. Die Rechte auf Meinungs- und Pressefreiheit werden häufig eingeschränkt. Laut der Menschenrechtsorganisation amnesty international gab es im Jahr 2000 noch immer in 61 Ländern der Welt politische Morde durch Militär und Polizei. In 72 Ländern saßen Hunderttausende von Menschen aus politischen Gründen ohne Anklage und Prozess in Haft. Wo Menschenrechte auf diese oder andere Art und Weise verletzt werden, ist eine Entwicklung, die den Menschen in den Mittelpunkt stellt, nicht möglich. (BMZ, Medienhandbuch 2002, S. 72)

M 107 b Dimensionen der Menschenrechtsverletzungen

In Gesetzen und Verordnungen und kulturellen Überlieferungen z.B.	In Produktions- und Handelsstrukturen z.B.	In Ausnahmesituationen (Gefängnisse, Kriege usw.) z.B.	Im Alltag z.B.
– keine freien Wahlen	– schlechte Arbeitsplätze	– Folter	– Diskriminierungen
– Vorenthaltung von Rechten für Frauen	– ungleiche Bezahlung	– Mord	– Menschenhandel
– Apartheid	– Verbot bestimmter Berufe	– Verschleppungen	– Zwang zu Prostitution
	– Verweigerung von Dienstleistungen	– Vertreibungen	– Erniedrigungen
	– Kinderarbeit	– Vergewaltigungen	– tätliche Angriffe
			– Bedrohungen
			– Körperverletzungen
			– Obdachlosigkeit

(Günther Gugel; www.friedenspaedagogik.de)

M 107 c Menschenrechtsverletzungen

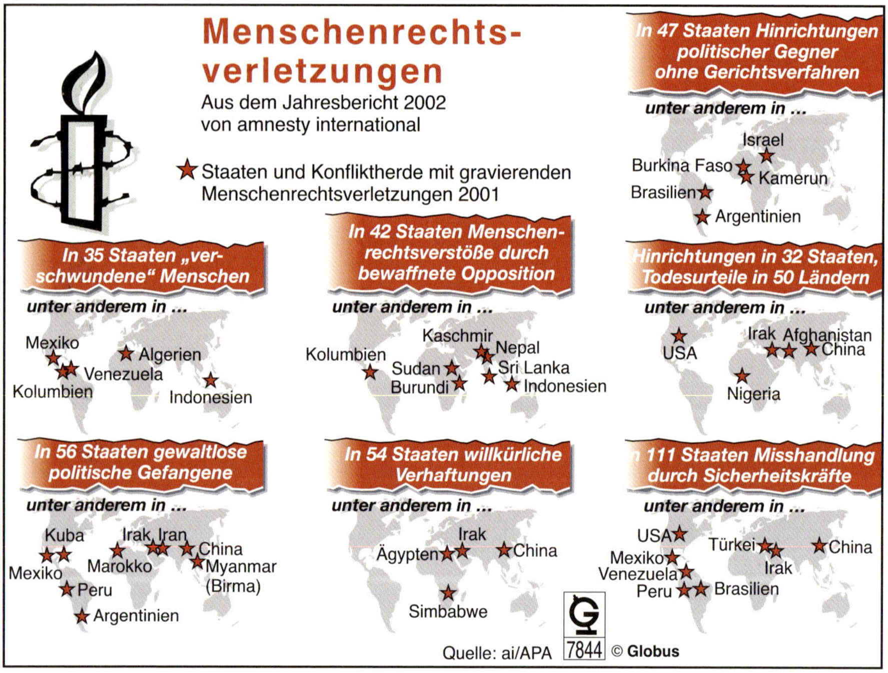

1. *Klären Sie, was unter dem Sammelbegriff Menschenrechtsverletzungen im Einzelnen zu verstehen ist (und was nicht). Gehört in Ihrer Sicht z.B. ein „Recht auf Nahrung" zu den Menschenrechten (Text und M 107 a)? Welche der in M 107 b aufgeführten Kategorien bedürften einer näheren Bestimmung?*
2. *Untersuchen Sie die Darstellung in M 107 c. Kann man sagen, dass sich Menschenrechtsverletzungen auf bestimmte Regionen konzentrieren? Über welche der aufgeführten Arten von Verletzungen wird in den Medien am ehesten berichtet, über welche kaum?*
3. *Nutzen Sie ggf. das Internetangebot von amnesty international für Informationen zu weiteren und aktuellen Menschenrechtsverletzungen und zu Maßnahmen zur Bekämpfung dieses Problems: www.amnesty.de*

4. Lösungsansätze

Wie an anderer Stelle (S. 23) bereits erwähnt wurde, ist die ursprüngliche Existenzberechtigung der Vereinten Nationen, wie die Präambel sagt, die Absicht, „künftige Geschlechter vor der Geißel des Krieges zu bewahren". Die Gründerväter dachten 1944/1945 – das zeigt die ganze Konstruktion des Sicherheitsrates und der Verfahren im Falle einer Friedensbedrohung oder Friedensstörung (s. S. 26) – in erster Linie an klassische zwischenstaatliche Konflikte der beschriebenen Art. Es wurde bereits an anderer Stelle (s. S. 23f.) vermerkt, dass jedenfalls in der Zeit des Kalten Krieges* diese Mechanismen nur ausnahmsweise zum Tragen kamen.
Unterhalb der Ebene der UNO ist die klassische kollektive Verteidigung durch die regionalen ***Militärallianzen*** oder Sicherheitsregime nach wie vor erlaubt; auf Betreiben der lateinamerikanischen Staaten, die eine lange Tradition kollektiver Sicherheit, zuletzt im Vertrag von Chapultepec, kannten, wurde in die UNO-Satzung ausdrücklich der Passus aufgenommen, dass die Satzung und die Mitgliedschaft in der UNO keinesfalls das Recht auf individuelle oder *kollektive* (s. Art. 51) Selbstverteidigung ausschließen solle. Die klassischen Beispiele für solche Militärallianzen seit 1945 sind einerseits die NATO, andererseits der (ehemalige) Warschauer Pakt, an dessen Defensivabsicht allerdings gehörige Zweifel anzumelden sind.
Auf einer wieder etwas anderen Ebene liegt die Einführung „internationaler Regime*" für bestimmte Politikfelder, bei denen z. B. antagonistische* Mächte an eine Art permanenten Verhandlungstisches und in ein permanentes Gespräch miteinander gebracht werden sollen, um über diese Diskussion zu vertrauensbildenden Maßnahmen, wechselseitigen Rüstungsinspektionen und dergleichen und damit zu einem Abbau von Spannungen und der Wahrscheinlichkeit des Ausbruchs bewaffneter Konflikte zu kommen. Das klassische Beispiel hierfür ist die *Organisation für Sicherheit und Zusammenarbeit in Europa **(OSZE)***, unter dem Namen Konferenz für Sicherheit und Zusammenarbeit in Europa (KSZE*) 1973 in Helsinki gegründet, mit ursprünglich durchaus unterschiedlichen Absichten der Westmächte und der Mitglieder des Warschauer Paktes (Moskau wollte seine territorialen Erwerbungen seit 1945 völkerrechtlich absichern, hatte aber dafür umgekehrt Konzessionen in Sachen Menschenrechten zu machen), die aber doch im Ergebnis zur Überwindung des Ost-West-Gegensatzes, wenn auch auf die unerwartete Weise des Zusammenbruchs eines der Kontrahenten, beigetragen hat.
Das Instrumentarium des *Völkerrechtes** und der internationalen Politik ist klassisch weit weniger auf innerstaatliche Konflikte als auf zwischenstaatliche Konflikte ausgerichtet gewesen; insbesondere sind die zur Verfügung stehenden Instrumente recht stumpf, wenn es sich um Menschenrechtsverletzungen handelt. Immerhin gibt es einige Ansätze:
Auf regionaler Ebene sind, mit unterschiedlich wirksamen Durchsetzungsmechanismen ausgestattet, ***Menschenrechtspakte*** abgeschlossen worden, z. B. die europäische, die islamische oder die afrikanische Menschenrechtscharta. Die europäische Konvention hat sich im *Europarat* eine Organisation der formalen Feststellung von Menschenrechtsverletzungen samt Aufforderung auf Abstellung an die betreffende Regierung gegeben, mit einem eigenen *Europäischen Gerichtshof für Menschenrechte in Straßburg*. Diesem ursprünglich exklusiven Klub westlicher Demokratien, die der massenhaften Verletzungen von Menschenrechten unverdächtig waren, wurde in der Absicht auf weitere Förderung der Menschenrechte auch Russland zugesellt, was nicht erst seit den flagranten Menschenrechtsverletzungen in den beiden Tschetschenienkriegen von vielen Beobachtern als ein schlimmer Fehler angesehen wird.
Im Übrigen ist, was Menschenrechte angeht, in den letzten Jahrzehnten die sehr interessante rechtliche Entwicklung zu beobachten, dass sie mehr und mehr als der Einwirkung durch andere Staaten oder die Staatengemeinschaft unterliegend verstanden werden. Weniger und weniger kann sich ein Staat Ermahnungen durch andere Staaten, doch die

Menschenrechte stärker zu beachten, mit dem Argument entziehen, dabei handele es sich um „innere Angelegenheiten", die folglich fremde Staaten nichts angingen. (Dieses Argument ist insbesondere bei China derzeit sehr beliebt.) Im gleichen Augenblick, in dem Staaten die internationalen Menschenrechtspakte unterzeichnet und ratifiziert haben, unterwerfen sie sich rechtlich den respektiven Überprüfungsverfahren.
Zudem geht die Entwicklung mehr und mehr dahin, Menschenrechtsverletzungen, selbst wenn sie ursprünglich die Grenze eines Landes nicht überschreiten, eo ipso als eine Bedrohung der internationalen Sicherheit zu betrachten, was automatisch ein Eingriffsrecht der Vereinten Nationen begründet (allerdings ist der Beschluss zum Tätigwerden der UN jeweils eine Einzelfallentscheidung, wie die bedrohten Tutsis in Ruanda 1994 zu ihrem Leidwesen erfahren mussten). Auch wenn die *Intervention der NATO-Militärallianz im Amselfeld (Kosovo*)* 1999 nicht mit einem förmlichen Beschluss des Sicherheitsrates begründet werden konnte (vgl. Karikatur), sind diesem Eingreifen doch zahlreiche Mahnungen und Warnungen des Sicherheitsrates an die serbisch-jugoslawische Führung zur Beachtung der grundlegenden Rechte der Kosovo-Albaner vorausgegangen. Wären diese Rechte nur eine „innere Angelegenheit" Rest-Jugoslawiens oder Serbiens gewesen, hätten sie nicht zu Flüchtlingsströmen und damit mindestens potenziell zu einer Destabilisierung der Nachbarländer geführt, dann hätten solche Ermahnungen rechtlich kein Fundament gehabt.

(Zeichnung: Gerhard Mester/CCC, www.c5.net)

Ethnische Konflikte können grundsätzlich auf *vierfache Weise* gelöst werden, wie Smooha und Hanf in einem interessanten Aufsatz (in A.D. Smith, Hrsg., Ethnicity and Nationalism, Leiden 1992) zusammenstellen:

– Die *räumliche Trennung* stellt offenbar nur dann eine Lösung dar, wenn die streitenden Parteien einigermaßen geschlossen siedeln. Wird sie bei räumlich gemischter Siedlungsweise versucht, ist die Entstehung neuer Minderheiten (und gegebenenfalls Flucht und Vertreibung) das Ergebnis, wie die Nachfolgestaaten des alten Jugoslawien, voran Kroatien, Bosnien-Herzegowina und auch das Amselfeld, lehren. – Im Übrigen können auch neu entstandene „mono-ethnische" Staaten gegeneinander Krieg führen (und tun es nach neueren Ergebnissen der Forschung, Nicholas Sambanis 2000, ebenso oft wie vorher Ethnien innerhalb eines Staates), so dass diese „Lösung" in der Praxis keine ist.
– Eine *ethnische Demokratie* verbindet demokratische Institutionen mit ethnischer Dominanz einer Gruppe (Ethnokratie), was also nichts anderes bedeutet, als dass eine ethnische Gruppe oder mehrere ethnische Gruppen zur ewigen Opposition verdammt sind. Hiergegen gilt es jedoch festzuhalten, dass eine wechselnde demokratische Mehrheit (ein konstitutives Element der Demokratie) und eine gleich bleibende ethnische Mehrheit zwei unterschiedliche Dinge sind. (Demokratische Wahlen, die nach Ulrich Scheuner, Robert Dahl, Arend Lijphart und Thomas Landon Thorson, neben vielen anderen, bedeuten müssen, dass die Minderheit von heute rechtlich und *tatsächlich* die Mehrheit von morgen bilden kann, sind etwas anderes als Volkszählungen mit Ermittlung der ethnischen Zugehörigkeit.) Davon abgesehen dürfte dieses Modell jedenfalls dann nicht funktionieren, wenn die zahlenmäßig kleinere Gruppe(n) sich nicht auf Dauer mit dem Schicksal abfindet, von einer ethnischen Mehrheit dominiert zu werden. Der jahrzehntelange Kampf der Tutsi um die Macht in Ruanda wäre ein relevantes Beispiel.
– Eine *liberale Demokratie* setzt voraus, dass große Teile der Bevölkerung die ethnische Identität entweder leugnen oder zu vermindern suchen. Gerade in den Fällen, in denen ethnische Konflikte virulent sind, dürfte diese Bedingung nicht gegeben sein.
– Eine *Konkordanzdemokratie* (die Einbeziehung aller relevanten Gruppen in Regierung und Verwaltung, verbunden mit regionaler/personaler Autonomie und Vetorecht für die Minderheiten in Angelegenheiten, die sie für wesentlich halten) empfiehlt sich insbesondere dann, wenn es keine klaren

Mehrheitsverhältnisse gibt, wenn also eine Gruppe praktisch Obstruktionspolitik betreiben könnte. Die Lösung besteht dann in der „übergroßen" Koalition, in der also alle relevanten Kräfte an der Staatsmacht und ihren Früchten beteiligt werden. Dies war und ist klassisch der Fall im Libanon der Vor- und Nachbürgerkriegszeit (vor 1975 und nach 1990); dieses Beispiel zeigt auch die Gefahren des Modells (Immobilismus und die Möglichkeit, dass eine einzige Gruppe den „Nationalpakt" aufkündigt).
Wie sich zeigt, sind die vertrackten Fälle offenbar diejenigen, bei denen eine einzelne ethnische Gruppe (oder ein Bündnis solcher Gruppen) knapp die Mehrheit der Wähler stellt, das Wahlverhalten ethnischen Kriterien folgt und die ethnische Mehrheit grundsätzlich – unter Berufung auf das „demokratische Mehrheitsprinzip", wohlweislich unter Außerachtlassung der skizzierten zusätzlichen Bedingung für „Mehrheitsherrschaft – kompromisslos die gesamte Macht im Staate beansprucht.

Auch **Entwicklungspolitik** ist als Instrument zur Vorbeugung gegen und zur Minderung von bewaffneten Konflikten vorgeschlagen worden. „Entwicklungspolitik ist Friedenspolitik!" Dieser Satz findet sich spätestens seit dem so genannten Brandt-Bericht* 1980 in unzähligen Verlautbarungen damit befasster Institutionen, voran des Bundesministeriums für wirtschaftliche Zusammenarbeit und Entwicklung und zahlreicher Nichtregierungsorganisationen: „Entwicklungspolitik trägt zur Vorbeugung und Bewältigung von Krisen und Konflikten bei. Krisenprävention ist nicht nur humaner, sondern auch billiger als nachträgliche Schadensbewältigung." (BMZ, Journalistenhandbuch Entwicklungspolitik, Ausgabe 1999). Hier ist allerdings einige Skepsis angebracht, zunächst was die Ursachenanalyse angeht. „Entgegen einer verbreiteten Vorstellung, die man in den Debatten über die Ursachen der neuen Kriege und die Chancen zu ihrer Beendigung immer wieder hören kann, deutet keineswegs Armut als solche auf die Gefahr einer Eskalation von Gewalt und den bevorstehenden Ausbruch von Kriegen hin; allenfalls das Nebeneinander von bitterem Elend und unermesslichem Reichtum ist ein aussagekräftiger Indikator. [...] (D)ie Wahrscheinlichkeit, dass solche Bürgerkriege nicht nach einem kurzen Gewaltausbruch enden [...], steigt in dem Maße, wie auf dem umkämpften Territorium Bodenschätze vermutet werden. [...] Potenzieller Reichtum ist eine sehr viel wichtigere Ursache als definitive Armut." (Herfried Münkler, Die neuen Kriege, Lizenzausgabe für die Bundeszentrale für politische Bildung, Bonn 2002, S. 17). Zum anderen stehen Belege dafür, dass Entwicklungspolitik generell oder in einem konkreten Einzelfall „zur Vorbeugung und Bewältigung von Krisen und Konflikten bei(getragen)" hat, aus. Bestenfalls können entwicklungspolitische Maßnahmen *Folgen* eines Konfliktes mindern.
Inzwischen wird Entwicklungspolitik in diesem Zusammenhang als Teil einer „globalen Strukturpolitik'" verstanden (s. **M 108**), die u.a. der Konflikt- und Gewaltprävention dienen soll und von einer „prozessorientierten" Krisenprävention abgegrenzt wird: „Strukturorientierte Prävention [...] zielt weltweit auf eine stetige Verbesserung allgemeiner friedensfördernder Rahmenbedingungen und ist Gegenstand einer breit gefächerten globalen Struktur-, Entwicklungs- und Friedenspolitik. (Prozessorientierte Prävention) hingegen will in räumlich und zeitlich klar identifizierten konkreten und spezifischen Krisenlagen der absehbaren Eskalation von Gewalt vorbeugen [...] und gewaltbereite Akteure zu einem friedfertigen Verhalten bewegen" (Volker Matthies, Krisenprävention und Friedenskonsolidierung, in: Mir A. Ferdowsi [Hrsg.] Internationale Politik im 21. Jahrhundert, Paderborn 2002, S. 129f.). Das sind zweifellos hochgeschraubte Ansprüche, denen die Realität freilich bisher kaum entspricht, wie nicht zuletzt eine große Serienevaluierung zur Rolle der Entwicklungshilfe in Konfliktsituationen im Auftrag des BMZ in sechs Ländern 1998/99 offen gelegt hat: „In einigen Ländern wurden Konfliktpotenziale übersehen oder unterbewertet und konfliktrelevante Informationen von den Botschaften nicht aufgenommen; zum Teil bestand die Tendenz, eine regierungskritische Haltung zu vermeiden. Eine ausreichende Informationsverdichtung durch die beteiligten Akteure (AA – Auswärtiges Amt, J.H.W. – und BMZ) war nicht in allen Fällen sichergestellt [...]. Grundsätzlich ist festzustellen, dass der mögliche direkte Einfluss der deutschen Entwicklungszusammenarbeit und der gesamten internationalen Gebergemeinschaft auf Konfliktsituationen sehr begrenzt ist, dies gilt im be-

sonderen Maße für akute Konflikte (Austragungsphase)." (Stephan Klingebiel, Wirkungen der Entwicklungszusammenarbeit in Konfliktsituationen. Querschnittsbericht zu Evaluierungen der deutschen EZ in sechs Ländern, 1999). Das Ministerium verfügte nicht einmal über ein Lagezentrum, das Informationen aus den verschiedensten Quellen über sich zuspitzende Konfliktsituationen systematisch (und als Vorbereitung für politische Maßnahmen) aufbereitet hätte. In Ruanda*, wo Deutschland der drittgrößte Geber war, wurde z.B. der sich anbahnende Völkermord von 1994 mit etwa achthunderttausend Toten vom Auswärtigen Amt und vom BMZ trotz zahlreicher Warnzeichen regelrecht verschlafen, worauf der frühere Staatssekretär im Entwicklungshilfeministerium, Volkmar Köhler, hingewiesen hat (in: FAZ, 16.11.00). Kurz: Bevor man „globale Struktur-, Entwicklungs- und Friedenspolitik" betreibt, wären erst einmal die unerlässlichen Voraussetzungen dafür zu Hause zu schaffen.

M 108 Globale Strukturpolitik und Aufgaben der Entwicklungszusammenarbeit

Die globale Herausforderung von Frieden und Entwicklung erfordert ein **kohärentes Zusammenwirken von Außen-, Sicherheits- und Entwicklungspolitik** im Rahmen des Leitbilds globaler nachhaltiger Entwicklung. Dem Ziel, die Kohärenz zu stärken, dient auch die Mitgliedschaft der Bundesministerin für wirtschaftliche Zusammenarbeit und Entwicklung im **Bundessicherheitsrat,** dem unter anderem die Koordinierung der deutschen Rüstungsexportpolitik obliegt. [...]

Im Rahmen der Gesamtstrategie der Bundesregierung zur Friedensentwicklung und Krisenprävention ist es die Aufgabe der Entwicklungspolitik, in den betroffenen Partnerländern durch Verbesserung der wirtschaftlichen, sozialen, ökologischen und politischen Verhältnisse zur Verhinderung und zum **Abbau struktureller Ursachen** von Konflikten sowie zur Förderung von Mechanismen **gewaltfreier Konfliktbearbeitung** beizutragen.

Die Entwicklungspolitik strebt in vielfältiger Weise an, diese Ziele zu erreichen. So werden zum Beispiel Projekte in folgenden Bereichen unterstützt:

- Stärkung von **Zivilgesellschaft, Demokratie und Rechtsstaatlichkeit** (zum Beispiel Beratung bei der Neuordnung des Justizwesens in Guatemala, Fortbildung von Anwälten und Richtern in Namibia, Schulung von Abgeordneten in Mosambik);
- Förderung von **regionaler und internationaler Vernetzung** (zum Beispiel regionale Zusammenschlüsse wie die SADC (Southern African Development Community);
- institutionelle Stärkung des **Wirtschafts- und Finanzbereichs** (um zum Beispiel Kleingewerbe, Handel und kleinen landwirtschaftlichen Produktionseinheiten den Zugang zu Finanzinstitutionen zu ermöglichen, etwa in Uganda);
- Förderung des **ökologischen Gleichgewichts** und der **nachhaltigen Bewirtschaftung** von und Regelung des Zugangs zu knappen Ressourcen (zum Beispiel Wassermanagement im Nahen Osten und Nordafrika).
- Hinzu kommen insbesondere in **akuten Konfliktlagen** sowie in **Post-Konflikt-Situationen** gezielte Vertrauen stiftende Maßnahmen, Dialogprogramme und Friedenserziehung, Förderung von Friedenspotenzialen und Friedensallianzen, Demobilisierungs- und Reintegrationsmaßnahmen sowie Projekte zur psychologischen Betreuung traumatisierter Kinder und Jugendlicher und zur Resozialisierung von Kindersoldaten. Weitere Aspekte sind die Förderung von Versöhnung und gesellschaftlichem Wiederaufbau sowie die Betreuung der Opfer von Menschenrechtsverletzungen und gewaltsamen Konflikten. Friedenskonsolidierung in der Konfliktfolgezeit ist eine besonders wichtige **Präventionsstrategie,** um einen erneuten Ausbruch von Gewalt zu verhindern.

(BMZ, Medienhandbuch 2002, S. 86ff.)

1. *Zur Legitimation militärischer Einsätze durch die UNO können Sie auf M 6 (S. 26) zurückgreifen. Daneben sieht die UN-Charta (Art. 51) für jeden Staat das Recht auf „kollektive Selbstverteidigung" vor. Erläutern Sie, was damit gemeint ist. Inwiefern konnten sich die USA bei ihrem Krieg gegen das Taliban-Regime in Afghanistan (2002) auf dieses Recht berufen?*

2. *Wegen des brutalen Vorgehens der Serben gegen die Bewohner des Kosovo (gelegentlich wurde sogar von Genozid gesprochen) entschloss sich die NATO 1999 zum Militäreinsatz, obwohl im Sicherheitsrat der UNO kein entsprechender Beschluss zustande kam. Inwiefern wurde hierin ein Konflikt zwischen Menschenrechtsschutz und Völkerrecht gesehen (vgl. die Karikatur S. 248)?*

3. *Der Text diskutiert die Frage, ob und inwieweit innerstaatliche Konflikte und Kriege auch durch Faktoren der Unterentwicklung bedingt sein können und deshalb Entwicklungspolitik als Mittel der Prävention (Vorbeugung) betrachtet werden kann. Analysieren Sie dazu die Position der Bundesregierung (M 108). Inwiefern wird Entwicklungspolitik hier als Bestandteil „globaler Strukturpolitik" verstanden?*

4. *Erläutern Sie, worauf die Skepsis des Textes (S. 249f.) gegenüber der These „Entwicklungspolitik ist Friedenspolitik" besteht. Inwieweit lässt sich ein empirischer Beweis für diese These überhaupt erbringen?*

B. Terrorismus, „Schurkenstaaten", organisierte Kriminalität und Drogenhandel

1. Terrorismus

Seit den 60er-Jahren hat sich national wie international Terrorismus zu einer latenten Gefahr für die Sicherheit der Bürger in praktisch allen Staaten und für das ungestörte Funktionieren der technischen Einrichtungen, auf denen ihr Wohlstand beruht, entwickelt. Auch wenn die Zahl der Opfer mit denen bewaffneter Auseinandersetzungen nicht entfernt verglichen werden kann, stellt er doch eine *Bedrohung besonderer Art* dar:

- Zum einen geben sich Terroristen nicht als Gegner zu erkennen; sie tragen z. B. nicht, wie es das Kriegsvölkerrecht für so genannte Kombattanten vorschreibt, eine Uniform, die sie als solche kenntlich macht. Mit der gewöhnlichen Kriminalität haben Terroristen vielmehr das subversive Auftreten gemeinsam, was ihre Bekämpfung erschwert.
- Auch in den Fällen, in denen sie glauben, durch terroristische Aktivitäten im Kern politische Ziele verfolgen zu können, greifen sie sehr häufig nicht die bewaffneten Kräfte oder die Polizei an, sondern unbeteiligte Dritte, meist Zivilisten, die oft mit dem eigentlich gemeinten Ziel nur eine lose oder gar keine Verbindung haben.
- Terroristische Anschläge richten sich somit gegen „Ziele", die nach übereinstimmender Überzeugung mindestens der westlichen Wertegemeinschaft keine sind, z. B. friedliche Touristen im Ausland (so wurden bei einem Anschlag in Luxor, Ägypten, 1997 58 Touristen erschossen). Dies völlig zu verhindern, ist technisch gar nicht möglich, da man nicht hinter jeden Touristen in einem fernen Land einen Polizisten stellen kann.
- Es hat terroristische Anschläge gegeben, z. B. einen Giftgasanschlag auf die Tokioer U-Bahn, die, soweit bekannt geworden, nur als anomisch* bezeichnet werden können, bei denen also kein irgendwie definierbares Ziel auszumachen ist, die also als Ausfluss kranker Hirne so wenig abgewehrt werden können wie ein spontaner und unprovozierter Mord auf der Straße.

- Die westlichen Gesellschaften zeigen sich, was die Gefährdung von Leben und Gesundheit Unschuldiger angeht, als besonders empfindlich, steht doch in der Werteskala westlicher Industrieländer das Individuum und sein Leben ganz oben. Selbst wenn Gesellschaften durch einen Terroranschlag im Kern nicht bedroht werden können, leidet doch in solchen Fällen zusätzlich ihr Selbstbewusstsein unter dem Gefühl der Ohnmacht.
- Terroranschläge sind mit der Perfektionierung dafür verwendeter Instrumente, z. B. hochwirksamer Plastiksprengstoffe, die von Metalldetektoren nicht entdeckt werden können, besonders einfach und wirksam. Eine einzige in einem Auto versteckte Bombe mag Hunderte von Menschen töten, wie dies bei mehreren Anschlägen in den USA (Oklahoma), in Tansania (Dar es Salaam) und in Kenia (Nairobi) vorgekommen ist.
- Die weit verbreitete Vorstellung hingegen, biologische Waffen (B-Waffen) seien billig und einfach anzuwenden und daher „natürliche“ Waffen der Terroristen, trifft nach Einschätzung von Fachleuten nicht zu; andererseits hätte eine von einem Staat unterstützte Terrorgruppe sehr wohl die Möglichkeit, einen Einsatz mit geeigneten Krankheitserregern durchzuführen.
- Die technische Zivilisation erweist sich mittlerweile wegen ihrer Vernetzung, Miniaturisierung und sehr weit getriebenen Materialoptimierung als besonders verletzlich. Hat jede Stadt ein kleines isoliertes Kraftwerk, von dem nur ein paar Straßenleuchten gespeist werden, richtet ein Ausfall dieses Kraftwerkes keinen größeren Schaden an; bei einem vernetzten System wie in Westeuropa mag dies bei einem Anschlag auf die richtige Stelle anders aussehen. Eine agrarische Gesellschaft, die keine Telefone hat, kann durch deren Ausfall nicht beschädigt werden – wohl aber eine Industriegesellschaft (die, unter anderem deswegen, zu einer dezentralen Struktur, etwa zur Datenübermittlung über das Internet, übergegangen ist). Ein modernes Flugzeug ist zwar für eine beträchtliche mechanische Überbeanspruchung ausgelegt, kann aber nicht wie eine Limousine gegen einen Bombenanschlag gepanzert werden – dann höbe es sich vermutlich nicht mehr in die Luft.

Zur Bekämpfung des internationalen Terrorismus, z. B. von Flugzeugentführungen, sind inzwischen internationale Abkommen geschlossen worden, die z. B. die Bestrafung oder Auslieferung der Täter durch jeden Staat, der ihrer habhaft werden kann, vorsehen, unabhängig von dem Ort der Entführung oder dem Kurs, den das Flugzeug vor oder nach der Entführung genommen hat.

Am *11. September 2001* wurden von Terroristen aus verschiedenen islamisch-arabischen Ländern vier Flugzeuge entführt, von denen je eines in den Nord- und Südturm des World Trade Centers in New York gelenkt und eines auf das Pentagon, das amerikanische Verteidigungsministerium in Washington, gesteuert wurde; das vierte entführte Flugzeug stürzte nach dem Eingreifen von Passagieren, die über Telefon von den Terroranschlägen erfahren hatten, über unbebautem Gelände in Pennsylvania ab. Die beiden Türme des World Trade Center brachen zusammen und begruben rd. 2800 Menschen unter sich, im Pentagon kamen 125 Personen ums Leben (s. **M 109**).

Die weltweite Reaktion, insbesondere diejenige der westlichen Wertegemeinschaft, sprach von einer Zeitwende, einer tiefen Verstörung des Sicherheitsgefühls des Westens, deren Wirkung auch mit zunehmendem zeitlichem Abstand nur mit der Erschütterung der Technik- und Zivilisationsgläubigkeit durch den Untergang des Luxusdampfers Titanic am Vorabend des Ersten Weltkriegs verglichen werden kann. In ersten Stellungnahmen war gar davon die Rede, nichts werde mehr sein wie zuvor – eine Einschätzung, die mindestens kritisch hinterfragt werden muss.

Wegen seiner Wichtigkeit und der Bedeutung des bisher nicht zerschlagenen Terrornetzwerkes „Al-Qaida“, dessen Anführer Osama bin Laden mit großer Wahrscheinlichkeit der Anstifter der Anschläge in den USA war, sei der Frage nach den Ursachen und Merkmalen des modernen Terrorismus, insbesondere der Frage nach „Islam und Terrorismus“, sowie der Frage nach dem Zusammenhang Armut – Terrorismus etwas eingehender nachgegangen.

M 109 Der Schock des 11. September 2001

Neben den beiden Haupttürmen des World Trade Centers („Twin Towers") wurden das Mariott-Hotel und vier weitere zum Komplex des World Trade Centers gehörende Gebäude (WTC Nr. 4-6) völlig zerstört. Etwa 20 weitere Gebäude wurden stark beschädigt (z.T. bis hin zur Einsturzgefahr). Darunter befanden sich drei Gebäude des World Financial Center, das Millennium-Hotel, die griechisch-orthodoxe Kirche St. Nicolas, das „Federal Building" und „Bankers Trust". Zahlreiche umliegende Gebäude wurden leicht beschädigt. Am 11. September 2001 starben im WTC 2801 Menschen (darunter 11 Deutsche); im American-Airlines-Flugzeug, das in den Nordturm stürzte, 87, im United-Flugzeug, das in den Südturm flog, 60 Personen; im Pentagon starben 125 Menschen, im American-Airlines-Flugzeug, das in das Pentagon flog, 59; in Shanksville in Pennsylvania kamen 40 Menschen beim Absturz zu Tode. Die 19 Terroristen sind dabei nicht mitgezählt. Insgesamt starben am 11. September mehr als dreimal so viele Menschen wie in allen terroristischen Anschlägen der vergangenen 30 Jahre zusammen.

(F. J. Floren nach Presseberichten 2003)

(Foto: Reuters/Christian Charisius)

(Foto: AP Photo/Ernesto Mora)

(Foto: © dpa/Hubert Boesl)

M 110 a Merkmale des „neuen transnationalen Terrorismus"

Osama bin Laden
(Foto: © dpa-Fotoreport/epa/AFP)

Die Anschläge des 11. September 2001 bedeuten eine Zäsur in der Geschichte des Terrorismus. Sie sind der dramatische Ausdruck eines „neuen" Terrorismus, der sich sukzessive im Laufe der 1990er-Jahre entwickelt hat. Wie lässt sich dieser „neue" Terrorismus beschreiben und verstehen? Wie unterscheidet er sich von anderen, bekannten Typen des Terrorismus sowie von verwandten Formen politischer Gewalt? Worin bestehen seine besonderen Charakteristika und Strukturen? Welche Konsequenzen ergeben sich daraus für die nationale und internationale Terrorbekämpfung?

Der „neue" Terrorismus, der eine Weiterentwicklung des herkömmlichen nationalen internen Terrorismus sowie des international operierenden Terrorismus der 1970er- und 1980er-Jahre darstellt, wird in dieser Studie *transnationaler Terrorismus* genannt. Erst der transnationale Terrorismus, paradigmatisch [beispielhaft] verkörpert durch das islamistische Netzwerk *Al-Qaida*, erreicht ein *globales* Gefährdungspotenzial, während der nach wie vor virulente Terrorismus „alten" Typs im Wesentlichen lokale oder regionale Probleme aufwirft. Der transnationale Terrorismus unterscheidet sich von seinen Vorläufern in folgenden Aspekten:

- Er verfolgt die *Zielsetzung*, primär die bestehende internationale Ordnung – und eben nicht eine spezifische nationale Ordnung – zu attackieren, weshalb sich dieser Terrorismus in erster Linie gegen jene richtet, die eine Vormachtstellung in der Welt ausüben.
- Er setzt als einigendes Band auf eine *transnationale Ideologie*, die es ermöglicht, Kämpfer und Attentäter mit unterschiedlichem nationalem, ethnischem, kulturellem oder sprachlichem Hintergrund zu einer handlungsfähigen (Glaubens-) Gemeinschaft zusammenzuschweißen.
- Seine spezifische Organisationsform sind *dezentrale, netzwerkartige Strukturen*, die sich über den gesamten Globus erstrecken, wenn auch mit regionalen Schwerpunkten. Dabei sind Leitungsebene, „Operateure", Terrorzellen sowie assoziierte und „befreundete" Terrorgruppen in unterschiedlicher Intensität miteinander verbunden. Auszugehen ist von einem Modell, bei dem mehrere Knotenpunkte hochgradig miteinander vernetzt sind, während andere Teile des gesamten Netzwerkes halb-autonom agieren, ohne dass jedoch die Führungsebene gänzlich an Kontrolle oder Einfluss verliert.
- Beim transnationalen Terrorismus handelt es sich zudem um ein *multi-nationales Unternehmen*, wie sich an der weltweiten Rekrutierung von Personal zeigt.
- Er verfügt über mehrere legale oder illegale *Finanzquellen* und nutzt zahlreiche Finanzierungswege und wird zudem vorrangig von *nicht-staatlichen Akteuren* unterstützt.
- Seine *taktische Vorgehensweise* versetzt ihn in die Lage, mehrere Anschläge parallel zu planen und zeitgleich an unterschiedlichen Orten durchzuführen.
- Das *Zerstörungspotenzial* ist deutlich höher als bei herkömmlichen Terrorgruppen. Dies betrifft sowohl die Bereitschaft als auch die operativen Fähigkeiten zur Zerstörung. Einkalkuliert werden dabei nicht nur eine hohe Zahl an Todesopfern, sondern auch ökonomische, soziale und psychologische Folgen.

Dieses Profil des transnationalen Terrorismus erschwert in mehrfacher Hinsicht die nationale und internationale Terrorbekämpfung und stellt Erfahrungen der Vergangenheit auf den Prüfstand. Die wichtigsten Herausforderungen bestehen darin, auf ein verändertes Tatprofil (Art und Weise der Anschläge), auf ein verändertes Täterprofil, auf dezentrale Netzwerkstrukturen, auf eine Diversität an Finanzquellen, auf schwer greifbare, nichtstaatliche Unterstützer und Förderer sowie auf die besonderen taktischen Fähigkeiten reagieren zu müssen. Erforderlich sind Maßnahmen der *operativen* wie auch der *strukturellen* Terrorbekämpfung. Erstere setzen auf die repressive Bekämpfung bestehender, manifester Terrorgruppen und die Verhinderung von Anschlägen, letztere auf die Bekämpfung von Ursachen und begünstigenden Rahmenbedingungen.

(Deutsches Institut für internationale Politik und Sicherheit Berlin, SWP-Studien 42/02, Dezember 2002, Verf: Ulrich Schneckener; www.swp-berlin.org)

M 110 b Ursachen und Entstehungsbedingungen von Terrorismus

Um den Terrorismus wirksam bekämpfen zu können, ist es nötig, seine Ursachen zu verstehen. Nur wenn die Bedingungen terroristischer Motivationen, die Menschen in solche Wahnsinnstaten wie am 11. September treiben, genau ins Blickfeld genommen werden, lassen sich Instrumente der Terrorismusbekämpfung definieren und einander zuordnen. Dabei ist es sinnvoll, sich diese Bedingungen als in drei konzentrischen Kreisen angeordnet vorzustellen. Am weitesten gespannt sind *allgemeine soziale und kulturelle Bedingungen,* die eine Stimmung allgemeiner Unzufriedenheit schaffen, ohne die der Nachwuchs an terroristischen Rekruten nicht möglich wäre. Sodann folgen Faktoren politischer und religiöser Mobilisierung, welche die Richtung der Aktivität festlegen und die Intensität des Engagements formen. Der Sprung über die letzte Hemmschwelle der Gewaltbereitschaft verlangt schließlich *besondere individuelle* Motivationen.
Soziale und kulturelle Faktoren: Die Chancen für terroristische Rekrutierungen sind dort hoch, wo viele – vor allem junge – unzufriedene, verzweifelte und aussichtslose Menschen leben. Die Schuld für die eigene Lage wird häufig anderen zugeschrieben: der eigenen korrupten, unfähigen und unterdrückerischen Regierung und denen, deren Macht und Reichtum als totales Gegenbild der eigenen Situation erscheint: dem Westen und vor allem seiner Führungsmacht USA. Die Misere reicht weit über die Reihen der wirklich Armen hinaus. [...] So hat die Stagnation der Staatsbürokratien und der öffentlichen Betriebe dazu geführt, dass die Berufserwartungen für Akademiker vielerorts äußerst unsicher geworden sind. Schließlich wirkt die allgemeine Lage auch bewusstseinsformend auf manche Menschen, die selbst von Elend oder Unsicherheit nicht betroffen sind: Bin Laden ist bekanntlich steinreich.

Die fehlende positive Lebensperspektive lässt diese Menschen nach anderen Wegen suchen, dem eigenen Dasein Sinn und Zweck zu geben. [...] Die Rückbesinnung auf vermeintlich authentische [echte] Traditionen der eigenen Kultur verspricht einen – wie immer trügerischen – Halt, einen Rettungsanker in einer Flut von Ungewissheit und Unsicherheit. Beileibe nicht alle Menschen schlagen diesen Weg ein; viele versuchen sich an das von außen Kommende anzupassen oder lebbare Mischungen der eigenen Traditionen und des Fremden zu finden. Gleichwohl sind die Integrationsangebote radikaler Gruppierungen in Zeiten des radikalen Umbruchs eine große Verführung. Denn sie verbinden relative materielle Sicherheit mit einer unwiderstehlichen, allumfassenden Sinnstiftung. Diener einer göttlichen Mission zu sein bietet schon deshalb völlige mentale Sicherheit, weil jedes Hinterfragen von vornherein tabuisiert ist, das erhöht das eigene Selbstwertgefühl in unvergleichlicher Weise.

Die **Identifizierung des Feindes und die politischen Rahmenbedingungen:** Sind in diesen Bedingungen allgemeine Ursachen politischer Motivationen angelegt, die in die Bereitschaft zum Terrorismus umschlagen können, so gestatten konkrete politische Konflikte, den Feind deutlicher zu definieren. Für die islamische Welt spielen sich diese Konflikte seit 200 Jahren, seit der napoleonischen Invasion Ägyptens, in einer Serie von traumatischen* und frustrierenden Erfahrungen eigener Schwäche und fremder Überlegenheit vor allen Dingen in der Auseinandersetzung mit dem Westen ab. Die koloniale Unterwerfung im 19. Jahrhundert, der Verrat der siegreichen Briten und Franzosen an ihren arabischen Verbündeten nach dem Ersten Weltkrieg, denen sie erst Unabhängigkeit versprochen hatten und dann Protektorate* bescherten, die Teilung Palästinas, der CIA*-gelenkte Putsch

Der islamische Radikalismus gewinnt seine Stärke aus einem brennenden Gefühl der Ungerechtigkeit. Aus moslemischer Sicht ist die Geschichte der vergangenen Jahrhunderte eine Serie von Kriegen und Demütigungen durch den Westen, durch das christliche Abendland. Im Westen nimmt man diese Sichtweise zu selten wahr und verweist auf die Gaben unserer Zivilisation – Schulen, Verkehrsverbindungen, Technologie, moderne Landwirtschaft, Satellitenfernsehen und den westlichen Lebensstil. Dabei übersehen wir, was der Vormarsch westlicher Zivilisation zerstörte: die religiöse Erziehung, ein Gefühl der Gemeinschaft, sozialen Zusammenhalt, das alte religiöse Rechtssystem sowie den Respekt für moslemische Kultur und Werte. Die armen, besitzlosen Massen in der islamischen Welt sehen sich als Opfer einer westlichen Verschwörung. Das Resultat kann aggressive Entschlossenheit sein, die sich mit religiös-fundamentalistischen Strömungen zu einer unheilvollen Mixtur verbindet.

(Jürgen Krönig, Jihad versus Mc World, in: Aus Politik und Zeitgeschichte B 41–42 v. 5.10.2001, S. 5)

gegen die gewählte zivile Regierung Irans in den frühen Fünfzigerjahren, der Suez-Krieg*, schließlich die Parteilichkeit der Weltmacht USA zugunsten Israels – dies alles verknüpft sich zu einer Kette von bewusstseins- und weltsichtprägenden Erfahrungen, die viel von der antiwestlichen, antiamerikanischen Grundierung in der Welt des Islam erklären (s. Kasten). […]

Die genannten sozialen, kulturellen, religiösen und politischen Bedingungen [können] zwar erklären, weshalb im islamischen Teil der Welt ein fruchtbarer Boden für terroristische Rekrutierung vorhanden ist und der Terrorismus, der sich gegen die USA richtet, dort mehr als irgendwo anders zu finden ist. Um aus diesem Umfeld Einzelne zu unbegrenzt gewaltbereiten Terroristen zu machen, bedarf es jedoch noch *zusätzlicher Momente.* Das eine ist die Mobilisierung durch **wohlorganisierte und finanzkräftige Gruppierungen,** die gezielt die Stimmung aufheizen, die Rekrutierung betreiben, die Ausbildung organisieren, Kontakt zu Sympathisanten halten und schließlich die Aktionen planen. Die wechselseitige Bestätigung, Festigung, Zementierung der Wahrnehmungsweise und Verarbeitung der Auseinandersetzung mit dem „Feind" innerhalb der terroristischen Gruppe setzt eine Psychodynamik in Gang, welche die Gewaltbereitschaft immens steigern kann.

Psychologische Faktoren: Zum anderen bedarf es auch einer persönlichen psychischen Disposition, d.h. einer individuell niedrigen Gewaltschwelle oder persönlicher biografischer Erfahrungen, die zu außergewöhnlich starken Motivationen geführt haben. […] Das vermeintliche Handeln in göttlichem Auftrag kompensiert die realen Erfahrungen von Ohnmacht durch ein übersteigertes Allmachtsgefühl. Dem entspricht das Image der Megaterror-Akte in den Augen der Terroristen, die sich damit auf gleicher Augenhöhe wie die Supermacht sehen. Dies erklärt auch die Machtsymbolik der Ziele. Zugleich wird dieser terror-psychologische Hintergrund durch ein strategisches Kalkül [planende Berechnung] rationalisiert, das hinter dem für die Beobachter so schwer verständlichen „Wahn" der Tat steht; die Terrorbekämpfung muss diesen strategischen Faktor in Rechnung stellen. […] Bin Laden hat die Zielsetzung selbst artikuliert: Die USA sollen durch äußerst schmerzliche Angriffe veranlasst werden, sich aus der islamischen Welt zurückzuziehen, so dass die radikalen Islamisten dort freies Schussfeld haben, um die politischen Verhältnisse nach ihren eigenen Träumen umzugestalten.

(Harald Müller, Den Schock verarbeiten, in: Hessische Stiftung für Friedens- und Konfliktforschung, Standpunkte, Nr. 4/2001, S. 6f.; www.hsfk.de/downloads/sp0401.pdf)

M 111 Terrorismus und Islamismus

M 111 a Islam und Terrorismus

Die monströsen Terrorangriffe (des 11.9.2001, J.H.W.) sind von Personen geplant, finanziert und durchgeführt worden, die sich als gläubige Muslime bezeichnen (was ihnen im Übrigen nur gelegentlich und vorsichtig in Gutachten, die meist unter politischem Druck zustande gekommen sind, bestritten wurde). Damit stellt sich die Frage, ob es eine besondere Affinität zwischen Islam und Terror bzw. Gewalt gibt, ob also grundsätzlich und scharf zwischen Islam und Islamismus (der Instrumentalisierung von Religion für politische Zwecke) zu unterscheiden ist. [...]

Zur Tradition von Gewalt und Terror

Der Zugriff kann m.E. nur darin bestehen, grundsätzlich nach einer möglichen Rechtfertigung von Gewalt in den kanonischen Schriften des Islam zu fragen. Würde dort Gewalt und Terror abgelehnt, könnte die Berufung der modernen islamischen Terroristen auf ihre Religion in der Tat als falsch zurückgewiesen werden. Allerdings auch umgekehrt: Eine ideologisch-religiöse Rechtfertigung dieser Phänomene erlaubte es, grundsätzliche Zweifel am Bild eines friedliebenden Islams zu hegen. [...]

Der sehr sorgfältigen Analyse von Stefan Reichmuth [Thema Jihad – die Muslime und die Option der Gewalt in Religion und Staat, in: Politische Bildung, Jg. 36/H. 1, 2003, S. 8ff.] lässt sich Folgendes entnehmen:

a) Der arabische Begriff Jihad ist in seiner Grundbedeutung „Eifer, Anstrengung, Mühe" im Koran von Anfang an mit dem Einsatz für die Religion verbunden.

b) In den Suren der medinensischen Periode erhält das Wort sehr bald eine kämpferische Präzisierung; Jihad fi sabil Allah wird zunehmend zu einem Synonym für den Krieg im Namen der Religion, der schließlich (im Koran!) bei verschiedenen Gelegenheiten zu einer Verpflichtung für die Gläubigen erklärt wird, wofür Lohn im Jenseits wie im Diesseits versprochen wird.

c) Im islamischen Recht wurde der Jihad als kollektive Verpflichtung der Gläubigen bestimmt, die als erfüllt galt, wenn sie von einer ausreichenden Zahl von Gläubigen ausgeübt wurde. Den Einzelnen verpflichtete sie nur dann, wenn niemand sonst sie wahrnahm.

   Nach der vorherrschenden Lehre hatte die islamische Gemeinschaft demnach die Pflicht, die Polytheisten zur Annahme des Islam aufzurufen und im Weigerungsfalle zu bekämpfen; auch die Anhänger der Buchreligionen hatten zwischen Konversion und Anerkennung der Herrschaft der Muslime als „geschützte Bürger" mit Zahlung einer Kopfsteuer zu wählen.

d) Die Auffassung, die darauf beruhte, dass man die früheren konzilianteren Gebote (der mekkanischen Periode) im Koran als „aufgehoben" ansah, wurde Bestandteil der Staatsdoktrin vieler islamischer Staaten des Mittelalters und der Neuzeit bis hin zum Osmanischen Reiche.

e) Einschränkungen des Jihad-Gebotes ergaben sich aus Waffenstillstands- und Friedensverträgen mit nichtmuslimischen Gegnern und Staaten und dem koranischen Gebot, dass es keinen Zwang in der Religion geben dürfe. (Einzelne Gelehrte hielten die Lehre von der Aufhebung der konzilianten Gebote der mekkanischen Periode für falsch.)

f) Das Terrorelement (planmäßig, politisch und kommunal motivierte Gewaltakte mit dem Ziel der Destabilisierung des politischen Systems des Gegners durch die Verbreitung von Angst und Schrecken) kommt durch einzelne Kriegsaktionen bereits in die prophetische Gemeinschaft hinein: gezielte Tötungen auf Befehl oder Andeutung des Propheten an gefährlichen Gegnern und zu ihrer Einschüchterung; bald auch von verfeindeten politisch-religiösen Parteiungen im Islam gegeneinander angewendet.

g) Neigen die islamischen Großreiche (bis hin zu den Osmanen) mehr und mehr dazu, das Gewaltmonopol zu beanspruchen und, im 20. Jh., die Doktrin der Staaten der Muslime an ihre Einbindung in das internationale Staatensystem anzugleichen (modernes Völkerrecht), so ist seit den Siebzigerjahren eine Renaissance der radikalen Jihad-Lehre bei ägyptischen (Abd al-Salam Faraj) und palästinensischen (Abdullah Azzam) Autoren zu verzeichnen, auf die sich dann die späteren Selbstmordattentäter (zuerst Schiiten im Libanon 1983, weniger Einigkeit bei den Sunniten) berufen. Das Ergebnis ist eine Art Todeskult in politischer Absicht (Palästina usw.).

„Gegenwärtig stehen sich die unterschiedlichen Optionen geradezu unüberbrückbar gegenüber – Koranverse, Prophetentraditionen und Rechtslehre dienen zum Ausdruck und zur Begründung staatlicher Autorität und vertragsmäßiger Partnerschaft mit Nichtmuslimen. Genauso aber dienen sie dem Aufruf zur entschiedenen Abkehr von der nichtmuslimischen Umwelt, zum Kampf gegen die eigenen Regierungen, gegen die internationale Hegemonie der USA oder gegen Israel. Hierbei werden dann auch Aktionen individuellen wie organisierten Terrors gerechtfertigt. [...] Die konziliante wie die militante Option (können) durchaus den Bezug zur religiösen Tradition in Anspruch nehmen. [...]" (Stefan Reichmuth, a.a.O.)

Wenn dies richtig ist, kann jedenfalls nicht einfach von einer „Umdeutung des Jihad zur Rechtfertigung des Terrors" gesprochen werden. Die terroristische Gewalttradition wäre demnach fast so alt wie der Islam, eine ideologische Rechtfertigung des Terrors von Anfang an gegeben, die strenge Scheidung der Welt in das „Haus des Krieges" und das „Haus des Islam", für die prinzipiell unterschiedliche Rechts- und Ordnungsvorstellungen bestehen, mindestens eine der möglichen großen Traditionen dieser Religion, die Terroristen wären bei ihrer Berufung auf diese Tradition (mindestens) nicht von vornherein im Unrecht und es läge keineswegs a priori ein „Missbrauch der Religion für politische Zwecke" durch die Terroristen vor, wäre das Freund-Feindbild von Gläubigen und Ungläubigen durchaus mit einem Hauptstrang der klassischen islamischen Lehre vereinbar. Auch wenn man einen offensiven und einen defensiven Jihad unterscheidet, wobei der offensive an die (bekanntlich nicht mehr gegebene) Autorität eines allgemein anerkannten Prophetennachfolgers als Führers der Gläubigen gebunden ist, ist doch der „defensive Jihad" (der ohne eine solche Legitimation auskommt) seit dem Ende des 19. Jahrhunderts so interpretiert worden, dass jede Aggression gerechtfertigt werden kann:
- Jegliche Form westlicher Präsenz in islamischen Ländern stellt eine Aggression dar;
- jeder daran Beteiligte (ob Zivilist oder Militär, Mann oder Frau usw.) zählt als Feind, darf also bekämpft werden;
- dazu ist keine Staatsautorität vonnöten;
- alle Methoden sind erlaubt, die üblichen Einschränkungen des friedlichen Lebens sind außer Kraft.

Die Ablehnung der Moderne als Triebfeder des islamischen Terrorismus

Bleibt die Frage, ob und wie weit islamische Traditionsteile nicht (nur oder doch auch) eine ideologische Rechtfertigung für Untaten darstellen, die im Kern andere Ursachen haben. Ich führe die Terroranschläge im Kern auf die tiefe Identitäts- und Sinnkrise weiter Teile der islamischen (insbesondere der islamisch-arabischen) Welt zurück, die mit der modernen Welt in vielfacher Hinsicht nicht zurecht kommt. Diese Sinnkrise ist im Kern unaufhebbar – es sei denn, der moderne Westen oder der Islam würfen wesentliche Bestandteile ihrer jeweiligen Kultur über Bord. Das heißt natürlich auch, dass noch so viele gut gemeinte „Dialog"-Veranstaltungen (etwa zwischen Christen und Muslimen) den Kern des Dissenses gar nicht berühren (können). Gemeint ist Folgendes:
Wenn etwas die Muslime eint, ist es die felsenfeste Überzeugung von der absoluten Richtigkeit der durch den Propheten übermittelten göttlichen Offenbarung. Das heißt aber auch, dass diese Offenbarung allen anderen konkurrierenden Weltdeutungen turmhoch überlegen ist, dass deren Anhänger im genauen Sinn des Wortes „Ungläubige" sind oder, im besten Falle, „Noch-Nicht-Gläubige". Eine rechte islamische Gemeinschaft (also eine solche, deren Oberhaupt ein Muslim und deren Richtschnur das Schariatsrecht ist) ist also eine vollkommene Gemeinschaft, glaubt sie doch an Gott und macht das göttliche Gesetz zur Richtschnur ihres Handelns. Sie lebt schlechterdings in der „besten Gemeinschaft", wie ihr sogar in einer Sure des Korans versichert wird. Daraus folgt bei der ganzheitlichen Weltdeutung und Weltgestaltung durch Koran*, Sunna* und Scharia* ohne weiteres die Überlegenheit der muslimischen gegenüber der übrigen Welt nicht nur in religiöser Hinsicht, sondern in allen Bereichen der materiellen und immateriellen Kultur im umfassendsten Sinne. Sie beansprucht insofern einen Vorbildcharakter für die übrige Welt. Dieser Anspruch steht in klaffendem Widerspruch zur Rolle der muslimischen Länder im internatio-

nalen Staatensystem. […] Westliche Gesellschaften definieren sich prototypisch als „offene Gesellschaften“, wie Karl Raimund Popper gezeigt hat. Sie betonen Individualität, Frauenrechte, Wettbewerb, Zuschreibung von sozialem Status nicht kraft Geburt oder ethnischer Zugehörigkeit oder Religion, sondern kraft Leistung. Dieses Prinzip des Wettbewerbs, der grundsätzlich freien Diskussion, der Offenheit und Revidierbarkeit von Entscheidungen, der Nutzung möglichst aller Talente einer Gesellschaft hat in letzter Instanz die ungeheuren technisch-wirtschaftlich-wissenschaftlichen Leistungen des Westens in der Moderne möglich gemacht. Anhänger geschlossen-ideologischer Weltsicht (sei es der großen Ideologien des 19. und 20. Jahrhunderts, sei es des ideologisch interpretierten Islam im Islamismus) können für diese Offenheit nur Ablehnung und Unverständnis aufbringen. Präzise dieses ist bei den Terroristen wahrscheinlich.
Die Übernahme dieser westlichen Traditionsstränge würde implizit bedeuten, dass der Islam selbst Fehlentwicklungen produziert hätte – undenkbar für die Radikalen, deren „Lösung“ die Parole „Zurück zu den Fundamenten“, der „Islam ist die Lösung“ und dergleichen ist: Nicht der Islam ist schuld an unserer Rückständigkeit, sondern ein falsches Verständnis des Islam; dieser ist eine Religion der Modernität und der Kultur. Dass sich eine solche Modernisierung auf bestimmte Bereiche von Technik und Wirtschaft (nicht von Gesellschaft, Religion und Staat) beschränken soll, wird sie nach westlichem Verständnis mit Sicherheit scheitern lassen. […]
Die radikale Ablehnung der Moderne und der sie repräsentierenden offenen Gesellschaft, nicht ökonomische Not oder Deprivation, ist die Triebfeder des islamischen Terrorismus.

(Jürgen H. Wolff, „Strukturelle Gewalt“ als Ursache für Terrorismus?, Manuskript eines Vortrages am 30.11.2002 vor der Jahrestagung der Deutschen Gesellschaft für Politikwissenschaft, Tutzing, erscheint 2003 in dem von Hans Vorländer herausgegebenen Tagungsband. Der Gesamtvortrag steht auf Anforderung zur Verfügung.)

M 111 b

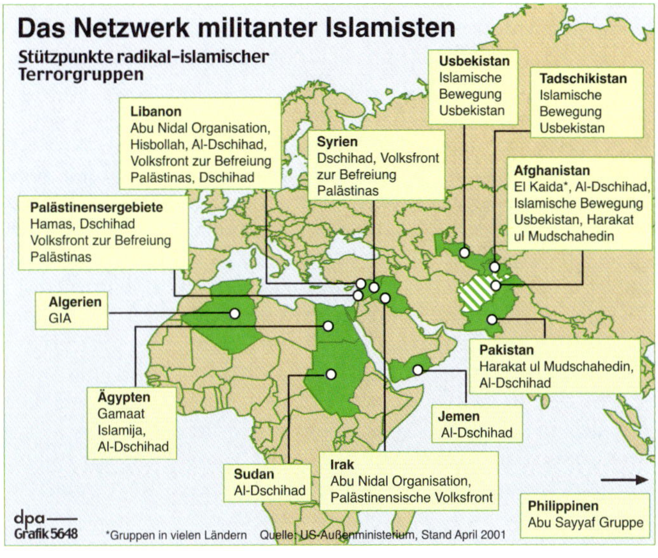

Für die Islamisten ist der Islam nicht so sehr Religion, sondern zuerst Ideologie, und sie leiten daraus keine spirituellen, sondern politische Ziele ab. Sie wollen zunächst in einzelnen Ländern, dann in der gesamten islamischen Völkergemeinschaft und schließlich auf der ganzen Welt den islamischen Staat errichten, ohne allerdings im Entferntesten zu wissen, was darunter zu verstehen ist. […] Die höchsten schiitischen Rechtsgelehrten aus Iran, Pakistan und dem Jemen haben vor allem die Selbstmordanschläge und die willentlich in Kauf genommene Ermordung unbeteiligter und unschuldiger Menschen als unislamisch verurteilt. Andererseits hat es offenkundig in der islamistischen Welt viele Jahre an einer kritischen und offensiven Auseinandersetzung mit der islamistischen und dschihadistischen Ideologie gefehlt.

(Peter Schütt, Unheiliger Krieg; in: Rudolf Zewell [Hrsg.], Islam – Die missbrauchte Religion … oder Keimzelle des Terrorismus, München 2001, S. 55–59)

M 112 a „Auf falscher Fährte" – Armut führt nicht zu Terrorismus

Wer die Ursachen des Terrors vom 11. September zu ergründen sucht, stößt auf ein Argument, das sich auf den ersten Blick besonders aufdrängt. Im Kern lautet es so: Den Nährboden für Terrorismus bildet die globale Armut. Nach den Angriffen in New York und Washington konnte man die Stimmen von Entwicklungspolitikern und Anwälten der Dritten Welt vernehmen, die Versäumnisse der Armutsbekämpfung anprangerten. Sie machten die wachsende Kluft zwischen Nord und Süd dafür verantwortlich, dass international operierende Gruppen wie Al Qaida heranwachsen konnten. Damit legten sie nahe, dass der Kampf gegen die Armut noch immer das beste Rezept gegen den Terror biete.

Doch passt Osama bin Laden und seine Truppe in dieses Bild? Schon die Täterprofile stehen im Widerspruch zur Armutsthese, denn jeder weiß, dass bin Laden nicht gerade elenden Verhältnissen entstammt. Was für radikale Islamisten im Allgemeinen gilt, trifft auch auf die Attentäter des 11. September zu. Sie entstammen der Mittelschicht, das Leben im Slum haben sie nie erlebt, und sie mussten nie Hunger leiden. Wer wirklich arm ist, hat für Terrorpläne gegen Washington und den Westen keine Zeit. [...] Viele dieser Menschen ertragen ihr Schicksal klaglos, andere schließen sich kriminellen Banden an, um sich zu versorgen. Aber eine internationale Terror-Agenda verfolgt in den Elendsvierteln niemand, weder in Jakarta noch in Lagos oder La Paz.

Wo sich in der armen Welt Verzweiflung und politischer Zorn in Gewalt entladen, geht es meist darum, Macht und Ressourcen* in der Region neu zu verteilen. [...] Wer sich in Ländern Afrikas, Asiens oder Lateinamerikas als Rebell versteht, den brandmarken die Machthaber in den Regierungszentralen oft als Terroristen, nach dem 11. September noch häufiger als zuvor. Aber die sozialen und politischen Spannungen, die viele Länder der Dritten Welt destabilisieren, haben mit Osama bin Laden und dessen Agenda wenig zu tun.

Für die meisten Armen sind die USA und ihre westlichen Verbündeten keine Erzfeinde, die es zu zerstören gilt. Millionen träumen davon, in ein Schiff oder Flugzeug zu steigen, um im Norden ein besseres Leben anzufangen. Der Gedanke, ein Flugzeug in einen Wolkenkratzer zu steuern oder eine Bombe in einer U-Bahn zu zünden, liegt ihnen fern. Im Schreckenswerk von Al Qaida manifestiert sich also nicht der Protest der Geknechteten. Nicht einmal in Nahost, wo Unterentwicklung durchaus als Demütigung empfunden wird, ist wirtschaftliche Not die Haupttriebfeder des radikalen Islamismus. Vielmehr sind es vor allem politische, religiöse und kulturelle Faktoren, die den Terrorismus nähren (vgl. M 110 b).

Gleichwohl lässt sich die Armut mit Blick auf den 11. September nicht völlig ausblenden, weil bin Laden und seine Gefolgschaft das Elend für ihre Zwecke zu missbrauchen wissen. Armut dient ihnen als Vorwand, den mörderischen Weg gegen die USA zu rechtfertigen. Al Qaida kapert nicht nur Flugzeuge, sondern auch anti-westliche Ideologien. Eine davon besagt, dass die USA und ihr Hegemonialstreben Not und Hunger über die Welt bringen. Die Drahtzieher des Terrors [...] präsentieren sich als Paten der Sprachlosen, obgleich sie deren Mandat gar nicht besitzen. Wenn es der reichen Welt gelingt, die globale Armut zu mindern, entzieht sie den Terroristen zwar ideologischen Boden. Aber das garantiert nicht, dass Al Qaida ausgeschaltet ist. Insofern ist es irreführend, wenn Armutsbekämpfung als wichtiges Rezept gegen den Terror propagiert wird.

Es gibt eine Menge moralische, politische und ökonomische Gründe, Hunger und Elend stärker zu bekämpfen. Sie reichen längst aus, um eine Erhöhung der Hilfe zu rechtfertigen. Die Vorstellung, dass Armut Terroristen hervorbringt, gehört aber ins Reich der Mythen. Wer sie nährt, mag dies aus dem Kalkül heraus tun, mehr Aufmerksamkeit für Entwicklungshilfe zu gewinnen. Aber er riskiert so auch ein Stück Glaubwürdigkeit.

(Süddeutsche Zeitung v. 11. 9. 2002, S. 8; Verf.: Arne Perras)

M 112 b „Armut ist Potenzial für Gewalt"

Arne Perras (M 112 a) verweist die Vorstellung, dass Armut Terroristen hervorbringe, ins Reich der Mythen. Vielmehr seien politische, religiöse und kulturelle Faktoren der Nährboden für den Terrorismus. Zum einen ist es ein sehr schwaches Argument, dass die führenden und ausführenden Köpfe der Anschläge in New York nicht aus dem Milieu der Ärmsten stammen. Es dürfte jedem klar sein, dass diese Bevölkerungsgruppe weder über die Mittel noch über die geistigen Ressourcen verfügt, solche Anschläge auszuführen. Dennoch ist das Leben in Armut der Hauptfaktor, der diese Menschen Sympathie für die Terroristen empfinden lässt. Diese Einstellung muss also nicht mehr mühsam ideologisch erzeugt werden, sondern ist bereits latent vorhanden und kann von Agitatoren genützt werden. [...] Zum anderen halte ich es für problematisch, die Armut von den politischen, religiösen und kulturellen Faktoren isoliert zu betrachten: Sprechen wir von „deren Armut", so impliziert das „unseren Reichtum" und damit „unser Wirtschaftssystem" und seinen Erfolg, und das ist wiederum maßgeblicher Teil unserer Politik und unserer Kultur. [...] Aus Sicht der Terroristen war das World Trade Center wohl nicht nur wegen seiner baulichen Eigenschaften, seiner Funktion und Bedeutung und seiner quasi-religiösen Symbolkraft für unsere Kultur das optimale Ziel, sondern auch, weil es für die armen Länder dieser Welt das Symbol ihrer vermeintlichen Unterdrückung war. [...] Wer [...] behauptet, es sei irreführend, Armutsbekämpfung als wichtiges Rezept gegen den Terror zu propagieren, der denkt meiner Ansicht nach sehr kurzfristig, übersieht ein gewaltiges Potenzial für Gewalt und befindet sich auf der falschen Fährte.

(Süddeutsche Zeitung Nr. 219 v. 21./22.9.2002, S. 13; Verf.: Stefan Schäffer, Langenbach)

1. *Legen Sie im Einzelnen dar, inwiefern es sich beim Terrorismus um eine Bedrohung besonderer Art handelt (Text S. 251f.), und analysieren Sie dann M 110 a. Vielleicht können Sie die allgemeinen Aussagen am Beispiel des „11. September 2001" konkreter erläutern.*

2. *M 110 b ist von zentraler Bedeutung für das Verständnis der Ursachen des Terrorismus. Erstellen Sie zu den einzelnen Faktoren eine strukturierte, stichwortartig zusammenfassende Übersicht. – Eine umfassende Studie der „Stiftung Wissenschaft und Politik" (Dez. 2002) zum „neuen Terrorismus" findet sich im Internet unter der Adresse: www.swp-berlin.org/pdf/ap/S42_02.pdf.*

3. *Die Frage, ob und ggf. inwieweit die Religion des Islam in sich eine bestimmte Nähe zu Fanatismus und Terrorismus birgt, ist vor allem auch deshalb sehr schwierig zu beantworten, weil der Islam eine außerordentlich vielfältige, historisch gewachsene und in einzelnen „Schulen" unterschiedlich interpretierte religiöse Lehre darstellt, in der dem Verständnis des „Dschihad" eine besondere Bedeutung zukommt. Analysieren Sie dazu die Darstellung M 111 a. Inwiefern hat danach die religiös-kulturelle Tradition des Islam zu seiner „tiefen Sinnkrise" geführt und inwiefern kann die „radikale Ablehnung der Moderne" als eine „Triebfeder des islamischen Terrorismus" verstanden werden (vgl. auch Kasten in M 110 b)?*

4. *Stefan Reichmuth (s. Zitat S. 258 o.) weist auch darauf hin, dass „gläubigen Muslimen in der Gestaltung ihres individuellen wie gemeinschaftlichen Verhältnisses zur Umwelt beträchtlicher Spielraum bleibt, um ihren Einsatz für ihre Religion und für eine gerechtere Welt zu realisieren" und dass es „trotz gegenteiligen Anscheins viele Möglichkeiten zur Gestaltung einer gemeinsamen Zukunft gibt". Was ist nach M 110 b der islamischen Welt jedoch wohl mit Recht vorzuwerfen?*

5. *Stellen Sie zu der viel diskutierten Frage des Zusammenhangs zwischen Armut und Terrorismus aus M 112 a/b die Argumente gegenüber; nehmen Sie dazu Stellung.*

2. „Schurkenstaaten“

Die Bekämpfung des Terrorismus wurde und wird dadurch erschwert, dass die Terroristen immer wieder in einzelnen Staaten nicht nur Unterschlupf finden können, sondern von solchen Staaten eine direkte Förderung des Terrorismus ausgeht, sofern der Staat nicht selbst zum Anstifter und Organisator von terroristischen Anschlägen wird. In Deutschland wurde z. B. bekannt, dass Terroristen der so genannten Rote Armee Fraktion über Jahre hinweg in der DDR Unterschlupf gefunden hatten, ein unabhängiges Gericht in Deutschland hat den iranischen Geheimdienstminister Fallahian und andere höchste iranische Würdenträger als Drahtzieher des Mordanschlages auf vier Exil-Kurden 1992 in der Kneipe Mykonos in Berlin bezeichnet. Jahrelang beschuldigten die Vereinigten Staaten zwei Libyer des Bombenanschlages auf ein amerikanisches Flugzeug, das über dem schottischen Lockerbie abstürzte, und verlangten die Auslieferung der Beschuldigten. Das verweigerte Libyen lange Zeit, was wiederum die internationale Gemeinschaft mit einer Embargo-Politik gegen das Land beantwortete. 1999 erfolgte schließlich die Auslieferung der Verdächtigen nach Holland, wo ihnen nach schottischem Recht der Prozess gemacht wurde (er endete übrigens mit einer Verurteilung und einem Freispruch). In mancher Hinsicht ist die westliche Welt wieder in jene Zustände zurückgeworfen worden, die Kartographen von historischen Atlaswerken veranlassen, im 15. Jahrhundert in Nordafrika von den so genannten „Barbareskenstaaten“ zu sprechen. Heute wird der Ausdruck „Schurkenstaaten“ („rogue states“), insbesondere durch die USA verwendet, der den ganz unerhörten Sachverhalt bezeichnen soll, dass die Staatsgewalt, die nach universellem Verständnis Hüterin des Rechtes und Ahnderin seiner Übertretung sein soll, selbst zur Kriminellen wird.
Zur Problematik genauer **M 113**.

M 113 Eine multilateral legitimierte Politik muss die Zahl der Schurkenstaaten verringern

Zweifellos sind „Schurkenstaat“ und „Achse des Bösen“ nicht gerade feinsinnige Mobilisierungs-Schlagwörter der amerikanischen Regierung. Aber viele Grundbegriffe und Kategorien in der Politikwissenschaft haben solch einen übergreifenden Charakter, je nach den Zusammenhängen, in denen sie benutzt werden. Ihre Erklärungskraft wird dadurch zwar beeinträchtigt. Aber man kann sie deshalb nicht einfach ignorieren; und das, was sie benennen sollen, schon gar nicht. […]

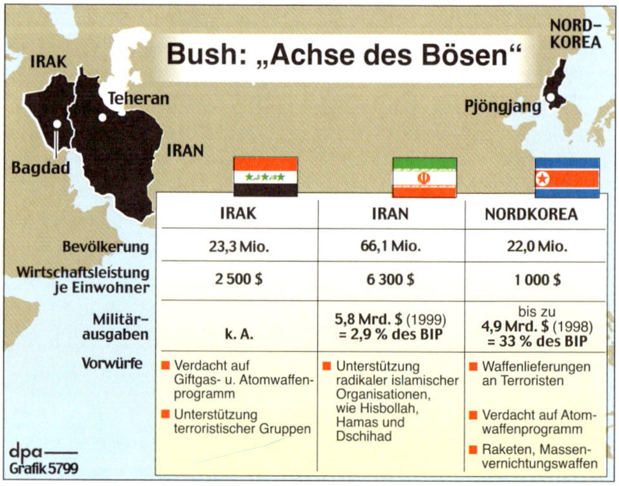

[Mit der Kennzeichnung von „Schurkenstaaten“ als unberechenbar] ist gemeint, dass sowohl die Wahrnehmungsmuster als auch die Ziele und die Handlungen ihrer Anführer mit den gängigen Mitteln politischer Rationalität nicht nachzuvollziehen sind. Es liegt auf der Hand, dass solche Unberechenbarkeit in einem sich immer enger vernetzenden internationalen System den anderen Akteuren überaus bedrohlich erscheinen muss, und zwar ganz unabhängig von dem Maß an Machtmitteln, das im Schurkenstaat versammelt ist. Denn schon ein geringes Quantum kann hochdestruktiv eingesetzt werden. [...] Das Destruktionspotenzial solcher Außenseiter [...] wächst relativ rasch in Dimensionen, die man sich vor wenigen Jahrzehnten noch gar nicht vorstellen konnte. Dort wachsen Risiken, bereiten sich Gefahren vor, werden Bedrohungen ausgebrütet, die, wenn sie eine gewisse Größenordnung erreicht haben, nicht nur einzelnen Staaten, sondern dem Gesamtgefüge des internationalen Systems Schaden zufügen können. Deshalb ist es zumindest gut nachzuvollziehen, wenn dann der Hang zur Intervention seitens jener Staaten wächst, die im internationalen System, nicht zuletzt in ihrem eigenen Interesse, Ordnungsaufgaben übernommen haben. [...] Die im Laufe der nächsten Jahre vermutlich noch länger werdende Liste der Risiken, Gefahren und Bedrohungen umfasst Phänomene wie: Ausbreitung und Internationalisierung des Terrorismus, die Ansiedlung internationaler Kriminalität, insbesondere der Drogenkriminalität auf staatlichen Strukturen, die heimliche Aufrüstung mit Massenvernichtungswaffen sowie Trägersystemen mittlerer und weiter Reichweite und den illegalen Handel mit Teilelementen von Massenvernichtungswaffen.

Das Bild, das man sich vom internationalen Terrorismus macht, ist das einer Reihe von Netzwerken, an deren Ende fanatische und zu äußerster Gewalt bereite Individuen stehen. [...] Falsch ist dieses Bild nicht, indes ergänzungsbedürftig. Denn trotz aller territorialen Ungebundenheit terroristischer Gruppen sind sie letztlich doch auf Residenzen, Unterschlupfe, Ausbildungszentren und dergleichen angewiesen. Kurz, ohne die schützende Hand staatlicher Autoritäten kommen sie nicht über die Runden. Deshalb hat sich der von den Vereinigten Staaten inszenierte Kampf gegen den internationalen Terrorismus von Anfang an nicht nur gegen terroristische Vereinigungen wie Al Qaida gerichtet, sondern auch gegen die solche Vereinigungen stützenden und schützenden Regierungen wie das Taliban-Regime in Afghanistan. [...]

Die manchmal übertriebene Reaktion der USA [...] ändert aber nichts daran, dass man auf beiden Seiten des Atlantiks bei Staaten wie dem Irak, Iran, Nordkorea und noch ein paar anderen mit denselben Problemen konfrontiert ist: Wenn man einer internationalen Ordnung, die keine Anreize zu vermehrter Gewalt und Repression in sich trägt, überhaupt eine Chance gibt, dann wird es in den nächsten Jahren darauf ankommen, die Zahl der „Schurkenstaaten", der „Sorgenländer" oder „Außenseiterstaaten" zu vermindern. Ferner müssen kriminelle und destruktive nichtstaatliche Akteure bekämpft werden, die Staaten als Geiseln nehmen oder von Staaten für ihre Zwecke benutzt werden. Das kann aber nicht von einer Führungsmacht oder einer Allianz westlicher Staaten allein unternommen werden. Es braucht dazu eine multilateral legitimierte Politik im Namen der internationalen Staatengemeinschaft. Es führt kein Weg an einem solchen führungsstarken Multilateralismus vorbei.

(Wilfried von Bredow, Außerhalb der Ordnung – Schurkenstaaten zwischen Aggression und Isolation, in: Frankfurter Allgemeine Zeitung v. 9.4.2002, S. 8)

Der Begriff „Schurkenstaaten" hat nach dem Terroranschlag vom 11. September 2001 insofern eine erhebliche Karriere gemacht, als die amerikanische Regierung unter Präsident George W. Bush mit dieser und der Kennzeichnung „Achse des Bösen" mehreren Staaten die Unterstützung des internationalen Terrorismus vorwirft und – nach dem Afghanistan-Feldzug – u.a. mit diesem Vorwurf den im März 2003 begonnenen Krieg gegen den Irak begründete.
Wir können im Rahmen dieses Buches dem Problem dieser Argumentation und des genannten Krieges nicht im Einzelnen nachgehen (zur amerikanischen Außen- und Sicherheitspolitik s. M 17 b und c, S. 44ff.). Anhand von M 113 können Sie die Bedrohungssituation nachzeichnen, die sich durch die Existenz von unberechenbaren Außenseitern für die internationale Staatengemeinschaft ergibt. Inwieweit wird hier Verständnis für die amerikanische Position geäußert, inwiefern wird sie kritisiert? Nehmen Sie aus Ihrer Sicht Stellung zu diesem grundsätzlichen Problem.

3. Internationale Kriminalität, insbesondere Drogenhandel

Organisierte Kriminalität, also die Bildung von Vereinigungen zum gemeinsamen Begehen von Straftaten, hat eine lange Geschichte, von der antiken Seeräuberei bis zur italienischen Mafia und darüber hinaus. Auch der internationale Aspekt ist keineswegs neu, wie etwa die US-amerikanischen Ableger der süditalienischen Mafia beweisen. Hinzugekommen sind in den letzten Jahren zwei Dinge, die internationale Kriminalität ohne entschiedene Gegenmaßnahmen begünstigen:

- Die zunehmend leichtere internationale Bewegung von Informationen, Gütern und Personen: Es macht (auch für Kriminelle) einen enormen Unterschied aus, ob ein Telefongespräch aus Europa nach New York 50 € oder 50 Cents kostet, ob diese Stadt mit einem Dampfer in einer Woche zum Preis eines halben durchschnittlichen Jahresgehaltes oder mit dem Flugzeug in wenigen Stunden zum halben durchschnittlichen Monatswechsel eines Studenten erreicht werden kann.
- Die Dichte des Reiseverkehrs macht eine auch nur annähernd so intensive Kontrolle wie vor Jahrzehnten illusorisch (als noch die weitaus meisten Aufgriffe von Personen, nach denen per Haftbefehl gefahndet wurde, an den Grenzen erfolgten); zum Teil ist eine solch intensive Kontrolle aus politischen Gründen (Abkommen von Schengen für Westeuropa) auch gar nicht mehr erwünscht.

Das Phänomen des internationalen Terrorismus, das im vorigen Abschnitt behandelt wurde, ist *auch* durch diese Phänomene begünstigt worden; die Gegenmaßnahmen der Regierungen (auch der deutschen) drohen manchen liebgewordenen Freiheitsraum des Bürgers zu beschränken und beschwören für manche liberale Bürgerrechtler gar das Gespenst eines totalen Überwachungsstaates wieder herauf. Es wäre in der Tat bedauerlich, zur Verteidigung der eigenen freiheitlichen Gesellschaft eines ihrer Hauptmerkmale, eben die bürgerlichen Freiheitsrechte, entscheidend einzuschränken.

Zu einem zunehmenden Problem für Konsumenten- und oft auch Produzenten-Staaten hat sich der *internationale Drogenhandel* entwickelt. Zahlreiche Gesellschaften, voran die USA (deren Präsident Bush sen. 1989 den „Krieg den Drogen" erklärt hat), halten daran fest, dass die Nutzung von Rauschgift (im Gegensatz zu Alkohol oder Nikotin) verwerflich und mit geeigneten Mitteln zu unterdrücken oder mindestens zu reduzieren sei. Einerseits werden Rauschgiftsüchtigen therapeutische Hilfen angeboten. Andererseits wird national wie international auf polizeiliche Repression insbesondere gegenüber Produzenten und Händlern gesetzt. Die Problematik auch der Produzenten-Staaten zeigt sich etwa am Falle Kolumbiens, wo zwischen Drogenverarbeitern, gewöhnlichen Kriminellen und der politischen Guerilla inzwischen eine Interessenidentität besteht, die den Staat unterwandert hat und es der Regierung verwehrt, weite Teile des Staatsgebietes zu kontrollieren.

Neben internationaler Ächtung von Drogen und der Bekämpfung mit polizeilichen und gelegentlich militärischen Mitteln (wiederum Kolumbien) gibt es vereinzelt Ansätze, die Entwicklungshilfe zur Lösung auch dieses Problems einzusetzen: Den Koka-Bauern im Andenraum z. B. sollen legale Alternativen angeboten werden. Die Erfolge solcher Bemühungen sind skeptisch zu betrachten, da der Wert der Ausgangspflanzen zur Drogengewinnung jede denkbare Alternative so massiv übersteigt, dass die finanziellen Anreize gegen diese Umstellung wirken. – Verbreitete Protestwellen in Bolivien 2000 (wo es viele Bauern vorzogen, einen Teil der alternativen Ernten verfaulen zu lassen, da die Verkaufspreise nicht kostendeckend waren) und 2003 zeigen die Richtigkeit dieser skeptischen Einschätzung (dazu **M 114 d**).

M 114 a Globalisierung des Verbrechens

Illegaler Handel und Korruption sind zu einem wichtigen Faktor in der Weltwirtschaft geworden. Ähnlich wie transnationale Konzerne bilden auch immer mehr kriminelle Organisationen globale Netzwerke. Der amerikanische Geheimdienst CIA* befürchtet, dass diese Verbrechersyndikate in den kommenden Jahren immer mächtiger werden. Zunehmend werden Politiker und Wirtschaftsführer bestochen, insbesondere in ärmeren Ländern mit wenig stabilem Wirtschaftssystem. Korruption verursacht schon heute Schäden von rund 500 Milliarden Dollar jährlich – nicht zuletzt durch langsameres Wachstum, geringere Gewinne und durch die Abschreckung ausländischer Investoren.
International tätige kriminelle Organisationen kaufen sich in Banken und andere Wirtschaftsunternehmen ein, finanzieren politische Parteien und Bewegungen, kontrollieren ganze Regionen. Ihre Einkünfte beziehen diese kriminellen Global Players vor allem durch den Rauschgifthandel, Menschenschmuggel, durch regelrechten Frauen- und Kinderhandel, durch illegale Waffenverkäufe und den Handel mit gestohlenen Autos und giftigen Abfällen.
Allein die Einnahmen aus dem Rauschgifthandel werden auf rund 200 Milliarden Dollar jährlich geschätzt. Der Export von Autos, die in Europa oder Nordamerika gestohlen wurden, bringt rund 9 Milliarden Dollar. Für das Verschieben von illegalem Sondermüll werden jährlich etwa 11 Milliarden Dollar bezahlt. Besonders verwerflich: Viele Organisationen machen sich die Not von Menschen vor allem in den Entwicklungsländern zunutze. Sie verdienen Geld mit dem illegalen Transport von Flüchtlingen und locken Frauen mit falschen Versprechungen in fremde Länder, wo sie Zuhältern in die Hände fallen. Selbst Kinder werden gekauft oder entführt und als Prostituierte, als Soldaten oder als billige Arbeitskräfte verkauft. Mit diesem Menschenschmuggel werden jährlich rund 7 Milliarden Dollar verdient. Menschenrechtsorganisationen weisen darauf hin, dass heute weltweit mehr Menschen als regelrechte Sklaven gehalten werden als in den schlimmsten Zeiten des kolonialen Sklavenhandels.

(Deutsche Welthungerhilfe; http://www.welthungerhilfe.de)

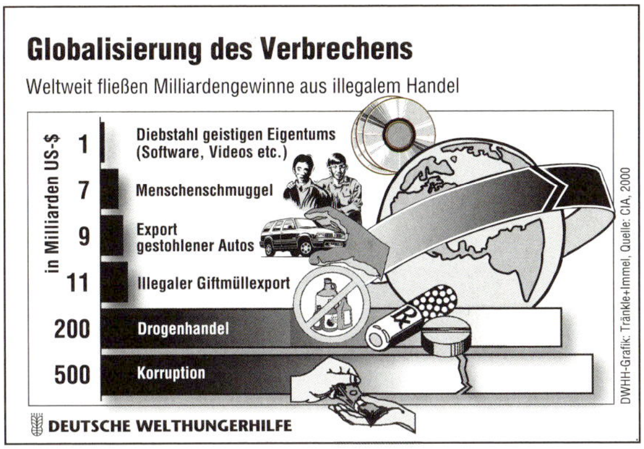

M 114 b

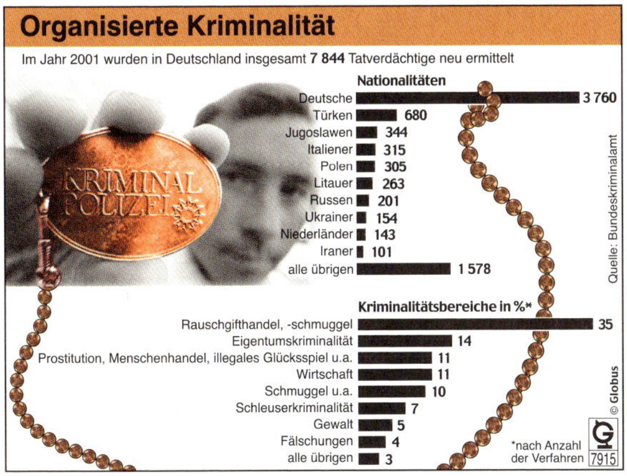

M 114 c Drogenanbau weltweit

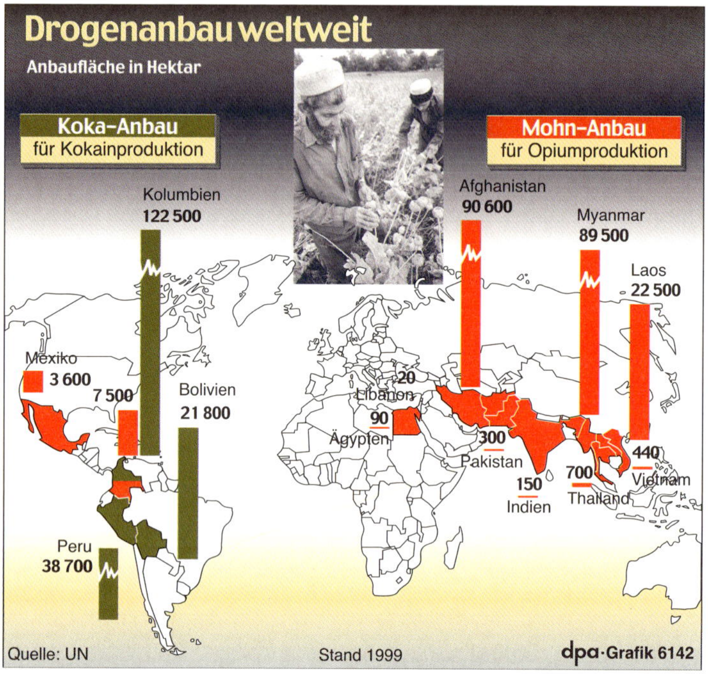

Auf fast 500 Mrd. Dollar schätzen Experten den weltweiten Drogenumsatz trotz aller Versuche, Anbau, Konsum und Vertrieb zu unterbinden.
Laut Handelsblatt vom 24.6.2003 wurde in Afghanistan für 2003 mit einer Rekordernte von 4000 Tonnen Opium (entspricht der gewaltigen Menge von 400 t Heroin) gerechnet (ca. 75% des weltweit verkauften Opiums). Für 7 kg Korn erhält ein afghanischer Bauer auf dem Markt 1 Dollar, für die gleiche Menge Opium 1400 Dollar.

M 114 d Boliviens Kampf gegen den Koka-Anbau – Bauern fürchten um ihr Einkommen

Auf den ersten Blick erscheint die Bilanz der jüngsten Bemühungen der bolivianischen Regierung zur Ausmerzung illegaler Koka- Plantagen im Land – allen voran in der nördlich von Boliviens drittgrößter Stadt, Cochabamba, gelegenen Chapare-Region – durchwegs eindrücklich: In weniger als vier Jahren vermochten die Behörden unter teilweise massivem Einsatz des Militärs die Anbauflächen in so genannten illegalen Plantagen jener unscheinbar wirkenden Pflanze, deren Blätter als Rohstoff für die Herstellung des Kokains gelten, um nahezu 90 Prozent zu vermindern. Hatte 1995 laut Angaben der bolivianischen Regierung sowie des amerikanischen Geheimdienstes CIA die gesamte Koka-Anbaufläche im Land noch bei 48 600 ha (oder gut 50 Prozent über dem noch zehn Jahre zuvor verzeichneten Stand) gelegen, so führte die im Dezember 1997 erfolgte Lancierung eines speziellen Ausrottungsprogramms mit dem klingenden Namen *„Plan Dignidad“* bis Ende letzten Jahres zu einem Rückgang der Gesamtfläche an Koka-Plantagen auf nunmehr 16 000 ha. […]
Die von offizieller Seite jeweils mit Stolz vorgelegten Zahlen verbergen indes eine ganz andere Seite der Medaille, die deutlich macht, wie schwierig es ist, sich von den strukturellen Folgen einer wirtschaftlichen Tätigkeit zu lösen, die seit den Achtzigerjahren einer steigenden Zahl von Menschen im Land ein akzeptables Auskommen ermöglicht hatte. Gemäß unabhängigen Einschätzungen, aber auch solchen der Regierung selbst, gingen in den letzten Jahren der Wirtschaft Boliviens mit der Bekämpfung der illegalen Koka-Plantagen jährlich gegen 500 Mio. $ verloren, die das Drogengeschäft an Ort und Stelle „einspielte“. Dies entspricht immerhin über 6 Prozent des Bruttoinlandsprodukts und erklärt u.a. die Schärfe der Rezession, in der sich das Land seit 1999 befindet. Als Folge davon trug der von Regierungsseite teilweise

mit missionarischem Eifer verfolgte Plan gerade aus der Sicht der Betroffenen zu ei-

Kokabauern kämpfen um ihre Existenzgrundlage – gegen das Militär.

(Foto: AP Photo/Pablo Aneli)

Der Leiter einer bolivianischen Polizeisondereinheit zur Drogenbekämpfung Gutierrez erzählt, in Bolivien koste das Kilo Kokain noch etwa 1800 Dollar, in Chile schon 25 000 Dollar und in Europa gar 80 000 Dollar. Im Zusammenhang mit der krisengeschüttelten Wirtschaftslage, so der Polizeioffizier, „ist die Koka einer der wenigen Rohstoffe Boliviens, deren Preis in den letzten Jahren nicht gefallen ist".

Zeitweise übertrafen die Deviseneinnahmen aus dem Drogengeschäft sogar die Erlöse aller legalen Exporte insgesamt. Würde die Pflanze von heute auf morgen ausgerottet, bedeutete das den Zusammenbruch der Wirtschaft des Landes. Mit Kopfschütteln erzählt Gutierrez von einem Drogenboss, der vor Jahren anbot, alle nationalen Auslandsschulden zu übernehmen, wenn man ihn nur in Ruhe lassen würde. Das auch immer wieder hohe und höchste Militärs sowie Regierungsmitglieder in Drogengeschäfte verwickelt waren, gehört in Bolivien zum Alltag.

(Rheinischer Merkur Nr. 7/2003, S. 5; Verf: Jörn Klare)

ner *Verschärfung der Armut* in einem Land bei, wo rund sieben von zehn Einwohnern dieser Einkommensstufe zugerechnet werden.

Parallel dazu rief die Verschärfung der militärisch geführten Ausrottungskampagnen der letzten Jahre – vorab in der Chapare-Region – einen zusehends *erbittert geführten Widerstand* seitens der illegalen Koka-Pflanzer hervor. [...]

Die letztjährige Protestwelle dokumentiert auf gewisse Weise die immensen Schwierigkeiten bei der Umsetzung von Programmen, die eine progressive Ablösung illegaler Koka-Plantagen durch alternative Anbauten anstreben. Die ebenfalls einen integralen Bestandteil des Regierungsplans darstellenden Bemühungen vermochten jedenfalls bis heute den Bauern laut Aussagen verschiedener Instanzen – unabhängigen Entwicklungsorganisationen, Betroffenen selbst – kein ausreichendes Auskommen zu garantieren. Man habe ihnen zahlungskräftige Märkte sowohl im In- wie Ausland für ihre Ananas, Papayas, Orangen, Bananen und allerlei sonstige Früchte, deren Anbau die Behörden empfohlen hatten, versprochen, klagen nicht wenige Bauern, die mit dem Gedanken spielen, wieder zur Koka- Produktion zurückzukehren Derweil ziehen viele Bauern in der Chapare-Region es vor, einen Teil ihrer Ernten verfaulen zu lassen, vermögen doch die gegenwärtigen Verkaufspreise die Kosten der Produktion und des Transports in die städtischen Märkte kaum zu decken.

(Neue Zürcher Zeitung v. 2.7.2001, S. 7)

1. *Klären Sie den Begriff „organisiertes Verbrechen". Könnte man sagen, dass die enorme Verschärfung dieses Problems in den 90er-Jahren mit dem (sich ebenfalls in diesem Zeitraum beschleunigenden) Prozess der „Globalisierung" zusammenhängt?*
2. *Stellen Sie die Probleme heraus, die sich durch organisierte Kriminalität für Wirtschaft und Politik ergeben (M 114 a/b). Für den deutschen Bereich bietet der Lagebericht des Bundesinnenministers vom Juni 2003 eine umfassende Information: http://www.bka.de/lageberichte/ok/2002kf/lagebild_ok_kurzlage.pdf*
3. *Ein wichtiger, mit anderen Bereichen verknüpfter Teilbereich der organisierten Kriminalität ist der Drogenhandel. Erklären Sie, auch anhand des Beipiels Bolivien (M 114 d), woran es liegt, dass Drogenproduktion und Drogenhandel so besonders schwer zu bekämpfen sind. Inwiefern handelt es sich auch um einen Aspekt von Armut und Unterentwicklung in vielen Ländern?*

C. Atomwaffenproliferation

Mit dem Jahre 1945 sind die Atomwaffen in die Welt gekommen; wie der deutsche Philosoph Karl Jaspers einmal bemerkte, wäre das Wissen um die Herstellung dieser Waffen unzerstörbar, selbst wenn sämtliche Atomwaffen aus dem Verkehr gezogen würden, und es wäre immer möglich, dieses Wissen zu reaktivieren und neue Exemplare dieser schrecklichen Waffen zu bauen. Aus der Hypothese heraus, die Weiterverbreitung von Atomwaffen in manchen Weltgegenden könnte politisch destabilisierende Wirkungen haben, weiter aus der Auffassung heraus, dass mit jedem Staat, der über solche Waffen verfügt, die Wahrscheinlichkeit eines tatsächlichen Einsatzes steigt (nicht unbestritten), und schließlich aus dem Wunsch heraus, das Kartell der damals bestehenden Atommächte vor Konkurrenz zu schützen, wurde 1968 durch die USA, Großbritannien und die UdSSR der ***Vertrag über die Nichtweiterverbreitung von Atomwaffen*** unterzeichnet und zum Beitritt durch alle Staaten geöffnet. Er trat 1970 in Kraft. Die Kernwaffenstaaten verpflichten sich darin, Atomwaffen weder mittel- noch unmittelbar weiterzugeben, die Nichtkernwaffenstaaten, nicht ihrerseits Atomwaffen zu erwerben oder zu entwickeln. Die Atommächte verpflichten sich auf der anderen Seite zur atomaren Abrüstung, welcher Verpflichtung sie nur partiell nachgekommen sind. Vor dem Auslaufen des Vertrages im Jahre 1995 wurde er auf unbestimmte Dauer verlängert.

Der Atomwaffensperrvertrag zieht (abgesehen vom Vetorecht der „Großmächte" im Sicherheitsrat) wohl zum ersten Mal eine völkerrechtliche Konsequenz aus der Tatsache, dass Staaten im Gegensatz zur alten Theorie (insb. dem Völkerrecht) in der Praxis eben nicht gleich wichtig oder gleichberechtigt sind. Besitz oder Nichtbesitz von Atomwaffen, so wird immer wieder behauptet, entscheide heute über den Status als Großmacht. Ein aktuelles Beispiel wäre die Forderung Russlands, noch als solche anerkannt zu werden: Angesichts eines Sozialproduktes, das inzwischen auf kaum mehr als ein Drittel des deutschen und etwas mehr als 12 Prozent des amerikanischen abgesackt ist, kann sich dieses Land in der Tat nur auf den Besitz von Atomwaffen berufen, um Großmachtstatus zu reklamieren.

Dem Atomwaffensperrvertrag sind inzwischen 189 Staaten beigetreten. Die Anzeichen verdichten sich allerdings, dass er in zunehmendem Maße unterlaufen wird. Südafrika war vor dem Ende der Apartheid 1995 wenn auch vielleicht nicht Atomwaffenstaat, so doch einer Produktion von Atomwaffen sehr nahe; Israel dürfte Atommacht sein, Pakistan und Indien (beides Nicht-Signatarstaaten des Vertrages) haben mehrfach atomare Sprengsätze zur Explosion gebracht, auch wenn die Einsatzbereitschaft fraglich erscheint. Nordkorea wurde durch die USA im Jahre 1994 der Bau von Atomwaffen regelrecht abgekauft, bis es 2003 formell den Sperr-Vertrag kündigte. Es erscheint fraglich, ob es auf Dauer gelingen kann, Wissen, das grundsätzlich vorhanden ist, auf einen Teil der Erde zu beschränken. Ein Reporter in den USA jedenfalls hat 1979 in der Zeitschrift „Progressive" eine Bauanleitung für eine Atombombe veröffentlicht. Das Material dazu hatte er in öffentlich zugänglichen Bibliotheken gefunden (so Hess/Markson/Stein, Sociology, 4. A., New York 1991, S. 341). – Zur Bilanz des Sperrvertrages s. **M 115 a**.

M 115 a Bilanz des Sperrvertrages

Aus heutiger Sicht erscheint die Bilanz des Sperrvertrags zwiespältig. 187 Staaten waren dem Vertrag bis Mitte 2000 beigetreten, darunter schließlich auch – lange nach den Erstunterzeichnern USA, UdSSR und Großbritannien – die Kernwaffenstaaten China (1991) und Frankreich (1992), mehrere kernwaffenfähige „Schwellenländer" wie Nord- und Südkorea, Südafrika und Argentinien sowie alle Nachfolgestaaten der Sowjetunion. Nur noch eine Handvoll Staaten sind ihm ferngeblieben, darunter Israel und einige wichtige Länder der Dritten Welt (Indien, Pakistan, Brasilien), denen der diskriminierende Charakter des Vertrags nicht akzeptabel erscheint (im Frühjahr 2003 hat Nordkorea den Vertrag gekündigt; J.H.W.). Ob der Vertrag wirklich geeignet ist, alle seine Mitglieder vom Schritt zur Atomrüstung abzuhalten, bleibt umstritten, zumal die vereinbarten Kontrollmaßnahmen *„safeguards"*) den militärischen Missbrauch ziviler Nukleartechnologie allenfalls nachträglich anzeigen, jedoch nicht verhindern können. Sanktionen gegen Vertragsverletzungen sind nicht vorgesehen. Die Aufdeckung eines geheimen Kernwaffenprogramms im Irak – einem langjährigen Mitgliedstaat des NV-Vertrags – nach dem Ende des Kuwaitkriegs 1991 hat gezeigt, dass der Vertrag unterlaufen werden kann, wenn eine illoyale Regierung es darauf anlegt, die Weltöffentlichkeit vorsätzlich irrezuführen. […]

Seit Beginn der 90er-Jahre ist die internationale Nuklearpolitik, die seit langem im Status quo fixiert war, in Bewegung geraten. Mehrere Faktoren haben dazu beigetragen. […]

M 115 b

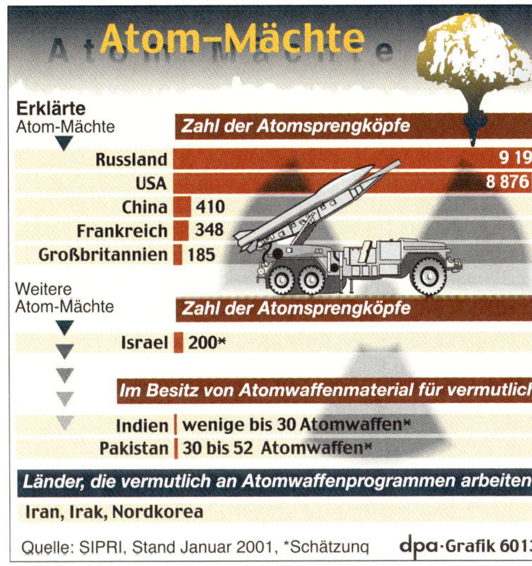

Die Frage der Beseitigung überschüssigen Plutoniums ist technisch, organisatorisch und finanziell noch ungelöst. Die Verweigerungshaltung der „inoffiziellen" Atommächte Israel, Indien und Pakistan hat sich verhärtet. […] In der Sowjetunion öffnete der Zusammenbruch des kommunistischen Systems den Weg zu weit reichenden Abrüstungsschritten, schuf aber zugleich neue Risiken und Probleme. Eine atomare Supermacht fiel auseinander, die Einheit von Staatsgewalt und Nuklearstatus löste sich auf. Für die Kernwaffen der Sowjetarmee, das größte Nukleararsenal der Welt, übernahm nach schwierigen Verhandlungen zwischen den Nachfolgestaaten schließlich die selbst vom territorialen Zerfall bedrohte Russische Föderation die alleinige Verantwortung. Es drohen auf unabsehbare Zeit die Gefahr des Einsatzes oder der Veruntreuung von Kernwaffen und Spaltmaterial in Bürgerkriegssituationen, der unkontrollierte Abfluss von Nukleartechnologie und Fachpersonal in Drittstaaten oder in die Hände terroristischer Gruppen sowie eine fortschreitende ökologische Verwahrlosung des nuklearindustriellen Komplexes auf dem Gebiet der ehemaligen Sowjetunion. […]

Alle diese Faktoren stellen langjährige Prämissen der internationalen Nuklearpolitik in Frage. Die noch vor kurzer Zeit gültige Annahme, dass die souveränen Staaten allein dafür verantwortlich seien, die zuverlässige Nutzung der Kernenergie und die Nichtverbreitung von Kernwaffen auf ihrem Territorium zu garantieren, ist nicht mehr haltbar. In dieser Situation kommt der organisierten internationalen Zusammenarbeit wachsende Bedeutung zu.

(Wichard Woyke, Handwörterbuch Internationale Politik, Leske + Budrich [UTB S 702], Stuttgart 2001, S. 184ff.)

1. *Nach dem Ende des „Kalten Krieges" ist die Bedrohung durch Atomwaffen tendenziell aus dem Blickfeld der Öffentlichkeit geraten. Inwieweit besteht diese Bedrohung fort? Welche Intention verfolgt der Vertrag gegen die Weiterverbreitung (Proliferation) von Atomwaffen („Atomwaffensperrvertrag")? (Text S. 268)*
2. *Beschreiben Sie, welche Entwicklungen und Probleme dazu geführt haben (M 115 a/b), dass die Voraussetzungen, von denen der Vertrag ausging, offenbar nicht mehr gegeben sind. Einen zusammenfassenden Bericht über die gegenwärtige Problemlage gibt der Bundesnachrichtendienst unter der Internetadresse: www.globalsecurity.org/wmd/library/report/2002/proliferation.pdf*

D. Globalisierung und die Rolle des Nationalstaats

1. Globalisierung und Globalisierungskritik

(Zeichnung: Oliver Schopf/CCC, www.c5.net)

Seit etwa Mitte der Neunzigerjahre beherrscht ein neues Schlagwort die weltpolitische und entwicklungspolitische Diskussion, das der „Globalisierung". Es weckt, je nachdem, auf welcher Seite man sich befindet, *Hoffnungen* auf einen weiteren raschen Wohlstandsgewinn oder *Befürchtungen* davor, zu den Verlierern dieses neuen Prozesses zu gehören. Die ökonomische Diskussion um Globalisierung zeichnet demgegenüber ein sehr differenziertes Bild: Die Wohlstandsgewinne, die Globalisierung unbestreitbar mit sich bringt, führen zwar in einer Reihe von Ländern zu schmerzhaften Anpassungsprozessen (auch und gerade in Industrieländern), sind aber insgesamt auf die Länder der Welt verteilt, wenn auch, wie immer bei solchen Prozessen, nicht gleichmäßig. Die Behauptung, es gebe „Verlierer der Globalisierung", die in Kreisen der immer lautstärker auftretenden Globalisierungskritiker so beliebt ist, übersieht diesen entscheidenden Punkt: Selbst wenn einige (Länder oder Personen) mehr von der Globalisierung profitieren als andere, wäre doch erst zu zeigen, dass die weniger Begünstigten sich ohne Globalisierung oder ohne Teilnahme an ihr besser stünden als mit ihr. Eine Fülle von empirischen Untersuchungen zeigt die immensen Vorteile der Teilnahme am internationalen Austausch für die beteiligten Länder auf. Jedenfalls hat noch niemand den Nachweis erbringen können, dass die enormen Wohlstandsgewinne für alle Staaten, die sich seit dem zweiten Weltkrieg am internationalen Handel beteiligt haben, ohne diesen Handel im gleichen Maße erreichbar gewesen wären.

Von dieser globalen Aussage ist die Mikroebene sorgfältig zu unterscheiden – und hier kann es in der Tat individuelle Verlierer geben, umso mehr allerdings, je stärker Marktprozesse durch wohlgemeinte, aber ineffiziente Staatsinterventionen behindert (oder Voraussetzungen für wirtschaftliches Handeln wie Durchsetzung der Herrschaft des Rechts u.a., die bereits angesprochen wurden, nicht gewährleistet) werden: Eine dynamische Wirtschaft befindet sich in ständigem Wandel, der auch vor dem Einzelnen nicht halt macht. Neue Berufe (z.B. in der Datenverarbeitung) entstehen, andere verlieren an Bedeutung oder verschwinden ganz. Den Angehörigen solcher Berufe wird flexible Umstellung auf neue Berufe abverlangt – schmerzhaft vielleicht, aber in unzähligen Fällen erfolgreich. Wer – aus welchen Gründen auch immer – eine solche Umstellung trotz aller Bemühungen nicht schafft, verdient individuelle Hilfe durch die Gesellschaft. Auf nicht mehr zeitgemäßen Strukturen zu beharren, bedeutet demgegenüber den Verzicht auf Wohlstandsgewinne durch neue Technologien oder neue Organisationsformen der Wirtschaft und Gesellschaft. Im 19. Jahrhundert wurde z.B. die Einführung der Eisenbahn in Deutschland durch den Staat keineswegs behindert, sondern gefördert; den Kutschenherstellern wurde Umorientierung abverlangt, mit Vorteilen für das gesamte Land. Für die Globalisierung gilt, bei allen Unterschieden im Detail, sinngemäß das Gleiche.

Eine einzige Weltregion dürfte nicht nur relativ, sondern auch absolut zu den Verlierern der Globalisierung gehören, nämlich *Schwarzafrika*. Die dort möglicherweise eintretenden Wohlstandsverluste (wobei dort „Wohlstand" natürlich eine Übertreibung ist) sind jedoch gegenüber den Wohlstandsgewinnen der übrigen Weit marginal, können also, wenn dies politisch gewünscht wird, aus deren erwartetem Zuwachs ausgeglichen werden; es wäre sinnlos, Afrikas wegen von der übrigen Welt den Verzicht auf Globalisierung zu fordern, weil Afrika zu den Verlierern des Prozesses gehört. Nichts wäre falscher: Afrika ist unter anderem und wesentlich arm nicht *wegen* seiner Teilnahme, sondern wegen des weitgehenden *Fehlens* einer Teilnahme an den internationalen Austauschprozessen.

Globalisierung ist ein *vielschichtiger Prozess* (s. S. 277), der sich nicht, wie oft angenommen, auf den vermehrten Austausch von Waren, Kapital und Dienstleistungen beschränkt. Zentrale Antriebskraft ist der Rückgang der Transportkosten – das kann übrigens jeder Ferienreisende am eigenen Leibe erfahren –, der sich umso stärker bemerkbar macht, je größer das transportierte Warenvolumen ist (s. dazu Tabelle S. 274). Vielleicht noch wichtiger ist die Veränderung der Kommunikationstechnik, das allgegenwärtige Internet, die über Satellitenschüsseln weltweit zu empfangenden Fernseh- und Rundfunksender, die eine informationsmäßige Abschottung eines Landes nur unter Bedingungen brutalster Repression möglich erscheinen lässt (Nordkorea). Informationen sind längst keine knappe Ware mehr – im Gegenteil: Das Problem für den Geschäftsmann, Börsenbroker oder Privatmann ist nicht das Fehlen, sondern die *Überfülle von Informationen,* was den Einbau von Filtern zur Auswahl der für eine bestimmte Zielgruppe wichtigen Nachrichten erforderlich macht, damit allerdings auch wieder das Problem des Vertrauens in diejenigen Institutionen und Personen aufwirft, die diese Selektion vornehmen. Wer auch nur deutsche Tageszeitungen miteinander vergleicht, wird bald bemerken, dass nicht alle Redaktionen die gleichen Nachrichten für druckwert halten – was umgekehrt allerdings auch wieder ein Element der Kontrolle durch die Öffentlichkeit mit sich bringt.
Die Globalisierung auch des Informationsflusses hat Pessimisten widerlegt, die die moderne Informationstechnologie als wirksames Werkzeug von Diktatoren begriffen haben. Bei dem Zusammenbruch des Kommunismus hat die relative Erreichbarkeit der Menschen im Ostblock für westliche Medien eine wichtige Rolle gespielt, so dass wir inzwischen über gesicherte Erfahrung zur Entscheidung zwischen beiden Positionen verfügen. Allerdings setzt auch der Zugang zum internationalen Nachrichtenmarkt einen minimalen Wohlstand voraus: Auch Computer, Fernsehgeräte, Radios und Satellitenschüsseln kosten Geld.

Die folgenden Materialien geben zunächst einen Überblick über zentrale Ursachen und Antriebskräfte des Globalisierungsprozesses (**M 116 a**) sowie über seine wesentlichen Erscheinungsformen (**M 116 b**). Sodann gehen sie der Frage nach einer möglichen ungleichen Verteilung des Wohlfahrtsgewinns auf arme und reiche Länder und nach der Benachteiligung der Entwicklungsländer durch protektionistisches Verhalten und Subventionspolitik der Industrieländer nach (**M 117 a–c**). Nach einer Information über die jüngste Entwicklung bei der WTO (**M 118 a–c**; dabei wird auch der Konflikt beleuchtet, der sich im Hinblick auf die Medikamentenversorgung der Dritten Welt ergeben hat) geht es in **M 119 a–c** und **M 120** um zentrale Punkte der „Globalisierungskritik", insbesondere auch um die von „attac" erhobene Forderung nach Einführung einer Devisenumsatzsteuer („Tobin-Steuer").

M 116 a Ursachen der Globalisierung

Worauf ist der aktuelle Globalisierungsprozess zurückzuführen? In der Literatur werden verschiedene Ursachen diskutiert, von denen im Folgenden die drei aus unserer Sicht wichtigsten vorgestellt werden. Sicherlich handelt es sich bei diesen Faktoren nicht um die einzigen denkbaren Erklärungsgrößen der Globalisierung, jedoch scheinen sie im Rahmen einer ökonomischen Analyse die signifikantesten zu sein.

I. Liberalisierung des Güter- und Kapitalverkehrs

(1) Unter dem GATT 47*-Regime reduzierten sich nach Ende des Zweiten Weltkriegs die Zollschranken zwischen den großen Industrienationen in bedeutendem Umfang. Zusätz-

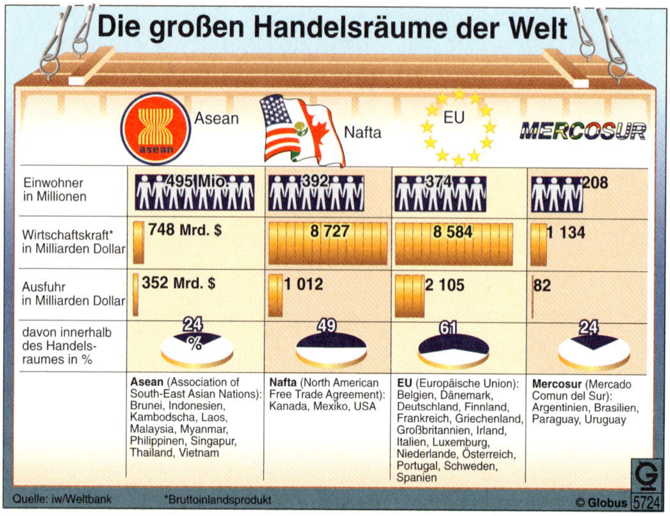

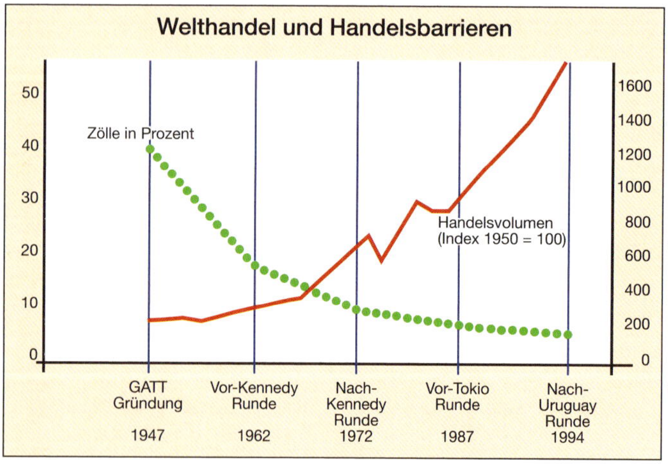

(Quelle: Die ZEIT v. 14.5.1998, S. 32)

lich entstanden oder entstehen noch mehrere regionale Integrationsgebiete von großer ökonomischer Bedeutung: die Europäische Union, die Nordamerikanische Freihandelszone NAFTA, die geplante asiatische Freihandelszone AFTA, aber auch der MERCOSUR, deren Beiträge zur weltweiten Handelsschaffung jedoch umstritten sind. Nach der protektionistischen Hochphase während der Weltwirtschaftskrise und des Zweiten Weltkriegs, in der die Zollsätze auf Industrieprodukte bis auf 32 Prozent hochschnellten, hat die tarifäre Belastung des Güterhandels kontinuierlich abgenommen. Am Ende der Uruguay-Runde (2004) werden die durchschnittlichen Zollsätze der wichtigsten Industrieländer (IL) zwischen 2,9 und 4 Prozent liegen, 43 Prozent aller Handelsgüter werden einen Zollsatz von Null haben und 96 Prozent der weltweit angewandten Zollsätze werden gebunden sein, d.h. sie unterliegen den Rechtsregeln des GATT 94*. Zudem wurden in die neue Welthandelsordnung neben der Reintegration des Agrar- und Textilhandels verschiedene Abkommen über den grenzüberschreitenden *Dienstleistungshandel* (GATS = General Agreement on Trade and Services) und den Schutz der *geistigen Eigentumsrechte* (TRIPs = Trade Related Aspects of Intellectual Property Rights) aufgenommen. Dies ist deshalb von großer Bedeutung, weil der Dienstleistungshandel einen immer größer werdenden Teil am Welthandel ausmacht und weiterhin wachsende Tendenz aufweist.

(2) Weitere wichtige Globalisierungsimpulse stellen die zunehmende Abschaffung von Devisenbewirtschaftungsmaßnahmen und die Liberalisierung der Finanzmärkte in vielen Ländern dar. Der weltweite Trend zum staatlich unreglementierten Zahlungsverkehr sowie die schrittweise Liberalisierung und Sicherung der Konvertibilität der Währungen seit dem Zweiten Weltkrieg haben die internationale Tauschwirtschaft um eine internationale Zahlungsgemeinschaft ergänzt. Der Abbau von Kapitalverkehrskontrollen, die Abschaffung staatlich festgelegter Zinshöchstgrenzen sowie die Freigabe des Bankensektors für die inländische und ausländische Privatwirtschaft in vielen Ländern haben wesentlich dazu beigetragen, dass ein zunehmend ungehindert weltweiter Marktzugang zu den Finanzmärkten und somit ein freier Kapitalverkehr über Ländergrenzen hinweg realisiert wird. Die durch diese Liberalisierungsschritte hervorgerufene Senkung der Transaktionskosten ist ein essenzieller Impuls für die Ausdehnung der internationalen Arbeitsteilung gewesen. [...]

II. Die Zunahme der weltweiten Produktionskapazitäten

Ein weiterer wichtiger Grund der Globalisierung ist die fortschreitende Industrialisierung großer Teile der Erde. Eine Reihe von Entwicklungsländern hat seit Ende des Zweiten Weltkriegs die Stufe des Rohstofflieferanten und Abnehmers einfacher Fertigprodukte verlassen und den Status einer Industrienation (daher ihre Bezeichnung als NIC = *newly industrialized countries;* im Deutschen wird für sie der Begriff „Schwellenland" verwendet) erreicht. Insgesamt lässt sich für die Entwicklungsländer für die vergangenen zwei Jahrzehnte nicht nur ein generelles Wirtschaftswachstum feststellen, sondern insbesondere ein starkes *Wachstum der industriellen Produktion*, welches z. T. beträchtlich über dem der Industrieländer lag [...]. Dieser Catching-up-Prozess hat die Zahl der Anbieter auf dem Weltmarkt deutlich erhöht. Die globalen Produktionskapazitäten haben zugenommen und der *Wettbewerb* hat auf vielen Märkten erheblich an Schärfe gewonnen. Dieser Prozess wird sich noch beschleunigen, wenn China, Indien und Osteuropa – zusammen repräsentieren diese Länder etwa die Hälfte der Erdbevölkerung – vollständig in den globalen Wettbewerb integriert sind.
Somit existieren kaum noch Beschränkungen durch eine zu geringe Marktgröße, die eine Globalisierungsstrategie für viele Firmen in der Vergangenheit verhinderte. [...]

III. Technischer Fortschritt als Beitrag zu einer Reduzierung der Transport- und Kommunikationskosten

(1) Eine fundamentale Voraussetzung für das Entstehen einer global vernetzten Weltwirtschaft war und ist die Entwicklung von Techniken, welche es ermöglichen, die durch Raum und Zeit gegebenen Beschränkungen menschlicher Mobilität zu überwinden. Als wichtigste Beispiele sind hier *Transport- und Kommunikationstechnologien* zu nennen. Sicherlich kann keine dieser Technologien für sich genommen als Ursache der Globalisierung der Weltwirtschaft angesehen werden. Sie machen solche Entwicklungen jedoch erst möglich. Ohne entsprechende technologische Voraussetzungen könnte das komplexe Weltwirtschaftssystem nicht funktionieren.

(2) Die modernen *Transporttechnologien* haben nach einem ersten großen Entwicklungssprung im 19. Jahrhundert (Eisenbahn, Dampfschiff) in den Jahrzehnten nach dem Zweiten Weltkrieg eine neue Qualitätsstufe erreicht. Von besonderer Bedeutung waren dabei die Einführung regelmäßiger interkontinentaler Flugverbindungen sowohl für den Personen- als auch den Güterverkehr, die Entwicklung von riesigen Massenguttransportschiffen (Stichwort „Supertanker") und die Durchsetzung der Containertechnologie, die das Umladen von Gütern von einem Transportmedium (z.B. Schiff) auf ein anderes (z.B. Bahn) deutlich vereinfachte. Diese dynamische Entwicklung hat die Kosten der Raumüberwindung substanziell gesenkt und dadurch den Mobilitätsgrad von Rohstoffen und Zwischenprodukten spürbar erhöht. [...]

(3) Auch auf dem Gebiet der *Kommunikationstechnologie* waren die Fortschritte innerhalb der letzten Jahrzehnte dramatisch und schafften erst die technisch-organisatorischen Voraussetzungen für die Globalisierung der Wirtschaft. Die mikroelektronische Revolution, also der gewaltige Technologieschub auf den Gebieten der Telekommunikation und Datenverarbeitung, führte zu einer deutlichen *Senkung der Transaktions- und Kommunikationskosten*. Dabei ist die Nutzung fest installierter Satelliten für die kommerzielle Telekommunikation (seit 1965) besonders hervorzuheben. Sie trug zu substanziellen Kostensenkungen bei, was durch das Absinken des Preises für ein dreiminütiges Telefongespräch zwischen London und New York eindrucksvoll verdeutlicht wird. Musste man dafür 1930 noch knapp 250 Dollar bezahlen, so waren es 1990 bereits weniger als vier Dollar ($). Heutzutage liegt der Preis für ein solches Gespräch bei ca. einem Dollar, ein Rückgang um über 99 Prozent. In den letzten Jahren hat der Ausbau der elektronischen Datenverarbeitung über das *Internet* bzw. firmeninterne Intranetsysteme neben Kostensenkungen zu einer immensen Effizienzsteigerung in der Datenverarbeitung geführt. Bei dem Prozess der Datenübermittlung fallen de facto keine Übertragungszeiten mehr an. Dies erleichtert die Kommunikation zwischen Handelspartnern und verbessert in erheblichem Maße die Effizienz der Unternehmensführung in internationalen Konzernen.

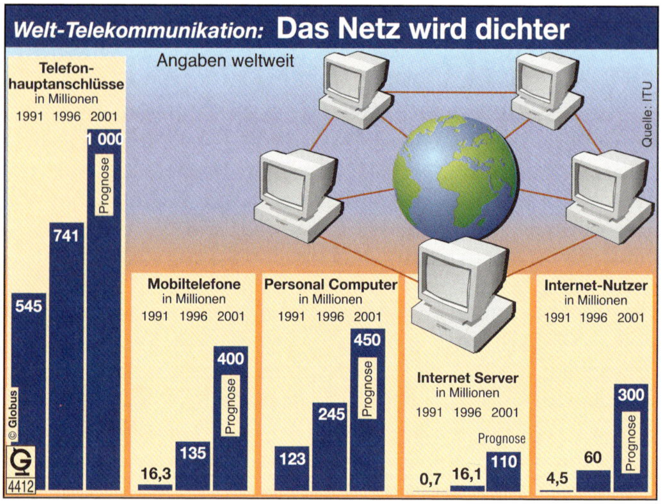

Tabelle: Entwicklung von Mobilitätskosten

Jahr	Seefracht[a]		Lufttransport[b]		Telekommunikation[c]	
	in $ 1990	Index 1930=10	in $ 1990	Index 1930=10	in $ 1990	Index 1930=10
1920	95	158,3	n.v. [d]	n.v. [d]	n.v. [d]	n.v. [d]
1930	60	100,0	0,68	100,0	244,65	100,0
1940	63	105,0	0,46	67,7	188,51	77,1
1950	34	56,7	0,30	44,1	53,20	21,8
1960	27	45,0	0,24	35,3	45,86	18,8
1970	27	45,0	0,16	23,5	31,58	12,9
1980	24	40,0	0,10	14,7	4,80	2,0
1990	29	48,3	0,11	16,2	3,32	1,4

[a] Durchschnittliche Seetransportkosten und Hafengebühren für Import- und Exportfracht pro short ton
[b] Durchschnittlicher Lufttransportumsatz pro Passagier und Meile
[c] Kosten eines 3-minütigen Telefongesprächs von New York nach London
[d] Nicht verfügbar

Quelle: Straubhaar (1996), S. 222

(4) Man muss jedoch vorsichtig mit dem Argument umgehen, dass technischer Fortschritt generell einen Schritt in Richtung Globalisierung darstellt. Die zunehmende Automatisierung der Fertigung und die damit verbundene Substituierung von einfacher Arbeit durch Kapital wirken in die entgegengesetzte Richtung, zumindest wenn bei einer Produktionsverlagerung in ein Entwicklungsland nicht der Aspekt der Markterschließung, sondern das Ausnutzen komparativer Kostenvorteile im Vordergrund steht. Die Nachfrage nach einfacher Arbeit, mit der Entwicklungsländer relativ reichlich ausgestattet sind, nimmt als Folge des verstärkten Kapitaleinsatzes der Industrieländer ab und macht eine Produktionsverlagerung in Niedriglohnländer überflüssig. Die Notwendigkeit für die Integration von Hoch- und Niedriglohnländern wird somit eher geringer.

(5) Dennoch bleibt festzuhalten: Technologische Fortschritte im Transport- und Kommunikationsbereich senken die Kosten der Raumüberwindung und steigern den *Mobilitätsgrad* für die meisten Produktionsfaktoren; die Standortgebundenheit nimmt ab. Technische Weiterentwicklungen verbessern auch die Informationen über alternative Standorte und verringern dadurch die Unsicherheit. Unter Globalisierungsaspekten bedeutet diese Tendenz, dass *immer mehr Wettbewerber in immer rascherem Tempo um mobiler werdende Produktionsfaktoren konkurrieren.* Die relative Attraktivität eines Standorts gewinnt also in Zeiten sinkender Kosten der Raumüberwindung zunehmend an Bedeutung. Mobile Produktionsfaktoren können schneller auf negative Standortentwicklungen reagieren und ihre wirtschaftliche Tätigkeit an denjenigen Ort verlagern, der ihren spezifischen Anforderungen am besten entspricht. Beispielsweise werden Vorleistungen am billigsten Ort eingekauft, am kostengünstigsten weiterverarbeitet und am einträglichsten Ort verkauft. Je billiger es also ist, Zwischenprodukte oder Produktionsfaktoren über größere Distanzen zu verschieben, desto stärker stehen auch räumlich entfernte Wirtschaftsstandorte untereinander in Konkurrenz.

(Hans-Rimbert Hemmer/K. Bubl/R. Krüger/H. Marienburg: Die Entwicklungsländer im Globalisierungsprozess – Opfer oder Nutznießer?, Literaturstudie im Auftrag der Konrad-Adenauer-Stiftung, St. Augustin 2001; http://wi.uni-giessen.de)

M 116 b Erscheinungsformen der Globalisierung

Ökonomische Wachstumsprozesse

Das Phänomen Globalisierung, ausgelöst durch die Liberalisierung von Güter- und Kapitalverkehr, die Zunahme der weltweiten Produktionskapazitäten und die Reduzierung der Transport- und Kommunikationskosten, wird [...] anhand seiner drei wirtschaftlich bedeutendsten Erscheinungsformen untersucht:

- **Wachstum des Welthandels:** Der weltweite Güterhandel expandiert seit den Fünfzigerjahren kontinuierlich, wobei seit den Achtzigerjahren besonders große Zuwächse zu verzeichnen sind. So stiegen bspw. die weltweiten Exporte von ca. **2,3 Bill. $** im Jahre 1980 bis 1999 auf einen Wert von ca. **6,8 Bill. $** an.
Zwanzig Prozent der weltweiten Exporte machen *Dienstleistungen* aus, die eine immer bedeutendere Stellung im Welthandel einnehmen. Dominiert wird der Welthandel nach wie vor von den *Industrienationen,* die mehr als zwei Drittel der Handelsströme auf sich vereinigen. Der Anteil der Entwicklungsländer steigt aber kontinuierlich, auch wenn er im Zuge der Asienkrise kurzfristig wieder zurückgegangen ist. Innerhalb der Entwicklungsländergruppe hat v.a. Asien einen rapiden Anstieg seines Handelsvolumens zu verzeichnen. Dagegen haben Afrika und die Gruppe der LDC, von denen die Mehrzahl in Afrika liegt, kaum an der Handelsausweitung partizipiert (s. Grafik S. 276). Diese beiden Ländergruppen haben im Durchschnitt in ihren häufig auf wenige Güter begrenzten Exportstrukturen den höchsten Anteil an Primärgütern. Dagegen sind über 80 Prozent der Warenexporte aus asiatischen Entwicklungs- und Schwellenländern industrielle Erzeugnisse.
- **Wachstum der Direktinvestitionen:** Wesentliche Kennzeichen von FDI (foreign direct investments) sind eine Beteiligung am Eigenkapital und die dauerhafte Einflussnahme auf das unternehmerische Geschehen. Der Bestand an FDI stieg in den letzten zwei Jahrzehnten von 500 Mrd. $ (1980) auf 4. 100 Mrd. $ (1998) an. Die jährlichen Zuflüsse legten im gleichen Zeitraum von 38 Mrd. $ auf 638 Mrd. $ zu. Der Trend zu einer Internationalisierung der Produktion ist damit unverkennbar. Zusätzlich trieben die transnationalen Unternehmen ihre Internationalisierung auch auf anderen Wegen voran. Ein Zeichen dafür ist, dass die abgeführten Patent- und Lizenzgebühren ebenfalls eine stürmische Entwicklung nahmen. Die Entwicklungsländer profitierten von dieser Entwicklung überproportional, da sich ihr Anteil an den Direktinvestitionen steigerte. Allerdings profitierten nicht alle gleichermaßen. Gerade die LDC bleiben von dem Trend zu einer weltweiten Produktion weitestgehend ausgeschlossen, während einige Schwellenländer (v.a. die asiatischen NIC) den Großteil der Zuströme auf sich vereinen.
- **Wachstum des internationalen Kapitalverkehrs:** Neben FDI haben auch Anleihen, Bankkredite und Aktienportefeuilles stark zugenommen. Die Netto-Kapitalströme in Entwicklungsländer verdreifachten sich zwischen 1990 und 1996 auf 97 Mrd. $. Allerdings blieb auch hier Afrika weitgehend ausgeschlossen (vgl. M 84 d, S. 200). Die anderen Kapitalströ-

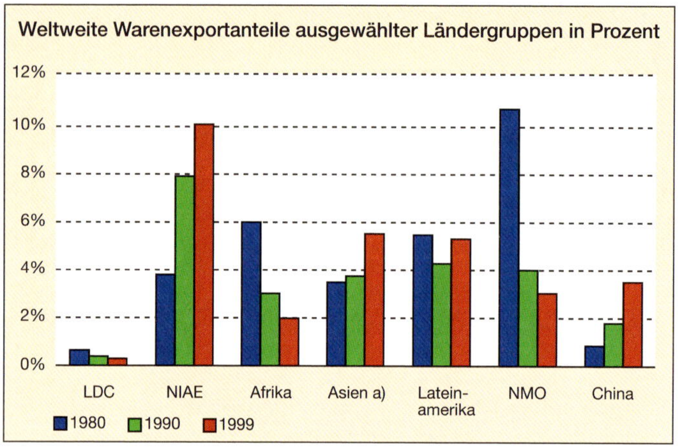

LDC – Least Developed Countries; NIAE – Newly Industrialized Asian Economies; NMO – Naher und Mittlerer Osten

a) ohne Australien, China, Japan, Neuseeland und die NIAE

Quelle: WTO (2000b) sowie eigene Berechnungen

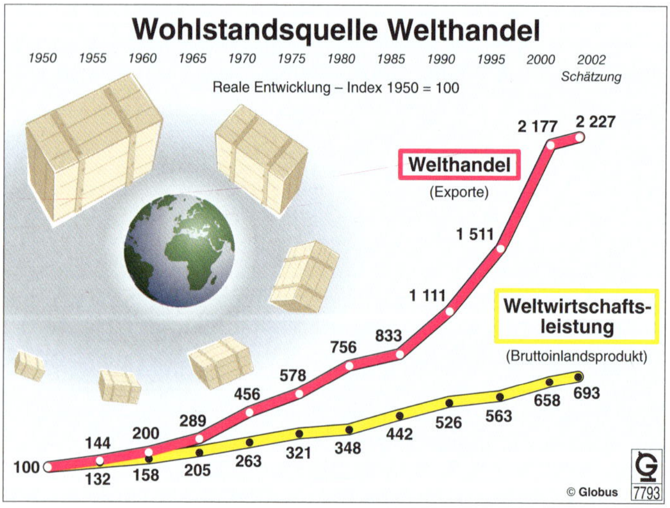

me weisen im Vergleich zu FDI eine hohe Volatilität* auf, die sich in der Asienkrise sehr deutlich gezeigt hat. Deutliche Unterschiede bestehen hierbei zwischen kurz- und langfristigen Kapitalströmen. Während die langfristigen in den Neunzigerjahren fast stetig angestiegen sind, kam es bei den kurzfristigen in der zweiten Hälfte des Jahrzehnts zu einem deutlichen Einbruch und in mehreren Entwicklungsländern sogar zu einem Kapitalabzug. [...]

- **Internationale Anpassung der Konsumstrukturen**

Die drei bisher dargestellten Erscheinungsformen der Globalisierung betreffen die Produktionsseite. Die gleichfalls bedeutsamen Trends zur Anpassung der Konsumstrukturen, die sich in fast allen Ländern der Welt feststellen lassen – wo gibt es kein Coca-Cola, wo werden keine Jeans getragen, wo ist McDonalds nicht vertreten? –, sind empirisch wesentlich schwerer zu fassen und lassen sich von uns derzeit nicht quantifizieren. Daher muss auf Darlegungen ihrer Größenordnungen verzichtet werden. An dieser Stelle können lediglich einige Tendenzmeldungen abgegeben werden. [...]

Ist die Welt also tatsächlich auf dem Weg zu einer Einheitskultur? Die oben genannten Punkte sprechen dafür. Zu beachten ist jedoch, dass die reine weltweite Verfügbarkeit über bestimmte Konsumgüter noch nicht auf eine weltweite Einheitskultur schließen lässt. Hier einige Argumente, warum die Aussage einer globalen Homogenisierung der Kultur übertrieben ist [...]:

– Nach anfänglicher Euphorie über die neuen Konsummöglichkeiten sind Tendenzen zu verzeichnen, dass in vielen Ländern wieder stärker auf heimische Konsumgüter zurückgegriffen wird.

– Verschiedene Gruppen/Länder/Kulturen pochen auf ihre kulturelle Identität und stehen westlichen Einflüssen ablehnend gegenüber.

– Vielfach wird mit dem Export eines Gutes nicht dessen Bedeutung übertragen. Es können sich die Zielgruppe des Produkts, der Zweck, zu dem es eingesetzt wird, oder auch die zugeschriebenen Qualitätseigenschaften ändern. Die soziale Bedeutung der Güter kann sich dabei auf dramatische Weise verändern, was als ein Zeichen für Widerstand auf dem Weg zu einer Welteinheitskultur gesehen werden kann.

– Weltweit verfügbare Güter werden i.d.R. mit traditionellen kombiniert. Es kommt so zu einer Anpassung an die lokalen Gegebenheiten. Besonders deutlich wird dies in der Bekleidungsbranche.

– Schließlich beeinflusst nicht nur die globale Entwicklung die lokale, sondern die globale speist sich auch aus den verschiedenen lokalen. Es liegt also kein Einbahnstraßenverkehr vor, sondern eine gegenseitige Beeinflussung.

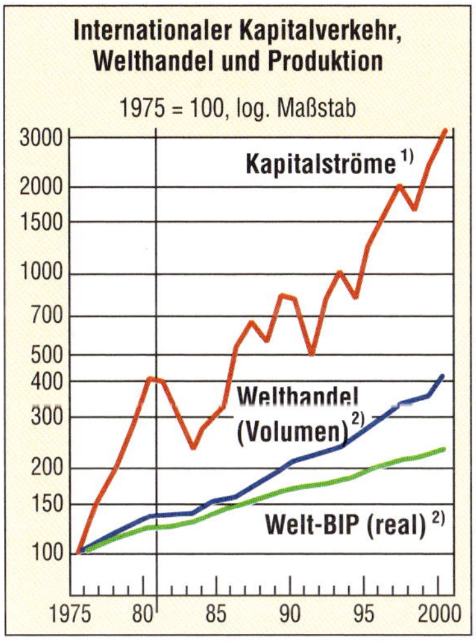

1) Summe aus inländischen Kapitalanlagen im Ausland und ausländischen Kapitalanlagen im Inland, alle Länder.
2) Indizes gebildet aus Veränderungsraten.

Quelle: IWF, Deutsche Bundesbank

Sozio-kulturelle Dimension der Globalisierung – Das Leitbild der westlichen Zivilisation

Globalisierung ist nicht nur ein ökonomisches, sondern auch ein sozio-kulturelles Phänomen, denn sie wurzelt in bestimmten Ideen, Wertvorstellungen und Modellen und überträgt diese, oft kaum wahrgenommen, in andere Gesellschaften. Die Globalisierung in ihrer heutigen Form ist vorwiegend, wenn nicht fast ausschließlich, vom Leitbild der westlichen Zivilisation bestimmt. [...] Der damit verbundene Vorrang von Werten der Selbstverwirklichung und des materiellen Wohlstands hat einerseits zu einem Bedeutungs- verlust traditioneller Sozialformen und religiöser Symbolwelten geführt, andererseits aber auch die Autonomie des Menschen gefördert (Menschenrechte, Demokratie, Pluralismus).

Dieses Leitbild war und ist sehr erfolgreich und übt, v.a. auf Grund seiner Wohlstandseffekte, große Anziehungskraft in aller Welt aus.

Der westlichen Zivilisation wird häufig vorgeworfen, sie stehe unter dem Diktat wirtschaftlicher Werte und rein individueller Interessen. Dies zeige sich bspw. in der *Konsumorientierung* und *Kommerzialisierung* von immer mehr Lebensbereichen. Dabei wird auch auf Schattenseiten dieser Entwicklung wie etwa Rücksichtslosigkeit, Konsum zu Lasten der Umwelt oder eine oft sehr eng verstandene Zweckrationalität verwiesen. Die Folge seien psycho-soziale Schäden (Orientierungslosigkeit usw.) und gesellschaftliche Probleme (Wohlstandskriminalität, Extremismus usw.). Manche Entwicklungsländer sehen darin Fehlentwicklungen, die sie vermeiden wollen, und betrachten daher die Verbreitung dieses Leitbildes durch die modernen Medien mit großen Vorbehalten, zumal sie den Eindruck haben, dass seine negativen Seiten meist ausgeblendet bleiben.

Diese Einschätzung ist nicht völlig unbegründet sie dient häufig aber auch als Vorwand, um Menschenrechte, Demokratie und Pluralismus unter Verweis auf eigene kulturell-religiöse Traditionen wie etwa die „asiatischen Werte“ abzulehnen. Außerdem übersieht sie, dass Individualisierung keineswegs einfach mit einer Entsolidarisierung der Gesellschaft gleichzusetzen ist, sondern auch zu anderen Formen der Solidarität führen kann. Die These eines solidarischen Individualismus, nach der in die Entwürfe der Selbstverwirklichung oft auch neue Weisen solidarischen Handelns integriert werden, wird durch eine Reihe von empirischen Untersuchungen zumindest teilweise gestützt.

(Hemmer u.a. [= M 116 a], S. 156f., 32ff.)

M 117 Folgen der Globalisierung

M 117 a Werden die armen Länder immer ärmer, die reichen immer reicher?

Obwohl der Einkommensabstand zwischen reichen und armen Ländern größer geworden ist, haben von der Globalisierung auch sehr viele Menschen in ärmeren Ländern profitiert. So hat sich die durchschnittliche Lebenserwartung in den Entwicklungsländem seit 1960 um 20 Jahre erhöht (vgl. M 34 a) und die Zahl der Analphabeten bei den Erwachsenen ist von 47 auf 25 Prozent gesunken (vgl. M 36 b). Und wenn auch aufgrund der deutlich stärkeren Bevölkerungszunahme in den armen Ländern die Zahl der Menschen mit geringem Einkommen weiter steigt, so ist die Zahl der Ärmsten, also derjenigen, die mit weniger als einem US-$ pro Tag auskommen müssen, seit 20 Jahren um insgesamt 200 Mio. gesunken (vgl. M 25). Laut Weltbank haben in den vergangenen zehn Jahren rund drei Milliarden Menschen in 24 Ländern vom wachsenden Welthandel profitiert. In den 90er-Jahren wuchsen nicht etwa reiche Länder am schnellsten, sondern die armen Länder, die sich stark in die Weltwirtschaft integrierten. Sie erreichten ein Wirtschaftswachstum pro Kopf von durchschnittlich rund fünf Prozent. In den reichen Ländern betrug es im Durchschnitt „nur" zwei Prozent und in den wenig globalisierten Ländern sank es sogar um ein Prozent. Damit ist die Gruppe der Entwicklungsländer heterogener geworden. Diejenigen Länder profitierten am meisten von der Globalisierung, die durch Offenheit nach außen und Reformen nach innen ihre Chance auf Teilnahme an der Weltwirtschaft am besten genutzt haben. Sie konnten die Effizienz ihrer Wirtschaft steigern, über Investitionen internationaler Unternehmen Kapital und Technologien in ihr Land holen und die Kreditwürdigkeit des Landes erhöhen. Der *Erfolg von Marktöffnungen* hängt davon ab, dass bestimmte *interne Rahmenbedingungen* erfüllt sind wie ein funktionierendes Rechtssystem, eine solide Wirtschaftspolitik, ein flächendeckendes Sozialsystem, ein entwickeltes Finanzsystem und ein leistungsfähiger Verwaltungsapparat (vgl. M 98, S. 228).

Uganda und Vietnam sind gute Beispiele dafür, dass das Öffnen von Märkten für Handel und Investitionen im Zusammenspiel mit Reformen auch in Ländern mit geringem Einkommen zu schnellerem Wachstum und dem Abbau von Armut führt. Die Höhe des Wachstums sagt aber noch nichts darüber aus, welche Bevölkerungsgruppen vom Wohlstandsgewinn profitieren. In einigen Ländern wie China und Mexiko nahm die Ungleichheit innerhalb des Landes zu, weil sich das Wachstum vor allem auf die Städte konzentrierte, die Armen aber eher auf dem Land leben. Dagegen gleichen sich beispielsweise in Brasilien im Zuge des wirtschaftlichen Aufschwungs die Einkommen stärker an, weil die Schulausbildung verbessert wurde und durch das höhere Bildungsniveau der Frauen die Familiengröße vor allem in den ärmsten Bevölkerungsschichten merklich zurückging. Grundsätzlich hat sich gezeigt, dass die Gleichberechtigung der Frauen ein Schlüsselfaktor für den Abbau der Armut ist (vgl. M 45/M 46).

Rund zwei Milliarden Menschen vor allem in Afrika, dem Nahen Osten und der ehemaligen Sowjetunion – solchen Ländern, die sich nur im geringen Maße in den internationalen Warenaustausch einbanden – hat die Globalisierung bisher so gut wie nichts gebracht. Die Armut nahm im Gegenteil zu. Länder wie Myan-

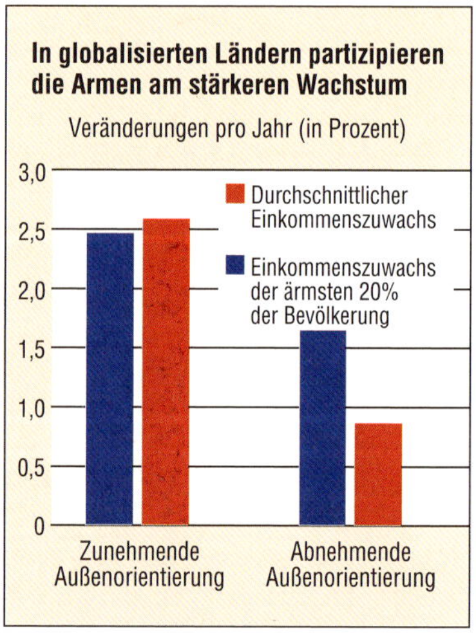

Stichprobe beinhaltet 129 Zeitperioden und basiert auf Haushaltsauswertungen in Entwicklungsländern. Die Außenorientierung wird durch den Anteil der Handelsströme (Summe der Ex- und Importe) am BIP gemessen. Perioden zunehmender Außenorientierung sind solche, in denen der Anteil der Handelsströme am BIP mindestens um 0,5 Prozentpunkte pro Jahr wächst.

Quelle: Weltbank

mar, Nigeria oder die Ukraine sind Negativbeispiele dafür, wie eine fehlgesteuerte Politik mehr Wohlstand verhindert. Hier würde sich auch Marktöffnung nicht auszahlen, solange kein genereller Reformkurs verfolgt wird. Globalisierung immunisiert nicht gegen *politisches Missmanagement*, wie jüngst das Beispiel Argentinien wieder anschaulich gezeigt hat. Sie immunisiert auch nicht gegen *bewaffnete Konflikte*, wie sie immer noch häufig in Entwicklungsländern auftreten. Kriege haben verheerende Folgen für Bevölkerung und Wirtschaftsperspektiven: Sie vernichten Existenzen und sie zerstören nicht nur das Sachkapital, sondern auch das soziale Gefüge einer Gesellschaft. Sie ziehen öffentliche Gelder von produktiven Investitionen ab und treiben die Intelligenz des Landes in die Emigration.

(Bundesministerium für Wirtschaft und Technologie, Wirtschaftsbericht 2002: Globalisierung – Chancen nutzen, Verantwortung zeigen, Berlin 2002, S. 16 –18)

M 117 b Haben die Entwicklungsländer einen zu geringen Marktzugang in den Industrieländern?

Unterschiedliche Teilnahme am Welthandel

Viele Entwicklungsländer, insbesondere die am wenigsten entwickelten Länder (LDCs), konnten die Chancen, die globale Märkte und das multilaterale Handelssystem bieten, nicht oder nur wenig nutzen. So machten die Ausfuhren aus LDCs im Jahr 2001 gut 0,5 Prozent des Welthandels aus. Vor zehn Jahren lag ihr Anteil bei knapp 0,5 Prozent. Das heißt, dass selbst die ihnen gewährten Handelspräferenzen nicht zu Exportsteigerungen geführt haben. Dies ist vor allem zurückzuführen auf den rückläufigen Anteil von Rohstoffexporten am Welthandel, auf den zudem noch gesunkenen Anteil der LDCs an den Rohstoffexporten und auf ihre immer noch in vielen Fällen zu einseitige Exportstruktur (vgl. M 31). Im Durchschnitt machen die drei wichtigsten Exportprodukte, vor allem Rohstoffe und Agrarprodukte, 70 Prozent ihrer Gesamtausfuhren aus. Dennoch gibt es unter den Entwicklungsländern etliche, denen die Teilhabe am Welthandel gelungen ist. So stieg der Anteil der Entwicklungsländer insgesamt am Welthandel in den letzten 30 Jahren von etwa einem Viertel auf ein Drittel. Sowohl der Handel zwischen den Entwicklungsländern als auch der Handel zwischen Entwicklungs- und Industrieländern hat dabei deutlich zugenommen. Nicht wenige Entwicklungsländer exportieren heute – anders als früher – eine Vielzahl verschiedener Güter und sind damit besser gegen Krisen gefeit (s. dazu auch S. 152). Höhere Deviseneinnahmen aus ihren Exporten verschaffen Entwicklungsländern nicht nur die Mittel für notwendige Importe, sondern auch Spielraum für die eigene Finanzierung von Entwicklungsprogrammen und machen sie so unabhängiger von Entwicklungshilfe.

Studien zeigen die Effekte von Handelshemmnissen und Zöllen reicher Länder auf die ärmsten Länder der Welt. Ein Beispiel hierfür: Mongolen und Norweger zahlten 2001 jeweils ca. 23 Mio. US-$ für Zölle an die USA. Die Mongolei exportierte 143 Mio. US-$ und Norwegen 52 Mrd. US-$, was dem 40fachen der mongolischen Exporte entspricht. Das bedeutet, die Mongolen zahlten 16 Cents für jeden Dollar verkaufter Pullover und Anzüge, während die Norweger nur einen halben Cent zahlten, um Räucherlachs, Düsentriebwerksteile und Nordseeöl im Wert von einem US-$ zu verkaufen.

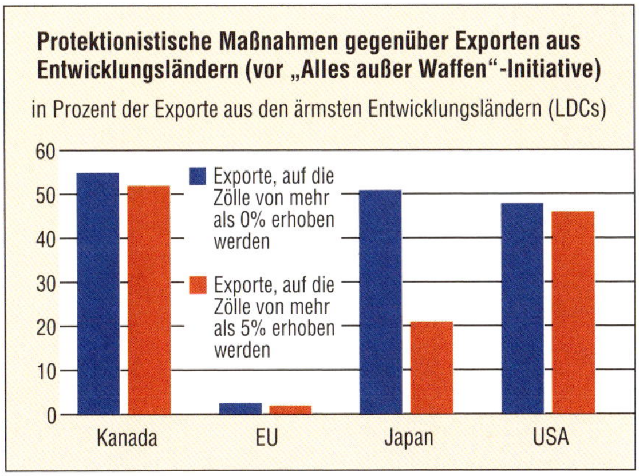

Zölle und Subventionen in den Industrieländern

In den multilateralen Verhandlungsrunden der Welthandelsorganisation (WTO) und dem Vorläuferabkommen (GATT) ist es in den letzten Jahrzehnten gelungen, Handelshemmnisse drastisch abzubauen. Mit dem Beschluss, eine entwicklungsorientierte Welthandelsrunde ins Leben zu rufen, standen auf der 4. WTO-Ministerkonferenz in Doha die Belange der Entwicklungsländer mehr als bei jeder früheren Welthandelskonferenz im Vordergrund. Die Industrieländer müssen einen wirksamen Beitrag zum Kampf gegen Armut leisten, indem sie noch bestehende Handelsbarrieren weiter abbauen, insbesondere für Produkte, bei denen Entwicklungsländer günstigere Produktionsbedingungen aufweisen. Vor allem im **Agrarbereich** beschränken hohe Zolltarife, Einfuhrquoten und Subventionen deren Exportmöglichkeiten, Zölle für Agrarprodukte liegen im Durchschnitt immer noch bei rund 40 Prozent. Einzelne Agrarzölle erreichen sogar weiterhin Spitzenzölle von über 500 Prozent. Der Agrarmarkt ist zudem der einzige Bereich, für den die WTO-Regeln Ausfuhrbeihilfen erlauben. Allein die EU hilft der europäischen Landwirtschaft jährlich mit insgesamt rund 45 Mrd. €, darunter Exporterstattungen im Umfang von fünf Mrd. €. Insgesamt belaufen sich die *Agrarsubventionen in den OECD-Ländern* auf etwa 360 Mrd. US-$. Das ist etwa sechsmal so viel, wie von ihnen für Entwicklungshilfe gezahlt wird, und mehr als das BIP Afrikas südlich der Sahara. Produkte aus dem **Textilbereich** unterliegen bis zum Auslaufen des Abkommens über Textilien und Bekleidung im Jahre 2005 noch restriktiven Quoten und hohen Zollsätzen. Ein weiteres Problem für die Entwicklungsländer stellt die **Zolleskalation** dar: Mit zunehmender Verarbeitung eines Produktes steigt der Zoll. So liegt der durchschnittliche Zollsatz der Industrieländer auf Rohstoffen bei 0,8 Prozent, der auf Fertigprodukten jedoch bei 6,2 Prozent. Bereits vor über dreißig Jahren begann die Europäische Gemeinschaft, Entwicklungsländern mit einem »Allgemeinen Präferenzsystem« (APS) Zollnachlässe zu gewähren, dieses System ist seitdem sukzessive ausgebaut worden. Ab Januar 2002 wurde das APS durch weiteren Zollsatzabbau und einfachere Vorschriften zusätzlich verbessert. Jedoch bestehen immer noch komplizierte, für Entwicklungsländer oft nicht erfüllbare Ursprungsregeln. Zudem können ab einem bestimmten EU-Importvolumen in einem Sektor die Zollvorteile wieder eingeschränkt werden (Graduierung). Einen wichtigen Schritt hat die EU im letzten Jahr mit der *Initiative „Alles außer Waffen"* getan. Damit wurde den 49 ärmsten Entwicklungsländern der quoten- und zollfreie Zugang für alle Waren – darunter über 900 Agrarprodukten – zum europäischen Markt eingeräumt, allerdings mit Übergangsregeln für Zucker, Reis und Bananen. Auch die USA, Kanada und Japan konnten politisch auf das Ziel der vollständigen Marktöffnung für LDCs verpflichtet werden. Eine Studie des IWF berechnet einen Exportzuwachs von elf Prozent und einen Wohlfahrtsgewinn von jährlich drei Mrd. US-$, falls alle Zollbarrieren in diesen Ländern fallen. Ein glaubwürdiger Einsatz für die Belange der Menschen in den Entwicklungsländern erfordert es, den Marktzugang weiter zu öffnen und möglichst frühzeitig die notwendigen Anpassungsprozesse bei uns einzuleiten. Die weitaus meisten Menschen in Europa würden von Subventionsabbau und Marktöffnung für Agrarprodukte doppelt profitieren, als Steuerzahler und als Konsumenten. [...]

Was ist zu tun?

Entscheidend sind weitere Liberalisierungsschritte in der neuen Welthandelsrunde, insbesondere durch den Abbau von Spitzenzollsätzen, von Zolleskalation und nichttarifären Handelshemmnissen. Auch sollten die für Entwicklungsländer festgelegten Sonderregeln (Special and Differential Treatment) präzisiert und wirksamer gemacht werden, im Agrarbereich sollte darauf hingewirkt werden, alle Formen von Exportsubventionen abzubauen und die handelsverzerrenden internen Hilfen zu verringern.

Es ist auf die anderen G8-Staaten hinzuwirken, dass sie wie die EU mit ihrer Initiative „Alles außer Waffen" ihre Zusagen zur vollständigen Marktöffnung für LDCs rasch umsetzen. Andere Industrieländer sollten sich dieser Initiative anschließen.

(Bundesministerium für Wirtschaft und Technologie, Wirtschaftsbericht 2002 [= M 117 a], S. 23–26)

M 117 c Beispiel: EU-Dumping zerstört die mit europäischer Hilfe aufgebaute indische Milchwirtschaft

Dass die europäische Handelspolitik immer wieder zerstört, was durch Entwicklungspolitik mühsam aufgebaut wurde, ist bekannt. Anlässlich der „Grünen Woche" im Januar in Berlin gab Datta Ragnekar, Mitglied der indischen Aufsichts- und Planungsbehörde für Milchwirtschaft, auf Einladung des *Evangelischen Entwicklungsdienstes* (EED) ein besonders eklatantes Beispiel für diese EU-Praxis. Er und der EED-Beauftragte für Welternährungsfragen, Rudolf Buntzel, berichteten, wie durch europäische Milchexporte die mit europäischer Hilfe in Indien erreichte Selbstversorgung mit Milch in Gefahr gerät.
Über Jahre hatte die EU in einem der größten Entwicklungsprojekte der Welt Indien mit gezielten Nahrungsmittelhilfen dabei geholfen, sich aus eigener Kraft mit Milch zu versorgen. Milchpulver und Butteröl aus Europa waren – vertraglich geregelt – an Indien verschenkt und vor Ort zu Molkereiprodukten verarbeitet worden. Mit den Verkaufserlösen dieser Produkte wurden das Molkereiwesen und ein genossenschaftlich organisierter Milchvertrieb aufgebaut, bis das Land die Selbstversorgung erreicht hatte. „Acht Millionen Bauern, die in über 60 000 Erzeugergemeinschaften organisiert sind, schafften so den Sprung aus der Armut", berichtete Buntzel.
Nach der durch den Beitritt Indiens zur Welthandelsorganisation (WTO) erzwungenen Marktöffnung in den Jahren 1995/96 habe sich der Trend indes umgekehrt. Die EU und die Vereinigten Staaten erobern seitdem zunehmend Marktanteile für Milchpulver auf dem indischen Subkontinent. Das schädige nicht nur den indischen Agrarmarkt, sondern gefährde auch die Lebensgrundlage der von der Milchwirtschaft abhängigen Bevölkerung und spreche der deutschen Armutsbekämpfungsstrategie Hohn, sagte Buntzel. „Die ersten Molkereien, die kein importiertes Milchpulver verarbeiten, mussten schon schließen." Gegenüber den großen Unternehmen, die auch die billige Importware verwerten, gerieten die Frischmilchverarbeiter in Wettbewerbsnachteil. Laut Datta Ragnekar kostet in Indien erzeugtes Milchpulver 1,5 Euro pro Kilogramm. Der Preis für europäisches Milchpulver liege *innerhalb* der EU zwar bei 2,8 Euro/kg, doch für den Export werde er zu 64 % subventioniert. So sei aus Europa importiertes Milchpulver in Indien für rund einen Euro pro Kilogramm zu haben – und damit um 30 % billiger als die einheimische Produktion.
Die erhoffte – und durch den Agrarvertrag der Welthandelsorganisation geforderte – Liberalisierung der Weltmärkte für Milch sei insgesamt ausgeblieben, sagte Buntzel. Die Industrieländer hätten alle sich bietenden Schlupflöcher genutzt, ihrer Verpflichtung zu entgehen, Subventionen und Zölle zu senken. Die Folgen: Der wünschenswerte Anstieg der Weltmarktpreise für Milch sei ausgeblieben, und der Weltmarktanteil der vier größten OECD-Milchexporteure (Australien, EU, USA und Neuseeland) liege seit Mitte der 90er-Jahre konstant bei 70 bis 75%.

(Entwicklung und Zusammenarbeit, Bd. 43/2002, Heft 3, S. 70)

M 118 a Die Welthandelsorganisation

Die Welthandelsorganisation WTO *(World Trade Organization)* wurde bei Abschluss der Uruguay-Runde des GATT *(General Agreement on Tariffs and Trade)* am 15.12.1993 gegründet und nahm mit Jahresbeginn 1995 die Arbeit auf. Sie ist Nachfolgerin des 1947 gegründeten GATT und übernahm im Wesentlichen dessen Ziele und Aufgaben.
Dazu zählen die Beseitigung von Handelshemmnissen, um in möglichst freiem Handel die ökonom. Ressourcen nachhaltig optimal zu nutzen und in allen Ländern eine Steigerung des Lebensstandards, der Beschäftigung und der Realeinkommen zu erreichen. Wirtschaftl. schwache Länder können dabei begünstigt werden. Wie dem GATT liegen der WTO drei Prinzipien zugrunde: (1) Die *Reziprozität* (Gegenseitigkeit) aller handelspolit. Maßnahmen, d. h. handelspolit. Zugeständnisse und Leistungen, die sich Länder einräumen, müssen gleichwertig sein; (2) die *Liberalisierung,* d. h. möglichst weitgehender Ab-

Die Globalisierung bringt alle an einen Tisch. Im großen Sitzungssaal der Welthandelsorganisation in Genf.

(Foto: Wolfgang Eilmes/Frankfurter Allgemeine Zeitung v. 6.10.2001)

bau von Zöllen und nichttarifären Handelshemmnissen; (3) die *Nicht-Diskriminierung,* besonders durch Meistbegünstigung, d. h. Zoll- und Handelsvorteile, die einem Mitglied eingeräumt werden, müssen auch allen anderen Mitgliedern gewährt werden, und Produkte aus anderen Ländern dürfen auf dem Inlandsmarkt nicht schlechtergestellt werden. Als neue Ziele wurden für die WTO zusätzlich die *Förderung nachhaltiger Entwicklung (sustainable development)* und *Umweltschutz* in der Präambel verankert. Vertragsgrundlage der WTO ist das GATT von 1947 mit den Änderungen und Erweiterungen, die in der Uruguay-Runde vorgenommen wurden. Hinzu kamen 1994 zwei weitere multilaterale Abkommen, das Allgemeine Abkommen über den Handel mit Dienstleistungen GATS *(General Agreement on Trade in Services)* und das TRIPS-Abkommen *(Trade Related Aspects of Intellectual Property Rights).* Das GATT umfasst verschiedenste Teilabkommen, die einzelne Bereiche des Warenhandels regeln, wie z. B. den Handel mit Agrarprodukten, mit Textilien und Bekleidung, ein Abkommen über Dumpingmaßnahmen und Subventionen, über technische Handelshemmnisse, Ursprungsregeln sowie das TRIMS-Abkommen *(Trade Related Investment Measures)*, ein Abkommen über handelsrelevante Investitionsmaßnahmen, das z. B. Exportbeschränkungen für ausländische Investoren aufhebt. Das GATS behandelt Themen wie Finanzdienste, Telekommunikation und Transporte, das TRIPS-Abkommen Patent und Markenschutzfragen, Urheberrechte z. B. für Computerprogramme, Datenbanken, integrierte Schaltungen etc.

(Dieter Nohlen [Hg.,] Kleines Lexikon der Politik, Verlag C.H.Beck, München 2001, S. 591f.)

M 118 b Eine verpasste Chance bei der WTO

Es passiert selten, dass die Konsensfindung bei der mehr als 140 Mitgliedstaaten zählenden Welthandelsorganisation (WTO) am Widerstand eines einzigen Staates scheitert. Normalerweise will sich nämlich kein Land alleine die Verantwortung für einen Misserfolg zuschieben lassen. Am letzten Freitag haben allerdings die USA eine Ausnahme von dieser Regel gemacht und gezeigt, dass sie zurzeit selbstsicher genug sind, um bei der WTO alleine gegen den Rest der Welt aufzustehen. Mit ihrer unnachgiebigen Haltung ließen sie die bereits mehrere Monate dauernden Verhandlungen zum Thema Patentschutz und medizinische Versorgung in der Dritten Welt kurzerhand platzen. […]
Im Mittelpunkt dieser Auseinandersetzungen steht ein Problem, welches die WTO-Mitglieder bereits in Doha nicht hatten lösen können oder wollen. Die Frage nämlich, wann genau und in welchen Ländern das WTO-Abkommen über handelsbezogene Aspekte der Rechte an geistigem Eigentum (Trips) aus humanitären Überlegungen aufgeweicht werden darf. Dabei geht es vor allem darum, verbindlich festzulegen, unter welchen Bedingungen ein Drittweltstaat, der über keine eigenen Produktionskapazitäten und -fähigkeiten im medizinischen Bereich verfügt, Generika* aus anderen Entwicklungsländern wie Indien, Brasilien oder Thailand einführen darf, um auf diese Weise Epidemien wie etwa Tuberkulose, Aids oder Malaria im eigenen Land zu bekämpfen. Weil man in den Kreisen der Industriestaaten bereits in Doha die Gefahr erkannt hatte, dass die aus humanitären

Überlegungen erlassenen Ausnahmeregeln unter Umständen zu Missbrauch und zu unerwünschten Exporten der Generika in die Erste Welt führen könnten, pochten die USA, die EU, Japan und die Schweiz sehr früh auf möglichst eng gefasste und verbindliche Ausführungsbestimmungen. Die Entwicklungsländer dagegen forderten eine für sie möglichst günstige Umsetzung der Deklaration von Doha, die bewusst schwammig formuliert worden war. In Anbetracht dessen, dass die Zeit in Doha nicht ausgereicht hatte, um den Graben zwischen den beiden Lagern zuzuschütten, war der Trips-Ausschuss bei der WTO in Genf beauftragt worden, bis spätestens Ende 2002 eine Lösung zu finden. Amerikanischer Intransigenz ist es zuzuschreiben, dass diese Verhandlungen nun scheiterten und im kommenden Monat weitergeführt werden müssen. Dabei ist noch nicht ersichtlich, wie und ob sich dieser gordische Knoten überhaupt wird durchschlagen lassen. [...]

(Neue Zürcher Zeitung v. 23.12.2002, S. 6; Verf.: Friedemann Bartu)

M 118 c Scheitert die Welthandelsrunde?

[...] Lassen die Streitereien zwischen Amerika und Kontinentaleuropa die WTO-Verhandlungen und die Hoffnung auf eine gerechtere Globalisierung scheitern? Das fürchten die Pessimisten. Es sei naiv zu glauben, die Weltlage habe keinen Einfluss auf die Verhandlungen, meint Walden Bello, Leiter der Dritte-Weltorganisation Focus on the Global South in Bangkok. „Die nationalen Interessen treten wieder in den Vordergund“, sagt Thomas Straubhaar, Präsident des Hamburgischen Welt-Wirtschafts-Archivs.

[...] Nur wenige Monate nach der Doha-Konferenz beschloss der amerikanische Kongress, die nicht gerade geringen staatlichen Subventionen für amerikanische Landwirte um 80 Prozent zu erhöhen. Gut 180 Milliarden Dollar sollen zusätzlich ausgeschüttet werden, für Sojabohnen und Mais, Erdnüsse, Baumwolle und Weizen. Dabei bewegt sich Bush ganz in der Tradition des alten Europa. Nach Berechnung der Hilfsorganisation Oxfam unterstützt die Europäische Union jede einzelne Kuh mit durchschnittlich zwei Dollar am Tag. Damit bekommt europäisches Vieh mehr als das, was der Hälfte der Weltbevölkerung täglich zum Leben bleibt. Das mit diesen Zuschüssen produzierte Milchpulver exportieren die Europäer dann billig nach Afrika oder in die Karibik, wo die örtlichen Bauern plötzlich ihre Kunden verlieren. Auf ausländische Butter aber schlägt die EU einen Zoll von 150 Prozent auf.

Durch die Agrarpolitik des Nordens entgehen den Bauern des Südens jedes Jahr 26 Milliarden Dollar, hat das Internationale Forschungsinstitut für Nahrungspolitik in Washington ausgerechnet. In Doha hatten die Regierungsvertreter der Industrieländer noch zugestimmt, Importbeschränkungen und Subventionen abzubauen. Doch als der WTO-Diplomat Stuart Harbinson jüngst den Vorschlag machte, die Zölle auf Agrarprodukte um 60 Prozent zu reduzieren und Exporthilfen in den nächsten fünf Jahren um mindestens die Hälfte abzubauen, lehnte Europa ab. Viel zu viel!, sagten die EU-Vertreter in Genf.

Dabei ist die Landwirtschaft „das Schlüsselthema der Verhandlungen“, so der thailändische WTO-Chef Supachai Panitchpakdi. Und tatsächlich: Ohne Angebote des Nordens wird es kein Entgegenkommen des Südens geben – etwa bei der Öffnung der Märkte für Dienstleistungen, die den Industrienationen so wichtig ist.

Damit es in Genf vorwärts geht, müssten sich Amerikaner und Europäer – die Elefanten des Welthandels, auf die 60 Prozent des globalen Güter- und Dienstleistungsaustauschs entfallen – zunächst untereinander auf konkrete Zugeständnisse einigen. Das mache einen Erfolg der Welthandelsrunde zwar nicht sicher, „aber sehr viel wahrscheinlicher“, schrieb der amerikanische Handelsbeauftragte Bob Zoellick im britischen *Economist*.

Doch das war im Dezember, bevor in Amerika die Wut über die vermeintlich unsolidarische Haltung der Europäer anschwoll. Und in Europa die Empörung über die vermeintlich rücksichtslose Kriegspolitik Amerikas. Jetzt fällt eine Einigung auch in der Handelspolitik schwerer denn je. „Die Atmosphäre zwischen den Blöcken ist vergiftet“, sagt Clyde Prestowitz, Chef des Washingtoner Economic Strategy Institute (ESI). Das aber könnte in den USA jenen Stimmen Auftrieb geben, die in der WTO – wie auch in den UN und anderen multilateralen Organisationen – nur lästige Hindernisse sehen. „Diese Administration hat nichts übrig für internationale Vereinbarungen“, urteilt Jens van Scherpenberg, Amerika-Experte der Berliner Stiftung Wissenschaft und Politik, über die Regierung Bush. „Die WTO passt nicht in ihre Denkweise, und die Welthandelsrunde ist ihr kein Anliegen mehr.“

Stattdessen setzt die amerikanische Regierung zunehmend auf direkte Verhandlungen mit einzelnen Ländern. Mit einer „Koalition der Willigen" ist George W. Bush in den Irak-Krieg gezogen; „Arbeiten mit willigen Partnern" nennt es Bob Zoellick, wenn Amerika mit Staaten wie Südafrika, Marokko oder Chile über eigene Handelsabkommen spricht. Kein Wunder, in der Begegnung eins gegen eins mit kleineren Staaten lassen sich Interessen der USA leichter durchsetzen als in multilateralen Verhandlungen.

In der WTO stellen die Entwicklungsländer 100 von inzwischen 145 Mitgliedern. Um diese rechnerische Mehrheit auf ihre Seite zu ziehen, um die Einigkeit von Nord und Süd zu demonstrieren, behaupteten in Doha die Diplomaten der Industrienationen noch, die anstehenden Verhandlungen würden eine „Entwicklungsrunde".

Anderthalb Jahre später, am WTO-Sitz in Genf, fürchtet Supachai Panitchpakdi, dass dieser Begriff „zur hohlen Phrase wird".

(DIE ZEIT Nr. 15 v. 3.4.2003, S. 17; Verf.: Christian Tenbrock, Wolfgang Uchatius, Mitarbeit: Jan Dirk Herbermann)

1. *Die beiden etwas umfangreicheren Materialien M 116 a und M 116 b sind so klar gegliedert, dass Ihnen ihre Erarbeitung nicht schwer fallen wird. Wir schlagen Ihnen vor, in Arbeitsgruppen zu jedem der beiden Themenaspekte (Ursachen/Antriebskräfte der Globalisierung und Erscheinungsformen der Globalisierung) eine nach den Textabschnitten gegliederte tabellarische Übersicht zu erarbeiten, in der Sie jeweils die wichtigsten Punkte (Sach- und Problemaspekte einschließlich der Ergebnisse aus der Auswertung der Grafiken) stichwortartig festhalten. In der anschließenden gemeinsamen Besprechung können Sie sich über Ihre Arbeitsergebnisse austauschen und ggf. zusätzliche Klärungen vornehmen.*

2. *In M 117 a – c haben wir aus der Fülle der Problemaspekte, die im Zusammenhang mit dem Globalisierungsprozess diskutiert werden, zwei Fragestellungen ausgewählt, die sich mit der Situation der Entwicklungsländer in diesem Prozess befassen:*
   - *M 117 a geht auf die Frage ein, ob die Entwicklungsländer zu den „Gewinnern" oder den „Verlierern" der Globalisierung zu rechnen sind. Fassen Sie die differenzierte Antwort auf diese Frage in wenigen Sätzen zusammen.*
   - *M 117 b befasst sich mit der Frage, welche Strukturen und Maßnahmen bisher eine bessere positive Einbeziehung der arm gebliebenen Entwicklungsländer in den Wachstumsprozess der Globalisierung verhindert haben und welche Entscheidungen notwendig sind, um die Lage solcher Länder zu verbessern. Inwiefern sind hier insbesondere die USA und die EU angesprochen (vgl. auch M 117 c)? Analysieren Sie das in M 117 c beschriebene (Milchmarkt-) Beispiel dafür, dass Ziele und Maßnahmen der Entwicklungspolitik häufig durch die Praxis der Handelspolitik konterkariert werden. Welche Interessenlagen spielen hier eine Rolle?*

3. *Die Welthandelsorganisation spielt für den Globalisierungsprozess eine zentrale Rolle und steht im Mittelpunkt der „Globalisierungskritik", auf die wir in M 119 eingehen wollen. Informieren Sie sich über die Ziele und die Prinzipien dieser Organisation und über die beiden wichtigen Teilabkommen GATS und TRIPS (zur aktuellen Diskussion um TRIPS s. M 118 b).*

4. *M 118 b und c zeichnen kein sehr hoffnungsfrohes Bild zu den in M 117 b angesprochenen Problemlösungen. Welche Interessen stehen sich in der in Doha (2001) begonnenen Welthandelsrunde gegenüber? Warum kommt es nur sehr zögerlich zu einer weiteren Öffnung insbesondere der Agrarmärkte durch die USA und die EU? Inwiefern hat sich das Problem nach dem Irak-Konflikt 2003 noch verschärft? – Erkundigen Sie sich nach den Ergebnissen der 5. Ministerkonferenz der WTO vom 10. – 14.9.2003, bei der es auch um die Öffnung der Dienstleistungsmärkte (Handel, Transport, Energieversorgung, Versicherungen, Telekommunikation) geht.*

M 119 a „attac" attackiert – Hauptpunkte der „Globalisierungskritik"

Attac-Erklärung (beschlossen am 26.5.2002 auf dem Attac-Ratschlag in Frankfurt/Main)

Frankfurt am Main: Vollversammlung namens Ratschlag am 26.5.2002

(Foto: © dpa-Fotoreport/Stephanie Pilick)

Die Globalisierung ist ein Umbruch von historischen Dimensionen. Sie verändert die Gesellschaft mit enormem Tempo und greift tief in unsere Lebensbedingungen ein. Sie wird bisher einseitig von mächtigen Wirtschaftsinteressen dominiert, von großen Banken, Investmentfonds, transnationalen Konzernen und anderen großen Kapitalbesitzern. Ihr Leitbild ist der Neoliberalismus*. Nach dieser Ideologie lassen sich die gesellschaftlichen Probleme am besten lösen, wenn man sie dem Markt und den Privatunternehmen überlässt.

Das neoliberale Versprechen, die Globalisierung bringe Wohlstand für alle, hat sich jedoch nicht erfüllt, im Gegenteil:

- Die soziale Kluft zwischen Nord und Süd wird tiefer. Während die Reichen immer reicher werden, wächst die Armut in der Dritten Welt. Durch Finanz- und Wirtschaftskrisen werden über Nacht ganze Volkswirtschaften ruiniert und verlieren Hunderttausende ihren Arbeitsplatz.
- Die Armut ist in die Industrieländer zurückgekehrt. Auch bei uns nehmen soziale Unsicherheit, Ausgrenzung und Ungerechtigkeit zu. Die sozialen Sicherungssysteme werden abgebaut und sind von Privatisierung bedroht. Renten, Gesundheit, Bildung sollen zur Ware werden.
- Demokratie wird untergraben, weil Global Players mit der Drohung, den „Standort" zu wechseln, zunehmend die Politik diktieren. […]
- Die Lösung der Umweltprobleme wird verschleppt. Die natürlichen Lebensgrundlagen werden durch die Unterwerfung unter die Marktlogik zerstört.
- Kulturelle Vielfalt wird durch eine ökonomisch mächtige Kulturindustrie eingeebnet. Die Suggestivkraft von Werbung und Markenlogos bestimmt immer stärker Wertorientierungen und gesellschaftliche Leitbilder.
- Neben anderen Gründen sind es hegemoniale Interessen und neue Rohstoffquellen (Öl und Gas), zu deren Sicherung reiche Industriestaaten zunehmend militärische Planungen und kriegerische Interventionen durchführen. Die neoliberale Globalisierung hat sehr viele Verlierer und nur wenige Gewinner hervorgebracht. Sie begünstigt damit politische Destabilisierung und ist ein Grund für Gewalt, Krieg und Terrorismus. Dies führt zur Rechtfertigung von weltweiter Aufrüstung, von Militarisierung und zur Aushöhlung demokratischer Rechte.

Wir brauchen eine andere Politik

Die neoliberale* Globalisierung ist keineswegs schicksalhaft und alternativlos. Sie ist von den Regierungen der großen Industrieländer und mit Hilfe von Internationalem Währungsfonds (IWF), Weltbank und Welthandelsorganisation (WTO) zielgerichtet betrieben worden. Deutschland und die EU spielen dabei sowohl nach innen (Liberalisie-

rung der Binnenmärkte) als auch bei der neoliberalen Zurichtung der Weltwirtschaft eine maßgebliche Rolle.
Dazu gab und gibt es wirtschafts- und gesellschaftspolitische Alternativen. Wir setzen uns ein für eine ökologische und solidarische Weltwirtschaftsordnung. In ihr gibt es mehr gleichberechtigte internationale Zusammenarbeit und eine nachhaltige, umweltgerechte Entwicklung des Nordens wie des Südens. Wir wollen eine Welt, in der Demokratie für alle Menschen gewährleistet ist und kulturelle Vielfalt erhalten bleibt.
Diese Ziele sind nur durchsetzbar, wenn es eine starke, international handelnde gesellschaftliche Bewegung gibt.

Attac setzt sich ein für:

- Ein Ende der neuen Kriegsvorbereitungen und Kriege und für zivile und friedliche Konfliktlösungen. Eine Militarisierung der Außenpolitik und Kriegseinsätze der Bundeswehr im Ausland lehnen wir ab.
- Die Einführung einer Steuer auf internationale Finanztransaktionen, sog. Tobinsteuer, und die Verwendung der Einnahmen für internationale Umwelt- und Entwicklungsaufgaben.
- Die Lösung der Schuldenkrise der Entwicklungsländer, die Beendigung der neoliberalen Strukturanpassung sowie die Ablösung der Diktatur der Gläubiger durch ein faires und transparentes Verfahren.
- Eine Welthandelsordnung, die den Interessen der Entwicklungsländer, sozial Benachteiligten und der Umwelt Vorrang einräumt.
- Internationale Institutionen, die diesen Zielen und nicht den Interessen von Industrieländern, Konzernen und korrupten Eliten dienen. [...]
- Die Regulierung und Einschränkung der Macht transnationaler Konzerne und ökonomischer Machtzusammenballungen durch Kartelle und Fusionen. Wir fordern u.a. höhere Unternehmenssteuern, existenzsichernde Löhne, Arbeitsrechte und Mitentscheidungsrechte für Beschäftigte, Gleichstellungsauflagen, soziale und ökologische Standards.

(http://www.attac.de/erklaerung/erklaerung.php)

Aktionstag in Köln am 14.9.2002
(Foto: Karsten Hennig)

M 119 b Feindbild WTO?

Im Interesse international agierender Konzerne setzt die WTO die weltweite Öffnung der Märkte durch. Immer neue Bereiche werden dem freien Spiel der Marktkräfte ausgeliefert. Dabei zementieren die WTO-Abkommen einmal erreichte Liberalisierungen und machen diese unumkehrbar, was schon aus demokratischer Sicht eigentlich unmöglich ist. Vor allem die Europäische Union bemüht sich beständig um eine Erweiterung der Kompetenzen der WTO.

Protest gegen die Welthandelsorganisation in der philippinischen Hauptstadt Manila

(Foto: © dpa-Fotoreport)

Hier greift ein kleiner Kreis von Handelsexpert/innen tief in die legislative und exekutive Rolle demokratischer Staaten ein. Die WTO-Richter beurteilen auch Umwelt- und Entwicklungsfragen fast ausschließlich auf der Grundlage der WTO-Handelsregeln, so dass der Umwelt-, Gesundheits- und Arbeitsschutz leicht unter die Räder gerät. Auf dem Papier sind zwar alle Staaten in der WTO gleichberechtigt, tatsächlich aber entscheiden vor allem die reichen Industrieländer: Die armen Länder werden bei vielen „informellen“ Treffen explizit nicht eingeladen. Zusätzlich verfügen sie häufig nicht über die personellen und finanziellen Kapazitäten, alle wichtigen Termine der WTO-Gremien oder den Streitschlichtungsmechanismus wahrzunehmen. Gemeinsam mit dem Internationalen Währungsfonds und der Weltbank ist die WTO eine der treibenden Kräfte der Globalisierung. Sie forciert den Wettbewerb der Staaten um möglichst unternehmensgerechte Standortbedingungen und treibt den Abbau von so genannten Handelshemmnissen voran. Sozial- und umweltpolitische Fortschritte sowie eigenständige Entwicklungswege in der Dritten Welt werden dadurch aber immer schwerer durchsetzbar.

Oft wird „die Globalisierung“ geradezu als naturgesetzlich dargestellt. Tatsächlich aber wird sie bewusst vorangetrieben, von interessierten transnationalen Konzernen und ihren Verbündeten in den Regierungen und Parlamenten.

Attac fordert daher: ökologische und soziale Leitplanken im Welthandel.

(www.attac.de)

M 119 c „Globalisierung ist keine Naturgewalt“ – Kritik der Globalisierungskritik

Diese Leute mögen Einzelinteressen vertreten und zweifelhaft legitimiert sein. Ihre ökonomischen Aussagen stecken voller Widersprüche. Doch ihre wenigen gemeinsamen Anliegen teilen sie mit vielen anderen Menschen: Angst vor dem wirtschaftlichen Strukturwandel, vor multinationalen Unternehmen und entfesselten Börsenbrokern, die sich zu Herren der Welt aufschwingen.

Sie protestieren, weil sie glauben, die Welt werde der Profitgier wirtschaftlicher Mächte ausgeliefert. Von den prinzipiellen Vorteilen einer verflochtenen Weltwirtschaft sind zwar viele in der Bewegung überzeugt, aber sie kritisieren die vermeintliche Macht- und Hilflosigkeit der Politik gegenüber unkontrollierbar ablaufenden ökonomischen Prozessen. Und geben ihnen die Politiker nicht sogar Recht? Kaum ein Präsident oder Premier, der seine Entscheidungen nicht schon einmal mit dem Zwang zur „weltweit unvermeidlichen

Marktdisziplin" begründet hätte. Besonders unpopuläre politische Maßnahmen lassen sich mit dem Hinweis auf die unheimlichen „Kräfte der Globalisierung" besser durchsetzen. Die Folge: Unzufriedenheit mit der Politik und der Weltwirtschaft zugleich.

In Wirklichkeit hebt die Verflechtung der Volkswirtschaften die Souveränität des Nationalstaates keineswegs auf. Die Globalisierung ist nicht als Naturgewalt über die Volkswirtschaften hereingebrochen, sondern durch ein historisch gewachsenes Netz nationaler Gesetze, bilateraler Verträge und internationaler Regimes möglich geworden. Es gestattet die Bewegung von Gütern, Dienstleistungen, Kapital – und von Menschen, über Landesgrenzen hinweg. In dieser Entwicklung steckt ein bekannter Spielraum nationaler Souveränität: Ein Staat kann mit anderen Staaten Verträge schließen, wenn sie ihm vorteilhaft erscheinen. Er kann die Verträge aufkündigen oder sogar brechen, wenn die Kosten zu hoch werden.

Erstens: **Welthandel.** Ob Importstopp für amerikanisches Hormonfleisch nach Europa, ob Blockade der Industrieländer gegen manche Agrarprodukte aus der Dritten Welt oder Missachtung von Urheberrechten durch Entwicklungsländer – immer wieder entziehen sich Regionen und Länder den Prinzipien des Freihandels oder seinen vertraglichen Regeln. Das ist, wirtschaftlich gesehen, meist keine gute Idee. Doch den Ausschlag gibt der politische Wille.

Zweitens: **Kapitalmärkte.** So nützlich es sein mag, die Weltfinanzordnung zu reformieren und damit die negativen Folgen erratischer Kapitalströme einzudämmen – gefährdete Volkswirtschaften mit instabiler Wirtschaftsstruktur und unzureichenden Finanzinstitutionen können auch selber etwas tun. Sie müssen zwar nicht so radikal vorgehen wie 1998 der malaysische Premier Mahathir Mohamad, der den Kapitalverkehr regelrecht einfror und so zumindest kurzfristig seine Volkswirtschaft stabilisierte. Andere Länder aber haben immerhin damit experimentiert, kurzfristige Geldanlagen einzuschränken, mit der Begründung: Wenn solches Kapital nicht hineindarf, kann es auch nicht panikartig abfließen.

Drittens: die mächtigen **Weltkonzerne,** die angeblich die Nationalstaaten zu ihren Spielwiesen machen. Es stimmt, das Wohl einer Volkswirtschaft ist von Investitionen abhängig, also auch von den Standortentscheidungen globaler Unternehmen. Doch Globalisierungsforscher wie Saskia Sassen von der Universität Chicago haben eindringlich beschrieben, warum Konzernchefs durchaus auf ihre nationalen Gastgeber angewiesen sind. Sie sind

„Schräge Optik"

[…] Es ist höchst inkonsequent, einen Staatsapparat frontal zu attackieren, dessen Stärkung man sich in der Auseinandersetzung mit globalen Unternehmungen doch erhofft. Aller antikapitalistischen Rhetorik zum Trotz reizen Scharmützel mit der Staatsgewalt manche Protestgruppen mehr als der mühsame Versuch, die parapolitische, jedoch durch nichts legitimierte Aktionsweise kapitalistischer Unternehmen mit globaler Reichweite unter Kontrolle zu bringen. In dieser schrägen Optik wirken transnationale Regime, allen voran die Weltbank, der Internationale Währungsfonds IWF und die Welthandelsorganisation WTO, kritikwürdiger als transnationale Konzerne, doch sind sie meist nur die zweite und oft eine ganz falsche Adresse. Zu Recht hat sich die Evangelische Kirche Deutschlands, in deren Reihen viele Globalisierungskritiker untergekommen sind, dagegen ausgesprochen, transnationale Organisationen pauschal unter Verdacht zu stellen oder gar zur Weltregierung zu dämonisieren. Eher kommen sie als Bündnispartner bei der Reform der Weltwirtschaft in Betracht – wer sonst sollte die überaus spärlichen Ansätze „globalen Regierens" *(global governance)* voranbringen? […]
Ein probates, aber fragwürdiges Mittel, heterogene Koalitionen zusammenzuhalten, sind *Feindbilder.* In globalisierungskritischen Versammlungen und Publikationen schlägt oft ein völlig unreflektierter Antiamerikanismus durch, der sich nach dem 11. September seltsamerweise zu einem regelrechten „Feindbild USA" gesteigert hat und an den Rändern erfahrungsgemäß Gewaltverherrlichung oder Gewaltanwendung mit sich bringt.
[…] Man mag sich also ruhig weiterhin *attac* nennen, sollte sich jedoch genau überlegen, welche Attacken man aus welchen Motiven gegen welchen Gegner zu reiten gedenkt.

(Claus Leggewie, Nach dem Fall: Globalisierung und ihre Kritik, in: Aus Politik und Zeitgeschichte B 52-53/2001 v. 21.12. 2001, S. 20–23)

Großabnehmer nationalstaatlicher Dienstleistungen, von der Infrastruktur bis zur Sicherung ihrer Copyrights, von Gerichten bis zum Schutz vor unlauteren Wettbewerbern. Und eben weil Weltkonzerne ihre Waren überall verkaufen wollen, können nationale Aufsichtsbehörden und Kartellämter ihnen allerorts die Hölle heiß machen. Vorletzte Woche erst hat die Europäische Kommission den fusionswilligen Großkonzernen General Electric und Honeywell die Hochzeit verboten.
Staaten können sich dem Druck der Globalisierung also durchaus entgegenstellen. Wer an ihr teilnimmt, behaupten Globalisierungsskeptiker, verliere allerdings Gestaltungsmöglichkeiten im eigenen Land. In der Sozialpolitik zwinge der Wettbewerb um die Ansiedlung von Konzernen zum Abbau von Sozialleistungen. [...]
Gerade die gut ausgebauten Wohlfahrtsstaaten sind heutzutage am stärksten in den Welthandel integriert. Sehr wohl kann es aber im Wettbewerb der Standorte einen Unterschied machen, ob ein Sozialstaat die Verlierer einfallsloserweise mit Sozialhilfe abfindet – oder ob er sie als „sozialer Investitionsstaat" auf die Märkte vorbereitet und durch bessere Bildung ihre Produktivität erhöht. Es bleibt weiterhin viel Spielraum für reformfreudige Politiker.
(Thomas Fischermann, Der Staat bleibt stark, in: DIE ZEIT Nr. 30 v. 19.7.2001, S. 1)

M 120 Warum wird keine Tobin-Steuer eingeführt?

Der Nobelpreisträger James Tobin schlug 1972 eine internationale Devisenumsatzsteuer vor, um die von ihm als „übertrieben" eingeschätzte Kapitalmobilität zu verringern und um Währungsspekulation mit negativen realwirtschaftlichen Auswirkungen einzudämmen. Tobin regte damals an, das Steueraufkommen könne dem IWF oder der Weltbank zufließen. Daraus entstand in den 90er-Jahren die Forderung, zum Aufstocken der Entwicklungshilfe diese globale Steuer zu erheben. Mit der Tobin-Steuer werden also zwei – getrennt voneinander zu betrachtende Ziele – verfolgt, zum einen stabilere Devisenmärkte, zum anderen höhere Steuereinnahmen zur Entwicklungsfinanzierung.

Ob eine Tobin-Steuer tatsächlich zu mehr *Stabilität auf den Finanzmärkten* führen würde, ist sehr fraglich. Befürworter erwarten, die Tobin-Steuer werde den Teil des Handels mit Währungen einschränken, der sich nicht an Fundamentaldaten orientiert. Nur solche „destabilisierende" Devisengeschäfte zurückzudrängen, ist allerdings unmöglich. Denn wird der *Devisenhandel generell erschwert*, so trifft das immer auch den Teil des Handels, der ökonomisch sinnvolle Informationen in den Markt bringt und damit stabilisierend wirkt. Darüber hinaus dienen kurzfristige Transaktionen, die von einer Tobin-Steuer stärker betroffen wären als langfristige, aber auch dazu, Warengeschäfte zu sichern und Preisdifferenzen an unterschiedlichen Handelsplätzen zu beseitigen.
Eine Tobin-Steuer würde also das Verarbeiten von Information an den Devisenmärkten behindern sowie Handelsgeschäfte und Direktinvestitionen verteuern. Die Befürworter der Steuer argumentieren, bei geringen Steuersätzen von etwa 0,01 bis 0,02 Prozent sei kaum mit negativen Effekten für den Handel zu rechnen. Belegen lässt sich dies allerdings nicht, da unbekannt ist, wie stark die Marktteilnehmer auf solche Renditeeinbußen reagieren würden. Selbst wenn die meisten Handelsgeschäfte durch eine geringe Tobin-Steuer nicht unrentabel würden, ist es doch nicht unwahrscheinlich, dass gerade der *Handel mit weniger entwickelten Ländern* überproportional stark betroffen wäre, weil er häufig mit Risiken behaftet und damit besonders auf Absicherungsgeschäfte angewiesen ist. Zudem würde aus dem sowieso schon weniger liquiden Handel mit kleineren Währungen weitere Liquidität herausgenommen. Wenn eine Tobin-Steuer das Volumen der Devisenumsätze verringert – worauf sie ja abzielt –, kann dies zu einem *Anstieg der Wechselkursschwankungen* und damit zum Gegenteil des Erwünschten führen, weil einzelne Transaktionen mehr Gewicht bekommen.
Einigkeit besteht heute darin, dass eine Devisenumsatzsteuer nicht in der Lage ist, *Währungskrisen zu* verhindern. Deren Hauptursachen sind nämlich nicht eine extrem hohe

Kapitalmobilität, sondern unternehmerische und wirtschaftspolitische Fehler. Ist zum Beispiel keine funktionierende Bankenaufsicht vorhanden und vergeben die Banken „faule" Kredite, dann wird dies irgendwann zu einem Abzug ausländischen Kapitals führen. Denn die Anleger befürchten, bei einem Zusammenbruch des Bankensystems ihr Geld zu verlieren. Ist das Vertrauen in eine Währung erloschen, dann hält auch eine Devisenumsatzsteuer niemanden davon ab, sein Kapital aus dieser Währung herauszuholen.

Dies ist auch wichtig, denn auf diese Weise sanktioniert der Kapitalmarkt Fehlentwicklungen und vermeidet Geldverschwendung. Schlecht ist dagegen, wenn die Märkte bei diesen Korrekturen überreagieren, wenn das Verhalten einzelner Akteure als Signal verstanden und von vielen anderen nachgeahmt wird (Herdenverhalten), ohne dass dies realwirtschaftlich gerechtfertigt und sinnvoll wäre. *Herdenverhalten* kann zum Aufbau einer spekulativen Blase führen, von deren Platzen auch andere Länder schmerzhaft betroffen werden. Verstärkt wird dieser Effekt, wenn Investoren bei ihrem Engagement bestehende Risiken bewusst ignorieren, weil sie damit rechnen, dass im Schadensfall die internationale Staatengemeinschaft (zum Beispiel der IWF) für ihre Verluste aufkommt. Zur Stabilisierung der Märkte in Krisenfällen wird auch eine zweistufige Tobin-Steuer – mit niedrigem Steuersatz, solange die Wechselkurse innerhalb eines bestimmten Korridors verlaufen, mit einer hohen zusätzlichen Besteuerung, wenn die Kurse ausbrechen – vorgeschlagen. Doch auch mit ihr sind die dargestellten Probleme und offenen Fragen verbunden. Unklar ist, wer *letztlich* die Kosten der Tobin-Steuer zu tragen hätte. Die Finanzmarktakteure würden versuchen, die Steuer möglichst umfassend an ihre Kunden weiterzugeben. Dies müssten nicht unbedingt die gleichen sein, für die sie an den Devisenmärkten aktiv geworden sind. Zur Gruppe der Verschonten würden eher die Großkunden mit starker Verhandlungsmacht und ausgeprägten Renditevorstellungen gehören, zur Gruppe der Belasteten eher Privatkunden und mittelständische Unternehmer, die bei kleinen Preisaufschlägen nicht gleich die Hausbank wechseln.

Bleibt die Frage der *Entwicklungsfinanzierung*. Auch die Höhe der zu erwartenden Einnahmen ist völlig unklar. Sie hängt nicht nur vom Steuersatz ab, sondern auch von den nur schwer einzuschätzenden Reaktionen der Marktteilnehmer (Unterlassen von Transaktionen, Betrug und Umgehung der Steuer).

Nichtregierungsorganisationen rechnen mit 90 Mrd bis 300 Mrd. US-$. Schätzungen für die Regierungen in Belgien, Finnland und Frankreich kommen bei einer unterstellten Steuer von 0,01 bis 0,1 Prozent zu einem Steueraufkommen zwischen 20 Mrd. und 200 Mrd. US-$. Bei einer zweistufigen Tobin-Steuer auf Euro-Transaktionen werden Einnahmen von 17 Mrd. bis 21 Mrd. € erwartet. Angesichts der vielen offenen Fragen gibt es für die Tobin-Steuer international keine Mehrheiten.

(Bundesministerium für Wirtschaft und Technologie [= M 117 a], S. 44-47)

1. *Seit einigen Jahren stehen Gruppen von „Globalisierungskritikern" („Globalisierungsgegner" wollen die meisten nicht genannt werden), allen voran „attac", durch ihre Demonstrationen bei fast allen internationalen Wirtschaftskonferenzen im Lichte der Medienöffentlichkeit. Informieren Sie sich über die Organisation „attac" (www.attac.de), die auch in Deutschland immer mehr Mitglieder und Anhänger gefunden hat, und über die Hauptpunkte der Erklärung von 2002 (M 119 a). Was wird an der bisherigen Entwicklung heftig kritisiert, welche Maßnahmen werden gefordert?*

2. *Kritiker werfen den Globalisierungskritikern u. a. vor, dass ihre Beschreibung der heutigen Situation*
   - *viele große Worte, plakative Formulierungen und Behauptungen enthalte, die in ihrer Allgemeinheit kaum auf ihre Richtigkeit zu überprüfen seien;*
   - *in manchen Punkten nachweislich der Realität nicht entspreche und*
   - *viele Missstände der „Globalisierung" zurechne, die entweder in einzelnen Ländern „hausgemacht" seien oder deren Bedingtheit durch „Globalisierung" zumindest nicht nachgewiesen worden sei.*

Berücksichtigen Sie diese Gesichtspunkte bei Ihrer Auseinandersetzung mit der Darstellung von „attac“ und den erhobenen Forderungen. Greifen Sie auf Informationen zurück, die dieses Buch zu verschiedenen der von „attac“ angesprochenen Entwicklungen enthält.

3. *Im Zentrum der Kritik von „attac“ steht u.a die WTO. Inwiefern ist diese Kritik (an der fortschreitenden Liberalisierung des Welthandels) grundsätzlicherer Natur als z.B. die in M 119 a enthaltenen Gesichtspunkte (M 119 b)?*

4. *Manche Großdemonstrationen von Globalisierungskritikern sind nicht gewaltfrei verlaufen. Claus Leggewie (Kasten S. 288) nimmt u.a. dies zum Anlass, vor einer Entwicklung falscher Feindbilder zu warnen. Erläutern Sie mit eigenen Worten, was „attac“ nach dieser Darstellung bei ihrer Kritik an der WTO übersieht und warum die Staatsgewalt und die internationalen Organisationen eigentlich die „ganz falsche Adresse“ von Globalisierungskritiken sind. Nehmen Sie dazu Stellung.*

5. *Ihren Namen hat „attac“ von der Forderung nach der Einführung einer Devisenkapitalsteuer. Erläutern Sie, was es damit auf sich hat und aus welchen Gründen diese „Tobin-Steuer“ bisher nicht eingeführt wurde. Näheres zur Position von „attac“ finden Sie auf der Homepage: www.attac.de.*

2. Die neue Diskussion um die Rolle des Nationalstaates und die Regionalisierung

Nach den Exzessen des Nationalsozialismus mit seiner Überbetonung der Rolle des (deutschen) Nationalstaates schlug in der deutschen politischen Diskussion über Jahrzehnte hinweg das Pendel in die andere Richtung aus: Rolle und Bedeutung des Nationalstaats traten in den Hintergrund. Dabei war diese Wahrnehmung von der abnehmenden Rolle von Nationalstaaten keineswegs überall verbreitet, eher im Gegenteil, denkt man an die Hoffnungen, die mit den nach 1945 neu entstandenen Nationalstaaten verbunden wurden. Mit einem Wort, der Nationalstaat wird weltweit nach wie vor als der wichtigste Referenzpunkt für die je eigene Gesellschaft verstanden. Die USA etwa, zugegebenermaßen die führende Macht der Erde, dachten bisher nicht im Traum an die Abgabe von Souveränitätsrechten an Nicht-US-Institutionen. Die neu unabhängig gewordenen Länder der Dritten Welt hatten begreiflicherweise in Sachen Nationalstaat Nachholbedarf. Was sich hier an peniblen und bürokratischen Zöllnern, Grenzbeamten und dergleichen spreizte und spreizt, welche Empfindlichkeiten lange Zeit auch wohlgemeinte Ratschläge zur eigenen Entwicklung auslösten, spottet jeder Beschreibung.

Seit einiger Zeit allerdings ist eine neue Diskussion um die Rolle des Nationalstaates entstanden. Grundsätzlich ist nämlich zu fordern, dass die Bearbeitung von Problemen durch Institutionen der gleichen territorialen und sozialen Reichweite erfolgt, wie die Probleme reichen. Die Bundesrepublik Deutschland sollte sich nicht um die Renaturierung eines kleinen Baches in Oberbayern kümmern, das können lokale oder regionale Verwaltungsinstanzen oder auch Private im Zweifelsfalle besser; die Förderung der Industrieansiedlung in Nürnberg überlässt man zweckmäßigerweise der dortigen Stadtverwaltung und gegebenenfalls der Regionalregierung von Oberfranken, im äußersten Falle der bayerischen Staatsregierung; auch hier hat die Bundesregierung keine sinnvollen Einwirkungsmöglichkeiten. Geht es umgekehrt um die Reinhaltung des Rheins und die Schifffahrt auf ihm, also eines Flusses, der neben dem Territorium der Schweiz dasjenige Deutschlands, Frankreichs und Hollands berührt, ist es sinnvoll, diese Angelegenheiten auf der Ebene der verschiedenen Regierungen, etwa durch eine zwischenstaatliche Kommission (die Rhein-Schifffahrtskommission), zu regeln. Die Anwendung dieses grundlegenden Prinzips der *Subsidiarität** auf die heutige Weltlage lässt nun sofort zweierlei erkennen:

– Es gibt inzwischen zahlreiche Probleme, die auf der Ebene des Nationalstaates nicht

mehr sinnvoll gelöst werden können, weil sie dessen Grenzen überschreiten. Einige davon sind in diesem Buch angesprochen worden; denkt man z. B. an die im vorherigen Abschnitt behandelte Globalisierung, dann ist klar, dass die Regeln zur Gestaltung des internationalen Waren-, Dienstleistungs-, Kapital- und Informationsverkehrs nicht in das Belieben des einzelnen Nationalstaates gestellt werden können, sondern globaler Übereinkunft (entsprechend der „Globalisierung") bedürfen. Droht der Erde Überhitzung durch Zunahme der Treibhausgase, zu der alle, wenn auch in unterschiedlichem Ausmaß, beitragen, dann ist ebenfalls nur eine weltweite Übereinkunft sinnvoll, da jede Aktivität eines Einzelstaates von allen anderen Staaten mit Befriedigung aufgenommen würde, die ihrerseits keine Veranlassung sähen, etwas zu tun (so genanntes „moral hazard"*- bzw. „Trittbrettfahrer"-Problem). Die globalen Umweltprobleme (nicht alle Umweltprobleme sind allerdings global, dazu s. den nächsten Abschnitt) sind also eines der klassischen Gebiete, auf dem der Nationalstaat alter Prägung mit seiner begrenzten territorialen Reichweite eine zu niedrige Ebene der Problembearbeitung ist. Genau aus diesem Grunde sind zahlreiche internationale Sonderorganisationen entstanden (gelegentlich wird von „Global Governance" [s. **M 125**] gesprochen), die im Abschnitt F. genauer betrachtet werden sollen.
- Umgekehrt versagt der Nationalstaat auch bei Problemen, die ihrer Natur nach, wie unsere eben vorgetragenen Beispiele, nicht die Fläche eines ganzen Landes betreffen. Solche Regionen, die sich geografisch-wirtschaftlich, unter Umständen aber auch kulturell bestimmen lassen, liegen einmal vollständig auf dem Territorium eines Nationalstaates, der oft genug nicht die notwendige Ortskenntnis hat, um als Problembearbeiter oder -löser aufzutreten. Hier ist dann zu fordern, dass eine politische und verwaltungsmäßige Dezentralisierung vorgenommen wird, um wiederum die Reichweite der Probleme und der Problemlösung zur Deckung zu bringen. Es ist nichts Neues, dass insbesondere Deutschland mit seinem weit entwickelten Föderalismus gerade in dieser Hinsicht ein Vorbild abgeben kann. Der Globalisierung steht also die **Regionalisierung** gegenüber, eine Rückbesinnung von Menschen vieler Regionen auf ihre nähere und vertrautere Umgebung, wie dies in Europa vielfach beobachtet werden kann. Nach Jahrhunderten der unitarischen Verwaltung Großbritanniens werden in Schottland und in Wales eigene Regionalparlamente wieder installiert und werden Regional-Regierungen gebildet, die einige originäre Kompetenzen haben. Die Basken im französisch-spanischen Grenzgebiet am Atlantik wehren sich hartnäckig gegen die Zentralisierung, auffallenderweise stärker in Spanien als in Frankreich. Katalonien, dessen Sprache und Kultur in der Franco-Zeit unterdrückt wurde, hat inzwischen wieder ein beträchtliches Maß an kultureller und politischer Autonomie erlangt. Selbst Frankreich mit seit dem Absolutismus erzzentralistischer Tradition, wo noch die letzten Kleinigkeiten von Versailles oder Paris aus geregelt wurden, hat zaghafte Schritte auf dem Weg zu einer stärkeren Regionalisierung zurückgelegt.

Regionalisierung nimmt darüber hinaus eine Form an, die dem Nationalstaatsprinzip stracks zuwiderläuft: Die „Region" mag sich nämlich über Staatsgrenzen hinweg bilden, z. B. im deutsch-niederländischen Grenzgebiet oder in der so genannten „Regio", der deutsch-schweizerisch-französischen Region am Oberrhein. Solche Regionen sehen sich dem Problem gegenüber, dass ihre verschiedenen Teile verschiedenen nationalen Rechtsordnungen mit ihren oft markanten Unterschieden angehören; trotzdem ist es in vielen Fällen gelungen, für gemeinsame Probleme (Verkehr, Umweltschutz, Wirtschaftsförderung) pragmatische Lösungen zu finden und Regionen als das zu begreifen, was sie unter wirtschaftsgeografischer Betrachtungsweise sind, nämlich als Einheit.
Wir können also abschließend feststellen, dass in mancher Hinsicht der Nationalstaat an Problemlösungskompetenz verloren hat: Einerseits dadurch, dass er für bestimmte Probleme zu klein, andererseits dadurch, dass er für andere Probleme zu groß ist (s. **M 121**). Auch die europäische Einigung kann in mancher Hinsicht als eine Antwort auf Probleme verstanden werden, die die engen Grenzen der Nationalstaaten überschreiten.

M 121 Der Nationalstaat ist zu klein und doch zu groß – „Glokalisierung" und „urbane Clubs"

Auf die Globalisierung folgt die Glokalisierung: lokale Lösungen für weltweite Probleme. Europa vor 100 Jahren: Das waren etwa 20 Nationalstaaten. Heute sind es gut 40 geworden. Tendenz steigend. Man denke nur an Wallonien und Flandern im Westen, Schottland oder Wales im Norden, das Baskenland oder Padanien im Süden – von Russland im Osten gar nicht erst zu sprechen.

Was hier teils erzwungenermaßen, teils freiwillig geschieht, ist nichts weniger als eine Anpassung nationalstaatlicher Investitionen an ihre optimale Betriebsgröße. Die auf dem Reißbrett der Politik in Wien, Versailles, Jalta und anderswo entstandenen künstlichen Staatsräume mochten eine ökonomisch durchaus geeignete Organisationsform für das Zeitalter der Industrialisierung gewesen sein – für das kommende Jahrhundert der Dienstleistungen und der Informationsgesellschaft sind sie kaum mehr geeignete Lösungen. Für wichtige Zukunftsprobleme ist der Nationalstaat zu klein, für konkrete Maßnahmen ist er zu groß geworden.

Immer mehr *Zukunftsprobleme* erhalten eine globale Dimension – Massenarmut, Massenarbeitslosigkeit, Wassermangel, Luftverschmutzung oder Friede und Sicherheit. Dennoch bleiben die Auswirkungen lokal. Hunger, Obdachlosigkeit oder Überschwemmungen wirken sich direkt und unmittelbar in einzelnen Dörfern oder Städten aus; dort bedürfen sie zunächst einer Lösung. Für den Nationalstaat wird zwischen globalen Herausforderungen und lokalen Folgen eine immer schwächer werdende Sandwichposition bleiben. Bald einmal im nächsten Jahrhundert dürften die heutigen europäischen Nationalstaaten zu einer Anekdote der Wirtschaftsgeschichte werden – gekommen mit der Industrialisierung, gegangen mit der Informations- und Dienstleistungsgesellschaft.

Nach der Nationalisierung des 19. Jahrhunderts, der Globalisierung des 20. Jahrhunderts folgt im 21. Jahrhundert das Zeitalter der *Glokalisierung*. Lokale Lösungen für globale Probleme sind gefragt. Gerade wenn offene Märkte zu riesigen Globalisierungswellen führen, bedarf es kleinerer und beweglicher Boote, nicht schwerfälliger Dampfer unter nationaler Flagge.

Für einige europäische Nationalstaaten bedeutet Glokalisierung einen weiteren Kompetenzverlust. Von oben her stößt die Europäische Union vor: In immer mehr Bereichen übernimmt sie für immer mehr Länder jene Funktionen, die bis dahin von Nationalstaaten wahrgenommen wurden. In Kürze werden über 25 europäische Länder nach einer gemeinsamen politischen Union streben. Von unten verlangen Regionen und lokale Ballungsräume nach mehr Autonomie. Die Europakarte des 21. Jahrhunderts wird nicht mehr durch politische Staatsgrenzen geprägt sein, die europäische Landschaft wird ihre Konturen künftig durch lokale Ballungszentren, regionale Wachstumsbananen, aber auch darbende Rostgürtel erhalten.

Im Europa der „Glokalisierung" wird es immer weniger um einen Wettbewerb der „nationalen" Volkswirtschaften gehen, sondern um einen Wettbewerb der „lokalen" Agglomerationen. Ähnlich wie die Champions League die Bundesliga und die weltweite Vereinsmeisterschaft die Weltmeisterschaft der Nationalmannschaften ablösen, lässt die „Glokalisierung" **urbane Klubs** entstehen, die einem mehr oder weniger permanenten europaweiten Standortwettbewerb unterworfen sind. Nicht mehr Deutschland gegen England, sondern Frankfurt gegen London stehen in einem intensiven Wettstreit um den Spitzenplatz der europäischen Finanzzentren. Mit hohen Transfersummen werden sie die besten Kapitalmarktanalysten aus der ganzen Welt anzulocken suchen. Da wird bald einmal deutlich, wie sehr die Chancen der Frankfurter beeinträchtigt sind, weil sie strikten deutschen und nicht weniger engen britischen Regulierungen unterliegen. Zu denken ist etwa daran, dass Arbeits- und Aufenthaltsbewilligung für die bulgarische Börsenfachfrau einem bundesweit gültigen Verfahren zu folgen hat, obwohl die Folgen der Entscheidung vor allem den wirtschaftlichen Erfolg Frankfurts beeinflussen.

Für urbane Klubs bedeutet der Nationalstaat eben immer öfter eine Fessel im globalen Wettbewerb der Standorte. Sie haben es satt, auslöffeln zu müssen, was ihnen die „Volkswirtschaft“ und die nationale Rechtsprechung in einem regelmäßig falsch verstandenen Streben nach räumlicher Gleichbehandlung einbrocken – daran ändert auch ein „Föderalismus“ wenig, solange die Steuerhoheit nicht an die Kommunen abgetreten wird. Ausländergesetze, Strafgesetze oder Familiengesetze werden in ganz Europa auf nationalstaatlicher Ebene erlassen, aber auch sozial- oder arbeitsmarktpolitische Regulierungen gelten jeweils bundesweit. Die unmittelbaren Folgen von Arbeitslosigkeit, Armut oder Drogenkriminalität haben hingegen in aller Regel eine ausgeprägt lokale Dimension – beispielsweise in Form urbaner Brennpunkte.

Sollen Frankfurt oder München nicht in der Bundesliga um Brotsamen, sondern in der Europaliga um das große Geld spielen, müssen sie die Möglichkeiten erhalten, sich wie moderne Klubs zu organisieren. Dazu gehört das Recht, Mitgliederbeiträge nach eigener Verantwortung selbstständig festzulegen und die Einnahmen zunächst einmal für eigene Zwecke verwenden zu dürfen. Ebenso bedarf es der Möglichkeit, urbane Klubleistungen zu „verkaufen“ – beispielsweise über Nutzer- oder Kostenverursachergebühren: Der alte Brückenzoll grüßt das moderne Pay-per-use.

Damit urbane Klubs für leistungsfähige Mitspieler oder zahlungskräftige Kunden gleichermaßen attraktiv sind, müssen sie ein überzeugendes Angebot präsentieren. Wichtig sind ein Reservoir gut qualifizierter Spezialisten, Fach- und Führungskräfte sowie ein stimmiges Preis-Leistungs-Verhältnis von kommunalen Steuern, lokalen Abgaben und den dafür gebotenen öffentlichen Gütern und behördlichen Dienstleistungen. Flexible Handwerks-, Gewerbe- oder Bauordnungen, die es jungen Selbstständigen ermöglichen, ihre Ideen unkompliziert umzusetzen, tun ein Weiteres. Die Qualität von Luft, Wasser und Parkanlagen lässt sich im Quervergleich ebenso leicht beurteilen wie der Zustand der städtischen Infrastruktur, die täglichen Stauzeiten oder die Kriminalstatistik. Urbane Klubs, die das Niveau von anderswo nicht erreichen, werden durch Abwanderung „bestraft“. Attraktive Klubs werden durch Zuwanderung „belohnt“.

Somit wird die Glokalisierung einerseits eine „Glücksspirale“, aber andererseits auch einen Teufelskreis des Elends anstoßen. Die Sieger im Wettlauf um die Spitzenplätze an Europas Sonne werden die zukunftsträchtigen Wirtschaftsaktivitäten an sich binden. Sie sprengen den nationalen Rahmen und werden zu blühenden europäischen Megalopolen. Diese urbanen Klubs der Champions League werden ganz andere Probleme haben als die übrigen Regionen. Noch bestehen bleibende nationalstaatliche Bande werden überflüssig, ja manchmal sogar lästig. Eher dürften diese Euro-Metropolen nach der alten Reichsfreiheit streben und die mittelalterlichen Städtebünde – wie beispielsweise die Hanse – wieder beleben wollen. Auf diese Art der Glokalisierung müssen sich die Nationalstaaten gefasst machen.

(Thomas Straubhaar, in: Handelsblatt v. 22.12.1999, S. B 4)

1. *Wie wir gesehen haben, stellt sich mit dem Prozess der Globalisierung auch die Frage nach der zukünftigen Rolle der einzelnen Nationalstaaten. Fassen Sie die „neue Diskussion“ um diese Frage anhand des Textes (S. 291f.) zusammen. Inwiefern ist der Nationalstaat für viele Probleme zu klein, für andere zu groß (M 121 spricht von einer „Sandwich-Position“)? Was bedeutet die Anwendung des Prinzips der „Subsidiarität“ auf diese Situation? Was beinhaltet der Begriff der „Regionalisierung“?*

2. *M 121 entwickelt unter dem Stichwort „Glokalisierung“ die These von einer Entwicklung, in der weder Nationalstaaten noch übernationale Einheiten noch Regionen, sondern „urbane Klubs“ in Europa die wichtigste Rolle spielen werden. Erläutern Sie diese Prognose. Für wie wahrscheinlich halten Sie diese (im letzten Abschnitt als eine Art Champions League-Wettbewerb mit klaren Gewinnern und Verlierern beschriebene) Entwicklung?*

E. Nachhaltige Entwicklung, der Nord-Süd-Gegensatz und die künftige Rolle der Entwicklungshilfe

1. Weltkrisen und Weltmodelle

Im gleichen Jahr, in dem die amerikanischen Kolonien Seiner Britischen Majestät unabhängig wurden, veröffentlichte im Mutterland Edward Gibbon sein monumentales Werk „The History of the Decline and Fall of the Roman Empire". Zu Beginn des letzten Kapitels lässt er den gelehrten Poggius und einen Freund lange nach dem Fall Roms (im 15. Jh.) auf den Kapitolinischen Hügel steigen. Sie sinnieren über den Gegensatz dessen, was Rom war und was Rom geworden ist: Die goldenen Dächer der Tempel sind verschwunden, diese selbst zusammengefallen, das Gold wurde geplündert, das Rad der Fortuna hat sich gedreht und der heilige Boden ist mit Dornen und Gebüsch bedeckt. Das Forum des Römischen Volkes, wo sich die Herren der Welt einst versammelt hatten, um ihre Gesetze zu erlassen und ihre Beamten zu wählen, ist nun zum Gemüsegarten oder zur Weide von Schweinen und Büffeln geworden. Die öffentlichen und privaten Gebäude, die für die Ewigkeit errichtet waren, liegen nackt, gebrochen auf dem Boden wie die Glieder eines mächtigen Giganten, und der Niedergang ist umso mehr sichtbar vor den majestätischen Ruinen, die die Schäden von Zeit und Schicksal überlebt haben.
Die Reflexion Gibbons' über die Ursachen dieses Niederganges mündet in die Behauptung, dass diese in dem Gesetz selbst liegen, nach dem Rom angetreten war: Auch wenn Rom schließlich äußeren Kräften erlag, war seine Verwundbarkeit doch auf innere Schwäche gegründet.

Solche pessimistischen Theorien, die Kulturen an ihren eigenen Mängeln zugrunde gehen lassen, sind nicht selten. Die (S. 117) erwähnte Hypothese eines *Malthus* (Beschränkung des Bevölkerungswachstums bzw. Zusammenbruch der Bevölkerungsentwicklung wegen fehlender Lebensmittel) wäre ein anderes Beispiel, auch Überlegungen zum Untergang der Stadtstaaten der Maya in Mittelamerika lange vor dem Auftauchen der Spanier deuten in diese Richtung.
Seit den Siebzigerjahren ist ein erneutes Interesse an solch pessimistischen Zukunftsmodellen zu beobachten, zu dem insbesondere 1972 die Publikation des berühmten **Berichtes an den Club of Rome (Die Grenzen des Wachstums**, von Dennis Meadows u. a.) beigetragen hat. Im Kern kommt er zu drei Folgerungen:

- Die nicht erneuerbaren Ressourcen*, auf denen die industrielle Zivilisation beruht, werden erschöpft werden.
- Partialansätze zur Lösung der Probleme werden nicht erfolgreich sein; selbst bei Verdoppelung der Ressourcenbasis ist der schließliche Zusammenbruch nicht zu verhindern.
- Ein Wachstum über die natürlichen Grenzen und der nachfolgende Kollaps können nur dadurch verhindert werden, dass unmittelbar die Zunahme von Bevölkerung und Umweltverschmutzung und sodann weiteres ökonomisches Wachstum gestoppt wird (s. **M 122 a).**

Diese Ergebnisse beruhten auf einem so genannten *„Weltmodell"*, einer Simulation der Entwicklung der Ressourcen, der Bevölkerung, der Umweltverschmutzung, des Industrieausstoßes pro Kopf und der Menge an Nahrungsmitteln pro Kopf, für deren wechselseitige Beziehungen bestimmte Annahmen gemacht und die dann in mathematisierter Form einem Computer anvertraut wurden.

Die pessimistische Folgerung wurde aufgrund der Annahmen mit Notwendigkeit erreicht – es wurde nämlich ein *exponentielles Wachstum* (also ein Wachstum um eine gleiche Zuwachsrate pro Jahr) mit *fixen Grenzen* gekoppelt, z. B. der Menge nutzbaren Landes und der Menge nutzbarer Ressourcen. Auch wurde angenommen, dass das Angebot von Lebensmitteln relativ zum Angebot von Land keine feste Obergrenze hat. Die Kombination eines exponentiellen Wachstums der Nachfrage mit fixen Quellen des Angebots bedeutet notwendigerweise, dass an einem bestimmten Punkt die Ressourcen erschöpft sein werden. Positive wie negative Rückkoppelungsprozesse verstärken respektive schwächen diese Folgerungen ab, wobei das Modell inhärent die positiven, also verstärkenden, Rückkoppelungsprozesse betont.

(Die gleichen Autoren haben, nachdem jedenfalls über einige Jahrzehnte hinweg die pessimistischen Folgerungen nicht, wie von ihnen vorausgesagt, eingetreten waren, im Jahre 1992 ein Buch unter dem Titel „The new limits to growth" vorgelegt, bei denen die limitierenden Variablen nun nicht mehr die Verfügbarkeit von Ressourcen, sondern die Aufnahmefähigkeit der Erde für Umweltverschmutzung sein soll. Da die mathematische Struktur des Modells im Kern gleich geblieben ist, können gleichartig pessimistische Folgerungen nicht überraschen.)

Die pessimistischen Folgerungen des Club of Rome sind nicht unwidersprochen geblieben: Für **Herman Kahn** und Mitarbeiter William Brown und Leon Martel sieht die Zukunft radikal anders aus: Lebten 1776 750 Millionen Menschen mit einem realen Sozialprodukt von 200 Dollar pro Kopf, dann war 200 Jahre später, im Jahr der Publikation ihrer Studie (The next 200 years: a scenario for America and the world, New York, William Morrow 1976) die Zahl der Menschen auf 4,1 Milliarden mit einem Sozialprodukt von 1300 Dollar pro Kopf gestiegen; nach ihren Annahmen werden nochmals 200 Jahre später, also 2176, 15 Milliarden Menschen mit einem durchschnittlichen Sozialprodukt von 20 000 Dollar erreicht werden (s. **M 122 b)**.

Dieses Modell ist qualitativer als das des Buches „Grenzen des Wachstums"; es könnte seine überaus optimistischen Schlussfolgerungen nicht erreichen, wenn nicht unterschiedliche Annahmen zugrunde lägen. Der Hauptunterschied besteht darin, dass es der menschlichen Findigkeit und dem technischen Fortschritt wesentlich stärker vertraut als Meadows. Erreicht die Entwicklung bestimmte Grenzen, dann werden neue Technologien eingeführt, die diese Grenzen für den Augenblick obsolet machen. Physische Ressourcen werden also keine Grenze des Wachstums darstellen (z. B. Nahrungsmittel), zusätzlich wird es sogar zu einer Zunahme der Nahrungsmittelproduktion pro Kopf kommen (wie inzwischen tatsächlich eingetreten). Auch Energie kann hiernach keine Begrenzung darstellen, da uns die Sonne mehr Energie liefert, als wir je sinnvoll werden verwenden können.

Diese beiden einander radikal widersprechenden Weltmodelle haben in den letzten Jahrzehnten keineswegs in gleicher Weise die Diskussion – und auch die Ängste – der Menschen in den Industrieländern bestimmt. Ohne Übertreibung kann gesagt werden, dass das Club-of-Rome-Modell das wesentlich einflussreichere gewesen ist. *Beunruhigende Entwicklungen im Umweltbereich,* z. B. das „Ozonloch", also die teilweise Zerstörung der Ozonschicht über den Polen durch Chlor-Fluorkohlenwasserstoffe, die die Erde von der schädlichen ultravioletten Strahlung abschirmt, die Abnahme tropischer Regenwälder, die befürchtete Erwärmung der Erde (hierzu s. Glossar unter „Treibhauseffekt" sowie M **122 c**), die Überfischung der Ozeane, die immer weiter reichende Einengung des Lebensraumes vieler Tiere, die Gefährdung von Pflanzen und Tieren haben dazu geführt, dass in der allgemeinen Diskussion die pessimistischen Stimmen überwogen und überwiegen. Alle diese Erscheinungen haben im Einzelnen angebbare Gründe, die auch politischer Einflussnahme durchaus – wenn denn ein Wille dazu besteht – zugänglich sind. Alle diese Bemühungen sind schließlich auf theoretischer Ebene in das umfassende Konzept der „nachhaltigen Entwicklung" gemündet.

2. Das Konzept der nachhaltigen Entwicklung

Im Kern handelt es sich um einen alten Grundsatz, der bereits für die Zisterzienser im Hinblick auf die Waldbewirtschaftung seit dem 12. Jahrhundert (so Jean-François Leroux-Dhuys), dann etwa in der preußischen Forstwirtschaft spätestens seit dem 18. Jahrhundert selbstverständlich geworden ist: Eine erneuerbare Ressource* ist so zu bewirtschaften, dass sie in ihrem Bestand nicht vermindert wird, also in späteren Perioden eine mindestens gleiche Nutzung erlaubt. In der neueren Diskussion wurde er, auf der Basis verschiedener Vorarbeiten, durch den 1987 vorgelegten Bericht der so genannten Brundtland-Kommission – World Commission on Environment and Development („Our common future") – in die internationale Debatte eingeführt, z. B. auf der Umwelt-Konferenz in Rio de Janeiro 1992. Nachhaltige Entwicklung **(„sustainable development")** wird begriffen als „... Entwicklung, die die Bedürfnisse der Gegenwart befriedigt, ohne zu riskieren, dass künftige Generationen ihre eigenen Bedürfnisse nicht befriedigen können" (Brundtland 1987, S. XIX). Das britische Umweltministerium bestimmt nachhaltige Entwicklung genauer als: vom Ertrag der Erde zu leben, statt deren Kapital anzugreifen, und den Verbrauch regenerativer natürlicher Ressourcen innerhalb der Grenzen ihrer Regenerationsfähigkeit zu halten. 1994 formulierte die britische Regierung *vier Prinzipien* zum Thema der nachhaltigen Entwicklung, die noch deutlicher machen, was hiermit gemeint sein könnte:

- Entscheidungen sollen auf den bestmöglichen *wissenschaftlichen Informationen* und Risikoanalysen beruhen.
- Wenn Unsicherheit besteht und ein möglicherweise großes Risiko existiert, kann *vorsorgendes Handeln* nötig sein.
- *Ökologische Auswirkungen* müssen, besonders wenn es sich um nicht erneuerbare Ressourcen handelt und die Folgen möglicherweise irreversibel sind, bedacht werden.
- Finanzielle Folgelasten sollen direkt an die Verantwortlichen weitergereicht werden – es gilt also das *Verursacherprinzip.*

Die erwähnte Rücksichtnahme auf künftige Generationen erfordert einen kurzen Kommentar: Offensichtlich wird bei Erfüllung der genannten Forderung keineswegs nur nach dem rationalen Nutzenkalkül der gegenwärtigen Generation entschieden. Für die heute lebenden Menschen wäre es z. B. rational, die Erde so auszubeuten, dass sie in dem Augenblick leer ist, in dem der letzte heute lebende Mensch verstorben ist. Dass die nachfolgenden Generationen dann unzumutbare „Lebens"-Umstände vorfänden, ist jedenfalls kein Problem, das den Wohlstand der heutigen Generation berührte – im Gegenteil. Dass uns künftige Generationen dennoch nicht gleichgültig sind, kann letztlich nur ethisch begründet werden. In der Tat: Die Herstellung einer nicht mehr lebenswerten Erde, die künftigen Generationen verminderte Lebensmöglichkeiten bietet, ist aus ethisch-moralischen Gründen abzulehnen – umgekehrt aber allerdings auch nur aus diesen; eine ökonomische Rationalität liegt hier jedenfalls nicht zugrunde. Mit einem Wort: Hier wird Fairness (equity) gegenüber künftigen Generationen eingefordert.

Der Philosophie der nachhaltigen Entwicklung liegt die Erkenntnis zugrunde, dass die Umweltqualität und die Dienste, die die Natur uns leistet, viel wichtiger sind, als die herkömmlichen rein ökonomischen Rationalitätskalküle angenommen haben. Die *Funktionen der Natur* im Einzelnen sind folgende:

- direkte Beiträge zur Lebensqualität, wie z. B. eine schöne und unverbaute Landschaft,
- indirekte Beiträge zur Lebensqualität, wie z. B. sauberes (statt verschmutztes) Wasser, saubere (statt verschmutzte) Luft – was umgekehrt wiederum nicht nur die Lebensfreude erhöht, sondern auch die Produktivität,
- direkte Beiträge zum Realeinkommen durch den Umweltschutz (genau genommen bedeutet natürlich die Korrektur oder Vermeidung von Fehlern im Umweltbereich keinen im engeren Sinne produktiven Beitrag),
- direkte Beiträge zur wirtschaftlichen Aktivität, etwa in Form von Rohmaterialien und Energie,

- Beiträge zur Aufrechterhaltung von Systemen, die für das Leben unverzichtbar sind, wie z.B. der erwähnten Ozonkonzentration in der Stratosphäre, der natürlichen Kohlendioxidkonzentration in der Atmosphäre, die das Klima reguliert, oder der Ozeane für hydrologische und Kohlenstoffprozesse, die für das Leben so wichtig sind wie das Plankton für die Nahrungsmittelkette.

Generell gesprochen wird also die natürliche Umwelt im Konzept der nachhaltigen Entwicklung nachdrücklich betont, da sie *drei wichtigen Funktionen* dient: Sie liefert Individuen direkten Nutzen, sie liefert der Wirtschaft Inputs und sie liefert Dienste, die für das Bestehen des Lebens unverzichtbar sind.

Versuchen wir das komplexe Konzept der nachhaltigen Entwicklung etwas schärfer zu fassen!

Unser Wohlstand beruht, wie auch an anderer Stelle schon ausgeführt wurde, darauf, dass wir **Kapital** nutzen. In der Tat: Nur aus Kapital in weitestem Sinne können wir Einkommen erzielen. Es zerfällt, unter Einbeziehung neuerer Konzepte der wissenschaftlichen Forschung, in mindestens drei unterschiedliche Arten:

- *Physisches Kapital*, das sind also Maschinen, Fabriken, Straßen oder Ölleitungen, mit einem Wort: von Menschen hergestelltes Kapital.
- Der Bestand an Wissen, Fähigkeiten und Fertigkeiten wird *Humankapital* genannt.
- Schließlich ist *Naturkapital* zu nennen, von der Fruchtbarkeit des Bodens, Wäldern, Fischbeständen, der Fähigkeit, Abfälle aufzunehmen, Öl, Gas, Kohle, der Ozonschicht bis zu bio-geo-chemischen Zyklen.

Die Forderung nach nachhaltiger Entwicklung kann nun dahingehend präzisiert werden, dass jede nachfolgende Generation *mindestens* den gleichen Lebensstandard wie die vorausgehende erreichen soll. Da nach dem eben vorgetragenen Satz der Lebensstandard, das Einkommen, nur auf Kapital beruht, bedeutet die Forderung nach nachhaltiger Entwicklung, dass das Gesamtkapital, also die Summe aus produziertem Kapital, Humankapital und Naturkapital (pro Kopf) mindestens gleich bleibt. Dies erfüllt sowohl die Forderung nach ökonomischer Effizienz als auch nach Fairness zwischen den Generationen.

Wie man sofort sieht, bedeutet die Forderung nach Aufrechterhaltung des Kapitalstocks *nicht,* dass jede der drei Kapitalarten in ihrer Größe mindestens konstant bleiben muss. Eine Summe kann offensichtlich auch dann konstant bleiben, wenn die zu addierenden Summanden sich in entgegengesetzter Richtung bewegen, wenn also, um in unserem Beispiel zu bleiben, etwa das Naturkapital abnimmt, dafür aber das Human- und/oder produzierte Kapital zunimmt. Eine Verminderung des Naturkapitals ist also grundsätzlich mit dem Konzept der nachhaltigen Entwicklung vereinbar.

Daraus folgt allerdings zweierlei:

- Zum einen muss tatsächlich in gleichem Ausmaß, in dem z. B. nicht erneuerbare Ressourcen genutzt werden, an anderer Stelle ein Ausgleich geschaffen werden. Ein anschauliches Beispiel wäre das Verfeuern von Kohle, deren Energiewert für praktische Zwecke für immer dahin ist, für den dann, etwa durch die entsprechende Produktion von Solarzellen (= produziertem Kapital), ein Ausgleich geschaffen werden muss.
- Eine Kapitalsorte durch eine andere zu ersetzen, insbesondere vermindertes Naturkapital durch vermehrtes Human- oder produziertes Kapital zu ersetzen, beruht auf der Annahme, dass diese verschiedenen Arten von Kapital wechselseitig „substituierbar", also ersetzbar seien. Hier ist nun der Streit einerseits zwischen Umweltaktivisten und Menschen vorprogrammiert, die die Natur nutzen wollen bzw. müssen, andererseits sind wir wissenschaftlich über viele Zusammenhänge noch sehr im Unklaren. Um es an einem platten Beispiel zu zeigen: Ein Umweltaktivist, der jeden einzelnen von millionenfach vorkommenden Bäumen zum Heiligtum erklärt, macht sich nicht nur lächerlich, sondern hat dieses Konzept der wechselseitigen Substituierbarkeit offensichtlich nicht verstanden. Für einen alten Baum, der gefällt wird, können mehrere junge Bäume gesetzt wer-

den; selbst für einen Baum, der verfeuert wird, ohne dass ein neuer Baum gepflanzt würde, können Solarzellen wenigstens den energetischen Wert des Holzes aufwiegen. Andererseits gibt es Naturressourcen, die im genauen Sinne des Wortes unersetzlich, also im Sinne unseres Konzeptes gerade *nicht* substituierbar sind. Der unwiederbringliche Verlust von Pflanzen- und Tierarten und damit der Biodiversität dürfte ein hier relevantes Beispiel darstellen. Wird die Fähigkeit der Natur zur Aufnahme und zum Abbau von Schadstoffen durch deren übermäßige Produktion herabgesetzt oder zerstört, kann dies durch keinen Kapitalaufbau an anderer Stelle aufgewogen werden.

Streit gibt es also im Einzelfalle darum, wie weit Naturressourcen durch andere Ressourcen* substituierbar sind; ein hier unbedingt zu beachtender Grundsatz ist es, insbesondere im Falle von irreversiblen Entscheidungen und ungenügender Kenntnis der Zusammenhänge, im Zweifel den Naturschatz zu konservieren, Naturdienste, die zur Aufrechterhaltung des Lebens notwendig sind, nicht in ihrer Wirkungsfähigkeit zu beeinträchtigen, kurz, im *Zweifelsfalle vorsichtig zu sein und die Naturbeeinträchtigungen zu minimieren.*
Die Materialien (**M 122 a – f, M 123 a/b**) illustrieren verschiedene Aspekte des Nachhaltigkeitsproblems, insbesondere die Entwicklung des Energieverbrauchs und des Klimaschutzes.

M 122 a Bericht an den Club of Rome: Die Grenzen des Wachstums

Unser benutztes Weltmodell dient speziell der Untersuchung von fünf wichtigen Trends mit weltweiter Wirkung: der beschleunigten *Industrialisierung;* dem rapiden *Bevölkerungswachstum;* der weltweiten *Unterernährung,* der Ausbeutung der *Rohstoffreserven* und der Zerstörung des *Lebensraumes.* Zwischen diesen Erscheinungen bestehen vielfältige Wechselwirkungen. Ihre Entwicklung wird in Jahrzehnten oder gar Jahrhunderten gemessen. Wir versuchen mithilfe dieses Modells, die Ursachen der Entwicklungsrichtungen, ihre Wechselwirkungen und die sich ergebenden Folgen für den Zeitraum eines Jahrhunderts zu erfassen. Wie jedes Modell ist auch unser Modell unvollständig, stark vereinfacht und verbesserungsfähig. Dieser Mängel sind wir uns bewusst. Dennoch glauben wir, dass es das gegenwärtig nützlichste Modell ist. Soweit wir wissen, ist es das einzige existierende Modell, das wirklich weltweite Bedeutung hat, sich über mehr als drei Jahrzehnte erstreckt und solche wichtigen variablen Größen wie Bevölkerungszahl, Nahrungsmittelproduktion und Umweltverschmutzung nicht als isolierte, sondern als dynamisch miteinander in Wechselwirkung stehende Erscheinungen behandelt, was sie ja in Wirklichkeit auch sind.
Da unser Modell formaler und mathematischer Art ist, besitzt es gegenüber Denkmodellen zwei bedeutende Vorteile: Jede Annahme ist in präziser Form niedergeschrieben und ist deshalb der Nachprüfung und der Kritik durch jedermann zugänglich. Weiterhin werden Auswirkungen der Annahmen, die nach Überprüfung, Diskussion und Revision entsprechend dem bestmöglichen Wissen getroffen wurden, exakt mithilfe eines Computers verfolgt und ihre Bedeutung für das Gesamtverhalten des Weltsystems jeweils genau erfasst, gleichgültig, welche komplizierten Kombinationen sich dabei auch ergeben. [...]
Bis jetzt ergaben sich bei unserer Arbeit die nachstehenden *Schlussfolgerungen.* Sie sind keineswegs neu. Schon vor Jahrzehnten haben Menschen, die unsere Erde von einem globalen, zeitlich weit reichenden Gesichtspunkt aus beurteilten, ähnliche Schlüsse gezogen. Dennoch verfolgt die große Mehrzahl der Politiker Ziele, die mit diesen Aussagen unvereinbar sind.
Unsere *Schlussfolgerungen* lauten:

1. Wenn die gegenwärtige Zunahme der Weltbevölkerung, der Industrialisierung, der Umweltverschmutzung, der Nahrungsmittelproduktion und der Ausbeutung von natürlichen Rohstoffen unverändert anhält, werden die absoluten Wachstumsgrenzen auf der Erde im Laufe der nächsten hundert Jahre erreicht. Mit großer Wahrscheinlich-

keit führt dies zu einem ziemlich raschen und nicht aufhaltbaren Absinken der Bevölkerungszahl und der industriellen Kapazität.

2. Es erscheint möglich, die Wachstumstendenzen zu ändern und einen ökologischen und wirtschaftlichen Gleichgewichtszustand herbeizuführen, der auch in weiterer Zukunft aufrechterhalten werden kann. Er könnte so erreicht werden, dass die materiellen Lebensgrundlagen für jeden Menschen auf der Erde sichergestellt sind und noch immer Spielraum bleibt, individuelle menschliche Fähigkeiten zu nutzen und persönliche Ziele zu erreichen.
3. Je eher die Menschheit sich entschließt, diesen Gleichgewichtszustand herzustellen, und je rascher sie damit beginnt, umso größer sind die Chancen, dass sie ihn auch erreicht.

Diese knappen Schlussfolgerungen sind derart weit reichend und werfen so viele Fragen für künftige Forschungen auf, dass auch wir selbst uns von der Größe dieser gigantischen Aufgabe, die hier erledigt werden muss, nahezu überfordert fühlen. [...]

(Dennis Meadows u. a., Die Grenzen des Wachstums, Bericht des Club of Rome zur Lage der Menschheit, übers. von Hans-Dieter Heck, 13. Auflage, DVA, Stuttgart 1983, S. 15-17 [Original 1972])

M 122 b Die Vorstellung Herman Kahns von der Zukunft der Menschheit (in $ der Kaufkraft von 1975)

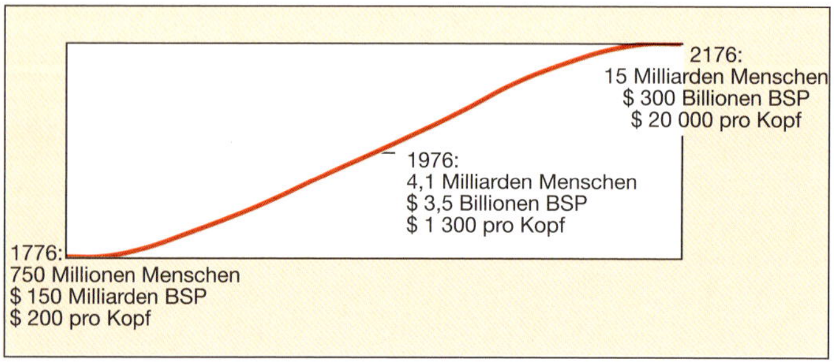

(The Kahn perspective on prospects of humanity [in fixed 1975 dollars], in: Kahn, Herman/Brown, William/Martel, Leon: „The Great Transition" from *The Next 200 Years*, New York 1976; Übersetzung durch Jürgen H. Wolff)

M 122 c Kohlendioxid-Ausstoß[1] weltweit 1990 – 2000

Land/ Ländergruppe	*1990 (Mio t)*	*2000 (Mio t)*	*Veränderung*	*Anteil 2000 (%)*	*2000 (t/Einw.)*
USA	4844	5650	+ 16,7	24,6	20,1
Australien	259	320	+ 23,8	1,4	16,9
Kanada	421	495	+ 17,4	2,2	15,9
Russland	2458	1466	– 40,3	6,4	10,1
Deutschland	987	831	– 15,8	3,6	10,1
Japan	1049	1177	+ 12,3	5,1	9,3
Großbritannien	569	527	– 7,3	2,3	9,0
Spanien	207	269	+ 30,0	1,2	6,8
Frankreich	360	383	+ 6,3	1,7	6,5
China	2358	2467	+ 4,6	10,7	1,9
Indien	595	968	+ 62,8	4,2	1,0
EU-15	*3160*	*3141*	*– 0,6*	*13,7*	*8,4*
Lateinamerika	*625*	*866*	*+ 38,6*	*3,8*	*1,7*
Afrika	*599*	*753*	*+ 25,7*	*3,3*	*1,1*
Welt	*21297*	*22997*	*+ 8,0*	*100,0*	*3,8*

1) nur aus der Verbrennung fossiler Brennstoffe; Quellen: European Environment Agency (EEA), Internationale Energie-Agentur (IEA), British Petrol (BP), Deutsches Institut für Wirtschaftsforschung (DIW), eigene Berechnungen

(Harenberg Lexikon Verlag in der Harenberg Kommunikation Verlags- und Medien GmbH & Co. KG Dortmund 2002; Aktuell 2003, S. 257)

M 122 d CO_2-Ausstoß pro Einwohner, 1998

Kohlendioxid-Emissionen aus der Verbrennung fossiler Brennstoffe und der Herstellung von Zement dividiert durch die Bevölkerung, in metrischen Tonnen

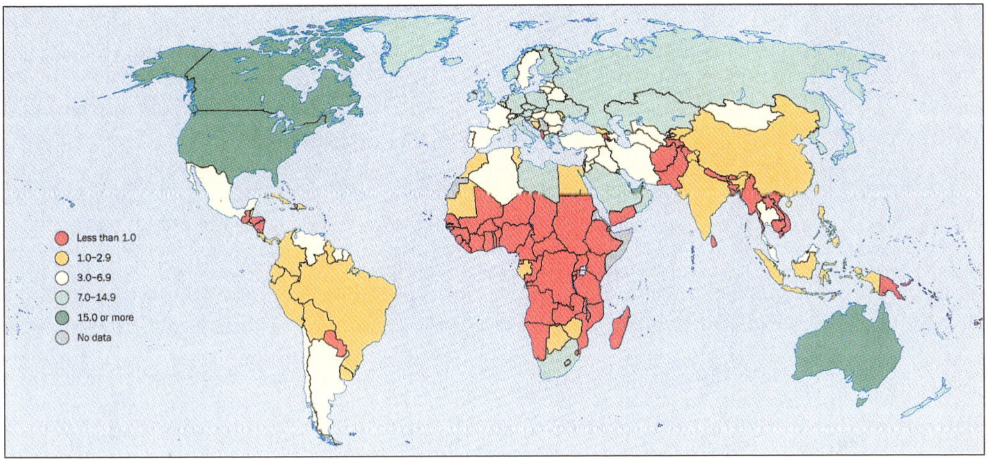

(World Bank Atlas 2002, Washington, D. C., und New York, S. 35)

M 122 e

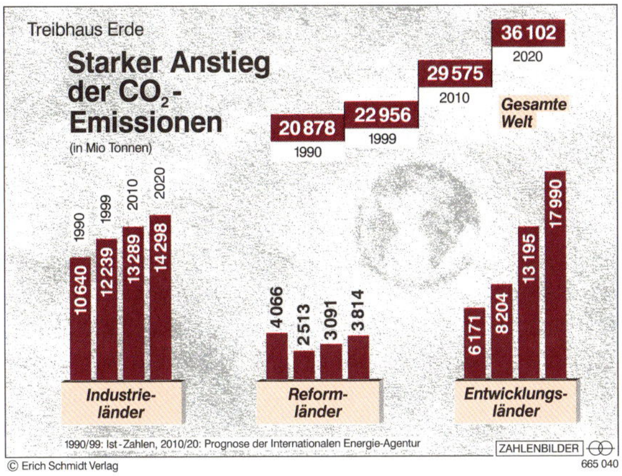

M 122 f Nord-Süd-Dialog

(Zeichnung: Gerhard Mester/CCC, www.c5.net)

„Klimakiller!"

(Zeichnung: Jürgen Tomicek/CCC, www.c5.net)

M 123 a Energieverbrauch endlos – Das amerikanische Siedlungsmodell ohne Alternative?

Die hartnäckige Weigerung der US-Regierung, die ohnehin moderaten Verhandlungsergebnisse von Kyoto (1997, s. M 123 b) anzunehmen und in nationale Politik umzusetzen, ist allein verständlich vor dem Hintergrund einer weltweit bisher unvergleichlichen Verschleuderung von Ressourcen jeglicher Art. Dass es sich dabei nicht um Entwicklungen der letzten Jahre, sondern um seit langem vertraute Gewohnheiten handelt, macht ein Umdenken schwierig – dies umso mehr, als Alternativen zwar theoretisch durchdacht wurden, staatlicherseits jedoch kaum jemals Förderung erfuhren.

Heutige Schätzungen gehen davon aus, dass die Hälfte des Energieverbrauchs der Vereinigten Staaten für die Service-Funktionen von Gebäuden aufgewendet wird, also für Heizung, Lüftung und Klimatisierung. Klimatisiert wird alles: vom Auto über das Einfamilienhaus bis hin zur Shopping Mall. Das von seinem Erfinder Willis Havilland Carrier „man-made weather" genannte System des Air-Conditionings fand zunächst Anwendung in öffentlichen Bauten wie Kinos, bevor es – zusammen mit dem Einsatz nur geringe Wärme abstrahlender Leuchtstoffröhren – große Büroflächen zu stapeln erlaubte und schließlich in den Wohnhausbau übernommen wurde. Während Mies van der Rohe bei seinen Wohnscheiben des Lafayette Park in Detroit (1955-63) den Air-Conditioner noch fakultativ vorsah, setzte sich die künstliche Klimatisierung später selbst dort durch, wo man die Klimaschwankungen durch natürliche Belüftung hätte kompensieren können. Die einfache Handhabung des Systems erklärt seinen Siegeszug: Klimaboxen ermöglichen es jedermann, selbst aus billigsten Materialien bestehende Gebäude bewohnbar zu machen. Damit rückt der Gedanke der Bauökologie völlig in den Hintergrund; dass sich mit nachhaltigen, rezyklierbaren Baumaterialien, einer auf die klimatische Situation abgestimmten Position des Gebäudes, der Gewinnung erneuerbarer Energie und schließlich einer optimierten Wärmedämmung auf energieintensives Air-Conditioning verzichten ließe, wird noch nicht einmal erwogen.
Die endlosen Zonen von im Winter geheizten und im Sommer gekühlten Einfamilienhäusern, mit denen man sich in den Suburbs konfrontiert sieht, dokumentieren die Wahnvorstellung unbegrenzt verfügbarer Ressourcen ebenso wie spektakuläre Einzelbauten. Die Veranstaltungshalle „Houston Astrodome", größter klimatisierter Innenraum der Welt, benötigt so viel Energie wie eine Kleinstadt mit 10 000 Einwohnern; der Stromverbrauch des MGM Grand Hotel mit seinen 5000 Zimmern in Las Vegas entspricht dem einer Stadt mit 12 000 Bewohnern. [...]

Letztlich war die künstliche Klimatisierung einer der grundlegenden Faktoren für die Dezentralisierung und Suburbanisierung der amerikanischen Städte [...]. Hinsichtlich der Energiebilanz aber ist die Ausdehnung der früher kompakten Städte in die Fläche verheerend. Zu den Kosten der Klimatisierung treten Mehraufwendungen an Energie für die verstreute Bebauung und schließlich für den stetig steigenden Individualverkehr.
Der verkehrsbedingte Pro-Kopf-Ausstoß von CO_2 beträgt in Houston das Fünffache, in New York immerhin noch das Dreifache des Wertes von Zürich. 83 Prozent des Pendlerverkehrs werden in den USA mit dem Privatfahrzeug unternommen, während die Ziffer in Europa mit 44 Prozent nur ungefähr die Hälfte beträgt. Der jährliche Pro-Kopf-Verbrauch von Benzin liegt in den USA bei 1740 Litern und ist damit mehr als dreimal so hoch wie in Deutschland.

Die Dezentralisierung gilt gemeinhin als ein Phänomen, das nach dem Zweiten Weltkrieg einsetzte. Doch während New York und Chicago mit ihren steinverkleideten Hochhäusern noch wie Musterbeispiele eines verdichteten metropolitanen Urbanismus wirkten, verkündete Frank Lloyd Wright schon 1923, die Großstadt sei nicht mehr modern. Broadacre City, die über mehrere Jahrzehnte entwickelte Vision einer dispersen Stadtlandschaft, wurde zu Wrights prospektivem Gegenmodell: ein sich in die Fläche ausdehnender, von Highways und Erschließungsstraßen durchzogener Siedlungsteppich, ein weitläufiges Patchwork aus Bereichen für Wohnen, Arbeiten, Shopping und Freizeit. Die individuelle Massenmobilität, aber auch das Netzwerk infrastruktureller Einrichtungen (Energieversorgung, Telekommunikation) boten die Voraussetzung für derartige Siedlungsvorstellungen.
[...] Eine Fahrt durch Detroit, die Autocity par excellence, dokumentiert das Elend der postindustriellen Metropole ungeschminkt. Weist sie innerhalb des Trassees des „people mover" genannten Hochbahnsystems mit seinen Hochhäusern zumindest vordergründig das Bild der typisch amerikanischen Downtown auf, so sind weite umliegende Bereiche verlassen. Auf dem Weg in das parkartige Bloom-

field Hills, eine der reichsten Gemeinden der Vereinigten Staaten, durchquert man eine mehrere Meilen messende Ruinen- und Brachzone, in der vereinzelte Gebäude an die prosperierende Vergangenheit erinnern. Von vereinzelten, gleichsam parasitären Nachnutzungen abgesehen, hat sich das Leben aus dem einstigen Stadtgebiet heraus verlagert.

Im Gegensatz zu dem von privaten Gesellschaften betriebenen Eisenbahnnetz wurde der Bau von Highways von Anfang an als öffentliche Aufgabe gesehen und staatlich subventioniert. Welche Zusammenhänge zwischen Verkehrskonzept und Stadtentwicklung bestanden, verdeutlicht das Beispiel Los Angeles. Mitte der Zwanzigerjahre standen in dem seinerzeit gut von den Straßenbahnen des Pacific Electric System erschlossenen Urbanismus zwei Entwicklungsszenarien zur Diskussion: Die Erweiterung des öffentlichen Verkehrsnetzes oder die Installierung eines weit verzweigten Straßensystems. Maßgeblich beeinflusst von Grundstuckspekulanten, die sich zu Recht von den Autostraßen eine Ausbreitung in die Fläche erhofften, votierten die Stimmberechtigten gegen den öffentlichen Verkehr und somit eine kompakte Besiedlung entlang der Schienentrassees. Indirekt war damit der Weg zum radikalen Einfamilienhausbau eingeschlagen, der Los Angeles bis heute bestimmt. Schon mit dem „Major Traffic Street Plan“ von 1924 wurden die Weichen in Richtung autogerechte Stadt gestellt. Die für den fließenden und den ruhenden Verkehr genutzte Fläche beträgt in Los Angeles 50 Prozent – Autos wird damit der gleiche Platz eingeräumt wie sämtlichen Aktivitäten der Menschen.
Im freien Spiel der Kräfte wurde der auf Grund der Besiedlungsstruktur wenig effiziente, aber umweltfreundliche öffentliche Verkehr blockiert und fristet heute ein Schattendasein. Der Ausbau des kostspieligen, seit 1980 von der „Metropolitan Transportation Authority“ betriebenen Schnellbahnnetzes ist 1998 eingestellt worden; das vornehmlich von einkommensschwachen, nichtweißen Bevölkerungsschichten genutzte Bussystem besitzt trotz seiner Effizienz keine politische Lobby und muss sich mit der ältesten Busflotte der USA begnügen. […]
Die Haltung der neuen US-Regierung belegt die Rückkehr zu einem nachgerade atavistischen* Fortschrittsbegriff. Dabei müsste gerade ein Land, das sich als „modern“ definiert, die zukunftsweisenden Potenziale einer nachhaltigen Umweltpolitik erkennen. Welchen Kurs auch immer die Vereinigten Staaten einschlagen: Dass Umweltpolitik Wirtschaftspolitik bedeutet und überdies von Sicherheitspolitik nicht zu trennen ist, wird die Zukunft unerbittlich vor Augen führen.

(Hubertus Adam, in: Neue Zürcher Zeitung v. 18.4.2001, S. 33)

M 123 b Klimaschutz in Amerika ohne „Kyoto“

Der amerikanische Präsident Bush denkt trotz ständig wiederkehrenden Appellen aus anderen Ländern nicht daran, das Klimaprotokoll von Kyoto zu ratifizieren. In der amerikanischen Klimapolitik bewegt sich aber mehr als je zuvor, mehr auch als während der Clinton-Administration. Alle Zeichen deuten auf eine Trendwende in der Haltung der Amerikaner gegenüber dem Klimaschutz hin. […]

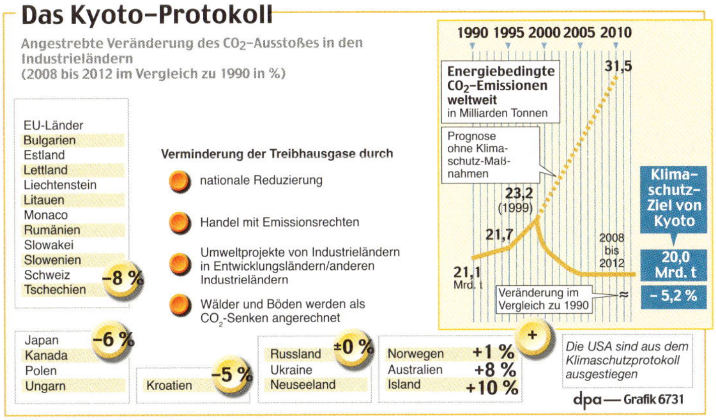

Alcoa zum Beispiel, der weltgrößte Produzent von Aluminium und Aluminiumprodukten, hat seine Treibhausgasemissionen seit 1990 um 23 Prozent gesenkt und erwartet als Folge seiner Emissionsreduktionen ab 2006 Kosteneinsparungen von 100 Millionen Dollar jährlich. British Petroleum wiederum hat ihr erstes Klimaschutzziel – eine 10-prozentige Reduktion der Treibhausgasemissionen zwischen 1990 und 2010 – im Jahr 2002 frühzeitig erreicht und sich zu neuen, verschärften Zielen verpflichtet. Die Emissionen von BP sind rund doppelt so groß wie diejenigen der Schweiz. Mit BP Solar wurde die BP-Gruppe zudem zu einem der größten Hersteller von Solarzellen weltweit. Und bei DuPont – mit ihrem 200-jährigen Bestehen eine der ältesten Firmen der USA überhaupt – ist das Management überzeugt, dass die Einführung des Programms „zero waste", bei dem alle Abfälle als Kosten betrachtet werden, das Geschäft positiv beeinflussen wird. Während der letzten zehn Jahre hat die Firma ihre Treibhausgasemissionen um 63 Prozent gesenkt, obwohl die Produktion im gleichen Zeitraum um 35 Prozent gestiegen ist [...].

Diese Firmen haben durch konkrete Taten gezeigt, dass es möglich ist, signifikante Emissionsreduktionen zu erzielen, und zwar ohne negative oder gar mit positiven finanziellen Folgen. Die erzielten Reduktionen – sogar in energieintensiven Sektoren oder der Erdölbranche, wo es bis vor kurzem hieß, dass die Energiesparmöglichkeiten bereits ausgeschöpft würden – sind viel größer als die Kyoto-Verpflichtung der USA (minus 6 Prozent zwischen 1990 und 2012) und wurden schon jetzt erzielt. Die Firmen betonen jedoch, dass die längerfristig notwendigen einschneidenden Reduktionen nur möglich sind, wenn faire Rahmenbedingungen geschaffen werden, welche ihre wichtigsten Konkurrenten im In- und Ausland einbeziehen, und der Handel mit Emissionsrechten auf der Basis von gesetzlich festgelegten Emissionsrechten eingeführt wird, wie dies das Kyoto-Protokoll auf internationaler Ebene tut. [...]

Neben Wirtschaft und Politik üben auch Aktionäre Druck zur Einrichtung einer verantwortungsvollen Klimapolitik aus. Ein Beispiel sind die zahlreichen „Shareholder Resolutions", die zunehmend an Akzeptanz gewinnen. Ein Beispiel ist die Resolution einer katholischen Investorengruppe bei ExxonMobil, welche im Mai 2002 von 20,3 Prozent Aktionären unterstützt wurde. Der Antrag hätte die Erdölfirma ExxonMobil zu einem Aktionsplan für den Einbezug von erneuerbaren Energiequellen verpflichtet; zahlreiche Investoren glauben nämlich, dass das Management in Bezug auf das Klimaproblem unnötige Risiken eingehe und gleichzeitig Chancen verpasse, welche zu langfristigen Einbußen von Shareholder-Value in der Größenordnung von 100 Milliarden Dollar führen könnten. Es scheint daher, dass die Ablehnung des Klimaprotokolls von Kyoto durch die Bush-Administration von der amerikanischen Realität bald in den Hintergrund gedrängt werden könnte. Die Amerikaner sind innovativ und wollen ihre Technologien im globalen Wettbewerb anbieten können.

(Anne Arquit Niederberger, in: Neue Zürcher Zeitung v. 5.11.2002, S. 5)

1. *Stellen Sie die wesentlichen Aussagen der beiden „Weltmodelle" von Meadows (Club of Rome) und Kahn gegenüber (Text S. 295f., M 122a, M 122b). Welche unterschiedlichen Annahmen sind dafür verantwortlich, dass diese Modelle zu völlig entgegengesetzten Ergebnissen kommen?*
2. *Welche Entwicklungen haben dazu geführt, dass vom Kahn-Modell kaum noch die Rede ist?*
3. *Das Prinzip der „Nachhaltigkeit" bzw. der „nachhaltigen Entwicklung" („sustainable development") bestimmt seit Ende der 80er-Jahre zunehmend die Diskussion in vielen Bereichen der Politik. Erläutern Sie seine begriffliche Herkunft und seine Definitionen durch die „Brundtland-Kommission". Versuchen Sie die vier Teilprinzipien (Text S. 297) auf eine konkrete politische Entscheidungsfrage aus Ihrem Erfahrungsbereich anzuwenden (Beispiel: Die Kommunalvertretung hat zu entscheiden über die Anlage eines großen Freizeitparks – oder eines Einkaufszentrums – in einem Teil des Grüngürtels der Stadt).*

4. *Machen Sie deutlich, welchen Stellenwert die natürliche Umwelt im Konzept der Nachhaltigkeit einnimmt (Text S. 297f.). Welche Naturressourcen sind grundsätzlich ersetzbar, welche nicht? Was bedeutet der Grundsatz, „im Zweifelsfalle vorsichtig zu sein" (Text S. 299)?*
5. *Die statistischen Darstellungen zum weltweiten Kohlendioxid-Ausstoß lassen sich unter vielfältigen Gesichtspunkten auswerten. Einige davon könnten sein:*
   - *Wie hat sich der weltweite Ausstoß 1990–2000 insgesamt entwickelt (M 122 c)? Welche Länder/Regionen weichen eklatant (nach unten und nach oben) von diesem Durchschnitt ab? Welche (unterschiedlichen) Gründe könnten dafür verantwortlich sein?*
   - *Die USA, Kanada und Australien machen zusammen rd. 6% der Weltbevölkerung aus (USA: 281 Mio; Australien: 19 Mio, Kanada: 31 Mio). Wie viel Prozent des weltweiten CO_2-Ausstoßes entfallen auf diese drei Länder? (M 122c; zu den Ursachen im Hinblick auf die USA s. M 123 a).*
   - *Untersuchen Sie auch die Anteile Deutschlands (82,2 Mio = 1,3% der Weltbevölkerung), Japans (126 Mio = 2,0% der Bev.) und Russlands (145 Mio = 2,4% der Bev.).*
   - *Formulieren Sie einige weitere Aussagen zur Verteilung des Pro-Kopf-Ausstoßes in den Regionen und Ländern der Welt (M 122 d).*
6. *Die beiden Karikaturen (M 122 f) nehmen zu zwei (unterschiedlichen) Aspekten des Umweltproblems und des Nachhaltigkeitsprinzips Stellung. Erläutern Sie die jeweilige Aussageabsicht und nehmen Sie dazu auf dem Hintergrund der Informationen aus diesem Abschnitt Stellung.*
7. *Analysieren Sie die in M 123 a dargestellten Folgen der Siedlungsstrukturen in den USA und wägen Sie, was in M 123 b über die Aktivität amerikanischer Firmen gesagt wird, dagegen ab. Zum „Kyoto-Protokoll" (s. Grafik in M 123 b) können Sie sich näher informieren unter der Internet-Adresse: http://www.learnline.de/angebote/agenda21/thema/kyoto-protokoll.htm*

3. Der Nord-Süd-Gegensatz und die Zukunft der Entwicklungshilfe

Der in Deutschland lange Zeit beliebte Ausdruck „Nord-Süd-Konflikt" ist in der internationalen entwicklungspolitischen und wissenschaftlichen Diskussion von jeher kaum zu finden gewesen. Inzwischen hat die Erkenntnis an Boden gewonnen (und lag, genau genommen, der Entwicklungspolitik schon immer zugrunde), dass es jenseits aller vordergründigen Gegensätze gemeinsame Interessen aller Länder – ob Süd, ob Nord – gibt. Das schließt auch harte Auseinandersetzungen im Einzelfall keineswegs aus; sie kreisen aber schwerpunktmäßig um die Frage, wer die Lasten für bestimmte als notwendig erachtete Maßnahmen tragen soll und welches die besten Wege zur Erreichung allgemein akzeptierter Ziele sind. Vom Nord-Süd-„Konflikt" ist zunehmend weniger die Rede. Das Medienhandbuch Entwicklungspolitik, herausgegeben vom BMZ, Ausgabe 2002, z.B. enthält in seinem Register den Begriff überhaupt nicht. Vielmehr behauptet das BMZ: „Keine Hälfte der Welt kann ohne die andere überleben."
Beispiele für derart begriffene Verteilungskämpfe:

- Geht es um Handelsliberalisierung (sie wurde an anderer Stelle als zum Vorteil aller beschrieben, und es wurde auch dargelegt, dass die Regierungen der Entwicklungsländer, von verschwindenden Ausnahmen abgesehen, sich aus diesem Prozess der Globalisierung keineswegs ausschließen wollen), ist die Frontstellung häufig weniger Nord gegen Süd als vielmehr die (berechtigte) Forderung von Ländern des Südens auf Marktzugang im Norden gegen dortige tief eingegrabene Partikularinteressen, zum Beispiel Landwirtschaft, Stahlindustrie oder Energieproduktion, die oft genug das Handeln der entsprechenden Regierung bestimmen.

- Soll die Emission der Treibhausgase vermindert werden, ist zunächst Streit um die besten Methoden programmiert (staatliche Vorschriften oder Marktreaktionen, z.B. durch Preisanreize oder den Handel mit Emissionszertifikaten*), sodann um die Kosten: Darf der Süden (obwohl er so viel CO_2 ausstößt wie der Norden, natürlich nicht pro Kopf, was aber der Umwelt egal ist) sich von Reduktionsbemühungen ausnehmen? Kann der Norden eigene Verpflichtungen auch jenseits seiner Grenzen erfüllen (z.B. durch die Modernisierung der abenteuerlich unrentablen Kohlekraftwerke in China), was der Umwelt in gleichem Maße zugute kommt, aber wesentlich preiswerter ist? Bis zu welchem Ausmaß ist die Reduktion des CO_2-Ausstoßes sinnvoll, das heißt preiswerter als die vermiedenen Schäden?
- Geraten die südostasiatischen Ökonomien 1997 in eine Krise, die auf vielfältige Ursachen zurückgeführt werden kann, und taucht die Überlegung auf, sie durch massiven internationalen Kapitalzufluss (i.W. über den IWF) zu stützen, ist Streit um die Verteilung der Lasten angesagt (z.B. wurde das so genannte „moral hazard*" – „Trittbrettfahrer"-Problem – erörtert, also die Frage, ob nicht unverantwortliches Verhalten südostasiatischer Regierungen und ausländischer Investoren im Nachhinein durch solche Kapitalzuflüsse auch noch honoriert würde).

Mit anderen Worten: Es gibt ein erhebliches Maß gemeinsamer Interessen (z.B. eine florierende Weltwirtschaft) bei gelegentlich harten Auseinandersetzungen über die Lastenverteilung; die pauschale Formulierung eines „Nord-Süd-Konfliktes" blendet die Gemeinsamkeiten aus, suggeriert einheitliche Positionen zweier Lager, die sehr oft nicht gegeben sind (Europa z.B. kollidiert mit schöner Regelmäßigkeit mit Positionen der USA) und wird daher der Sache nicht gerecht.

Interessengegensätze bestehen fort und werden immer fortbestehen, doch verlaufen die Fronten inzwischen längst nicht mehr (oder zumindest nicht in erster Linie) zwischen Industrie- und Entwicklungsland, Nord und Süd.

Konflikte gibt es nach wie vor um die Höhe der Entwicklungshilfe, die in Kapitel III ausführlich behandelt wurde: Hier geht es in der Tat um die *Übertragung von Kaufkraft* aus dem Norden in den Süden, und grundsätzlich kann der Empfänger einer Leistung nicht genug davon bekommen, der Geber möchte sein Opfer möglichst gering halten.

In den letzten Jahren ist zunehmend von der Hilfsmüdigkeit (aid fatigue) gesprochen worden. In der Tat: Nach dem Ende des Ost-West-Gegensatzes sind die Entwicklungshilfeleistungen des Nordens markant zurückgegangen (s. Tabelle in **M 84 d**). Insbesondere für die Vereinigten Staaten zeigt sich ganz unmissverständlich, dass deren Auslandshilfe zu einem erheblichen Teil eine Funktion der machtpolitischen Auseinandersetzung mit Moskau gewesen ist, was folglich ihre Rückführung nach dem Ende des Ost-West-Gegensatzes ermöglicht hat. Aber auch die Bundesrepublik Deutschland hat ihre Entwicklungshilfeleistungen zurückgefahren, in den Leistungen für die einzelnen Länder noch stärker als insgesamt, da eine erhebliche Zahl neuer Länder, z. B. aus dem alten Ostblock, als Empfänger hinzugekommen ist (zu Leistungen einzelner Länder s. **M 84 b**). Auf internationalen Konferenzen bekennt sich freilich auch der deutsche Entwicklungshilfeminister immer wieder wortreich zum Erreichen des berühmten, 1970 proklamierten „UN-Ziels" von

> Heidemarie Wieczorek-Zeul hat es viel Kraft gekostet, ihr Budget für 2003 um 2,3 Prozent steigen zu lassen. Sie liegt damit im Trend. Trotz Sparzwängen ist derzeit eine – bescheidene – Renaissance der Entwicklungshilfe zu beobachten.
> Im vergangenen Jahr 2002 haben sich die führenden Industrienationen und Russland (G 8) darauf geeinigt, die Entwicklungshilfe bis 2006 um zwölf Milliarden Dollar zu erhöhen und den Schuldenerlass für die Ärmsten der Armen um eine Milliarde Dollar aufzustocken. Das ist immer noch weit entfernt von dem vor Jahren propagierten Ziel der Industrieländer, wenigstens 0,7 Prozent des Bruttoinlandsprodukts (BIP) für Entwicklungshilfe auszugeben. Die Bundesrepublik will ausweislich des Koalitionsvertrages bis 2006 den Anteil der Entwicklungshilfe von 0,28 auf 0,33 Prozent steigern. [...]
> (Süddeutsche Zeitung v. 11.3.2003, S. 20)

0,7 Prozent des BSP – nur um nach Hause zu fahren und bei der nächsten Kabinettssitzung bei der Verabschiedung des nächsten Haushaltes durch die Regierung eine erneute Kürzung hinnehmen zu müssen. Es fehlt offensichtlich an politischem Willen zur Aufstockung der Entwicklungshilfeleistungen. Natürlich hat dazu auch die wachsende Erkenntnis beigetragen, dass Entwicklungshilfe nicht die einzige und sicherlich auch nicht die wichtigste Variable ist, die Entwicklung bestimmt. Wir haben bereits darauf hingewiesen (vgl. **M 98**), dass die entscheidenden Einflussfaktoren auf Entwicklung in den Maßnahmen der Entwicklungsländer selbst liegen. Die Folgerung bei politisch Verantwortlichen und auch bei einer Öffentlichkeit, die – wenn auch wenig differenziert – Entwicklungshilfe für verschwendetes Geld hält, scheint nahe zu liegen: In Ländern, die die richtigen Maßnahmen ergreifen, wird Entwicklung eintreten, ob Entwicklungshilfe gegeben wird oder nicht; in Ländern, die dies nicht tun, wird Entwicklungshilfe nichts bewirken und eher die Fortführung von Zuständen erlauben und jene Reformen vermeiden helfen, die allein aus dem Zustand von Unterentwicklung und Armut herausführen könnten.
Ob in der öffentlichen Meinung ein Umschwung zugunsten von mehr Entwicklungshilfe eintritt, ist offen. Nach wie vor ist in den daran interessierten Kreisen ein erhebliches Potenzial vorhanden, wie man an den fast unvermindert hohen Spenden für entwicklungspolitische Zwecke ablesen kann.

1. *Legen Sie dar, was der gebräuchlichen Rede vom Nord-Süd-„Konflikt" zugrunde lag und inwiefern in jüngerer Zeit neben nach wie vor bestehenden Gegensätzen die gemeinsamen Interessen von „Nord" und „Süd" stärker beachtet und betont werden (Text S. 305f.).*
2. *Welche innen- und außenpolitischen Entwicklungen haben dazu geführt, dass Entwicklungshilfeleistungen in den meisten Industrieländern in den 90er-Jahren verringert worden sind (Text S. 306f.)? Vergleichen Sie dazu auch M 84 d und die aktuelle Situation in Deutschland (Kasten S. 306).*

F. Politische Antworten auf globale Probleme

1. Bewusstseinsbildung für globale Probleme

Globale Probleme betreffen zwar im Grundsatz alle Menschen, doch in durchaus unterschiedlichem Ausmaß. Damit ist auch das Problembewusstsein unterschiedlich entwickelt und auch die Problemtoleranz in vielen Ländern durchaus verschieden. Indische Teppichknüpfer arbeiten unter Bedingungen, die an die englische Frühzeit des Kapitalismus erinnern und von hiesigen Arbeitern empört abgelehnt würden; afrikanische Bauern tolerieren einen Grad der Verschmutzung des Wassers, der bei uns die Gesundheitsbehörden auf den Plan riefe; in südostasiatischen Seegewässern wird so lange gefischt, bis wegen Überfischung die Erträge zurückgehen; verbreitete Armut in Ostafrika führt keineswegs zu einem massiven Rückgang des Bevölkerungszuwachses, eher im Gegenteil, womit die Armut verlängert wird; soziale Dienste (etwa Erziehung und Gesundheitswesen) sind nur einem Teil der Bevölkerung zugänglich, was wiederum Bemühungen und die Reduktion der Armut behindern muss usw. Ein erster Schritt, solche globalen oder wenigstens universellen

Nord-Süd-Dialog
(Zeichnung: Horst Haitzinger/ CCC, www.c5.net)

Probleme zu bekämpfen, besteht offenbar darin, international ein Bewusstsein für sie zu schaffen und die Interdependenz* von Nord und Süd zu begreifen (vgl. die Karikatur). Dem dienen zahlreiche Aktivitäten, z. B. wissenschaftlich-technische Publikationen, auf die Praxis zielende Veröffentlichungen von nationalen und internationalen Organisationen usw. Besonders hervorzuheben sind seit einer Reihe von Jahren große *Weltkonferenzen,* die sich jeweils eines Ausschnittes solcher universeller Probleme annehmen und, wie unfruchtbar sonst auch immer, mindestens zu einer Stärkung des Problembewusstseins weltweit beitragen. Im güns-tigsten Falle münden sie auch in ein mehr oder weniger verbindliches Aktionsprogramm, z.B. zur Stabilisierung der Emission von Treibhausgasen oder dem Schutz der Wälder.
Themen solcher Konferenzen in den letzten Jahren waren etwa die Reduktion des Treibhauseffektes, das Bevölkerungswachstum, die Wohnsituation, soziale Dienste u. a. (s. **M 124**).

2. Situatives Problem- und Konfliktmanagement

Gelegentlich tauchen Probleme auf, die auf einem technisch engen Teilbereich angesiedelt sind, und für den sich eine auf die betreffende Problemsituation besonders angezeigte Lösung anbietet. Droht sich das Ozonloch auszuweiten und ist man über die Ursachen wissenschaftlich einigermaßen sicher, schließen die Staaten eine auf die Reduktion oder Abstellung der Produktion der entsprechenden schädlichen Substanzen zielende Übereinkunft. Streiten sich die Vereinigten Staaten und die EU um die Zulässigkeit von Strafzöllen wegen der europäischen Behinderung der Einfuhr der so genannten „Dollar-Bananen", können direkte Verhandlungen einem nützlichen Zweck dienen, darüber hinaus allerdings auch der Mechanismus innerhalb der Welthandelsorganisation (WTO), womit die Schwelle zur nächsten Ebene der Konfliktbearbeitung bereits überschritten wird.

3. Problembearbeitung durch globale und regionale funktionale Organisationen und „global governance"

An anderer Stelle (s. Kapitel I) wurde bereits darauf hingewiesen, dass es eine Vielzahl von internationalen Organisationen gibt, die jeweils zur Bearbeitung von Problemen in einem (unter Umständen allerdings großen) Teilbereich des internationalen Lebens geschaffen worden sind. Die UNO ist ursprünglich schwerpunktmäßig der Friedenswahrung und der Förderung der wirtschaftlichen und sozialen Wohlfahrt der Völker verpflichtet gewesen; die Internationale Arbeitsorganisation (ILO) in Genf der Regelung von Arbeitsbeziehungen und -bedingungen; die Landwirtschaftsorganisation der Vereinten Nationen (FAO) in Rom der Förderung der Landwirtschaft, vornehmlich in Entwicklungsländern; die Kulturorganisation UNESCO in Paris der Förderung kultureller Belange; die *Weltbank* der Förderung der Wirtschaftsentwicklung; der *Internationale Währungsfonds* ursprünglich der Behebung kurzfristiger Zahlungsbilanzkrisen usw. – Zum Modell „Global Governance" s. **M 125**.

4. Funktionale Teilintegration von Staaten

Einerseits in der Interaktionsdichte größer, andererseits regional begrenzter ist die hier angesprochene funktionale Teilintegration von Staaten. Aus der an anderer Stelle (S. 291f.) diskutierten Erkenntnis heraus, dass der Nationalstaat zur Lösung mancher Probleme zu klein ist, ist es zu einer Vielzahl von zwischenstaatlichen Zusammenschlüssen gekommen, die in Teilbereichen zu einer mehr oder weniger intensiven Integration geführt haben

und sich die Lösung von solchen Problemen zum Ziel gesetzt haben. Hierfür einige Beispiele:
Die Verteidigung des Westens gegen den Ostblock hätte die Möglichkeiten eines einzelnen europäischen Nationalstaates bei weitem überschritten. 1949 wurde daher die **NATO** gegründet, die nicht nur eine klassische Militärallianz war (und ist), sondern über eine integrierte Kommandostruktur bereits im Frieden zu einem engen Zusammenwirken der beteiligten Streitkräfte – im Idealfalle nach einem konsistenten Gesamtplan – führen sollte. –

Zahlreiche Staaten – insbesondere, aber nicht nur – in der Dritten Welt verfügen über so enge Märkte, dass eine rentable Industrie nicht aufgebaut werden kann. 1995 verfügten die Länder der Weltbankgruppe mit niedrigem Einkommen (ohne Indien, China und die Zwergstaaten) nur über durchschnittlich 22,3 Millionen Einwohner, was bei einem Bruttosozialprodukt pro Kopf von durchschnittlich 290 Dollar ein durchschnittliches Sozialprodukt pro Land von 6,5 Milliarden Dollar ergibt (demgegenüber Sozialprodukt der USA 7098 Milliarden Dollar). Das gesamte Sozialprodukt Schwarzafrikas ohne Südafrika und die Ölstaaten Nigeria und Gabun sowie Kongo-Zaire, für den keine Zahlen mehr angegeben werden, übertrifft, zu Kaufkraftparitäten umgerechnet, das belgische nur um 64 Prozent; die drei ostafrikanischen Länder (Kenia, Uganda und Tansania) zusammen erreichen nur 41 Prozent des belgischen und liegen damit in der Größenordnung einer einzigen größeren deutschen Industriestadt wie Hamburg oder Berlin. Neben möglichst ungehindertem Zugang zu den Weltmärkten ist hier die ökonomische Integration über *Zoll- und Wirtschaftsgemeinschaften* anzustreben. Solche gibt es in der Tat zahlreich (vgl. Grafik S. 272): die Nordamerikanische Freihandelszone (aus Kanada, USA, Mexiko, **NAFTA**), der **MERCOSUR** (aus Argentinien, Brasilien, Paraguay und Uruguay), die Wirtschaftsgemeinschaft westafrikanischer Staaten **ECOWAS,** die Entwicklungsgemeinschaft südafrikanischer Staaten **SADC** und andere, die jeweils einen ganz unterschiedlichen Grad an Erfolgen aufzuweisen haben. Erinnert sei an dieser Stelle an die **EU,** die im wirtschaftlichen Bereich überwiegend als erfolgreich angesehen wird und, vielleicht wichtiger, in Europa ein „Regime" des Friedens institutionalisiert hat.
Sonderbereiche funktionaler Teilintegration betreffen etwa das gemeinsame Management von Flusseinzugsgebieten, z. B. durch die Organisation pour la Mise en Valeur du Fleuve Sénégal in Westafrika, oder auch, wenn auch in ganz anderem Zusammenhang, die Rheinschifffahrts-Kommission. Genannt werden könnten hier auch die Kartelle der Erdöl exportierenden Länder **OPEC** oder die Organisation Arabischer Erdöl exportierender Länder **OAPEC.**
Politische Teilintegration ist bisher ein seltener Fall und über Ansätze nicht hinausgediehen. Immerhin könnte hier der Verband Südostasiatischer Nationen **ASEAN** genannt werden, der in der ökonomischen Integration wenig, in der politischen dagegen sehr viel erfolgreicher gewesen ist.

5. Vollintegration von Staaten

Hier sind die Beispiele noch spärlicher gesät, ist die Zahl der Misserfolge größer als die der Erfolge. Genannt werden könnte der inzwischen moribunde Versuch der Integration der Länder des „Großen Maghreb" von Marokko bis Tunesien und die mehrfachen bizarren Versuche des libyschen Revolutionsführers Gaddafi, sich mit wechselnden Nachbarstaaten zusammenzuschließen; auch die 1958 im Namen des „Arabischen Sozialismus" begründete Vereinigte Arabische Republik aus Ägypten und Syrien brach schon 1961 wieder auseinander. Erfolgreich war (bis jetzt) dagegen die Vereinigung von Nord- und Süd-Jemen. So scheint es, dass eine wirklich dauerhafte Integration normalerweise nur entweder durch Annexion gegen den Willen eines Beteiligten (Marokkos Annexion der ehemals spanischen Westsahara oder weiter Teile Kaschmirs durch Indien) erfolgt ist oder aber einen historischen Normalfall wieder hergestellt hat wie die deutsche Wiedervereinigung.

M 124 Wichtigste Weltkonferenzen der Vereinten Nationen seit 1992

1992 UN-Konferenz über *Umwelt und Entwicklung* in Rio de Janeiro. Ergebnis: Rio-Deklaration, Agenda 21*, Klimakonvention, Artenschutzkonvention
1993 *Menschenrechts*-Weltkonferenz in Wien
1994 Internationale Konferenz über *Bevölkerung und Entwicklung* in Kairo
1995 Weltgipfel über *soziale Entwicklung* in Kopenhagen
4. *Weltfrauenkonferenz* in Peking
Klimagipfel in Berlin
1996 UN-Konferenz über *menschliche Siedlungen* (Habitat II) in Istanbul
Welternährungsgipfel in Rom
1997 Sondergeneralkonferenz der Vereinten Nationen („Rio plus 5") in New York
Klimagipfel Kyoto
1998 Konferenz zur Schaffung eines *Internationalen Strafgerichtshofes*
1999 3. UN-Konferenz zur Erforschung und friedlichen Nutzung des *Weltraums*
„Kopenhagen plus 5" *(soziale Entwicklung)*
Landminenkonferenz (Maputo)
Weltgipfel zur *Sozialentwicklung* (Genf)
2000 *Weltfrauenkonferenz* Peking plus 5 (New York)
2001 Weltkonferenz gegen *Rassismus* (Durban)
Habitat II Istanbul plus 5 (New York)
2002 *Nachhaltige Entwicklung*, Johannesburg
Weltkonferenz zum illegalen *Kleinwaffenhandel* (New York)
Internationale *Entwicklungsfinanzierung* (Monterrey)
Welternährungsgipfel (Rom plus 5; Rom)

(Autorentext)

UNO-Klimaschutzkonferenz in Bonn unter dem Vorsitz des niederländischen Umweltministers Jan Pronk, 2001.
(Foto: AP Photo/Frank Augstein)

M 125 Modell „Global Governance"

M 125 a Global Governance heißt nicht Weltregierung

Die Frage der polit. Beherrschbarkeit von Weltproblemen und der Globalisierungstendenzen ist zum zentralen Problem der Weltpolitik geworden. Weil sich die Schere zwischen der Globalisierung der Weltprobleme [...] und der Fähigkeit der Staatenwelt, sie mit den herkömmlichen Verfahren und Instrumenten der nationalstaatl. Macht- und Interessenpolitik zu bewältigen, immer weiter öffnet, muss sich auch die Politik globalisieren. Dazu genügt auch nicht mehr ein punktuelles und reaktives Krisenmanagement, sondern es müssen *neue Ordnungsstrukturen* geschaffen werden.

Den Versuch, polit. Antworten auf die Herausforderungen der Globalisierung zu finden, nennen die einen Globalpolitik oder Weltinnenpolitik, andere Weltordnungspolitik oder globale Strukturpolitik, viele inzwischen

Ein Ordnungsrahmen (Zeichnung: Luis Murschetz/CCC, www.c5.net)

Global Governance, nachdem die *Commission on Global Governance* diesen Begriff in ihrem 1995 vorgelegten Bericht „Nachbarn in Einer Welt“ in die internat. Diskussion eingeführt hat. Die aus einem Forschungsprogramm der *United Nations University* (UNU) hervorgegangene Zeitschrift *Global Governance* setzte den Begriff mit einem Mehr an Multilateralismus, also mit einer Verdichtung der internat. Zusammenarbeit in Internationalen Organisationen und Internationalen Regimen, gleich.
Global Governance heißt nicht *Global Government*, also Weltstaat oder Weltregierung. Ein solcher „Welt-King Kong“ ist weder eine realistische noch eine erstrebenswerte Option, weil eine solche bürokratische Superbehörde kaum demokratische Legitimation gewinnen könnte und weit entfernt von den zu lösenden Problemen wäre. Weltweit stehen Dezentralisierung und *Regional Governance* auf der polit. Reformagenda. Die Vision von *Global Governance* entspricht eher der bereits von Immanuel Kant anvisierten Weltföderation von freien Republiken mit einem notwendigen Minimum an Weltstaatlichkeit.
Hier bildet das *UN-System* den Nabel von *Global Governance*. Die *Commission on Global Governance* ging in ihrem Bericht jedoch wesentliche Schritte weiter: Hier geht es nicht nur um eine Aufwertung des staatlich organisierten Multilateralismus, sondern schon um ein *neues Politikmodell*.

(Dieter Nohlen [Hg.], Kleines Lexikon der Politik, Beck, München 2001, S. 180)

M 125 b Merkmale und Chancen des Modells

Wie soll Politik auf globaler Ebene organisiert werden, wenn eine *Weltregierung* weder wahrscheinlich noch wünschenswert ist? *Global Governance* geht davon aus, dass modernes Regieren möglichst umfassend legitimiert sein muss, um erfolgreich sein zu können. Umgekehrt gilt aber auch, dass auf Dauer nur erfolgreiches Regieren als legitim anerkannt wird. Die Beachtung der beiden Normen Territorialität und Souveränität macht jedoch erfolgreiches Regieren angesichts von Globalisierungsprozessen immer schwieriger. Das Konzept *Global Governance* versucht, mit diesem Widerspruch kreativ umzugehen. Im Einzelnen zeichnet es sich durch folgende **Merkmale** aus:

Einbezug unterschiedlicher politischer Ebenen

Akteure auf unterschiedlichen politischen Ebenen werden in den Regierungsprozess einbezogen. Damit ist gemeint, dass die Regierungsleistungen möglichst immer auf der Ebene erbracht werden sollen, die optimal dafür geeignet ist. Wenn es also um die Ausweisung eines Naturschutzgebietes in Hessen geht, dann soll vor Ort darüber entschieden werden und nicht etwa in Brüssel.
Wenn dagegen internationale Finanzströme reguliert werden sollen, macht es wenig Sinn, dass sich nur die nationale Ebene mit diesem Fall befasst. Dieses Prinzip lässt sich dahingehend erweitern, dass der Kreis der an der Entscheidung Beteiligten möglichst groß sein soll, um eine umfassende Legitimation der beschlossenen Politik zu erreichen. Die Formulierung und Legitimierung von Politikzielen wird also häufig jenseits des Nationalstaates erfolgen, die konkrete Durchführung der beschlossenen Politik hingegen vor Ort stattfinden, um die Effektivität der Umsetzung zu sichern. Beispielsweise können die Ziele einer global wirksamen Klimapolitik nur auf einer globalen Konferenz formuliert werden. Dabei geht es vor allem darum, regionale und nationale Akteure in die Beschlussfassung einzubeziehen. Ihre Umsetzung bedarf jedoch vieler lokaler Initiativen – Stichwort *Lokale Agenda 21:* Die auf der Weltkonferenz der Vereinten Nationen (*United Nations*, UN) zu Umwelt und Entwicklung 1992 in Rio de Janeiro verabschiedete Agenda 21 enthält eine ganze Reihe von vergleichsweise abstrakt formulierten Prinzipien und Regeln für die regionale und nationale Ebene. Für die lokale und kommunale Ebene sind demgegenüber zeitgebundene Ziele und Politiken deutlicher formuliert. Daher haben mittlerweile eine ganze Reihe von deutschen Kommunen so genannte lokale Agenden 21 entwickelt und

bemühen sich um deren Umsetzung vor Ort. Hierbei sollten sie allerdings nicht allein gelassen werden, sondern bedürfen der angemessenen Unterstützung durch die anderen politischen Ebenen.

Einbezug staatlicher und nichtstaatlicher Organisationen

Akteure mit verschiedenem politischen Status werden in den Regierungsprozess einbezogen. Sowohl souveränitätsgebundene Akteure, also die Nationalstaaten, als auch souveränitätsfreie Akteure, etwa supranationale Mehrebenensysteme wie die Europäische Union (EU), Nichtregierungsorganisationen (NROs) wie Greenpeace, internationale (Regierungs-) Organisationen (IROs) wie die Welthandelsorganisation (WTO) oder politikfeldspezifische internationale Regime* wie das Ozonregime, tragen dazu bei, die *Global Governance*-Architektur in effektives und legitimes Regieren zu übersetzen. Auf der einen Seite bringen die souveränitätsgebundenen Akteure ihre Autorität und materiellen Ressourcen in den Willensbildungs- und Entscheidungsprozess ein, auf der anderen Seite stellen souveränitätsfreie Akteure häufig das zur erfolgreichen Umsetzung nötige Wissen über die Verhältnisse vor Ort und andere nicht-materielle Ressourcen zur Verfügung. Oft wird überhaupt erst durch das Zusammenwirken von staatlichen mit nichtstaatlichen Akteuren die effektive und legitime Problemregelung jenseits des Nationalstaates möglich. Beispielsweise ist eine wirksame Menschenrechtspolitik ohne die internationalen und regionalen Menschenrechtskonventionen, die von nationalen Regierungen unterzeichnet und von nationalen Parlamenten ratifiziert werden, nicht denkbar. Gleichzeitig leistet die geduldige und unparteiische Überwachung der Menschenrechte durch NROs wie amnesty international einen wichtigen Beitrag zur schrittweisen Annäherung an das Ziel „Globale Durchsetzung der Menschenrechte".

Staaten verlieren Souveränitätsrechte

Zu Ende gedacht erfordert eine solche Arbeitsteilung die Um- und Neudefinition von *Souveränitätsrechten.* Bisher beanspruchen die Nationalstaaten das Alleinvertretungsmonopol ihrer Gesellschaften nach außen. Künftig werden auch andere Akteure in viel stärkerem Maße Außenpolitik betreiben, auch wenn der Nationalstaat weiterhin das Scharnier zwischen nationaler Gesellschaft und globaler Umwelt bleibt. Vorstellbar ist etwa die Bindung der Ausübung legitimer Regierungsgewalt und damit der Souveränitätsrechte an die Einhaltung von global anerkannten Verhaltensmaßstäben. Werden diese missachtet, können gesellschaftliche Akteure vor Ort frühzeitig auf diese Verletzung aufmerksam machen und sie zum Beispiel an internationale Organisationen weitermelden, die dann wiederum andere, möglicherweise staatliche Akteure zur Intervention auffordern.

Damit bleibt *Global Governance* bzw. das Regieren jenseits des Nationalstaates ein politisches Projekt, das nicht von heute auf morgen realisiert werden kann. Dennoch können vor dem Hintergrund der bisherigen Ausführungen folgende **konkrete Schritte** auf dem Weg zu einer tragfähigen *Global Governance*-Architektur benannt werden:

Vernetzung der Akteure

Die Vernetzung der Akteure muss sowohl ober- als auch unterhalb der nationalen Ebene vorangetrieben werden. Das heißt, dass einerseits internationale Institutionen viel stärker als bisher in politisches Entscheiden und Handeln einbezogen werden müssen. [...] Hier gibt es mittlerweile etliche NROs wie Greenpeace oder den World Wildlife Fund for Nature, die aufgrund ihrer transnationalen Vernetzung in der Lage sind, ökologische Problemlagen frühzeitig zu erkennen und auf die globale Tagesordnung zu setzen. Auch im Bereich des Menschenrechtsschutzes gibt es viel versprechende Ansätze gesellschaftlicher Zusammenarbeit über Grenzen hinweg, wie das bereits angeführte Beispiel amnesty international zeigt. Alle diese gesellschaftlichen Akteure bauen bereits heute an einer tragfähigen *Global Governance*-Architektur mit. Dazu tragen auch moderne Kommunikationsmedien wie das *Internet* bei, die eine schnelle und kaum zu kontrollierende Informationsübermittlung und Akteursvernetzung ermöglichen.

Stärkung des Rechtsstaatsprinzips

Weiterhin sollten die vor allem in der allgemeinen Anerkennung menschenrechtlicher Mindeststandards wurzelnden Elemente globaler Rechtsstaatlichkeit gestärkt und ausgebaut werden. In Ansätzen geschieht dies bereits, wie einige Präzedenzfälle zeigen, indem nationalstaatlich begangene Menschenrechtsverletzungen international verfolgt und geahndet wurden. Beispiele hierfür sind die Gerichtsverfahren im Gefolge der Genozide im ehemaligen Jugoslawien und in Ruanda. Diese Verfahren wurden allerdings jeweils adhoc durchgeführt, da es bisher keine Institution gibt, die systematische Menschenrechtsverletzungen auch systematisch verfolgt. [...]

Der Internationale Strafgerichtshof hat am 11. März 2003 in Den Haag seine Arbeit aufgenommen. 18 Richter, darunter der Deutsche Hans-Peter Kaul, werden von nun an am Internationalen Strafgerichtshof Recht sprechen. Der Internationale Strafgerichtshof beruht auf dem Römischen Statut vom 17. Juli 1998, das 139 Staaten gezeichnet haben. Bis heute sind 90 davon Vertragsparteien geworden, darunter alle EU-Mitgliedstaaten. Zuständig ist der Internationale Strafgerichtshof für Verfahren wegen Völkermord, Verbrechen gegen die Menschlichkeit und Kriegsverbrechen, wenn der vorrangig zur Ermittlung und Strafverfolgung berufene Staat nicht willens oder nicht in der Lage ist, diese Verantwortung selbst wahrzunehmen. Die USA sind der prominenteste Gegner der neuen Rechtsinstanz. Durch Abkommen mit einzelnen Staaten wollen sie verhindern, dass Amerikaner an den Gerichtshof ausgeliefert werden.

(Autorentext)

M 125 c Zentralproblem: Bürgerferne

Die Probleme, die sich einem derartigen Projekt stellen, sind implizit bereits benannt worden. Vor allem aus demokratietheoretischer Sicht scheinen die Realisierungschancen einer unbedenklichen *Global Governance*-Architektur zumindest kurzfristig gering zu sein. [...] Bereits in den vergleichsweise übersichtlichen Demokratien Westeuropas lässt sich zunehmende Verdrossenheit über den Ablauf demokratischer Prozesse feststellen. Dies hängt sicherlich damit zusammen, dass nationalstaatliche Politik gewünschte Zustände, wie oben geschildert, in einer globalisierten Welt oft nicht mehr herstellen kann. Es hängt aber wohl auch damit zusammen, dass sich viele Menschen nicht mehr ausreichend repräsentiert fühlen von abgehobenen politischen Prozessen. Falls nun tatsächlich verstärkt auf globaler Ebene regiert wird, ist nicht zu erwarten, dass sich das Ausmaß der Bürgerferne der Politik verringert. Die Alternative zum anspruchsvollen Verständnis von *Global Governance*, nämlich rein technokratisch ansetzende Problemlösungen, die von Experten für Experten konzipiert, beschlossen und umgesetzt werden, ist aber gerade aus demokratietheoretischer Sicht erheblich weniger wünschenswert.

(M 125 b und c aus: Lars Brozus/Michael Zürn, Globalisierung – Herausforderung des Regierens, in: Informationen zur politischen Bildung, Nr. 263/1999: Globalisierung, hg. von der Bundeszentrale für politische Bildung, Bonn, S. 64f.)

M 125 d Wird die Leistung von NGOs überschätzt?

Die politischen NGOs verstehen sich als Akteure einer „internationalen Zivilgesellschaft". Ihr Beitrag zur Demokratisierung der internationalen Politik sollte jedoch realistisch eingeschätzt werden. Positiv schlägt zu Buche: NGOs beteiligen sich als eigenständige Kraft an der Entwicklung neuer Kooperationsformen mit staatlichen und wirtschaftlichen Akteuren in internationalen Regimen, artikulieren bisher unterrepräsentierte Interessen und machen Entscheidungsprozesse öffentlicher und transparenter. Sie tragen zur Herausbildung einer globalen Öffentlichkeit bei und bringen verdrängte oder neue Themen auf die politische Agenda, die sie mit Professionalität und Expertise vertreten. Sie erweitern das Handlungsrepertoire internationaler Politik. [...]

Doch ist trotz dieser unbestreitbar demokratisierenden Leistungen der NGOs vor allzu euphorischen Zwischenbilanzen zu warnen. So macht etwa ein Blick auf die oftmals kargen materiellen Politikergebnisse – man denke nur an die des Rio-Prozesses – deutlich, dass mächtige Nationalstaaten und Staatengruppen wie auch Wirtschaftsakteure weiterhin zentrale Akteure in der internationalen Arena sind. Die wachsende Zerklüftung und Unüberschaubarkeit der internationalen Politik ist zwar günstig für Wachstum und Beteiligung von NGOs in einzelnen internationalen Regimen*, doch ist sie zugleich auch Ausdruck einer Schwächung politischer Regulierungsmöglichkeiten insgesamt. Skeptiker sprechen in diesem Zusammenhang von einer sich abzeichnenden Anarchie der internationalen Politik. NGOs sind zudem oftmals nur Erfüllungsgehilfen staatlicher Interessen oder einer Politik der Privatisierung von Entwicklungshilfe und humanitären Programmen: Staaten wie Wirtschaft nutzen Fachkompetenz, Flexibilität, Effektivität und das öffentliche Ansehen der NGOs.

(Ansgar Klein, Überschätzte Akteure; in: Aus Politik und Zeitgeschichte B 6–7/2002)

1. *Der Text (S. 307) weist auf die Notwendigkeit zunehmender Bewusstseinsbildung für globale Probleme und auf die Bedeutung großer internationaler Konferenzen (M 124) in diesem Zusammenhang hin. Welche der genannten Konferenzen ist Ihnen bekannt geworden? Liegen Defizite im Bereich der Bewusstseinsbildung Ihrer Meinung nach eher darin, dass die Berichterstattung über globale Probleme und Lösungsversuche (wie z. B. Weltkonferenzen) in den Medien zu wenig Platz einnimmt, oder eher darin, dass die Bevölkerung insgesamt sich dafür zu wenig interessiert? Falls Sie Letzteres für zutreffend halten: Worauf ist dann das fehlende Interesse zurückzuführen?*

2. *Seit dem Abschlussbericht einer „Commission on Global Governance" im Frühjahr 1995 wird über die Idee eine „Weltordnungspolitik" (so könnte man „Global Governance" übersetzen) diskutiert. Beschreiben Sie die wesentlichen Aspekte, die mit der Vorstellung von einer solchen politischen Konzeption verbunden sind, und stellen Sie heraus, inwiefern es sich ausdrücklich nicht um eine Weltregierung (Global Government) handeln soll. (M 125 a)*

3. *Erläutern Sie die beiden „konkreten Schritte auf dem Weg zu einer tragfähigen Global Governance-Architektur" (S. 313).*

4. *Modelle wie Global Governance leiden an der zentralen Frage der Umsetzbarkeit: „Wie soll bei heterogener Interessenstruktur in einem System sich überlappender und durchdringender, geteilter Souveränitäten eine freiwillige Selbstkoordination funktionieren?" (J. Varwick, in: Handwörterbuch Internationale Politik, Opladen 1998, S. 120). Erörtern Sie im Hinblick auf diese Frage und die in M 125 c und d beschriebenen Probleme den Sinn und die Chancen des Global Governance-Konzeptes.*

Hinweise auf weiterführende Informationsmöglichkeiten

Das Informationsangebot des **Internet** zu den Themen dieses Bandes ist unüberschaubar. Über die zu den *einzelnen Abschnitten jeweils gegebenen Hinweise* hinaus sei auf folgende Angebote besonders hingewiesen:
Unter der Adresse www.udintersowi.de/aktuelle_mat_if6.htm hat eine Kölner Schule eine bemerkenswerte Sammlung von Materialien und Hinweisen zum Fach Sozialwissenschaften, darunter auch zum Inhaltsfeld VI bereitgestellt.
Die Seite www.weltpolitik.net/sachgebiete des Forums der Deutschen Gesellschaft für Auswärtige Politik bietet gut aufbereitete Informationen, Linksammlungen und Materialien zu wichtigen Bereichen und Themenaspekten des Themenfeldes Internationale Politik. Hingewiesen sei auch auf die Linkliste von „Politische Bildung online", des Informationsangebotes der Bundeszentrale und der Landeszentralen (www.politische-bildung.net/links/voll.php?viewCat=62) sowie die freenet-Listen zu den Bereichen „Hilfe und Entwicklung" (http://webkatalog.freenet.de/gesellschaft/hilfe_und_entwicklung/index.htm) und „Krieg und Frieden" (http://webkatalog,freenet.de/gesellschaft/krieg_und_frieden/index.htm).
Die Internet-Adressen wichtiger Institutionen und Organisationen sind im Abkürzungsverzeichnis (S. 335f.) aufgeführt.

Aus der unübersehbaren Fülle der **Literatur** zu den Themen dieses Bandes sei hier nur auf ganz wenige Titel hingewiesen:
Die relevanten Hefte der Informationen zur politischen Bildung („Entwicklungsländer" [Nr. 252/1996], „Globalisierung" [Nr. 263/1999], „Internationale Beziehungen" I und II [Nr. 245/200 und Nr. 274/2002], „Afrika" I und II [Nr. 264/1999 und Nr. 272/2001] sind auch im Internet verfügbar (www.bpb.de/publikationen/MXQU1P.html); das gilt auch für den informationsreichen Schlussbericht der Enquête-Kommission des Deutschen Bundestages zur „Globalisierung der Weltwirtschaft" (www.bundestag.de/gremien/welt/index.html). Eine unschätzbare Quelle für Informationen zu fast allen Themenaspekten dieses Bandes stellt das inzwischen in einer Neubearbeitung von 2002 vorliegende „Lexikon Dritte Welt" dar (hg. von Dieter Nohlen, Rowohlt Taschenbuch Verlag). Den aus der Sicht des Herausgebers vielleicht umfassendsten und gründlichsten Überblick über Entwicklungsländer und Entwicklungspolitik stellt die wissenschaftlich anspruchsvolle, aber gut lesbare und klug abwägende Darstellung von Hans-Rimbert Hemmer (Wirtschaftsprobleme der Entwicklungsländer, Verlag Vahlen, München, 3. Aufl. 2002, 1118 Seiten) dar. Zu Strukturen, Herausforderungen und Problemlagen der internationalen Politik im 21. Jahrhundert kann auf den Band „Internationale Politik im 21. Jahrhundert" (hg. von Mir A. Ferdowsi, UTB 2284, 2002) hingewiesen werden.

Glossar

abdiskontieren. Abzinsen; Vermindern zukünftiger Zahlungen um die bis zur Fälligkeit aufgelaufenen Zinsen und Zinseszinsen; dadurch wird der „Barwert" dieser Zahlungsverpflichtung ermittelt.

Afghanistan. Nach dem Terroranschlag in den USA vom 11. September 2001 stellte sich heraus, dass die Terroristen zu dem von Osama bin Laden geführten Terrornetzwerk Al-Qaida gehörten und dass diese Organisation von der damaligen afghanischen (Taliban-)Regierung unterstützt wurde. Daraufhin flogen die USA im Herbst 2001 wochenlange massive Luftangriffe gegen Ziele in Afghanistan (die UN erklärten dies Vorgehen als Selbstverteidigung für rechtmäßig), die dazu führten, dass das Taliban-Regime durch die Truppen der oppositionellen afghanischen „Nord-Allianz" und durch US-Spezialeinheiten gestürzt wurde. Seitdem wird das Land von einer Übergangsregierung regiert, die von UN-Truppen (ISAF; unter deutscher Beteiligung) unterstützt wird.

Agenda 21. Bezeichnung für das von der UN-Konferenz für Umwelt und Entwicklung 1992 in Rio de Janeiro beschlossene umfangreiche Aktionsprogramm für das 21. Jahrhundert für eine umweltverträgliche, sozial gerechte und nachhaltige Entwicklung (von über 170 Nationen unterzeichnete Absichtserklärung).

Akkumulation. Anhäufung, Speicherung, Ansammlung; Akkumulation von Kapital meint die Vermehrung des Kapitalstocks als Quelle von Einkommen.

Aktionsplan 2015. Internationaler Plan zur Halbierung der Zahl der Armen, insbesondere Hungernden, bis 2015.

AKP-Staaten. 48 Staaten in Afrika, 15 in der Karibik und 8 im Pazifik, meist ehemalige Kolonien oder Treuhandgebiete von Mitgliedern der EU, die nach den Abkommen von Lomé (zuletzt für den Zeitraum 1991 – 2000) und zugehörigen Finanzprotokollen, zuletzt für 1995–2000, besondere Beziehungen im Bereich Handel (freier Marktzugang), Entwicklungsfinanzierung und Erlösstabilisierung (STABEX, SYSMIN) für Exportprodukte mit der EU unterhalten (s. M 71).

Algerienkrieg. Unabhängigkeitskrieg der Algerier gegen die Kolonialmacht Frankreich 1954 – 1962; 1962 entließ Frankreich das Land nach dem Abkommen von Evian und anschließenden Referenden in Algerien in die Unabhängigkeit.

Allgemeine Erklärung der Menschenrechte. Am 10.12.1948 von der Generalversammlung der UN genehmigte und verkündete Aufstellung von Rechten der Abwehr gegen den Staat (Verbot der Sklaverei, der Folter, Rechte auf Asyl, auf Gleichbehandlung der Geschlechter, auf Leben u.a.), auf Teilhabe (Recht auf Mitwirkung, Wahlrecht, Recht auf Eigentum, Versammlungs- und Vereinigungsfreiheit) und auf soziale und wirtschaftliche Sicherheit (Recht auf soziale Fürsorge, Arbeit, Freizeit und Urlaub u.a.); von praktisch allen Staaten akzeptiert und in den Menschenrechtspakten von 1966 (mit ebenfalls fast universeller Geltung) entfaltet. Es ist mithin bindendes → Völkerrecht; kein Staat kann sich rechtlich einer Untersuchung der Menschenrechtssituation auf seinem Territorium und ggf. Sanktionen mit dem Vorwurf der „Einmischung in die inneren Angelegenheiten" entziehen.

Amselfeld (Kosovo). Südlichste Region Serbiens, Wiege der serbischen Kultur (mit bedeutenden Zeugnissen der spätbyzantinischen Kunst), im 17. Jh. aber weitgehend von den Serben verlassen und albanisch besiedelt. 1999 startete die NATO (ohne Mandat des Sicherheitsrates, daher rechtlich umstritten) einen Luftkrieg gegen Serbien, um Vertreibung und Völkermord an Albanern durch das serbische Milosevic-Regime zu stoppen (→ Kosovo-Krieg).

Analphabetenquote. → Analphabetismus

Analphabetismus. Unfähigkeit, die eigene Sprache zu lesen und zu schreiben, weil dies nicht gelernt worden ist. Die Analphabetenquote gibt den Anteil der analphabetischen erwachsenen (bzw. über 15 Jahre alten) Bevölkerung an der erwachsenen Gesamtbevölkerung an.

Anarchie. Zustand der Herrschaftslosigkeit, des Chaos in rechtlicher, politischer, wirtschaftlicher oder gesellschaftlicher Hinsicht.

anarchisch. → Anarchie

animistisch. Als Animismus (von lat. animus) wird der Glaube an die Beseeltheit der Natur und die Existenz von Geistern bezeichnet.

Anomie. Soziologischer Begriff für einen Zustand mangelnder kultureller oder sozialer Ordnung, mangelnder gesellschaftlicher Integration, verbunden mit dem Gefühl von Einsamkeit oder Hilflosigkeit; entwickelt von dem frz. Soziologen Emile Durkheim (1858 – 1917), für den A. das Auseinanderfallen individueller Handlungen und gesellschaftlicher Bindungen bezeichnet.

anomisch. → Anomie

antagonistisch. Einander (feindlich) gegenüberstehend

Arbitrage-Geschäfte. Ausnutzung von Preis- und Kursdifferenzen von Kursen an verschiedenen Börsen bzw. Gütern an verschiedenen Orten. A. führen unter Außerachtlassung von Komplikationen wie Zöllen, Ein- und Ausfuhrbeschränkungen oder Transportkosten dazu, dass ein Gut im Prinzip nur einen Preis haben kann: Ist Gold in Indien billiger als in Indonesien, wird es in Indien gekauft und in Indonesien verkauft; die erhöhte Nachfrage in Indien erhöht, das größere Angebot in Indonesien senkt den Preis, bis die Preisdifferenz verschwunden ist bzw. so klein wurde, dass sich weitere A. nicht mehr lohnen.

Archipel Gulag. Durch den russischen Dichter Solschenizyn bekannt gewordener Ausdruck für das System der sowjetischen Zwangslager; Höhepunkt unter der Stalin-Zeit (1929 – 1953).

Artefakt. Kunstprodukt. Ein statistisches A. ist eine scheinbare Größe, die durch eine Rechenoperation vorgetäuscht wird, aber in Wirklichkeit nicht besteht.

Asien-Krise. Krise der südostasiatischen Wirtschaften ab dem Sommer 1997, nacheinander manifest als Währungskrise, Börsencrash, Rückgang der realen Wirtschaftsleistung mit Zunahme der Armut und politischer Krise. Die Ursachen sind lebhaft diskutiert worden: Währungsspekulation, ökonomische Ungleichgewichte, institutionelle Schwächen, Grenzen des asiatischen Modells und Krise der asiatischen Werte (s. J.H.Wolff, Ende des südostasiatischen Wirtschaftswunders? Vernachlässigte Wirtschaftsordnungspolitik und die Folgen, in: Bochumer Jahrbuch für Ostasienforschung, Bd. 23, S. 417 – 441). 1999 war die Krise weitgehend überwunden; zurzeit sind Überlegungen für a) Frühwarnsysteme und b) Veränderungen der internationalen Finanzarchitektur zur Reduktion kurzfristig-spekulativer Kapitalbewegungen im Gange.

asymmetrische Bedrohung. Form eines Konfliktes, bei der sich nicht Staaten, militärische Einheiten usw. offen gegenüberstehen oder sich mit konventionellen Mitteln bekämpfen, sondern Staaten oder Gesellschaften sich einer Bedrohung durch terroristische Netzwerke, Befreiungskämpfer, Computerhacker usw. ausgesetzt sehen, die schwer zu bekämpfen sind.

atavistisch. Im abwertenden Sinn: in Gefühlen, Gedanken usw. einem früheren, primitiven Menschheitsstadium entsprechend

Auflagenpolitik. Politik der an bestimmte wirtschaftspolitische Auflagen geknüpften Kreditvergabe (durch die Bretton Woods-Organisationen); zur Erläuterung s. M 79

Ausgleichslager. Rohstoffabkommen zwischen Erzeuger- und Verbraucherländern wurden mit dem Ziel abgeschlossen, den Absatz der Rohstoffe zu angemessenen und stabilen Preisen zu sichern. Dabei wurden häufig zentrale Lager eingerichtet, die beim Erreichen der Preisgrenzen den betr. Rohstoff aufkaufen (um das Unterschreiten des Mindestpreises zu verhindern) oder aus eigenen Beständen verkaufen (um das Überschreiten des Höchstpreises zu vermeiden); engl.: buffer stocks. Die Rohstoffabkommen sind praktisch alle gescheitert, die A. aufgelöst.

Autarkisten. Anhänger der Lehre, nach der ein Land vom Außenhandel unabhängig, also „autark“ sein solle; das nationalsozialistische Deutschland z.B. strebte Autarkie an.

Autokratie (von griech. autos = selbst und kratein = herrschen: selbstherrliche Herrschaftsausübung, Selbstherrschaft). „Fachwort für eine Herrschaft, in der alle wesentlichen Entscheidungsbefugnisse einem einzigen Machtträger (Autokrat) obliegen, der selbstherrlich, weder personell noch institutionell beschränkt, insbes. ohne Mitwirkung, Zustimmung und Kontrolle seitens der Beherrschten, jedoch nicht notwendigerweise tyrannisch regiert. Der Autokrat kann eine Einzelperson sein oder ein Kollektivakteur, z.B. eine Versammlung, ein Komitee, eine Junta oder eine politische Partei: In der älteren vergleichenden Politikwissenschaft hat man zwischen zwei Hauptformen der Autokratie unterschieden, nämlich autoritären Regimen und totalitären Ordnungen (Totalitarismus).“ (Manfred G. Schmidt, Wörterbuch zur Politik, Kröner-Verlag, Stuttgart, 1995, S. 92)

autoritär. Ein politisches Regime, das seine Legitimation nicht aus der Zustimmung der Beherrschten ableitet (vgl. → Autokratie), im Gegensatz zu → totalitären Regimen jedoch darauf verzichtet, jeden Bereich des Lebens überwachen und reglementieren zu wollen.

Bariloche-Modell. „Weltmodell einer Forschergruppe aus Ländern der Dritten Welt, benannt nach der die Forschungen fördernden Stiftung Bariloche/Argentinien, das sich als Gegenmodell zum Bericht des *Club of Rome* begriff. Betonte der *Club of Rome* die ‚Grenzen des Wachstums‘, ausgehend von der Endlichkeit der → Ressourcen und Verknappungsannahmen, so stellte das Bariloche-Modell die ‚Grenzen des Elends‘ in den Mittelpunkt des Argumentationszusammenhangs. Die Zukunftsvision des *Club of Rome* sei bereits für den Großteil der Menschheit brutale Wirklichkeit. Die Ursachen lägen jedoch nicht in den physischen Grenzen der Erde, sondern seien sozioökonomischer und politischer Natur, beruhten auf ungleicher Machtverteilung und seien folglich überwindbar. Im Einzelnen wurde die Verknappungsannahme widerlegt und eine an den Grundbedürfnissen der Bevölkerung in den EL orientierte Wachstumspolitik empfohlen.“ (Dieter Nohlen [Hg.], Lexikon Dritte Welt, Rowohlt, Reinbek 2000, S. 86) Auch das B. sah eine Ernährungskrise für Asien voraus – bisher durch die Entwicklung nicht bestätigt, da eine massive Verbesserung der Ernährungssituation in Asien zu beobachten ist.

Berlin-Blockade. Verweigerung des freien Zugangs zu Lande und zu Wasser aus Westdeutschland in die drei Westsektoren der Stadt 1948/49 durch die von Stalin geführte Sowjetunion. Sie blieb unwirksam, da die Westalliierten in der „Luftbrücke" die Versorgung der Stadt sicherstellen konnten.

Blockfreienbewegung. Im Anschluss an die Konferenzen von Neu-Delhi 1947, Kairo 1952, Bandung 1955 und Brioni 1956 begründeter lockerer Zusammenschluss von Staaten aus Europa (Jugoslawien), Afrika, Lateinamerika und Asien, die sich weigerten, im Ost-West-Konflikt für die ein oder andere Seite Stellung zu beziehen, also politisch etwas „Drittes" darstellen wollen. Zahlreiche Folgekonferenzen artikulieren Forderungen nach Abrüstung, erhöhter Entwicklungshilfe, Nichteinmischung, Unabhängigkeit (noch) kolonialer Territorien, allgemeine Zollpräferenzen, einer Neuen Weltwirtschaftsordnung. Seit dem Ende des Ost-West-Konflikts begreift sich die B. als Interessenorganisation des Südens (www.nam.gov.za).

Brandt-Bericht. 1980 vorgelegter Bericht der „Unabhängigen Kommission für internationale Entwicklungsfragen" unter Vorsitz von Willy Brandt, der Entwicklungsprobleme „keynesianisch" begriff, also als Konjunktur- statt als Strukturproblem. Der B. fand ein breites Echo, die unmittelbare Wirkung blieb aber vergleichsweise gering.

Breakfast Prayer Society. Evangelikale Gruppe von einflussreichen Persönlichkeiten der USA mit internationalen Ablegern, z.B. in Deutschland die Gesellschaft für Völkerverständigung, die Dialoge zwischen den Großen der Welt zur Förderung des Friedens auf religiöser Grundlage ermöglichen wollen. Die genaue Bedeutung der Gruppe ist unklar.

Breschnew, Leonid Iljitsch, sowjet. Politiker, 1906 – 1982, ab 1964 Erster (und 1996 General) Sekretär der Kommunistischen Partei der Sowjetunion (KPdSU) und damit zentrale politische Figur der Sowjetunion bis zu seinem Tode. Neben Hochrüstung zur Sicherung der Weltmachtstellung der UdSSR stand der Versuch der wirtschaftlich-technischen Modernisierung bei politisch-restaurativen Tendenzen. Die im System angelegten wirtschaftlichen Stagnationstendenzen (s. → Stalin) brachten das Wirtschaftswachstum vollständig zum Erliegen (daher wurde seine Herrschaft durch den Nachfolger Gorbatschow als „Periode der Stagnation" bezeichnet) und waren ein Hauptgrund für den wenige Jahre nach seinem Tod erfolgten Zusammenbruch der Sowjetunion.

Bretton Woods. Ort in den USA, Schauplatz einer Konferenz 1944 zur Neuregelung der internationalen Währungs- und Wirtschaftsbeziehungen nach dem 2. Weltkrieg. Als B.-Institutionen werden Weltbank und Internationaler Währungsfonds bezeichnet.

ceteris paribus (lat.: „wenn das Übrige gleich bleibt"). Insbesondere in der Wirtschaftswissenschaft zentraler Begriff bei der Untersuchung empirischer Zusammenhänge (aber auch in den Naturwissenschaften vorausgesetzt): Will man die Wirkung der Veränderung eines Faktors untersuchen, sind alle anderen Faktoren (gedanklich, experimentell) unverändert zu belassen. Soll die Wirkung der Inflation auf das Sparverhalten untersucht werden, darf nicht gleichzeitig das Steuersystem verändert werden (sonst wäre nicht klar, auf welchen Faktor eine beobachtete Veränderung des Sparverhaltens zurückgeht). Soll die Ausdehnung eines Gases unter dem Einfluss einer Temperaturveränderung untersucht werden, darf sich der (meteorologische) Luftdruck nicht ändern usw.

Chauvinismus. Exzessiver Nationalismus militaristischer Prägung, extrem patriotisch nationalistische Haltung.

CIA. Central Intelligence Agency; 1947 gegründete Behörde für den Auslandsgeheimdienst der USA mit Sitz in Washington (www.cia.gov)

Circulus vitiosus. „Lästiger Zirkel" (lat.), „Teufelskreis"; ein Kausalzusammenhang, bei dem die (negativ bewertete) Folge zur Ursache des gleichen negativen Zusammenhanges wird.

colonial development. Bezeichnung der Entwicklungspolitik Großbritanniens in seinen Kolonien und Treuhandgebieten.

Commodity-Terms of Trade. → Terms of Trade

Desaggregation. Auflösung einer aggregierten (aus Einzelteilen mit gleichen Merkmalen zusammengefassten) Größe in einzelne Teile.

Devisen. Ausländische Zahlungsmittel. Ein Land (Tschad), das ausländische Waren (z.B. aus Großbritannien) importieren möchte, muss dafür i.d.R. entweder mit der Währung des Lieferlandes (britische Pfund) oder mit einer frei handelbaren („konvertiblen") Währung (z.B. US-$, Euro) bezahlen. Solches Geld kann es nicht wie die eigene Währung „schöpfen", sondern muss es verdienen, z.B. als Bezahlung für eigene an das Ausland gelieferte Waren (etwa Baumwolle). Da jedes Land die Güter importieren muss, die es benötigt, aber nicht selbst herstellt, ist der Erwerb von Devisen hierfür notwendig.

diversifizieren. → Diversifizierung

Diversifizierung. „Vergrößerung der Vielfalt"; Zunahme der Zahl produzierter bzw. exportierter Güter, einmal durch Produktionsvertiefung (außer Rohbaumwolle wird auch Baumwollgarn erzeugt und exportiert), sodann horizontal (außer Rohbaumwolle werden auch Gummihandschuhe oder Fahrräder produziert und exportiert).

Djihad (auch Jihad oder Dschihad). „Anstrengung, Bemühung"; im Islam die Bemühung um den Glauben („großer Djihad"), um moralisches Handeln und Mission; Pflicht der Gemeinschaft der Muslime, die ständig befolgt werden muss; als „kleiner Djihad“ Glaubenskrieg zur Erweiterung des islamischen Herrschaftsbereichs oder zu dessen Verteidigung; Näheres s. S. 257, Z. 15ff.

Dritte Welt. → Blockfreienbewegung

Dualismus. Behauptung, die Wirtschaft und Gesellschaft vieler Entwicklungsländer zerfalle in einen „modernen“ und einen traditionellen Teil, die unverbunden nebeneinander existierten. Neuere Untersuchungen weisen demgegenüber auf wechselseitige Verflechtungen hin, ggf. auf die Ausbeutung des stagnierenden durch den modernen Sektor.

dualistisch. → Dualismus

Duvalier. Diktatorenfamilie in Haiti; Terrorregime von François D. (1957 – 1971, „Papa Doc“) und seines (etwas gemäßigteren) Sohnes Jean-Claude (1971 – 1986, „Baby Doc“)

Effektivität. Wirksamkeit: Wie weit hat eine Maßnahme ihr Ziel erreicht? vgl. → Effizienz

Effizienz. Das Verhältnis von Ertrag und Aufwand. Bei hoher Effizienz ist es hoch, bei niedriger niedrig. Auch effektive Maßnahmen (→ Effektivität) können ineffizient sein, weil großem Aufwand niedriger Ertrag gegenübersteht.

Egalitarismus. Vorstellung bzw. Grundsatz (Egalitätsprinzip), wonach in der menschlichen Gesellschaft die möglichst vollständige Gleichheit aller Mitglieder in politischer, sozialer und wirtschaftlicher Hinsicht verwirklicht werden müsse.

Einzelplan. Der Bundeshaushalt ist in sog. „Einzelpläne“ für die verschiedenen Staatsaufgaben aufgeteilt. Ausgaben (und Einnahmen) des Bundes im Bereich Entwicklungspolitik finden sich im Einzelplan 23; er umfasst seit einigen Jahren Ausgaben zwischen 3 und 4 Mrd. €/Jahr.

Emissionszertifikate. Instrumente zur Reduzierung von Schadstoffemissionen, besonders im Rahmen der Klimaschutzpolitik (Kyoto-Protokoll); Zertifikate sind (an Umweltbörsen) frei (nach Angebot und Nachfrage) handelbare Rechte (Lizenzen) auf die Emittierung bestimmter Schadstoffmengen (Anteilen an einer politisch festgelegten Gesamtmenge); durch den marktwirtschaftlichen Wettbewerb soll zugleich ein Anreiz zur Reduktion von Schadstoffemissionen entstehen.

Entwicklung. Wissenschaftstheoretisch sind sog. Nominaldefinitionen frei, d.h. sie können nicht nach dem Kriterium „richtig/falsch“ beurteilt werden, sondern nach nützlich/weniger nützlich, verständlich/unverständlich usw.; eine „richtige“ Definition gibt es hiernach nicht; der Begriff „Entwicklung“ macht keine Ausnahme. „Entwicklung“ bedeutet allgemein: Veränderung von einem niedrigeren zu einem höheren Zustand, Zurücklassen eines als schlecht/unangenehm/bedrohlich angesehenen Zustandes. Entwicklung hat es zu tun mit der Erweiterung menschlicher Wahlmöglichkeiten, mit der Überwindung von Armut, Unwissenheit, Fremdbestimmung/Repression, einem sinnvollen erfüllten Leben (z.B. durch eine produktive Arbeit), aber auch sozialer Gerechtigkeit, wie immer diese zu bestimmen sein mag. Selbst das Aufblühen von Kultur wurde schon unter Entwicklung subsumiert. Entwicklung ist jedenfalls mehr als wirtschaftliches Wachstum, begreift bei armen Ländern dieses aber notwendig mit ein.

Entwicklungsländer. Allgemein jener Teil der Welt, der die abendländische wissenschaftlich technisch-ökonomische Revolution seit dem Spätmittelalter bzw. dem 18. Jh. weder als erste Nation (Großbritannien) noch mit einigen Jahrzehnten (übrige Industrieländer außer Japan) noch mit etwa einem Jahrhundert Verzögerung (Japan) mitgemacht hat. Die UN anerkennt eine Liste von Staaten als Entwicklungsländer, die von dieser Begriffsbestimmung in Einzelfällen abweicht; für die deutsche Entwicklungshilfe ist die Liste 1 des Development Assistance Committee (DAC) der Organisation für wirtschaftliche Zusammenarbeit und Entwicklung (OECD), Paris, maßgeblich; eine Liste II umfasst „Länder im Übergang“. Zu Einzelheiten s. BMZ, Journalistenhandbuch (neuerdings Medienhandbuch) Entwicklungspolitik, Teil 0, jährl. aktualisiert (www.bmz.de).

Ethnie. Ein wissenschaftlich nur schwer fassbarer Begriff (vom griechischen ethnos = Volk); allgemein eine Gruppe von Menschen, die sich von anderen Gruppen durch Hautfarbe, Körperbau, Kultur (e. Sprache), Religion, regionale Wohnstätte u.a. unterscheidet und sich dieses Unterschiedes a) selbst bewusst ist und b) von anderen als unterschiedlich betrachtet wird. Bei näherer Analyse zerfließen allerdings diese „objektiven“ Kriterien dem Beobachter unter den Fingern. Zurück bleibt als Minimum Max Webers Begriffsbestimmung eines „subjektiven Glaubens“ an eine „gemeinsame Abkunft, unabhängig davon, ob eine objektive Blutsverwandschaft existiert oder nicht“. Selbst diese Minimaldefinition umfasst einzelne ethnische Gruppen nicht, z.B. die Bosniaken in Bosnien-Herzegovina, sodass letztlich nur das subjektive und von Fremdgruppen akzeptierte Gefühl der Zusammengehörigkeit und Andersartigkeit übrig bleibt. Die Schwierigkeit der Definition sollte nicht über die Virulenz ethnischer Konflikte hinwegtäuschen: s. S. 240f.

Ethnozentrismus. Einstellung, welche die eigene → Ethnie (Gruppe, Volk, Rasse) in den Mittelpunkt stellt und gegenüber anderen Ethnien als höherwertig und überlegen ansieht, zu Diskriminierungen führt und zur Entstehung und Verschärfung von Konflikten beiträgt.

Euphemismus. Mildernde oder beschönigende Umschreibung für ein anstößiges oder unangenehmes Wort. „Unterentwickelte Länder" wurden z.B. zu „Entwicklungsländern", gleichgültig, ob dort Entwicklung stattfindet oder nicht.
Europarat. 1949 gegründete Organisation (ursprünglich) westeuropäischer Staaten zur Förderung des wirtschaftlichen und sozialen Fortschritts in Europa; Sitz in Straßburg. Schwerpunkt der Tätigkeit ist derzeit die Überwachung der Einhaltung der Menschenrechte in den Mitgliedstaaten.
EUROSTEP. Verband europäischer Nichtregierungsorganisationen im Entwicklungshilfebereich.
evaluieren. → Evaluierung
Evaluierung. Wirkungsbeobachtung von Entwicklungshilfemaßnahmen; grundsätzlich interessieren drei Fragen: 1) Sind solche Maßnahmen effektiv (haben sie die gesetzten Ziele erreicht)?; 2) Sind sie effizient (d.h. haben sie ein günstiges Verhältnis von Aufwand und Ertrag)?; 3) Sind sie relevant? (Einen Eimer mit Meerwasser zu füllen senkt zwar den Meeresspiegel, ist aber für diesen irrelevant!)
Exporterlösschwankungen. Bei Abhängigkeit der Exporte eines Landes von wenigen Gütern (s. M 31) können Preisveränderungen die Erlöse (→ Devisen) stark verändern. Zu unterscheiden sind: 1. Kurzfristige Schwankungen um einen langfristigen Trend, also z.B. Kaffeepreis im Januar hoch, im Juli niedrig, im Dezember wieder hoch; 2. Langfristige Trends, also: Kaffeepreis im Durchschnitt des Jahres 1950 hoch, des Jahres 1990 niedrig, bei mehr oder weniger konstantem Rückgang in den dazwischenliegenden Jahrzehnten (s. M 64 a und b). Kurzfristige Schwankungen bringen Probleme für die Planung der Einnahmen und Ausgaben von Individuen, Firmen und Staaten mit sich, die negative Wirkung auf Wachstum ist jedoch umstritten. Zu langfristigen Trends s. S. 152ff.
Externalität. (Positiv) Zusatznutzen oder (negativ) Schaden, der sich nicht im Preis eines Gutes/einer Dienstleistung ausdrückt und daher Ursache für „Marktversagen" ist, indem das schädigende Gut mehr, das zusätzlichen Nutzen erbringende Gut weniger produziert wird als nach gesamtgesellschaftlichem Nutzenkalkül rational. Ein Zementwerk, das Staub in die Gegend bläst, lädt die Folgen bei anderen (evtl. indirekt über die Schädigung der Natur) ab (negative Externalität), es kann daher billiger produzieren, was das Angebot des schädigenden Guts und die Nachfrage danach erhöht. Bildet ein Betrieb aus und hat er damit zusätzliche Kosten, deren Wert anderen zugute kommt (indem z.B. die ausgebildeten Arbeitskräfte zur Konkurrenz abwandern: positive Externalität), wird er weniger ausbilden als gesellschaftlich erwünscht. Idealerweise sollten Preise durch staatlichen Eingriff so verändert werden, dass sie den Wert der positiven oder negativen Externalität umfassen: eine Abgabe in Abhängigkeit vom emittierten Staub, eine Prämie in Abhängigkeit von der Zahl der Ausgebildeten. Möglich, allerdings weniger sinnvoll, ist auch direkte Regulierung: Vorschrift, einen Filter einzubauen oder eine Mindestzahl von Lehrlingen auszubilden.

Freihändler. Schule der Nationalökonomie, die den Außenhandel „frei" ablaufen lassen will, um damit Wohlstandsgewinne zu erreichen. David Ricardo hat mit seiner „Theorie der komparativen Vorteile" dafür die theoretische Basis geliefert. → Handelshemmnisse
Fundamentalismus. „Allgemein das kompromisslose, dogmatische Festhalten an bestimmten, insbesondere religiösen und politischen Überzeugungen, Glaubensvorstellungen und Grundsätzen, die mitunter fanatisch und kämpferisch vertreten werden. Fundamentalistische Strömungen gibt es in Religionen, sozialen Bewegungen und politischen Parteien. [...] Gegenwärtig breitet sich im islamischen Kulturkreis ein F. aus, dessen Verfechter die ursprüngliche und reine islamische Religion (wörtliche Befolgung der Vorschriften des Koran) und einen islamisch geprägten Staat fordern, in dem die → Scharia bzw. islam. Pflichtenlehre mit rigorosen körperlichen Strafen (s. → Hadd) gilt. Während zugunsten der Verbesserung materieller Lebensverhältnisse naturwissenschaftlich-technisch-wirtschaftliche Errungenschaften der europäisch-westlichen Zivilisation übernommen werden, weist der islamische Fundamentalismus [...] die auf Rationalität, Aufklärung u. Individualismus bezogenen kulturellen Dimensionen der westl. Moderne zurück." [...] (Karl-Heinz Hillmann, Wörterbuch der Soziologie, Kröner Verlag, Stuttgart 1994, S. 250f.)
Fundamentalisten. → Fundamentalismus
Fungibilität. Entwicklungshilfe finanziert die Prioritäten der Empfängerregierung, nicht das Projekt/Programm, für das das Geld dem Anschein nach ausgegeben wird. Diese Prioritäten mögen mit den Präferenzen des Gebers übereinstimmen, sie müssen es aber nicht, s. S. 225f. und M 97

Gandhi, Mahatma. (1869 – 1948), Kämpfer für die indische Unabhängigkeit von Großbritannien; Hauptwaffe: „bürgerlicher Ungehorsam" und „Nicht-Zusammenarbeit" (also Ablehnung von Gewalt). Die theoretische Grundlage ist das unbeirrte Eintreten für das als wahr Erkannte, um den Gegner zur Einsicht zu zwingen. 1948 von einem Hindu-Fanatiker ermordet.

GATT. Siehe → WTO
Gatt 47. Für internationalen Warenhandel (ohne Agrarbereich, später auch Textilien und Bekleidung) System von Handelsregeln (Gegenseitigkeit, Meistbegünstigung, Inländerbehandlung), die auf Liberalisierung des Welthandels gerichtet sind. Die Verwirklichung des Freihandelsziels wird allerdings durch Ausnahmeklauseln blockiert, die Voraussetzungen für den Einsatz protektionistischer Maßnahmen regeln.
Gatt 94. Einbeziehung des Weltagrar- und -textilhandels in das System der Handelsregeln ohne grundlegende Reform der Ausnahmeklauseln. Die Voraussetzungen für protektionistische Eingriffe werden z.T. präziser gefasst und das Streitschlichtungsverfahren wurde neu geregelt.
Generika. (Sg.: Generikum) Arzneimittel, die bereits auf dem Makt befindlichen, als Markenzeichen eingetragenen Präparaten in der Zusammensetzung entsprechen, in der Regel billiger angeboten werden und als Namen die chemischen Kurzbezeichnungen tragen.
Geostrategie. Politisch-militärisches Denken in Abhängigkeit vom Raum. Klassisch das Gegensatzpaar Seemacht vs. Landmacht.
Gihad. s. → Djihad
Gini-Index. Der Gini-Index misst das Ausmaß der Abweichung der Einkommensverteilung (oder in einigen Fällen der Verteilung der Verbrauchsausgaben) unter Personen oder Haushalten in einer Volkswirtschaft von einer vollkommen gleichmäßigen Verteilung (s. M 40, S. 105f.). Eine Lorenz-Kurve zeigt die kumulierten Prozentwerte des erzielten Gesamteinkommens im Vergleich zur kumulierten Zahl der Einkommensempfänger, beginnend mit den ärmsten. Der Gini-Index misst den Bereich zwischen der Lorenz-Kurve und einer hypothetischen Linie absoluter Gleichverteilung, ausgedrückt als Prozentsatz der maximalen Fläche unterhalb der Linie (s. S. 105f.). Nach dieser Definition bedeutet der Gini-Index von Null somit vollkommene Gleichverteilung, während ein Index von 1 maximale Ungleichverteilung anzeigt (wobei eine Person oder ein Haushalt für die Gesamtheit des Einkommens oder Verbrauchs steht).
Golfkriege. Erster Golfkrieg: Irakisch-Iranischer Krieg 1980 bis 1988; Zweiter Golfkrieg: Irakische Annexion Kuwaits 1991, mit anschließendem erfolgreichen Feldzug einer von der UNO autorisierten Militärallianz unter der Führung der USA zur Befreiung des besetzten Landes.
Grenznutzen. Der Nutzen einer zusätzlichen Einheit eines Gutes. Er nimmt in der Regel ab (Ausnahme: Wissen!). Ein Liter Wasser in der Wüste mag lebensrettend sein, den hundertsten kann man nicht einmal mehr tragen!
Grenzproduktivität. Begriff aus der Produktionstheorie, Produktivität der zuletzt eingesetzten Einheit eines Produktionsfaktors (z.B. der Arbeit). Die G. sinkt in der Regel.
Grundbedürfnisse (basic needs). Allgemein alle Bedürfnisse, deren Erfüllung erst die physische Existenz von Menschen, sodann alle weiteren geistigen und sozialen Formen menschlichen Lebens sichert (Nahrung, Kleidung, Wohnung, sauberes Wasser, medizinische Grundversorgung, evtl. auch Grundbildung). Erstes Ziel aller recht verstandenen Entwicklungspolitik.
Guerilla. Kleinkrieg, den irreguläre Einheiten der einheimischen Bevölkerung gegen eine Besatzungsmacht oder im Rahmen eines Bürgerkrieges führen, auch: einen Kleinkrieg führende Einheit.

Hadd. Im Islam die von Gott gesetzte Grenze, für deren Überschreitung im Koran und in der Sunna bestimmte Strafen festgelegt sind (sog. hadd-Strafen, insbesondere Körperstrafen wie z.B. die Steinigung für Unzucht, das Abschneiden der Hand für Diebstahl, die Auspeitschung für das Trinken berauschender Getränke).
Hadith. (arab. „Mitteilung“, „Erzählung“) Hadithe sind die dem Propheten Mohammed zugeschriebenen Aussprüche und Anordnungen, die neben dem Koran als Quelle der religiösen Vorschriften betrachtet werden.
Handelshemmnisse. Die Behinderung des freien Handels mit Gütern und Dienstleistungen durch staatliche Eingriffe. Handelshemmnisse im engeren Sinne beziehen sich auf den Außenhandel. Grundsätzlich werden unterschieden tarifäre und nichttarifäre Handelshemmnisse. Tarifäre bedeuten die Erhebung (nur) eines Zolls bei der Einfuhr (seltener bei der Ausfuhr) eines Gutes. Wer diesen Zoll entrichtet, ist grundsätzlich zum Import des Gutes in beliebiger Menge berechtigt. Nichttarifäre H. sind vielfältig: Quoten setzen eine mengenmäßige Obergrenze für den Import fest, technische Standards mögen sich gegen Waren aus einem bestimmten Land richten, schikanöse Gesundheitsprüfungen oder Abfertigungsprozeduren den Handel beschränken, eine Bardepotpflicht für Importeure den Import unrentabel machen – der Fantasie sind hier keine Grenzen gesetzt. Ein Gutteil der Arbeit der → WTO und ihrer Vorgängerin GATT dient der Vereinbarung des Abbaus von H.
Hegemonie. Vorherrschaft, Vormachtstellung
Hierarchie. Rangfolge, Über- und Unterordnungsverhältnis

idealtypisch. Bezeichnung für eine Betrachtungsweise, die typische Merkmale von Personen, Gruppen, Strukturen usw. beschreiben will, indem sie wesentliche Züge besonders hervorhebt und unwesentliche vernachlässigt.
Ideologie. Weltanschauliche Konzeption, in der

Ideen der Erreichung politischer und wirtschaftlicher Ziele dienen; oft abwertend gebraucht, etwa im Sinne der extremen Vereinfachung des Weltbildes, des Ausblendens unbequemer Tatsachen, der Unwilligkeit, in eine offene Diskussion einzutreten usw.

Imperialismustheorien. Theorien zur Erklärung der Entstehung des „Imperialismus", der aggressiven Expansion und des Kolonialismus europäischer Mächte am Ende des 19. Jh. bzw. (in den marxistischen Varianten) u.U. bis heute. Nach Lenin das „höchste Stadium des Kapitalismus": Die Ausbeutung der Proletarier durch die Kapitalisten schmälert die heimische Kaufkraft und damit die heimischen Märkte, weswegen überseeische Märkte erschlossen werden. Andere Imperialismustheorien (Hilferding) heben auf die Rolle des Kapitalexports ab. „Höchstes Stadium" bedeutet, dass kapitalistische Mächte objektiv reif für den Übergang zum Sozialismus als der endgültigen Aufhebung aller Widersprüche sind. Die empirischen Überprüfungen der marxistischen Imperialismustheorien haben sie nicht bestätigt, weder überseeische Märkte für Güter noch für Kapital spielten für die imperialistischen Mächte eine mehr als marginale Rolle.

Importsubstitution. Ersatz von Importen durch eigene Produktion, um → Devisen zu sparen und vom Außenhandel unabhängiger zu werden. In Lateinamerika ein seit der Weltwirtschaftskrise bis in die Achtzigerjahre verfolgtes Entwicklungskonzept mit gemischtem Erfolg, desgleichen in Afrika bis in die Siebzigerjahre.

Indikator. „Anzeiger"; eine Größe, bei der das Vorhandensein an sich (Schimmel im Brot) oder das Überschreiten eines bestimmten Zahlenwertes (> 2% Preissteigerung) das Vorhandensein eines weiter gefassten Begriffs „anzeigt" (verdorbenes Brot, Inflation). Der Indikator steht also für eine andere Sache, ist nicht diese selbst.

Insolvenzverfahren. Rechtlich geregeltes Verfahren bei Zahlungsunfähigkeit (Insolvenz) von Unternehmen zur Regelung der Ansprüche aller Beteiligten; der Vorschlag des IWF, ein solches Verfahren auch international für überschuldete Länder einzurichten, sieht u.a. vor, dass solche Länder für mehrere Monate die Zahlung von Zinsen und Tilgung einstellen und zur Verhinderung von Kapitalflucht Kapitalverkehrskontrollen erlassen können.

informeller Sektor. In Entwicklungsländern bedeutsamer Teil des gesamten Beschäftigungssystems; die Tätigkeiten liegen vor allem im Handels- und Dienstleistungsbereich (Schuhputzer, Laufburschen, Kinderarbeiter, Marktverkäufe selbst hergestellter Waren usw.); da die Beschäftigung in diesem Bereich arbeitsintensiv ist und geringe oder gar keine Qualifikation voraussetzt sowie weitgehend ungeschützt (ohne Arbeitsschutz, Kranken- und Altersversicherung) erfolgt, stellt der informelle Sektor zugleich ein erhebliches Beschäftigungsproblem dar.

interdependent. → Interdependenz

Interdependenz. Wechselseitige Abhängigkeit

internationale Arbeitsteilung/komparativer Vorteil. Auf David Ricardo (1. Hälfte 19. Jh.) zurückgehendes Theorem, nach dem jedes Land sich auf die Produktion von Gütern konzentrieren sollte, die es relativ zu anderen Gütern günstiger produzieren kann. Durch den Austausch mit anderen Ländern, die das Gleiche tun, kommt es zu Wohlstandsgewinnen für alle. Das Theorem ist bis heute ein Eckpfeiler der Außenhandelstheorie, auch wenn manche Verfeinerungen und Ergänzungen vorgenommen worden sind. Kritisch zu fragen ist allerdings, ob nicht ökonomische und politische Logik hier miteinander kollidieren (können). Sinnvollerweise produzieren die Schweizer nicht nur Uhren, die Portugiesen nicht nur Wein, die Deutschen nicht nur Autos.

Internationaler Gerichtshof. Eines der fünf Hauptorgane der UNO, Sitz in Den Haag, das in internationalen Streitigkeiten von einem Land angerufen werden kann, wenn die streitenden Staaten sich allgemein oder in diesem Einzelfall seiner Gerichtsbarkeit unterworfen haben.

Internationaler Strafgerichtshof (engl. International Criminal Court, ICC). Das erste auf Dauer eingesetzte Weltgericht für Verbrechen gegen die Menschlichkeit (Massenmord, Folter) sowie für Völkermord, Kriegsverbrechen und Angriffskrieg, dessen Statut 120 Staaten zugestimmt haben und das Anfang 2003 seine Arbeit in Den Haag aufnahm (18 Richter und ein Chefankläger); das Gericht wird nur tätig, wenn die nationalen Strafbehörden nicht willens oder in der Lage sind, Prozesse gegen die Täter zu führen. Die USA verweigern die Zusammenarbeit und lehnen das Gericht ab, weil sie politisch motivierte Klagen gegen US-Soldaten und eine Einschränkung der nationalen Souveränität befürchten.

Internationales Regime. In der Politikwissenschaft Bezeichnung für einen durch internationale Konvention hergestellten Zustand im zwischenstaatlichen Verkehr, bei dem bestimmte Spielregeln als verbindlich für alle anerkannt werden (→ Regime).

Interventionismus. Prinzip eines staatlichen Verhaltens, das systematisch und weit reichend in Gesellschaft und Wirtschaft eingreift, um sozial und ökonomisch unerwünschte Folgen der Marktwirtschaft zu korrigieren; oft abwertend gemeint, um übertriebene politisch-administrative Eingriffe und Kontrollen zu kennzeichnen.

Investitionsquote. Der Anteil des Bruttosozialproduktes, der investiert (statt verbraucht) wird. Die Brutto-Investitionsquote umfasst alle Investitionen, also auch die als Ersatz für in einem bestimmten Zeitraum (meist im Jahr) verbrauchtes Kapital vorgenommenen; die Netto-Investitionsquote umfasst nur die Investitionen, die den Kapitalstock vergrößern.

Irak-Krieg. Seit dem Golfkrieg 1991 galt für den durch seinen verbrecherischen Diktator Saddam Hussein regierten Irak die durch den UNO-Sicherheitsrat beschlossene Auflage, seine sämtlichen Massenvernichtungswaffen zu vernichten. Nachdem in den Jahren 1991–1998 unter UN-Aufsicht (UNSCOM) ein Teil dieser Waffen zerstört wurde, die Inspektoren dann aber das Land verlassen mussten, forderte der Sicherheitsrat den Irak in scharfer Form unter Androhung „ernsthafter Konsequenzen" auf, seine gesamten ABC-Waffen zu vernichten und darüber zu berichten. Die US-Regierung drohte – auch unter dem Eindruck des Terroranschlags vom 11.9. 2001 in New York – ihren Kampf gegen den internationalen Terrorismus mit einem Militäreinsatz gegen den Irak fortzusetzen, da sie davon ausgehe, dass der Irak auch den Terrorismus unterstütze und eine große Gefahr für die amerikanische und internationale Sicherheit darstelle. Die UN-Waffeninspektoren, die ihre Arbeit unter dieser Drohung wieder aufnehmen konnten, berichten wiederholt über Teilerfolge, aber auch über mangelnde Unterstützung ihrer Arbeit durch die irakische Regierung. Die US-Regierung unter Präsident George W. Bush erklärte, dass sie in weiteren Waffeninspektionen keinen Sinn mehr sehe, und begann am 20.3.2003 zusammen mit englischen Truppen (insgesamt rd. 300 000 Soldaten) den Angriff auf den Irak, obwohl sie mit der Zustimmung der Mehrheit des Sicherheitsrates nicht rechnen konnte (Frankreich und Russland hatten ihr „Veto" angekündigt und plädierten zusammen mit der Mehrheit des Rates für weitere Inspektionen). Es kam zu Protestdemonstrationen in vielen Ländern der Welt. Insbesondere aufgrund massiver Luftangriffe auf irakische Städte und Stellungen zeichnete sich mit der Eroberung Bagdads am 9.4.2003 der Sieg der alliierten Truppen ab. Am 21.4.2003 wurde der Krieg offiziell für beendet erklärt. Die alliierten Truppen, die seitdem die allgemeine Sicherheit garantieren und den Wiederaufbau unterstützen sollen, hatten seitdem fast täglich Opfer von Anschlägen von Guerilla-Einheiten (Anhängern des bis Mitte 2003 noch nicht gefassten Saddam Hussein) zu beklagen.

Isolationismus. In der US-amerikanischen Geschichte seit der Unabhängigkeit immer wieder mächtige außenpolitische Strömung, die die neue Republik aus den verderblichen Ränkespielen der alten Mächte in Europa heraushalten und die eigenen Geschäfte in den Mittelpunkt der Anstrengungen stellen möchte. Bei der inzwischen gewonnenen Stärke der USA wäre ein erneuter Isolationismus verhängnisvoll für die Weltpolitik, in der Praxis wohl auch gar nicht durchsetzbar.

„Israel-Lobby". Kongressabgeordnete und US-amerikanische jüdische Organisationen, die die Außenpolitik der USA im pro-israelischen Sinne beeinflussen.

Ius ad bellum. In der klassischen Völkerrechtslehre das Recht eines souveränen Staates, einen anderen nach entsprechender Ankündigung mit Krieg zu überziehen. Durch die Charta der Vereinten Nationen seit 1945 für unzulässig erklärt.

Ius in bello. Kriegsvölkerrecht; die von Krieg führenden Staaten zu beachtenden Rechtsgrundsätze, z.B. Schonung der Zivilbevölkerung, humane Behandlung von Kriegsgefangenen, Verbot der Plünderung, Respektierung der Parlamentärsflagge und des Roten Kreuzes/Halbmondes als Zeichen für Verwundetentransporte und Lazarette usw.

Kaffeeabkommen. Ein Rohstoff-Abkommen zwischen Verbraucher- und Erzeugerländern zur Bestimmung von Mengen und Preisen der auf dem Weltmarkt gehandelten Rohstoffe. Das Londoner Kaffeeabkommen brach 1984 zusammen. Dafür (wie bei den übrigen praktisch sämtlich gescheiterten Abkommen) sind neben politischen auch finanzielle und ökonomische Gründe maßgeblich.

Kalter Krieg. Der weltpolitische Gegensatz zwischen dem → kommunistischen Block unter Führung der Sowjetunion und den westlichen Staaten unter derjenigen der Vereinigten Staaten seit spätestens 1946 bis in die zweite Hälfte der Achtzigerjahre. Er wurde ideologisch, politisch, wirtschaftlich und auf dem Gebiet der Rüstung geführt, allerdings nicht mit Waffen (daher „kalter" Krieg). Mit dem neuen Denken des Führers der Sowjetunion, Gorbatschow (ab 1985), endgültig mit dem Zusammenbruch des Ostblocks und der Sowjetunion endete der K.; s. S. 24f. und S. 33ff.

Kaufkraftparität. Verhältnis (Relation) der Ausgaben für einen Warenkorb (bestimmte Auswahl von Gütern) im Ausland zu den Ausgaben für denselben Warenkorb im Inland (s. S. 60); mit der Bildung von Kaufkraftparitäten (KKP) soll der internationale Vergleich der Kaufkraft verschiedener Währungen oder des Realeinkommens in verschiedenen Ländern ermöglicht werden.

KKP. Kaufkraftparitäten (engl. PPP, Purchasing Power Parity); s. S. 60

Kodex. Sammlung von Gesetzen, Handschriften usw.

Kommunismus. Politische Bewegung, die sich gegen den Kapitalismus wendet und sozialistische Ziele in Wirtschaft und Gesellschaft verfolgt. 1917 in Russland durch Putsch/Revolution an die Macht gekommen, errichtete der K. bereits unter dem ersten Revolutionsführer Lenin, dann verstärkt unter seinem Nachfolger Stalin, ein Terrorregime mit vielen Mio. Toten (vgl. S. 238) und erhob den Anspruch auf „Weltrevolution", d.h. die kommunistische Herrschaft weltweit. Zu den Gründen des Niederganges s. I B.4., S. 33ff.; → Kalter Krieg

komparativer Vorteil. → internationale Arbeitsteilung

Konditionalität. Bedingungen für Hilfeleistung für die Entwicklungshilfe

Konvertibilität. Das Recht des freien Kaufs und Verkaufs der Währung eines Landes, meist verbunden mit einem freien Devisenmarkt, an dem sich der Wechselkurs (z.B. Sfr./$) nach Angebot und Nachfrage der respektiven Währungen bestimmt. Konvertibilität zeigt meistens eine (relativ) solide Wirtschaftspolitik an; liegt diese nicht vor, greifen Staaten zur Devisenzwangswirtschaft (die Freiheit des Tauschs wird eingeschränkt oder aufgehoben), meist in Verbindung mit einem staatlicherseits festgesetzten Wechselkurs, der vom Marktwechselkurs mehr oder weniger stark abweicht.

Koran. Das Heilige Buch des Islam, Sammlung der etwa 610–631 dem Propheten Mohammed zuteil gewordenen Offenbarungen. Endredaktion um 653.

Korea-Feldzug. In den 1950 zwischen Nord- und Südkorea ausbrechenden Krieg (Überfall des kommunistischen Nordkorea) griffen die UN unter Führung der USA auf der Seite Südkoreas ein, während starke chinesische Truppen Nordkorea unterstützten. Nach langen Verhandlungen kam es im Juli 1953 zum Waffenstillstand; Grenze ist bis heute der 38. Breitengrad.

Kosovo-Krieg. Auseinandersetzung um die Provinz Kosovo (südlicher Teil Serbiens mit rd. 2 Millionen Einwohnern); die dort ansässigen muslimischen Albaner, die rd. 90% der Bevölkerung ausmachen, wurden von der serbischen Zentralregierung in vielen Bereichen diskriminiert; es kam zum Bürgerkrieg der „Albanischen Befreiungsarmee des Kosovo" (UCK) gegen die serbischen Regierungstruppen mit schweren Verbrechen der Serben an der muslimischen Bevölkerung, die zur Massenflucht (rd. 1,1 Millionen bis Juni 1999) der Albaner führte. Als der serbische Präsident Milosevic auf ein Ultimatum der NATO nicht reagierte, begann die NATO am 24.3.1999 mit Luftangriffen auf militärische Ziele und andere serbische Einrichtungen; die NATO begründete ihr Eingreifen (ohne Zustimmung des UN-Sicherheitsrates) mit dem Ziel, weitere schwere Menschenrechtsverletzungen im Kosovo zu verhindern. Nachdem Milosevic Anfang Juni 1999 einem Friedensplan zustimmte, beendete die NATO ihre Angriffe; eine UN-Zivilverwaltung wurde eingesetzt, die durch internationale Friedenstruppen (KFOR) unterstützt wird. In Serbien wurde Präsident Milosevic durch die Bevölkerung zum Rücktritt gezwungen und durch die neue serbische Regierung 2001 an den Internationalen Gerichtshof (UN-Kriegsverbrechertribunal) in Den Haag ausgeliefert, wo seit Februar 2002 der Prozess gegen ihn stattfindet.

KSZE. Konferenz für Sicherheit und Zusammenarbeit in Europa, 1973 in Helsinki abgeschlossener, die Blöcke überspannender Vertrag zur Stabilisierung der Lage in Europa, der Schaffung vertrauensbildender Maßnahmen, grundsätzlicher Anerkennung der bestehenden Grenzen, aber auch der Verpflichtung zur Achtung der Menschenrechte. Die Ziele wurden im Ganzen erreicht, die Menschenrechtsverpflichtung bedeutete ungeahnten Aufschwung für die Regimeopposition im Ostblock. Nach dem Ende des → Kalten Krieges und der deutschen Wiedervereinigung in eine ständige Organisation (OSZE) umgewandelt.

Kubakrise. 1962 stationierte die Sowjetunion auf Kuba Mittelstreckenraketen, die atomar bestückt werden konnten und die USA unmittelbar bedrohten. Diese verhängten eine Seeblockade gegen Kuba und verlangten die Entfernung der Raketen. Auf dem Höhepunkt der Spannungen schien der Weltkrieg zwischen NATO und Warschauer Pakt bevorzustehen. Schließlich lenkte die Sowjetunion ein; neben einigen (geheimen) westlichen Zugeständnissen (z.B. der Entfernung von westlichen Mittelstreckenraketen aus der Türkei) war das amerikanische Management der Krise für ihr Ende verantwortlich, das Festigkeit in der Sache mit dem Bestreben paarte, das Gesicht des Gegners zu schonen.

Kuznets-Kurve. Nach dem amerikanischen (aus der Sowjetunion stammenden) Nationalökonomen Simon Kuznets benannte Darstellung des Zusammenhangs zwischen dem Sozialprodukt pro Kopf und anderen Größen/Maßen (bei Kuznets vor allem der Einkommensverteilung).

Legitimationsinstrument. Ideen und Konzeptionen, auch → Ideologien, die zur Begründung („Legitimation") bestimmter Sachverhalte, insbesondere von Herrschaftsverhältnissen im politischen Bereich, eingesetzt werden.

Leistungsbilanz. Saldo von Waren- und Dienstleistungsein- und -ausfuhren eines Landes sowie der unentgeltlichen Kapitalübertragungen. Die Leistungsbilanz muss langfristig ausgeglichen sein, da sonst die Auslandsverschuldung bzw. die Guthaben gegenüber dem Ausland ins Ungemessene wüchsen.

Lorenz-Kurve. → Gini-Index

Loyalität. Allgemein Gesetzestreue, Treue gegenüber einer Regierung oder einem Vorgesetzten, Folgebereitschaft.

Machismo. „Die Ideologie der Geschlechter, die Art der kulturellen Konstruktion der Geschlechterbilder drückt sich sehr überspitzt im System des so genannten Machismo (sprich: Matschismo) aus. Das System des Machismo ist als eine Ideologie der Geschlechterbeziehungen bekannt, obwohl seine Bedeutung weit über die Geschlechter hinausgeht. Im Unterschied zu anderen Kulturen, wo ebenfalls eine Ideologie der männlichen Dominanz vorherrscht, weist der Machismo besondere Züge auf. Er wird aktiv und fast ununterbrochen manifestiert durch aggressive, verherrlichende oder verächtliche Werbung gegenüber dem weiblichen Geschlecht. In vielen Fällen impliziert er die gewaltsame Durchbrechung der geltenden Normen, indem verheiratete und versprochene Frauen besonders gern verführt werden. Diese im Machismo enthaltene Logik, die die Ehre der eigenen Frau aufs Äußerste verteidigt und die Frau des Nachbarn als Sexualobjekt anpeilt, führt zu heftigen Spannungen in den Geschlechterbeziehungen und im sozialen Leben, die wiederum häufig mit Gewalt gelöst werden: Die eigene Frau wird geschlagen, um sie fügsam zu machen, mit dem Rivalen wird oft bis aufs Blut gekämpft. Hinter diesen Verhaltensweisen steht ein spezifisches Konzept der Ehre und ein bestimmtes soziales Ideal der männlichen Persönlichkeit. Die Ehre eines Mannes ist in kolonialisierten Gesellschaften ununterbrochen bedroht, er sieht sich gezwungen, seine Ehre, Stolz und Recht von Moment zu Moment zu verteidigen und so seinen Status und seine Selbstachtung zu sichern. Peristiany, der dem Konzept der Ehre in der Mittelmeerwelt nachgegangen ist, zeigt auf, dass der höchste Wert die Ehre des Mannes ist, die durch Einhaltung bestimmter Regeln erlangt wird." (Maya Nadig, Die verborgene Kultur der Frau. Ethnopsychoanalytische Gespräche mit Bäuerinnen in Mexiko, S. Fischer Verlag, Frankfurt/Main 1986, S. 125f.).

Macht. „Macht bedeutet jede Chance, innerhalb einer sozialen Beziehung den eigenen Willen auch gegen Widerstreben durchzusetzen, gleichviel worauf diese Chance beruht. Herrschaft soll heißen die Chance, für einen Befehl bestimmten Inhalts bei angebbaren Personen Gehorsam zu finden." (Max Weber, Wirtschaft und Gesellschaft, Grundriss der verstehenden Soziologie, Tübingen, hier 5. Aufl. 1980, § 146, S. 28)

Makroebene. → Mikroebene

manichäisch. Nach dem iran. Stifter Mani (3. Jh. n. Chr.) benannte synkretistische (aus verschiedenen Religionen gemischte) Religion mit einem guten und einem bösen Prinzip, einem absoluten Gegensatz zwischen Seele und Materie. Dieser Dualismus geht auf frühere iran. Religionen, z.B. den Zoroasthrismus, zurück.

Marshallplanhilfe. Wiederaufbauhilfe der USA für das kriegszerstörte Europa, benannt nach dem amerikanischen Außenminister George C. Marshall, der das Programm 1947 während einer Rede an der Harvard-Universität ankündigte.

Maxime. Hauptgrundsatz, Leitsatz, Lebensregel

Mediation. Verfahren der Vermittlung und des Ausgleichs bei Konflikten unter Anleitung eines neutralen Vermittlers (Mediators).

Menschenrechte. → Allgemeine Erklärung der M.

Metropole. → Peripherie

Mikroebene. Ebene der (sozialwissenschaftlichen) Betrachtung, die sich auf die kleinsten Einheiten von Wirtschaft und Gesellschaft (Individuen, einzelne Betriebe, Familien, Kleingruppen) bezieht, im Unterschied zur Makroebene (der Gesamtgesellschaft, der Volkswirtschaft, des Staates, des internationalen Systems).

Mobutu. Militär-Diktator des Kongo-Zaire (Kinshasa) 1965 – 1997, sprichwörtlich für Ausplünderung und den Ruin eines ganzen potenziell reichen Landes; da „antikommunistisch", „Garant der Stabilität", war M. lange ein Haupt-„Partner" westlicher Entwicklungshilfe.

monetäre Aggregate. Geldmengen, Geldgrößen; in der Theorie des (insbesondere von Milton Friedman entwickelten) Monetarismus kommt der Geldmenge für die Erklärung von Inflationsentwicklungen (gerade auch in den Entwicklungsländern) eine entscheidende Bedeutung zu. Nach Ansicht der Monetaristen liegen die Hauptursachen der Inflationen in den EL in einer undisziplinierten Haushaltspolitik, die das gewünschte Wirtschaftswachstum durch hohe Haushaltsdefizite zu erreichen versucht, die durch eine expansive Geldpolitik finanziert werden.

Monroe-Doktrin. „2. Dezember 1823. Gegen weitgehende russische Besitzansprüche an der amerikanischen Pazifikküste (Oregongebiet) und vermeintliche Rekolonisationsabsichten der Heiligen Allianz in Lateinamerika erklärte (US-)Präsident Monroe in einer Jahresbotschaft an den Kongress, 1. dass der amerikanische Doppelkontinent nicht mehr Ziel europäischer Kolonialexpansion sein dürfe; 2. dass das politische System der alten Welt von dem Amerikas wesensverschieden sei; 3. dass bestehender Kolonialbesitz in Amerika nicht angetastet würde und 4. dass sich die USA nicht in europäische Kriege einmischen würde." (Der Große Ploetz, 29. A., Freiburg/Würzburg 1981, S. 1177)

„moral hazard" (Trittbrettfahrerproblem). In der Theorie öffentlicher Güter (Verteidigung, öffentliche Sicherheit u.a.) folgt aus der Tatsache, dass niemand von ihrem Genuss ausgeschlossen werden kann, dass eine Beschaffung über Märkte ausscheidet. Niemand kann z.B. von dem öffentlichen Gut „Sicherheit" ausgeschlossen werden. Folglich ist niemand bereit, freiwillig dafür zu zahlen. Die Finanzierung muss also über Zwangsabgaben, z.B. Steuern, erfolgen. Das Problem des m. h. entsteht auch international, z.B. beim Umweltschutz: Schränkt eine Nation den Fischfang ein, um die Bestände zu schonen, können andere umso mehr fischen. Um hier eine Wirkung zu erzielen, sind also internationale Abkommen erforderlich.

Multinationale (transnationale) Konzerne. Unternehmen, die in mehr als einem Land tätig sind, im Extremfall in so vielen, dass eine „Herkunfts-Nationalität" nicht mehr festzustellen ist. Ist Daimler-Chrysler ein „deutsches" Unternehmen? Airbus Industries ein „französisches"? Royal Dutch Shell ein „holländisches"? Die Wirkung der Tätigkeit von Konzernen in Entwicklungsländern wurde von den Dependenztheoretikern skeptisch beurteilt. Inzwischen werden die Vorteile stärker in den Vordergrund gerückt, doch gilt es, Auswüchsen zu wehren.

Nationalstaat. Ursprünglich die Vorstellung der Einheit von Volk und Staat: Jedes Volk hat seinen eigenen Staat, jeder Staat umfasst ein Volk. Obwohl selbst in Europa dieser Zustand kaum irgendwo gegeben war, entfaltete die Nationalstaats-Idee eine enorme Sprengkraft und stürzte Vielvölkerstaaten wie das Osmanische und das Österreich-Ungarische Reich, zuletzt auch die → UdSSR. Durch den Kolonialismus in die Dritte Welt übertragen, wo die → ethnischen Voraussetzungen dem beschriebenen Zustand noch weniger entsprachen und entsprechen. Auch hier Sprengwirkung für viele Staaten.

Nelkenrevolution. Sturz der Diktatur Caetano in Portugal 1974 durch einen Militärputsch unter General Spinola. Die Nelken steckten in den Gewehrläufen der Soldaten, daher der Name.

neoklassische Wachstumstheorien. Wiederaufnahme und Erweiterung klassischer ökonomischer W.n, die neben → Akkumulation physischen Kapitals technologischen Wandel und die Akkumulation von Humankapital durch Schule und Lernen am Arbeitsplatz (learning by doing) betonen. Technologischer Fortschritt wird in den neuen Modellen dabei in das Modell integriert, ist also nicht extern vorgegeben.

Neoliberalismus. Sozial- und Wirtschaftstheorie, die zwar auf den Individualismus setzt (Liberalismus), aber die Freiheit des Einzelnen nur in einer Wettbewerbssituation anerkennt. Notwendig ist, dass der Staat den ordnungspolitischen Rahmen für Wettbewerb und Konkurrenz intakt hält und auch gegen unternehmerische Lobbies für funktionierende Märkte sorgt. Damit folgt der Neoliberalismus historisch auf den ursprünglichen Wirtschaftsliberalismus, der dem Staat keinerlei Regulierungsfunktion in der Wirtschaft zubilligte („Laissez-faire-Politik", „Manchester-Kapitalismus"). Für den deutschen Neoliberalismus war die „Freiburger Schule" um den Ökonomen Walter Eucken mit ihrem Ordoliberalismus maßgeblich.

Nepad. New Partnership for Africas Development; im Juli 2001 auf Initiative der Staatsoberhäupter von Südafrika, Nigeria, Algerien, Senegal und Ägypten beschlossenes afrikanisches Programm mit dem Ziel, Afrika auf dem Weg zu nachhaltiger Entwicklung voranzubringen, zum einen durch solidarische Hilfen der internationalen Staatengemeinschaft, zum anderen aber auch durch die Realisierung vielfältiger Reformen in den afrikanischen Ländern selbst. (Gesamttext des Programms: www.dfa.gov.za/events/nepad.pdf; Kurzinformation: www.bmz.de/about/leitung/afrikabeauftragte/initiative.html)

„nivellierte Mittelstandsgesellschaft". In den Fünfziger- und Sechzigerjahren von Helmut Schelsky für die Bundesrepublik vorgeschlagenes Gesellschaftsmodell, das in Ablehnung vom marxistischen Klassenmodell die Einebnung („Nivellierung") gesellschaftlicher Unterschiede behauptete.

Nord-Süd-Konflikt. Bezeichnung für Interessengegensätze zwischen Ländern des „Nordens" (i.d.R. nur westliche Industrieländer) und des „Südens" (also Entwicklungsländern). Entwicklungsländer sahen einen → Antagonismus zwischen ihren Interessen und denen der Industrieländer. In zahlreichen Resolutionen, Konferenzen, Beschlüssen versuchten sie die Spielregeln und die Zahlungsströme zu ändern, um, wie sie meinten, bessere Bedingungen zu erreichen. Die Versuche sind fast vollständig gescheitert, zum einen aus machtpolitischen Gründen, zum anderen wurde vom Norden behauptet, dass die scheinbare Begünstigung des Südens durch eine Änderung der Regeln letzlich zum Schaden für alle ausschlagen würde. Eine Ausnahme machen ggf. die Zahlungsströme, jedenfalls insoweit sie tatsächlich entwicklungswirksam sind und nicht, wie für Afrika behauptet, nur „Renteneinkommen" für unfähige „Staatsklassen" darstellen.

ökonometrisch, Ökonometrie. Wirtschaftswissenschaftliche Richtung, die Forschungsergebnisse mithilfe mathematischer Methoden anstrebt.

OPEC. Organization of Oil Exporting Countries. Zu Zeiten (und neuerdings?) mächtiges Kartell Öl exportierender Staaten, verantwortlich für zwei Ölpreisschübe 1973 und 1979, die zu Rezessionen in Industrieländern führten, letztlich aber zahlreichen Entwicklungsländern einen höheren Schaden zufügten, s. M 81, S. 192f.

Opportunitätskosten. Kosten der besten alternativen Nutzung eines Produktionsfaktors. Die

Nutzung von Kapital für eine Investition z.B. bedeutet den Verzicht auf Kauf von Bundesanleihen, die – z.B. – 5% Zins erbringen; wer seine Zeit dem Studium widmet, verzichtet auf den in dieser Zeit durch Arbeit zu verdienenden Lohn usw.

Orthodoxie. Rechtgläubigkeit, vorherrschende Lehre

OSZE. → KSZE

Paradigma. (griech.: Muster) Grundannahmen theoretischer Beschäftigung mit einem Wissenschaftsbereich, die sich (nach Kuhn) eine Wissenschaftlergemeinschaft als nicht weiter hinterfragten Hintergrund ihrer Forschungen zu eigen macht. Paradigmen unterliegen also selbst in der Regel nicht wissenschaftlicher Analyse; sie werden übernommen und abgelehnt als Ergebnis einer Art Bekehrung, eines Wandels des Zeitgeistes usw. Der Begriff wird (übrigens auch bei Kuhn, der ihn als eine Art Gegenmodell zur analytischen Wissenschaftstheorie in diese einge führt hat) in durchaus uneinheitlicher Begriffsbestimmung gebraucht.

Paria. Außerhalb jeder Kaste stehender bzw. der niedrigsten Kasten anhängender Inder. Übertragen für einen sozial bzw. politisch völlig isolierten Menschen oder Staat.

Pariser Klub. Loser Verbund von westlichen Industrieländern, die als Hauptgläubiger hoch verschuldeter Entwicklungsländer über deren Umschuldung (z.B. Umstellung auf längere Zahlungsfristen, Erlass von Zinsen, Bestimmung eines niedrigeren Zinssatzes) oder den Schuldenerlass verhandeln. Es geht um die faire Verteilung der Lasten auf die Gläubiger und um die Wiederherstellung der Zahlungs- und damit Kreditwürdigkeit der Schuldnerländer.

Patriarchat. Ein Herrschaftsverhältnis zwischen den Geschlechtern mit Dominanz des Mannes.

Pax Americana. Visionäre Vorstellung von einer durch die USA als der einzig verbleibenden Supermacht garantierten weltweiten Friedensordnung; der Begriff lehnt sich an an den der Pax Romana, dem (durch die zentrale Machtstellung Roms, durch Rechtsordnung und Sicherheit) befriedeten Zustand des von den Römern durch Machtausdehnung (Eroberungskriege) errichteten Weltreiches (Imperium Romanum) der Kaiserzeit (Näheres: www.learn-line.nrw.de/angebote/agenda21/irak/PaxAmericana.htm)

Peripherie. In der Dependencia-Theorie verwendeter Begriff für die in Abhängigkeit von den hoch entwickelten Industrieländern („Metropolen“, Zentren) stehenden Entwicklungsländer.

Perón. Argentinischer General, Politiker und Staatspräsident (1946 – 1955; nach seinem Sturz 1955 im Exil und von 1973 bis zu seinem Tod 1974 noch einmal Präsident). Der „Peronismus“ der frühen Zeit war gekennzeichnet durch soziale Reformen wie geregelte Arbeitszeiten, bezahlten Urlaub, Legalisierung der Gewerkschaften, Unfallversicherung usw. und stützte sich auf die Zustimmung breiter Volksmassen (Populismus), nahm aber zunehmend autoritäre Züge an. Die sozialen Wohltaten überstiegen die wirtschaftliche Leistungskraft des Landes und verursachten den ökonomischen Niedergang Argentiniens.

political correctness. Aus den USA stammender Ausdruck für eine Geisteshaltung (meist den „Linken“ bzw. „Liberalen“ – in amerikanischer Definition – zugeschrieben), die nicht nur bestimmte politische Positionen als falsch ansieht (wie in einer Demokratie legitim), sondern sogar bestimmte Fragestellungen verbieten möchte (und sie deshalb im politischen Tageskampf mit negativ besetzten „Totschlags“-Begriffen belegt): Könnte es sein, dass Rüstung nicht in allen Fällen den Frieden gefährdet, sondern im Gegenteil sichert? Wäre es denkbar, dass Schutzbestimmungen, z.B. Quoten, für Behinderte, Frauen, Indianer, Schwarze nicht nur sozialethisch angreifbar sind, sondern ihr Ziel regelrecht verfehlen müssen? Könnte es sein, dass Menschen unterschiedlich fleißig, intelligent, sozial sind und daher ihre unterschiedliche Lage bestenfalls zum Teil auf unterschiedliche Auswirkungen der Gesellschaft zurückgeht? – Befürworter der political correctness bezeichnen ihr Vorgehen als notwendigen (auch sprachlichen) Schutz für Minderheiten, Kritiker weisen auf die Einschränkung der Meinungsfreiheit hin.

Pol Pot. Kambodschanischer kommunistischer Ministerpräsident 1976 – 79, der ein „steinzeitkommunistisches“ Schreckensregime der „Roten Khmer“ errichtete. Zahl der Todesopfer: 1 – 2 Millionen Menschen. Die Taten P.P.'s und seiner Mitmörder sind bis heute ungesühnt; zurzeit wird um die Errichtung eines → Internationalen Strafgerichtshofes verhandelt.

polyarch. Von vielen regiert.

Polygynie. Vielweiberei, Verbindung eines Mannes mit mehreren Frauen.

principal agent-Theorie. Ein Prinzipal bedient sich zur Erfüllung einer Aufgabe eines Agenten, den er aber nicht vollständig kontrollieren kann (könnte er es, dann brauchte er ihn nicht), es gibt indes regelmäßig partielle Interessendivergenzen zwischen beiden. Der Agent handelt notwendig nicht ganz im Sinne des Prinzipals. Beispiel: Die Aktionärsversammlung (Prinzipal) braucht zur Leitung der Gesellschaft einen Agenten (Vorstand), der seinerseits gegenüber der Betriebshierachie zum Prinzipal wird. Das Handeln der Gesellschaft weicht also notwendig bis zu einem gewissen Grad von den Interessen der Aktionäre ab. Das Prinzipal-Agenten-Problem (ein Teil der sog. Neuen-Institutionen-Ökonomik) wird auch auf die Politik angewendet (Wähler-Parlament-Regierung-Verwaltung), darunter auch auf die Entwicklungspolitik. Hier besteht der Sonderfall, dass der Begünstigte (die Bevölkerung von Entwicklungsländern) nicht als Prinzipal auftreten kann und dass bei internationaler Entwicklungshilfe mehrere Prinzipale dem Agenten gegenüberstehen. Genauer in M 66.

Produktion. Ökonomisch die sinnvolle Kombination von → Produktionsfaktoren.

Produktionsfaktoren. Nach klassischer ökonomischer Lehre Arbeit, Boden und Kapital. Heute wird differenziert; z.B. wird Arbeit nicht mehr als homogener Produktionsfaktor aufgefasst, sondern es wird versucht, mit dem Begriff des Humankapitals die Bedeutung menschlicher Fähigkeiten und Kenntnisse einzufangen; „Boden" umfasst nun alle Naturleistungen.

Produktivität. Allgemein das Verhältnis von Ausstoß (Produkt) zu aufgewendetem (Produktions-) Faktor, also: Arbeitsproduktivität das Verhältnis von Produkt zu dafür aufgewendeter Arbeit; Kapitalproduktivität das Verhältnis von Produkt zu dafür verwendetem Kapital usw. Hauptbestimmungsgründe für die Arbeitsproduktivität sind die Ausbildung/Erfahrung der Arbeitskräfte und die Kapitalausstattung des Arbeitsplatzes.

Pro-Kopf-Einkommen. Nettosozialprodukt (also Bruttosozialprodukt minus Abschreibungen) minus indirekte Steuern plus Subventionen dividiert durch die Bevölkerungszahl.

Proliferation/Nonproliferation. Verbreitung bzw. Nichtverbreitung, insbesondere von Atomwaffen; s. S. 268f.

Protektionismus. → Handelshemmnisse. Nach dem „Infant-Industry"-Argument von F. List (19. Jh.) ist Protektionismus in der Frühphase der Industrialisierung erforderlich, um die entstehende Industrie eines Landes vor der überlegenen ausländischen Konkurrenz zu schützen, bis bei Erreichen der Wettbewerbsfähigkeit der Protektionismus abgebaut werden kann. – Dieser Gedanke liegt unzähligen Ansätzen der Entwicklungstheorie zugrunde. Die Theorie ist skeptisch zu betrachten, ökonomisch: Unternehmen hinter Zollmauern, die also dem Wettbewerb nicht ausgesetzt sind, werden nicht effizienter, sondern ineffizienter. Je länger sie Schutz genießen, desto weniger wettbewerbsfähig dürften sie werden; politisch: Zollschutz führt zu „Renteneinkommen", nicht am Markt verdienten Einkommen (Unternehmen können für ihre Waren höhere Preise nehmen als unter Konkurrenzbedingungen!). Sollen Unternehmen diese Einkommen verlieren, leisten sie Widerstand. Viele Regierungen haben nicht die Kraft, sich dagegen durchzusetzen.

Protektorat. Schutzherrschaft eines Staates über ein fremdes Gebiet bzw. unter Schutzherrschaft eines fremden Staates stehendes Gebiet.

Quintil. Fünftel. Die Einkommensbezieher (vom höchsten zum niedrigsten) werden in Quintile eingeteilt und dann ermittelt, ein wie großer Anteil des Sozialproduktes auf jedes Quintil entfällt.

Raketenabwehrprogramm der USA (= Strategic Defense Initiative, SDI). Unter Präsident Reagan (1981 – 1988) begonnenes Rüstungsprogramm zur Abwehr sowjetischer Atomraketen vor Erreichung ihrer Ziele in den USA. Unabhängig von den Zweifeln an der Durchführbarkeit wurde dem Programm destabilisierende Wirkung zugeschrieben: Wird bei einer wechselseitigen Abschreckung eine Seite unverwundbar, mag sie in den Augen der anderen zu einem Angriff neigen, was wiederum destabilisiert, wenn diese Seite einen Präventivschlag erwägt.

„Realistische Schule". Denkrichtung in der Lehre von den Internationalen Beziehungen mit vier Grundannahmen: 1. Nationalstaaten sind die Schlüsselakteure; 2. Innere und auswärtige Politik sind klar zu trennen; 3. Internationale Politik ist ein Machtkampf in einer anarchischen Umgebung; 4. Es gibt Machtungleichgewichte unter Nationalstaaten bei rechtlicher Gleichheit souveräner Staaten. Genauer s. M 4.

Regime. (frz. regime – Regierung) Traditionell: Bezeichnung für eine bestimmte politische Herrschaftsordnung oder eine Staatsform. In der Lehre von den internationalen Beziehungen Fachausdruck für ein bestimmtes Regelwerk der Kooperation (→ internationale Regime). „Als Regime kennzeichnende Merkmale werden übereinstimmend Prinzipien, Normen, Regeln sowie Verhaltens- und Entscheidungsroutinen [...] innerhalb eines Problemfeldes [...] genannt. [...] Das Element von ‚Dauerhaftigkeit' verknüpft mit ‚Effektivität' wird [...] ebenfalls als konstituierendes Merkmal von Regimen begriffen." (Beate Kohler-Koch, Regime in den internationalen Beziehungen, Baden-Baden 1987, S. 18)

Regression. Mathematische Methode zur Feststellung eines Zusammenhangs zwischen zwei Zahlenreihen, z.B. Wachstumsraten von Ländern und Schulbildung der Bevölkerung. Eines der Hauptinstrumente der empirischen Sozialforschung.

Relative Deprivation. Bezeichnung für den von einem Individuum oder einer Gruppe empfundenen Grad der Deprivation (Entbehrung, Benachteiligung), der sich nicht objektiv ergibt, sondern aus dem Grad, mit dem diese Umstände negativ von den Erwartungen abweichen. Die Erwartungen bemessen sich nach dem Vergleich mit einer als „angemessen" oder „vergleichbar" bewerteten Bezugsperson oder Bezugsgruppe. Menschen und Gruppen können sich also auch dann als relativ depriviert verstehen, wenn sie eine Verbesserung ihrer objektiven Lage erfahren, relativ zu ihrer Bezugsperson oder -gruppe aber zurückbleiben: Mit dem allgemeinen Anstieg des Lebensstandards im Libanon ging es auch den Schiiten immer besser – bis ihnen die Revolution im Iran das Bewusstsein für ihre relative Deprivation weckte (und sie revoltierten!). Relative Deprivation kann so politisch relevant werden und hat wenig mit „objektiver" Veränderung der Lebenslage zu tun.

Ressourcen. Sammelbezeichnung für die Hilfsquellen/Hilfsmittel, die der Mensch je nach Entwicklungsstand einer Gesellschaft als Mittel zum Leben und zur Produktion von Sachgütern und Dienstleistungen zur Verfügung hat.

restriktiv. Einschränkend, verengend.

Ruanda. Ostzentralafrikanischer Kleinstaat mit ca. 8 Millionen Einwohnern auf der Landgröße Hessens. 1994 Schauplatz eines der schlimmsten staatlich organisierten Völkermorde der modernen Geschichte mit, je nach Quelle, 500 000 bis 2 Millionen Opfern. Die meistgenannte Zahl ist 800 000.

Sadaqa. Freiwilliges Almosen an Arme im Islam.

Sanktionen. Völkerrechtlich: Vergeltungs- bzw. Zwangsmaßnahmen eines Staates gegen einen anderen oder einer internationalen Organisation gegen einen Staat, meist wegen Verletzung des → Völkerrechts durch diesen. Verletzt die Europäische Union die Charta der Welthandelsorganisation WTO durch Benachteiligung des Imports von Bananen aus Lateinamerika unter Schädigung amerikanischer Bananen-Handelsfirmen, kann die WTO die USA zu Vergeltungsmaßnahmen (etwa die Erhebung von Strafzöllen auf europäische Exporte in die USA) ermächtigen. Dies trug sich 1999/2000 tatsächlich zu.

Scharia. Im Islam die von Gott gesetzte Ordnung und das daraus abgeleitete islamische Recht. Der Ruf nach Einführung der Scharia ist in vielen muslimischen Staaten zu einem politischen Kampfbegriff geworden. Vordergründiger Ausdruck der islamischen Rechtsordnung ist die Anwendung von Körperstrafen, die aber nur einen kleinen Teil des islamischen Rechts darstellt (vgl. → Hadd).

Schichtungstheorien. Soziologische Theorien, nach denen die soziale Ungleichheit einer Gesellschaft dadurch gekennzeichnet ist, dass ihre Mitglieder bestimmten Gruppen (Schichten) angehören, die sich im Hinblick auf Einkommen, Bildung und Prestige voneinander abgrenzen lassen (Ober-, Mittel-, Unterschicht). Funktionale Theorien sehen diese (vertikale) soziale Differenzierung als durch die unterschiedlichen Anforderungen einer modernen Industriegesellschaft bedingt und insoweit als notwendig an: Die Erfüllung höherer (verantwortungsvollerer) Aufgaben und Funktionen muss gesellschaftlich „belohnt" werden.

Schisma (pl. Schismen). Spaltung aus politisch-organisatorischen, nicht dogmatischen Gründen.

Schuldendienst. Die Summe aus Zinsen und Rückzahlung, die für einen Kredit pro Zeiteinheit (täglich, monatlich, vierteljährlich, halbjährlich, jährlich) zu leisten ist.

Schwellenländer. Länder an der „Schwelle" zum entwickelten oder (Industrie-)Land, z.B. Taiwan, Israel oder Hongkong. Eine Liste wird von der OECD erstellt (Liste II; → Enwicklungsländer).

self reliance. Bezeichnung für ein „Entwicklungskonzept, das – ausgehend vom Vertrauen auf die eigenen Kräfte – die eigenen → Ressourcen zur Befriedigung der Grundbedürfnisse einsetzen will" (D. Nohlen), für die Konzentration auf den Binnenmarkt plädiert und als Alternative zu weltmarktorientierten Entwicklungsstrategien verstanden wird. Heute als völlig gescheitert angesehen.

Somalia-Einsatz. UNO-Einsatz 1992-1995 zur Aufrechterhaltung der Ordnung im zusammenbrechenden Staat Somalia. (Die Bundeswehr war übrigens auch beteiligt.) Die Mission scheiterte: Sie hatte eine unklare Zielsetzung, ergriff Partei in einem Bürgerkrieg, hatte ungenügende Mittel und war innenpolitisch in den USA umstritten.

Sonderziehungsrechte. Abk.: SZR; 1969 für die Mitgliedstaaten des IWF geschaffene Rechnungseinheit, zusammengesetzt aus einem Währungskorb aus bestimmten Mengenanteilen der vier bedeutendsten Währungen der Welt (US-Dollar, Yen, Euro, brit. Pfund) und daher wertmäßig stabil; Mitglieder des IWF haben bei Finanzierungsbedarf das Recht, gegen SZR andere Währungen zu kaufen (vgl. M 75 a).

Sozialisation. „Bezeichnung für den Prozess, durch den ein Individuum in eine soziale Gruppe eingegliedert wird, indem es die in dieser Gruppe geltenden sozialen Normen, insbesondere die an das Individuum als Inhaber bestimmter Positionen gerichteten Rollenerwartungen, die zur Erfüllung dieser Normen und Erwartungen erforderlichen Fähigkeiten und Fertigkeiten sowie die zur Kultur der Gruppe gehörenden Werte, Überzeugungen usw. erlernt und in sich aufnimmt." (W. Fuchs-Heinritz u.a. [Hrsg.], Lexikon zur Soziologie, Westdeutscher Vlg., Opladen 1994, S. 707)

Sozialistische Internationale. 1951 gegründeter weltweiter Zusammenschluss sozialistischer und sozialdemokratischer Parteien. Nachfolgeorganisation der Sozialistischen Arbeiter-Internationale, die 1923 – 1946 in Abgrenzung von den der Kommunistischen Internationale angeschlossenen Parteien bestand.

Sparquote. Der Teil des Volkseinkommens, der gespart wird, für den mithin Investitionen getätigt werden können. → Investitionsquote

Stalin, Jossif Wissarionowitsch Dschugaschwili; Georgier, 1879 – 1953, sowjetischer revolutionärer Staatsmann und Diktator, errang nach Lenins Tod 1924 durch Ausschaltung aller innenpolitischen Rivalen die Alleinherrschaft und errichtete ein Regime des Terrors mit Millionen von Toten. Er führte andererseits die Sowjetunion von einem vorindustriellen Status zur Industrialisierung, errang durch den Sieg über Hitlerdeutschland im Zweiten Weltkrieg bedeutende direkte und indirekte Gebietserweiterungen für die Sowjetunion und durch den Bau von Atomwaffen und Fernraketen strategische Parität mit den USA bzw. der NATO. Das von ihm brutal durchgesetzte Wirtschaftssystem mit staatlichem Eigentum an allen Produktionsmitteln (und damit staatlicher Aneignung aller Gewinne, Pacht- und Kapitalzinsen) und rücksichtsloser Ausbeutung der Arbeitskräfte und der Natur, das zunächst hohe Investitions- und Wachstumsraten (auch als Grundlage der enormen Rüstungsanstrengungen) mit sich gebracht hatte, trug den Keim des Unterganges in sich, der denn auch achtunddreißig Jahre nach seinem Tod eintrat (s. Teil I B.4.).

Stereotyp. Eingebürgertes Vorurteil mit festen Vorstellungsklischees innerhalb einer Gruppe. „Alle Briten tragen Regenschirme und essen Rindfleisch"; „Alle Franzosen sind feurige Liebhaber"; „Italiener lieben das dolce far niente"; „Deutsche tragen Lederhosen und Pickelhauben, trinken Bier und singen Sieg Heil!"

Strategisches Raketenabwehrprogramm. → Raketenabwehrprogramm der USA

Structural Adjustment Loans. Kredit zur → Strukturanpassung

Strukturanpassung. Anpassung der „Struktur" einer Volkswirtschaft an auf Dauer veränderte Rahmenbedingungen oder zur Korrektur interner Verwerfungen: Steigt der Ölpreis auf Dauer, muss ein Nettoimporteur entweder weniger davon verbrauchen oder mehr exportieren, um die höhere Rechnung bezahlen zu können, oder er muss auf andere Importe verzichten; sinkt auf Dauer der Kaffeepreis, muss ein Kaffee-Exporteur entsprechende Anpassungen vornehmen; wird das Defizit des Staatshaushalts so groß, dass es nicht mehr finanziert werden kann, sind Anpassungen unumgänglich.

Subsidiarität. Aus der katholischen Soziallehre stammendes Prinzip, nach dem bei entstehenden Not- und Problemlagen die jeweils übergeordnete Gemeinschaft nur dann und nur insoweit helfend eingreifen soll, als die jeweils untergeordnete Gemeinschaft zur Lösung des Problems nicht in der Lage ist. Staatliche Hilfe soll also nur erfolgen, wenn der Einzelne (oder in aufsteigender Linie: die Familie, ein Wohlfahrtsverband usw.) zur Selbsthilfe nicht in der Lage ist.

Subsistenz(wirtschaft). Im Gegensatz zur „Verkehrswirtschaft" eine Wirtschaftsform, bei der die Produzenten alle Güter selbst und für den Eigenverbrauch produziert und somit vom Markt und Austausch unabhängig sind.

Substrat. Unterlage, Grundlage, Substanz eines Dinges/einer Sache.

Suez-Krieg. Als nach dem Abzug der britischen Truppen aus der Suezkanal-Zone Ägypten die Suezkanalgesellschaft verstaatlichte (Juni/Juli 1956), kam es zum Eingreifen britischer und französischer Truppen (Bombardement der Kanalzone und Landung in Port Said). Auf Druck der USA wurde die Aktion abgebrochen.

Sunna (arab. „Herkommen", „Brauch", „Sitte"). Die islamische Überlieferung über Leben, Wirken und Aussprüche des Propheten. Zerfällt in sunnitische und schiitische Sunna; Sammlung im → Hadith.

Sura. Kapitel (114) des → Koran, ihrerseits in Verse gegliedert.

surplus-Transfer. Übertragung des „Überschusses", des Gewinns (surplus) in andere Hände oder ein anderes Land (von den EL in die IL); Begriff aus der dependencia-Theorie.

Surrogat. Ersatz

System. Ganzes aus interdependenten Elementen, das als S. Eigenschaften hat, die sich nicht aus der Addition der Eigenschaften der Elemente ergeben.

Teleologie. Philosophische Theorie, die davon ausgeht, dass sich Entwicklungsprozesse auf bestimmte Zwecke, Ziele und Endzustände hin bewegen (Telos – griech.: Ziel, Zweck). Die Erklärung solcher Prozesse erfolgt also final (vom Ziel her), nicht kausal (von der vorausliegenden Ursache her).

Terms of Trade. Realaustauschverhältnis. Als „Commodity Terms of Trade" Verhältnis des Index der Exportgüterpreise zum Index der Importgüterpreise. Daneben gibt es andere Begriffe der Terms of Trade, s. M 63.

Theorem. „Lehrsatz", aus einem wissenschaftlichen Aussagesystem (Theorie) gewonnener Schlusssatz, „Theoriestück".

Tienanmen-Platz. (chin.) „Platz des Himmlischen Friedens", großer Platz in Peking vor den Toren der (ehemals) „Verbotenen Stadt". 1989 wurde durch chinesisches Militär auf Befehl des Wirtschaftsreformers Deng der „demokratische Frühling", eine wesentlich von studentischen Aktivisten getragene Oppositionsbewegung, niedergeschlagen, mit angeblich Hunderten von Toten.

Tigerökonomien. Die Wirtschaften Hongkongs, Singapurs, Taiwans und Südkoreas, die durch hohe Wachstumsraten den Zustand der ökonomischen Unterentwicklung weit hinter sich gelassen haben.

totalitär. Bezeichnung für ein Herrschaftssystem, das alle Lebensbereiche des Menschen und der Gesellschaft einem einheitlichen Willen der Staatsmacht unterwirft und diesen Willen mit allen Mitteln durchsetzt (totalitärer Staat, Totalitarismus).

Tocqueville. Alexis de T. (1805 – 1859), französischer konservativer Staatstheoretiker, schrieb u.a. das bis heute einflussreiche Werk „Über die Demokratie in Amerika" (1835, 1. Band).

Transaktionskosten. Die Kosten für das Zustandekommen einer Transaktion. Ein Kauf z.B. erfordert Such-, Überweisungs- und ggf. Kreditkosten.

traumatisch. Einen seelischen Schaden (Schock, tiefe Erschütterung) hervorrufend (z.B. aufgrund von extrem belastenden Erlebnissen, wie z.B. Katastrophen, Folterung, Vergewaltigung).

Treibhaus-Effekt. Physikalischer Prozess, bei dem die kurzwellige Sonnenstrahlung relativ unbehindert die Erdatmosphäre passiert, bei ihrer Umwandlung in langwellige Wärmestrahlung aber durch Wolken, Wasserdampf und atmosphärische Gase teilweise absorbiert wird und daher eine Erwärmung der Erde auf durchschnittlich + 15° C (statt – 18° C) bewirkt und somit eine der Voraussetzungen für Leben auf der Erde ist. Die relevanten Gase sind Wasserdampf, Kohlendioxid, Methan, Stickoxid, Chlorfluorkohlenwasserstoff und Ozon. Die Wirkung einiger Chlorfluorkohlenwasserstoffe beträgt dabei das mehr als Tausendfache des Kohlendioxids. Durch anthropogene Emission von Treibhausgasen wird ein Klimawechsel befürchtet: Die Durchschnittstemperatur soll steigen (im schlimmsten Szenario um etwas mehr als 4° C), ebenso der Meeresspiegel, Extremwetterlagen sollen zunehmen. Zur Vermeidung der damit verbundenen Schäden (allerdings wird die rationale Frage kaum gestellt, von welchem Punkt der Vermeidung an deren Kosten höher als die Schäden sein dürften) ist 1997 eine noch nicht in Kraft getretene Klimakonvention mit dem allgemeinen Ziel der Stabilisierung der CO_2-Emissionen auf dem Niveau von 1990 abgeschlossen worden. Die USA haben eine destruktiv-retardierende Rolle gespielt, ebenso die Entwicklungsländer, was ihre eigenen Anstrengungen angeht, obwohl bereits 1997 deren absolute Emissionen (10 472 Mio. t/a) fast gleich hoch wie die der Industrieländer (10 839 Mio. t/a) waren (s. M 112 e; der Prokopfausstoß – s. M 122 d – war natürlich wesentlich geringer, worauf es aber für die Treibhauswirkung nicht ankommt). Ob das Ziel der Konvention erreicht wird, erscheint zurzeit mehr als unsicher.

trickle-down-Theorie. „Durchsicker-Theorie"; Annahme, dass die in Entwicklungsländern durch Kapitaltransfer (Entwicklungshilfe, Direktinvestitionen) ausgelösten Wachstumsprozesse nicht nur den Lebensstandard der gesellschaftlichen Elitegruppen erhöhen, sondern auch die Lebensverhältnisse der breiten Masse der Bevölkerung verbessern.

UdSSR. Union der Sozialistischen Sowjetrepubliken (1922 – 1991), das kommunistisch beherrschte Nachfolgereich des Zarenreiches, s. S. 33f.

Ujamaa-Sozialismus. Bezeichnung für das 1967 von Präsident Nyerere proklamierte Entwicklungsmodell für Tansania, das eine Vergesellschaftung der Produktionsmittel, eine möglichst gleiche Einkommens- und Vermögensverteilung, eine Kollektivierung des gesamten Agrarbereichs, eine Förderung des Erziehungs- und Gesundheitswesens und Mitbestimmung der Bevölkerung sowie eine Konzentration auf den Binnenmarkt (→ self reliance) anstrebte. Die Ausuferung, die Schwerfälligkeit und Korruption zahlreicher staatlicher und halbstaatlicher Institutionen, die antibürokratische Einstellung der Landbevölkerung und Zwänge zur → Strukturanpassung in den 80er-Jahren führten zum Scheitern dieses sozialistischen Modells (Ujamaa heißt auf Swaheli etwa „wie in einer Familie leben").

urban bias. These von Michael Lipton; s. M 38.

Uruguay-Runde. 8. Verhandlungsrunde im Rahmen des GATT (Eröffnung 1986 im uruguayischen Seebad Punta del Este, Abschluss 1993; Ergebnis u.a.: Schaffung der WTO).

Völkerbund. „Im Ersten Weltkrieg wurde der alte Gedanke eines *allgemeinen Weltfriedens,* in dem Krieg ausgeschlossen sein soll, politisch wirksam, *besonders im Friedensprogramm des amerikanischen Präsidenten Woodrow Wilson.* [...] Der Völkerbund wurde gegründet mit dem Hauptziel eines allgemeinen Friedens und internationaler Sicherheit. [...] Die neu begriffene ‚kollektive Sicherheit' soll durch ‚Sanktionen' erzwungen werden können." (Der große Ploetz, 29. A., Freiburg/Würzburg 1987, S. 852)

Völkermord (Genozid). Nach der Völkermordkonvention von 1948, Art. 11. „[...] genocide means any of the following acts committed with the intent to destroy, in whole or in part, a national, ethnic, racial or religious group, as such (a): Killing members of the group or (b) Causing serious bodily or mental harm to members of the group."

Völkerrecht. „Gesamtheit der Rechtsnormen, die das Verhältnis von Völkerrechtssubjekten (Staaten, internationalen Organisationen) zueinander regeln. Es handelt sich, genau genommen, nicht um ‚Völker'-Recht, sondern, da es die Beziehungen der Staaten betrifft, um zwischenstaatliches Recht. Die Besonderheit und damit zugleich die Schwäche des Völkerrechts besteht darin, dass es in seiner Wirksamkeit von der Anerkennung durch die betroffenen Staaten abhängig ist, es fehlt eine zentrale Durchsetzungsmacht. Rechtsquellen des Völkerrechts sind das Völkervertragsrecht, das Völkergewohnheitsrecht und hilfsweise die allgemeinen Rechtsgrundsätze." (Hermann Avenarius, Kleines Rechtswörterbuch, Herder, Freiburg 1987, S. 469)

Völkerrechtssubjekte. Staaten und internationale Organisationen, die Träger von Rechten und Pflichten nach dem → Völkerrecht sind.

Volatilität (von lat. volare – fliegen, flattern). Maß für die Schwankungsbreite (Abweichung von einem Basiswert) von Kursen oder Preisen; der Begriff wird vor allem für Schwankungen von Aktienkursen, Wechselkursen (Devisenkursen) und Zinssätzen verwendet.

Warlords. „Kriegsherren", Bezeichnung für die in manchen Staaten, in denen es keine funktionierende zentrale Staatsmacht gibt (z.B. Afghanistan), existierenden Befehlshaber eigener militärischer Kräfte (Banden).

Wechselkurs. Verhältnis, in dem inländische Währung gegen ausländische Währungen getauscht werden kann; Preis in inländischen Währungseinheiten, der für eine ausländische Währungseinheit gezahlt werden muss.

Welthandelsrunde. Verschiedene Konferenzen seit dem Zweiten Weltkrieg im Rahmen der Welthandelsorganisation (WTO) und ihres Vorgängers (bis 1995), des General Agreement on Tariffs and Trade (GATT), bei denen es um die international abgestimmte Verminderung von Zöllen und sonstigen Hemmnissen des internationalen Handels ging. Die Konferenz in Seattle 1999 endete mit einem Misserfolg.

Wertschöpfung. „Zufluss" an Wert durch eine Verarbeitungsstufe, also Verkaufspreis minus Preis der Vorprodukte, z.B. Verkaufspreis eines Fahrrads minus die Preise der gekauften Schaltung, Felgen, Bremsen und Reifen.

zirkuläre Verursachung. Kausalkette, bei der die Folge eines Sachverhaltes zur Ursache desselben Sachverhaltes wird: Ein armes Land kann wenig sparen, damit wenig investieren, bleibt damit arm ....; schlechte Ausbildung einer Bevölkerung führt zu niedriger Produktivität, damit niedrigem Einkommen, damit wiederum zu schlechter Ausbildung (die ja Geld kostet); ein schlechter Gesundheitszustand vermindert die körperliche und geistige Leistungskraft, führt daher zu niedrigem Einkommen, was wiederum (über schlechte Ernährung, fehlende Gesundheitsvorsorge und Krankenversorgung) zum schlechten Gesundheitszustand führt ... usw.

Zivilgesellschaft. Aus dem Amerikanischen (civil society) übernommener, in den 90er-Jahren lebhaft diskutierter und sehr unterschiedlich verstandener Begriff, der eine spezifische Form demokratischer politischer Kultur bezeichnet: das im Zwischenbereich zwischen Privatsphäre (Familie, Unternehmen) und Staat (Regierung, Parlament) angesiedelte lebhafte gesellschaftliche Engagement zahlreicher verschiedenartiger Gruppen und Organisationen und Initiativen zur Förderung des Gemeinwohls, beruhend auf Freiwilligkeit und orientiert an Werten wie Konsens, Toleranz, Fairness und Gewaltfreiheit.

Register

Verzeichnis der Abkürzungen

ADB	Asian Development Bank www.adb.org
AfDB/BAD	African Development Bank/Banque Africaine de Développement www.afdb.org
AIDS	Acquired Immune Deficiency Syndrome (Erworbenes Immunschwächesyndrom)
AKP	Afrika, Karibik und Pazifik
APEC	Asia-Pacific Economic Cooperation (Konferenz über asiatisch-pazifische wirtschaftliche Zusammenarbeit) www.apec.org
ASEAN	Association of South-East Asian Nations (Gemeinschaft der südostasiatischen Staaten) www.asean.or.id
ATTAC	Association pour une Taxation des Transactions financières pour l' Aide aux Citoyens www.attac.de
AwZ	Ausschuss für wirtschaftliche Zusammenarbeit
BINGO	Business International Non-Governmental Organization
BIP	Bruttoinlandsprodukt
BIZ	Bank für internationalen Zahlungsausgleich
BMZ	Bundesministerium für wirtschaftliche Zusammenarbeit und Entwicklung www.bmz.de
BSP	Bruttosozialprodukt
DAC	Development Assistance Committee (der OECD)
DC	Development Committee (von IWF und Weltbank)
DED	Deutscher Entwicklungsdienst www.ded.de
DIE	Deutsches Institut für Entwicklungspolitik www.die-gdi.de
DSE	Deutsche Stiftung für internationale Entwicklung www.dse.de
ECOSOC	Economic and Social Council (Wirtschafts- und Sozialrat der UN)
ECOWAS	Economic Community of West African States (Wirtschaftsgemeinschaft westafrikanischer Staaten) www.ecowas.int
EFTA	European Free Trade Association (Europäische Freihandelsgemeinschaft) www.efta.int
EL	Entwicklungsland/Entwicklungsländer
EPO	Entwicklungspolitik online www.epo.de
EU	Europäische Union www.europa.eu.int
EWU	Europäische Währungsunion
EZ	Entwicklungszusammenarbeit
FAO	Food and Agriculture Organization (Welternährungsorganisation) www.fao.org
FCKW	Fluorchlorkohlenwasserstoffe
FDJ	Foreign Direct Investments (ausländische Direktinvestitionen)
FZ	Finanzielle Zusammenarbeit
G7	Gruppe der sieben führenden Wirtschaftsmächte
G8	Gruppe der sieben führenden Wirtschaftsmächte plus Russland
GASP	Gemeinsame Außen- und Sicherheitspolitik (der EU)
GATT	General Agreement on Tariffs and Trade (Allgemeines Zoll- und Handelsabkommen)
GTZ	Gesellschaft für technische Zusammenarbeit www.gtz.de
GUS	Gemeinschaft Unabhängiger Staaten
HDI	Human Development Index
HDR	Human Development Report http://www-undp.org/hdr2003/
HIPC	Highly Indebted Poor Countries (hoch verschuldete ärmste Länder)
IBRD	International Bank for Reconstruction and Development/Weltbank
IDA	International Development Association
IL	Industrieland/Industrieländer
ILO	International Labour Organization (Internationale Arbeitsorganisation) www.ilo.org
IMF	International Monetary Fund (Internationaler Währungsfonds) www.imf.org
INGO	International Non-Governmental Organization
inwent	Internationale Weiterbildung und Entwicklung GmbH
IWF/IMF	Internationaler Währungsfond/International Monetary Fund www.imf.org
KfW	Kreditanstalt für Wiederaufbau www.kfw.de/DE/Entwicklungszusammenarbeit/Inhalt. jsp
KKP	Kaufkraftparitäten
KSZE	Konferenz über Sicherheit und Zusammenarbeit in Europa
LDC/LLDC	Least Developed Countries (am wenigsten entwickelte Länder)

MERCOSUR	Mercado Común del Cono Sur (Gemeinsamer Markt im südlichen Lateinamerika)
MSAC	Most seriously affected countries (seit 1990 nicht mehr geführte Länderliste)
NAFTA	North American Free Trade Agreement (Nordamerikanisches Freihandelsabkommen) www.nafta-us.org
NASA	National Aeronautics and Space Administration (amerikanische Raumfahrtbehörde)
NATO	North Atlantic Treaty Organization (Nordatlantische Verteidigungsorganisation) www. nato.int
Nepad	New Partnership for Africas Development
NGO	Non-Governmental Organization
NRO	Nichtregierungsorganisation
NIC	Newly Industrializing Countries (Schwellenländer)
OAPEC	Organization of Arab Petroleum Exporting Countries
OAS	Organization of American States (Organisation amerikanischer Staaten) www.oas.org
OAU	Organization of African Unity (Organisation für afrikanische Einheit)
ODA	Official Development Assistance (öffentliche Entwicklungshilfe)
OECD	Organization for Economic Cooperation and Development (Organisation für wirtschaftliche Zusammenarbeit und Entwicklung) www.oecd.org
OPEC	Organization of Petroleum Exporting Countries (Organisation Erdöl exportierender Staaten)
OSZE	Organisation für Sicherheit und Zusammenarbeit in Europa www.osce.org
PPP	Purchasing Power Party (s. KKP)
SADC	Southern African Development Community www.sadc.int
SAP	Strukturanpassungsprogramm
STABEX	System der Stabilisierung von Exporterlösen für landwirtschaftliche Rohstoffe im Rahmen der Lomé-Abkommen
SYSMIN	System der Finanzierungsfazilität für Bergbauerzeugnisse im Rahmen der Lomé-Abkommen
TNC/TNK	Transnationale (multinationale) Konzerne
TNV	Transnationale Unternehmen
ToT	Terms of Trade
TZ	Technische Zusammenarbeit
UdSSR	Union der Sozialistischen Sowjetrepubliken (Sowjetunion, bis Ende 1991)
UN	United Nations/Vereinte Nationen www.un.org, www.unsystem.org, www.uno.de
UNCTAD	United Nations Conference on Trade and Development (Welthandelskonferenz) www.unctad.org
UNDCP	United Nations Drug Control Program
UNDP	United Nations Development Program (Entwicklungsprogramm der Vereinten Nationen) www.undp.org
UNEP	United Nations Environmental Program www.unep.org
UNESCO	United Nations Educational, Scientific and Cultural Organization (Erziehungs-, Wissenschafts- und Kulturorganisation der UN) www.unesco.org
UNFPA	United Nations Fund for Population (Bevölkerungsfonds der Vereinten Nationen) www.unfpa.org
UNHCR	United Nations High Commissioner for Refugees (Hoher Flüchtlingskommissar der Vereinten Nationen) www.unhcr.org
UNICEF	United Nations International Children's Emergency Fund www.unicef.org
UNIDO	United Nations Industrial Development Organization
UNIFEM	United Nations Development Fund for Women
UNRWA	UN-Relief and Works Agency for Palestinian Refugees
VENRO	Verband Entwicklungspolitik deutscher Nichtregierungsorganisationen
WEC	World Economic Conference (Weltwirtschaftskonferenz)
WHO	World Health Organization (Weltgesundheitsorganisation) www.who.int
WTO	World Trade Organization www.wto.org
WWF	World Wide Fund for Nature
ZFD	Ziviler Friedensdienst
ZOPP	zielorientierte Projektplanung der GTZ